कक्षा 06

कक्षा 06

लेखक

ऋतिका खरबंदा

अरिहन्त प्रकाशन

(स्कूल डिवीज़न सीरीज़)

रजि. कार्यालय

'रामछाया' 4577/15, अग्रवाल रोड, दरिया गंज, नई दिल्ली-110002
फोनः 011-47630600, 43518550; फैक्सः 011-23280316

मुख्य कार्यालय

कालिन्दी, टी०पी० नगर, मेरठ (यूपी)-250002 फोनः 0121-7156203, 7156204

शाखा कार्यालय

आगरा, अहमदाबाद, बरेली, बंगलुरु, चेन्नई, दिल्ली, गुवाहाटी, हैदराबाद, जयपुर, झाँसी, कोलकाता, लखनऊ, नागपुर तथा पुणे

PO No. : TXT-59-T070849-5-26

Published By Arihant Publications (India) Ltd.

'अरिहन्त' की पुस्तकों के बारे में अधिक जानकारी के लिए हमारी वेबसाइट **www.arihantbooks.com** पर लॉग इन करें या **info@arihantbooks.com** पर सम्पर्क करें।

Follow us on 

मूल्य ₹ 280.00

प्रोडक्शन टीम

पब्लिशिंग मैनेजर
महेन्द्र सिंह रावत, केशव मोहन

प्रोजेक्ट हैड
करिश्मा यादव

प्रोजेक्ट कॉर्डिनेटर
मोहित महरोल

कवर डिज़ाइनर
बिलाल

इनर डिज़ाइनर
अंकित प्रजापति

पेज लेआउट
रवि सागर, दिवाकर गौड़

प्रूफ रीडर
भूमिका, प्रियंका

विषय-सूची

खंड 'घ' लेखन

मुख्य विशेषताएँ

हिंदी
कक्षा 06

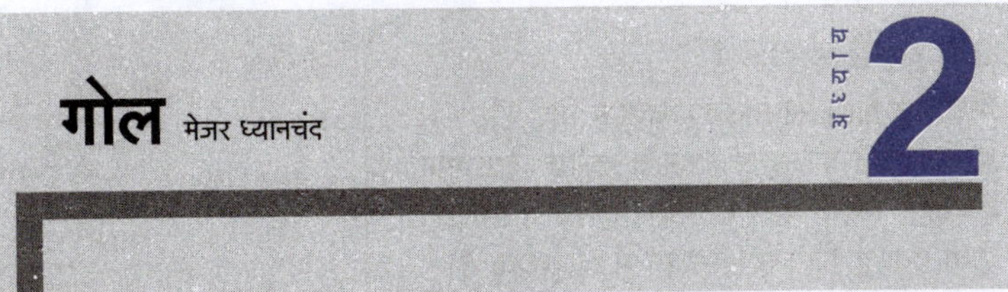

पाठ का सार

पाठ्यपुस्तक के प्रत्येक अध्याय में NCERT Theory का सरल शब्दों में Coverage किया गया है, जिससे छात्र संपूर्ण अध्याय के CRUX को कम-से-कम समय में समझ सकें व याद कर सकें।

पाठ का सार

प्रस्तुत पाठ 'गोल' हॉकी के महान खिलाड़ी 'मेजर ध्यानचंद' की आत्मकथा है, जिसमें उनका खेल के प्रति प्यार और समर्पण का भाव दिखाई देता है। प्रस्तुत पाठ में मेजर ध्यानचंद ने अपने खेल जीवन की कुछ घटनाओं और अनुभवों को साझा करते हुए खेल की भावना, संयम और धैर्य का महत्त्व बताया है। उन्होंने बताया कि खेलते समय परिस्थिति कैसी भी हो, हमेशा खेल को सही भावना से खेलना चाहिए। मेजर ध्यानचंद का मानना था कि खेल में हार या जीत व्यक्तिगत नहीं होती, बल्कि पूरे देश की होती है। उनकी आत्मकथा सभी के लिए बहुत ही प्रेरणादायक रही है।

शब्दार्थ

पाठ्यपुस्तक के प्रत्येक अध्याय में दिए गए कठिन शब्दों को उनके सरल अर्थ के साथ 'शब्दार्थ' रूप में दिया गया है, जिससे छात्र कठिन शब्दों को सरलता से समझ सकें व उनके अर्थ के साथ उन्हें याद कर सकें।

शब्दार्थ

शब्द	हिंदी अर्थ	शब्द	हिंदी अर्थ
नोंक-झोंक	हल्की-फुल्की बहस या वाद-विवाद	पट्टी	घाव पर बाँधा जाने वाला कपड़ा
मुकाबला	प्रतियोगिता, सामना	बदला	प्रतिशोध, प्रतिकार
गुस्सा	क्रोध, रोष	शर्मिंदा	लज्जित, अपमानित

लेखन खंड में प्रारूप (Formats)

लेखन के प्रत्येक अध्याय में अध्याय से संबंधित महत्त्वपूर्ण प्रारूपों (Formats) को समझाया गया है, जिससे छात्र पत्र लेखन, अनुच्छेद लेखन, निबंध लेखन, विज्ञापन लेखन आदि को सरलता से समझ सकें।

औपचारिक पत्र का प्रारूप

प्रश्न दो दिन के अवकाश के संबंध में प्रधानाचार्य को पत्र लिखिए।

पत्र लिखने वाले (प्रेषक) का पता	परीक्षा भवन, दिल्ली।
दिनांक	**दिनांक** 25 अप्रैल, 20XX
पत्र प्राप्तकर्ता का पता	सेवा में, प्रधानाचार्य महोदय रा. सर्वोदय बाल विद्यालय, रूपनगर नं. 1, दिल्ली।
विषय	**विषय** दो दिन के अवकाश के संबंध में।
संबोधन	महोदय,
विषय-वस्तु	सविनय निवेदन यह है कि मैं आपके विद्यालय की छठी कक्षा का छात्र हूँ। कल विद्यालय से घर आते समय मुझे तेज़ धूप में पैदल चलना पड़ा, जिससे घर आते ही मुझे चक्कर और बुखार आ गया। डॉक्टर ने समय-समय पर दवा लेने और दो दिन तक आराम करने की सलाह दी है, इसलिए मैं दो दिन विद्यालय आने में असमर्थ हूँ। अतः मेरी आपसे विनम्र प्रार्थना है कि मुझे 25 और 26 अप्रैल, 20XX को अवकाश देने की कृपा करें।
समापन	सधन्यवाद।
प्रेषक का नाम	आपका आज्ञाकारी शिष्य, क. ख. ग. कक्षा-छठी 'अ' अनुक्रमांक 20

NCERT फोल्डर

निर्धारित NCERT पाठ्यपुस्तक में दिए गए प्रत्येक प्रश्न का उत्तर सरल व सटीक दिया गया है। यहाँ प्रत्येक प्रश्न का उत्तर केवल उतना ही दिया गया है जितना कि प्रश्न में आवश्यक है।

NCERT फोल्डर

पाठ्यपुस्तक के प्रश्नोत्तर

पाठ से

मेरी समझ से

(क) नीचे दिए गए प्रश्नों का सटीक उत्तर कौन-सा है? उसके सामने तारा (*) बनाइए

(i) "दोस्त, खेल में इतना गुस्सा अच्छा नहीं। मैंने तो अपना बदला ले ही लिया है। अगर तुम मुझे हॉकी नहीं मारते तो शायद मैं तुम्हें दो ही गोल से हराता।" मेजर ध्यानचंद की इस बात से उनके बारे में क्या पता चलता है?

- वे अत्यंत क्रोधी थे।
- वे अच्छे ढंग से बदला लेते थे।
- उन्हें हॉकी से मारने पर वे अधिक गोल करते थे।
- वे जानते थे कि खेल को सही भावना से खेलना चाहिए।(*)

(ii) लोगों ने मेजर ध्यानचंद को 'हॉकी का जादूगर' कहना क्यों शुरू कर दिया?

- उनके हॉकी खेलने के विशेष कौशल के कारण (*)
- उनकी हॉकी स्टिक की अनोखी विशेषताओं के कारण
- हॉकी के लिए उनके विशेष लगाव के कारण
- उनकी खेल भावना के कारण

(ख) अब अपने मित्रों के साथ चर्चा कीजिए कि आपने ये उत्तर ही क्यों चुने?

उत्तर मैंने उपर्युक्त दोनों उत्तर को चुना, क्योंकि विकल्प 'वे जानते थे कि खेल को सही भावना से खेलना चाहिए।' यह सही विकल्प इसलिए है, क्योंकि मेजर ध्यानचंद को जब विरोधी टीम के सदस्य ने हॉकी स्टिक से मारा तो उन्होंने हिंसा न दिखाते हुए इस घटना को खेल भावना से देखा और मैदान में वापस आकर छः गोल करके अपने खेल कौशल से विरोधी टीम को हराया। यह उनके अनुशासन और खेल भावना को दर्शाता है।

मेजर ध्यानचंद के हॉकी खेलने के विशेष कौशल के कारण लोगों ने मेजर ध्यानचंद को 'हॉकी का जादूगर' कहना शुरू कर दिया । लेखक ने बताया कि वर्ष 1936 में बर्लिन ओलंपिक में लोग लेखक के हॉकी खेलने के ढंग से इतने प्रभावित हुए कि उन्होंने उसे 'हॉकी का जादूगर' कहना शुरू कर दिया।

मिलकर करें मिलान

पाठ में से चुनकर कुछ शब्द नीचे दिए गए हैं। अपने समूह में इन पर चर्चा कीजिए और इन्हें इनके सही अर्थों या संदर्भों से मिलाइए। इसके लिए आप शब्दकोश, इंटरनेट या अपने शिक्षकों की सहायता ले सकते हैं।

अभ्यास प्रश्न

बहुविकल्पीय व वर्णनात्मक प्रश्नों सहित

बहुविकल्पीय प्रश्न

1. लेखक को किसने हॉकी स्टिक से मारा?
(क) फर्स्ट रेजीमेंट टीम के खिलाड़ी ने
(ख) सैपर्स एंड माइनर्स टीम के खिलाड़ी ने
(ग) पंजाब रेजिमेंट के खिलाड़ी ने
(घ) सेना के किसी अन्य खिलाड़ी ने
उत्तर (ख) सैपर्स एंड माइनर्स टीम के खिलाड़ी ने

2. लेखक ने अपने खेल करियर की शुरुआत किस रेजिमेंट से की?
(क) ब्राह्मण रेजिमेंट (ख) बंगाल रेजिमेंट
(ग) सैपर्स रेजिमेंट (घ) माइनर्स रेजिमेंट
उत्तर (क) ब्राह्मण रेजिमेंट

3. लेखक ने किस वर्ष बर्लिन ओलंपिक में भाग लिया था?
(क) 1928 में (ख) 1932 में
(ग) 1936 में (घ) 1940 में
उत्तर (ग) 1936 में

4. लेखक ने खेल के मैदान में कितने गोल किए?
(क) चार (ख) पाँच (ग) छः (घ) सात
उत्तर (ग) छः

5. लेखक का जन्म कब और कहाँ हुआ था?
(क) वर्ष 1904, प्रयाग में (ख) वर्ष 1904,लखनऊ में
(ग) वर्ष 1908, दिल्ली में (घ) वर्ष 2004, मुंबई में

9. लेखक ने किस ओलंपिक में स्वर्ण पदक प्राप्त किया?
(क) बर्लिन ओलंपिक में
(ख) दोहा ओलंपिक में
(ग) रसिया ओलंपिक में
(घ) इंग्लैंड ओलंपिक में
उत्तर (क) बर्लिन ओलंपिक में

10. लेखक का परिवार बाद में कहाँ आकर बस गया ?
(क) जयपुर में (ख) ओडिशा में
(ग) झाँसी में (घ) प्रयागराज में
उत्तर (ग) झाँसी में

रिक्त स्थान भरें

1. नीचे दिए गए वाक्यों में रिक्त स्थानों की पूर्ति कीजिए
(i) लेखक .... रेजिमेंट की ओर से खेलते थे।
(ii) चोट लगने के बाद भी लेखक ने .... गोल किए।
(iii) .... में हॉकी खेलने का समय निश्चित नहीं था।
(iv) लेखक को वर्ष 1936 में .... बनाया गया।
(v) लेखक के अनुसार, खेल में .... पूरे देश की होती है।

उत्तर (i) पंजाब (ii) छः
(iii) छावनी (iv) कप्तान
(v) हार-जीत

अभ्यास प्रश्न

प्रत्येक अध्याय में पाठ्यक्रम व पेपर पैटर्न को Follow करते हुए संपूर्ण अध्याय पर आधारित सभी प्रकार के प्रश्न व उनके उत्तर दिए गए हैं जिससे छात्र अधिक-से-अधिक प्रश्नों को याद करें और परीक्षा में उच्चतम अंक प्राप्त कर सकें।

स्व-मूल्यांकन

बहुविकल्पीय प्रश्न

1. मेजर ध्यानचंद को 'हॉकी का जादूगर' किस ओलंपिक के दौरान कहा गया?
(क) 1932 लॉस एंजिल्स ओलंपिक
(ख) 1936 बर्लिन ओलंपिक
(ग) 1928 एम्स्टर्डम ओलंपिक
(घ) 1948 लंदन ओलंपिक

2. मेजर ध्यानचंद ने अपनी खेल भावना से किन्हें प्रभावित किया?
(क) अपने कोच को (ख) प्रतिद्वंद्वी टीम को
(ग) दुनिया के खेल प्रेमियों को (घ) अपने परिवार को

3. मेजर ध्यानचंद हॉकी का जादूगर हैं क्योंकि
(क) उनके पास जादू की छड़ी थी।
(ख) वह सारे गोल करते थे।
(ग) वह खेल के प्रति प्रतिबद्ध थे।
(घ) वह सबसे तेज दौड़ते थे।

4. मेजर ध्यानचंद को कप्तान कब बनाया गया?
(क) वर्ष 1932 में (ख) वर्ष 1936 में
(ग) वर्ष 1940 में (घ) वर्ष 1928 में

2. सैनिक अपना अभ्यास कब शुरू करते थे?
(क) प्रातः काल में
(ख) जब मैदान में पहुँच जाते थे
(ग) शाम के समय
(घ) उपर्युक्त सभी

3. लेखक की रेजिमेंट में किस खेल में काफी नाम था?
(क) क्रिकेट में
(ख) धक्का-मुक्की में
(ग) हॉकी में
(घ) डांडी में

4. मेजर ध्यानचंद ने किस उम्र में सेना में भर्ती ली थी?

5. मेजर ध्यानचंद की खेल के प्रति कैसी दिलचस्पी थी?

6. मेजर ध्यानचंद का रेजिमेंट की हॉकी में क्या स्थान था?

अतिलघु उत्तरीय प्रश्न

1. मेजर ध्यानचंद का जन्म कब हुआ था?

2. मेजर ध्यानचंद का परिवार कहाँ बस गया था?

3. किस खिलाड़ी ने ध्यानचंद के सिर पर हॉकी स्टिक दे मारी?

4. बर्लिन ओलंपिक के समय मेजर ध्यानचंद किस पद पर कार्यरत थे?

स्वमूल्यांकन

यहाँ प्रत्येक अध्याय में सभी प्रकार के प्रश्नों को हल रहित (Unsolved) दिया गया है जिससे छात्र अपने ज्ञान का स्वयं मूल्यांकन कर सकते हैं।

खंड 'क' : अपठित बोध

अध्याय 1

अपठित गद्यांश एवं काव्यांश

अपठित का अर्थ

अपठित का अर्थ है—गद्य या पद्य का ऐसा अंश, जो निर्धारित पाठ्यपुस्तक का न हो और जिसे पहले न पढ़ा गया हो। इस पर आधारित प्रश्न पूछने का उद्देश्य होता है—छात्रों की भाषा और विषय-वस्तु संबंधी ज्ञान की परख करना। छात्रों को अपठित अंश को ध्यानपूर्वक पढ़कर ही पूछे गए प्रश्नों के उत्तर देने चाहिए।

अपठित गद्यांश व काव्यांश को हल करते समय ध्यान रखने योग्य बातें

- सर्वप्रथम अपठित गद्यांश व काव्यांश (पद्यांश) को दो-तीन बार पढ़ना चाहिए।
- पढ़ने के बाद उसका मूलभाव समझना चाहिए।
- प्रश्नों को ध्यान से पढ़कर संभावित उत्तर पर निशान लगाना चाहिए।
- प्रश्नों के संक्षिप्त उत्तर देने चाहिए।
- प्रश्नों के उत्तर अपने शब्दों में देने चाहिए।
- प्रश्नों के उत्तर एक बार पुनः पढ़कर दोहरा लेने चाहिए, जिससे अशुद्धियों को सुधारा जा सके।
- विकल्प वाले प्रश्नों का उत्तर चयन करते समय गद्यांश या पद्यांश में प्रसंग को ध्यान में रखना चाहिए।
- जो विकल्प पूर्ण रूप से उपयुक्त हो, उसी का ही चयन करना चाहिए।

अपठित गद्यांश

निम्नलिखित गद्यांशों को पढ़कर उन पर आधारित प्रश्नों के उत्तर दीजिए

सैंपल गद्यांश 1 (अतिलघु उत्तरीय प्रश्नों पर आधारित)

''आभा, तुम्हें आज बापू की कुटिया की ओर जाते समय पेड़ का एक पत्ता तोड़ते देखा था, इसलिए तुम्हें बुलाया है। सिर्फ तुम ही ऐसी भूल करती हो, ऐसा नहीं है। यह तो हमारी, सबकी ही आदत-सी हो गई है कि आते-जाते पेड़ देखा, तो पत्ता तोड़ लिया, बिना आवश्यकता के फूल-पत्ती तोड़ना एक तरह की हिंसा ही हुई। हमारे देश के बड़े वैज्ञानिक जगदीश बसु ने जब मुझे बताया कि छोटे-से-छोटे पौधे में भी प्राण हैं, तब से मैं लोगों को फूलों की माला डालने नहीं देता, हाथ में ही ले लेता हूँ। यह तो तुमने भी देखा होगा।''

पत्ता तोड़ते देखकर बापू मुझे बुलाकर यह भी कह सकते थे कि पत्ता क्यों तोड़ा? आगे से मत तोड़ना। उन्हें फिर इतना विस्तार से समझाने में अपना समय नष्ट करने की कोई आवश्यकता नहीं होती, लेकिन बापू तो सही अर्थों में एक आदर्श शिक्षक थे। वे हर बात को इतना विस्तार से, प्यार से समझाते थे कि सामने वाले के हृदय में उनकी कही गई बात बैठ जाती थी और वह फिर दोबारा ऐसी गलती कभी कर ही नहीं सकता था।

प्रश्न

1. बापू के अनुसार, आभा ने क्या भूल की थी, जो अकसर हम सब करते हैं?

उत्तर बापू ने आभा को अकारण एक पेड़ का पत्ता तोड़ते हुए देखा था, जो आभा की एक भूल थी। अकसर हम सब की आदत होती है कि बिना किसी आवश्यकता के फूल-पत्ती तोड़ लेते हैं।

2. फूलों की माला पहनाए जाने पर बापू उसे न पहनकर हाथ में ही क्यों ले लेते थे?

उत्तर वैज्ञानिक जगदीश बसु ने बापू को बताया था कि छोटे-से-छोटे पौधे में भी प्राण हैं। बापू ने उस पर विचार किया था, इसी कारण वे माला न पहनकर हाथ में ही ले लेते थे।

3. आभा को बापू की शिक्षा देने की क्या विधि अच्छी लगी थी?

उत्तर आभा को बापू का बहुत प्यार तथा धैर्य से फूल-पत्ती न तोड़ने की चेतावनी देना अच्छा लगा। विस्तार से समझाई गई बापू की बात आभा के मन में बैठ गई।

4. इस गद्यांश के अनुसार, 'बापू' शब्द किसके लिए प्रयोग किया गया है?

उत्तर इस गद्यांश में 'बापू' शब्द महात्मा गाँधी के लिए प्रयोग किया गया है।

5. वचन बदलिए–पत्ता, शिक्षक

उत्तर पत्ता —पत्ते, शिक्षक—शिक्षकगण

6. आवश्यकता तथा वैज्ञानिक शब्दों में मूल शब्द तथा प्रत्यय अलग करके लिखिए।

उत्तर आवश्यकता = आवश्यक + ता, वैज्ञानिक = विज्ञान + इक

सैंपल गद्यांश 2 (बहुविकल्पीय प्रश्नों पर आधारित)

महामना मदन मोहन मालवीय काशी हिंदू विश्वविद्यालय के प्रणेता तो थे ही, इस युग के आदर्श पुरुष भी थे। वे भारत के पहले और अंतिम व्यक्ति थे, जिन्हें महामना की सम्मानजनक उपाधि से विभूषित किया गया; जैसे-पत्रकारिता, वकालत, समाज सुधार, मातृभाषा तथा भारत माता की सेवा में अपना जीवन अर्पण करने वाले इस महामानव ने जिस विश्वविद्यालय की स्थापना की, उसमें उनकी परिकल्पना ऐसे विद्यार्थियों को शिक्षित करके देश सेवा के लिए तैयार करने की थी, जो देश का मस्तक गौरव से ऊँचा कर सकें। मालवीय जी सत्य, ब्रह्मचर्य, व्यायाम, देशभक्ति तथा आत्मत्याग में अद्वितीय थे। इन समस्त आचरणों पर वे केवल उपदेश ही नहीं दिया करते थे, अपितु स्वयं उनका पालन भी किया करते थे। वे अपने व्यवहार में सदैव मृदुभाषी रहे।

प्रश्न

1. मदन मोहन मालवीय किस शिक्षा संस्था के प्रणेता थे?

(क) विश्व भारती
(ख) काशी हिंदू विश्वविद्यालय
(ग) शांति निकेतन
(घ) प्रयाग विश्वविद्यालय

उत्तर (ख) काशी हिंदू विश्वविद्यालय

2. मालवीय जी की विश्वविद्यालय स्थापना करने में क्या परिकल्पना थी?

(क) ऐसे विद्यार्थी शिक्षित करना, जिनका सर्वांगीण विकास हो
(ख) ऐसे विद्यार्थी शिक्षित करना, जो देश का मस्तक ऊँचा कर सकें
(ग) ऐसे विद्यार्थी शिक्षित करना, जो देश के लिए आत्मबलिदान दें
(घ) ऐसे विद्यार्थी शिक्षित करना, जो देश सेवा करके देश को गौरवान्वित करें

उत्तर (ख) ऐसे विद्यार्थी शिक्षित करना जो देश का मस्तक ऊँचा कर सकें

3. मदन मोहन मालवीय को किस उपाधि से विभूषित किया गया था?

(क) पद्मश्री (ख) भारत रत्न
(ग) महामना (घ) पद्मविभूषण

उत्तर (ग) महामना

4. लोगों को शिक्षा देने के लिए मदन मोहन मालवीय जी का प्रभावकारी तरीका क्या था?

(क) उनके उपदेश बहुत प्रभावशाली होते थे
(ख) वे स्वयं ब्रह्मचर्य का पालन करते थे
(ग) वे उपदेश ही नहीं देते, स्वयं पालन भी करते थे
(घ) वे स्नेह से शिक्षा देते थे

उत्तर (ग) वे उपदेश ही नहीं देते, स्वयं पालन भी करते थे

5. 'अंतिम' शब्द का विलोम है

(क) अंत (ख) प्रारंभ
(ग) अनादि (घ) आदि

उत्तर (ख) प्रारंभ

6. मालवीय जी व्यवहार में कैसे थे?

(क) कटुभाषी (ख) मृदुभाषी
(ग) ब्रजभाषी (घ) ये सभी

उत्तर (ख) मृदुभाषी

अभ्यास प्रश्न

बहुविकल्पीय व वर्णनात्मक प्रश्नों सहित

अतिलघु उत्तरीय प्रश्न

गद्यांश 1

यदि यह प्रश्न पूछा जाए कि जंगल का राजा कौन है? तो शायद ही कोई ऐसा हो, जिसे मालूम न हो कि शेर जंगल का राजा है। बहुत पुराने समय से उसे शक्ति और प्रभुत्व का प्रतीक माना जाता है। भारत ने भी उसे अपने राष्ट्रीय चिह्न में स्थान दिया है। वह पशुओं में सबसे अधिक रोबीला और बहादुर होता है। बिल्ली जाति का वह एकमात्र पशु है, जिसके नर की गर्दन दर्शनीय अयाल से सुशोभित रहती है। शेर का शारीरिक गठन, बनावट और आदतें घरेलू बिल्ली के समान होती हैं।

एक समय था, जब बब्बर शेर उत्तरी भारत के अधिकांश मैदानी जंगलों में पाया जाता था, किंतु अब उनकी संख्या काफी कम हो गई है। अपनी निर्भीकता के कारण वह सरलता से मारा गया। भारत में उनके संरक्षण के लिए अभयारण्य बनाए गए। संरक्षित वनों में सभी पशु-पक्षियों को सुरक्षा प्रदान की जाती है। वे निर्भय होकर वन में विचरण कर सकते हैं।

प्रश्न

1. भारत ने राष्ट्रीय चिह्न में शेर को स्थान क्यों दिया?
2. शेर किन विशेषताओं के कारण अन्य पशुओं से भिन्न है?
3. बब्बर शेर कहाँ पाए जाते थे? उनकी संख्या कम होने का क्या कारण है?
4. भारत में शेरों की सुरक्षा के लिए क्या प्रयास किया गया?
5. 'शारीरिक' शब्द में मूल शब्द तथा प्रत्यय अलग करके लिखिए।
6. 'वन' के दो पर्यायवाची लिखिए।

गद्यांश 2

जिन्हें हम प्यार से बापू कहते हैं, उनका पूरा नाम मोहनदास करमचंद गाँधी था। इनका जन्म 2 अक्टूबर, 1869 को गुजरात के पोरबंदर में हुआ था। इनकी माता का नाम पुतलीबाई और पिता का नाम करमचंद गाँधी था। इनकी माँ बहुत स्नेहमयी तथा धार्मिक विचारों की महिला थीं। पिताजी राजकोट के दीवान थे।

गाँधीजी ने प्रारंभिक शिक्षा भारत में प्राप्त की थी और वकालत की शिक्षा प्राप्त करने इंग्लैंड गए। गाँधीजी सत्य और अहिंसा के पुजारी थे। उन्होंने अंग्रेजों के खिलाफ असहयोग आंदोलन चलाए। उन्हीं की प्रेरणा से हमारा देश 15 अगस्त, 1947 को स्वतंत्र हो सका। उन्हें हम राष्ट्रपिता के नाम से भी जानते हैं। देश को सत्य और अहिंसा की राह दिखाने वाले गाँधीजी की प्रार्थना सभा में गोली मारकर जघन्य हत्या कर दी गई। वे देश के पथ प्रदर्शक थे। आज भी हम भारतवासी उनके बताए मार्ग पर चलने का प्रयत्न करते हैं।

प्रश्न

1. गाँधीजी की माँ के गुण बताइए।
2. गाँधीजी का पूरा नाम क्या था? उन्हें हम आज भी किस नाम से जानते हैं?
3. भारत को स्वतंत्रता दिलाने में गाँधीजी ने किस प्रकार सहयोग दिया?
4. उपरोक्त गद्यांश का उचित शीर्षक दीजिए।
5. 'सत्य' का विलोम शब्द लिखिए।
6. 'माँ' शब्द के दो पर्यायवाची लिखिए।

गद्यांश 3

सभ्यता के आदिकाल में मनुष्य ने पेड़-पौधों के महत्त्व को जान लिया था। यह भी जान लिया था कि पेड़-पौधे केवल नेत्रों को सुख प्रदान करने के लिए नहीं, अपितु प्राणी-जगत के लिए भी आवश्यक हैं। ऋषि-मुनियों ने वृक्षोपासना के लिए मंत्र-पूजा आदि का विधान बनाया। आज भी भारत के प्रांतों में विशेष त्योहारों पर वृक्षों का अत्यधिक महत्त्व है। प्रदूषण को कम करने के लिए यह अच्छा उपाय है कि अधिक-से-अधिक वृक्ष लगाए जाएँ और वायुमंडल को शुद्ध बनाया जाए। बच्चों को चाहिए कि वे वृक्षों के महत्त्व को जानकर अधिक-से-अधिक वृक्ष लगाएँ और प्रदूषण कम करने में हमारे सहायक बनें।

प्रश्न

1. ऋषि-मुनियों ने वृक्ष उपासना का विधान क्यों बनाया?
2. प्रदूषण कम करने का उपाय बताइए।
3. वायुमंडल को शुद्ध किस प्रकार बनाया जा सकता है?
4. गद्यांश का उचित शीर्षक दीजिए।
5. 'विशेष' तथा 'अत्यधिक' शब्दों में से उपसर्ग अलग कीजिए।
6. 'आवश्यक' शब्द का विलोम लिखिए।

गद्यांश 4

एक चरवाहा रोजाना हरे-भरे पहाड़ पर अपनी बकरियों को चराने ले जाता था। एक भेड़िया हर दूसरे-तीसरे दिन उसकी बकरियों में से एक बकरी को चुपके से खा जाता था, जिससे उसकी बकरियों की संख्या कम होती जा रही थी। भेड़िये की इस धूर्तता से तंग आकर चरवाहे ने बकरियाँ चराना बंद कर दिया। बकरियों ने भी मौत से बचने के लिए बाड़े में कैद रहकर जुगाली करते रहना ही श्रेष्ठ समझा। एक युवा बकरी को यह बंधन पसंद नहीं आया। अत्याचारी से यों कब तक प्राणों की रक्षा की जा सकेगी? वह पहाड़ से उतरकर किसी दिन बाड़े में भी कूद सकता है।

प्रश्न

1. बकरियों की संख्या कम होने का क्या कारण था?
2. चरवाहे ने बकरियाँ चराना क्यों बंद कर दिया?
3. बकरियों ने मरने से बेहतर क्या समझा?
4. युवा बकरी को बाड़े में रहना क्यों पसंद नहीं आया?
5. 'रक्षा' शब्द से नया शब्द बनाइए।
6. 'पसंद' शब्द का विलोम लिखिए।

गद्यांश 5

पहाड़ी गाँवों में अकसर बाघ का डर बना रहता है। जंगल कटने के कारण शिकार की तलाश में बाघ कभी-कभी गाँव तक पहुँच जाता है। गेंवली गाँव में एक बार यही हुआ। बाघ ने गाँव में घुसकर एक गाय को मार डाला।

सुबह होते ही यह खबर पूरे गाँव में फैल गई। गाँव के लोग डर गए कि यह बाघ कहीं फिर से आकर दूसरे पालतू जानवरों और किसी आदमी को ही अपना शिकार न बना ले। गाँव के लोग गोपाल आश्रम गए और उन लोगों ने मीरा बहन को अपनी चिंता बताई।

मीरा बहन ने सभी गाँव के लोगों को आश्वस्त करते हुए कहा, "हम सभी गाँव के लोग एक योजना बनाने जा रहे हैं, जिससे हम बाघ को अपने चंगुल में फँसा सकें।" सभी लोग मीरा बहन के सुझाव से सहमत हो गए और लोगों ने बाघ को पकड़ने में मीरा बहन का साथ दिया और एक दिन बाघ गाँव के लोगों के बनाए गए जाल में फँस ही गया। इस तरह लोगों का डर भी कम हो गया। इसी प्रकार लोग अब गाँव में स्वतंत्र होकर घूमने लगे।

प्रश्न

1. उपरोक्त गद्यांश में किस गाँव का उल्लेख किया गया है और यहाँ किसका डर बना रहता है?
2. उपरोक्त गद्यांश के आधार पर बताइए कि किस कारण बाघ गाँव तक पहुँच जाता है?
3. पूरे गाँव में क्या खबर फैल गई थी?
4. गाँव के लोगों ने किसे अपनी चिंता बताई?
5. 'साधु-संतों की कुटी' वाक्यांश के लिए एक शब्द लिखिए।
6. 'पहाड़ी' शब्द में कौन-सा प्रत्यय है?

गद्यांश 6

28 मई, 2023 को भारत के प्रधानमंत्री ने देश के नए संसद भवन का उद्घाटन किया, जो पुनर्निर्मित सेंट्रल विस्टा परियोजना का हिस्सा है। आर्किटेक्ट बिमल पटेल द्वारा डिजाइन किए गए नए संसद भवन का निर्माण वर्ष 2019 में शुरू हुआ।

नया संसद भवन आकार में त्रिकोणीय है। यह ऐसा इसलिए है, क्योंकि जिस भूखंड पर यह बना है, वह त्रिकोणीय है। नए संसद भवन का स्वरूप विभिन्न धर्मों में पाई जाने वाली पवित्र ज्यामिति से प्रभावित है। इसका डिजाइन और सामग्री पुरानी संसद के पूरक हैं, साथ ही दोनों भवनों का एक परिसर है।

नए लोकसभा क़क्ष में एक मोर विषयवस्तु को अपनाया गया है, जिसमें दीवारों और छत पर राष्ट्रीय पक्षी के पंखों के समान नक्काशीदार डिजाइन तैयार किए गए हैं, जो टील कॉर्पेट से सुसज्जित हैं। लोकसभा कक्ष में वर्तमान में 543 के बजाय 888 सीटें हैं, जिनकी क्षमता बढ़कर 1,272 हो जाएगी। सेंट्रल हॉल के अभाव में लोकसभा का उपयोग दोनों सदनों की संयुक्त बैठक हेतु किया जाएगा।

नए भवन में एक संविधान सभागार बनाया गया है, जहाँ भारतीय लोकतंत्र की यात्रा का दस्तावेजीकरण किया गया है। मूल रूप से वर्ष 1993 में संसद के मुख्य द्वार पर स्थापित की गई महात्मा गाँधी की 16 फुट ऊँची काँस्य प्रतिमा को पुराने और नए भवनों के बीच स्थानांतरित कर दिया गया है।

प्रश्न

1. नए संसद भवन का उद्घाटन किसने किया?
   (क) भारत के राष्ट्रपति (ख) भारत के प्रधानमंत्री
   (ग) भारत के वित्तमंत्री (घ) भारत के अध्यक्ष
2. नए संसद भवन का निर्माण किस वर्ष शुरू हुआ?
   (क) वर्ष 2017 (ख) वर्ष 2018
   (ग) वर्ष 2019 (घ) वर्ष 2020
3. गद्यांश के अनुसार वर्तमान में लोकसभा कक्ष में 543 के बजाय कितनी सीटें हैं?
   (क) 888 (ख) 250 (ग) 384 (घ) 848
4. किसकी 16 फुट ऊँची काँस्य प्रतिमा को पुराने और नए भवनों के बीच स्थानांतरित किया गया है?
   (क) लालबहादुर शास्त्री (ख) मदन मोहन मालवीय
   (ग) जवाहरलाल नेहरू (घ) महात्मा गाँधी
5. लोकसभा कक्ष में दीवारों और छत पर किसके पंखों के समान नक्काशीदार डिजाइन तैयार किए गए हैं?
   (क) तोता (ख) मोर
   (ग) गिद्ध (घ) कौआ
6. 'नए' का विलोम शब्द क्या होगा?
   (क) नया (ख) चमकदार (ग) पुराना (घ) पुरातत्त्व

गद्यांश 7

G20 (ग्रुप ऑफ ट्वेंटी) विश्व की 20 प्रमुख अर्थव्यवस्थाओं के वित्त मंत्रियों और केंद्रीय बैंक के गवर्नरों का एक संगठन है, जिसमें 19 देश (अर्जेंटीना, ऑस्ट्रेलिया, ब्राजील, कनाडा, चीन, फ्रांस, जर्मनी, भारत, इंडोनेशिया, इटली, जापान, कोरिया गणराज्य, मैक्सिको, रूस, सऊदी अरब, दक्षिण अफ्रीका, तुर्की, यूनाइटेड किंगडम और संयुक्त राज्य अमेरिका) और यूरोपीय संघ शामिल हैं। G20 फोरम की स्थापना वर्ष 1999 में अंतर्राष्ट्रीय आर्थिक सहयोग और विकास से संबंधित नीतिगत मुद्दों पर चर्चा और उनका समाधान करने के लिए की गई थी। G20 सदस्य वैश्विक सकल घरेलू उत्पाद का लगभग 85%, वैश्विक व्यापार का 75% से अधिक और विश्व जनसंख्या का लगभग दो-तिहाई प्रतिनिधित्व करते हैं।

G20 की अध्यक्षता प्रत्येक वर्ष सदस्यों के बीच बदलती रहती है। अध्यक्षता करने वाला देश पिछले और अगले राष्ट्रपति पद धारकों के साथ मिलकर, G20 एजेंडा की निरंतरता सुनिश्चित करने के लिए 'ट्रोइका' बनाता है। G20 की अब तक कुल 17 बैठक हो चुकी हैं। 18वें G20 की प्रेसीडेंसी भारत को सौंपी गई थी। भारत में G20 शिखर सम्मेलन 9-10 सितंबर 2023 को नई दिल्ली में प्रधानमंत्री श्री नरेंद्र मोदी की अध्यक्षता में संपन्न हुआ है।

भारत की G20 अध्यक्षता की थीम 'वसुधैव कुटुंबकम्' थी, जिसका अर्थ है— एक पृथ्वी, एक परिवार, एक भविष्य। G20 नई दिल्ली शिखर सम्मेलन में अमेरिका, ब्रिटेन, फ्रांस, कनाडा, इटली, सऊदी अरब, अर्जेंटीना समेत दुनिया के तमाम शक्तिशाली देशों के राष्ट्राध्यक्ष शामिल हुए थे। भारत के पास 1 दिसंबर, 2022 से 30 नवंबर, 2023 तक G20 की अध्यक्षता है। इसके बाद वर्ष 2024 में 19वें G20 की अध्यक्षता ब्राजील के पास होगी?

प्रश्न

1. **G20 का अर्थ है**

(क) 20 देशों का संगठन

(ख) विश्व की 20 प्रमुख अर्थव्यवस्थाओं के वित्त मंत्रियों और केंद्रीय बैंक के गवर्नरों का एक संगठन

(ग) बड़े-बड़े देशों का संगठन

(घ) विश्व के उच्च वर्गीय लोगों का संगठन

2. **G20 में कितने देश शामिल हैं?**

(क) 19 (ख) 17 (ग) 18 (घ) 20

3. **G20 फोरम की स्थापना किस वर्ष की गई?**

(क) वर्ष 1996 (ख) वर्ष 1997 (ग) वर्ष 1998 (घ) वर्ष 1999

4. **18वाँ G20 शिखर सम्मेलन भारत में कब और कहाँ संपन्न हुआ?**

(क) 7-8 सितंबर, अहमदाबाद (ख) 8-9 सितंबर, मुंबई

(ग) 9-10 सितंबर, नई दिल्ली (घ) 10-11 सितंबर, कोलकाता

5. **'वसुधैव' शब्द का संधि विच्छेद क्या होगा?**

(क) वसुध + ऐव (ख) वसुधा + एव

(ग) वसुध + एव (घ) वसुधम् +एव

6. **नीचे दिए गए शब्दों में से शुद्ध शब्द का चयन कीजिए**

(क) केंद्रिय (ख) वैश्वीक

(ग) भविष्य (घ) शक्तिशालि

गद्यांश 8

एक व्यापारी अपने ग्राहक को शहद बेच रहा था, तभी अचानक व्यापारी के हाथ से फिसलकर शहद का बर्तन गिर गया। बहुत-सा शहद भूमि पर बिखर गया। जितना शहद ऊपर-ऊपर से उठाया जा सकता था, उतना व्यापारी ने उठा लिया, परंतु कुछ शहद फिर भी जमीन पर गिरा रह गया। कुछ ही देर में बहुत-सी मक्खियाँ उस जमीन पर गिरे हुए शहद पर आकर बैठ गईं। उन्हें शहद बहुत अच्छा लगा। वे जल्दी-जल्दी से उसे चाटने लगीं। जब तक उनका पेट भर नहीं गया, शहद चाटती रहीं। जब मक्खियों का पेट भर गया और उन्होंने उड़ना चाहा, तो उड़ न सकीं, क्योंकि उनके पंख शहद में चिपक गए थे। उड़ने के लिए उन्होंने बहुत कोशिश की, परंतु वह फिर भी उड़ न पाईं। वे जितना छटपटाती उनके पंख उतने चिपकते जाते। उनके सारे शरीर में शहद लगता जाता। काफी मक्खियाँ शहद में लोट-पोट होकर मर गईं। बहुत-सी मक्खियाँ पंख चिपकने से छटपटा रही थीं, परंतु तब भी नई मक्खियाँ शहद के लालच में वहाँ आती रहीं। मरी और छटपटाती मक्खियों को देखकर भी वह शहद खाने का लालच नहीं छोड़ पाईं।

प्रश्न

1. **शहद जमीन पर गिरा क्यों रह गया?**

(क) व्यापारी द्वारा शहद बेचने के कारण

(ख) व्यापारी के हाथ से फिसलकर बर्तन गिर गया

(ग) व्यापारी से जितना शहद ऊपर-ऊपर से उठाया गया उतना उठा लिया

(घ) मक्खियों से शहद बिखर गया।

2. **मक्खियाँ कब तक शहद को चाटती रहीं?**

(क) जब तक व्यापारी नहीं आया

(ख) जब तक उनका पेट नहीं भरा

(ग) जब तक उन्हें उड़ाया नहीं गया

(घ) जब तक शहद समाप्त न हुआ

3. **मक्खियों के सारे शरीर में शहद किस प्रकार लग गया?**

(क) छटपटाते समय पंख चिपकने से

(ख) शहद पेट भर खाने से

(ग) व्यापारी ने शहद शरीर पर लगा दिया

(घ) शहद बिखरने के कारण

4. **कहानी का उचित शीर्षक हो सकता है**

(क) मक्खी (ख) लालची मक्खियाँ

(ग) व्यापारी (घ) टूटे पंख

5. **'जमीन' शब्द का विलोम है**

(क) जमीं (ख) भूमि (ग) धरती (घ) आसमान

6. **'मक्खियाँ' शब्द का वचन बदलिए**

(क) मक्खियों (ख) मक्खी (ग) मक्खि (घ) मक्खीयों

गद्यांश 9

शहर से दूर एक तालाब था। तालाब के पास बहुत दलदल था, जिसमें दो मेंढक बड़े आनंदपूर्वक रहते थे। उन्हें न किसी बात की चिंता थी, न ही किसी से कोई शिकायत। बड़े संतोष और निश्चिंतता से दोनों का जीवन कट रहा था। गर्मियों के दिन आ गए। धीरे-धीरे तालाब के पास का दलदल सूखने लगा और एक दिन वह दलदल पूर्णत: सूख गया। दोनों मेंढकों को चिंता हुई कि अब वे अपना आवास कहाँ बनाएँ? दोनों विवश होकर वह स्थान छोड़कर नए आवास की तलाश में एक कुएँ के निकट पहुँचे। दोनों कुएँ के किनारे बैठे थे, उन्होंने भीतर झाँका। कुएँ में पानी ऊपर तक भरा हुआ था। पानी देखकर एक मेंढक खुशी से झूमता हुआ

अपने मित्र से बोला—"देखो! कुएँ में कितना पानी है। यह हमारे लिए उचित स्थान होगा। सुरक्षित भी है। आओ! इसके भीतर चलें।" दूसरा मेंढक बुद्धिमान था। उसने बुद्धिमत्ता का परिचय देते हुए कहा—"भैया! इतनी जल्दबाजी अच्छी नहीं। हमें पुराना घर दलदल सूखने पर छोड़ना पड़ा था। हम यहाँ रहने लगे और कुएँ का पानी सूख गया तो हम बाहर कैसे आएँगे?" दूसरे मेंढक की बात सुन पहला मेंढक बहुत शर्मिंदा हुआ।

प्रश्न

1. गर्मी के दिनों में ऐसा क्या हुआ कि मेंढक चिंतित हुए?

(क) दलदल गीला हो गया (ख) दलदल बढ़ गया
(ग) दलदल सूख गया (घ) इनमें से कोई नहीं

2. दोनों मेंढक कुएँ के निकट क्यों गए?

(क) नए आवास की तलाश में (ख) कुआँ देखने
(ग) चिंता के कारण (घ) भ्रमण के लिए

3. दूसरे मेंढक को कुआँ रहने के लिए उचित क्यों नहीं लगा?

(क) कुएँ में बहुत पानी था
(ख) कुएँ का पानी सूखने पर बाहर निकलना कठिन था
(ग) अन्य मेंढक वहाँ आ जाते
(घ) कुएँ में भोजन की समस्या होती

4. दूसरे मेंढक की मुख्य विशेषता बताएँ

(क) वह चालाक था
(ख) पहले की अपेक्षा छोटा था
(ग) वह पहले मेंढक की अपेक्षा बुद्धिमान था
(घ) वह जल्दबाज था

5. 'नया' शब्द का विलोम है

(क) नवीन (ख) पुराना
(ग) आधुनिक (घ) नवीनतम

6. 'आवास' शब्द का पर्यायवाची नहीं है

(क) घर (ख) गृह
(ग) सदन (घ) विपिन

गद्यांश 10

बरगद का बहुत पुराना पेड़ था। पेड़ बहुत घना था और पत्तों से लदा था। उस पर एक घोंसला था, जिसमें कौवे का एक जोड़ा रहता था। दुर्भाग्य से उसी पर एक नाग भी रहता था। मादा कौवा जब भी अंडा देती और कौवे का जोड़ा जब पेड़ से दूर जाते, तभी नाग ऊपर आता और घोंसले में रखा अंडा खा जाता। कौवे जब वापस आते तो बहुत दुःखी होते। कई बार ऐसा होने पर उन्होंने नाग से मुक्ति पाने का निर्णय लिया। कौवे ने अपने मित्र सियार को पूरी बात बताई। मित्र सियार ने कौवे से कहा, "तुम राजमहल जाओ, वहाँ से बहुमूल्य वस्तु लाकर नाग के बिल में फेंको।" कौवा राजमहल गया और रानी के कमरे से कीमती हार चुराया। रानी ने उसे देख लिया और नौकर को कौवे से हार वापस लेने भेजा। नौकर कौवे के पीछे-पीछे जंगल की ओर गया। कौए ने पेड़ के पास पहुँचकर रानी का हार नाग के बिल में फेंक दिया। नौकर ने देख लिया और बिल से हार लेने के लिए उसमें रहने वाले नाग को मार दिया। नौकर ने बिल से हार वापस ले लिया। इस प्रकार कौवे के जोड़े को नाग से मुक्ति मिल गई।

प्रश्न

1. कौवे की परेशानी का क्या कारण था?

(क) नाग ऊपर आ जाता था
(ख) नाग अंडा देख लेता था
(ग) नाग अंडा खा लेता था
(घ) नाग घोंसले में आता था

2. कौवे ने सियार को अपनी बात क्यों बताई?

(क) नाग को ले जाने के लिए
(ख) नाग से मुक्ति पाने के लिए
(ग) नाग से मित्रता कराने के लिए
(घ) नाग को बुलवाने के लिए

3. नौकर कौवे के पीछे क्यों गया?

(क) राजमहल में वापस लाने के लिए गया
(ख) रानी का हार कौवे ने चुराया था, उसे लेने
(ग) रानी ने डाँटा था
(घ) कौवे को बुलाने

4. नौकर को हार वापस कैसे मिला?

(क) बिल में रहने वाले नाग को मारकर
(ख) बिल के अंदर जाकर
(ग) नाग ने हार स्वयं दे दिया
(घ) कौए ने हार नौकर को दे दिया

5. 'दुर्भाग्य' का विलोम शब्द है

(क) दुरात्मा (ख) सुभाग्य
(ग) सौभाग्य (घ) इनमें से कोई नहीं

6. 'मित्र' शब्द का पर्यायवाची है

(क) दोस्त (ख) समीर
(ग) मित्र (घ) मैत्री

अपठित काव्यांश

निम्नलिखित काव्यांशों को पढ़कर उन पर आधारित प्रश्नों के उत्तर दीजिए

सैंपल काव्यांश 1

(अतिलघु उत्तरीय प्रश्नों पर आधारित)

मैंने छुटपन में छिपकर पैसे बोए थे,
सोचा था, पैसे के प्यारे पेड़ उगेंगे,
रुपयों की कलदार मधुर फसलें खनकेंगी,
और फूल-फल कर, मैं मोटा सेठ बनूँगा।
पर बंजर धरती में एक न अंकुर फूटा,
बंध्या मिट्टी ने न एक भी पैसा उगला,
सपने जाने कहाँ मिटे, सब धूल हो गए।
मैं हताश हो, बाट जोहता रहा कई दिनों तक,
बाल कल्पना के अपलक पाँवड़े बिछाकर।
मैं अबोध था, मैंने गलत बीज बोए थे,
ममता को रौंपा, तृष्णा को सींचा था।

प्रश्न

1. कवि ने बचपन में पैसे क्यों बोए थे?

उत्तर कवि ने अबोध होने के कारण बचपन में पैसे बोए थे। वे सोचते थे कि अन्य पेड़ों के समान पैसों का भी पेड़ उगेगा, जिसमें से रुपये रूपी फल निकलेंगे।

2. रुपये के पेड़ न उगने का दोष कवि ने किसे दिया?

उत्तर रुपये के पेड़ न उगने का दोष कवि ने बंजर धरती को दिया।

3. बालक ने धनी सेठ बनने की क्या कल्पना की थी?

उत्तर अबोध बालक ने कल्पना की थी कि उसने जो पैसे बीज की तरह बोए हैं, उसके पेड़ निकल आएँगे। कुछ पेड़ बड़े होने पर उसमें रुपयों की फसल उगेगी। उन फलरूपी रुपयों को तोड़कर वह धनी सेठ बन जाएगा।

4. इस पद्यांश में कवि ने क्या शिक्षा दी है?

उत्तर इस पद्यांश में कवि ने शिक्षा दी है कि धन केवल परिश्रम से ही प्राप्त होता है।

5. इन शब्दों के दो-दो पर्यायवाची लिखिए—धरती, फूल

उत्तर धरती—धरा, वसुंधरा
फूल—पुष्प, कुसुम

6. पद्यांश में आए दो भाववाचक संज्ञा शब्द ढूँढकर लिखिए।

उत्तर छुटपन, ममता

सैंपल काव्यांश 2

(बहुविकल्पीय प्रश्नों पर आधारित)

भटक रहे थे प्यासे-प्यासे पंछी इधर-उधर बौराए
थक निढाल हो कर सुस्ताते पथिक किनारे पर मुरझाए
झुलसाने वाली गर्मी से त्राण सभी पाते हैं प्राणी
तुरहि बजाओ थाल सजाओ आ पहुँची है वर्षा रानी
सोंधी-सोंधी उठी सुगंधी पवन हो गई ठंडी-ठंडी
उल्लसित तन-मन करती है नव ऋतु की मोहक सारंगी
मस्त पवन करती मनमानी रिम-झिम बरस रहा है पानी।

प्रश्न

1. पंछी जल की तलाश में इधर-उधर क्यों भटक रहे हैं?

(क) वे प्यासे हैं (ख) वे बहुत थके हुए हैं
(ग) भीषण गर्मी के कारण (घ) ये सभी

उत्तर (घ) ये सभी

2. कवि ने वर्षा ऋतु का स्वागत करने के लिए क्यों कहा है?

(क) लोग भीषण गर्मी से परेशान थे (ख) वर्षा ऋतु अच्छी होती है
(ग) लोग तुरही बजाना चाहते थे (घ) पथिक विश्राम कर पाते हैं

उत्तर (क) लोग भीषण गर्मी से परेशान थे

3. वर्षा ऋतु में क्या परिवर्तन नहीं आया है?

(क) पवन शीतल हो गई
(ख) सोंधी-सोंधी सुगंध आने लगी
(ग) लोगों का तन-मन प्रसन्न हो गया
(घ) पथिक निढाल बैठा है

उत्तर (घ) पथिक निढाल बैठा है

4. इस पद्यांश में कवि ने किन ऋतुओं का वर्णन किया है?

(क) वर्षा ऋतु, शरद् ऋतु (ख) ग्रीष्म ऋतु, वर्षा ऋतु
(ग) वसंत ऋतु, ग्रीष्म ऋतु (घ) ग्रीष्म ऋतु, शरद् ऋतु

उत्तर (ख) वर्षा ऋतु, ग्रीष्म ऋतु

5. 'पवन' शब्द का पर्यायवाची है

(क) सुगंध (ख) समीर (ग) मोहक (घ) पथिक

उत्तर (ख) समीर

6. 'पथिक' शब्द में प्रत्यय है

(क) एक (ख) अक (ग) इक (घ) थिक

उत्तर (ग) इक

अभ्यास प्रश्न

बहुविकल्पीय व वर्णनात्मक प्रश्नों सहित

अतिलघु उत्तरीय प्रश्न

काव्यांश 1

कोयल काली है पर
मीठी है इसकी बोली
इसने ही तो कूक-कूक कर
आमों में मिश्री घोली
कोयल-कोयल सच बतलाना
क्या संदेसा लाई हो
बहुत दिनों के बाद आज फिर
इस डाली पर आई हो
क्या गाती हो किसे बुलाती
बतला दो कोयल रानी
प्यासी धरती देख माँगती
हो क्या मेघों से पानी?
कोयल यह मिठास क्या तुमने
अपनी माँ से पाई है?
माँ ने ही क्या तुमको मीठी
बोली यह सिखलायी है?
डाल-डाल पर उड़ना गाना
जिसने तुम्हें सिखाया है
सबसे मीठे-मीठे बोलो
यह भी तुम्हें बताया है
बहुत भली हो तुमने माँ की
बात सदा ही है मानी
इसीलिए तो तुम कहलाती
हो सब चिड़ियों की रानी।

प्रश्न

1. कोयल की कूक से क्या होता है?
2. कवयित्री कोयल से क्या पूछ रही है?
3. कोयल चिड़ियों की रानी क्यों कहलाती है?
4. इस कविता का उचित शीर्षक लिखिए।
5. 'संदेसा' शब्द का तत्सम शब्द क्या है?
6. 'प्यासी धरती' में 'प्यासी' शब्द व्याकरणिक दृष्टि से क्या है?

काव्यांश 2

पेप्सी बोली—सुन! कोका कोला,
भारत का इंसान है बहुत भोला।
विदेश से मैं आई हूँ,
साथ में मौत को लाई हूँ।
लहर नहीं जहर हूँ मैं,
गुर्दों पर ढाती कहर हूँ मैं।
मेरी पीएच दो प्वॉइंट सात,
मुझमें गिरकर गल जाए दाँत।
जिंक, आर्सेनिक, लेड हूँ मैं,
काटे आँतों को, वो ब्लेड हूँ मैं।
हाँ, दूध मुझसे सस्ता है,
फिर पीकर मुझको क्यों मरता है।
540 करोड़ कमाती हूँ,
पर वह भी विदेश ले जाती हूँ।
मैं पहुँची हूँ आज वहाँ पर,
पीने को नहीं पानी जहाँ पर।
छोड़ो नकल अब अकल से जीओ,
और जो कुछ पीना है सँभल के पीओ।
बच्चों को यह कविता सुनाओ,
स्वदेशी अपनाओ देश बचाओ।

प्रश्न

1. पेप्सी भारत के निवासियों को भोला क्यों कहती है?
2. पेप्सी में कौन-कौन से हानिकारक तत्त्व होते हैं?
3. पेप्सी पीने से क्या नुकसान होते हैं?
4. इस कविता के माध्यम से कवि ने क्या संदेश दिया है?
5. 'स्वदेशी' शब्द का विलोम लिखिए।
6. 'दूध' का तद्भव शब्द लिखिए।

काव्यांश 3

नन्हीं चींटी जब दाना लेकर चलती है,
चढ़ती दीवारों पर, सौ बार फिसलती है।
मन का विश्वास रगों में साहस भरता है,
चढ़कर गिरना, गिरकर चढ़ना न अखरता है।
आखिर उसकी मेहनत बेकार नहीं होती,
कोशिश करने वालों की कभी हार नहीं होती।
असफलता एक चुनौती है, इसे स्वीकार करो,
क्या कमी रह गई, देखो और सुधार करो।
जब तक न सफल हो, नींद चैन को त्यागो तुम,
संघर्ष का मैदान छोड़कर मत भागो तुम।
कुछ किये बिना ही जय-जयकार नहीं होती,
कोशिश करने वालों की कभी हार नहीं होती।

प्रश्न

1. नन्हीं चींटी किस प्रकार सफलता प्राप्त करती है?
2. कवि ने असफलता को चुनौती मानने की सलाह क्यों दी?
3. मनुष्य को कब तक प्रयत्न करना चाहिए?
4. कविता का मुख्य भाव क्या है?
5. 'चींटी' शब्द का बहुवचन लिखिए।
6. उपर्युक्त काव्यांश में 'आह्वान' के लिए कौन-सा शब्द प्रयुक्त हुआ है?

काव्यांश 4

ज्यों निकलकर बादलों की गोद से
थी अभी एक बूँद कुछ आगे बढ़ी।
सोचने फिर-फिर यही जी में लगी,
आह! क्यों घर छोड़कर मैं यों कढ़ी?
देव!! मेरे भाग्य में क्या है बदा,
मैं बचूँगी या मिलूँगी धूल में?
या जलूँगी फिर अंगारे पर किसी,
चू पड़ूँगी या कमल के फूल में?
बह गयी उस काल एक ऐसी हवा
वह समुंदर की ओर आई अनमनी।
एक सुंदर सीप का मुँह था खुला
वह उसी में जा पड़ी मोती बनी।
लोग यों ही हैं झिझकते, सोचते
जबकि उनको छोड़ना पड़ता है घर,
किंतु घर का छोड़ना अक्सर उन्हें
बूँद लौं कुछ और ही देता है कर।

प्रश्न

1. नन्हीं बूँद कहाँ से उत्पन्न हुई है? वह अपने मन में क्या विचार कर रही है?
2. नन्हीं बूँद को क्या भय है?
3. बूँद मोती किस प्रकार बन जाती है?
4. कविता का उचित शीर्षक दीजिए।
5. 'कमल' शब्द के दो पर्यायवाची लिखिए।
6. 'काल' शब्द के दो अर्थ लिखिए।

काव्यांश 5

तितली तितली! कहाँ चली हो नंदन-वन की रानी सी।
वन-उपवन में, गिरि कानन में फिरती हो दीवानी सी।
फूल-फूल पर, अटक-अटक कर करती कुछ मनमानी सी
पत्ती-पत्ती से कहती कुछ अपनी प्रणय कहानी सी।
यह मस्ती, इतनी चंचलता किससे अलि! तुमने पाई?
कहाँ जा रही हो इस निर्जन मंदिर उषा में अलसाई?
सोते ही सोते मीठी-सी सुधि तुमको किसकी आई?
जो चल पड़ी जाग तुम झटपट लेते-लेते अँगड़ाई?

प्रश्न

1. उपरोक्त काव्यांश किसके जीवन पर आधारित है?
2. तितली पहाड़ों और जंगलों में किसकी तरह घूमती है?
3. तितली कहाँ और कैसे मनमानी-सी करती है?
4. कवि को कैसे पता चला कि तितली को किसी की याद आई?
5. 'कानन' शब्द के दो पर्यायवाची शब्द बताइए।
6. 'अलि' के लिए कोई दो अनेकार्थी शब्द लिखिए।

बहुविकल्पीय प्रश्न

काव्यांश 6

सुबह-सुबह जब वर्षा आए।
तब भीगने में मजा आ जाए।
मैं नाचूँगी, मैं खेलूँगी,
पानी में कागज की नाव भी चलाऊँगी।
रिमझिम-रिमझिम पानी टप-टप,
पानी गिरा बादल से।
माँ ने पकौड़े और समोसे बनाए,
खाने में कितना मजा आए।
गाड़ी निकालो और चलो सैर पर,
घूमेंगे और झूमेंगे।
सूखे पेड़ धुल गए हैं,
और चारों ओर फूल खिल गए हैं।
बिजली चमके तो डर लगे,
लेकिन जब गरजते बादल से पानी बरसे,
तब सबके चेहरों पर खुशहाली छा जाए।
लो! सब झूम उठे मस्ती में
काश! यह वर्षा रोज ही आए,
और सबको खुशियाँ दे जाए।

प्रश्न

1. इस कविता में कवि ने किस ऋतु का वर्णन किया है?
   (क) शरद् ऋतु (ख) ग्रीष्म ऋतु
   (ग) वर्षा ऋतु (घ) वसंत ऋतु
2. वर्षा होने पर वातावरण में क्या परिवर्तन आ गया?
   (क) सूखे पेड़ धुल गए
   (ख) चारों ओर फूल खिल गए
   (ग) बिजली चमकने लगी
   (घ) उपर्युक्त सभी
3. सुबह-सुबह वर्षा में लोग क्या करते हैं?
   (क) वर्षा का आनंद लेते हैं
   (ख) वर्षा रुकने की प्रतीक्षा करते हैं
   (ग) पेड़ों को धोते हैं
   (घ) गरजते बादलों की आवाज सुनते हैं

4. लोग वर्षा का आनंद किस प्रकार लेने की कामना करते हैं?
(क) पकौड़े और समोसे खाकर
(ख) चेहरों पर प्रसन्नता लाकर
(ग) नाचकर, खेलकर, नाव चलाकर, घूमकर, पकौड़े और समोसे खाकर
(घ) बिजली चमकने से न डरकर

5. 'बिजली' शब्द का पर्यायवाची है
(क) कामिनी (ख) दामिनी
(ग) रोशनी (घ) प्रकाश

6. 'खुशी' शब्द व्याकरण की दृष्टि से क्या है?
(क) जातिवाचक संज्ञा (ख) विशेषण
(ग) भाववाचक संज्ञा (घ) क्रिया-विशेषण

काव्यांश 7

जन्म लेते हैं जगह में एक ही
एक ही पौधा उन्हें है पालता,
रात में उन पर चमकता चाँद भी
एक-ही सी चाँदनी है डालता।
मेघ उन पर है बरसता एक-सा,
एक-सी उन पर हवाएँ हैं बहीं
पर सदा ही यह दिखाता है हमें,
ढंग उनके एक से होते नहीं।
छेदकर काँटा किसी की अँगुलियाँ,
फाड़ देता है किसी का वर-वसन
प्यार-डूबी तितलियों का पर कतर
भौंर का है भेद देता श्याम तन।
फूल लेकर तितलियों को गोद में
भौंर को अपना अनूठा रस पिला,
निज सुगंधों और निराले रंग से
है सदा देता कली का जी खिला।
है खटकता एक सबकी आँख में
दूसरा है सोहता सुर-शीश पर,
किस तरह कुल की बड़ाई काम दे
जो किसी में हो बड़प्पन की कसर।

प्रश्न

1. इस कविता में मुख्य रूप से पौधे के किस भाग की बात की गई है?
(क) काँटे की (ख) डालों की
(ग) फूल और काँटों की (घ) तने की

2. फूल किसे रस पिलाता है?
(क) भौंरों को
(ख) कलियों को
(ग) स्वयं को
(घ) चाँद को

3. काँटे में क्या अवगुण होता है?
(क) चुभता है
(ख) खटकता है
(ग) तितलियों के पर कतरता है
(घ) कठोर, निर्दयी और निर्भय होता है

4. प्रस्तुत कविता हमें क्या संदेश देती है?
(क) काँटे पौधों पर नहीं उगने चाहिए
(ख) ऊँचे कुल में जन्म लेने से कुछ नहीं होता
(ग) फूल और काँटे समान होते हैं
(घ) फूल ईश्वर पर चढ़ाना चाहिए

5. 'आँख' शब्द का पर्यायवाची है
(क) कर (ख) शीश
(ग) वसन (घ) नयन

6. 'कुल' शब्द का एक अर्थ योग है, दूसरा अर्थ है
(क) बड़प्पन (ख) जोड़ना
(ग) वंश (घ) ढंग

काव्यांश 8

क्या कुटिल व्यंग्य! दीनता वेदना से अधीर,
आशा से जिनका नाम रात-दिन जपती है,
दिल्ली के वे देवता रोज कहते जाते,
'कुछ और धरो धीरज, किस्मत अब छपती है।'
किस्मतें रोज छप रहीं, मगर जलधार कहाँ?
प्यासी हरियाली सूख रही है खेतों में,
निर्धन का धन पी रहे लोभ के प्रेत छिपे,
पानी विलीन होता जाता है रेतों में।
हिल रहा देश कुत्सा के जिन आघातों से,
वे नाद तुम्हें ही नहीं सुनाई पड़ते हैं?
निर्माणों के प्रहरियो! तुम्हें ही चोरों के काले
चेहरे क्या नहीं दिखाई पड़ते हैं?
तो होश करो, दिल्ली के देवो, होश करो,
सब दिन तो यह मोहिनी न चलने वाली है,
होती जाती हैं गर्म दिशाओं की साँसें,
मिट्टी फिर कोई आग उगलने वाली है।

प्रश्न

1. गरीबों के प्रति कुटिल व्यंग्य क्या है?
(क) धीरज रखने का अनुरोध
(ख) गरीबों को भाग्य पलटने का आश्वासन देना
(ग) कुछ और काम करने का आग्रह
(घ) वेदना और अधीरता

2. 'दिल्ली के वे देवता' कौन हैं?
(क) सरकारी कर्मचारी (ख) शक्तिशाली शासक
(ग) बड़े व्यापारी (घ) प्रभावशाली लोग

3. **निर्माण के प्रहरी अनदेखी करते हैं**

(क) वैभवशाली लोगों की (ख) दिल्ली के देवों की

(ग) हरे भरे खेतों की (घ) चोरों और भ्रष्टाचारियों की करतूतों को

4. **निम्नलिखित में से कौन-सा कथन सत्य है?**

(क) सिंचाई के लिए लोगों को जरा-सा भी पानी नहीं मिल पाता

(ख) गरीबों तक सभी सुविधाएँ आसानी से पहुँच जाती हैं

(ग) शक्तिशाली लोभी वर्ग निर्धन व शोषित वर्ग के धन पर नजर लगाए रहते हैं

(घ) रेत में बिल्कुल भी खेती नहीं हो पाती

5. **काव्यांश में 'कुत्सा' का क्या अर्थ है?**

(क) बुरे व निंदित कार्य (ख) चुगली करना

(ग) कुटिल भावना रखना (घ) ये सभी

6. **कविता के माध्यम से कवि क्या चेतावनी दे रहा है?**

(क) गरीबों का मजाक मत बनाओ

(ख) शक्तिशाली शासकों को होश में आने की

(ग) गरीबों का साथ दो

(घ) इनमें से कोई नहीं

काव्यांश 9

वैराग्य छोड़ बाँहों की विभा सँभालो
चट्टानों की छाती से दूध निकालो।
है रुकी जहाँ भी धार शिलाएँ तोड़ो,
पीयूष चंद्रमाओं को पकड़ निचोड़ो
चढ़ तुंग शैल शिखरों पर सोम पियो रे।
योगियों नहीं, विजयी के सदृश जियो रे।
छोड़ो मत अपनी आन, सीस कट जाए,
मत झुको अनय पर, भले व्योम फट जाए
दो बार नहीं यमराज कंठ धरता है
मरता है जो, एक ही बार मरता है।
तुम स्वयं मरण के मुख पर चरण धरो रे।
जीना हो तो मरने से नहीं डरो रे।
स्वातंत्र्य जाति की लगन व्यक्ति की धुन है,
बाहरी वस्तु यह नहीं, भीतरी गुण है।
नत हुए बिना जो अशनि-घात सहती है,
स्वाधीन जगत् में वही जाति रहती है।
वीरत्व छोड़ पर का मत चरण गहो रे।

प्रश्न

1. **कवि भारतीय युवकों को ऐसा जीवन जीने को कहता है, जो**

(क) कायरों जैसा न हो

(ख) योगियों जैसा नहीं, पराक्रमी वीरों जैसा हो

(ग) केवल बात करने वाले बुद्धिजीवी जैसा न हो

(घ) व्यर्थ में समय नष्ट न करता हो

2. **कवि कहता है कि मनुष्य को उन परिस्थितियों में मृत्यु की चिंता नहीं करनी चाहिए, जब**

(क) कोई युद्ध करने पर आमादा हो

(ख) कोई निरीह पशुओं पर अत्याचार कर रहा हो

(ग) कोई असामाजिक कार्य कर रहा हो

(घ) उसकी आन अर्थात् इज्जत दाँव पर लगी हो

3. **कवि द्वारा इस कविता को लिखने का कारण हो सकता है**

(क) देश को स्वाधीन कराने के लिए स्वयं का बलिदान करने से भी न चूकना

(ख) देश की समस्याओं से युवाओं को रूबरू कराना

(ग) महिलाओं की इज्जत बचाने के लिए गुहार लगाना

(घ) वृद्धों को समाज में उनका उचित स्थान दिलवाना

4. **संसार में कौन-सी जाति स्वाधीन रहती है?**

(क) जो तलवारों का सामना करने पर भी हार नहीं मानती

(ख) जो वैराग्य ले लेती है

(ग) जो बुद्धि से काम लेती है

(घ) जो शक्तिशाली के समक्ष नत हो जाती है

5. **कविता के मूल भाव से संबंधित कथनों पर विचार कीजिए**

1. हमें देश की उन्नति के लिए स्वयं का बलिदान करने से भी नहीं चूकना है।
2. हमें हर हाल में अपनी भारत माता को पराधीनता की बेड़ियों से मुक्त कराना है।
3. यह कविता स्वाधीनता की पृष्ठभूमि में लिखी गई कविता है।

उपरोक्त कथनों में कौन-सा/से कथन सही है/हैं?

(क) केवल 1 (ख) केवल 2

(ग) 2 और 3 (घ) 1 और 3

6. **'विजयी' शब्द का अर्थ है**

(क) विजय को छोड़ने वाला (ख) हार को मानने वाला

(ग) विजय को प्राप्त करने वाला (घ) पराधीन में रहने वाला

काव्यांश 10

जब एक साथ मिलकर खेलते हैं,
एक-दूसरे के दु:ख-सुख झेलते हैं;
कभी रूठते हैं, मनाते हैं,
और फिर गले लगकर मुस्कुराते हैं
जब हम बतियाते हैं-एक हो जाते हैं
भाषा-भूषा हमें पास लाते हैं;
पर बिना शब्दों के भी जोड़ते हैं संगीत के स्वर
जिससे होंठ गुनगुनाते हैं, पाँव थिरक जाते हैं
हम तब भी एक होते हैं,
जब प्रकृति की गोद में होते हैं।
दीन-दुनिया से परे, चैन की नींद सोते हैं
और सुनहरे सपनों की दुनिया सँजोते हैं।
एक होने का यह भाव बड़ा अजीब है,
इसी भाव में यीशु का यश, अल्लाह का ताबीज़ है।
गुरु की वाणी है, राम नाम का बीज है,
यह परंपरा और संस्कृति की चीज़ है।

प्रश्न

1. संगीत के स्वर बजने पर क्या होता है?
(क) हमें पास लाते हैं
(ख) होंठ गुनगुनाते और पाँव थिरकते हैं
(ग) मन के दरवाज़े खुलते हैं
(घ) कर्त्तव्य के प्रति सजग होते हैं

2. एक होने का भाव अजीब है, क्योंकि
(क) हम सभी धर्मों का अपमान करते हैं
(ख) हम सभी धर्मों का सम्मान करते हैं
(ग) हम किसी से बात करना पसंद नहीं करते
(घ) हम दीन दुनिया से परे हैं

3. सबके साथ एकता का भाव रखना हमारे लिए क्या है?
(क) परंपरा (ख) संस्कृति
(ग) 'क' और 'ख' दोनों (घ) इनमें से कोई नहीं

4. भूषा का अर्थ है
(क) वेशभूषा (ख) चारा-भूसा
(ग) सजावट (घ) शोभा

5. दिए गए कथनों पर विचार कीजिए
1. हम सब मुस्कुराते हुए एक-साथ सुख-दु:ख झेलते हैं।
2. हम सब मुस्कुराते हुए एक-दूसरे को गले लगाते हैं।
3. हम सब एक-दूसरे से डरते भी हैं।

उपरोक्त कथनों में कौन-सा/से कथन सही है/हैं?
(क) केवल 1 (ख) केवल 2 (ग) 1 और 2 (घ) 2 और 3

6. 'सुख' शब्द का पर्यायवाची है
(क) आनंद (ख) उत्साह
(ग) परित्याग (घ) दु:ख

उत्तरमाला (अभ्यास प्रश्न)

अठित गद्यांश

गद्यांश 1

1. शेर जंगल का राजा है। शेर को पुराने समय से ही शक्ति और प्रभुत्व का प्रतीक माना जाता है, इसलिए भारत ने राष्ट्रीय चिह्न में 'शेर' को स्थान दिया है।
2. शेर सभी पशुओं में सबसे अधिक रोबीला और बहादुर होता है। शेर बिल्ली जाति का एकमात्र पशु है, जिसके नर की गर्दन में दर्शनीय अयाल होता है। इसलिए शेर अन्य पशुओं से भिन्न है।
3. बब्बर शेर उत्तरी भारत के अधिकांश मैदानी भागों में पाए जाते थे। अपनी निर्भीकता के कारण ये सरलता से मारे गए, इसलिए इनकी संख्या काफी कम हो गई है।
4. तीव्रता से शेरों की संख्या में कमी होते देखकर भारत में अभयारण्य बनाए गए हैं, जिनमें जीव-जंतुओं को सुरक्षा दी जाती है। इन संरक्षित वनों में शेर निर्भय रूप से विचरण कर सकते हैं।
5. शारीरिक = शरीर (मूल शब्द) + इक (प्रत्यय)।
6. वन = अरण्य, जंगल।

गद्यांश 2

1. गाँधीजी की माँ का नाम पुतलीबाई था। वे बहुत स्नेहमयी तथा धार्मिक विचारों की महिला थीं।
2. गाँधीजी का पूरा नाम मोहनदास करमचंद गाँधी था। उन्हें हम आज भी 'राष्ट्रपिता' के नाम से जानते हैं।
3. गाँधीजी ने अंग्रेजों के अत्याचारों को देखकर उनके खिलाफ असहयोग आंदोलन चलाए। देशवासियों को सत्य और अहिंसा के मार्ग पर चलकर स्वतंत्रता प्राप्त करने की प्रेरणा दी। वे देश के पथ प्रदर्शक बने।
4. उपरोक्त गद्यांश का उचित शीर्षक 'राष्ट्रपिता महात्मा गाँधी' है।
5. सत्य का विलोम शब्द असत्य है।
6. माँ = जननी, माता।

गद्यांश 3

1. सभ्यता के आदिकाल में ही मनुष्य ने पेड़-पौधों के महत्त्व को समझ लिया। मनुष्य समझ गया कि पेड़-पौधे प्राणी-जगत के लिए आवश्यक हैं, इसलिए ऋषि-मुनियों ने वृक्ष उपासना का विधान बनाया।
2. प्रदूषण कम करने के लिए अधिक-से-अधिक वृक्ष लगाने चाहिए। वृक्ष लगाने से ऑक्सीजन की मात्रा बढ़ेगी और प्रदूषण कम होगा।
3. पेड़-पौधे वायुमंडल को शुद्ध करते हैं, इसलिए वृक्ष के महत्त्व को समझकर अधिक-से-अधिक वृक्ष लगाने चाहिए।
4. गद्यांश का उचित शीर्षक है—पेड़-पौधों का महत्त्व।
5. विशेष = वि + शेष, अत्यधिक = अति + अधिक
6. आवश्यक–अनावश्यक ।

गद्यांश 4

1. चरवाहा जब हरे-भरे पहाड़ पर अपनी बकरियों को चराने ले जाता, तब एक भेड़िया चुपके से एक बकरी को खा जाता था, इसलिए बकरियों की संख्या कम हो रही थी।
2. बकरियों की संख्या धीरे-धीरे कम होने के कारण भेड़िये से परेशान होकर चरवाहे ने अपनी बकरियाँ चराना बंद कर दिया।
3. बकरियों को पहाड़ पर चरने जाने से भेड़िये द्वारा मारे जाने का भय था। उन्होंने बाड़े में कैद रहकर जुगाली करते रहना ही बेहतर समझा।
4. युवा बकरी स्वतंत्र रहना चाहती थी। उसे लगता था कि भेड़िया किसी भी दिन बाड़े में आ सकता है। उसे भय के साथ जीवन जीना पसंद नहीं आया।
5. रक्षा = सु + रक्षा (सुरक्षा)
6. पसंद – नापसंद।

गद्यांश 5

1. उपरोक्त गद्यांश में गेंवली गाँव का उल्लेख किया गया है और यहाँ बाघ का डर बना रहता है।
2. जंगल कटने के कारण शिकार की तलाश में बाघ गाँव तक पहुँच जाता है।
3. पूरे गाँव में यह खबर फैल गई कि बाघ ने गाँव में घुसकर एक गाय को मार डाला।
4. गाँव के लोगों ने मीरा बहन को अपनी चिंता बताई।
5. 'साधु-संतों की कुटी' वाक्यांश के लिए एक शब्द 'आश्रम' है।
6. पहाड़ी शब्द में 'ई' प्रत्यय है।

गद्यांश 6

1. (ख) भारत के प्रधानमंत्री
2. (ग) वर्ष 2019
3. (क) 888
4. (घ) महात्मा गाँधी
5. (ख) मोर
6. (ग) पुराना

गद्यांश 7

1. (ख) विश्व की 20 प्रमुख अर्थव्यवस्थाओं के वित्त मंत्रियों और केंद्रीय बैंक के गवर्नरों का एक संगठन
2. (क) 19
3. (घ) वर्ष 1999
4. (ग) 9-10 सितंबर, नई दिल्ली
5. (ख) वसुधा + एव = वसुधैव
6. (ग) भविष्य

गद्यांश 8

1. (ग) व्यापारी से जितना शहद ऊपर-ऊपर से उठाया गया उतना उठा लिया
2. (ख) जब तक उनका पेट नहीं भरा
3. (क) छटपटाते समय पंख चिपकने से
4. (ख) लालची मक्खियाँ
5. (घ) आसमान
6. (ख) मक्खी

गद्यांश 9

1. (ग) दलदल सूख गया
2. (क) नए आवास की तलाश में
3. (ख) कुएँ का पानी सूखने पर बाहर निकलना कठिन था
4. (ग) वह पहले मेंढक की अपेक्षा बुद्धिमान था
5. (ख) पुराना
6. (घ) विपिन

गद्यांश 10

1. (ग) नाग अंडा खा लेता है
2. *(ख)* नाग से मुक्ति पाने के लिए
3. (ख) रानी का हार कौवे ने चुराया था, उसे लेने
4. (क) बिल में रहने वाले नाग को मारकर
5. (ग) सौभाग्य
6. (क) दोस्त

अठित काव्यांश

काव्यांश 1

1. कोयल की आवाज बहुत मधुर होती है, इसलिए कवयित्री कहती है कि कोयल की कूक से आम के फल में मिश्री घुल जाती है अर्थात् आम मीठे हो जाते हैं।
2. कवयित्री कोयल से पूछती है कि उसे मीठी बोली, गाना गाना किसने सिखाया है? वह किसे बुलाती है और आज वह किसका संदेश लेकर आई है?
3. कोयल की बोली में मिठास होती है। उसने अपनी माँ की बातों का सदैव पालन किया है, इसीलिए वह चिड़ियों की रानी कहलाती है।
4. इस कविता का उचित शीर्षक 'कोयल' है।
5. 'संदेसा' शब्द का तत्सम शब्द 'संदेश' है।
6. 'प्यासी धरती' में 'प्यासी' शब्द विशेषण है।

काव्यांश 2

1. पेप्सी, कोका कोला को बताती है, मैं विदेश से आई हूँ, मैं बहुत हानिकारक हूँ। भारत के निवासी बहुत भोले हैं और मेरे द्वारा होने वाली हानि को नहीं समझ पाते।
2. पेप्सी में जिंक, आर्सेनिक तथा लेड जैसे हानिकारक तत्त्व होते हैं।
3. पेप्सी में जिंक, आर्सेनिक तथा लेड होने के कारण दाँत गल जाते हैं, आँतें कट जाती हैं।
4. इस कविता के माध्यम से कवि स्वदेशी वस्तुओं को अपनाने के लिए कहते हैं।
5. 'स्वदेशी' का विलोम शब्द 'विदेशी' है।
6. 'दूध' का तद्भव शब्द 'दुग्ध' है।

काव्यांश 3

1. नन्हीं चींटी जब दाना लेकर दीवार पर चढ़ती है, तो कई बार फिसलती है, लेकिन वह हार नहीं मानती। चढ़कर गिरना और गिरकर चढ़ना उसका स्वभाव बन जाता है। अंत में निरंतर प्रयत्न करने पर वह दीवार पर चढ़ने में सफल हो जाती है।
2. असफलता को चुनौती के रूप में स्वीकार करने से उस प्रयत्न में कमी को देखकर सुधार किया जा सकता है, जिससे सफलता की प्राप्ति होगी।
3. मनुष्य को अपनी नींद और चैन को छोड़कर निरंतर संघर्ष करते रहना चाहिए, जब तक उसे सफलता प्राप्त न हो जाए।
4. कविता का मुख्य भाव सफलता प्राप्त न होने तक निरंतर प्रयत्न करते रहना है।
5. 'चींटी' शब्द का बहुवचन 'चींटियाँ' है।
6. 'आह्वान' के लिए चुनौती शब्द प्रयुक्त हुआ है।

काव्यांश 4

1. वर्षा की नन्हीं बूँद बादलों से आई है। वह पृथ्वी पर आते समय अपने मन में विचार कर रही है कि अपना घर छोड़कर वह क्यों निकल आई है।
2. नन्हीं बूँद भयभीत है। वह सोच रही है कि पता नहीं उसके भाग्य में क्या है? वह कहाँ गिरेगी? धूल में मिल जाएगी, किसी अंगारे पर गिरेगी या कमल के फूल पर गिरेगी।
3. बूँद समुद्र के पास सुंदर सीप के मुँह में जाकर मोती बन जाती है।
4. कविता का उचित शीर्षक 'एक बूँद' है

5. 'कमल' के पर्यायवाची शब्द जलज, पंकज हैं।
6. 'काल' शब्द के दो अर्थ समय, गति हैं।

काव्यांश 5

1. उपरोक्त काव्यांश तितली के जीवन पर आधारित है।
2. तितली पहाड़ों और जंगलों में दीवानी की तरह घूमती है।
3. तितली फूलों पर अटक-अटक कर मनमानी-सी करती है।
4. तितली सोकर उठते ही अँगड़ाई लेकर अचानक कहीं चल देती है। इसे देखकर कवि को ऐसा लगता है कि तितली को किसी की याद आई है।
5. 'कानन' के पर्यायवाची शब्द जंगल, वन हैं।
6. अलि—सखि, भौंरा

काव्यांश 6

1. (ग) वर्षा ऋतु
2. (घ) उपर्युक्त सभी
3. (क) वर्षा का आनंद लेते हैं
4. (ग) नाचकर, खेलकर, नाव चलाकर, घूमकर, पकौड़े और समोसे खाकर
5. (ख) दामिनी
6. (ग) भाववाचक संज्ञा

काव्यांश 7

1. (ग) फूल और काँटों की
2. (क) भौंरों को
3. (घ) कठोर, निर्दयी और निर्भय होता है
4. (ख) ऊँचे कुल में जन्म लेने से कुछ नहीं होता
5. (घ) नयन
6. (ग) वंश

काव्यांश 8

1. (ख) गरीबों को भाग्य पलटने का आश्वासन देना
2. (ख) शक्तिशाली शासक
3. (घ) चोरों और भ्रष्टाचारियों की करतूतों को
4. (ग) शक्तिशाली लोभी वर्ग निर्धन व शोषित वर्ग के धन पर नजर लगाए रहते हैं
5. (क) बुरे व निंदित कार्य
6. (ख) शक्तिशाली शासकों को होश में आने की

काव्यांश 9

1. (ख) योगियों जैसा नहीं, पराक्रमी वीरों जैसा हो
2. (घ) उसकी आन अर्थात् इज़्ज़त दाँव पर लगी हो
3. (क) देश को स्वाधीन कराने के लिए स्वयं का बलिदान करने से भी न चूकना
4. (क) जो तलवारों का सामना करने पर भी हार नहीं मानती
5. (ग) 2 और 3
6. (ग) विजय को प्राप्त करने वाला

काव्यांश 10

1. (ख) होंठ गुनगुनाते और पाँव थिरकते हैं
2. (ख) हम सभी धर्मों का सम्मान करते हैं
3. (ग) 'क' और 'ख' दोनों
4. (क) वेशभूषा
5. (ग) 1 और 2
6. (क) आनंद

भाषा, बोली, लिपि और व्याकरण

अध्याय 1

1.1 भाषा

भाषा द्वारा हम न केवल अपने विचार प्रकट करते हैं अपितु दूसरे के विचार भी जान सकते हैं। इस प्रकार नए विचार जन्म लेते हैं तथा भाषा का विकास होता है। भाषा शब्द की उत्पत्ति 'भाष्' धातु से हुई है, जिसका अर्थ है—वाणी या बोलना। वाणी द्वारा उच्चारित सार्थक ध्वनियाँ ही भाषा का आधार होती हैं।

मनुष्य द्वारा अपने विचारों के परस्पर आदान-प्रदान के माध्यम को **भाषा** कहते हैं।

भाषा द्वारा हम अपने विचारों को दो प्रकार से अभिव्यक्त करते हैं—**बोलकर** व **लिखकर**।

भाषा के रूप

1. मौखिक भाषा

मौखिक भाषा में हम विचारों को बोलकर व्यक्त करते हैं। वार्तालाप, वाद-विवाद, कविता पाठ, भाषण, नाटक, फिल्म, संगीत आदि में हम भाषा के मौखिक रूप का प्रयोग करते हैं।

2. लिखित भाषा

लिखित भाषा में हम अपने विचारों का आदान-प्रदान लिखकर या पढ़कर करते हैं। लिखित भाषा का प्रयोग पुस्तकों, समाचार-पत्रों, पत्रिकाओं, सूचना-पट्ट आदि में किया जाता है। मौखिक और लिखित भाषा द्वारा हम भाषा के चार कौशल सीखते हैं।

मौखिक भाषा में जहाँ बोलना तथा सुनना महत्त्वपूर्ण है, वहीं लिखित भाषा में पढ़ना तथा लिखना महत्त्वपूर्ण है।

भाषा का सांकेतिक रूप

जब हम इशारों या संकेतों के माध्यम से अपनी बात समझाते हैं, तो उसे भाषा का सांकेतिक रूप कहते हैं। कभी-कभी संकेतों या इशारों के अर्थ गलत भी हो जाते हैं, इसलिए भाषा का यह रूप व्याकरण में मान्य नहीं है।

1.2 लिपि

भाषा को लिखित रूप देने हेतु निश्चित किए गए चिह्नों को **लिपि** कहते हैं। प्रत्येक भाषा की अपनी लिपि होती है। विश्व की प्रमुख लिपियाँ निम्नलिखित हैं

भाषा	लिपि
अंग्रेजी, फ्रैंच, स्पेनिश, जर्मन	रोमन
उर्दू	फ़ारसी
तमिल	तमिल
चीनी	चित्रलिपि
पंजाबी	गुरुमुखी
बांग्ला	बांग्ला
अरबी	अरबी
हिंदी, संस्कृत, नेपाली	देवनागरी

विशेष नोट ब्राह्मी लिपि से देवनागरी लिपि का विकास हुआ है। इसे नागरी लिपि के नाम से भी जाना जाता है। हिंदी का जन्म संस्कृत से हुआ है।

1.3 बोली

जब एक भाषा अनेक स्थानों पर बोली जाती है, तो उसके स्थानीय रूप विकसित हो जाते हैं। भाषा के स्थानीय या क्षेत्रीय रूप को ही **बोली** कहते हैं। बोली में लोकगीत गाए जाते हैं तथा कहावतें और लोक कथाएँ कही जाती हैं। बोलियों का अपना कोई लिखित साहित्य नहीं होता। बोली का केवल मौखिक रूप ही होता है।

हिंदी की कई बोलियाँ हैं; जैसे—अवधी, ब्रज, मागधी, हरियाणवी, राजस्थानी, कुमाऊँनी, गढ़वाली, बुंदेलखंडी आदि।

जब किसी बोली में साहित्य लिखा जाने लगता है, तो वह बोली उपभाषा बन जाती है। ब्रज और अवधी हिंदी की बोलियाँ हैं, पर कालांतर में वे उपभाषाएँ बन गईं।

हिंदी के प्रसिद्ध कवि सूरदास ने ब्रज भाषा में 'सूरसागर' तथा महाकवि तुलसीदास ने अवधी भाषा में 'रामचरितमानस' की रचना की।

हिंदी की बोलियाँ		क्षेत्र
अवधी	–	उत्तर प्रदेश
हरियाणवी	–	हरियाणा
कुमाऊँनी/गढ़वाली	–	उत्तराखंड
ब्रज	–	उत्तर प्रदेश
बुंदेलखंडी	–	उत्तर प्रदेश

मानक भाषा

एक भाषा की कई बोलियाँ होती हैं, पर मानक रूप एक ही होता है; जैसे—हिंदी की अनेक बोलियाँ हैं, पर उसका मानक रूप खड़ी बोली है। हिंदी का यही मानक रूप पुस्तकों, समाचार-पत्रों तथा रेडियो में प्रयोग किया जाता है। भाषा के सर्वमान्य तथा स्वीकृत रूप को **मानक भाषा** कहते हैं।

मातृभाषा

मातृभाषा वह भाषा होती है, जिसे बच्चा सबसे पहले अपनी माँ से सीखता है। यदि माँ बांग्ला भाषा बोलती है, तो बच्चा बांग्ला सीखता है। इस प्रकार बांग्ला ही उसकी मातृभाषा कहलाएगी। इसी प्रकार यदि बच्चा अपनी माँ से गुजराती सीखता है, तो गुजराती ही उसकी मातृभाषा होगी। अलग-अलग प्रांतों/देशों में रहने वाले लोगों की मातृभाषा इसी कारण भिन्न-भिन्न होती है।

राजभाषा

जिस भाषा का प्रयोग सरकारी कार्यालयों में कामकाज के लिए किया जाता है, वह राजभाषा अर्थात् राज-काज की भाषा कहलाती है। भारत में सरकारी कार्यालयों में कामकाज के लिए अंग्रेजी तथा हिंदी दोनों भाषाओं का प्रयोग किया जाता है।

14 सितंबर, 1949 को भारतीय संविधान के अनुच्छेद 343 के अंतर्गत हिंदी को भारत की राजभाषा घोषित किया गया, इसलिए 14 सितंबर को प्रतिवर्ष हिंदी दिवस मनाया जाता है।

संविधान में बाईस भाषाओं को मान्यता दी गई है—हिंदी, संस्कृत, उर्दू, पंजाबी, मैथिली, मराठी, असमिया, बांग्ला, उड़िया, कोंकणी, तमिल, तेलुगु, मणिपुरी, गुजराती, बोडो, डोगरी, संथाली, कन्नड़, सिंधी, मलयालम, कश्मीरी, नेपाली।

विशेष हिंदी भाषा भारत के अतिरिक्त अन्य देशों में भी बोली जाती है; जैसे—नेपाल, मॉरिशस, फिजी, सूरीनाम, यूगांडा, दक्षिण अफ्रीका, कनाडा, इंग्लैंड, अमेरिका आदि।

1.4 व्याकरण

प्रत्येक भाषा अपने आप में विशिष्ट होती है। उसके मौखिक व लिखित रूप को सही ढंग से समझने के लिए व्याकरण का ज्ञान होना आवश्यक है। व्याकरण द्वारा हमें भाषा के नियमों की जानकारी मिलती है। इसके द्वारा हम भाषा को शुद्ध रूप से बोलना, पढ़ना और लिखना सीखते हैं।

अत: व्याकरण वह शास्त्र है, जो हमें किसी भाषा के नियमों को सिखाकर उसके शुद्ध रूप से परिचित कराता है। व्याकरण के तीन अंग हैं

1. **वर्ण-विचार** भाषा की मूल ध्वनियों के लिखित रूप वर्ण कहलाते हैं। वर्ण-विचार में वर्णों के आकार, उच्चारण, वर्गीकरण आदि के विषय में विचार किया जाता है।
2. **शब्द-विचार** वर्णों के मेल से शब्द बनते हैं। शब्द-विचार के अंतर्गत शब्दों के भेद, उनकी उत्पत्ति तथा रचना आदि से संबंधित जानकारी प्राप्त होती है।
3. **वाक्य-विचार** शब्दों के सार्थक मेल से वाक्य बनते हैं। वाक्य-विचार में वाक्यों के अंग, भेद, वाक्य-विश्लेषण, विराम-चिह्न आदि के विषय में विचार किया जाता है।

अभ्यास प्रश्न

बहुविकल्पीय व वर्णनात्मक प्रश्नों सहित

1. निम्नलिखित प्रश्नों के दिए गए विकल्पों में से सही विकल्प छाँटिए

(i) मनुष्य अपने विचारों का आदान-प्रदान कैसे करता है?

(क) भाषा द्वारा (ख) बुद्धि द्वारा
(ग) वर्ग द्वारा (घ) भावों द्वारा

(ii) रेडियो पर किस भाषा का प्रयोग करते हैं?

(क) मौखिक (ख) लिखित
(ग) सांकेतिक (घ) ये सभी

(iii) मौखिक भाषा में किसका प्रयोग किया जाता है?

(क) चिह्नों (ख) लिपियों (ग) संकेतों (घ) ध्वनि

(iv) पंजाबी भाषा की लिपि कौन-सी है?

(क) गुरुमुखी (ख) फारसी
(ग) बांग्ला (घ) खरोष्ठी

(v) बोली भाषा का कैसा रूप है?

(क) स्थानीय (ख) साहित्यिक
(ग) सामाजिक (घ) उपरूप

(vi) लोकगीत और लोककथा में भाषा का कौन-सा रूप प्रयोग होगा?

(क) लिपि (ख) बोली
(ग) संकेत (घ) व्याकरण

(vii) भाषा के स्वीकृत रूप को क्या कहते हैं?
(क) मौखिक भाषा (ख) मानक भाषा
(ग) लिखित भाषा (घ) व्यापारिक भाषा

(viii) हिंदी भाषा को राष्ट्रभाषा कब घोषित किया गया?
(क) 15 दिसंबर, 1947
(ख) 16 सितंबर, 1948
(ग) 14 सितंबर, 1949
(घ) 15 सितंबर, 1990

(ix) व्याकरण भाषा को कैसा रूप प्रदान करता है?
(क) शुद्ध (ख) अशुद्ध
(ग) मानक (घ) लिखित

2. रिक्त स्थानों की पूर्ति कीजिए

देवनागरी, खड़ी बोली, शब्द-विचार, संस्कृत

(क) ..... लिपि का विकास ब्राह्मी लिपि से हुआ है।
(ख) व्याकरण के तीन अंग हैं—वर्ण विचार, ... तथा वाक्य विचार।
(ग) हिंदी की मानक भाषा ..... है।
(घ) हिंदी का उद्‌गम ..... भाषा से हुआ।

3. मिलान कीजिए

(i) वार्तालाप	(क) उत्तर प्रदेश
(ii) समाचार-पत्र	(ख) मौखिक
(iii) उर्दू	(ग) रोमन
(iv) अंग्रेजी	(घ) लिखित
(v) ब्रज	(ङ) फारसी

4. नीचे दिए गए कथन के आगे (✓) और (✗) का निशान लगाइए

(क) हिंदी को राष्ट्रभाषा का दर्जा 14 सितंबर, 1949 को दिया गया। ( )
(ख) अवधी उत्तर प्रदेश में बोली जाती है। ( )
(ग) ज्ञान के संचित कोष को हिंदी कहते हैं। ( )
(घ) भाषा के सर्वमान्य तथा स्वीकृत रूप को मानक भाषा कहते हैं। ( )
(ङ) मातृभाषा का अर्थ राजभाषा है। ( )

5. नीचे दिए गए प्रश्नों के संक्षिप्त उत्तर दीजिए

(i) भाषा किसे कहते हैं?
(ii) भाषा के भेदों को उदाहरण सहित लिखिए।
(iii) राजभाषा और मातृभाषा में अंतर बताइए।
(iv) लिपि किसे कहते हैं?
(v) व्याकरण से क्या अभिप्राय है? उसके तीनों अंगों को स्पष्ट कीजिए।

उत्तरमाला

1. (i) (क) (ii) (क) (iii) (घ) (iv) (क) (v) (क) (vi) (ख) (vii) (ख) (viii) (ग) (ix) (क)

2. (क) देवनागरी (ख) शब्द-विचार (ग) खड़ी बोली (घ) संस्कृत

3. (i) (ख) (ii) (घ) (iii) (ङ) (iv) (ग) (v) (क)

4. (क) ✓ (ख) ✓ (ग) ✗ (घ) ✓ (ङ) ✗

वर्ण–विचार

अध्याय 2

2.1 वर्ण का अर्थ एवं परिभाषा

भाषा की वह सबसे छोटी इकाई, जिसके और टुकड़े न किए जा सकें, **वर्ण** कहलाती है। वर्ण भाषा का आधार होते हैं, जिनसे शब्दों की रचना होती है।

किसान फसल उगाएगा।

किसान = क् + इ + स् + आ + न् + अ
फसल = फ् + अ + स् + अ + ल् + अ
उगाएगा = उ + ग् + आ + ए + ग् + आ

उपरोक्त वाक्य तीन शब्दों से मिलकर बना है। यहाँ 'किसान', 'फसल' और 'उगाएगा' तीनों ही शब्द वर्णों से बने हैं। इनके और टुकड़े करना संभव नहीं है।

वर्णमाला

वर्णों के व्यवस्थित तथा क्रमबद्ध समूह को **वर्णमाला** कहते हैं। हिंदी में वर्णमाला में 52 वर्ण होते हैं—11 स्वर (अ से औ तक), 2 अयोगवाह (अं तथा अः), 33 व्यंजन ('क' से 'ह' तक), 2 द्विगुण (ड़, ढ़) तथा 4 संयुक्त व्यंजन (क्ष, त्र, ज्ञ, श्र)।

वर्णों के भेद

वर्णों के दो भेद होते हैं—स्वर व व्यंजन।

1. स्वर

वे वर्ण जिनके उच्चारण में किसी अन्य वर्ण की सहायता की आवश्यकता नहीं होती, उन्हें **स्वर** कहते हैं; जैसे—अ, आ, इ, ई, उ, ऊ, ऋ, ए, ऐ, ओ, औ। स्वर के तीन भेद होते हैं

(i) **ह्रस्व स्वर** जिन स्वरों के उच्चारण में बहुत कम (एक मात्रा का) समय लगता है, उन्हें ह्रस्व स्वर कहते हैं। इनकी संख्या **चार** होती है–अ, इ, उ और ऋ। इन्हें मूल स्वर भी कहा जाता है।

(ii) **दीर्घ स्वर** जिन स्वरों के उच्चारण में ह्रस्व स्वर से दोगुना (दो मात्रा का) समय लगता है, उन्हें दीर्घ स्वर कहते हैं। इनकी संख्या **सात** है–आ, ई, ऊ, ए, ऐ, ओ और औ।

(iii) **प्लुत स्वर** जिन स्वरों के उच्चारण में ह्रस्व स्वर से तीन गुना (तीन मात्रा का) समय लगता है, उन्हें प्लुत स्वर कहते हैं। यह केवल एक है। इसका चिह्न 'ऽ' है। इसका प्रयोग प्राय: किसी को दूर से पुकारने के लिए किया जाता है; जैसे–ओऽम, राऽम, हेऽऽ आदि।

स्वरों की मात्राएँ

जब शब्दों की शुरुआत स्वर से होती है, तो उन्हें मूल रूप में लिखा जाता है, जबकि व्यंजन के साथ इनका प्रयोग मूल रूप में न करके (निश्चित चिह्न) मात्रा के रूप में किया जाता है।

प्रत्येक स्वर के लिए अलग-अलग मात्राएँ निश्चित हैं। इन्हीं मात्राओं के रूप में ये स्वर व्यंजन से जुड़ते हैं।

उदाहरण

स्वर	मात्रा	प्रयोग एवं मात्रायुक्त शब्द	
अ	कोई मात्रा नहीं	क् + अ = क	कल, कब
आ	ा	क् + आ = का	काल, काम
इ	ि	क् + इ = कि	किधर, किनारा
ई	ी	क् + ई = की	कील, कीचड़
उ	ु	क् + उ = कु	कुल, कुछ
ऊ	ू	क् + ऊ = कू	कूदना, कूप
ऋ	ृ	क् + ऋ = कृ	कृषक, कृपा
ए	े	क् + ए = के	केशव, केवल
ऐ	ै	क + ऐ = कै	कैलाश, कैसा
ओ	ो	क् + ओ = को	कोयला, कोप
औ	ौ	क् + औ = कौ	कौशल, कौरव

2. व्यंजन

जिन वर्णों के उच्चारण में स्वरों की मदद लेनी पड़ती है तथा जिनका उच्चारण स्वतंत्र रूप से नहीं किया जा सकता है, उन्हें व्यंजन कहते हैं; जैसे–क, ख, ट, फ, य, ह आदि। व्यंजन के तीन भेद होते हैं

(i) **स्पर्श व्यंजन** जिन व्यंजन वर्णों के उच्चारण में हवा मुँह के विभिन्न भागों को छूती हुई या स्पर्श कर बाहर निकलती है, उन्हें स्पर्श व्यंजन कहते हैं। इन्हें **वर्गीय व्यंजन** भी कहते हैं। इनकी संख्या 25 होती है।

क वर्ग	क	ख	ग	घ	ङ
च वर्ग	च	छ	ज	झ	ञ
ट वर्ग	ट	ठ	ड	ढ	ण
त वर्ग	त	थ	द	ध	न
प वर्ग	प	फ	ब	भ	म

(ii) **अंत:स्थ व्यंजन** जिन व्यंजनों का उच्चारण करते समय जीभ, मुँह के किसी भी भाग को पूरी तरह से स्पर्श नहीं करती है और न स्वरों के समान स्वतंत्र रूप से बाहर निकलती है, उन्हें अंत:स्थ व्यंजन कहा जाता है। इनका उच्चारण स्वर एवं व्यंजन के बीच का होता है। इनकी संख्या **चार** है–य, र, ल और व।

(iii) **ऊष्म व्यंजन** जिन व्यंजनों का उच्चारण करते समय हवा मुँह से रगड़ खाकर ऊष्मा (गर्मी) पैदा करती है, उन्हें ऊष्म व्यंजन कहते हैं। इनकी संख्या **चार** है–श, ष, स और ह।

अनुस्वार (ं)

वह स्वर, जिसका उच्चारण करते समय वायु केवल नाक से निकलती है, **अनुस्वार** कहलाता है। यह अपने प्रथम वर्ण बिंदु (ं) रूप में लगाया जाता है। इसका प्रयोग पंचम वर्णों के स्थान पर भी किया जाता है; जैसे–गङ्गा–गंगा, चञ्चल–चंचल, ठण्डा–ठंडा आदि।

अनुनासिक (ँ)

वह स्वर, जिसका उच्चारण नाक और मुँह दोनों से होता है, **अनुनासिक** कहलाता है। इसे प्रकट करने के लिए शिरोरेखा के ऊपर चंद्रबिंदु (ँ) लगाया जाता है; जैसे–आँख, गाँव, पाँव, चाँद आदि। जिन शब्दों में शिरोरेखा के ऊपर मात्रा होती है, वहाँ अनुनासिक का प्रयोग बिंदु के रूप में किया जाता है; जैसे–मैं, गोंद, होंगे, भोंपू, कोंपलें आदि।

विसर्ग (:)

वर्णों के आगे जो दो बिंदु (:) लगाए जाते हैं, उन्हें विसर्ग कहते हैं। इसका उच्चारण 'ह' के समान होता है; जैसे–प्राय:, मन: आदि। इसका प्रयोग प्राय: संस्कृत शब्दों के साथ होता है।

आगत ध्वनियाँ

हिंदी में अंग्रेजी और उर्दू भाषा के शब्द निरंतर प्रवेश कर रहे हैं, किंतु इनके शुद्ध उच्चारण के लिए हिंदी में लिपि चिह्न नहीं है। इसलिए इनको शुद्ध रूप में लिखने के लिए हिंदी के व्यंजनों के नीचे एक बिंदु लगाया जाता है, जिसे नुक्ता कहते हैं; जैसे–ज़िंदगी, कर्ज़, फ़न, रोज़ आदि। 'ऑ' यह ध्वनि अंग्रेजी भाषा से आई है। इसे आ के ऊपर अर्द्धचन्द्राकार (ॅ) रूप में लगाया जाता है; जैसे–मॉल, हॉकी आदि।

वर्ण संयोग

वर्णों का परस्पर मेल **वर्ण संयोग** कहलाता है। यह दो प्रकार से होता है

(i) **व्यंजनों तथा स्वरों का मेल** बिना स्वरों के व्यंजनों का उच्चारण नहीं किया जा सकता। बिना स्वर के व्यंजन को लिखने पर उसके नीचे एक पड़ी रेखा (हलंत) लगाते हैं; जैसे–क्, ख् आदि।

व्यंजनों तथा स्वरों का मेल करने पर व्यंजन के नीचे से हलंत या हल चिह्न को हटा देते हैं; जैसे– क् + अ = क, त् + ई = ती आदि।

(ii) **व्यंजन तथा व्यंजन का मेल** व्यंजन से व्यंजन को मिलाने के कुछ नियम होते हैं, जो इस प्रकार हैं

- पाई (व्यंजनों के आगे लगी एक खड़ी रेखा; जैसे–ख, ग, घ, ज आदि) वाले व्यंजन को किसी व्यंजन से मिलाने पर उसकी पाई को हटा देते हैं; जैसे–भाग्य, अस्त, सज्जन आदि।
- 'क' और 'फ' व्यंजनों को किसी व्यंजन से मिलाने पर उनके झुके हुए भाग (घुंडी) को हटा देते हैं; जैसे–क्यारी, रफ्तार आदि।
- बिना पाई वाले व्यंजन को किसी व्यंजन से मिलाने पर हल चिह्न के साथ लिखते हैं या उन्हें मिला देते हैं; जैसे–विद्‌या/विद्या, बुद्‌धि/बुद्धि, चिह्‌न/चिह्न आदि।

'र' के विभिन्न रूप

(i) 'र' का स्वर रहित रूप किसी व्यंजन के पूर्व आने पर अगले वर्ण पर रेफ (र्) के रूप में लगता है; जैसे–धर्म, कर्त्तव्य, वर्षा, अर्पण आदि।

(ii) 'र' का स्वर सहित रूप किसी व्यंजन के बाद आने पर उस व्यंजन के निचले भाग में जुड़ जाता है। इसे पदेन कहा जाता है; जैसे–प्रमोद, व्रत, वज्र, भ्रम, क्रम, ग्रह आदि।

(iii) 'र' का स्वर युक्त रूप 'ट' एवं 'ड' वर्णों के साथ अलग रूप धारण कर लेता है; जैसे—ट्रक, ड्रामा आदि।

(iv) 'त्' के साथ 'र' मिलकर 'त्र' और श् के साथ मिलकर 'श्र' बन जाता है; जैसे–त्रिकोण, मंत्र, श्रमिक, परिश्रम आदि।

वर्ण-विच्छेद

किसी शब्द में प्रयुक्त वर्णों को अलग-अलग करके लिखना ही **वर्ण-विच्छेद** कहलाता है; जैसे–

अचल	=	अ + च् + अ + ल् + अ
बादल	=	ब् + आ + द् + अ + ल् + अ
दिवाकर	=	द् + इ + व् + आ + क् + अ + र् + अ
कुर्सी	=	क् + उ + र् + स् + ई

अभ्यास प्रश्न

बहुविकल्पीय व वर्णनात्मक प्रश्नों सहित

1. निम्नलिखित प्रश्नों के दिए गए विकल्पों में से सही विकल्प छाँटिए

(i) हिंदी की वर्णमाला में मुख्य रूप से कितने व्यंजन हैं?

(क) 25 (ख) 30 (ग) 33 (घ) 37

(ii) स्वर को बोलने में किसकी सहायता लेनी पड़ती है?

(क) स्वरों (ख) व्यंजनों
(ग) अक्षरों (घ) इनमें से कोई नहीं

(iii) संयुक्ताक्षर 'क्ष' किसके मिलने से बना है?

(क) क् + स् + अ (ख) क् + ष् + अ
(ग) क् + श् + अ (घ) क् + ष + अ

(iv) स्वर के कितने भेद होते हैं?

(क) एक (ख) दो (ग) तीन (घ) चार

(v) र् + ऊ + प् + आ मिलकर बनता है

(क) रुप (ख) रूपा (ग) रुपा (घ) रूप

2. रिक्त स्थानों की पूर्ति कीजिए

ग्यारह, अंतःस्थ, त, थ, द, ध, न, अं, अः, ख़, ग़, ज़, फ़, ऑ,

(क) हिंदी में स्वरों की संख्या........है।
(ख) त वर्ग में........वर्ण आते हैं।
(ग) य, र, ल, व........व्यंजन कहलाते हैं।
(घ) ....को अयोगवाह कहते हैं।
(ङ) आगत व्यंजन......हैं।

3. सही के लिए (✓) अथवा गलत के लिए (✗) का निशान लगाइए

(क) ऑ हिंदी का मूल स्वर है। ( )
(ख) व्यंजनों का उच्चारण बिना किसी स्वर की सहायता से होता है। ( )
(ग) प्रत्येक व्यंजन में 'अ' स्वर उपस्थित रहता है। ( )
(घ) प्लुत स्वर व्यंजन का एक भेद है। ( )
(ङ) संयुक्त व्यंजन दो होते हैं। ( )
(च) व्यंजन के तीन भेद होते हैं। ( )
(छ) ड़ व ढ़ शब्द के शुरू में लगते हैं। ( )

4. मिलान कीजिए

(i) अ, इ, उ, ऋ	(क) द्वित्व व्यंजन
(ii) प, फ, ब, भ, म्	(ख) संयुक्त व्यंजन
(iii) क्ष, त्र, ज्ञ, श्र	(ग) मूल स्वर
(iv) ि	(घ) रेफ
(v) आ, ई, ऊ, ऐ	(ङ) प वर्ग
(vi) क्क	(च) दीर्घ स्वर

5. निम्नलिखित शब्दों का वर्ण-विच्छेद कीजिए

(क) विद्यालय........ (ख) परीक्षा........
(ग) परिश्रम........ (घ) सूर्योदय........
(ङ) आवास........ (च) पंखा........

6. निम्नलिखित व्यंजनों के संयोग से बनने वाले दो-दो शब्द बनाइए

(क) ष् + ट = ······ (ख) ज् + ञ् + अ = ······
(ग) ल् + ल = ····· (घ) क् + ष् + अ = ······
(ङ) श् + र् + अ = ······· (च) त् + र = ·····

7. निम्नलिखित वर्णों के संयोग से बनने वाले शब्द लिखिए

(क) भ् + आ + र् + अ + त् + अ = ······
(ख) ज् + ञ् + आ + न् + अ् + व् + आ + न् + अ = ······
(ग) न् + इ + द् + आ + न् + अ = ······
(घ) व् + य् + आ + क् + अ + र् + अ + ण् + अ = ······

8. निम्नलिखित प्रश्नों के संक्षिप्त उत्तर दीजिए

(i) वर्ण किसे कहते हैं?
(ii) स्वर और व्यंजन में अंतर स्पष्ट कीजिए।
(iii) ह्रस्व व दीर्घ स्वर में अंतर बताइए।
(iv) स्पर्श व्यंजन और अंत:स्थ व्यंजन के तीन-तीन उदाहरण लिखिए।
(v) वर्ण-विच्छेद से आप क्या समझते हैं?
(vi) 'र' के विभिन्न रूपों से दो-दो शब्द लिखिए।

उत्तरमाला

1. (i) (ग) (ii) (घ) (iii) (ख) (iv) (ग) (v) (ख)

2. (क) ग्यारह (ख) त, थ, द, ध, न
(ग) अंत:स्थ (घ) अं, अ:
(ङ) ख़, ग, ज़, फ़, ऑ

3. (क) × (ख) × (ग) ✓ (घ) × (ङ) × (च) ✓ (छ) ×

4. (i) (ग) (ii) (ङ) (iii) (ख) (iv) (घ) (v) (च) (vi) (क)

5. (क) व् + इ + द् + य् + आ + ल् + अ + य् + अ
(ख) प् + अ + र् + ई + क् + ष् + आ
(ग) प् + अ + र् + इ + श् + र् + अ + म् + अ
(घ) स् + ऊ + र् + य् + ओ + द् + अ + य् + अ
(ङ) आ + व् + आ + स् + अ
(च) प् + अं + ख् + आ

6. (क) कष्ट, दुष्ट (ख) ज्ञान, विज्ञान
(ग) पल्लव, पल्ला (घ) क्षत्रिय, क्षितिज
(ङ) श्रम, विश्राम (च) पत्र, मित्र

7. (क) भारत (ख) ज्ञानवान (ग) निदान (घ) व्याकरण

शब्द-विचार

अध्याय 3

3.1 शब्द की परिभाषा

वर्णों अथवा अक्षरों का व्यवस्थित व सार्थक समूह **शब्द** कहलाता है; जैसे—

क् + अ + म् + अ + ल् + अ = कमल
ग् + उ + ल् + आ + ब् + अ = गुलाब

शब्दों का वर्गीकरण

शब्दों का वर्गीकरण निम्नलिखित चार आधार पर किया जाता है

1. उत्पत्ति के आधार पर
2. बनावट या रचना के आधार पर
3. प्रयोग के आधार पर
4. अर्थ के आधार पर

1. उत्पत्ति के आधार पर

उत्पत्ति के आधार पर शब्दों के पाँच भेद होते हैं

(i) **तत्सम शब्द** संस्कृत भाषा के जो शब्द बिना परिवर्तन किए ही अपने वास्तविक रूप में हिंदी भाषा में प्रयुक्त किए जाते हैं, उन्हें **तत्सम शब्द** कहते हैं; जैसे—निद्रा, दुर्बल, शृंगार, मस्तक, घृत, सूर्य, चंद्र, गृह आदि।

(ii) **तद्भव शब्द** जो शब्द संस्कृत भाषा से कुछ परिवर्तित होकर हिंदी भाषा में आए हैं, उन्हें **तद्भव शब्द** कहते हैं; जैसे—नींद, दुबला, सिंगार, माथा, घी, सूरज, चाँद, घर आदि।

कुछ तत्सम और तद्भव शब्दों के उदाहरण

तत्सम	तद्भव	तत्सम	तद्भव
घृत	घी	दुग्ध	दूध
आम्र	आम	दधि	दही
हस्त	हाथ	मुख	मुँह
पाद	पैर	कटि	कमर
अंगुष्ठ	अँगूठा	स्कंध	कंधा
मस्तक	माथा	पृष्ठ	पीठ

नासिका	नाक	जिह्वा	जीभ
दंत	दाँत	अंगुलि	अँगुली
ओष्ठ	होंठ	नख	नाखून
घोटक	घोड़ा	शुक	तोता
काक	कौआ	मयूर	मोर
शृगाल	सियार	गर्दभ	गधा
वृषभ	बैल	कृषक	किसान
कूप	कुआँ	तड़ाग	तालाब
भ्रमर	भौंरा	वानर	बंदर
उच्च	ऊँचा	नव	नया
सत्य	सच	उज्ज्वल	उजला
रात्रि	रात	गृह	घर

(iii) **देशज या देशी शब्द** वे शब्द, जो भारतीय लोकभाषा और आम बोलचाल में प्रयोग किए जाते हैं तथा हिंदी में भी व्यवहार में लाए जाते हैं, उन्हें **देशज शब्द** कहा जाता है; जैसे— पगड़ी, झोला, पों-पों, ठक-ठक, लोटा, रोटी, खिचड़ी, झुग्गी आदि।

(iv) **विदेशज शब्द** वे शब्द, जो विदेशी भाषा के होकर भी हिंदी में प्रयोग किए जाते हैं तथा हिंदी भाषा का अंग बन गए हैं, उन्हें **विदेशज शब्द** कहते हैं। विदेशज शब्दों में अरबी-फारसी, अंग्रेजी, पुर्तगाली, चीनी आदि भाषाओं के शब्द प्रमुख हैं; जैसे—ज़ुर्माना, लाइलाज, बेशर्म, औरत, मस्ज़िद, ज़हर, ऑफिस, बस, ट्रक आदि।

(v) **संकर या मिश्रित शब्द** वे शब्द, जो दो भाषाओं से मिलकर बने होते हैं, उन्हें **संकर शब्द** कहते हैं; जैसे—रेल (अंग्रेजी) + गाड़ी (हिंदी) = रेलगाड़ी, जाँच (फारसी) + घर (हिंदी) = जाँचघर आदि।

2. बनावट या रचना के आधार पर

बनावट या रचना के आधार पर शब्दों के तीन भेद होते हैं

(i) **रूढ़ शब्द** जो शब्द किसी विशेष अर्थ के लिए प्रसिद्ध हैं तथा जिनके सार्थक खंड नहीं हो सकते हैं, उन्हें **रूढ़ शब्द** कहते हैं; जैसे—सूर्य, वृक्ष, घर, हम, मयंक, क्षण, ऊँट, हाथी, बैल आदि।

(ii) **यौगिक शब्द** जो शब्द दो या दो से अधिक शब्दों या शब्दांशों के मेल से बनते हैं तथा उनका अर्थ उन शब्दों पर आधारित होता है, उन्हें **यौगिक शब्द** कहते हैं; जैसे—

- पाठ + शाला = पाठशाला
- रसोई + घर = रसोईघर

(iii) **योगरूढ़ शब्द** जो शब्द यौगिक हैं, लेकिन अपना सामान्य अर्थ छोड़कर किसी विशेष अर्थ में प्रसिद्ध हो गए हैं, उन्हें योगरूढ़ शब्द कहते हैं; जैसे—

- पंकज — पंक (कीचड़) में जन्मा अर्थात् कमल
- चंद्रशेखर — चाँद है शिखर पर जिसके अर्थात् शिव

3. प्रयोग के आधार पर

प्रयोग के आधार पर शब्दों के दो भेद होते हैं

(i) **विकारी शब्द** वे शब्द जिनमें लिंग, वचन, कारक, काल आदि के कारण विकार या परिवर्तन हो जाता है, उन्हें **विकारी शब्द** कहते हैं। संज्ञा, सर्वनाम, विशेषण और क्रिया विकारी शब्द होते हैं।

(ii) **अविकारी शब्द** वे शब्द जिनमें लिंग, वचन, काल, कारक आदि के कारण विकार (परिवर्तन) उत्पन्न नहीं होता है, उन्हें **अविकारी शब्द** कहते हैं। अविकारी शब्दों को अव्यय भी कहा जाता है। क्रिया विशेषण, संबंधबोधक, समुच्चयबोधक और विस्मयादिबोधक चार प्रकार के अविकारी शब्द होते हैं।

4. अर्थ के आधार पर

अर्थ के आधार पर शब्दों के दो भेद हैं

1. **सार्थक शब्द** जिन शब्दों का कोई अर्थ होता है, उन्हें सार्थक शब्द कहते हैं; जैसे—किसान, बकरी, मिलना आदि। सार्थक शब्द के निम्नलिखित भेद हैं

(i) **एकार्थक शब्द** वे शब्द जिनका केवल एक अर्थ होता है, उन्हें **एकार्थक शब्द** कहते हैं; जैसे—पुस्तक, वृक्ष, कलम, कागज आदि।

(ii) **अनेकार्थक शब्द** वे शब्द जिनके एक से अधिक अर्थ होते हैं, उन्हें **अनेकार्थक शब्द** कहते हैं; जैसे—

- पानी—इज्जत, चमक, जल • पत्र—चिट्ठी, पत्ता

(iii) **पर्यायवाची या समानार्थी शब्द** एक जैसे अर्थ का बोध कराने वाले शब्दों को पर्यायवाची शब्द कहा जाता है; जैसे—

- सूर्य — रवि, दिनकर, दिवाकर
- चंद्र — विधु, राशि, राकेश

(iv) **विपरीतार्थक या विलोम शब्द** वे शब्द जो परस्पर विपरीत या उल्टे अर्थ का बोध कराते हैं, उन्हें **विपरीतार्थक** या **विलोम शब्द** कहते हैं; जैसे—

- राजा — रंक • अमीर — गरीब

(v) **श्रुतिसमभिन्नार्थक शब्द** वे शब्द जो सुनने में एकसमान लगते हैं, परंतु उनके अर्थ में पर्याप्त भिन्नता होती है, उन्हें **श्रुतिसमभिन्नार्थक शब्द** कहते हैं; जैसे—

- अनिल — हवा • अविराम — लगातार
- अनल — आग • अभिराम — सुंदर

(vi) **वाक्यांश के लिए एक शब्द** अनेक शब्दों या वाक्यांशों के स्थान पर प्रयुक्त होने वाले एक शब्द को वाक्यांश के लिए एक शब्द कहा जाता है; जैसे—

- जल में रहने वाला — जलचर
- आविष्कार करने वाला — आविष्कारक

नोट इनका विस्तृत अध्ययन 'शब्द भंडार' नामक अध्याय में किया जाएगा।

2. **निरर्थक शब्द** जिन शब्दों का कोई अर्थ नहीं होता, उन्हें निरर्थक शब्द कहते हैं; जैसे—वाय, धड़-धड़ आदि।

अभ्यास प्रश्न

बहुविकल्पीय व वर्णनात्मक प्रश्नों सहित

1. निम्नलिखित प्रश्नों के दिए गए विकल्पों में से सही विकल्प छाँटिए

(i) शब्द किसे कहते हैं?
(क) वर्णों का समूह (ख) वर्ण
(ग) वर्णों के सार्थक समूह को (घ) व्यंजनों का समूह

(ii) शब्दों का वर्गीकरण कितने आधारों पर किया गया है?
(क) एक (ख) दो (ग) चार (घ) पाँच

(iii) 'दूतावास' शब्द किस शब्द भेद का उदाहरण है?
(क) देशज (ख) विदेशी (ग) तत्सम (घ) यौगिक

(iv) अर्थ के आधार पर शब्द के कितने भेद होते हैं?
(क) दो (ख) तीन
(ग) चार (घ) पाँच

(v) जिन शब्दों का रूप नहीं बदलता, उन्हें क्या कहते हैं?
(क) विकारी (ख) योगरूढ़ (ग) अविकारी (घ) देशज

2. दिए गए वर्णों को सही क्रम में लिखकर इनके सार्थक शब्द बनाइए

(क) ल गि ह री (ख) ड़ी गा ल रे
(ग) र घ सो ई र (घ) प वा रि र (ङ) ज्ञा न वि

3. निम्नलिखित में रूढ़, यौगिक, योगरूढ़ शब्दों को छाँटकर लिखिए

हिमालय, चंद्र, राष्ट्रपति, छात्रावास, पंकज, पुष्प

4. सही कथन के सामने (✓) तथा गलत कथन के सामने (✗) का चिह्न लगाइए

(क) अविकारी शब्दों में लिंग, वचन, पुरुष आदि के कारण कोई परिवर्तन नहीं होता है। ( )
(ख) विस्मयादिबोधक शब्द विकारी शब्दों का एक प्रकार है। ( )
(ग) निरर्थक शब्दों के पाँच भेद होते हैं। ( )
(घ) 'पाँच' शब्द तत्सम का एक उदाहरण है। ( )
(ङ) विदेशी शब्द अन्य विदेशी भाषाओं से लिए गए शब्दों का भंडार है। ( )
(च) समुच्चयबोधक शब्द क्रियाविशेषण का दूसरा रूप है। ( )

5. रिक्त स्थानों की पूर्ति कीजिए

तद्भव, देशज, तत्सम, विदेशी, योगरूढ़

(क) संस्कृत भाषा से लिए गए शब्दों का रूप बदलने पर ······· शब्द की उत्पत्ति होती है।
(ख) 'मयूर' ······· शब्द है। (ग) पगड़ी ······· शब्द है।
(घ) पंकज ······· शब्द है। (ङ) किताब ······· शब्द है।

6. नीचे दिए गए शब्दों में से अंग्रेजी, अरबी-फ़ारसी के शब्द छाँटकर लिखिए

फ़कीर, रेडियो, डॉक्टर, फ़र्ज, फुटबॉल, चॉकलेट, फोटो, ज़मीन, काबिल, कमज़ोर

7. नीचे लिखे शब्दों में से तद्भव तथा तत्सम शब्द अलग-अलग कीजिए

आँख, नव, गधा, ताम्र, चमड़ा, उज्ज्वल, तोता, अग्नि, सियार, हस्त

8. नीचे दिए गए प्रश्नों के संक्षिप्त उत्तर दीजिए

(i) सार्थक और निरर्थक शब्दों में अंतर स्पष्ट कीजिए।
(ii) शब्दों का वर्गीकरण कितने आधार पर किया गया है?
(iii) तद्भव और तत्सम शब्द से आप क्या समझते हैं?
(iv) यौगिक व रूढ़ शब्दों की परिभाषा उदाहरण सहित दीजिए।
(v) विकारी शब्द किसे कहते हैं?

उत्तरमाला

1. (i) (ग) (ii) (ग) (iii) (घ) (iv) (क) (v) (ग)

2. (क) गिलहरी (ख) रेलगाड़ी
(ग) रसोईघर (घ) परिवार
(ङ) विज्ञान

3. रूढ़–चंद्र, पुष्प
यौगिक–छात्रावास, राष्ट्रपति
योगरूढ़–पंकज, हिमालय

4. (क) ✓ (ख) ✗ (ग) ✗ (घ) ✗ (ङ) ✓ (च) ✗

5. (क) तद्भव (ख) तत्सम (ग) देशज
(घ) योगरूढ़ (ङ) विदेशी

6.

अंग्रेजी	अरबी-फारसी
रेडियो	फ़कीर
डॉक्टर	फ़र्ज
फुटबॉल	ज़मीन
चॉकलेट	काबिल
फोटो	कमज़ोर

7.

तद्भव शब्द	तत्सम शब्द
आँख	नव
गधा	ताम्र
चमड़ा	उज्ज्वल
तोता	अग्नि
सियार	हस्त

अध्याय 4

संधि

4.1 संधि की परिभाषा

वर्णों के पास-पास आ जाने से या उनके मिलने पर जो परिवर्तन या विकार होता है, उसे **संधि** कहते हैं।

संधि-विच्छेद संधि की प्रक्रिया द्वारा निर्मित शब्द को उसके मूल रूप मे बदलना **संधि-विच्छेद** कहलाता है।

संधि के भेद

संधि के तीन भेद होते हैं

1. स्वर संधि

स्वरों के मेल से होने वाले विकार को स्वर संधि कहते हैं; जैसे—

(i) सूर्य + उदय = सूर्योदय (अ + उ = ओ)

(ii) यदि + अपि = यद्यपि (इ + अ = य)

स्वर संधि के पाँच भेद होते हैं

(i) **दीर्घ संधि** यदि ह्रस्व 'अ', 'इ', 'उ' या दीर्घ 'आ', 'ई', 'ऊ' के आगे ह्रस्व या दीर्घ स्वर आ जाएँ, तो वे मिलकर क्रमश: 'आ', 'ई', 'ऊ' हो जाते हैं; जैसे—

अ + अ = आ	पुष्प	+	अवली	=	पुष्पावली
	देव	+	अर्चन	=	देवार्चन
अ + आ = आ	हिम	+	आलय	=	हिमालय
	सत्य	+	आग्रह	=	सत्याग्रह
आ + अ = आ	माया	+	अधीन	=	मायाधीन
	सीमा	+	अंत	=	सीमांत
आ + आ = आ	विद्या	+	आलय	=	विद्यालय
	महा	+	आनंद	=	महानंद
इ + इ = ई	कवि	+	इच्छा	=	कवीच्छा
	मुनि	+	इंद्र	=	मुनींद्र
इ + ई = ई	हरि	+	ईश	=	हरीश
	परि	+	ईक्षा	=	परीक्षा
ई + इ = ई	मही	+	इन्द्र	=	महीन्द्र
	लक्ष्मी	+	इच्छा	=	लक्ष्मीच्छा
ई + ई = ई	नदी	+	ईश	=	नदीश
	योगी	+	ईश्वर	=	योगीश्वर
उ + उ = ऊ	सु	+	उक्ति	=	सूक्ति
	विधु	+	उदय	=	विधूदय
उ + ऊ = ऊ	सिन्धु	+	ऊर्मि	=	सिन्धूर्मि
	धातु	+	ऊष्मा	=	धातूष्मा
ऊ + उ = ऊ	भू	+	उद्धार	=	भूद्धार
	वधू	+	उत्सव	=	वधूत्सव
ऊ + ऊ = ऊ	भू	+	ऊर्ध्व	=	भूर्ध्व
	वधू	+	ऊर्मि	=	वधूर्मि

(ii) **गुण संधि** जब 'अ' अथवा 'आ' के आगे 'इ' या 'ई', 'उ' या 'ऊ' तथा 'ऋ' स्वर आता है, तो क्रमश: **ए, ओ** और **अर्** हो जाता है, तो इसे गुण संधि कहते हैं; जैसे—

अ + इ = ए	उप	+	इन्द्र	=	उपेन्द्र
	पुष्प	+	इंद्र	=	पुष्पेंद्र
अ + ई = ए	गण	+	ईश	=	गणेश
	सोम	+	ईश	=	सोमेश
आ +इ = ए	महा	+	इन्द्र	=	महेन्द्र
	राजा	+	इंद्र	=	राजेन्द्र
आ + ई = ए	रमा	+	ईश	=	रमेश
	महा	+	ईश	=	महेश
अ + उ = ओ	चन्द्र	+	उदय	=	चन्द्रोदय
	वीर	+	उचित	=	वीरोचित
अ + ऊ = ओ	समुद्र	+	ऊर्मि	=	समुद्रोर्मि
	सूर्य	+	ऊर्जा	=	सूर्योर्जा
आ + उ = ओ	महा	+	उत्सव	=	महोत्सव
	गंगा	+	उदक	=	गंगोदक
आ +ऊ = ओ	गंगा	+	ऊर्मि	=	गंगोर्मि
	महा	+	ऊर्मि	=	महोर्मि
अ + ऋ = अर्	देव	+	ऋषि	=	देवर्षि
आ + ऋ = अर्	महा	+	ऋषि	=	महर्षि

(iii) **वृद्धि संधि** जब 'अ' या 'आ' के आगे 'ए' या 'ऐ' आता है, तो दोनों का **ऐ** हो जाता है। इसी प्रकार 'अ' या 'आ' के आगे 'ओ' या 'औ' आता है, तो दोनों का **औ** हो जाता है, इसे वृद्धि संधि कहते हैं; जैसे—

अ + ए = ऐ	पुत्र	+	एषणा	=	पुत्रैषणा
	लोक	+	एषणा	=	लोकैषणा
अ + ऐ = ऐ	मत	+	ऐक्य	=	मतैक्य
	धन	+	ऐश्वर्य	=	धनैश्वर्य
आ + ए = ऐ	सदा	+	एव	=	सदैव
	तथा	+	एव	=	तथैव
आ + ऐ = ऐ	महा	+	ऐश्वर्य	=	महैश्वर्य
	रमा	+	ऐश्वर्य	=	रमैश्वर्य
अ + ओ = औ	जल	+	ओकस	=	जलौकस
	दंत	+	ओष्ठ	=	दंतौष्ठ
अ + औ = औ	परम	+	औषध	=	परमौषध
	परम	+	औदार्य	=	परमौदार्य
आ + ओ = औ	महा	+	ओषधि	=	महौषधि
	महा	+	ओज	=	महौज
आ + औ = औ	महा	+	औदार्य	=	महौदार्य
	महा	+	औषध	=	महौषध

(iv) **यण् संधि** जब 'इ-ई', 'उ-ऊ' तथा 'ऋ' के आगे कोई भिन्न स्वर आता है, तो ये क्रमशः **य्**, **व्** तथा **र्** में परिवर्तित हो जाते हैं, इसे यण् संधि कहते हैं; जैसे—

इ + अ = य	अति	+	अल्प	=	अत्यल्प
	अति	+	अधिक	=	अत्यधिक
इ + आ = य	इति	+	आदि	=	इत्यादि
	अति	+	आचार	=	अत्याचार
इ + उ = यु	अभि	+	उदय	=	अभ्युदय
	प्रति	+	उत्तर	=	प्रत्युत्तर
इ + ऊ = यू	नि	+	ऊन	=	न्यून
	प्रति	+	ऊष	=	प्रत्यूष
इ + ए = ये	अधि	+	एषणा	=	अध्येषणा
	प्रति	+	एक	=	प्रत्येक
ई + आ = या	देवी	+	आलय	=	देव्यालय
	सखी	+	आगमन	=	सख्यागमन
ई + ऐ = यै	देवी	+	ऐश्वर्य	=	देव्यैश्वर्य
	नदी	+	ऐश्वर्य	=	नद्यैश्वर्य
उ + अ = व	अनु	+	अय	=	अन्वय
	मनु	+	अन्तर	=	मन्वन्तर
उ + आ = वा	सु	+	आगत	=	स्वागत
	अनु	+	आदेश	=	अन्वादेश
उ + इ = वि	अनु	+	इत	=	अन्वित
	धातु	+	इक	=	धात्विक
उ + ए = वे	अनु	+	एषण	=	अन्वेषण
	प्रभु	+	एषणा	=	प्रभ्वेषणा
उ + ओ = वो	मधु	+	ओदन	=	मध्वोदन
	लघु	+	ओष्ठ	=	लघ्वोष्ठ
उ + औ = वौ	मधु	+	औषध	=	मध्वौषध
	गुरु	+	औदार्य	=	गुर्वौदार्य
ऊ + आ = वा	भू	+	आदि	=	भ्वादि
	वधू	+	आगमन	=	वध्वागमन
ऋ + अ = र	पितृ	+	अनुमति	=	पित्रनुमति
	पितृ	+	अनुदेश	=	पित्रनुदेश
ऋ + आ = रा	पितृ	+	आज्ञा	=	पित्राज्ञा
	मातृ	+	आज्ञा	=	मात्राज्ञा
ऋ + इ = रि	मातृ	+	इच्छा	=	मात्रिच्छा
	पितृ	+	इच्छा	=	पित्रिच्छा

(v) **अयादि संधि** जब 'ए', 'ऐ', 'ओ' और 'औ' के बाद कोई भिन्न स्वर आता है, तो 'ए' का **अय**, 'ऐ' का **आय्**, 'ओ' का **अव्** और 'औ' का **आव्** हो जाता है, इसे अयादि संधि कहते हैं; जैसे—

ए + अ = अय	ने	+	अयन	=	नयन
	चे	+	अयन	=	चयन
ऐ + अ = आय	नै	+	अक	=	नायक
	विधै	+	अक	=	विधायक
ऐ + इ = आयि	नै	+	इका	=	नायिका
	गै	+	इका	=	गायिका
ओ + अ = अव	पो	+	अन	=	पवन
	श्रो	+	अन	=	श्रवण
ओ + इ = अवि	पो	+	इत्र	=	पवित्र
	गो	+	इनि	=	गविनी
ओ + ई = अवी	गो	+	ईश	=	गवीश
	रो	+	ईश	=	रवीश
औ + अ =आव	पौ	+	अक	=	पावक
	धौ	+	अक	=	धावक
औ + इ = आवि	भौ	+	इनि	=	भाविनी
	नौ	+	इक	=	नाविक
औ + उ = आवु	भौ	+	उक	=	भावुक

2. व्यंजन संधि

व्यंजन से स्वर अथवा व्यंजन के मेल से उत्पन्न विकार को व्यंजन संधि कहा जाता है; जैसे—

दिक्	+	गज	=	दिग्गज	(क् + ग = ग)
सत्	+	वाणी	=	सद्वाणी	(त् + व = द्)
उत्	+	नति	=	उन्नति	(त् + न = न)
उत्	+	चारण	=	उच्चारण	(त् + च = च)
अहम्	+	कार	=	अहंकार	(म् + क = ङ्)

3. विसर्ग संधि

विसर्ग के साथ स्वर या व्यंजन के मेल से जो विकार उत्पन्न होता है, उसे **विसर्ग संधि** कहते हैं; जैसे—

निः	+	चय	=	निश्चय
धनुः	+	टंकार	=	धनुष्टंकार
निः	+	कपट	=	निष्कपट
निः	+	फल	=	निष्फल
प्रातः	+	काल	=	प्रातःकाल

अभ्यास प्रश्न

बहुविकल्पीय व वर्णनात्मक प्रश्नों सहित

1. निम्नलिखित के सही संधि-विच्छेद वाले विकल्प का चयन कीजिए

(i) 'चराचर'
(क) चर + आचर (ख) चरा + अचर
(ग) चर + अचर (घ) चार + अचर

(ii) 'सीमांत'
(क) सीम + अंत (ख) सीमा + अंत
(ग) सीमं + अत (घ) सीमा + अनन्त

(iii) 'विधूदय'
(क) विधु + दय (ख) विधू + दय
(ग) विधु + ऊदय (घ) विधु + उदय

(iv) 'गिरीश'
(क) गिरी + ईश (ख) गिरि + ईश
(ग) गिर + ईश (घ) गिरी + इश

(v) निर्बल
(क) नी + बल (ख) नि: + बल
(ग) निर् + बल (घ) निस् + बल

2. निम्नलिखित संधि-विच्छेदों के सही संधि का चयन कीजिए

(i) सूर्य + उदय
(क) सूर्योदय (ख) सूर्यादय (ग) सुर्योदय (घ) सोर्योदय

(ii) पर + उपकार
(क) परपकार (ख) परुपकार (ग) परोपकार (घ) परापकार

(iii) मत + ऐक्य
(क) मतेक्य (ख) मतैक्य (ग) मतोक्य (घ) मतुक्य

(iv) अनु + अय
(क) अन्वय (ख) अनय (ग) अनुअय (घ) अनूवय

(v) दिक् + अंबर
(क) दिकम्बर (ख) दिक्मबर (ग) दिम्कबर (घ) दिगंबर

3. निम्नलिखित में सही कथन के सामने (✓) तथा गलत कथन के सामने (×) का निशान लगाइए

(क) संधि का अर्थ अलग करना है। ( )
(ख) 'इत्यादि' शब्द वृद्धि संधि का उदाहरण है। ( )
(ग) स्वर संधि के दो भेद होते हैं। ( )
(घ) विसर्ग संधि, संधि का एक प्रकार है। ( )
(ङ) वर्णों के मेल से कोई विकार उत्पन्न नहीं होता है। ( )
(च) स्वर संधि और व्यंजन संधि में अंतर होता है। ( )

4. जोड़े मिलाइए

(i) संधि	(क) विसर्ग का लुप्त होना
(ii) स्वर संधि	(ख) जोड़ना
(iii) विसर्ग संधि	(ग) अलग करना
(iv) विच्छेद	(घ) स्वरों के परस्पर मिलने से परिवर्तन

5. निम्नलिखित शब्दों में संधि कीजिए

संधि-विच्छेद	संधि
(क) पुस्तक + आलय	
(ख) मन: + हर	______
(ग) नि: + चय	______
(घ) सिंधु + ऊर्मि	
(ङ) गुरु + उपदेश	______

6. नीचे लिखे शब्दों का संधि-विच्छेद कीजिए तथा संधि का नाम भी लिखिए

(क) राजेंद्र (ख) पुस्तकालय
(ग) धर्मात्मा (घ) नदीश
(ङ) महोत्सव (च) तथैव

7. नीचे दिए गए प्रश्नों के संक्षिप्त उत्तर दीजिए

(i) संधि किसे कहते हैं? संधि कितने प्रकार की होती हैं?
(ii) स्वर संधि किसे कहा जाता है? स्वर संधि के कितने भेद होते हैं? उदाहरण देकर स्पष्ट कीजिए।
(iii) स्वर और व्यंजन संधि में अंतर स्पष्ट कीजिए।

उत्तरमाला

1. (i) (ग) (ii) (ख) (iii) (घ) (iv) (ख) (v) (ख)
2. (i) (क) (ii) (ग) (iii) (ख) (iv) (क) (v) (घ)
3. (क) × (ख) × (ग) × (घ) ✓ (ङ) × (च) ✓
4. (i) ख (ii) घ (iii) क (iv) ग
5. (क) पुस्तकालय (ख) मनोहर (ग) निश्चय (घ) सिंधूर्मि (ङ) गुरूपदेश
6. (क) राजा + इंद्र, गुण संधि (ख) पुस्तक + आलय, दीर्घ संधि
(ग) धर्म + आत्मा, दीर्घ संधि (घ) नदी + ईश, दीर्घ संधि
(ङ) महा + उत्सव, गुण संधि (च) तथा + एव, वृद्धि संधि

अध्याय 5

समास

5.1 समास का अर्थ व परिभाषा

समास शब्द का शाब्दिक अर्थ है—संक्षिप्त करना अथवा किसी बात को कम-से-कम शब्दों में कहना।

दो या दो से अधिक शब्दों को मिलाकर नया शब्द बनाने की प्रक्रिया को **समास** कहते हैं; जैसे—

- प्रयोग के लिए शाला — प्रयोगशाला
- वन में वास — वनवास

समस्त पद

शब्दों को संक्षिप्त करके बने नए शब्दों को सामासिक शब्द या समस्त पद कहा जाता है।

समास-विग्रह

समस्त पद को अलग-अलग करके पहले जैसी अवस्था में लाना ही समास-विग्रह कहलाता है; जैसे—

समस्त पद	पूर्व पद	उत्तर पद	समास-विग्रह
आजीवन	आ	जीवन	जीवनभर
प्रधानमंत्री	प्रधान	मंत्री	प्रधान है जो मंत्री

समास के भेद

समास के छः भेद हैं

1. अव्ययीभाव समास
2. तत्पुरुष समास
3. कर्मधारय समास
4. द्विगु समास
5. बहुव्रीहि समास
6. द्वंद्व समास

1. अव्ययीभाव समास

जिस समस्त पद का पहला पद प्रधान हो तथा समस्त पद अव्यय की तरह कार्य करे, उसे अव्ययीभाव समास कहते हैं; जैसे—

समस्त पद	विग्रह
यथाविधि	विधि के अनुसार
यथासंभव	जैसा संभव हो
आमरण	मरने तक
प्रतिमास	हर मास
हाथों हाथ	हाथ-ही-हाथ में
लाजवाब	जिसका जवाब न हो
अनजाने	जाने बिना
भरपेट	पेट भरकर
रातों रात	रात-ही-रात में
बेकाम	बिना काम के

2. तत्पुरुष समास

जिस समस्त पद का उत्तर पद प्रधान हो, उसे तत्पुरुष समास कहते हैं। तत्पुरुष समास में पूर्व पद तथा उत्तर पद के बीच आने वाली विभक्तियों/परसर्गों का लोप हो जाता है; जैसे—

समस्त पद	विग्रह
हस्तलिखित	हाथ **से** लिखा हुआ।
विद्यालय	विद्या **के लिए** आलय
परलोकगमन	परलोक **को** गमन
गगनचुंबी	गगन **को** छूने वाला
शक्तिसंपन्न	शक्ति **से** संपन्न
सूरकृत	सूर **द्वारा** कृत
सभाभवन	सभा **के लिए** भवन
राहखर्च	राह **के लिए** खर्च
धर्मविमुख	धर्म **से** विमुख
धनहीन	धन **से** हीन
गंगाजल	गंगा **का** जल
घुड़दौड़	घोड़ों **की** दौड़
आपबीती	आप **पर** बीती
लोकप्रिय	लोक **में** प्रिय

3. कर्मधारय समास

जिस समस्त पद का उत्तर पद प्रधान हो और पूर्व पद तथा उत्तर पद के मध्य विशेषण-विशेष्य या उपमान-उपमेय का संबंध हो, उसे कर्मधारय समास कहते हैं; जैसे—

समस्त पद	समास विग्रह
काली मिर्च	काली है मिर्च जो
नीलांबर	नीला है अंबर जो (विशेषण-विशेष्य)
कमलनयन	कमल के समान नयन (उपमान-उपमेय)
चंद्रमुख	चंद्रमा के समान मुख

4. द्विगु समास

जिस समस्त पद का पहला पद संख्यावाचक विशेषण हो तथा दूसरा पद समूहवाचक होता है, उसे द्विगु समास कहते हैं। इसमें 'समूह' या 'समाहार' का बोध होता है; जैसे—

समस्त पद	विग्रह
नवरत्न	नौ रत्नों का समूह
तिराहा	तीन राहों का समाहार
त्रिभुज	तीन भुजाओं का समाहार
नवग्रह	नौ ग्रहों का समूह

5. द्वंद्व समास

जिन समस्त पदों के दोनों पद प्रधान हों तथा विग्रह करने पर बीच में 'और', 'या', 'अथवा', 'तथा', 'एवं' लगता हो, वे द्वंद्व समास कहलाते हैं; जैसे—

समस्त पद	विग्रह
रात-दिन	रात और दिन
माता-पिता	माता एवं पिता
अन्न-जल	अन्न और जल
जीवन-मरण	जीवन या मरण

6. बहुव्रीहि समास

जिस समस्त पद में कोई भी पद प्रधान न हो और दोनों मिलकर किसी अन्य पद की ओर संकेत करते हों, उसे बहुव्रीहि समास कहते हैं; जैसे—

समस्त पद	विग्रह
लंबोदर	लंबा है उदर जिसका (गणेश)
दशानन	दस हैं, आनन जिसके (रावण)
त्रिनेत्र	तीन हैं नेत्र जिनके (शिव)
चतुर्भुज	चार हैं भुजाएँ जिनकी (विष्णु)

अभ्यास प्रश्न

बहुविकल्पीय व वर्णनात्मक प्रश्नों सहित

1. निम्नलिखित प्रश्नों के दिए गए विकल्पों में से सही विकल्प छाँटिए

(i) 'भारतरत्न' का समास-विग्रह कौन-सा है?

(क) भारत से रत्न (ख) भारत और रत्न

(ग) भारत का रत्न (घ) भारत के लिए रत्न

(ii) तत्पुरुष समास में कौन-सा पद प्रधान होता है?

(क) पहला पद (ख) दूसरा पद

(ग) दोनों पद (घ) तीसरा पद

(iii) अव्ययीभाव समास के संबंध में कौन-सा कथन सत्य है?

(क) विभक्तियों का लोप हो जाता है।

(ख) समस्त पद अव्यय की तरह कार्य करता है

(ग) विशेषण-विशेष्य का युग्म होता है।

(घ) समास में 'और' का लोप हो जाता है।

(iv) किस समास में पहला पद संख्यावाची होता है?

(क) द्विगु (ख) द्वंद्व

(ग) तत्पुरुष (घ) अव्ययी

(v) चरणकमल का समास-विग्रह है

(क) चरण और कमल (ख) कमल के समान चरण

(ग) चरण में कमल (घ) चरण के कमल

(vi) 'देश के लिए भक्ति' का सामासिक रूप कौन-सा है?

(क) देशभक्ति (ख) देश की भक्ति

(ग) देश और भक्ति (घ) देश-भक्ति

(vii) किस समास में विभक्ति या परसर्गों का लोप हो जाता है?

(क) अव्ययीभाव समास

(ख) तत्पुरुष समास

(ग) कर्मधारय समास

(घ) द्वंद्व समास

(viii) द्वंद्व समास के विग्रह में किसका प्रयोग किया जाता है?

(क) और (ख) एवं

(ग) या एवं अथवा (घ) ये सभी

(ix) 'त्रिफला' में समास है

(क) कर्मधारय (ख) द्विगु समास

(ग) अव्ययीभाव (घ) द्वंद्व समास

(x) किस समास में उत्तर या पूर्व पद कोई भी प्रधान नहीं होता है?

(क) बहुव्रीहि समास

(ख) तत्पुरुष समास

(ग) द्वंद्व समास

(घ) द्विगु समास

2. निम्नलिखित समस्त पदों के विग्रह और भेद के सही विकल्प का चयन कीजिए

(i) आजन्म

(क) जन्मभर-अव्ययीभाव समास

(ख) भरा जन्म-कर्मधारय समास

(ग) जन्म और भर-द्वंद्व समास

(घ) जन्म से भरा हुआ-बहुव्रीहि समास

(ii) दिन-रात

(क) दिन की रात-तत्पुरुष समास

(ख) दिन है जो रात-कर्मधारय समास

(ग) दिन और रात-द्वंद्व समास

(घ) दिन है रात जिसकी-बहुव्रीहि समास

(iii) चतुर्मुख

(क) चार मुख-कर्मधारय समास

(ख) चार हैं मुख जिसके-बहुव्रीहि समास

(ग) चार मुखों के लिए-तत्पुरुष समास

(घ) चार मुखों का समूह-द्वंद्व समास

3. निम्नलिखित विग्रहों में से समस्त पद व समास के नाम का सही विकल्प चुनिए

(i) महान है जो आत्मा

(क) महत्तम-तत्पुरुष (ख) महात्मा-कर्मधारय

(ग) महानतम-बहुव्रीहि (घ) महानात्मा-द्वंद्व

(ii) गाँव से आया हुआ

(क) ग्रामगत-तत्पुरुष (ख) ग्रामीगत-अव्ययीभाव

(ग) ग्रामागत-तत्पुरुष (घ) ग्रामीण आगत-कर्मधारय

(iii) सेना का पति

(क) सेनपति-कर्मधारय (ख) सेनपत्यु-बहुव्रीहि

(ग) सेनापति-तत्पुरुष (घ) सेनापति-द्विगु

4. निम्नलिखित विग्रहों के समस्त पद बनाकर समास का नाम लिखिए

(क) घोड़े पर सवार (ख) राजा का महल

(ग) चार रास्तों का समाहार (घ) जन्म से अंधा

(ङ) जीवन और मरण (च) महान है जो देव

(छ) नीला है कंठ जिसका (ज) गिरि धारण करने वाला

(झ) आशा रूपी लता (ञ) चिड़िया को मारने वाला

5. निम्नलिखित समस्त पदों का विग्रह करते हुए समास का नाम लिखिए

पथभ्रष्ट, चौमासा, महापुरुष, गजानन, चतुर्मुख, यथासमय, माता-पिता

6. कोष्ठक में दिए गए विग्रह को समस्त पद में बदलकर रिक्त स्थानों की पूर्ति कीजिए

सिरदर्द, विद्यालय, लोकप्रिय, कमलनयन, रात-दिन, शक्ति संपन्न, कर्महीन, नेत्रहीन, कृषि प्रधान, विद्यार्थी

(क) राम को कल (सिर में दर्द) .... था।

(ख) प्रेमचंद की कहानियाँ (लोक में प्रिय) .... हैं।

(ग) कल (विद्या के लिए आलय) .... बंद रहेगा।

(घ) माँ (शक्ति से संपन्न) .... हैं।

(ङ) राधा के (कमल के समान नयन) .... हैं।

(च) (रात और दिन) .... बरसात होती रहती है।

(छ) वह व्यक्ति (कर्म से हीन) .... है।

(ज) भारत (कृषि में प्रधान) .... देश है।

(झ) वह एक दुर्घटना में (नेत्र से हीन) .... हो गया।

(ञ) अभी आप (विद्या के अर्थी) .... हो।

7. जोड़े मिलाइए

(i) आराम के लिए कुर्सी	(क) गगनचुंबी
(ii) सूर द्वारा कृत	(ख) हाथों-हाथ
(iii) हाथ-ही-हाथ में	(ग) उद्योगपति
(iv) गगन को छूने वाला	(घ) सूरकृत
(v) उद्योग का पति	(ङ) आरामकुर्सी

8. नीचे दिए गए सही कथन के आगे (✓) और गलत के आगे (✗) का चिह्न लगाइए

(क) संबंध तत्पुरुष में 'से' का लोप हो जाता है। ( )

(ख) कर्मधारय समास में उपमेय-उपमान का संबंध होता है। ( )

(ग) कनकलता तत्पुरुष समास है। ( )

(घ) वन का वास का समस्त पद वनवास है। ( )

(ङ) तिरंगा द्विगु समास है ( )

(च) गृहप्रवेश अव्ययी समास है। ( )

(छ) दीनानाथ में कर्मधारय समास है। ( )

(ज) विशेषण और विशेष्य के योग से तत्पुरुष समास बनता है। ( )

9. निम्नलिखित वाक्यों में रेखांकित पदों की जगह समस्त पद का प्रयोग करके वाक्य पुनः लिखिए

(क) मैं कार्यक्रम में <u>समय के अनुसार</u> पहुँच जाऊँगा।

(ख) यात्रा पर जाते समय पिताजी ने मुझे <u>राह के खर्च</u> के लिए पैसे दिए।

(ग) विजयदशमी के दिन <u>दस सिर वाले</u> का पुतला जलाया जाता है।

(घ) गरीबों को कभी-कभी <u>पेट भरकर</u> खाना भी नसीब नहीं होता।

(ङ) <u>रेखा द्वारा अंकित</u> शब्दों के अर्थ लिखिए।

(च) आप केवल <u>परीक्षा के लिए उपयोगी</u> प्रश्न पढ़ते हो।

(छ) <u>देश के लिए भक्ति</u> का भाव मेरे मन में भरा हुआ है।

10. नीचे दिए गए प्रश्नों के संक्षिप्त उत्तर दीजिए

(i) समास किसे कहते हैं? उदाहरण सहित बताइए।

(ii) संधि और समास में क्या अंतर होता है?

(iii) समास के भेदों को उदाहरण देकर स्पष्ट कीजिए।

(iv) समास विग्रह से आप क्या समझते हैं?

उत्तरमाला

1. (i) (ग) (ii) (ख) (iii) (ख) (iv) (क) (v) (ख) (vi) (क) (vii) (ख) (viii) (घ) (ix) (ख) (x) (क)
2. (i) (क) (ii) (ग) (iii) (ख)
3. (i) (ख) (ii) (ग) (iii) (ग)
4. (क) घुड़सवार, तत्पुरुष (ख) राजमहल, तत्पुरुष
   (ग) चौराहा, द्विगु (घ) जन्मांध, तत्पुरुष
   (ङ) जीवन-मरण, द्वंद्व (च) महादेव, कर्मधारय
   (छ) नीलकंठ, बहुव्रीहि (ज) गिरिधर, बहुव्रीहि
   (झ) आशा लता, कर्मधारय (ञ) चिड़ीमार, तत्पुरुष
5. पथ से भ्रष्ट – तत्पुरुष
   चार मासों का समाहार – द्विगु
   महान जो पुरुष – कर्मधारय
   गज के समान आनन है जिसका – बहुव्रीहि
   चार हैं मुख जिनके – बहुव्रीहि
   समय के अनुसार – अव्ययीभाव
   माता और पिता – द्वंद्व समास
6. (क) सिरदर्द (ख) लोकप्रिय
   (ग) विद्यालय (घ) शक्तिसंपन्न
   (ङ) कमलनयन (च) रात-दिन
   (छ) कर्महीन (ज) कृषि प्रधान
   (झ) नेत्रहीन (ञ) विद्यार्थी
7. (i) ङ (ii) घ (iii) ख (iv) क (v) ग
8. (क) ✗ (ख) ✓ (ग) ✗ (घ) ✗ (ङ) ✓ (च) ✗ (छ) ✓ (ज) ✗
9. (क) समयानुसार (ख) राहखर्च (ग) दशानन (घ) भरपेट (ङ) रेखांकित (च) परीक्षोपयोगी (छ) देशभक्ति

अध्याय 6

उपसर्ग एवं प्रत्यय

6.1 उपसर्ग

जो शब्दांश शब्द के पहले जुड़कर उनका या तो अर्थ बदल देते हैं या अर्थ में विशिष्टता उत्पन्न कर देते हैं, उन्हें **उपसर्ग** कहते हैं; जैसे—

(i) अ + ज्ञान = अज्ञान (ii) आ + समान = आसमान
(iii) अप + मान = अपमान (iv) स्व + देश = स्वदेश

उपसर्ग के भेद

उपसर्ग के निम्नलिखित भेद हैं

1. संस्कृत के उपसर्ग 2. हिंदी के उपसर्ग
3. उर्दू या फारसी के उपसर्ग 4. अंग्रेजी के उपसर्ग

संस्कृत के उपसर्ग

उपसर्ग	अर्थ	निर्मित शब्द
अभि	सामने, पास, चारों ओर	अभिलाषा, अभीष्ट, अभियोग, अभिनव
अव	नीचे, हीन, बुरा	अवगुण, अवनति, अवरोह, अवशेष
अधि	श्रेष्ठ, ऊपर, समीप	अधिकार, अधिपति, अधिकृत, अध्यक्ष
अति	अधिक	अत्यधिक, अत्याचार, अत्यंत, अतिरिक्त
आ	तक, समेत	आदान, आचरण, आगमन, आरक्षण
उत्	ऊपर, ऊँचा, श्रेष्ठ	उत्कर्ष, उन्नति, उद्धार, उद्योग, उद्गम, उत्पत्ति
दुर्	बुरा, कठिन	दुर्गम, दुर्लभ, दुरुपयोग, दुर्दिन
नि	निषेध, नीचे, अभाव	निवारण, नियम, निढाल, निरादर, नियति
निर्	बिना, रहित, विपरीत	निर्दय, निर्भय, निर्बल, निरादर
प्र	आगे, अधिक, ऊपर	प्रबल, प्रजाति, प्रलय, प्रचार
प्रति	विरुद्ध, सामने, हर एक	प्रतिकूल, प्रतिध्वनि, प्रत्येक, प्रत्यक्ष
वि	विशेष, अभाव	विज्ञान, विशेष, वियोग, विजय, विनय
सम्	अच्छा, पूर्ण	संतोष, संपत्ति, संहार, संकल्प
सु	अच्छा	सुपुत्र, सुगम, सुमार्ग, सुबोध, सुपथ, सुयोग, सुलभ

हिंदी के उपसर्ग

उपसर्ग	अर्थ	निर्मित शब्द
अध	आधा	अधखिला, अधपका, अधकचरा
औ	हीन, रहित	औगुन, औकात, औजार
क, कु	बुरा	कपूत, कुसंग, कुकर्म
उन	कम	उनतीस, उनसठ
नि	रहित	निडर, निहत्था
भर	पूरा	भरपेट, भरपूर
स,सु	अच्छा	सपूत, सगुण, सुगम, सुअवसर
पर	पराया, दूसरा	परदेस, परलोक

उर्दू या फारसी के उपसर्ग

उपसर्ग	अर्थ	निर्मित शब्द
बद	बुरा	बदसूरत, बदनाम, बदशक्ल
बे	बिना	बेकाम, बेअसर, बेरहम, बेइज्जत
कम	थोड़ा	कमजोर, कमदिमाग, कमजात
गैर	के बिना	गैरकानूनी, गैरजरूरी, गैरजिम्मेदार
खुश	प्रसन्न	खुशनुमा, खुशगवार, खुशमिजाज
ला	रहित	लावारिस, लापरवाह, लाचार, लाइलाज
हम	समान	हमशक्ल, हमराज, हमवतन
ना	बिना	नापसंद, नाबालिग, नासमझ
हर	प्रत्येक	हररोज, हरदम, हरबार, हरएक
दर	में	दरअसल, दरमियान, दरहकीकत

अंग्रेजी के उपसर्ग

उपसर्ग	निर्मित शब्द
असिस्टेंट	असिस्टेंट कलेक्टर, असिस्टेंट मैनेजर, असिस्टेंट टीचर
डिप्टी	डिप्टी सेक्रेटरी, डिप्टी कंट्रोलर, डिप्टी कलेक्टर
वाइस	वाइस चांसलर, वाइस कैप्टन
हैड	हैडमास्टर, हैडक्लर्क, हैडमिस्ट्रेस
चीफ	चीफ मिनिस्टर, चीफ सेक्रेटरी
सब	सब-इंस्पेक्टर, सब-जज, सब-कमेटी, सब-वे

6.2 प्रत्यय

जो शब्दांश मूल (रूढ़) शब्द के अंत में लगकर नए शब्द बनाते हैं या शब्द के अर्थ में विशेषता या परिवर्तन उत्पन्न कर देते हैं, वे **प्रत्यय** कहलाते हैं; जैसे—

(i) मिठाई (मीठा + आई) (ii) उपदेशक (उपदेश + क)
(iv) दासता (दास + ता) (v) बंगाली (बंगाल + ई)

प्रत्यय के भेद

प्रत्यय के दो भेद हैं

1. कृत प्रत्यय

जो प्रत्यय धातु (क्रिया के मूल रूप) से जुड़कर संज्ञा, विशेषण आदि शब्द बनाते हैं, उन्हें **कृत प्रत्यय** कहते हैं; जैसे—

'टिक' धातु के साथ 'आऊ' प्रत्यय और 'पढ़' धातु के साथ 'आई' प्रत्यय जोड़कर क्रमशः 'टिकाऊ' और 'पढ़ाई' शब्द बनाए जाते हैं।

कृत प्रत्यय के कुछ उदाहरण

प्रत्यय	मूल शब्द	शब्द रूप
आई	लड़, पढ़, जोत, लिख	लड़ाई, पढ़ाई, जुताई, लिखाई
आन	उड़, लग, चढ़	उड़ान, लगान, चढ़ान
आप	मिल	मिलाप
आव	बह, फैल, कट	बहाव, फैलाव, कटाव
आवट	लिख, दिख, मिल, थक	लिखावट, दिखावट, मिलावट, थकावट
ई	बोल, हँस	बोली, हँसी
वाला	लिख, बोल, पढ़	लिखने वाला, बोलने वाला, पढ़ने वाला
न	चल, ले-दे	चलन, लेन-देन
तव्य	कृ	कर्त्तव्य
आ	घेर, छाप	घेरा, छापा
आलु	दया, कृपा	दयालु, कृपालु
इया	बढ़, घट	बढ़िया, घटिया
हार	पालन, होन	पालनहार, होनहार
इयल	मर, सड़	मरियल, सड़ियल
अनीय	दय, पूज	दयनीय, पूजनीय

2. तद्धित प्रत्यय

जो प्रत्यय धातु से भिन्न शब्द (संज्ञा, सर्वनाम, विशेषण) के अंत में जुड़कर नए शब्द बनाते हैं, उन्हें **तद्धित प्रत्यय** कहते हैं; जैसे—

- 'अच्छा' से 'अच्छाई', 'नौकर' से 'नौकरी', 'अपना' से 'अपनत्व' आदि।

तद्धित प्रत्यय के कुछ उदाहरण

प्रत्यय	मूल शब्द	शब्द रूप
इक	इतिहास, दिन, मास	ऐतिहासिक, दैनिक, मासिक
आई	भला, चतुर, पंडित, बुरा	भलाई, चतुराई, पंडिताई, बुराई
ई	गरम, खेत, नरम	गरमी, खेती, नरमी
ता	प्रभु, गुरु, सरल	प्रभुता, गुरुता, सरलता
आपा	बूढ़ा, मोटा, पूजा	बुढ़ापा, मोटापा, पुजापा
आस	मीठा, खट्टा	मिठास, खटास
पन	बच्चा, पीला, अपना	बचपन, पीलापन, अपनापन
आर	लोहा, सोना	लुहार, सुनार
कार	पत्र, साहित्य, रचना	पत्रकार, साहित्यकार, रचनाकार

स्त्रीलिंग बनाने वाले कुछ तद्धित प्रत्यय

प्रत्यय	मूल शब्द	शब्द रूप
आ	छात्र, आचार्य, सुत	छात्रा, आचार्या, सुता
इन	धोबी, माली, नाई	धोबिन, मालिन, नाइन
इया	चूहा, बूढ़ा	चुहिया, बुढ़िया
आइन	लाला, पंडित	ललाइन, पंडिताइन
आनी	क्षत्रिय, सेठ	क्षत्राणी, सेठानी
नी	ऊँट, मोर, शेर	ऊँटनी, मोरनी, शेरनी

दो प्रत्ययों का एक साथ प्रयोग

मूल शब्द	प्रत्यय	शब्द रूप
दया	आलु + ता	दयालुता
राष्ट्र	ईय + ता	राष्ट्रीयता
लोक	इक + ता	लौकिकता
बन	आवट + ई	बनावटी
अक्ल	मंद + ई	अक्लमंदी
बच	पन + आ	बचपना
भूत	इक + ता	भौतिकता

एक ही शब्द में उपसर्ग तथा प्रत्यय का प्रयोग

उपसर्ग	मूल शब्द	प्रत्यय	शब्द रूप
स	फल	ता	सफलता
सम्	मान	जनक	सम्मानजनक
परि	श्रम	ई	परिश्रमी
सु	गंध	इत	सुगंधित
पर	तंत्र	ता	परतंत्रता
वि	ज्ञान	इक	वैज्ञानिक
बद	नाम	ई	बदनामी
अभि	मान	ई	अभिमानी

अभ्यास प्रश्न

बहुविकल्पीय व वर्णनात्मक प्रश्नों सहित

1. निम्नलिखित प्रश्नों के दिए गए विकल्पों में से सही विकल्प छाँटिए

(i) उपसर्ग कितने प्रकार के होते हैं?
(क) तीन (ख) चार (ग) पाँच (घ) एक

(ii) असिस्टेंट किस उपसर्ग का भाग है?
(क) हिंदी (ख) अंग्रेजी (ग) उर्दू (घ) फ़ारसी

(iii) उप का क्या अर्थ है?
(क) दूर (ख) आगे (ग) पीछे (घ) निकट

(iv) प्रत्यय के कितने प्रकार होते हैं?
(क) एक (ख) तीन (ग) दो (घ) चार

(v) भलाई शब्द में कौन-सा प्रत्यय है?
(क) आई (ख) ई (ग) अई (घ) इ

2. निम्नलिखित शब्दों में प्रयुक्त सही उपसर्ग का चयन कीजिए

(i) अनुराग
(क) अन् (ख) अन (ग) अनु (घ) अ

(ii) अत्यंत
(क) अति (ख) अ (ग) अत् (घ) अत

(iii) अपयश
(क) अप (ख) अ (ग) आ (घ) यश

(iv) उल्लंघन
(क) उल् (ख) उत् (ग) उल (घ) उल्ल

3. निम्नलिखित उपसर्गों से बने सही शब्द का चयन कीजिए

(i) अव
(क) अवनति (ख) अवनमन
(ग) अवगुण (घ) ये सभी

(ii) कु
(क) कपूत (ख) कुसंग
(ग) कुंदन (घ) कुसुम

(iii) दुर्
(क) दुष्यंत (ख) दुर्जन (ग) दुनिया (घ) दुराज

(iv) सम्
(क) सकल (ख) सदन (ग) संतोष (घ) समान

4. निम्नलिखित प्रत्ययों से बने शब्द का सही विकल्प चुनिए

(i) ईला
(क) रंगीला (ख) भड़कीला
(ग) सड़ियल (घ) 'क' और 'ख' दोनों

(ii) एरा
(क) मेरा (ख) बसेरा (ग) पेड़ा (घ) तेरा

(iii) आक
(क) चालक (ख) धावक (ग) चालाक (घ) धाक

(iv) आ
(क) धनी (ख) आजन्म (ग) सदा (घ) भूखा

5. निम्नलिखित शब्दों में लगे सही प्रत्यय का चयन कीजिए

(i) मौखिक
(क) क (ख) खिक (ग) इक (घ) ईक

(ii) खटास
(क) आस (ख) टास (ग) स (घ) अस

(iii) भारतीय
(क) य (ख) ईय (ग) इय (घ) तीय

(iv) धनवान
(क) न (ख) वान (ग) आन (घ) अन

6. सही उत्तर द्वारा रिक्त स्थानों की पूर्ति कीजिए

शब्दांश, आऊ, दो, पहले, बुरा, इन

(क) उपसर्ग मूल रूप से .... होते हैं।
(ख) प्रत्यय के .... भेद होते हैं।

(ग) 'बिकाऊ' शब्द में ………… प्रत्यय लगा है।
(घ) 'दुर्' उपसर्ग का प्रयोग …………… अर्थ में होता है।
(ङ) पड़ोसिन शब्द में …………… प्रत्यय लगा है।
(च) उपसर्ग मूल शब्द के …………… जुड़कर नए शब्द का निर्माण करते हैं।

7. जोड़े मिलाइए

(i) न	(क) तैराक
(ii) ऊ	(ख) हँसी
(iii) आ	(ग) चलन
(iv) ई	(घ) डाकू
(v) आक	(ङ) घेरा

8. निम्नलिखित शब्दों में लगे उपसर्ग अलग कीजिए

(क) अभीष्ट (ख) आदान (ग) प्रतिकूल (घ) कुसंग
(ङ) लावारिस

9. उचित उपसर्ग लगाकर नए शब्द बनाइए

(क) खिला (ख) पेट (ग) नति (घ) मरण
(ङ) धर्म

10. नीचे दिए गए उपसर्ग जोड़कर दो-दो शब्द बनाइए

(क) स – ………. ……….
(ख) सु – ………. ……….
(ग) बद – ………. ……….
(घ) अप – ………. ……….
(ङ) वि – ………. ……….

11. निम्नलिखित शब्दों में लगे प्रत्यय अलग कीजिए

(क) लड़ाई (ख) मिलाप (ग) बोली (घ) प्रभुता
(ङ) पालनहार

12. निम्नलिखित प्रत्ययों से बने तीन-तीन शब्द लिखिए

(क) आवट (ख) इत (ग) ता (घ) नीय
(ङ) इक

13. निम्नलिखित शब्दों के साथ उपयुक्त प्रत्यय लगाइए

मनुष्य, सुंदर, बच्चा, लोभ, लड़का, गोप

14. निम्नलिखित शब्दों में उपसर्ग, मूल शब्द तथा प्रत्यय अलग कीजिए

(क) सम्मानित ……….. ……….. ………..
(ख) अवैज्ञानिक ……….. ……….. ………..
(ग) निरर्थक ……….. ……….. ………..
(घ) अनुपजाऊ ……….. ……….. ………..
(ङ) आरामदायक ……….. ……….. ………..

15. निम्नलिखित सही कथन के आगे (✓) और गलत के आगे (✗) का निशान लगाइए

(क) प्रत्यय मूल शब्द होते हैं। ( )
(ख) तद्धित प्रत्यय विकारी शब्दों के अंत में लगाए जाते हैं। ( )
(ग) कृत् प्रत्यय धातु रूप में जुड़ते हैं। ( )
(घ) 'ऊँचा' शब्द में 'आई' प्रत्यय जुड़कर ऊँचाई शब्द का निर्माण होता है। ( )
(ङ) उपसर्ग शब्द के पहले लगकर अर्थ-परिवर्तन नहीं करते हैं। ( )
(च) फारसी और उर्दू के उपसर्ग में नुक्ता चिह्न अधिकांशत: लगते हैं। ( )

16. निम्नलिखित प्रश्नों के संक्षिप्त उत्तर दीजिए।

(i) उपसर्ग किसे कहते हैं? उदाहरण सहित बताइए।
(ii) प्रत्यय के प्रकारों का वर्णन उदाहरण देकर कीजिए।
(iii) प्रत्यय किसे कहते हैं? उपसर्ग और प्रत्यय से बने तीन शब्दों के उदाहरण दीजिए।
(iv) उपसर्ग और प्रत्यय का प्रयोग करते हुए स्त्रीलिंग शब्द लिखिए।
(v) चार ऐसे शब्द लिखिए, जिनमें दो-दो प्रत्ययों का प्रयोग हुआ हो।

उत्तरमाला

1. (i) (ख) (ii) (ख) (iii) (घ) (iv) (ग) (v) (क)
2. (i) (ग) (ii) (क) (iii) (क) (iv) (ख)
3. (i) (घ) (ii) (ख) (iii) (ख) (iv) (ग)
4. (i) (घ) (ii) (ख) (iii) (ग) (iv) (घ)
5. (i) (ग) (ii) (क) (iii) (ख) (iv) (ख)
6. (क) शब्दांश (ख) दो (ग) आऊ (घ) बुरा (ङ) इन (च) पहले
7. (i) (ग) (ii) (घ) (iii) (ङ) (iv) (ख) (v) (क)
8. (क) अभि (ख) आ (ग) प्रति (घ) कु (ङ) ला
9. (क) अधखिला (ख) भरपेट (ग) उन्नति (घ) आमरण (ङ) अधर्म
10. (क) सफल, सहर्ष (ख) सुगम, सुपुत्र (ग) बदनाम, बदसूरत (घ) अपमान, अपयश (ङ) विशेष, विज्ञान
11. (क) आई (ख) आप (ग) ई (घ) ता (ङ) हार
12. (क) सजावट, बनावट, मिलावट (ख) सम्मानित, अपमानित, शापित (ग) सुंदरता, मित्रता, सफलता (घ) दयनीय, सहनीय, कल्पनीय (ङ) धार्मिक, सामाजिक, नैतिक
13. मनुष्यता, सुंदरता, बचपन, लोभी, लड़कपन, गोपनीय।
14.

	उपसर्ग	मूल शब्द	प्रत्यय
(क)	सम्	मान	इत
(ख)	अ	विज्ञान	इक
(ग)	निर्	अर्थ	अक
(घ)	अन्	उपज	आऊ
(ङ)	आ	राम	दायक

15. (क) ✗ (ख) ✓ (ग) ✓ (घ) ✓ (ङ) ✗ (च) ✓

अध्याय 7

संज्ञा

7.1 संज्ञा की परिभाषा

किसी वस्तु, व्यक्ति, प्राणी, स्थान या भाव आदि का बोध कराने वाले शब्द संज्ञा कहलाते हैं; जैसे–

वस्तुओं के नाम कुर्सी, फूल, झूला, हल, रेडियो आदि।

प्राणियों के नाम गाय, मोर, हाथी, कछुआ, मच्छर आदि।

व्यक्तियों के नाम माँ, अध्यापिका, राष्ट्रपति, चौकीदार आदि।

स्थानों के नाम मध्य प्रदेश, गाँव, शहर, पटियाला आदि।

भावों के नाम अच्छाई, सुंदरता, महँगाई, उदार, दयालुता आदि।

संज्ञा के भेद

1. व्यक्तिवाचक संज्ञा

जिन संज्ञा शब्दों से किसी विशेष व्यक्ति, स्थान या वस्तु का बोध होता है, उसे व्यक्तिवाचक संज्ञा कहते हैं; जैसे–राम, दिल्ली, लालकिला, आगरा, फुटबॉल आदि।

2. जातिवाचक संज्ञा

जिन संज्ञा शब्दों से किसी वस्तु, व्यक्ति, प्राणी या स्थान की जाति या वर्ग का बोध होता है, उसे जातिवाचक संज्ञा कहते हैं; जैसे–बालक, पर्वत, देश, पुस्तक, स्त्री, पक्षी, आदमी आदि।

3. भाववाचक संज्ञा

जिन संज्ञा शब्दों से किसी वस्तु, व्यक्ति, प्राणी तथा स्थान के गुण-दोष, अवस्था तथा स्वभाव आदि का बोध होता है, उसे भाववाचक संज्ञा कहते हैं; जैसे–लंबाई, ऊँचाई, गहराई, दु:ख, सुख, क्रोध, वीरता, मोटापा, बुढ़ापा आदि।

संज्ञा के दो अन्य भेद

कुछ लोग अंग्रेजी व्याकरण के आधार पर संज्ञा के दो अन्य भेद भी मानते हैं, जो निम्न प्रकार हैं

1. **द्रव्यवाचक संज्ञा** जिन संज्ञा शब्दों से किसी धातु, द्रव्य अथवा पदार्थों का बोध होता है, उसे द्रव्यवाचक संज्ञा कहते हैं; जैसे–घी, तेल, दूध, सोना, चाँदी आदि।
2. **समुदायवाचक संज्ञा** जिन संज्ञा शब्दों से किसी समुदाय या समूह का बोध होता है, उसे समुदायवाचक/समूहवाचक संज्ञा कहते हैं; जैसे–सेना, दल, कक्षा, झुंड, भीड़ आदि।

भाववाचक संज्ञा बनाने के नियम

कुछ संज्ञाएँ मूल रूप से भाववाचक होती हैं, तो कुछ भाववाचक संज्ञाएँ जातिवाचक संज्ञा, सर्वनाम तथा विशेषण और क्रिया में प्रत्यय जोड़कर बनाई जाती हैं। भाववाचक संज्ञा चार प्रकार से बनती हैं।

जातिवाचक संज्ञा से भाववाचक संज्ञा बनाना

जातिवाचक संज्ञा	भाववाचक संज्ञा
बच्चा	बचपन
भ्राता	भ्रातृत्व
मित्र	मित्रता
सिंह	सिंहत्व
दानव	दानवता
पशु	पशुता

सर्वनाम से भाववाचक संज्ञा बनाना

सर्वनाम	भाववाचक संज्ञा
अपना	अपनत्व
आप	आपा
मम	ममत्व
अहं	अहंकार
निज	निजत्व
सर्व	सर्वस्व
स्व	स्वत्व
पराया	परायापन

विशेषण से भाववाचक संज्ञा बनाना

विशेषण	भाववाचक संज्ञा
वीर	वीरता
सुंदर	सुंदरता
सज्जन	सज्जनता
आलसी	आलस्य
उष्ण	उष्णता
सूक्ष्म	सूक्ष्मता
अरुण	अरुणिमा
लाल	लालिमा

क्रिया से भाववाचक संज्ञा बनाना

क्रिया	भाववाचक संज्ञा
खेलना	खेल
उतारना	उतार
पूजना	पूजा
माँगना	माँग
चलना	चाल
बचना	बचाव
सुधारना	सुधार
हँसना	हँसी

अभ्यास प्रश्न

बहुविकल्पीय व वर्णनात्मक प्रश्नों सहित

1. निम्नलिखित प्रश्नों के दिए गए विकल्पों में से सही विकल्प छाँटिए

(i) संज्ञा के मुख्यत: कितने भेद होते हैं?
(क) तीन (ख) चार (ग) पाँच (घ) छ:

(ii) अकबर किस संज्ञा भेद के अंतर्गत आता है?
(क) जातिवाचक (ख) व्यक्तिवाचक
(ग) भाववाचक (घ) द्रव्यवाचक

(iii) ऊँचाई कौन-सी संज्ञा है?
(क) जातिवाचक (ख) व्यक्तिवाचक
(ग) भाववाचक (घ) समूहवाचक

(iv) संज्ञा से तात्पर्य है
(क) कर्म (ख) स्वभाव
(ग) नाम (घ) विशेषता

(v) इनमें से कौन-सा संज्ञा का मुख्य भेद नहीं है?
(क) व्यक्तिवाचक (ख) समूहवाचक
(ग) भाववाचक (घ) जातिवाचक

(vi) इनमें से भाववाचक संज्ञा कौन-सी है?
(क) मीठा (ख) मिठाई (ग) मिठास (घ) मीठी

(vii) 'सूरज' किस प्रकार की संज्ञा है?
(क) भाववाचक (ख) व्यक्तिवाचक
(ग) जातिवाचक (घ) समूहवाचक

(viii) 'अपना' से बनी भाववाचक संज्ञा है
(क) अपनी, अपने (ख) अपनापन
(ग) अपनत्व (घ) 'ख' और 'ग' दोनों

(ix) दिल्ली से आगरा की दूरी 190 किमी है। यहाँ रेखांकित अंश है
(क) व्यक्तिवाचक संज्ञा (ख) जातिवाचक संज्ञा
(ग) भाववाचक संज्ञा (घ) द्रव्यवाचक संज्ञा

(x) इनमें से जातिवाचक संज्ञा शब्द कौन-सा है?
(क) भारत
(ख) पुस्तक
(ग) रामायण
(घ) ताजमहल

2. रिक्त स्थानों की पूर्ति भाववाचक संज्ञा द्वारा कीजिए

(क) मुसीबत के समय ……… से काम लेना चाहिए। (समझदार)
(ख) एवरेस्ट की ……… बहुत कठिन है। (चढ़ना)
(ग) वीर अभिमन्यु ने ……… से कौरव सेना का मुकाबला किया। (वीर)
(घ) ……… करने से जीवन में ……… नहीं मिलेगी। (आलसी, सफल)
(ङ) ताजमहल की ……… देख पर्यटक चकित रह जाते हैं। (सुंदर)
(च) खेल में ……… तो लगी ही रहती है। (हारना-जीतना)

3. निम्नलिखित शब्दों में से व्यक्तिवाचक संज्ञा कौन-सी हैं?

नदी	राजधानी	मिठाई	धर्म
दशरथ	हलवाई	ईसाई	गेंद
भगवान	रामायण	बैडमिंटन	चीन
प्रधानमंत्री	साइना नेहवाल	सुंदरता	बादल
एफिल टावर	इमारत	सड़क	पर्वत

4. जोड़े मिलाइए

(i) शिवाजी	(क) जातिवाचक
(ii) बुराई	(ख) व्यक्तिवाचक
(iii) सेना	(ग) भाववाचक
(iv) शेर	(घ) समूहवाचक

5. **निम्नलिखित वाक्यों के आगे (✓) और (×) का चिह्न लगाइए**

(क) इंसान का भाववाचक संज्ञा 'इंसानों' है। ( )

(ख) कायरता इंसान को कमजोर बनाती है। इस कथन में भाववाचक संज्ञा कायरता है। ( )

(ग) कक्षा समुदायवाचक संज्ञा शब्द है। ( )

(घ) दूध शब्द व्यक्तिवाचक संज्ञा है। ( )

(ङ) संज्ञा को सर्वनाम के स्थान पर प्रयोग करते हैं। ( )

6. **निम्नलिखित में संज्ञा के भेद बताइए**

(क) लाल किला (ख) हाथियों का झुंड

(ग) कुर्सी (घ) प्रेम, सुख, दु:ख

7. **भाववाचक संज्ञा बनाइए**

(क) लड़का (ख) गरीब (ग) लड़ना (घ) लंबा

8. **निम्नलिखित वाक्यों में से संज्ञा शब्द छाँटिए और उनके सामने संज्ञा का भेद लिखिए**

(क) खेतों में हरियाली छाई है। ....

(ख) नया संसद भवन बहुत सुंदर है। ....

(ग) सेना वीरता के साथ लड़ी। ....

(घ) यह नदी कितनी गहरी है? ....

9. **निम्नलिखित प्रश्नों के संक्षिप्त उत्तर दीजिए**

(i) संज्ञा किसे कहते हैं? संज्ञा के कितने भेद होते हैं?

(ii) संज्ञा के भेदों को उदाहरण सहित स्पष्ट कीजिए।

(iii) संज्ञा के अन्य दोनों भेदों को उदाहरण देकर स्पष्ट कीजिए।

(iv) व्यक्तिवाचक और जातिवाचक संज्ञा का भेद उदाहरण द्वारा स्पष्ट कीजिए।

उत्तरमाला

1. (i) (क) (ii) (ख) (iii) (ग) (iv) (ग) (v) (ख) (vi) (ग) (vii) (ख) (viii) (घ) (ix) (क) (x) (ख)
2. (क) समझदारी (ख) चढ़ाई (ग) वीरता (घ) आलस्य, सफलता (ङ) सुंदरता (च) हार-जीत
3. दशरथ, एफिल टावर, रामायण, साइना नेहवाल, बैडमिंटन, चीन
4. (i) (ख) (ii) (ग) (iii) (घ) (iv) (क)
5. (क) × (ख) ✓ (ग) ✓ (घ) × (ङ) ×
6. (क) व्यक्तिवाचक संज्ञा (ख) समुदायवाचक संज्ञा (ग) जातिवाचक संज्ञा (घ) भाववाचक संज्ञा
7. (क) लड़कपन (ख) गरीबी (ग) लड़ाई (घ) लंबाई
8. (क) खेत, हरियाली – जातिवाचक संज्ञा, भाववाचक संज्ञा
   (ख) संसद भवन – व्यक्तिवाचक संज्ञा
   (ग) सेना, वीरता – समूहवाचक संज्ञा, भाववाचक संज्ञा
   (घ) नदी – जातिवाचक संज्ञा

अध्याय **8**

लिंग

8.1 लिंग का अर्थ एवं परिभाषा

लिंग का अर्थ है—पहचान। शब्द के जिस रूप से यह पता चले कि वह पुरुष जाति का है या स्त्री जाति का, उसे **लिंग** कहते हैं; जैसे—पुरुष-स्त्री, मोर-मोरनी, हिरण-हिरणी, बाघ-बाघिन आदि।

लिंग के भेद

लिंग के दो भेद होते हैं

1. **पुल्लिंग** जो शब्द पुरुष जाति का बोध कराते हैं, उन्हें पुल्लिंग कहते हैं; जैसे—अध्यापक, भाई, हाथी, बंदर, मोर, पेड़ आदि।
2. **स्त्रीलिंग** जो शब्द स्त्री जाति का बोध कराते हैं, उन्हें स्त्रीलिंग कहते हैं; जैसे—गाय, माँ, चिड़िया, कली, कुर्सी, साड़ी, तितली आदि।

पुल्लिंग शब्दों की पहचान

- देशों के नाम—भारत, रूस, चीन, जापान, पाकिस्तान, इंग्लैंड आदि।
- हिंदी महीनों के नाम—चैत्र, बैसाख, जेठ, आषाढ़, सावन आदि।
- दिनों के नाम—सोमवार, मंगलवार, बुधवार, बृहस्पतिवार आदि।
- ग्रहों के नाम—सूर्य, बुध, शनि, शुक्र आदि। (पृथ्वी को छोड़कर)
- पर्वतों के नाम—हिमालय, आल्पस, किलिमंजारो आदि।
- पेड़ों के नाम—आम, पीपल, महुआ, बरगद आदि।
- धातुओं के नाम—सोना, ताँबा, पीतल, जस्ता आदि।
- रत्नों के नाम—हीरा, पन्ना, पुखराज आदि।

- वर्णमाला के वर्ण—अ, आ, क, ख, ग, ज, झ आदि।
  (इ, ई ऋ छोड़कर)
- निर्जीव पदार्थों में 'अ' से समाप्त होने वाले शब्द—जल, सागर, पर्वत, वन, वृक्ष, तालाब, घर, उपवन आदि।
- सदा पुल्लिग शब्द—कछुआ, खरगोश, मच्छर, भेड़िया आदि।

स्त्रीलिंग शब्दों की पहचान

- भाषाओं के नाम—हिंदी, अंग्रेजी, रूसी, जापानी, मराठी आदि।
- बोलियों के नाम—मैथिली, भोजपुरी, मगही, पहाड़ी, राजस्थानी आदि।
- नदियों के नाम—कृष्णा, कावेरी, गोदावरी, गंगा आदि।
- तिथियों के नाम—प्रथमा, द्वितीया, तृतीया, चतुर्थी, पंचमी आदि।
- भोजन की कुछ वस्तुओं के नाम—दाल, रोटी, सब्जी आदि।
- कुछ परिधानों के नाम—धोती, साड़ी, कमीज, पगड़ी, टोपी आदि।
- सदा स्त्रीलिंग शब्द—मकड़ी, तितली, कोयल, मैना, लोमड़ी, आदि।

विशेष जिन शब्दों के पुल्लिग व स्त्रीलिंग शब्द समान होते हैं, उनमें लिंग-भेद करने के लिए पुल्लिग शब्द के आगे 'नर' तथा स्त्रीलिंग शब्द के आगे 'मादा' शब्द लिख देते हैं।

पुल्लिग शब्दों को स्त्रीलिंग बनाना

'अ' को 'आ' में बदलकर

पुल्लिग	स्त्रीलिंग	पुल्लिग	स्त्रीलिंग
सुत	सुता	महोदय	महोदया
आचार्य	आचार्या	प्रिय	प्रिया
आत्मज	आत्मजा	सदस्य	सदस्या
शिष्य	शिष्या	बाल	बाला

'अ' या 'आ' को 'ई' में बदलकर

पुल्लिग	स्त्रीलिंग	पुल्लिग	स्त्रीलिंग
बेटा	बेटी	दादा	दादी
चाचा	चाची	नाना	नानी
मामा	मामी	भतीजा	भतीजी
घोड़ा	घोड़ी	दास	दासी
हिरण	हिरणी	मुर्गा	मुर्गी

'आ' को 'इया' में बदलकर

पुल्लिग	स्त्रीलिंग	पुल्लिग	स्त्रीलिंग
चूहा	चुहिया	बूढ़ा	बुढ़िया
गुड्डा	गुड़िया	डिब्बा	डिबिया
चिड़ा	चिड़िया	कुत्ता	कुतिया
बेटा	बिटिया	लोटा	लुटिया

'इन' प्रत्यय जोड़कर

पुल्लिग	स्त्रीलिंग	पुल्लिग	स्त्रीलिंग
माली	मालिन	ग्वाला	ग्वालिन
पड़ोसी	पड़ोसिन	धोबी	धोबिन
तेली	तेलिन	पापी	पापिन
पुजारी	पुजारिन	नाई	नाइन
हलवाई	हलवाइन	सुनार	सुनारिन

'इका' प्रत्यय जोड़कर

पुल्लिग	स्त्रीलिंग	पुल्लिग	स्त्रीलिंग
धावक	धाविका	नायक	नायिका
सेवक	सेविका	गायक	गायिका
दर्शक	दर्शिका	शिक्षक	शिक्षिका
पाठक	पाठिका	लेखक	लेखिका
याचक	याचिका	बालक	बालिका

'नी' प्रत्यय जोड़कर

पुल्लिग	स्त्रीलिंग	पुल्लिग	स्त्रीलिंग
शेर	शेरनी	मोर	मोरनी
जाट	जाटनी	ऊँट	ऊँटनी
जमादार	जमादारनी	भील	भीलनी

'वान' को 'वती' में तथा 'मान' को 'मती' में बदलकर

पुल्लिग	स्त्रीलिंग	पुल्लिग	स्त्रीलिंग
श्रीमान	श्रीमती	बुद्धिमान	बुद्धिमती
भाग्यवान	भाग्यवती	गुणवान	गुणवती
बलवान	बलवती	रूपवान	रूपवती

'आनी' प्रत्यय जोड़कर

पुल्लिग	स्त्रीलिंग	पुल्लिग	स्त्रीलिंग
देवर	देवरानी	जेठ	जेठानी
नौकर	नौकरानी	सेठ	सेठानी

'आइन' प्रत्यय जोड़कर

पुल्लिग	स्त्रीलिंग	पुल्लिग	स्त्रीलिंग
लाला	ललाइन	बाबू	बबुआइन
ठाकुर	ठकुराइन		

'मादा' लगाकर

पुल्लिग	स्त्रीलिंग	पुल्लिग	स्त्रीलिंग
खरगोश	मादा खरगोश	गीदड़	मादा गीदड़
भालू	मादा भालू	भेड़िया	मादा भेड़िया

कुछ स्त्रीलिंग अपने पुल्लिग से बिल्कुल भिन्न होते हैं; जैसे—

पुल्लिग	स्त्रीलिंग	पुल्लिग	स्त्रीलिंग
पिता	माता	वर	वधू
पुरुष	स्त्री	राजा	रानी
भाई	बहन	नर	नारी
बैल	गाय	कवि	कवयित्री
विधुर	विधवा	विद्वान्	विदुषी
मर्द	औरत	पुत्र	पुत्री
सम्राट	सम्राज्ञी	ससुर	सास
युवक	युवती	ताऊ	ताई
साधु	साध्वी	बादशाह	बेगम

अभ्यास प्रश्न

बहुविकल्पीय व वर्णनात्मक प्रश्नों सहित

1. निम्नलिखित प्रश्नों के दिए गए विकल्पों में से सही विकल्प छाँटिए

(i) लिंग के कितने भेद होते हैं?

(क) दो (ख) तीन (ग) चार (घ) पाँच

(ii) स्त्री जाति का बोध होता है

(क) पुल्लिंग से (ख) स्त्रीलिंग से
(ग) नपुंसक लिंग से (घ) इनमें से कोई नहीं

(iii) .... पौधों को पानी दे रही है।

(क) माली (ख) मालिन (ग) मालीन (घ) माला

(iv) .... प्रवचन दे रहे हैं।

(क) स्वामी (ख) स्वामिनी (ग) स्वामिन (घ) स्वामीना

(v) आज .... हमें प्रदूषण का पाठ पढ़ाएँगी।

(क) शिक्षक (ख) अध्यापक
(ग) शिक्षिका (घ) शिक्षकी

(vi) .... रेगिस्तान में तेज चलता है।

(क) ऊँटनी (ख) उटनी
(ग) ऊँट (घ) इनमें से कोई नहीं

(vii) कल .... लोहा काट रहा था।

(क) लुहारिन (ख) लोहार
(ग) लुहार (घ) लोहारिन

(viii) .... सुबह से रो रही है।

(क) बच्चा (ख) बच्ची (ग) बच्चे (घ) बच्चें

2. सही (✓) या गलत (✗) का चिह्न लगाइए

(क) हिंदी में लिंग तीन प्रकार के होते हैं। ( )
(ख) चतुर्थी एक पुल्लिंग शब्द है। ( )
(ग) विधुर का स्त्रीलिंग विधवा होता है। ( )
(घ) बाज एक स्त्रीलिंग शब्द है। ( )
(ङ) वर्णमाला के अक्षर स्त्रीलिंग होते हैं। ( )

3. नीचे दिए गए शब्दों के लिंग बताइए

(क) लोहा .... (ख) चाँदी ....
(ग) कक्षा .... (घ) गाँव ....
(ङ) घोड़ा .... (च) बुधवार ....

4. सही शब्द द्वारा वाक्य को पूरा कीजिए

(क) विवाह पर लोगों ने **वर** और .... को आशीर्वाद दिया।
(ख) मेरे विद्यालय में अनेक **अध्यापक** तथा .... हैं।
(ग) इस फिल्म में **अभिनेता** तथा .... दोनों का अभिनय प्रभावशाली है।
(घ) गाय और .... दोनों ही खेती का आधार हैं।
(ङ) आजादी की लड़ाई में अनेक वीर तथा .... ने अपने प्राण न्योछावर कर दिए।

5. जोड़े मिलाइए

(i) तपस्वी	(क) कवयित्री
(ii) कुम्हार	(ख) विदुषी
(iii) विद्वान	(ग) कुम्हारिन
(iv) युवक	(घ) युवती
(v) कवि	(ङ) तपस्विनी

6. नीचे दिए गए वाक्यों में रेखांकित शब्दों के लिंग बदलकर पुनः लिखिए

(क) दादाजी ने अपनी पोती को आशीर्वाद दिया।
(ख) अध्यापिका छात्राओं को गणित पढ़ा रही हैं।
(ग) मेरी माँ विदुषी हैं।
(घ) रानी ने गायिका को सम्मानित किया।
(ङ) सेठानी ने ब्राह्मणी को भोजन कराया।
(च) शेरनी ने हिरणी का पीछा किया।

7. निम्नलिखित शब्दों के स्त्रीलिंग रूप लिखिए

धनवान, पुत्र, लोटा, सुत, ठाकुर, जेठ, मोर, बाघ, दर्शक

8. दिए गए शब्दों के लिंग बदलकर लिखिए

(क) बूढ़ा (ख) रागिनी (ग) खटिया
(घ) विधुर (ङ) अभिनेता

9. निम्नलिखित शब्दों का वाक्यों में इस प्रकार प्रयोग कीजिए कि इनका लिंग स्पष्ट हो जाए

मक्खी, वधू, महान, कुम्हार, युवती, चंद्रमा, पृथ्वी

10. ऐसे दो-दो शब्द लिखिए, जो सदा पुल्लिंग/स्त्रीलिंग की तरह प्रयोग किए जाते हैं

(क) नित्य पुल्लिंग ....
(ख) नित्य स्त्रीलिंग ....

11. नीचे दिए गए प्रश्नों के संक्षिप्त उत्तर दीजिए

(i) लिंग किसे कहते हैं? उदाहरण सहित बताइए।
(ii) लिंग के भेदों की परिभाषा उदाहरण सहित लिखिए।
(iii) उभयलिंग के कोई दो उदाहरण लिखिए।
(iv) 'इनी', 'वती' और 'आनी' प्रत्यय जोड़कर दो-दो स्त्रीलिंग शब्द बनाइए।
(v) 'मादा' शब्द जोड़कर स्त्रीलिंग बनाए जाने वाले तीन शब्द लिखिए।

उत्तरमाला

1. (i) (क) (ii) (ख) (iii) (ख) (iv) (क)
   (v) (ग) (vi) (ग) (vii) (ग) (viii) (ख)
2. (क) × (ख) × (ग) ✓
   (घ) × (ङ) ×
3. (क) पुल्लिंग (ख) स्त्रीलिंग (ग) स्त्रीलिंग (घ) पुल्लिंग
   (ङ) पुल्लिंग (च) पुल्लिंग
4. (क) वधू (ख) अध्यापिका (ग) अभिनेत्री
   (घ) बैल (ङ) वीरांगना
5. (i) (ङ) (ii) (ग) (iii) (ख) (iv) (घ) (v) (क)
6. (क) दादीजी ने अपनी पोती को आशीर्वाद दिया।
   (ख) अध्यापक छात्रों को गणित पढ़ा रहे हैं।
   (ग) मेरे पिता विद्वान हैं।
   (घ) राजा ने गायक को सम्मानित किया।
   (ङ) सेठ ने ब्राह्मण को भोजन कराया।
   (च) शेर ने हिरण का पीछा किया।
7. धनवती, पुत्री, लुटिया, सुता, ठकुराइन, जेठानी, मोरनी, बाघिन, दर्शिका
8. (क) बुढ़िया (ख) राग (ग) खाट
   (घ) विधवा (ङ) अभिनेत्री
9. मक्खी – यहाँ मक्खी घूम रही है।
   वधू – वधू अपने घर चली गई।
   महान – तुम तो महान बन गए।
   कुम्हार – यह कुम्हार घड़े बना रहा है।
   युवती – युवती बाल सँवार रही है।
   चंद्रमा – चंद्रमा आसमान में निकल गया है।
   पृथ्वी – पृथ्वी सूर्य के चारों ओर चक्कर लगाती है।
10. (क) हिमालय, सूर्य (ख) गंगा, हिंदी

वचन

अध्याय 9

9.1 वचन की परिभाषा

शब्द के जिस रूप से उसके एक या अनेक होने का बोध हो, उसे वचन कहते हैं। वचन के दो भेद होते हैं

1. **एकवचन** शब्द के जिस रूप से उसके एक होने का बोध हो, उसे एकवचन कहते हैं; जैसे—संतरा, लड़की, पतंग, घड़ी आदि।
2. **बहुवचन** शब्द के जिस रूप से उसके एक से अधिक होने का बोध हो, उसे बहुवचन कहते हैं; जैसे—संतरे, लड़कियाँ, पतंगें, घड़ियाँ आदि।

एकवचन से बहुवचन बनाने के नियम

1. स्त्रीलिंग संज्ञा शब्दों के अंत में 'अ' हो तो बहुवचन में 'एँ' हो जाता है।

एकवचन	बहुवचन	एकवचन	बहुवचन
गाय	गाएँ	आँख	आँखें
कार	कारें	दाल	दालें
रात	रातें	राह	राहें
पुस्तक	पुस्तकें	कलम	कलमें
बहन	बहनें	दीवार	दीवारें
सड़क	सड़कें	चाल	चालें

2. पुल्लिंग शब्द के अंत में 'आ' हो तो बहुवचन में 'ए' हो जाता है।

एकवचन	बहुवचन	एकवचन	बहुवचन	एकवचन	बहुवचन
घोड़ा	घोड़े	छाता	छाते	केला	केले
नाला	नाले	गधा	गधे	रुपया	रुपये
बच्चा	बच्चे	पंखा	पंखे	भाला	भाले
कुत्ता	कुत्ते	झूला	झूले	गोला	गोले
कपड़ा	कपड़े	सिक्का	सिक्के	झोला	झोले

3. स्त्रीलिंग शब्दों के अंत में 'इ' हो तो बहुवचन में 'याँ' जोड़ दिया जाता है। यदि 'ई' है तो 'ई' को 'इ' में बदलकर 'याँ' जोड़ दिया जाता है।

एकवचन	बहुवचन	एकवचन	बहुवचन
नीति	नीतियाँ	पंक्ति	पंक्तियाँ
विधि	विधियाँ	जाति	जातियाँ
रीति	रीतियाँ	बत्ती	बत्तियाँ
सखी	सखियाँ	टोपी	टोपियाँ

4. स्त्रीलिंग शब्दों के अंत में 'या' हो तो बहुवचन 'याँ' हो जाता है।

एकवचन	बहुवचन	एकवचन	बहुवचन
गुड़िया	गुड़ियाँ	चिड़िया	चिड़ियाँ
डलिया	डलियाँ	टिकिया	टिकियाँ
डिबिया	डिबियाँ	चुहिया	चुहियाँ

5. स्त्रीलिंग शब्दों के अंत में 'एँ' लगाकर भी बहुवचन रूप बनाया जाता है।

एकवचन	बहुवचन	एकवचन	बहुवचन
ऋतु	ऋतुएँ	वधू	वधुएँ
वस्तु	वस्तुएँ	गौ	गौएँ
गाय	गाएँ	सेना	सेनाएँ
शाखा	शाखाएँ	सभा	सभाएँ
रेखा	रेखाएँ	भाषा	भाषाएँ

6. कभी-कभी एकवचन शब्दों के साथ वृंद, वर्ग, दल, जन, गण, लोग आदि जोड़कर भी बहुवचन बनाए जाते हैं।

एकवचन	बहुवचन	छात्र	छात्रगण
गुरु	गुरुजन	बालक	बालकवर्ग
युवा	युवावर्ग	मित्र	मित्रगण
मजदूर	मजदूरवर्ग		

7. संबोधन के लिए प्रयुक्त शब्दों में 'यो' या 'ओ' लगाया जाता है।

एकवचन	बहुवचन
बच्चे!	बच्चो!
सज्जन!	सज्जनो!
लड़की!	लड़कियो!
बहन!	बहनो!

वचन संबंधी विशेष बातें

- किसी भी वाक्य में वचन की पहचान वाक्य में प्रयुक्त संज्ञा, सर्वनाम तथा क्रिया से होती है। इनके अनुसार ही विशेषण का रूप भी बदल जाता है।

	एकवचन	बहुवचन
संज्ञा	गधा रेंक रहा है।	गधे रेंक रहे हैं।
	पुस्तक नई है।	पुस्तकें नई हैं।
सर्वनाम	मैं खेलने जा रहा हूँ।	हम खेलने जा रहे हैं।
	वह मेरा मित्र है।	वे मेरे मित्र हैं।
क्रिया	छात्र पढ़ रहा है।	छात्र पढ़ रहे हैं।
	सैनिक घायल हो गया।	सैनिक घायल हो गए।

- हिंदी में कुछ शब्द सदा एकवचन होते हैं; जैसे—वर्षा, जनता, चाय, पानी, आकाश आदि।
- कुछ शब्द सदा बहुवचन होते हैं; जैसे—आँसू, प्राण, हस्ताक्षर, दर्शन आदि।
- आदर देने के लिए बहुवचन का प्रयोग किया जाता है; जैसे—
  (i) दादाजी सैर करने गए **हैं**।
  (ii) डॉ. राजेंद्र प्रसाद भारत के प्रथम राष्ट्रपति **थे**।
- द्रव्यवाचक संज्ञा तथा भाववाचक संज्ञा का प्रयोग हमेशा एकवचन में होता है; जैसे—दूध नीचे गिर गया है। (द्रव्यवाचक संज्ञा) वहाँ लड़ाई हो रही है। (भाववाचक संज्ञा)
- जब किसी संज्ञा शब्द के साथ ने, में, को, से आदि कारक चिह्न लगे होते हैं, तो उसका बहुवचन बनाते समय संज्ञा के साथ 'ओं', जोड़ देते हैं; जैसे—

एकवचन	बहुवचन
बच्चे ने खाना नहीं खाया।	बच्चों ने खाना नहीं खाया।
इस गली से मत गुजरो।	इन गलियों से मत गुजरो।
इस आँख में कुछ पड़ा है।	इन आँखों में कुछ पड़ा है।

अभ्यास प्रश्न

बहुविकल्पीय व वर्णनात्मक प्रश्नों सहित

1. निम्नलिखित प्रश्नों के दिए गए विकल्पों में से सही विकल्प छाँटिए

(i) मैंने कभी चार·······वाली बग्घी नहीं देखी।
(क) घोड़ा (ख) घोड़ों (ग) घोड़े (घ) घोड़ी

(ii) इस तालाब में अब·······नहीं हैं।
(क) मछलिएँ (ख) मछली (ग) मछलियाँ (घ) मछलिए

(iii) इस सड़क पर अनेक·······गुजरती हैं।
(क) गाड़ी (ख) गाड़िएँ (ग) गाड़ियाँ (घ) गाड़ियां

(iv) इन·······को शोर करने से मना करो।
(क) बच्चों (ख) बच्चे (ग) बच्चा (घ) बच्चाएँ

(v) कारगिल के युद्ध में अनेक·······मारे गए थे।
(क) सैनिकों (ख) सैनिक (ग) सैनिकें (घ) सैनिकाएँ

(vi) पेड़ से·······गिर रहे हैं।
(क) पत्ता (ख) पत्ते (ग) पत्ताए (घ) पत्ताएँ

(vii) 'गुरु' का बहुवचन रूप है·······।
(क) गुरुवृंद (ख) गुरुसमूह
(ग) गुरुओं (घ) गुरुजन

(viii) 'नारी' का बहुवचन रूप है·······।
(क) नारीगण (ख) नारीयाँ
(ग) नारियाँ (घ) नरियों

(ix) 'डलिया' का बहुवचन रूप है........।

(क) डालिया (ख) डोलियाँ (ग) डालियाँ (घ) डलियाँ

(x) 'ऋतु' का बहुवचन रूप है........।

(क) ऋतू (ख) ऋतुएँ (ग) ऋतु वर्ग (घ) ऋतु समूह

2. रिक्त स्थानों की पूर्ति कोष्ठक में दिए गए शब्दों के वचन बदलकर कीजिए

(क) इन .... को भीतर बुलाओ। (लड़के)

(ख) मैंने अपने .... की सफाई की। (कमरों)

(ग) इन .... को चारा डाल दो। (गाय)

(घ) सभी .... का जल सूख गया है। (नदी)

(ङ) आम के सभी .... पर फल लगे हैं। (वृक्ष)

(च) सभी .... को पकाने से पहले धो लो। (सब्जी)

3. जोड़े मिलाइए

(i) झूला	(क) चिड़ियाँ
(ii) खिड़की	(ख) तिथियाँ
(iii) तिथि	(ग) खिड़कियाँ
(iv) चिड़िया	(घ) लताएँ
(v) लता	(ङ) झूले

4. निम्नलिखित वाक्यों के वचन लिखिए

(क) गाँधीजी हमारे राष्ट्रपिता थे। ....

(ख) कुएँ में पानी नहीं रहा। ....

(ग) आकाश में पतंगें उड़ रही हैं। ....

(घ) दीपावली पर लोग पटाखे जलाते हैं। ....

(ङ) जलेबी पर मक्खियाँ भिनभिना रही हैं। ....

(च) किसान खेत में अन्न उगाते हैं। ....

5. निम्नलिखित वाक्यों को बहुवचन में बदलिए

(क) ग्राहक सामान खरीद रहा है। (ख) मैंने चाकू से फल काटा।

(ग) नानी ने मुझे कहानी सुनाई। (घ) गाय घास चर रही है।

(ङ) पेड़ पर अमरूद पका है।

6. वचन बदलकर लिखिए

(क) चिड़िया (ख) मेज (ग) कथा (घ) बेटा (ङ) वस्तु

7. एकवचन तथा बहुवचन शब्द अलग-अलग कीजिए

धेनु, नीले, कला, काला, कथाएँ, पुस्तक, भाषाएँ, नदी, रीतियाँ, कमरे

एकवचन	बहुवचन
....	....
....	....
....	....
....	....

8. निम्नलिखित शब्दों के एकवचन व बहुवचन रूप को स्पष्ट करने के लिए उन्हें वाक्य में प्रयोग कीजिए

(क) घर (एकवचन) ....

घर (बहुवचन) ....

(ख) फूल (एकवचन) ....

फूल (बहुवचन) ....

(ग) फल (एकवचन) ....

फल (बहुवचन) ....

9. निम्नलिखित वाक्यों से संज्ञा शब्द छाँटकर उनका वचन लिखिए

(क) उसका मन अब यहाँ नहीं लगता। ....

(ख) तुम्हारी गुड़ियाँ कहाँ हैं? ....

(ग) यहाँ बहुत-से पेड़ लगाए गए थे। ....

(घ) इस पुस्तक को मत फाड़ो। ....

10. निम्नलिखित प्रश्नों के संक्षिप्त उत्तर दीजिए

(i) वचन किसे कहते हैं और उसके भेदों के नाम बताइए।

(ii) वचन के भेदों को उदाहरण सहित स्पष्ट कीजिए।

(iii) एकवचन के स्थान पर बहुवचन का प्रयोग करते हुए तीन आदरसूचक वाक्य लिखिए।

उत्तरमाला

1. (i) (ख) (ii) (ग) (iii) (ग) (iv) (क) (v) (ख) (vi) (ख) (vii) (घ) (viii) (ग) (ix) (घ) (x) (ख)

2. (क) लड़कों (ख) कमरे (ग) गायों (घ) नदियों (ङ) वृक्षों (च) सब्जियों

3. (i) (ङ) (ii) (ग) (iii) (ख) (iv) (क) (v) (घ)

4. (क) एकवचन (ख) एकवचन (ग) बहुवचन (घ) बहुवचन (ङ) बहुवचन (च) बहुवचन

5. (क) ग्राहक सामान खरीद रहे हैं। (ख) मैंने चाकू से फल काटे। (ग) नानी ने मुझे कहानियाँ सुनाईं। (घ) गायें घास चर रही हैं। (ङ) पेड़ पर अमरूद पके हैं।

6. (क) चिड़ियाँ (ख) मेजें (ग) कथाएँ (घ) बेटे (ङ) वस्तुएँ

7.

एकवचन	बहुवचन
धेनु	नीले
कला	कथाएँ
काला	भाषाएँ
पुस्तक	रीतियाँ
नदी	कमरे

8. (क) घर (एकवचन) – मेरा घर अधिक दूर नहीं है।

घर (बहुवचन) – वहाँ इस जाति के कितने घर हैं?

(ख) फूल (एकवचन) – वह फूल बहुत सुंदर है।

फूल (बहुवचन) – तुम्हारे बगीचे में बहुत सुंदर फूल खिले हैं।

(ग) फल (एकवचन) – यह फल बहुत मीठा है।

फल (बहुवचन) – ये फल अभी कच्चे हैं।

9. (क) मन, एकवचन (ख) गुड़ियाँ, बहुवचन, (ग) पेड़, एकवचन (घ) पुस्तक, एकवचन

अध्याय 10

कारक

10.1 कारक की परिभाषा

संज्ञा या सर्वनाम के जिस रूप से उसका संबंध वाक्य के अन्य शब्दों से जाना जाता है, उसे **कारक** कहते हैं।

कारक को प्रकट करने के लिए संज्ञा तथा सर्वनाम के साथ जो चिह्न लगाए जाते हैं, उन्हें **कारक चिह्न** या **परसर्ग** कहा जाता है।

कारक	कारक चिह्न
कर्ता	ने
कर्म	को
करण	से/के द्वारा
संप्रदान	को/के लिए
अपादान	से (अलग होना)
संबंध	का, के, की, रा, रे, री
अधिकरण	में, पर
संबोधन	हे!,अरे!,ओ!

कारक के भेद

कारक के आठ भेद होते हैं

1. कर्ता कारक

किसी क्रिया को करने वाला **कर्ता कारक** कहलाता है। कर्ता वाक्य का अनिवार्य अंग है, जिसके बिना क्रिया नहीं होती है। कर्ता कारक का चिह्न **'ने'** होता है। इसकी पहचान **कौन**, **किससे** तथा **किसने** प्रश्न करने पर प्राप्त उत्तर द्वारा की जाती है।

जैसे—• पक्षी उड़ गए। • किसान ने फसल काट ली।

इन वाक्यों में रेखांकित अंश क्रिया को कर रहे हैं, इसलिए ये कर्ता कारक हैं।

2. कर्म कारक

वाक्य में क्रिया का फल जिस संज्ञा या सर्वनाम पर पड़ता है, उसे **कर्म कारक** कहते हैं। कर्म कारक का चिह्न **को** है। इसकी पहचान **क्या**, **किसे**, **किसको** प्रश्न करने पर प्राप्त उत्तर द्वारा की जाती है।

जैसे—• बच्चा दूध पीता है। • श्रीकृष्ण ने कंस को मारा।

इन वाक्यों में रेखांकित अंशों पर क्रिया का फल पड़ रहा है, इसलिए ये कर्म कारक हैं।

3. करण कारक

जिस साधन द्वारा क्रिया संपन्न की जाती है, उसे **करण कारक** कहते हैं। इस कारक के चिह्न **से**, **के द्वारा** हैं। इसकी पहचान **किससे** प्रश्न करने पर प्राप्त उत्तर द्वारा की जा सकती है।

जैसे—• वह कार से ऑफिस आता है।
• चित्रकार ने ब्रश से चित्र बनाया।

इन वाक्यों में क्रमशः कार व ब्रश जैसे साधनों से क्रिया संपन्न की जा रही है। अतः ये करण कारक हैं।

4. संप्रदान कारक

कर्ता जिसके लिए क्रिया करता है, उसे **संप्रदान कारक** कहते हैं। इस कारक के चिह्न **को**, **के लिए** हैं। इसकी पहचान **किसको** या **किसके लिए** प्रश्न करने पर प्राप्त उत्तर द्वारा की जा सकती है।

जैसे—• माँ बच्चे को फल देती है।
• वह अपने पुत्र के लिए फल लाया।

इन वाक्यों में क्रमशः बच्चे व पुत्र के लिए क्रियाएँ की जा रही हैं। अतः ये संप्रदान कारक हैं।

5. अपादान कारक

संज्ञा या सर्वनाम के जिस रूप से क्रिया से अलग होना पाया जाता है, वह **अपादान कारक** होता है। इस कारक के अंतर्गत घृणा, डर, तुलना आदि का भाव भी आता है। इस कारक का चिह्न **से** है। इसकी पहचान **कहाँ से** प्रश्न करने पर प्राप्त उत्तर द्वारा की जा सकती है।

जैसे—• मैं आगरा से आ रहा हूँ।
• घुड़सवार घोड़े से गिर पड़ा।

इन वाक्यों में क्रमशः आगरा व घोड़े शब्दों से अलग होने का भाव प्रकट हो रहा है। अतः ये अपादान कारक हैं।

6. संबंध कारक

संज्ञा या सर्वनाम के जिस रूप से उसका संबंध अन्य शब्दों से बताया जाए, उसे **संबंध कारक** कहते हैं।

इस कारक के चिह्न **का, की, के, रा, री, रे** आदि हैं। इसकी पहचान **किसका**, **किसकी**, **किसके** लगाकर प्रश्न करने पर प्राप्त उत्तर द्वारा की जा सकती है।

जैसे—
- यह विद्यालय हमारा है।
- यह गाँधीजी का आश्रम है।

इन वाक्यों में विद्यालय का संबंध 'हमारा' से और आश्रम का 'गाँधीजी' से है। अतः ये संबंध कारक हैं।

7. अधिकरण कारक

जिस संज्ञा या सर्वनाम से क्रिया के होने के स्थान की जानकारी मिलती है, उसे **अधिकरण कारक** कहते हैं।

अधिकरण कारक के चिह्न **में, पर** हैं। इसकी पहचान **कहाँ** प्रश्न करने से प्राप्त उत्तर द्वारा की जा सकती है।

जैसे—
- बंदर पेड़ पर बैठा है।
- उद्यान में फूल खिले हैं।

इन वाक्यों में क्रिया होने का स्थान 'पेड़' व 'उद्यान' है। अतः ये अधिकरण कारक हैं।

8. संबोधन कारक

किसी को पुकारने या सावधान करने के लिए संबोधन कारक का प्रयोग होता है। इस कारक के चिह्न **हे!, अरे!** आदि हैं। इसकी पहचान शब्द के साथ लगे विस्मयादिबोधक चिह्न को देखकर की जाती है।

जैसे—
- अरे सुमन! इधर आना।
- हे भगवान! मेरे दुःख दूर कीजिए।

उपरोक्त वाक्यों के रेखांकित अंश संबोधन कारक हैं।

कारक से संबंधित मुख्य बातें

- कर्म कारक का चिह्न 'को' मुख्यतः प्राणीवाचक संज्ञा (कर्म) के साथ प्रयुक्त होता है, अप्राणिवाचक संज्ञा (कर्म) के साथ नहीं; जैसे–
  - राधा ने मोहन को पीट दिया। ('मोहन' प्राणीवाचक)
  - राधा ने पत्र लिखा। ('पत्र' अप्राणिवाचक)
- करण कारक तथा अपादान कारक दोनों में चिह्न 'से' का प्रयोग होता है, परंतु करण कारक में 'से' किसी साधन या माध्यम का बोध कराता है, जबकि अपादान कारक में 'से' अलगाव, डर, भय, तुलना आदि का बोध कराता है; जैसे–
  - मैं कल स्कूल गाड़ी से गया।
    ('गाड़ी से' साधन या माध्यम-करण कारक)
  - मानव आज साइकिल से गिर गया।
    ('साइकिल से' अलगाव-अपादान कारक)

अभ्यास प्रश्न

बहुविकल्पीय व वर्णनात्मक प्रश्नों सहित

1. निम्नलिखित प्रश्नों के दिए गए विकल्पों में से सही विकल्प छाँटिए

(i) कारक के कितने भेद होते हैं?
(क) दो (ख) तीन (ग) चार (घ) आठ

(ii) करण कारक की पहचान किस प्रश्न का उत्तर मिलने पर होती है?
(क) क्या (ख) कौन (ग) किससे (घ) कब

(iii) कर्ता कारक में कौन-सा कारक चिह्न लगता है?
(क) ने (ख) का (ग) को (घ) के

(iv) अधिकरण कारक में कौन-सा परसर्ग लगता है?
(क) से (ख) में, पर (ग) के द्वारा (घ) को

(v) संबंध कारक का प्रयोग कब किया जाता है?
(क) दो शब्दों में संबंध बताने के लिए
(ख) दो वाक्यों में संबंध बताने के लिए
(ग) चार वर्गों के बीच संबंध बताने के लिए
(घ) दो मात्राओं के बीच संबंध बताने के लिए

2. निम्नलिखित वाक्यों की पूर्ति के लिए विकल्पों से सही कारक चिह्न का चयन कीजिए

(i) राम ····· सारे फूल तोड़ डाले।
(क) में (ख) से (ग) ने (घ) का

(ii) मैं कल राधा ····· मिलने गया था।
(क) का (ख) से (ग) में (घ) पर

(iii) यह केवल भिखारी ····· है।
(क) में (ख) के लिए (ग) ने (घ) अरे

(iv) कनिष्क ····· भाई अब यहाँ नहीं रहता।
(क) का (ख) की (ग) में (घ) पर

(v) उस छत ····· मत जाना।
(क) को (ख) से (ग) में (घ) पर

3. रिक्त स्थानों की पूर्ति उचित कारक चिह्नों द्वारा कीजिए

में, से, के लिए, ने, पर, अरे!, के

(क) आकाश ········ तारे चमक रहे हैं।
(ख) राहुल बस ········ घर वापस आया।
(ग) कविता ········ पाठ याद कर लिया।
(घ) मैंने पिताजी ········ उपहार खरीदा।
(ङ) ········ इतना क्यों बोलते हो?
(च) बच्चे झूले ········ झूल रहे हैं।
(छ) रात्रि ········ समय चाँद निकलता है।

4. नीचे दिए गए वाक्यों में सही (✓) और गलत (✗) का निशान लगाइए

(क) हिंदी कारकों की संख्या आठ है। ( )

(ख) कर्ता कारक का चिह्न 'को' है। ( )

(ग) कारक चिह्न को परसर्ग भी कहते हैं। ( )

(घ) अधिकरण कारक का चिह्न 'से' है। ( )

(ङ) कारक संज्ञा तथा सर्वनाम का संबंध दर्शाने का कार्य करते हैं। ( )

5. नीचे लिखे वाक्यों में रेखांकित शब्दों के कारक भेद बताइए

(क) किसान <u>के</u> परिश्रम <u>से</u> अच्छी पैदावार हुई।

(ख) पक्षी आकाश <u>में</u> उड़ रहे हैं।

(ग) कविता <u>ने</u> अपने जन्म दिन <u>पर</u> केक बनाया।

(घ) अध्यापक <u>की</u> नौकरी <u>के लिए</u> कई उम्मीदवार थे।

(ङ) <u>अरे!</u> बालक तुम चुपचाप क्यों बैठे हो?

6. नीचे दिए गए वाक्यों में उचित परसर्ग लगाकर वाक्य को पुनः लिखिए

(क) यह पुस्तक मालिनी दे दो।

(ख) अंजना माँ विद्यालय पढ़ाती है।

(ग) बच्चा साइकिल गिर पड़ा।

(घ) मेरे घर चार बड़े कमरे हैं।

(ङ) नेताजी लोगों भाषण दिया।

7. जोड़े बनाइए

(i) अधिकरण कारक	(क) हे!, अरे!
(ii) संबोधन कारक	(ख) ने
(iii) संप्रदान कारक	(ग) को
(iv) कर्ता कारक	(घ) में, पर
(v) कर्म कारक	(ङ) के लिए

8. नीचे लिखे वाक्यों में कारक चिह्न छाँटकर लिखिए

(क) राजीव का मित्र मेरा भाई है। ....

(ख) तुम दिल्ली बस से जा रहे हो। ....

(ग) आज गुप्ता जी खाने पर आ रहे हैं। ....

(घ) राधिका ने सुंदर गीत गाया। ....

(ङ) वह मेरे पिताजी से बहुत डरता है। ....

9. दिए गए कारक चिह्नों को वाक्य बनाकर स्पष्ट कीजिए

से (अलगाव), से (साधन), को (देने का भाव)

10. नीचे दिए गए प्रश्नों के संक्षिप्त उत्तर दीजिए

(i) कारक किसे कहते हैं? उदाहरण सहित बताइए।

(ii) कारक के भेदों को उदाहरण देकर स्पष्ट कीजिए।

(iii) कारक चिह्नों को क्या कहते हैं?

(iv) कर्म कारक और संप्रदान कारक की परिभाषा देते हुए उदाहरण भी लिखिए।

(v) करण कारक और अपादान कारक का अंतर उदाहरण सहित समझाइए।

उत्तरमाला

1. (i) (घ) (ii) (ग) (iii) (क) (iv) (ख) (v) (क)

2. (i) (ग) (ii) (ख) (iii) (ख) (iv) (क) (v) (घ)

3. (क) में (ख) से (ग) ने (घ) के लिए (ङ) अरे!
(च) पर (छ) के

4. (क) ✓ (ख) ✗ (ग) ✓ (घ) ✗ (ङ) ✓

5. (क) संबंध कारक, करण कारक
(ख) अधिकरण कारक
(ग) कर्ता कारक, अधिकरण कारक
(घ) संबंध कारक, संप्रदान कारक
(ङ) संबोधन कारक

6. (क) यह पुस्तक मालिनी को दे दो।
(ख) अंजना की माँ विद्यालय में पढ़ाती है।
(ग) बच्चा साइकिल से गिर पड़ा।
(घ) मेरे घर में चार बड़े कमरे हैं।
(ङ) नेताजी ने लोगों को भाषण दिया।

7. (i) (घ) (ii) (क) (iii) (ङ) (iv) (ख) (v) (ग)

8. (क) का (ख) से (ग) पर (घ) ने (ङ) से

9. (से) अलगाव – वह छत से कूद पड़ा।
(से) साधन – मैं तो बस से जाऊँगा।
(को) देने का भाव – यह पुस्तक राम को दे दो।

अध्याय 11

सर्वनाम

11.1 सर्वनाम की परिभाषा

जिन शब्दों का प्रयोग संज्ञा के स्थान पर किया जाता है, उन्हें **सर्वनाम** कहते हैं; जैसे– मैं, तुम, ये, वे, यह, वह, हम, आप आदि। सर्वनाम के प्रयोग से भाषा में सौंदर्य आता है।

सर्वनाम के भेद

सर्वनाम के छ: भेद हैं

1. पुरुषवाचक सर्वनाम
2. निश्चयवाचक सर्वनाम
3. अनिश्चयवाचक सर्वनाम
4. प्रश्नवाचक सर्वनाम
5. संबंधवाचक सर्वनाम
6. निजवाचक सर्वनाम

1. पुरुषवाचक सर्वनाम

जिन सर्वनाम शब्दों का प्रयोग वक्ता अपने लिए, श्रोता के लिए या अन्य व्यक्ति के लिए करता है, उन्हें पुरुषवाचक सर्वनाम कहते हैं; जैसे—मैं, हम, तुम, वह, वे, उनका आदि।

- **तुम** कहाँ जा रहे हो?
- **वह** कल विद्यालय आएगा।

पुरुषवाचक सर्वनाम के तीन भेद हैं

(i) **उत्तम पुरुषवाचक सर्वनाम** बोलने वाला या लिखने वाला व्यक्ति अपने लिए जिन सर्वनाम शब्दों का प्रयोग करता है, उन्हें उत्तम पुरुषवाचक सर्वनाम कहते हैं; जैसे—मैं, मैंने, मुझे, मेरा, मुझसे, मुझ पर, मुझको, हम, हमने, हमें, हमारा, हमसे, हमको, हम पर आदि।

(ii) **मध्यम पुरुषवाचक सर्वनाम** सुनने वाले के लिए जिन सर्वनामों का प्रयोग किया जाता है, उन्हें मध्यम पुरुषवाचक सर्वनाम कहते हैं; जैसे—तू, तूने, तुझे, तेरा, तेरे, तुझसे, तुझको, तुझ पर, तुम, तुमने, तुमको, तुम्हारा, तुमसे, तुम पर, तुम्हारे, आप, आपने, आपको, आपका, आपसे, आप पर आदि।

(iii) **अन्य पुरुषवाचक सर्वनाम** श्रोता या वक्ता के अतिरिक्त अन्य व्यक्ति के लिए जिन सर्वनामों का प्रयोग किया जाता है, उन्हें अन्य पुरुषवाचक सर्वनाम कहते हैं; जैसे—यह, वह, वे, ये, उसे, उन्हें, इसे, इन्हें, उनका, उसका आदि।

2. निश्चयवाचक सर्वनाम

जो सर्वनाम किसी निश्चित वस्तु, व्यक्ति या स्थान की ओर संकेत करें, उन्हें निश्चयवाचक सर्वनाम कहते हैं। इन्हें संकेतवाचक सर्वनाम भी कहते हैं; जैसे—यह, वह, ये, वे आदि।

- **यह** मेरी पुस्तक है।
- **वह** मेरा घर है।

विशेष 'वह' शब्द का प्रयोग अन्य पुरुषवाचक और निश्चयवाचक सर्वनाम दोनों में किया जाता है, किंतु इसके प्रयोग में अंतर होता है अर्थात् 'वह' शब्द जब किसी व्यक्ति के नाम के स्थान पर आए तब पुरुषवाचक सर्वनाम होता है और जब किसी की ओर संकेत करने के लिए प्रयोग हो, तब निश्चयवाचक सर्वनाम होता है; जैसे-

- वह व्यक्ति बहुत मेहनती है। (निश्चयवाचक सर्वनाम)
- वह अब यहाँ नहीं रहता। (पुरुषवाचक सर्वनाम)

3. अनिश्चयवाचक सर्वनाम

जो सर्वनाम शब्द किसी अनिश्चित वस्तु, व्यक्ति या स्थान के लिए प्रयोग किए जाते हैं, उन्हें अनिश्चयवाचक सर्वनाम कहते हैं; जैसे—कोई, किसी ने, कुछ, किन्हीं आदि।

- दरवाजे पर **कोई** खड़ा है।
- अभी **किसी ने** मुझे आवाज दी।

4. प्रश्नवाचक सर्वनाम

जिन सर्वनाम शब्दों के द्वारा हम किसी वस्तु, व्यक्ति या स्थान के बारे में प्रश्न करते हैं, उन्हें प्रश्नवाचक सर्वनाम कहते हैं; जैसे—क्या, कौन, कहाँ, किसकी, किसने आदि।

- इस पुस्तक का **क्या** नाम है?
- इस पुस्तक के लेखक **कौन** हैं?

विशेष केवल वही प्रश्नवाचक शब्द सर्वनाम होते हैं, जिनका उत्तर संज्ञा या सर्वनाम में मिलता है।

5. संबंधवाचक सर्वनाम

जिन सर्वनाम शब्दों का संबंध किसी वस्तु, व्यक्ति या स्थान से ज्ञात हो, उन्हें संबंधवाचक सर्वनाम कहते हैं; जैसे—जैसा-वैसा, जो-वो, जिसकी-उसकी आदि।

- **जैसा** बोओगे **वैसा** काटोगे।
- **जो** करता है, **वो** भरता है।

6. निजवाचक सर्वनाम

जिन सर्वनाम शब्दों का प्रयोग कर्ता अपने-आप (निज) के लिए करता है, उन्हें निजवाचक सर्वनाम कहते हैं; जैसे—स्वयं, अपने-आप, खुद, आप आदि।

- रचना ने **स्वयं** आकर मुझसे बात की।
- मैं **अपने-आप** चला जाऊँगा।

अभ्यास प्रश्न

बहुविकल्पीय व वर्णनात्मक प्रश्नों सहित

1. निम्नलिखित प्रश्नों के दिए गए विकल्पों में से सही विकल्प छाँटिए

(i) सर्वनाम के कितने भेद होते हैं?

(क) चार (ख) पाँच (ग) छ: (घ) सात

(ii) इनमें से कौन-सा पुरुषवाचक सर्वनाम का भेद नहीं है?

(क) उत्तम पुरुषवाचक (ख) मध्यम पुरुषवाचक
(ग) निजवाचक (घ) अन्य पुरुष

(iii) 'स्वयं' किस प्रकार का सर्वनाम है?

(क) पुरुषवाचक (ख) निजवाचक
(ग) संबंधवाचक (घ) उत्तम पुरुषवाचक

(iv) इनमें से कौन-सा सर्वनाम अनिश्चयवाचक सर्वनाम है?

(क) क्या (ख) कोई (ग) कौन (घ) कब

(v) निश्चयवाचक सर्वनाम को किस नाम से पुकारा जाता है?

(क) संकेतवाचक सर्वनाम (ख) संबंधवाचक
(ग) निजवाचक (घ) उत्तम पुरुषवाचक

(vi) अनिश्चयवाचक का उदाहरण है

(क) वह (ख) वे
(ग) ये (घ) कुछ

(vii) पुरुषवाचक सर्वनाम के कितने भेद हैं?

(क) चार (ख) पाँच (ग) दो (घ) तीन

(viii) 'खुद' शब्द सर्वनाम के किस भेद का उदाहरण है?

(क) निश्चयवाचक (ख) पुरुषवाचक
(ग) निजवाचक (घ) संबंधवाचक

(ix) संबंधवाचक सर्वनाम का उदाहरण किस विकल्प में है?

(क) वह चला गया।
(ख) कोई बाहर खड़ा है।
(ग) जैसा बोओगे वैसा काटोगे।
(घ) यह उपहार कौन लाया है?

(x) प्रश्नवाचक सर्वनाम का उदाहरण है

(क) वह (ख) मैं
(ग) तुम (घ) कौन

2. नीचे दिए गए सर्वनाम के उचित रूप से वाक्य को पूरा कीजिए

मेरा,	कोई,	उसे,	तुम्हारे,	वैसा,	जैसा

(क) आज .... जन्मदिन है।
(ख) मोहन बहुत प्रसन्न है, क्योंकि आज .... पुरस्कार मिलने वाला है।
(ग) देखो, शायद .... दरवाजा खटखटा रहा है।
(घ) .... शहर का क्या नाम है?
(ङ) .... परिश्रम करोगे .... फल पाओगे।

3. मिलान कीजिए

(i) निजवाचक	(क) कहाँ
(ii) संबंधवाचक	(ख) मैं
(iii) प्रश्नवाचक	(ग) जिसका
(iv) पुरुषवाचक	(घ) किसी
(v) अनिश्चयवाचक	(ङ) अपने आप

4. नीचे दिए गए कथन के आगे (✓) और (×) का चिह्न लगाइए

(क) क्रिया के स्थान पर प्रयुक्त होने वाले शब्द सर्वनाम कहलाते हैं। ( )
(ख) वह बाहर खड़ा है। निश्चयवाचक सर्वनाम है। ( )
(ग) 'वे' अन्य पुरुषवाचक सर्वनाम है। ( )
(घ) 'खुद' प्रश्नवाचक सर्वनाम है। ( )
(ङ) 'इसने' संकेतवाचक सर्वनाम है। ( )

5. निम्नलिखित वाक्यों में से सर्वनाम शब्द छाँटकर उनके भेद लिखिए

(क) ताजमहल कहाँ है?
(ख) वह कुछ सोच रहा है।
(ग) वह अपने-आप आ जाएगा।
(घ) मुझे तुम्हारी बहुत याद आती है।
(ङ) सच्चा मित्र वही होता है, जो मित्र की संकट के समय मदद करता है।

6. नीचे दिए वाक्यों को शुद्ध कर पुनः लिखिए

(क) उसने बहुत काम करना है।

(ख) आप मुझसे क्या कह रहा है?

(ग) यह पुस्तक कौन की है?

(घ) उसके सब कुछ लुट गया।

(ङ) गिलास में कोई गिर गया है।

7. कोष्ठक में दिए गए सर्वनामों को वाक्य में प्रयुक्त संज्ञा के स्थान पर लिखकर उसमें नया वाक्य जोड़िए

(वह, उसका, उसकी, उसे)

(क) मीरा आज घर आई है।

(ख) राजेश कल ही दिल्ली गया है।

(ग) रीना बहुत अच्छी लड़की है।

(घ) मोहन पढ़ाई कर रहा है।

8. निम्नलिखित सर्वनामों का वाक्य में प्रयोग कीजिए

(क) मेरा (ख) वह (ग) वे

9. नीचे दिए गए प्रश्नों के संक्षिप्त उत्तर दीजिए

(i) सर्वनाम किसे कहते हैं?

(ii) सर्वनाम के भेद उदाहरण सहित स्पष्ट कीजिए।

(iii) निजवाचक सर्वनाम और पुरुषवाचक सर्वनाम में अंतर स्पष्ट कीजिए।

(iv) पुरुषवाचक सर्वनाम के भेदों के नाम एवं उदाहरण लिखि

उत्तरमाला

1. (i) (ग) (ii) (ग) (iii) (ख) (iv) (ख) (v) (क) (vi) (घ) (vii) (घ) (viii) (ग) (ix) (ग) (x) (घ)

2. (क) मेरा (ख) उसे (ग) कोई (घ) तुम्हारे (ङ) जैसा, वैसा

3. (i) (ङ) (ii) (ग) (iii) (क) (iv) (ख) (v) (घ)

4. (क) × (ख) ✓ (ग) ✓ (घ) × (ङ) ✓

5. (क) कहाँ, प्रश्नवाचक (ख) कुछ, अनिश्चयवाचक

(ग) अपने-आप, निजवाचक (घ) मुझे, तुम्हारी; पुरुषवाचक

(ङ) वही.... जो, संबंधवाचक

6. (क) उसे बहुत काम करना है।

(ख) वह मुझसे क्या कह रहा है?

(ग) यह पुस्तक किसकी है?

(घ) उसका सब कुछ लुट गया।

(ङ) गिलास में कुछ गिर गया है।

7. (क) मीरा आज घर आई है, परंतु **वह** अभी भी बीमार है।

(ख) राजेश कल ही दिल्ली गया है और **उसका** भाई आज दिल्ली से आया है।

(ग) रीना बहुत अच्छी लड़की है, **उसे** गलत आदतें पसंद नहीं हैं।

(घ) मोहन पढ़ाई कर रहा है, क्योंकि **उसकी** कल परीक्षा है।

8. (क) **मेरा** आजकल शहर में मन नहीं लगता।

(ख) **वह** मुझसे कल ही मिलकर गया है।

(ग) **वे** अब यहाँ नहीं रहते।

विशेषण

अध्याय 12

12.1 विशेषण की परिभाषा

जो शब्द संज्ञा या सर्वनाम की विशेषता बताते हैं, उन्हें **विशेषण** कहते हैं; जैसे—सफेद, लंबी, बड़ी, दो, स्वादिष्ट आदि।

विशेष्य

विशेषण जिस शब्द की विशेषता बताते हैं, उन्हें विशेष्य कहते हैं; जैसे—सफेद गाय, इसमें 'सफेद' विशेषण तथा 'गाय' विशेष्य है।

प्रविशेषण

वे शब्द, जो विशेषण की भी विशेषता बताते हैं, उन्हें प्रविशेषण कहते हैं; जैसे—

- यह पुस्तक **बहुत** रोचक है।
- साहिल **काफी** समझदार है।

इन वाक्यों में **बहुत** और **काफी** प्रविशेषण हैं। ये क्रमशः रोचक तथा समझदार विशेषण शब्दों की विशेषता बता रहे हैं।

विशेषण के भेद

विशेषण के चार भेद हैं

1. गुणवाचक विशेषण 2. संख्यावाचक विशेषण
3. परिमाणवाचक विशेषण 4. सार्वनामिक विशेषण

1. गुणवाचक विशेषण

जिन शब्दों द्वारा संज्ञा और सर्वनाम के रंग-रूप, आकार, गुण-दोष, दशा, अवस्था, काल, गंध, स्वाद आदि विशेषता का पता चलता है, उसे **गुणवाचक विशेषण** कहते हैं; जैसे—

- **मीठी** वाणी सबको अच्छी लगती है।
- कौए ने **शीतल** जल पीकर प्यास बुझाई।

उपरोक्त वाक्यों में 'मीठी' वाणी की तथा 'शीतल' जल की विशेषता बता रहे हैं। अतः ये शब्द गुणवाचक विशेषण हैं।

गुणवाचक विशेषण निम्नलिखित की विशेषताएँ बताते हैं

- **गुण** परिश्रमी, सुंदर, सच्चा, ईमानदारी, उपकारी, दयालु, मृदुभाषी आदि।
- **दोष** आलसी, कामचोर, कुरूप, भद्दा, गंदा, झूठा, बेईमान, कृतघ्न, क्रूर, निर्दयी, कटुभाषी आदि।
- **स्थान** अंदरूनी, भीतरी, बाहरी, ऊपरी, नागपुरी, जापानी, जयपुरी, इलाहाबादी आदि।
- **आकार** गोल, आयताकार, वर्गाकार, तिकोना, लंबा, ऊँचा आदि।
- **रंग** काला, पीला, सफेद, हरा, नीला आदि।
- **स्वाद** खट्टा-मीठा, तीखा, चटपटा आदि।
- **गंध** बदबूदार, सुगंधित आदि।
- **समय** दैनिक, क्षणिक, मासिक, वार्षिक, पाक्षिक आदि।
- **दशा** स्वस्थ, बीमार, ताजा, गरम, ठंडा, मुलायम, कठोर आदि।
- **देशीय** भारतीय, अंग्रेजी, विदेशी, देशी आदि।

2. संख्यावाचक विशेषण

जिन शब्दों से संज्ञा और सर्वनाम की संख्या या उनके क्रम का बोध होता है, उन्हें **संख्यावाचक विशेषण** कहते हैं; जैसे—

- मेरे पास पाँच कलम हैं। • मानसी सातवीं में पढ़ती है।

उपरोक्त वाक्यों के रेखांकित अंशों 'पाँच' तथा 'सातवीं' अपने-अपने विशेष्य की संख्या या क्रम के बारे में बता रहे हैं। अतः ये संख्यावाचक विशेषण हैं।

संख्यावाचक विशेषण के दो भेद होते हैं

(i) **निश्चित संख्यावाचक विशेषण** जिन शब्दों से विशेष्य की निश्चित संख्या या क्रम का बोध होता है, उन्हें निश्चित संख्यावाचक विशेषण कहते हैं; जैसे—
- कक्षा में तीस छात्र हैं।
- वह दूसरी कक्षा में पढ़ता है।

(ii) **अनिश्चित संख्यावाचक विशेषण** जिन शब्दों से विशेष्य की निश्चित संख्या का बोध नहीं होता है, उन्हें अनिश्चित संख्यावाचक विशेषण कहते हैं; जैसे—
- कई कवियों की कविताएँ बहुत अच्छी थीं।
- दंगें से बहुत-से लोग प्रभावित हुए।

3. परिमाणवाचक विशेषण

जिन शब्दों से विशेषण की मात्रा (माप-तौल) का ज्ञान होता है, उसे परिमाणवाचक विशेषण कहते हैं; जैसे—

- कुछ चावल चूहे खा गए। • मुझे तीन मीटर कपड़ा चाहिए।

उपरोक्त वाक्यों के रेखांकित अंश 'कुछ' तथा 'तीन मीटर' से उनके विशेष्य की मात्रा का बोध हो रहा है। अतः ये परिमाणवाचक विशेषण हैं।

परिमाणवाचक विशेषण के दो भेद होते हैं

(i) **निश्चित परिमाणवाचक विशेषण** जो विशेषण शब्द अपने विशेष्य की निश्चित मात्रा का बोध कराते हैं, उन्हें निश्चित परिमाणवाचक विशेषण कहते हैं; जैसे—
- रजनी ने तीन दर्जन केले खरीदे।
- रोशन ने दो मीटर कपड़ा खरीदा।

(ii) **अनिश्चित परिमाणवाचक विशेषण** जो विशेषण शब्द अपने विशेष्य की निश्चित मात्रा का बोध नहीं कराते हैं, उन्हें अनिश्चित परिमाणवाचक विशेषण कहते हैं; जैसे—
- यहाँ से ढेर सारा कूड़ा उठाया गया।
- गोदाम में बहुत सारा अनाज चूहे खा गए।

4. सार्वनामिक विशेषण

जो सर्वनाम शब्द संज्ञा से पूर्व आकर किसी व्यक्ति, वस्तु, स्थान आदि की ओर संकेत करते हैं, उन्हें सार्वनामिक विशेषण कहते हैं। इन्हें संकेतवाचक विशेषण भी कहा जाता है; जैसे—

- यह विद्यालय दूर-दूर तक प्रसिद्ध है।
- वे मजदूर बहुत परिश्रमी हैं।

उपरोक्त वाक्यों के रेखांकित अंश 'यह', 'वे' अपने विशेष्य की ओर संकेत कर रहे हैं। अतः ये सार्वनामिक या संकेतवाचक विशेषण हैं।

विशेषण शब्दों की रचना

विशेषण शब्दों की रचना संज्ञा, सर्वनाम, क्रिया और अव्यय शब्दों में प्रत्यय लगाकर की जाती है।

संज्ञा से विशेषण बनाना

संज्ञा	विशेषण	संज्ञा	विशेषण
नगर	नागरिक	उत्साह	उत्साही
आलस	आलसी	यश	यशस्वी
ऋण	ऋणी	कल्पना	काल्पनिक

सर्वनाम से विशेषण बनाना

सर्वनाम	विशेषण	सर्वनाम	विशेषण
यह	ऐसा	जो	जैसा
कोई	कैसा	तुम	तुम-सा/तुम्हारा
वह	वैसा	मैं	मुझ-सा/मेरा

क्रिया से विशेषण बनाना

क्रिया	विशेषण	क्रिया	विशेषण
भागना	भगोड़ा	भूलना	भुलक्कड़
बेचना	बिकाऊ	मरना	मरणशील
लड़ना	लड़ाकू	मिलना	मिलनसार

अव्यय से विशेषण बनाना

अव्यय	विशेषण	अव्यय	विशेषण
ऊपर	ऊपरी	नीचे	निचला
आगे	अगला	पीछे	पिछला
बाहर	बाहरी	भीतर	भीतरी

विशेषण की अवस्थाएँ

किसी व्यक्ति या वस्तु के गुण-दोष की तुलना अन्य व्यक्ति या वस्तु से करना अवस्था कहलाता है। विशेषण की तीन अवस्थाएँ होती हैं

1. **मूलावस्था** इस अवस्था में संज्ञा या सर्वनाम की सामान्य विशेषता बताई जाती है; जैसे—
   - कमल का फूल सुंदर होता है।
   - भीम एक शक्तिशाली पुरुष था।
2. **उत्तरावस्था** इस अवस्था में किसी व्यक्ति या वस्तु के गुण-दोष की तुलना दूसरे व्यक्ति या वस्तु के उसी गुण-दोष से की जाती है; जैसे—
   - कमल का फूल चंपा के फूल से अधिक सुंदर होता है।
   - भीम दुर्योधन से अधिक शक्तिशाली था।
3. **उत्तमावस्था** इस अवस्था में किसी व्यक्ति या वस्तु के गुण-दोषों को सभी व्यक्तियों या वस्तुओं के गुण-दोषों से बढ़कर बताया जाता है; जैसे—
   - कमल का फूल सबसे अधिक सुंदर होता है।
   - भीम सबसे अधिक शक्तिशाली था।

विशेषण शब्दों की तुलना एवं अवस्थाएँ

जो विशेषण तत्सम होते हैं, प्राय: उनकी उत्तरावस्था तथा उत्तमावस्था दर्शाने के लिए उनके आगे क्रमश: प्रत्यय 'तर' तथा 'तम' लगा देते हैं; जैसे—

मूलावस्था	उत्तरावस्था	उत्तमावस्था
चतुर	चतुरतर	चतुरतम
दीर्घ	दीर्घतर	दीर्घतम
लघु	लघुतर	लघुतम
सुंदर	सुंदरतर	सुंदरतम
न्यून	न्यूनतर	न्यूनतम
उच्च	उच्चतर	उच्चतम
निकट	निकटतर	निकटतम

विशेषण से संबंधित अन्य प्रमुख बातें

- तत्सम (संस्कृत) विशेषणों के रूप लिंग के अनुसार बदलते हैं; जैसे—धनवान-धनवती, गुणवान-गुणवती, विद्वान-विदुषी
- जिन विशेषण के अंत में **अ, ई, उ** और **ऊ** होता है, उन पर विशेष्य के लिंग व वचन का कोई प्रभाव नहीं पड़ता; जैसे—बीमार लड़का, बीमार लड़के, बीमार लड़की, बीमार लड़कियाँ, पीली गाड़ी, पीली गाड़ियाँ, दयालु राजा, दयालु रानी, दयालु रानियाँ, झगड़ालू लड़का, झगड़ालू लड़के।
- आकारांत वाले विशेषण विशेष्य के लिंग व वचनानुसार बदल जाते हैं; जैसे—सच्चा लड़का, सच्चे लड़के, सच्ची लड़कियाँ।

अभ्यास प्रश्न

बहुविकल्पीय व वर्णनात्मक प्रश्नों सहित

1. निम्नलिखित प्रश्नों के दिए गए विकल्पों में से सही विकल्प छाँटिए

(i) विशेषण के कितने भेद होते हैं?
(क) दो (ख) तीन (ग) चार (घ) पाँच

(ii) विशेषण की भी विशेषता बताता है
(क) विशेष्य (ख) प्रविशेषण
(ग) विशेषक (घ) क्रिया विशेषण

(iii) संख्यावाचक विशेषण के कितने भेद हैं?
(क) एक (ख) दो (ग) तीन (घ) चार

(iv) गुणवाचक विशेषण का उदाहरण है
(क) भला (ख) अधिक
(ग) कुछ (घ) थोड़ा

(v) परिमाणवाचक विशेषण के कितने भेद हैं?
(क) एक (ख) दो
(ग) तीन (घ) चार

(vi) सार्वनामिक विशेषण का उदाहरण है
(क) काला (ख) तीन किलो
(ग) कम (घ) उसका

(vii) निश्चित परिमाणवाचक विशेषण का उदाहरण कौन-सा है?
(क) दो गज जमीन (ख) महान पुरुष
(ग) वीर पुरुष (घ) नमकीन समोसा

(viii) निश्चित संख्यावाचक विशेषण कौन-सा है ?
(क) चार बच्चे (ख) सारा दूध
(ग) बहुत धन (घ) काला कौआ

(ix) विशेषण किन शब्दों की विशेषता बताते हैं?
(क) संज्ञा (ख) सर्वनाम
(ग) संज्ञा एवं सर्वनाम (घ) क्रिया

(x) गुणवाचक विशेषण के अंतर्गत क्या आता है?
(क) रंग (ख) रूप
(ग) गुण-दोष, आकार, रूप-रंग (घ) परिभाषा

2. नीचे दिए गए कथन पर सही (✓) और गलत (×) का निशान लगाइए

(क) विशेषण जिस शब्द की विशेषता बताते हैं, उन्हें विशेष्य कहते हैं। ( )

(ख) विशेषण संज्ञा के स्थान पर प्रयुक्त होते हैं। ( )

(ग) चमकीला संख्यावाचक विशेषण है। ( )

(घ) तीन गुणवाचक विशेषण नहीं है। ( )

(ङ) संज्ञा तथा सर्वनाम की विशेषता बताने वाले शब्दों को विशेषण कहते हैं। ( )

3. कोष्ठक में दिए गए शब्दों के विशेषण बनाकर रिक्त स्थानों की पूर्ति कीजिए

(क) वेंकट और स्वामी ········ भाई हैं। (चाचा)

(ख) शेर ·········· तथा ······· जानवर है। (हिंसा, जंगल)

(ग) भीम ·········· रूप से ·········· थे। (शरीर, बल)

(घ) ताजमहल एक प्राचीन ·········· इमारत है। (इतिहास)

(ङ) विद्यार्थियों को ········· तथा ········ कहानियाँ पढ़नी चाहिए। (शिक्षा, ज्ञान)

4. नीचे दिए गए विशेष्यों के लिए उचित विशेषण लिखिए

(क) ········ बादल	(ख) ········ लहरें
(ग) ········ कलम	(घ) ········ धरती
(ङ) ········ अध्यापिका	(च) ········ घास

5. दिए गए विशेषण और विशेष्यों का मिलान कीजिए

(i) सदाबहार	(क) पौधा
(ii) पालतू	(ख) मनुष्य
(iii) ईमानदार	(ग) वन
(iv) छोटा	(घ) साड़ी
(v) बनारसी	(ङ) पशु
(vi) गुलाबी	(च) पान

6. नीचे लिखे विशेषण शब्दों की उत्तरावस्था तथा उत्तमावस्था लिखिए

(क) अधिक	(ख) उच्च	(ग) कठोर
(घ) महान	(ङ) सुंदर	(च) मृदु

7. निम्नलिखित वाक्यों में विशेषण शब्दों को रेखांकित कीजिए और उनके भेद लिखिए

(क) वह कमजोर व्यक्ति है।

(ख) यह सभ्यता प्राचीन है।

(ग) रात को वे लोग क्या कर रहे थे?

(घ) यह दसवाँ घर है।

8. कोष्ठक में दिए गए क्रिया शब्दों से विशेषण बनाकर वाक्य पूर्ति कीजिए

(क) सचिन तेंदुलकर सर्वश्रेष्ठ ········ है। (खेलना)

(ख) हमारा खेत ········ नहीं है। (बिकना)

(ग) मेरा भाई बहुत ········ है। (पढ़ना)

(घ) आपका लड़का तो बहुत ········ है। (कमाना)

9. नीचे दिए गए प्रश्नों के संक्षिप्त उत्तर दीजिए

(i) विशेषण किसे कहते हैं? विशेषण के भेदों को उदाहरण देकर स्पष्ट कीजिए।

(ii) प्रविशेषण और विशेषण में क्या अंतर है?

(iii) विशेषण की मूलावस्था, उत्तरावस्था और उत्तमावस्था में अंतर बताइए।

(iv) विशेष्य से आप क्या समझते हैं? उदाहरण द्वारा स्पष्ट कीजिए।

(v) संख्यावाचक और परिमाणवाचक विशेषणों का अंतर प्रकट करने वाले तीन उदाहरण लिखिए।

(vi) सर्वनाम और संकेतवाचक विशेषण में अंतर स्पष्ट कीजिए।

उत्तरमाला

1. (i) (ग) (ii) (ख) (iii) (ख) (iv) (क) (v) (ख) (vi) (घ) (vii) (क) (viii) (क) (ix) (ग) (x) (ग)

2. (क) ✓ (ख) × (ग) × (घ) ✓ (ङ) ✓

3. (क) चचेरे (ख) हिंसक, जंगली (ग) शारीरिक, बलवान (घ) ऐतिहासिक (ङ) शैक्षिक, ज्ञानवर्द्धक

4. (क) काले (ख) ऊँची (ग) सुंदर (घ) गोल (ङ) अच्छी (च) हरी

5. (i) (ग) (ii) (ङ) (iii) (ख) (iv) (क) (v) (च) (vi) (घ)

6. (क) अधिकतर, अधिकतम (ख) उच्चतर, उच्चतम (ग) कठोरतर, कठोरतम (घ) महानतर, महानतम (ङ) सुंदरतर, सुंदरतम (च) मृदुतर, मृदुतम

7. (क) कमजोर, गुणवाचक विशेषण
(ख) प्राचीन, गुणवाचक विशेषण
(ग) वे, सार्वनामिक विशेषण
(घ) दसवाँ, संख्यावाचक विशेषण

8. (क) खिलाड़ी (ख) बिकाऊ (ग) पढ़ाकू (घ) कमाऊ

क्रिया

अध्याय 13

13.1 क्रिया की परिभाषा

जिस शब्द से किसी कार्य के करने या होने का बोध हो, उसे क्रिया कहते हैं; जैसे—

- पायल खाना खा रही है।
- सुनीता बाँसुरी बजा रही है।

इन वाक्यों में रेखांकित अंश 'खाने' और 'बजाने' की क्रिया का बोध करा रहे हैं। अत: ये शब्द क्रिया हैं।

धातु क्रिया का मूल रूप धातु कहलाता है अर्थात् क्रिया के अनेक रूपों में जो अंश समान रूप से मिलता है, उसे क्रिया की धातु कहते हैं; जैसे—

धातु रूप	सामान्य रूप
हँस	हँसना
लिख	लिखना
सो	सोना
देख	देखना

क्रिया के भेद

क्रिया के दो भेद हैं

1. अकर्मक क्रिया

जिस क्रिया में कर्म नहीं होता, उसे अकर्मक क्रिया कहते हैं; जैसे—

- राधा हँसती है।
  ↓ ↓
  कर्ता क्रिया
- अनीश सो रहा है।
  ↓ ↓
  कर्ता क्रिया

इन दोनों वाक्यों में क्रियाओं का फल सीधे कर्ता पर पड़ रहा है, कर्म पर नहीं। इन क्रियाओं का कोई कर्म नहीं है। अत: ये अकर्मक क्रियाएँ हैं।

2. सकर्मक क्रिया

जिस क्रिया में कर्म पाया जाता है तथा क्रिया का फल (प्रभाव) कर्ता पर न पड़कर कर्म पर पड़ता है, वे क्रियाएँ सकर्मक कहलाती हैं; जैसे—

- दिव्या नृत्य कर रही है।
  ↓ ↓ ↓
  कर्ता कर्म क्रिया
- मनीष गाने सुन रहा है।
  ↓ ↓ ↓
  कर्ता कर्म क्रिया

इन दोनों वाक्यों में क्रियाओं का फल कर्म पर पड़ रहा है। यहाँ नृत्य व गाने कर्म हैं, जिनसे क्रिया जुड़ी हुई है। अत: ये सकर्मक क्रियाएँ हैं।

सकर्मक क्रिया के दो भेद होते हैं

(i) **एककर्मक क्रिया** जिस क्रिया के साथ एक कर्म का प्रयोग होता है, उसे एककर्मक क्रिया कहते हैं; जैसे—

- बच्चे ने खिलौना लिया।
- बढ़ई ने मेज बनाई।

इन दोनों वाक्यों में 'खिलौना' व 'मेज' एक-एक कर्म है। अत: इनमें प्रयुक्त क्रिया (रेखांकित अंश) एककर्मक क्रिया है।

(ii) **द्विकर्मक क्रिया** जिस क्रिया के साथ दो कर्म का प्रयोग होता है, उसे द्विकर्मक क्रिया कहते हैं; जैसे—

- हर्ष ने अनाथों को वस्त्र दिए।
- अध्यापिका ने छात्रों को हिंदी पढ़ाई।

इन दोनों वाक्यों में दो-दो कर्म हैं। इनमें प्रयुक्त 'वस्त्र' व 'हिंदी' (सभी निर्जीव) मुख्य कर्म एवं 'अनाथों' व 'छात्रों' (सभी सजीव) गौण कर्म हैं। अत: इनमें प्रयुक्त क्रिया द्विकर्मक क्रिया है।

क्रिया के अन्य भेद

क्रिया के अन्य भेद निम्नलिखित हैं

1. **अपूर्ण क्रिया** जिस क्रिया से किसी वाक्य का अर्थ पूर्ण रूप से स्पष्ट नहीं हो पाता, उसे अपूर्ण क्रिया कहते हैं; जैसे—

- मैं हूँ।
- वह है।

इन दोनों वाक्यों से इनका अर्थ स्पष्ट नहीं हो रहा है, इसलिए इनमें अपूर्ण क्रिया है।

2. **संयुक्त क्रिया** जिन वाक्यों में एक से अधिक क्रियाएँ मिलकर एक ही कार्य को पूरा करती हैं, उन्हें संयुक्त क्रिया कहते हैं; जैसे—
   - राम ने पुस्तक पढ़ ली। • गायक घंटों तक गाता रहा।

   इन दोनों वाक्यों के रेखांकित अंश संयुक्त क्रिया हैं, क्योंकि यहाँ एक से अधिक क्रियाएँ मिलकर क्रमशः 'पढ़ने' और 'गाने' का कार्य पूर्ण कर रही हैं।
3. **नामधातु क्रिया** जो क्रियाएँ संज्ञा, सर्वनाम, विशेषण तथा अनुकरणात्मक शब्दों से बनती हैं, उन्हें नामधातु क्रिया कहते हैं; जैसे—
   - सुहानी अपनी सहेली के साथ बतिया रही है।
   - वह नमिता को अपनाना चाहता है।

   इन दोनों वाक्यों के रेखांकित अंश नामधातु क्रियाएँ हैं, क्योंकि 'बतियाना' 'बात' (संज्ञा) से तथा अपनाना 'क्रिया' अपना (सर्वनाम) शब्द से बनी है।
4. **प्रेरणार्थक क्रिया** जब कर्ता स्वयं कार्य न करके दूसरों को करने की प्रेरणा देता है या दूसरों से उस कार्य को करवाता है, तो इसे प्रेरणार्थक क्रिया कहते हैं; जैसे—
   - मोहन नौकर से खाना बनवाता है।
   - रमा नौकरानी से कपड़े धुलवाती है।

   इन दोनों वाक्यों में मोहन, रमा द्वारा स्वयं कार्य न करके क्रमशः नौकर, नौकरानी द्वारा करवाया जा रहा है। अतः वाक्य के रेखांकित अंश प्रेरणार्थक क्रिया हैं।
5. **पूर्वकालिक क्रिया** जब मुख्य क्रिया से ठीक पहले कोई क्रिया की जाती है, तो उसे पूर्वकालिक क्रिया कहते हैं; जैसे—
   - लड़का पढ़कर लिखने लगा।
   - मजदूर खाना खाकर सो गया।

   इन दोनों वाक्यों में लिखने, सोने से ठीक पहले क्रमशः पढ़ने, खाने की क्रियाएँ पूरी की गई हैं। अतः रेखांकित अंश पूर्वकालिक क्रिया हैं।
6. **तात्कालिक क्रिया** जब एक क्रिया के घटित होने के तुरंत बाद ही दूसरी क्रिया घटित हो जाती है, तो उसे तात्कालिक क्रिया कहते हैं; जैसे—
   - इंजेक्शन लगते ही मरीज सो गया।
   - वह स्कूल से आते ही खेलने चला गया।

   इन दोनों वाक्यों में एक क्रिया के होने के बाद ही दूसरी क्रिया घटित हो रही है; जैसे—'लगते ही सो गया' तथा 'आते ही खेलने चला गया'।

अभ्यास प्रश्न

बहुविकल्पीय व वर्णनात्मक प्रश्नों सहित

1. निम्नलिखित प्रश्नों के दिए गए विकल्पों में से सही विकल्प छाँटिए

(i) राहुल भागो।
(क) सकर्मक क्रिया (ख) अकर्मक क्रिया
(ग) संयुक्त क्रिया (घ) नामधातु क्रिया

(ii) वह खिलौनों से खेल रही है।
(क) अकर्मक क्रिया (ख) नामधातु क्रिया
(ग) सकर्मक क्रिया (घ) संयुक्त क्रिया

(iii) मैंने उसे देखकर बुलाया।
(क) पूर्वकालिक क्रिया (ख) सामान्य क्रिया
(ग) सकर्मक क्रिया (घ) संयुक्त क्रिया

(iv) मैंने खाना खाया।
(क) सकर्मक क्रिया (ख) द्विकर्मक क्रिया
(ग) अकर्मक क्रिया (घ) नामधातु क्रिया

(v) मैंने मिठाई खा ली।
(क) एककर्मक क्रिया
(ख) संयुक्त क्रिया
(ग) द्विकर्मक क्रिया
(घ) सामान्य क्रिया

(vi) राधा ने राजू को सेब दिया।
(क) द्विकर्मक क्रिया (ख) संयुक्त क्रिया
(ग) पूर्वकालिक क्रिया (घ) सामान्य क्रिया

(vii) इनमें कौन-सा क्रिया का भेद नहीं है?
(क) संयुक्त क्रिया (ख) नामधातु क्रिया
(ग) पूर्वकालिक क्रिया (घ) भौतिक क्रिया

(viii) मालिक नौकर से सफाई करवाते हैं। वाक्य में प्रयुक्त क्रिया है।
(क) संयुक्त क्रिया
(ख) प्रेरणार्थक क्रिया
(ग) पूर्णकालिक क्रिया
(घ) अकर्मक क्रिया

(ix) मैंने उपन्यास पढ़ा। वाक्य में प्रयुक्त क्रिया भेद है।
(क) सामान्य क्रिया (ख) संयुक्त क्रिया
(ग) नामधातु क्रिया (घ) प्रेरणार्थक क्रिया

(x) किस विकल्प वाले वाक्य में पूर्वकालिक क्रिया प्रयुक्त है?
(क) राधा रोती है।
(ख) कृष्ण ने बंसी बजाई।
(ग) उसने कूड़ा साफ करवाया।
(घ) मयंक खाना खाकर पढ़ने लगा।

2. रिक्त स्थानों की पूर्ति उचित क्रिया शब्द द्वारा कीजिए

मचाया, बुलाया, गिरते हैं, देख रहे हैं, कर रहे हो, टूट गई, खेलते, हो रही

(क) बच्चों ने आज कक्षा में खूब शोर……।
(ख) पेड़ से पत्ते……।
(ग) रीना ने नीना को अपने जन्मदिन पर……।
(घ) घर के सभी लोग टेलीविजन……।
(ङ) उसके बैठते ही कुर्सी……।
(च) आज तुम घर पर क्या……?
(छ) वर्षा बहुत तेज…… है।
(ज) आओ! मैं और तुम आज क्रिकेट……हैं।

3. नीचे दिए वाक्यों की क्रिया अकर्मक है या सकर्मक, बताइए

(क) सड़क पर पत्थर पड़ा है। (ख) मुदित तेज दौड़ता है।
(ग) नंदिता ने अमरूद खाया। (घ) रविवार को हमारी छुट्टी है।
(ङ) वह रात-भर भागता रहा। (च) कहीं घूमने चले जाओ।
(छ) राकेश सेब खाता है। (ज) मोहित रोता है।
(झ) सचिन क्रिकेट खेलता है। (ञ) बच्चे कक्षा में शोर मचाते हैं।

4. मिलान कीजिए

(i) ललचाना	(क) द्विकर्मक क्रिया
(ii) खाना बनाया	(ख) नामधातु क्रिया
(iii) देखकर उछला	(ग) पूर्वकालिक क्रिया
(iv) दवाई ले ली	(घ) सामान्य क्रिया
(v) बच्चों को खाना दे दो	(ङ) संयुक्त क्रिया

5. नीचे लिखी क्रियाओं के भेद बताइए

उठकर, हथियाना, करवाया, लिखवाया, बतियाना, अपनाकर, सो रहा है, अपनाना, गाता रहा, हँसकर, बनवाया, खा चुका

6. क्रिया के मूल रूप को धातु कहते हैं। नीचे दिए गए धातु से क्रिया शब्द बनाइए

(क) उठ (ख) बैठ (ग) चल (घ) लिख
(ङ) खा (च) पी (छ) सो (ज) हँस

7. रेखांकित क्रिया का भेद बताइए

(क) मोहन सोकर पढ़ेगा।
(ख) वह बतियाना चाहता है।
(ग) पिताजी ने नौकर से काम करवाया।
(घ) रमेश सोया।
(ङ) गीता गाना गा चुकी है।

8. निम्नलिखित वाक्यों में क्रिया को रेखांकित कीजिए और उनका भेद भी लिखिए

(क) राधा ने एक गीत गाया। ………………
(ख) मीरा घर जा चुकी है। ………………
(ग) मधु ने घर जाते ही मोहन को पीटा। ………………
(घ) यह बरतन गर्मा गया है। ………………
(ङ) राखी ने भाई से पत्र पढ़वाया। ………………
(च) राजू है। ………………
(छ) राहुल गया। ………………
(ज) भोजन खाकर पंडित जी सो गए। ………………

9. नीचे दिए गए प्रश्नों के संक्षिप्त उत्तर दीजिए

(i) क्रिया किसे कहते हैं? क्रिया के भेदों के नाम लिखिए।
(ii) प्रेरणार्थक तथा पूर्वकालिक क्रिया को सोदाहरण समझाइए।
(iii) सकर्मक व अकर्मक क्रिया के दो-दो उदाहरण लिखिए।
(iv) अपूर्ण क्रिया तथा तात्कालिक क्रिया को उदाहरण सहित परिभाषित कीजिए।

उत्तरमाला

1. (i) (ख) (ii) (ग) (iii) (क) (iv) (क) (v) (ख) (vi) (क) (vii) (घ) (viii) (ख) (ix) (क) (x) (घ)

2. (क) मचाया (ख) गिरते हैं
(ग) बुलाया (घ) देख रहे हैं
(ङ) टूट गई (च) कर रहे हो
(छ) हो रही (ज) खेलते

3. (क) सकर्मक (ख) अकर्मक
(ग) सकर्मक (घ) अकर्मक
(ङ) अकर्मक (च) अकर्मक
(छ) सकर्मक (ज) अकर्मक
(झ) सकर्मक (ञ) अकर्मक

4. (i) (ख) (ii) (घ) (iii) (ग) (iv) (ङ) (v) (क)

5. **नामधातु क्रिया** हथियाना, बतियाना, अपनाना
पूर्वकालिक क्रिया हँसकर, उठकर, अपनाकर
प्रेरणार्थक क्रिया करवाया, बनवाया, लिखवाया
संयुक्त क्रिया सो रहा है, गाता रहा, खा चुका

6. (क) उठना (ख) बैठना (ग) चलना
(घ) लिखना (ङ) खाना (च) पीना
(छ) सोना (ज) हँसना

7. (क) पूर्वकालिक क्रिया
(ख) नामधातु क्रिया
(ग) प्रेरणार्थक क्रिया
(घ) सामान्य क्रिया
(ङ) संयुक्त क्रिया

8. (क) गाया, सकर्मक क्रिया
(ख) जा चुकी है, संयुक्त क्रिया
(ग) जाते ही–तात्कालिक क्रिया, पीटा–सकर्मक क्रिया
(घ) गर्मा गया है, नामधातु क्रिया
(ङ) पढ़वाया, प्रेरणार्थक क्रिया
(च) है, अपूर्ण क्रिया
(छ) गया, सामान्य क्रिया
(ज) खाकर–पूर्वकालिक क्रिया, सो गए–अकर्मक क्रिया

वाच्य

अध्याय 14

14.1 वाच्य का अर्थ एवं परिभाषा

वाच्य का अर्थ होता है—बोलने का विषय। क्रिया के जिस रूप से यह बोध हो कि वाक्य में कर्ता, कर्म या भाव में से किसकी प्रधानता है, उसे **वाच्य** कहते हैं; जैसे—

- वह खेत जोतता है।
- उसके द्वारा खेत जोता जाता है।
- उससे खेत जोता जाता है।

वाच्य के भेद

1. कर्तृवाच्य

जिस वाक्य में कर्ता प्रधान होता है और क्रिया का प्रयोग कर्ता के अनुसार होता है, उसे **कर्तृवाच्य** कहते हैं; जैसे—

- शारदा किताब पढ़ रही है।
- मैंने पानी पी लिया।

यदि कर्ता के साथ 'ने' कारक चिह्न आ जाए, तो क्रिया कर्म के अनुसार आती है, परंतु फिर भी वाक्य में कर्ता की ही प्रधानता रहती है। इसलिए ऐसे वाक्य भी कर्तृवाच्य ही होते हैं; जैसे—

- राधा ने गीत गाया।
- राधा ने एक कहानी लिखी।

2. कर्मवाच्य

जिस वाक्य में क्रिया का प्रयोग कर्म के अनुसार होता है तथा कर्म प्रधान होता है, उसे **कर्मवाच्य** कहते हैं। कर्मवाच्य में क्रिया का लिंग, वचन व पुरुष कर्म के अनुसार होते हैं।

इसमें कर्ता का लोप हो जाता है या कर्ता के बाद 'से' अथवा 'के द्वारा' का प्रयोग किया जाता है। कर्मवाच्य वाले वाक्यों में मुख्यत: सकर्मक क्रिया का प्रयोग होता है; जैसे—

- मेरे से क्रिकेट खेला गया।
- रानी द्वारा नदी में स्नान किया गया।

3. भाववाच्य

जिस वाक्य में कर्ता या कर्म प्रधान न होकर भाव की प्रधानता होती है, उसे भाववाच्य कहते हैं। ऐसे वाक्यों में क्रिया अकर्मक, पुल्लिग, सदैव एकवचन तथा अन्य पुरुष में होती है; जैसे—

- मुझसे चला नहीं जाता।
- मदन से सोया नहीं जाता।

वाच्य-परिवर्तन

कर्तृवाच्य से कर्मवाच्य बनाना

कर्तृवाच्य से कर्मवाच्य बनाते समय निम्नलिखित बातों का ध्यान रखना चाहिए

- कर्तृवाच्य की मुख्य क्रिया को सामान्य भूतकाल में परिवर्तित करना चाहिए।
- कर्ता के साथ 'से', 'द्वारा' या 'के द्वारा' लगाना चाहिए।
- क्रिया के परिवर्तित रूप के साथ-साथ काल, पुरुष, वचन तथा लिंग के अनुसार 'जा' क्रिया का रूप जोड़ना चाहिए।
- यदि कर्म के साथ विभक्ति (को) लगी हो तो उसे हटा देना चाहिए।

कर्तृवाच्य	कर्मवाच्य
गोपाल पतंग उड़ाता है।	गोपाल द्वारा पतंग उड़ाई जाती है।
सुनीता पत्र लिखती है।	सुनीता द्वारा पत्र लिखा जाता है।
कृष्ण व्यापार करता है।	कृष्ण के द्वारा व्यापार किया जाता है।
रमन सफाई करता है।	रमन द्वारा सफाई की जाती है।
प्रकाश अंगूर खाता है।	प्रकाश से अंगूर खाए जाते हैं।

कर्तृवाच्य से भाववाच्य बनाना

कर्तृवाच्य से भाववाच्य बनाने के लिए निम्नलिखित बातों को ध्यान में रखा जाना चाहिए

- कर्ता के साथ 'से' या 'के द्वारा' का प्रयोग करें।
- मुख्य क्रिया, को सामान्य भूतकाल की क्रिया के एकवचन में बदलकर उसके साथ 'जाता' लगाएँ।
- धातु (मूल क्रिया) के एकवचन, पुल्लिग, अन्य पुरुष का वही काल लगाएँ, जो कर्तृवाच्य की क्रिया का है।

कर्तृवाच्य	भाववाच्य
गोविंद हँसता है।	गोविंद से हँसा जाता है
रवि रोता है।	रवि से रोया जाता है
सीता नहीं सोती।	सीता से सोया नहीं जाता।
रेखा नहीं कूदती।	रेखा के द्वारा कूदा नहीं जाता।

अभ्यास प्रश्न

बहुविकल्पीय व वर्णनात्मक प्रश्नों सहित

1. निम्नलिखित प्रश्नों के दिए गए विकल्पों में से सही विकल्प छाँटिए

(i) वाच्य के कितने भेद होते हैं?
(क) दो (ख) तीन (ग) चार (घ) पाँच

(ii) किस वाच्य में कर्ता की प्रधानता होती है?
(क) कर्तृवाच्य (ख) भाववाच्य
(ग) कर्मवाच्य (घ) ये सभी

(iii) 'मदन से सोया नहीं जाता' में कौन-सा वाच्य है?
(क) कर्तृवाच्य (ख) भाववाच्य
(ग) कर्मवाच्य (घ) ये सभी

(iv) मैंने पानी पी लिया।
(क) कर्मवाच्य (ख) कर्तृवाच्य
(ग) भाववाच्य (घ) ये सभी

(v) कर्तृवाच्य में क्रिया किसके अनुसार आती है?
(क) कर्म के (ख) क्रिया के
(ग) कर्ता के (घ) इनमें से कोई नहीं

(vi) कर्मवाच्य में प्रयुक्त क्रिया का प्रयोग······के लिंग, वचन के अनुसार होता है।
(क) कर्त्ता (ख) कर्म (ग) भाव (घ) ये सभी

(vii) भाववाच्य की क्रिया होती है
(क) एकवचन (ख) अन्य पुरूष
(ग) पुल्लिग (घ) ये सभी

(viii) 'चलो, घूमने चला जाए' वाक्य का वाच्य है
(क) कर्त्तवाच्य (ख) कर्मवाच्य
(ग) भाववाच्य (घ) इनमें से कोई नहीं

(ix) भाववाच्य युक्त वाक्य किस विकल्प में है?
(क) राम पत्र लिखता है।
(ख) राम के द्वारा पत्र लिखा जाता है।
(ग) माँ से चला नहीं जाता।
(घ) दादा जी अखबार पढ़ते हैं।

(x) कर्मवाच्य बनाते समय कर्ता के बाद ······· जोड़ देना चाहिए।
(क) से (ख) में पर
(ग) पर द्वारा (घ) 'क' और 'ग' दोनों

2. दिए गए वाक्यों में सही वाच्य परिवर्तन का चयन कीजिए

कर्तृवाच्य

(i) (क) शेर द्वारा दहाड़ा जाता है। (ख) विद्या अब घर ही पढ़ती है।
(ग) रमा से दौड़ा नहीं जाता।

(ii) (क) रीना पत्र पढ़ती है। (ख) अनु द्वारा स्वेटर बुना गया।
(ग) माही से लिखा नहीं गया।

(iii) (क) हिरण से भागा गया। (ख) आओ, अब खेला जाए।
(ग) नेहा कल अपनी सहेली से मिलने गई।

कर्मवाच्य

(i) (क) उन्होंने मुझे यह बात अब तक नहीं बताई।
(ख) अनीता से खाया नहीं जाता।
(ग) मोहन द्वारा कहानी पढ़ी गई।

(ii) (क) अनुज द्वारा खेत जोता जाता है।
(ख) चिड़िया से उड़ा नहीं जाता।
(ग) नीना अक्षय से प्रेम करती है।

(iii) (क) अक्षित पढ़ता नहीं है।
(ख) मोहन द्वारा नजीबाबाद जाया जाता है।
(ग) उनसे अब सहन नहीं होता।

भाववाच्य

(i) (क) मुझसे पढ़ा नहीं जाता। (ख) मेरे द्वारा पढ़ा नहीं जाता।
(ग) मैं पढ़ता नहीं हूँ।

(ii) (क) उन्होंने एक कहानी लिखी। (ख) उनसे एक कहानी लिखी गई।
(ग) उनके द्वारा एक कहानी लिखी गई।

(iii) (क) आओ, अब दौड़ा जाए। (ख) आओ, अब दौड़ते हैं।
(ग) आओ, हमारे द्वारा दौड़ा जाए।

3. सही कथन के सामने सही (✓) और गलत कथन के सामने (✗) गलत का चिह्न लगाइए

(क) जहाँ कर्ता या कर्म की नहीं क्रिया के अर्थ की प्रधानता होती है, कर्मवाच्य कहलाता है। ( )
(ख) कर्मवाच्य में सकर्मक क्रिया का प्रयोग होता है। ( )
(ग) भाववाच्य में क्रिया अन्य पुरुष में होती है। ( )
(घ) कर्मवाच्य बनाते समय 'से' या 'के द्वारा' हटा दिया जाता है। ( )
(ङ) मुझसे बैठा नहीं जाता। कर्तृवाच्य वाक्य है। ( )

4. नीचे दिए गए वाक्यों के वाच्य बताइए

(क) मीना पुस्तक लिखती है। (ख) रवि खेल रहा है।
(ग) सीता द्वारा गाना गाया जाता है। (घ) बंदर से केले खाए जाते हैं।
(ङ) रेखा से चला नहीं जाता। (च) निधि से काम नहीं किया जाता।

5. कर्तृवाच्य में बदलिए

(क) उससे भागा नहीं जाता।
(ख) कमला से लिखा नहीं जाता।
(ग) किसानों द्वारा फूल उगाए जाते हैं।
(घ) रेशमा से किताब पढ़ी जा सकती है।
(ङ) लड़के द्वारा पुस्तक खरीदी जा रही थी।
(च) माली द्वारा फूल तोड़े गए।

6. कर्मवाच्य में बदलिए

(क) हम अब बाजार जाएँगे। (ख) गीता खाना बनाती है।

(ग) अनीता ने बिस्कुट खाए। (घ) गार्गी ने शास्त्रार्थ किया।

(ङ) विधु ने एक निबंध लिखा।

7. दिए गए वाक्यों को कोष्ठक में दिए निर्देशानुसार बदलिए

(क) राधा पत्र लिखती है। (कर्मवाच्य)

(ख) मनु नाचती है। (भाववाच्य)

(ग) दिव्या भोजन बनाती है। (कर्मवाच्य)

(घ) मुझसे सोया नहीं जाता। (कर्तृवाच्य)

(ङ) अनु के द्वारा एक उपन्यास लिखा गया। (कर्तृवाच्य)

8. नीचे दिए गए प्रश्नों के संक्षिप्त उत्तर दीजिए

(i) वाच्य की परिभाषा उदाहरण सहित लिखिए।

(ii) वाच्य के भेद उदाहरण सहित स्पष्ट कीजिए।

(iii) भाववाच्य की क्रिया विशेषता बताते हुए उदाहरण भी लिखिए।

(iv) कर्तृवाच्य और कर्मवाच्य की क्रिया का अंतर उदाहरण सहित लिखिए।

उत्तरमाला

1. (i) (ख) (ii) (क) (iii) (ख) (iv) (ख) (v) (ग)
(vi) (ख) (vii) (घ) (viii) (ग) (ix) (ग) (x) (क)

2. **कर्तृवाच्य**
(i) (ख) (ii) (क) (iii) (ग)

कर्मवाच्य
(i) (ग) (ii) (क) (iii) (ख)

भाववाच्य
(i) (क) (ii) (ख) (iii) (क)

3. (क) ✗ (ख) ✓ (ग) ✓ (घ) ✗ (ङ) ✗

4. (क) कर्तृवाच्य (ख) कर्तृवाच्य
(ग) कर्मवाच्य (घ) कर्मवाच्य
(ङ) भाववाच्य (च) भाववाच्य

5. (क) वह भागता नहीं है। (ख) कमला लिखती नहीं है।
(ग) किसान फूल उगाते हैं। (घ) रेशमा किताब पढ़ सकती है।
(ङ) लड़का पुस्तक खरीद रहा था।
(च) माली ने फूल तोड़े।

6. (क) हमारे द्वारा अब बाजार जाया जाएगा।
(ख) गीता द्वारा खाना बनाया जाता है।
(ग) अनीता द्वारा बिस्कुट खाए गए।
(घ) गार्गी द्वारा शास्त्रार्थ किया गया।
(ङ) विधु द्वारा एक निबंध लिखा गया।

7. (क) राधा द्वारा पत्र लिखा जाता है।
(ख) मनु से नाचा जाता है।
(ग) दिव्या द्वारा भोजन बनाया जाता है।
(घ) मैं सोती नहीं हूँ।
(ङ) अनु ने एक उपन्यास लिखा।

काल

अध्याय 15

15.1 काल की परिभाषा

क्रिया के जिस रूप से उसके संपन्न होने के समय का बोध हो, उसे **काल** कहते हैं; जैसे–

- सोनू जाग गया।
- सोनू नहा रहा है।
- सोनू खाना खाएगा।

उपरोक्त वाक्यों में क्रिया के होने का समय पता चल रहा है। पहले वाक्य में क्रिया हो चुकी है, दूसरे वाक्यों में क्रिया अभी हो रही है या चल रही है, तीसरे वाक्य में क्रिया के भविष्य में होने की संभावना है।

काल के भेद

काल के तीन भेद हैं

1. वर्तमान काल 2. भूतकाल 3. भविष्यत् काल

1. वर्तमान काल

क्रिया के जिस रूप से ज्ञात हो कि क्रिया वर्तमान समय में हो रही है, उसे **वर्तमान काल** कहते हैं। वर्तमान काल की क्रिया में सामान्यत: है, हूँ, हैं क्रिया के अंत में लगे होते हैं; जैसे–

- शिवांगी चित्र बना **रही है।**
- मैं गृहकार्य कर **रही हूँ।**

वर्तमान काल के पाँच भेद हैं

(i) **सामान्य वर्तमान काल** जिस क्रिया के वर्तमान समय में सामान्य रूप से होने का बोध हो, उसे सामान्य वर्तमान काल कहते हैं; जैसे–
- गरिमा तबला **बजाती है**।
- रवि **खेलता है**।

(ii) **संदिग्ध वर्तमान काल** क्रिया के जिस रूप से उसके वर्तमान समय में करने या होने के संदेह का बोध हो, उसे संदिग्ध वर्तमान काल कहते हैं; जैसे–
- पिताजी **जा रहे होंगे**।
- वह **पढ़ रहा होगा**।

(iii) **अपूर्ण वर्तमान काल** क्रिया के जिस रूप से यह बोध होता है कि कार्य अभी चल रहा है, समाप्त नहीं हुआ है, उसे अपूर्ण वर्तमान काल कहते हैं; जैसे–
- कार्तिक पत्र **लिख रहा है**।
- बारिश **हो रही है**।

(iv) **पूर्ण वर्तमान काल** क्रिया के जिस रूप से कार्य के पूरे होने का बोध हो, उसे पूर्ण वर्तमान काल कहते हैं; जैसे–
- वह **आ चुका है**।
- उसने क्रिकेट **खेला है**।

(v) **संभाव्य वर्तमान काल** क्रिया के जिस रूप से वर्तमान समय में पूरे होने की संभावना हो, उसे संभाव्य वर्तमान काल कहते हैं; जैसे–
- शायद वह **आया हो**।
- शायद वह **खेलता हो**।

2. भूतकाल

क्रिया के जिस रूप से यह ज्ञात हो कि कार्य बीते हुए समय में संपन्न हो चुका है, उसे भूतकाल कहते हैं। भूतकाल की क्रिया के अंत में था, थे, थी आदि लगे होते हैं; जैसे–
- मैं बाजार **गया था**।
- बच्चों ने गन्ना **खाया**।

भूतकाल के छः भेद हैं

(i) **सामान्य भूतकाल** क्रिया के जिस रूप से कार्य के सामान्य रूप से पूरे होने का बोध हो, किंतु क्रिया के होने के सही समय का बोध न हो, उसे सामान्य भूतकाल कहते हैं; जैसे–
- अनन्या ने कहानी **पढ़ी**।
- रीमा ने मूर्ति **बनाई**।

(ii) **आसन्न भूतकाल** क्रिया के जिस रूप से यह बोध हो कि कार्य अभी-अभी समाप्त हुआ है, उसे आसन्न भूतकाल कहते हैं; जैसे–
- मैं अभी खेलकर **आई हूँ**।
- अभी बारिश **रुकी है**।

(iii) **पूर्ण भूतकाल** क्रिया के जिस रूप से उसके बहुत पहले पूर्ण होने का पता चले, उसे पूर्ण भूतकाल कहते हैं; जैसे–
- संभव खाना खा **चुका था**।
- रमन खेलने **गया था**।

(iv) **अपूर्ण भूतकाल** क्रिया के जिस रूप से उसके भूतकाल में शुरू होने का पता चले, परंतु उसके पूर्ण होने का बोध न हो, उसे अपूर्ण भूतकाल कहते हैं; जैसे–
- बच्चे **खेल रहे थे**।
- राहुल टीवी **देख रहा था**।

(v) **संदिग्ध भूतकाल** क्रिया के जिस रूप से उसके भूतकाल में पूरा होने में संदेह हो, उसे संदिग्ध भूतकाल कहते हैं; जैसे–
- माँ ने खाना **बना लिया होगा**।
- वोट डल **चुके होंगे**।

(vi) **हेतुहेतुमद् भूतकाल** क्रिया के जिस रूप से भूतकाल में किसी कार्य का होना दूसरे कार्य पर निर्भर करता है, तो उसे हेतुहेतुमद् भूतकाल कहते हैं; जैसे–
- यदि वर्षा **होती**, तो फसल अच्छी **होती**।
- यदि तुम मेहनत **करते**, तो सफल **होते**।

3. भविष्यत् काल

क्रिया के जिस रूप से उसके आने वाले समय में संपन्न होने का बोध हो, उसे **भविष्यत् काल** कहते हैं। भविष्यत् काल की क्रिया के अंत में गा, गे, गी लगे होते हैं; जैसे–
- हम ताजमहल **देखने जाएँगे**।
- कल त्योहार **मनाया जाएगा**।

भविष्यत् काल के भेद निम्नलिखित हैं

(i) **सामान्य भविष्यत् काल** क्रिया के जिस रूप से उसके आने वाले समय में सामान्य ढ़ंग से होने या करने का बोध हो, उसे सामान्य भविष्यत् काल कहते हैं; जैसे–
- कामना चित्र **बनाएगी**।
- राहुल **आएगा**।

(ii) **संभाव्य भविष्यत् काल** क्रिया के जिस रूप से उसके आने वाले समय में पूरा होने में संदेह हो, उसे संभाव्य भविष्यत् काल कहते हैं; जैसे–
- शायद कल **वर्षा हो**।
- हो सकता है कल पापा आ **जाएँ**।

(iii) **हेतुहेतुमद् भविष्यत् काल** जहाँ भविष्यत् काल की एक क्रिया, दूसरी क्रिया पर निर्भर हो, उसे हेतुहेतुमद् भविष्यत् काल कहते हैं; जैसे–
- यदि वर्षा होगी, तो किसान खेत जोतेगा।
- प्रियंका आएगी, तो मैं जरूर आऊँगा।

अभ्यास प्रश्न

बहुविकल्पीय व वर्णनात्मक प्रश्नों सहित

1. निम्नलिखित प्रश्नों के दिए गए विकल्पों में से सही विकल्प छाँटिए

(i) 'आज गरिमा का जन्मदिन है।' इस कथन में किस समय की बात हो रही है?

(क) भविष्यत् काल (ख) वर्तमान काल
(ग) भूतकाल (घ) संदिग्ध भविष्यत् काल

(ii) लगता है बारिश होगी। क्रिया में कौन-सा काल है?

(क) संदिग्ध भविष्यत् काल (ख) वर्तमान काल
(ग) भविष्यत् काल (घ) भूतकाल

(iii) 'रमेश घर में था' किस काल में बात हुई है?

(क) वर्तमान काल (ख) भविष्यत् काल
(ग) भूतकाल (घ) सामान्य वर्तमान काल

(iv) सभी बाजार जा चुके होंगे। इस कथन में किस काल की ओर संकेत किया गया है?

(क) वर्तमान काल (ख) भविष्यत् काल
(ग) संदिग्ध भूतकाल (घ) सामान्य वर्तमान काल

(v) कल छुट्टी रहेगी। इस वाक्य से किस काल का पता चलता है?

(क) सामान्य भविष्यत् काल (ख) वर्तमान काल
(ग) संदिग्ध वर्तमान काल (घ) भूतकाल

2. निर्देशानुसार रिक्त स्थानों की पूर्ति कीजिए

(क) रीमा ने झूठ ....। बोलना (संदिग्ध भूत)
(ख) मैरी चर्च ....। जाना (पूर्ण भूत)
(ग) भावना ....। आना (संदिग्ध वर्तमान)
(घ) आमदनी .... (होना), तो खर्चे भी ....। बढ़ना (हेतुहेतुमद् भविष्यत्)

3. नीचे लिखे वाक्यों में क्रियापद को रेखांकित कर क्रिया का काल लिखिए

(क) मैं प्रतिदिन योगाभ्यास करता हूँ। ....
(ख) कल हमारी छुट्टी रहेगी। ....
(ग) वह बाजार से सब्जी खरीदकर लाया। ....
(घ) रीना बहुत बोलती है। ....

4. नीचे दिए गए कथन के आगे (✓) और (✗) का चिह्न लगाइए

(क) काल से वाक्य में संज्ञा का ज्ञान होता है। ( )
(ख) भविष्यत् काल काम के होने के बारे में बताता है। ( )
(ग) काल के तीन भेद हैं। ( )
(घ) भविष्यत् काल के चार भेद हैं। ( )
(ङ) वर्तमान काल आज की बात करता है। ( )

5. मिलान कीजिए

(i) मैं अभी सोकर उठी हूँ। (क) संदिग्ध भविष्यत् काल
(ii) बच्चा दूध पी चुका था। (ख) सामान्य भूतकाल
(iii) श्रीकृष्ण ने कंस को मारा। (ग) आसन्न भूतकाल
(iv) शायद कल दादाजी आएँ। (घ) संदिग्ध भूतकाल
(v) नानी ने पूजा कर ली होगी। (ङ) पूर्ण भूतकाल

6. नीचे दिए गए वाक्यों को निर्देशानुसार काल में बदलकर लिखिए

(क) हम लोग पिकनिक मनाने गए थे। (भविष्यत् काल)
(ख) राधा गाना गा रही है। (भूतकाल)
(ग) दिव्या ने कुछ पुस्तकें खरीदीं। (वर्तमान काल)
(घ) बगीचे में सुंदर फूल खिले हैं। (भविष्यत् काल)
(ङ) तुम कहाँ जा रहे हो? (भूतकाल)
(च) वह खाना खा रही है। (भूतकाल)
(छ) रमेश पुस्तक पढ़ता है। (संदिग्ध वर्तमान)

7. नीचे दिए गए प्रश्नों के संक्षिप्त उत्तर दीजिए

(i) काल किसे कहते हैं? उदाहरण सहित बताइए।
(ii) काल के भेद उदाहरण देकर स्पष्ट कीजिए।
(iii) भूतकाल के कितने भेद होते हैं? परिभाषा सहित बताइए।
(iv) वर्तमान काल और भविष्यत् काल के सभी भेदों में अंतर स्पष्ट कीजिए।

उत्तरमाला

1. (i) (ख) (ii) (क) (iii) (ग) (iv) (ग) (v) (क)

2. (क) रीमा ने झूठ बोला होगा। (ख) मैरी चर्च जा चुकी थी।
(ग) भावना आती होगी।
(घ) आमदनी होगी, तो खर्चे भी बढ़ेंगे।

3. (क) करता हूँ – वर्तमान काल
(ख) रहेगी – भविष्यत् काल
(ग) खरीदकर लाया – भूतकाल
(घ) बोलती है – वर्तमान काल

4. (क) ✗ (ख) ✗ (ग) ✓ (घ) ✗ (ङ) ✓

5. (i) (ग) (ii) (ङ) (iii) (ख) (iv) (क) (v) (घ)

6. (क) हम लोग पिकनिक मनाने जाएँगे।
(ख) राधा गाना गा रही थी।
(ग) दिव्या कुछ पुस्तकें खरीद रही है।
(घ) बगीचे में सुंदर फूल खिलेंगे।
(ङ) तुम कहाँ जा रहे थे?
(च) वह खाना खा रही थी। (छ) रमेश पुस्तक पढ़ता होगा।

अव्यय

अध्याय 16

16.1 अव्यय की परिभाषा

जिन शब्दों में लिंग, वचन और काल के कारण परिवर्तन नहीं होता है, वे **अव्यय** कहलाते हैं; जैसे–

- लड़की पेड़ **के नीचे** खड़ी है।
- लड़का पेड़ **के नीचे** खड़ा है।
- लड़के पेड़ **के नीचे** खड़े हैं।
- लड़का पेड़ **के नीचे** खड़ा होगा।

उपरोक्त वाक्यों में क्रिया और संज्ञा शब्द लिंग तथा वचन के प्रभाव से परिवर्तित हो रहे हैं, किंतु 'के नीचे' शब्द में कोई परिवर्तन नहीं हो रहा है। अत: 'के नीचे' अव्यय है।

अव्यय के भेद

अव्यय के चार भेद हैं

1. क्रियाविशेषण
2. संबंधबोधक
3. समुच्चयबोधक
4. विस्मयादिबोधक

1. क्रियाविशेषण

वे शब्द, जो क्रिया की विशेषता बताते हैं, उन्हें **क्रियाविशेषण** कहते हैं; जैसे–

- आज वह **बहुत** खेला। • **एकाएक** वर्षा होने लगी।

उपरोक्त वाक्यों में बहुत, एकाएक शब्द क्रिया की विशेषता बता रहे हैं, अत: ये क्रियाविशेषण हैं।

क्रिया विशेषण के मुख्यत: चार भेद हैं

(i) **रीतिवाचक क्रियाविशेषण** वे शब्द, जो क्रिया के होने का ढंग या रीति बताते हैं, उन्हें रीतिवाचक क्रियाविशेषण कहते हैं; जैसे—जल्दी-जल्दी, ध्यानपूर्वक, सावधानीपूर्वक, सहसा, धड़ाधड़, सुखपूर्वक, झटपट, अचानक, एकाएक, शीघ्रता से, जैसे-जैसे, प्रेमपूर्वक, नियमपूर्वक, शांतिपूर्वक, कठोरता से, प्यार से आदि।

- सबसे **मीठा** बोलो।
- अपना काम **ध्यान** से करो।

(ii) **कालवाचक क्रियाविशेषण** जो अविकारी शब्द क्रिया के होने का समय बताते हैं, उन्हें कालवाचक क्रियाविशेषण कहते हैं; जैसे—आज, कल, परसों, अभी, अब, तक, जब, कभी, बाद में, पहले, रोज, हमेशा, सर्वदा, प्राय:, अकसर, तुरंत, प्रात: आदि।

- मैं **कभी-कभी** सैर करने जाती हूँ।
- सुजाता **प्रतिदिन** टेनिस खेलती है।

(iii) **स्थानवाचक क्रियाविशेषण** वे शब्द, जो क्रिया के होने के स्थान की जानकारी देते हैं, उन्हें स्थानवाचक क्रियाविशेषण कहते हैं; जैसे—यहाँ, वहाँ, इधर, उधर, जिधर, उधर, आगे, पीछे, दाएँ, बाएँ, अंदर, बाहर, दूर, पास, ऊपर, नीचे, आस, पास, सर्वत्र आदि।

- **जिधर** देखो, **उधर** लोग-ही-लोग हैं।
- बच्चा सीढ़ियों से ऊपर चढ़ गया।

(iv) **परिमाणवाचक क्रियाविशेषण** वे शब्द, जो क्रिया की मात्रा या परिमाण बताते हैं, उन्हें परिमाणवाचक क्रियाविशेषण कहते हैं; जैसे—बहुत-कम, ज्यादा-थोड़ा, अधिक-अत्यधिक, खूब-पर्याप्त, केवल-जरा-सा या लगभग आदि।

- **ज्यादा** मत बोलो।
- गणित में आशीष को **अधिक** अंक मिले।

2. संबंधबोधक

वे शब्द, जो वाक्य में प्रयुक्त संज्ञा या सर्वनाम का संबंध वाक्य के अन्य शब्दों से जोड़ते हैं, उन्हें **संबंधबोधक** कहते हैं; जैसे–

- हमारे घर **के पीछे** आम का पेड़ है। • पेड़ **के ऊपर** पक्षी बैठे हैं।

संबंधबोधक शब्द प्राय: 'के' या 'से' परसर्ग से शुरू होते हैं। कुछ संबंधबोधक शब्द निम्न प्रकार हैं

के बाद	के कारण	के अंदर
के पीछे	के समान	से पहले
के पहले	के मारे	से बाद
के आगे	के सहारे	से बड़ा
के सामने	के बाहर	से छोटा

संबंधबोधक तथा क्रियाविशेषण में अंतर

- कुछ अविकारी शब्दों का प्रयोग संबंधबोधक तथा क्रियाविशेषण दोनों की तरह होता है। इनको पहचानने के लिए ध्यान रखें कि जब ये संज्ञा या सर्वनाम के साथ हों, तो संबंधबोधक होते हैं और जब क्रिया की विशेषता बताएँ, तो क्रियाविशेषण होते हैं।
- संबंधबोधक शब्द से पहले कारक चिह्न (के, से आदि) होते हैं, जबकि क्रियाविशेषण शब्द बताते हैं कि क्रिया कब, कहाँ, कैसे और कितनी हुई।
- संबंधबोधक शब्दों से पूर्व कारक चिह्न लगा होता है, परंतु क्रियाविशेषण से पहले कोई कारक चिह्न नहीं लगता।

संबंधबोधक	क्रियाविशेषण
(i) रजत कमरे **के बाहर** खड़ा है।	रजत **बाहर** खड़ा है।
(ii) मेरे विद्यालय **के सामने** एक डाकघर है।	**सामने** डाकघर है।

3. समुच्चयबोधक

दो-या-दो से अधिक शब्दों, वाक्यांशों तथा वाक्यों को जोड़ने वाले शब्द **समुच्चयबोधक या योजक** कहलाते हैं; जैसे—

- सचिन **और** सुनील भाई हैं।
- पिताजी ने कहा **कि** मन लगाकर पढ़ा करो।

समुच्चयबोधक के दो भेद हैं

(i) **समानाधिकरण समुच्चयबोधक** जो समुच्चयबोधक दो-या-दो से अधिक समान पदों, पदबंधों या उपवाक्यों को जोड़ते हैं, उन्हें समानाधिकरण समुच्चयबोधक कहते हैं; जैसे—या, परंतु, किंतु, अथवा, और, लेकिन आदि।
- कविता **या** सुनीता खेलेंगी।
- रवि ने परिश्रम किया, **परंतु** हार गया।

(ii) **व्यधिकरण समुच्चयबोधक** जो समुच्चयबोधक किसी वाक्य के आश्रित उपवाक्यों को प्रधान वाक्य से जोड़ते हैं, उन्हें व्यधिकरण समुच्चयबोधक कहते हैं; जैसे—कि, क्योंकि, ताकि, जबकि, हालाँकि, इसलिए, तथापि आदि।
- गाँधीजी ने कहा **कि** करो या मरो।
- मैंने बाजार से सब्जी खरीदी, **क्योंकि** मेहमान आने वाले हैं।

4. विस्मयादिबोधक

हर्ष, शोक, घृणा आदि मनोभावों को व्यक्त करने वाले शब्दों को **विस्मयादिबोधक** कहते हैं; जैसे—वाह!, हाय!, ओह!, उफ!, बाप रे!, शाबाश!, अहा!, छिः!, धिक्!, अरे! आदि। इन्हें लिखते समय विस्मयादिबोधक का चिह्न (!) लगाया जाता है।

- **वाह!** तुमने तो कमाल कर दिया। • **छिः!** ऐसा नहीं कहते

अभ्यास प्रश्न

बहुविकल्पीय व वर्णनात्मक प्रश्नों सहित

1. निम्नलिखित प्रश्नों के दिए गए विकल्पों में से सही विकल्प छाँटिए

(i) अव्यय के भेद होते हैं
(क) छः (ख) चार (ग) तीन (घ) सात

(ii) निम्न वाक्य किस अव्यय से पूरा होगा?
आज धन……कोई नहीं पूछता।
(क) साथ (ख) के बिना (ग) तक को (घ) कहाँ

(iii) क्रियाविशेषण किसकी विशेषता बताते हैं?
(क) सर्वनाम की (ख) क्रिया की
(ग) संज्ञा की (घ) विशेषण की

(iv) इनमें से कौन-सा रीतिवाचक क्रियाविशेषण है?
(क) सरपट (ख) के बाद (ग) के ऊपर (घ) प्रतिदिन

(v) निम्न में से कौन-सा शब्द क्रियाविशेषण है?
(क) तेज (ख) पहला (ग) बुद्धिमान (घ) मीठा

(vi) इनमें से कौन-सा संबंधबोधक अव्यय है?
(क) के बाद (ख) और (ग) अरे (घ) धीरे-धीरे

(vii) इनमें से कौन-सा शब्द समुच्चयबोधक अव्यय है?
(क) सहसा (ख) परंतु
(ग) शाबाश (घ) अरे

(viii) इनमें से कौन-सा विस्मयादिबोधक अव्यय नहीं है?
(क) वाह! (ख) हाय!
(ग) तथा! (घ) अरे!

2. निम्नलिखित वाक्यों में क्रियाविशेषण के किस भेद का प्रयोग हुआ है? सही विकल्प का चयन कीजिए

(i) राजू से कहो कि वह उधर न देखे।
(क) परिमाणवाचक (ख) स्थानवाचक (ग) कालवाचक

(ii) वह सदैव प्रथम आता है।
(क) कालवाचक (ख) रीतिवाचक (ग) परिमाणवाचक

(iii) कछुआ धीरे-धीरे चलता है।
(क) स्थानवाचक (ख) परिमाणवाचक (ग) रीतिवाचक

(iv) उसने समारोह में खूब खाया।
(क) परिमाणवाचक (ख) कालवाचक (ग) रीतिवाचक

3. निम्नलिखित में संबंधबोधक के सही विकल्प का चयन कीजिए

(i) राम …… कौन खड़ा है?
(क) के बाहर (ख) के कारण (ग) के समीप

(ii) मैंने यह कार्य अध्यापक …… किया है।
(क) के अनुसार (ख) के बाहर (ग) के ऊपर

(iii) मैं अभी स्कूल ...... खड़ा हूँ।

(क) के अंदर (ख) के साथ (ग) के नीचे

(iv) मैं मनु ...... जाऊँगी।

(क) के बाहर (ख) के साथ (ग) के ऊपर

4. नीचे लिखे वाक्यों में से क्रियाविशेषण छाँटकर उनके भेद भी लिखिए

(क) वह अब यहाँ नहीं रहता। ....

(ख) राधा दिनभर पढ़ती रहती है। ....

(ग) तुम्हें यह कार्य ध्यानपूर्वक करना चाहिए। ....

(घ) तुम्हारें लिए इतना भोजन पर्याप्त है। ....

5. नीचे लिखे वाक्यों के रिक्त स्थानों की पूर्ति उचित संबंधबोधक शब्दों से कीजिए

के समीप, से बड़ा, के पीछे, के बाहर

(क) अरुण मोहन ...... खड़ा है।

(ख) हमारे विद्यालय ...... एक खुला मैदान है।

(ग) मेरा मित्र मुझ ...... है।

(घ) हाथी घर ...... खड़ा है।

6. सही उत्तर की पहचान कीजिए

(क) रजनी नीचे खड़ी है। (संबंधबोधक/क्रियाविशेषण)

(ख) छत के ऊपर बंदर बैठा है। (संबंधबोधक/क्रियाविशेषण)

(ग) मेरी घड़ी के अनुसार चार बजे हैं। (संबंधबोधक/क्रियाविशेषण)

(घ) कामिनी पीछे बैठी है। (संबंधबोधक/क्रियाविशेषण)

(ङ) रचना की तरह संजना भी परिश्रमी है। (संबंधबोधक/क्रियाविशेषण)

(च) तुम अधिक बोलते हो। (क्रियाविशेषण/संबंधबोधक)

7. दिए गए वाक्यों से समुच्चयबोधक अव्यय छाँटिए और यह भी बताइए कि वे समानाधिकरण हैं या व्यधिकरण?

(क) राधा और ललिता दोनों सहेली हैं।

(ख) अरुण बीमार था इसलिए दफ्तर नहीं गया।

(ग) या तो राम को बुलाओ या कैलाश को।

(घ) मैं कई दिन से दिल्ली में था, क्योंकि वहाँ मुझे कुछ काम था।

8. नीचे लिखे वाक्यों में से विस्मयादिबोधक छाँटिए

(क) आह! मैं बरबाद हो गया।

(ख) बाप रे! यह दीवार तो ढह गई।

(ग) बहुत अच्छे! तुमने तो कमाल कर दिया।

(घ) अरे! तुम तो बहुत मोटे हो गए हो।

9. रेखांकित शब्दों के सामने उसके शब्द भेद लिखिए

(क) तुम्हारे मकान <u>के सामने</u> किसका पेड़ है?

(ख) मैंने उसे बहुत बुलाया, <u>परंतु</u> वह नहीं आया।

(ग) हमारे कार्यालय <u>के बाहर</u> चाय की दुकान है।

(घ) मैंने तुम्हें बुलाया <u>क्योंकि</u> राजीव नहीं आया था।

10. रिक्त स्थानों की पूर्ति उचित विस्मयादिबोधक शब्दों से कीजिए

(क) ...... ! उसका कुत्ता मर गया। (ख) ...... ! तुम बहुत अच्छा खेले।

(ग) ...... ! यहाँ कितनी गंदगी है। (घ) ...... ! तुम यहाँ कैसे?

11. निम्नलिखित कथनों में सही कथन के सामने सही (✓) और गलत कथन के सामने गलत (✗) का निशान लगाइए

(क) मेरा मित्र <u>अंदर</u> बैठा है।' रेखांकित अंश संबंधबोधक है। ( )

(ख) बादल घिर आए <u>और</u> मोर बोलने लगे। रेखांकित अंश क्रियाविशेषण है। ( )

(ग) <u>शाबाश</u>! क्या शतक लगाया है। रेखांकित अंश विस्मयादिबोधक है। ( )

(घ) हाथी बहुत खाता है। परिमाणवाचक क्रियाविशेषण का उदाहरण है। ( )

12. नीचे दिए गए प्रश्नों के संक्षिप्त उत्तर दीजिए

(i) अव्यय किसे कहते हैं?

(ii) क्रिया विशेषण किसे कहते हैं? उनके भेदों के नाम लिखिए।

(iii) संबंधबोधक के भेद उदाहरण सहित स्पष्ट कीजिए।

(iv) क्रियाविशेषण और संबंधबोधक का अंतर उदाहरण सहित स्पष्ट कीजिए।

(v) समुच्चयबोधक किसे कहते हैं? उसके भेदों के नाम सोदाहरण लिखिए।

(vi) विस्मयादिबोधक की परिभाषा उदाहरण सहित लिखिए।

उत्तरमाला

1. (i) (ख) (ii) (ख) (iii) (ख) (iv) (क) (v) (क) (vi) (क) (vii) (ख) (viii) (ग)

2. (i) (ख) (ii) (क) (iii) (ग) (iv) (क)

3. (i) (ग) (ii) (क) (iii) (क) (iv) (ख)

4. (क) यहाँ, स्थानवाचक क्रियाविशेषण (ख) दिनभर, कालवाचक (ग) ध्यानपूर्वक, रीतिवाचक (घ) पर्याप्त, परिमाणवाचक

5. (क) के समीप (ख) के पीछे (ग) से बड़ा (घ) के बाहर

6. (क) क्रियाविशेषण (ख) संबंधबोधक (ग) संबंधबोधक (घ) क्रियाविशेषण (ङ) संबंधबोधक (च) क्रियाविशेषण

7. (क) और, समानाधिकरण (ख) इसलिए, व्यधिकरण (ग) या, समानाधिकरण (घ) क्योंकि, व्यधिकरण

8. (क) आह! (ख) बाप रे! (ग) बहुत अच्छे! (घ) अरे!

9. (क) संबंधबोधक (ख) समुच्चयबोधक (ग) संबंधबोधक (घ) समुच्चयबोधक

10. (क) हाय (ख) शाबाश (ग) छिः (घ) अरे

11. (क) ✗ (ख) ✗ (ग) ✓ (घ) ✓

वाक्य-विचार

अध्याय **17**

17.1 वाक्य की परिभाषा

वर्ण भाषा की सबसे छोटी इकाई है। जिस प्रकार वर्णों के सार्थक समूह से शब्द बनते हैं, उसी प्रकार शब्दों के सार्थक समूह से वाक्य बनते हैं। अत: हम कह सकते हैं कि शब्दों के सार्थक समूह को **वाक्य** कहते हैं; जैसे—

- आकाश में तारे चमक रहे हैं।
- स्तुति के हाथ में गुड़िया है।

वाक्य के अंग

वाक्य के दो अंग हैं

1. **उद्देश्य** वाक्य में जिसके बारे में कुछ कहा जाता है, उसे **उद्देश्य** कहते हैं; जैसे—
   - **मीरा** गाना गा रही है।
   - **दिल्ली** भारत की राजधानी है।
2. **विधेय** उद्देश्य के बारे में जो कहा जाता है, उसे **विधेय** कहते हैं; जैसे—
   - मीरा **गाना गा रही है।**
   - दिल्ली **भारत की राजधानी है।**

वाक्य के भेद

1. अर्थ के आधार पर भेद

अर्थ के आधार पर वाक्य के आठ भेद हैं

(i) **विधानवाचक** जिस वाक्य के द्वारा क्रिया के करने या होने का बोध हो, उसे विधानवाचक वाक्य कहते हैं; जैसे—
- वर्षा हो रही है।
- आज बहुत गर्मी है।

(ii) **निषेधवाचक** जिस वाक्य में क्रिया के न होने का बोध हो, उसे निषेधवाचक वाक्य कहते हैं; जैसे—
- मुझे प्यास नहीं लगी है।
- आकाश में तारे नहीं चमक रहे हैं।

(iii) **प्रश्नवाचक** जिन वाक्यों में प्रश्न पूछा जाए, उन्हें प्रश्नवाचक वाक्य कहते हैं; जैसे—
- तुम कहाँ रहते हो?
- आज कितनी तारीख है?

(iv) **आज्ञावाचक** जिन वाक्यों द्वारा आज्ञा या अनुमति का बोध हो, उन्हें आज्ञावाचक वाक्य कहते हैं; जैसे—
- आप बाहर बैठिए। • अपना पाठ पूरा करो।

(v) **संदेहवाचक** जिन वाक्यों में कार्य के होने में संदेह या संभावना का बोध हो, उन्हें संदेहवाचक वाक्य कहते हैं; जैसे—
- शायद कल हमारी परीक्षा हो।
- हो सकता है वह आज आए।

(vi) **इच्छावाचक** जिन वाक्यों द्वारा वक्ता की इच्छा, अभिलाषा, मनोकामना, आशीर्वाद आदि का भाव प्रकट हो, उन्हें इच्छावाचक वाक्य कहते हैं; जैसे—
- सदा स्वस्थ रहो। • जन्मदिन की शुभकामनाएँ।

(vii) **विस्मयादिवाचक** जिन वाक्यों से हर्ष, शोक, आश्चर्य आदि भाव प्रकट हों, उन्हें विस्मयादिवाचक वाक्य कहते हैं; जैसे—
- अरे! ये कैसे हो गया। • वाह! क्या बात है।

(viii) **संकेतवाचक** जिन वाक्यों का होना किसी शर्त या स्थिति पर आधारित हो, उन्हें संकेतवाचक वाक्य कहते हैं। इन वाक्यों में एक कार्य का होना दूसरे कार्य पर निर्भर करता है; जैसे—
- यदि वर्षा हुई, तो फसल अच्छी होगी।
- यदि टिकट मिला, तो मैं भी चला जाऊँगा।

2. रचना के आधार पर भेद

रचना के आधार पर वाक्य के तीन भेद हैं

(i) **सरल वाक्य** जिस वाक्य में एक उद्देश्य तथा एक ही विधेय होता है, उसे सरल वाक्य कहते हैं; जैसे—
- गंगा हिमालय से निकलती है।
- मेरे नाना-नानी मुझे बहुत प्यार करते हैं।

(ii) **संयुक्त वाक्य** जिस वाक्य में दो-या-दो से अधिक स्वतंत्र वाक्य समुच्चयबोधक अव्यय से जुड़े होते हैं, उसे संयुक्त वाक्य कहते हैं; जैसे–

- मैं खेलने अवश्य आता, **पर** मेरे पैर में चोट लगी है।
- रुचि डॉक्टर बनना चाहती थी, **लेकिन** बन नहीं पाई।

(iii) **मिश्रित वाक्य** जिस वाक्य में एक प्रधान वाक्य हो तथा एक-या-एक से अधिक आश्रित उपवाक्य हों, उसे मिश्रित वाक्य कहते हैं; जैसे–

- पिताजी ने कहा **कि** आज हम घूमने जाएँगे।
- **जो** मेहनत करता है वह सफल होता है।

यहाँ 'पिताजी ने कहा' तथा 'वह सफल होता है' प्रधान उपवाक्य हैं तथा 'कि आज हम घूमने जाएँगे' तथा 'जो मेहनत करता है' आश्रित उपवाक्य हैं।

उपवाक्य

संयुक्त और मिश्रित वाक्यों में एक से अधिक वाक्य समुच्चयबोधक या योजक शब्दों से जुड़े होते हैं। समुच्चयबोधक शब्दों से जुड़े इन वाक्यों को ही **उपवाक्य** कहते हैं।

उपवाक्य दो प्रकार के होते हैं

(i) **स्वतंत्र या प्रधान उपवाक्य** ये उपवाक्य स्वतंत्र होते हैं अर्थात् ये किसी भी योजक शब्द से जुड़े नहीं होते।

(ii) **आश्रित उपवाक्य** ये उपवाक्य प्रधान उपवाक्य पर निर्भर होते हैं तथा योजक शब्दों से जुड़े होते हैं।

आश्रित उपवाक्यों को प्रधान उपवाक्यों से जोड़ने के लिए क्योंकि, कि, जब-तब, जो, जैसा-वैसा, यदि, तो आदि योजक शब्दों का प्रयोग किया जाता है।

अभ्यास प्रश्न

बहुविकल्पीय व वर्णनात्मक प्रश्नों सहित

1. अर्थ के आधार पर निम्नलिखित वाक्यों का सही विकल्प चुनिए

(i) तुम कब जाओगे?
(क) निषेधवाचक (ख) विधानवाचक
(ग) प्रश्नवाचक (घ) आज्ञावाचक

(ii) आपकी यात्रा मंगलमय हो।
(क) प्रश्नवाचक (ख) इच्छावाचक
(ग) आज्ञावाचक (घ) विधानवाचक

(iii) वाह! कितना सुहावना मौसम है।
(क) विस्मयादिवाचक (ख) इच्छावाचक
(ग) प्रश्नवाचक (घ) निषेधवाचक

(iv) शायद वर्षा हो।
(क) विधानवाचक (ख) संदेहवाचक
(ग) इच्छावाचक (घ) प्रश्नवाचक

(v) कल मैं विद्यालय नहीं आऊँगा।
(क) निषेधवाचक (ख) इच्छावाचक
(ग) प्रश्नवाचक (घ) विधानवाचक

2. रचना के आधार पर वाक्यों का सही विकल्प चुनिए

(i) मनोज ने घर जाकर अपने पिताजी के चरण-स्पर्श किए।
(क) सरल (ख) मिश्रित (ग) संयुक्त

(ii) बिनेश ने कहा कि मुझे यह शादी मंजूर नहीं है।
(क) मिश्रित (ख) संयुक्त (ग) सरल

(iii) कुम्हार ने अपने चारों ओर देखा और फिर खेत से मिट्टी उठाने में लग गया।
(क) सरल (ख) मिश्रित (ग) संयुक्त

(iv) उस बड़ी बिल्ली को देखते ही मीना चिल्ला उठी।
(क) संयुक्त (ख) सरल (ग) मिश्रित

(v) जो व्यक्ति कल चर्च में आया था, वह शहर के निषिद्ध क्षेत्र में प्रवेश करने वाला था।
(क) मिश्रित (ख) संयुक्त (ग) सरल

3. निम्नलिखित शब्दों का प्रयोग कर वाक्य बनाइए

साहस, विचार, उम्मीद, मेहनती, तड़पना

4. नीचे दिए गए वाक्यों में से उद्देश्य और विधेय अलग-अलग कीजिए

(क) जतिन महान क्रांतिकारी थे।
(ख) उन्हें सफलता नहीं मिली।
(ग) यशपाल भाई फोटो खींचते हैं।
(घ) वीर हनुमान ने सोने की लंका जला दी।
(ङ) मैंने पुस्तक मेले से चार पुस्तकें खरीदीं।

5. अर्थ की दृष्टि से निम्नलिखित वाक्यों के प्रकार लिखिए

(क) वह क्या कर रहा है? (ख) उसका यहाँ आना मुश्किल है।
(ग) यदि तुम आते तो मैं जाता। (घ) ईश्वर तुम्हें खुशी दें।
(ङ) सीता खाना खाती है।

6. रचना की दृष्टि से निम्नलिखित वाक्यों के प्रकार लिखिए

(क) मैं सवेरे सैर करने जाती हूँ।
(ख) मैंने बहुत समझाया पर वह नहीं माना।
(ग) हम जैसे ही घर से निकले कि वर्षा होने लगी।
(घ) सुबह हुई और पक्षी चहचहाने लगे।
(ङ) मैं चाहती हूँ कि देश की सेवा करूँ।

7. रिक्त स्थानों की पूर्ति कीजिए

संकेतवाचक, संदेहवाचक वाक्य, निषेधवाचक, दो, आश्रित

(क) जिन वाक्यों में संदेह या संभावना का बोध हो, उन्हें .... कहते हैं।

(ख) .... वाक्यों में शर्त या स्थिति अनिवार्य होती है।

(ग) उपवाक्य .... प्रकार के होते हैं।

(घ) .... उपवाक्य प्रधान उपवाक्य पर निर्भर होता है।

(ङ) .... वाक्यों में क्रिया का निषेध होता है।

8. नीचे दिए कथन के आगे (✓) और (×) का चिह्न लगाइए

(क) वर्णों का सार्थक समूह वाक्य होता है। ( )

(ख) मिश्रित वाक्य में एक प्रधान उपवाक्य होता है। ( )

(ग) आज्ञावाचक वाक्यों में अनुरोध का भी बोध होता है। ( )

(घ) प्रश्न पूछने वाले वाक्य संदेहवाचक वाक्य होते हैं। ( )

(ङ) जिन वाक्यों में इच्छा या अभिलाषा हो, इच्छावाचक वाक्य कहलाते हैं। ( )

9. दिए गए वाक्यों को निर्देशानुसार परिवर्तित कीजिए

(क) तुम पुस्तक पढ़ते हो। (निषेधात्मक वाक्य)

(ख) तुम आज स्कूल नहीं गए थे। (विधानवाचक वाक्य)

(ग) वह कल दिल्ली आएगा। (संदेहवाचक वाक्य)

(घ) लतिका गाँव जाती है। (प्रश्नवाचक वाक्य)

(ङ) आप खाना खाएँगे। (आज्ञावाचक वाक्य)

10. नीचे दिए गए प्रश्नों के उत्तर दीजिए

(i) वाक्य किसे कहते हैं?

(ii) वाक्य के कितने अंग होते हैं? सोदाहरण स्पष्ट कीजिए।

(iii) अर्थ के आधार पर वाक्य के कितने भेद होते हैं? उदाहरण सहित बताइए।

(iv) रचना के आधार पर वाक्यों को सोदाहरण परिभाषित कीजिए।

उत्तरमाला

1. (i) (ग) (ii) (ख) (iii) (क) (iv) (ख) (v) (क)

2. (i) (क) (ii) (क) (iii) (ग) (iv) (ख) (v) (क)

3. **साहस** मनुष्य को संकट के समय साहस से काम लेना चाहिए।
विचार इस बात पर जरा विचार अवश्य करना।
उम्मीद मुझे उनके आने की उम्मीद नहीं है।
मेहनती मनुष्य को हमेशा मेहनती होना चाहिए।
तड़पना बेचारा कुत्ता गाड़ी के नीचे आने के कारण तड़प-तड़पकर मर गया।

4.

	उद्देश्य	विधेय
(क)	जतिन	महान क्रांतिकारी थे।
(ख)	उन्हें	सफलता नहीं मिली।
(ग)	यशपाल भाई	फोटो खींचते हैं।
(घ)	वीर हनुमान ने	सोने की लंका जला दी।
(ङ)	मैंने	पुस्तक मेले से चार पुस्तकें खरीदीं।

5. (क) प्रश्नवाचक (ख) संदेहवाचक (ग) संकेतवाचक (घ) इच्छावाचक (ङ) विधानवाचक

6. (क) सरल वाक्य (ख) संयुक्त वाक्य (ग) मिश्रित वाक्य (घ) संयुक्त वाक्य (ङ) मिश्रित वाक्य

7. (क) संदेहवाचक वाक्य (ख) संकेतवाचक (ग) दो (घ) आश्रित (ङ) निषेधवाचक

8. (क) × (ख) ✓ (ग) ✓ (घ) × (ङ) ✓

9. (क) तुम पुस्तक नहीं पढ़ते हो।
(ख) तुम आज स्कूल गए थे।
(ग) शायद वह कल दिल्ली आएगा।
(घ) क्या लतिका गाँव जाती है?
(ङ) आप खाना खाओ।

वर्तनी एवं वाक्य संबंधी अशुद्धियाँ

अध्याय 18

18.1 वर्तनी संबंधी अशुद्धियाँ

वर्तनी का अर्थ है—शब्दों को ठीक और सही रूप में लिखने की क्रिया-विधि। हिंदी में शब्दों के शुद्ध रूप को **वर्तनी** कहते हैं। उच्चारण तथा वर्णों व मात्राओं का ज्ञान न होने के कारण प्रत्येक भाषा में वर्तनी संबंधी अशुद्धियाँ हो जाती हैं। शब्दों में होने वाली कुछ सामान्य अशुद्धियाँ निम्नलिखित हैं

'अ' तथा 'आ' संबंधी अशुद्धियाँ

अशुद्ध	शुद्ध	अशुद्ध	शुद्ध	अशुद्ध	शुद्ध
आपना	अपना	बारात	बरात	अध्यात्मिक	आध्यात्मिक
अगामी	आगामी	व्यवसायिक	व्यावसायिक	अहार	आहार

'इ' तथा 'ई' संबंधी अशुद्धियाँ

अशुद्ध	शुद्ध	अशुद्ध	शुद्ध	अशुद्ध	शुद्ध
तिथी	तिथि	प्रतीज्ञा	प्रतिज्ञा	गृहणी	गृहिणी
प्रतिनिधी	प्रतिनिधि	दवाईयाँ	दवाइयाँ	बिमारी	बीमारी
प्रतिक्षा	प्रतीक्षा	अभीमान	अभिमान	अतिथी	अतिथि

'उ' तथा 'ऊ' संबंधी अशुद्धियाँ

अशुद्ध	शुद्ध	अशुद्ध	शुद्ध	अशुद्ध	शुद्ध
सुरज	सूरज	धूआँ	धुआँ	दुर	दूर
सुची	सूची	साधू	साधु	तुफान	तूफान
उपर	ऊपर	दुसरा	दूसरा	दयालू	दयालु

'ए' तथा 'ऐ' संबंधी अशुद्धियाँ

अशुद्ध	शुद्ध	अशुद्ध	शुद्ध	अशुद्ध	शुद्ध
सेनिक	सैनिक	बनाऐ	बनाएँ	जेसा	जैसा
एनक	ऐनक	रुपए	रुपये	नेया	नैया
भेया	भैया	भाषाऐ	भाषाएँ	हे	है

'ई' तथा 'यी' संबंधी अशुद्धियाँ

अशुद्ध	शुद्ध	अशुद्ध	शुद्ध	अशुद्ध	शुद्ध
बड़ायी	बड़ाई	खुदायी	खुदाई	गयी	गई
बढ़यी	बढ़ई	स्थाई	स्थायी	भाषायी	भाषाई
मिठायी	मिठाई	सुनाई	सुनायी	सजायी	सजाई

'ओ' तथा 'औ' संबंधी अशुद्धियाँ

अशुद्ध	शुद्ध	अशुद्ध	शुद्ध	अशुद्ध	शुद्ध
ओद्यौगिक	औद्योगिक	गोतम	गौतम	ओरत	औरत
अलोकिक	अलौकिक	ओर	और	कोम	कौम
चौर	चोर	त्यौहार	त्योहार	मौम	मोम

'ऋ' संबंधी अशुद्धियाँ

अशुद्ध	शुद्ध	अशुद्ध	शुद्ध
प्रक्रति	प्रकृति	त्रितीय	तृतीय
दृव्य	द्रव्य	कृया	क्रिया

अनुस्वार (ं) व अनुनासिक (ँ) संबंधी अशुद्धियाँ

अशुद्ध	शुद्ध	अशुद्ध	शुद्ध
सँगम	संगम	कँचन	कंचन
रंगाई	रँगाई	हंसमुख	हँसमुख
गंवार	गँवार	पांच	पाँच

विसर्ग (:) संबंधी अशुद्धियाँ

अशुद्ध	शुद्ध	अशुद्ध	शुद्ध
अंताकरण	अंत:करण	निसंतान	नि:संतान
प्राता	प्रात:	निसंदेह	नि:संदेह

स्वर संयोग संबंधी अशुद्धियाँ

अशुद्ध	शुद्ध	अशुद्ध	शुद्ध
लड़ायियाँ	लड़ाइयाँ	हुये	हुए
हिंदूओं	हिंदुओं	गये	गए

'न' और 'ण' संबंधी अशुद्धियाँ

अशुद्ध	शुद्ध	अशुद्ध	शुद्ध	अशुद्ध	शुद्ध
प्रमान	प्रमाण	प्रान	प्राण	अनु	अणु
वीना	वीणा	रामायन	रामायण	मरन	मरण

'ड' तथा 'ड़' 'ढ़' संबंधी अशुद्धियाँ

अशुद्ध	शुद्ध	अशुद्ध	शुद्ध	अशुद्ध	शुद्ध
झाडू	झाड़ू	बढ़ाई	बड़ाई	लुढकना	लुढ़कना
पढता	पढ़ता	सीढियाँ	सीढ़ियाँ	ढ़ेर	ढेर

'र' तथा 'ड़' संबंधी अशुद्धियाँ

अशुद्ध	शुद्ध	अशुद्ध	शुद्ध
घबड़ाना	घबराना	टोकड़ी	टोकरी
छोकड़ी	छोकरी	लरका	लड़का

'ब' तथा 'व' संबंधी अशुद्धियाँ

अशुद्ध	शुद्ध	अशुद्ध	शुद्ध
बधू	वधू	ब्रत	व्रत
बनवास	वनवास	बैदेही	वैदेही
ब्रीहि	व्रीहि	बर्ष	वर्ष

'श', 'ष' तथा 'स' संबंधी अशुद्धियाँ

अशुद्ध	शुद्ध	अशुद्ध	शुद्ध
शाशन	शासन	शैनिक	सैनिक
विसेषता	विशेषता	आदर्ष	आदर्श
विषेश	विशेष	तपश्या	तपस्या

'क्ष', 'छ' संबंधी अशुद्धियाँ

अशुद्ध	शुद्ध	अशुद्ध	शुद्ध	अशुद्ध	शुद्ध
लखमी	लक्ष्मी	लच्छन	लक्षण	लछमण	लक्ष्मण
छेत्र	क्षेत्र	नछत्र	नक्षत्र	सिच्छा	शिक्षा

'र' (रेफ) संबंधी अशुद्धियाँ

अशुद्ध	शुद्ध	अशुद्ध	शुद्ध	अशुद्ध	शुद्ध
आर्शीवाद	आशीर्वाद	प्रन्तु	परंतु	कार्यकर्म	कार्यक्रम
स्मर्ण	स्मरण	प्रीक्षा	परीक्षा	संस्कर्ण	संस्करण

'ष्ट', और 'ष्ठ' संबंधी अशुद्धियाँ

अशुद्ध	शुद्ध	अशुद्ध	शुद्ध
निष्टा	निष्ठा	नष्ठ	नष्ट
घनिष्ट	घनिष्ठ	यथेष्ट	यथेष्ठ
संतुष्ठ	संतुष्ट	बलिष्ट	बलिष्ठ

'य' के साथ संयोग होने वाली अशुद्धियाँ

अशुद्ध	शुद्ध	अशुद्ध	शुद्ध
वितीत	व्यतीत	राजाभिषेक	राज्याभिषेक
उपलक्ष	उपलक्ष्य	जादा	ज्यादा

'अक्षर लोप' से होने वाली अशुद्धियाँ

अशुद्ध	शुद्ध	अशुद्ध	शुद्ध
ललित	लालित्य	सप्ता	सप्ताह
स्वालंबन	स्वावलंबन	अध्यन	अध्ययन

'ज्ञ' और 'य' संबंधी अशुद्धियाँ

अशुद्ध	शुद्ध	अशुद्ध	शुद्ध
आग्या	आज्ञा	प्रतिग्या	प्रतिज्ञा
योज्ञ	योग्य	विग्यान	विज्ञान
ग्यान	ज्ञान	यग्य	यज्ञ

'पंचमाक्षर' संबंधी अशुद्धियाँ

अशुद्ध	शुद्ध	अशुद्ध	शुद्ध
पन्खा	पंखा	अन्ग	अंग
कुन्डली	कुंडली	शन्ख	शंख
मन्डल	मंडल	घन्टा	घंटा

18.2 वाक्य संबंधी अशुद्धियाँ

व्याकरण का सही से ज्ञान न होने के कारण वाक्य संबंधी अनेक प्रकार की अशुद्धियाँ हो जाती हैं। वाक्य संबंधी कुछ सामान्य अशुद्धियाँ निम्नलिखित हैं

लिंग और वचन संबंधी अशुद्धियाँ

अशुद्ध	शुद्ध
विष्णु के अनेकों अवतार हुए हैं।	विष्णु के अनेक अवतार हुए हैं।
ये टाफियाँ दो बच्चा के लिए हैं।	ये टाफियाँ दोनों बच्चों के लिए हैं।
यह पुस्तक मेरा है।	यह पुस्तक मेरी है।
मैंने दिल्ली जाना है।	मुझे दिल्ली जाना है।

कारक संबंधी अशुद्धियाँ

अशुद्ध	शुद्ध
बच्चा छत पर से गिर पड़ा।	बच्चा छत से गिर पड़ा।
गीता की दो भाई है।	गीता के दो भाई हैं।
मैंने रीना पढ़ाया।	मैंने रीना को पढ़ाया।

सर्वनाम संबंधी अशुद्धियाँ

अशुद्ध	शुद्ध
मैंने भी आइसक्रीम खानी है।	मुझे भी आइसक्रीम खानी है।
मेरे को भूख लगी है।	मुझे भूख लगी है।
मैं तेरे को कहानी सुनाँऊगा।	मैं तुझे कहानी सुनाऊँगा।
यह टमाटर सस्ते हैं।	ये टमाटर सस्ते हैं।

विशेषण संबंधी अशुद्धियाँ

अशुद्ध	शुद्ध
राहुल बड़ा चालाक है।	राहुल बहुत चालाक है।
सलोनी विद्वान् है।	सलोनी विदुषी है।
हमारे देश में अनेकों भाषाएँ हैं।	हमारे देश में अनेक भाषाएँ हैं।

क्रिया संबंधी अशुद्धियाँ

अशुद्ध	शुद्ध
मैंने गुरु जी का दर्शन किया।	मैंने गुरु जी के दर्शन किए।
माँ काम से वापस लौट आई हैं।	माँ काम से वापस आ गई।
आप कभी मेरे घर आओ।	आप मेरे घर आइए।

क्रियाविशेषण संबंधी तथा अन्य अव्ययों संबंधी अशुद्धियाँ

अशुद्ध	शुद्ध
देश में सर्वस्व शांति है।	देश में सर्वत्र शांति है।
वह सारी रात भर खाता रहा।	वह सारी रात खाता रहा।
आज दिन में धूप थी।	आज दिन भर धूप थी।

अन्य सामान्य अशुद्धियाँ

अशुद्ध	शुद्ध
वह घर जाकर वापस लौट आया।	वह घर जाकर वापस आ गया।
उसके चश्मे टूट गए।	उसका चश्मा टूट गया।
तुम तुम्हारा काम करो।	तुम अपना काम करो।

अभ्यास प्रश्न

बहुविकल्पीय व वर्णनात्मक प्रश्नों सहित

1. निम्नलिखित अशुद्ध शब्दों के लिए शुद्ध शब्द का विकल्प छाँटिए

(i) अमरण
(क) आमरन (ख) अमारण
(ग) आमरण (घ) अमराण

(ii) सृष्टा
(क) स्रष्टा (ख) सृस्टा
(ग) स्रस्टा (घ) शृष्टा

(iii) उज्वल
(क) उज्जवल (ख) उज्ज्वल
(ग) उजज्वल (घ) उज्जलव

(iv) विस्वास
(क) विश्वाश (ख) विसवाश
(ग) विश्वाष (घ) विश्वास

(v) कृतज्ञ
(क) कृतजन (ख) कृतज्ञ
(ग) कृतज्य (घ) कृतग्य

2. निम्नलिखित वाक्यों में शुद्ध वाक्यों के विकल्प को छाँटिए

(i) (क) आप घर आओ। (ख) आज घर की आओ।
(ग) आप घर पर आओ। (घ) आप घर ने आओ।

(ii) (क) मैं घर जाना है। (ख) आप घर जाना है।
(ग) मुझे घर जाना है। (घ) हमको घर जाना है।

(iii) (क) हमको इससे क्या? (ख) हम इसको क्या?
(ग) हमारा इससे क्या? (घ) हमें इससे क्या?

(iv) (क) बच्चों ने खाना खाया। (ख) बच्चों पर खाना खाया।
(ग) बच्चों में खाना खाया। (घ) बच्चा ने खाना खाया।

(v) (क) बच्चों को फल चाकू से काटकर दो।
(ख) चाकू से काटकर बच्चों को फल दो।
(ग) चाकू से बच्चों को काटकर फल दो।
(घ) फल दो बच्चों को चाकू से काटकर।

3. शुद्ध वर्तनी वाले शब्दों पर गोला लगाइए

(क)	निश्चित	नीश्चित	निश्चिति	नीश्चीत
(ख)	विग्यानिक	वैज्ञानीक	विज्ञानिक	वैज्ञानिक
(ग)	औद्यौगिक	औद्योगीक	उद्योगिक	औद्योगिक
(घ)	निश्फल	निष्फल	नीष:फल	नि:फल
(ङ)	अत्याधिक	अत्यधिक	आत्यधिक	अतिधिक

4. नीचे लिखे शब्दों की वर्तनी शुद्ध करके लिखिए

(क) आगमी (ख) नरायन (ग) संसारिक (घ) टोकड़ी
(ङ) तिथी (च) वर्स (छ) पत्नि (ज) आदर्ष
(झ) परिक्षा (ञ) अध्यन

5. नीचे दिए गए कथन पर सही (✓) और गलत (✗) का निशान लगाइए

(क) दस बजकर दस मिनट हुए हैं। ( )
(ख) बंटी का कुर्ता फट गया है। ( )
(ग) आप उनसे बात करिए। ( )
(घ) उसे भारी दु:ख हुआ। ( )
(ङ) उसे मेरा काम नहीं किया। ( )

6. मिलान कीजिए

	अशुद्ध		शुद्ध
(i)	कृप्या शांत रहो।	(क)	अभी तो आठ ही बजे हैं।
(ii)	दीवार पर नहीं लिखो।	(ख)	सड़क पर मत खेलो।
(iii)	सड़क पर न खेलो	(ग)	कृपया शांत रहिए।
(iv)	अभी तो आठ ही बजा है।	(घ)	मैं आपके दर्शन करने आया हूँ।
(v)	मैं आपका दर्शन करने आया हूँ।	(ङ)	दीवार पर मत लिखो।

7. निम्नलिखित वाक्यों को शुद्ध करके पुनः लिखिए

(क) गाँधीजी का पूरा नाम मोहनदास कर्मचंद गाँधी था।

(ख) ये उपहार सभी बच्चा को दे दो।

(ग) मैंने कल आगरा जाना है।

(घ) मेरे को पुस्तक पढ़नी है।

(ङ) अध्यापक पढ़ा रही हैं।

8. नीचे दिए गए वाक्यों में लिंग और वचन संबंधी अशुद्धियाँ शुद्ध करके लिखो

(क) मेरे प्राणों की रक्षा करो। (ख) महादेवी वर्मा प्रसिद्ध कवि हैं।

(ग) यह पुस्तक मेरा है।

(घ) आपके दर्शनों के लिए मैं आभारी हूँ।

(ङ) मेरे पास अनेकों पुस्तकें हैं।

9. दिए गए वाक्यों में अशुद्ध वर्तनी वाले शब्दों को शुद्ध करके लिखिए

(क) यह परबत बहुत बिसाल हैं।

(ख) फिल्में देखना मुझे पसनद है।

(ग) यहाँ सोर बहुत तेज है।

(च) भगवान के घर में ढेर है पर अंधेर नहीं।

(ङ) यह रस्ता बहुत लंवा है।

10. नीचे दिए गए प्रश्नों के संक्षिप्त उत्तर दीजिए

(i) वर्तनी किसे कहते हैं?

(ii) वर्तनी संबंधी अशुद्धियाँ कितनी होती हैं? उदाहरण देकर समझाइए।

(iii) सर्वनाम संबंधी चार अशुद्ध वाक्य लिखकर उनका शुद्ध रूप भी लिखिए।

उत्तरमाला

1. (i) (ग) (ii) (क) (iii) (ख) (iv) (घ) (v) (ख)

2. (i) (क) (ii) (ग) (iii) (घ) (iv) (क) (v) (क)

3. (क) निश्चित (ख) वैज्ञानिक (ग) औद्योगिक
(घ) निष्फल (ङ) अत्यधिक

4. (क) आगामी (ख) नारायण (ग) सांसारिक
(घ) टोकरी (ङ) तिथि (च) वर्ष
(छ) पत्नी (ज) आदर्श (झ) परीक्षा
(ञ) अध्ययन

5. (क) ✓ (ख) ✓ (ग) × (घ) × (ङ) ×

6. (i) (ग) (ii) (ङ) (iii) (ख) (iv) (क) (v) (घ)

7. (क) गाँधीजी का पूरा नाम मोहनदास करमचंद गाँधी था।
(ख) ये उपहार सभी बच्चों को दे दो।
(ग) मुझे कल आगरा जाना है।
(घ) मुझे पुस्तक पढ़नी है।
(ङ) अध्यापिका पढ़ा रही हैं।

8. (क) मेरे प्राण की रक्षा करो।
(ख) महादेवी वर्मा प्रसिद्ध कवयित्री हैं।
(ग) यह पुस्तक मेरी है।
(घ) आपके दर्शन के लिए मैं आभारी हूँ।
(ङ) मेरे पास अनेक पुस्तकें हैं।

9. (क) यह पर्वत बहुत विशाल है।
(ख) फिल्में देखना मुझे पसंद है।
(ग) यहाँ शोर बहुत तेज है।
(घ) भगवान के घर में देर है पर अँधेर नहीं।
(ङ) यह रास्ता बहुत लंबा है।

शब्द भंडार

अध्याय 19

हिंदी भाषा का शब्द भंडार अत्यंत समृद्ध है। शब्द भाषा को प्रभावशाली बनाते हैं। शब्दों के विभिन्न आधार पर अलग-अलग रूप होते हैं। अर्थ के आधार पर शब्द विभिन्न प्रकार के होते हैं

1. पर्यायवाची शब्द
2. विपरीतार्थक शब्द
3. एकार्थी शब्द
4. अनेकार्थी शब्द
5. श्रुतिसम भिन्नार्थक शब्द
6. वाक्यांशों के लिए एक शब्द

19.1 पर्यायवाची शब्द

समान अर्थ का बोध कराने वाले शब्द **समानार्थी/पर्यायवाची** कहलाते हैं। यद्यपि पर्यायवाची शब्दों का अर्थ लगभग एक जैसा होता है, परंतु प्रत्येक स्थिति में एक शब्द के स्थान पर उसके पर्यायवाची शब्द का प्रयोग नहीं किया जा सकता।

	शब्द	पर्यायवाची
1.	आकाश	गगन, आसमान, व्योम, नभ
2.	समुद्र	सागर, रत्नाकर, जलधि, उदधि
3.	वृक्ष	विटप, तरु, द्रुम, पादप, पेड़
4.	पत्ता	पत्र, पल्लव, पर्ण
5.	भौंरा	भ्रमर, अलि, मधुकर, भँवरा
6.	अग्नि	आग, अनल, ज्वाला, पावक, वह्नि
7.	नदी	सरिता, तटिनी, तरंगिणी, निर्झरणी
8.	दिन	दिवस, वार, वासर
9.	सुबह	प्रातः, भोर, प्रभात, सवेरा
10.	कमल	जलज, नीरज, अरविंद, पंकज
11.	अंधकार	अँधेरा, तिमिर, तम
12.	मनुष्य	मानव, नर, मानुष, मनुज
13.	उन्नति	उत्थान, प्रगति, तरक्की, उत्कर्ष
14.	धरती	धरा, वसुधा, वसुंधरा, भू, अवनि
15.	वन	कानन, विपिन, जंगल
16.	पुष्प	कुसुम, सुमन, फूल, प्रसून
17.	बगीचा	उपवन, वाटिका, बगिया, बाग
18.	पानी	जल, नीर, वारि, पय, अंबु
19.	तालाब	सर, सरोवर, पोखर, ताल
20.	किनारा	तट, तीर, कूल, कगार, साहिल
21.	रात	रात्रि, निशा, रजनी, विभावरी
22.	बादल	जलद, वारिधि, मेघा, घन
23.	प्रकाश	ज्योति, आलोक, उजाला, प्रभा
24.	सुगंध	खुशबू, सौरभ, सुरभि, महक
25.	ईश्वर	प्रभु, ईश, भगवान, जगदीश
26.	अमृत	पीयूष, सुधा, सोम, अमिय
27.	घमंड	अहंकार, गर्व, दर्प, अभिमान
28.	झंडा	पताका, केतु, ध्वज, परचम
29.	अश्व	घोड़ा, हय, तुरंग, घोटक
30.	शरीर	तन , काया, कलेवर, देह
31.	शत्रु	दुश्मन, अरि, बैरी, रिपु
32.	पत्नी	वधू, सहधर्मिणी, अर्द्धांगिनी, गृहलक्ष्मी
33.	पुत्री	सुता, बेटी, तनया, आत्मजा
34.	आँख	नेत्र, नयन, लोचन, दृग
35.	सेवक	दास, नौकर, चाकर, अनुचर
36.	पर्वत	नग, गिरि, पहाड़, शैल
37.	राक्षस	दानव, दनुज, असुर, दैत्य
38.	बिजली	तड़ित, विद्युत, दामिनी, चपला
39.	कपड़ा	चीर, वस्त्र, अंबर, पट
40.	तलवार	असि, खड्ग, चंद्रहास, कृपाण
41.	वायु	समीर, हवा, पवन, अनिल
42.	सरस्वती	शारदा, भारती, ज्ञानदायिनी, श्वेतांबरा
43.	हाथ	हस्त, कर, पाणि, भुजा
44.	पत्थर	प्रस्तर, पाषाण, उपल, शिला

45. देश	वतन, राष्ट्र, मुल्क
46. मृग	तुरंग, सारंग, हिरण
47. लक्ष्मी	विष्णुप्रिया, रमा, कमला, भार्गवी, श्री
48. संसार	जग, दुनिया, भव, जगत
49. हाथी	करि, कुंजर, हस्ती, मतंग
50. महादेव	शंकर, त्रिपुरारि, शिव, शंभु
51. चाँदनी	ज्योत्स्ना, चंद्रिका, कौमुदी, चंद्रातप
52. चंद्र	विधु, शशि, राकेश, राकापति
53. कोयल	वसंतदूत, पिक, कोकिला, श्यामा
54. कृषक	खेतिहर, हलधर, किसान, अन्नदाता
55. बंदर	कपि, मर्कट, वानर, हरि

19.2 विलोम या विपरीतार्थक शब्द

वे शब्द, जो एक-दूसरे का उल्टा अर्थ बताते हैं, उन्हें **विलोम** या **विपरीतार्थक शब्द** कहते हैं। तत्सम शब्द का विलोम तत्सम, तद्‌भव शब्द का विलोम तद्‌भव, देशज शब्द का विलोम देशज तथा विदेशी शब्द का विलोम विदेशज होता है।

शब्द	विलोम	शब्द	विलोम
1. अनुराग	विराग	2. आस्तिक	नास्तिक
3. आचार	अनाचार	4. आदान	प्रदान
5. अर्थ	अनर्थ	6. अनुकूल	प्रतिकूल
7. उत्तम	अधम	8. ऐच्छिक	अनैच्छिक
9. कठोर	मृदु	10. क्रिया	प्रतिक्रिया
11. आदि	अंत	12. उत्कर्ष	अपकर्ष
13. उत्तीर्ण	अनुत्तीर्ण	14. उदय	अस्त
15. उद्धत	विनीत	16. उपयोगी	अनुपयोगी
17. कृतज्ञ	कृतघ्न	18. वैध	अवैध
19. विधवा	सधवा	20. वादी	प्रतिवादी
21. वरदान	अभिशाप	22. महान	क्षुद्र
23. गमन	आगमन	24. राजा	रंक
25. आवश्यक	अनावश्यक	26. आलस्य	स्फूर्ति
27. आसक्ति	विरक्ति	28. इहलोक	परलोक
29. आदर्श	यथार्थ	30. आर्द्र	शुष्क
31. निरक्षर	साक्षर	32. निर्मल	मलिन
33. नूतन	पुरातन	34. कीर्ति	अपकीर्ति
35. उचित	अनुचित	36. चर	अचर
37. जन्म	मृत्यु	38. ठोस	तरल
39. दोषी	निर्दोषी	40. नरक	स्वर्ग
41. प्रशंसा	निंदा	42. सृष्टि	प्रलय
43. स्थूल	सूक्ष्म	44. सुगम	दुर्गम
45. सार्थक	निरर्थक	46. समीप	दूर
47. बंधन	मोक्ष	48. साकार	निराकार
49. अपव्यय	मितव्यय	50. आकाश	पाताल
51. आदर	निरादर	52. अमृत	विष
53. आरोह	अवरोह	54. आकर्षण	विकर्षण
55. एक	अनेक	56. कटु	मधुर

19.3 एकार्थी शब्द

जिन शब्दों का केवल एक ही अर्थ होता है, उन्हें एकार्थी शब्द कहते हैं। व्यक्तिवाचक संज्ञाएँ, जातिवाचक संज्ञाएँ तथा भाववाचक संज्ञाएँ हमेशा एकार्थी होती हैं।

कुछ एकार्थी शब्द

राम	कृष्ण	मीरा	गाँधी	दिल्ली	नागपुर
अस्पताल	प्रेम	बच्चा	शेर	छात्र	विद्यार्थी
अस्त्र	शस्त्र	स्त्री	किताब	क्रोध	ममता
सुंदरता	पर्वत	सूर्य	चंद्रमा	सरस्वती	गंगा
इलाहाबाद	यश	खिलौना	मृत्यु	ग्रंथ	नारद
विद्यालय	राधा	जहाँगीर	पृथ्वी	हाथी	दुष्ट

19.4 अनेकार्थी शब्द

जिन शब्दों के एक से अधिक अर्थ होते हैं, उन्हें **अनेकार्थी** शब्द कहते हैं। शब्दकोश में कुछ शब्दों के एक से अधिक अर्थ दिए जाते हैं, परंतु व्यवहार में प्राय: एक शब्द का एक ही अर्थ आता है।

शब्द	अनेक अर्थ
1. अंक	गोद, नाटक का भाग, संख्या
2. अक्षर	वर्ण, शब्द, अविनाशी
3. अर्थ	धन, मतलब, कारण
4. अंबर	वस्त्र, आकाश
5. अनंत	आकाश, ईश्वर, अंतहीन
6. आम	फल, साधारण
7. उत्तर	जवाब, दिशा का नाम
8. कर	हाथ, टैक्स
9. काल	मृत्यु, समय
10. गति	चाल, दशा
11. जड़	मूल, मूर्ख
12. तीर	बाण, किनारा
13. दंड	सजा, डंडा
14. दल	पार्टी, सेना की टुकड़ी
15. पद	पैर, ओहदा
16. मत	नहीं, वोट, राय
17. वर	दुल्हा, वरदान, श्रेष्ठ
18. हार	पराजय, आभूषण
19. बाल	बालक, केश, गेहूँ धान की बालें
20. गुरु	शिक्षक, बड़ा
21. सुर	देवता, संगीत के सुर
22. पत्र	चिट्ठी, पत्ता
23. चीर	वस्त्र, चीरने की क्रिया, पट्टी
24. योग	जोड़ा, एक विशिष्ट प्रकार का आसन
25. अरुण	सूर्य, लाल, बालसूर्य, केसर
26. कार्य	पेशा, कामदेव

27.	माँग	चाह, माँगने की क्रिया
28.	कल	बीता और आने वाला कल, मशीन, आराम
29.	पक्ष	पंख, तरफ, दो सप्ताह
30.	अंग	देह, शरीर, मन

19.5 श्रुतिसम भिन्नार्थक शब्द

ऐसे शब्द, जो पढ़ने या सुनने में तो समान लगते हैं, परंतु उनके अर्थ भिन्न होते हैं, वे **श्रुतिसम भिन्नार्थक शब्द** कहलाते हैं।

	शब्द	अर्थ		शब्द	अर्थ
1.	अचल अचला	पर्वत पृथ्वी	18.	चिर चीर	लंबा, दीर्घ वस्त्र
2.	अनिल अनल	हवा आग	19.	छत्र छात्र	छाता विद्यार्थी
3.	अस्त्र अस्तर	हथियार खोल, कवर	20.	तन तान	शरीर धुन
4.	अंश अंस	हिस्सा कंधा	21.	तरंग तुरंग	लहर घोड़ा
5.	अशक्त आसक्त	कमजोर मोहित	22.	थल थाल	जमीन बर्तन, थाली
6.	अवलंब अविलंब	सहारा शीघ्र	23.	दिन दीन	दिवस गरीब
7.	अपेक्षा उपेक्षा	तुलना में निरादर	24.	दवा दावा	औषधि हक जताना
8.	ओर और	दिशा तथा	25.	नीर नीड़	पानी घोंसला
9.	उपयुक्त उपर्युक्त	ठीक ऊपर कहा गया	26.	पवन पावन	हवा पवित्र
10.	कलि कली	कलियुग फूल की पूर्वावस्था	27.	प्राचीन प्राचीर	पुराना दीवार
11.	कपट कपाट	छल दरवाजा	28.	प्रमाण प्रणाम	सबूत नमस्ते
12.	कुल कूल	सारा किनारा	29.	मूल मूल्य	जड़ दाम
13.	कांति क्रांति	चमक परिवर्तन	30.	योग योग्य	जोड़ लायक
14.	कड़ाई कढ़ाई	कठोरता बेल बूटे बनाना	31.	सुत सूत	बेटा धागा
15.	ग्रह गृह	सूर्य, तारे आदि घर	32.	सलिल सलिला	पानी नदी
16.	गुर गुरु	उपाय, कौशल अध्यापक	33.	समान सामान	बराबर वस्तुएँ
17.	चर चार	सेवक संख्या	34.	चालक चालाक	चलाने वाला चतुर

19.6 वाक्यांशों के लिए एक शब्द

लेखन को संक्षिप्त एवं प्रभावपूर्ण बनाने के लिए अनेक शब्दों, पदबंधों या वाक्यांशों के स्थान पर जिस शब्द का प्रयोग किया जाता है, उसे **वाक्यांशों के लिए एक शब्द** कहते हैं।

	वाक्यांश	एक शब्द
1.	जिसका कोई आधार न हो	निराधार
2.	जिसका अनुभव किया गया हो	अनुभूत
3.	जिसकी आशा की गई हो	प्रत्याशित
4.	जिसकी आशा न की गई हो	अप्रत्याशित
5.	जिस पर मुकदमा चल रहा हो	अभियुक्त
6.	जिसका कोई शत्रु न जन्मा हो	अजातशत्रु
7.	जिसकी बराबरी कोई दूसरा न कर सके	अद्वितीय
8.	जिसका पति मर चुका हो	विधवा
9.	जिसकी पत्नी मर चुकी हो	विधुर
10.	जिसका पति जीवित हो	सधवा
11.	जिसका अंत न हो	अनंत
12.	जिसका आदि न हो	अनादि
13.	जो कल्पना से परे हो	कल्पनातीत
14.	जो किसी के पक्ष में न हो	तटस्थ
15.	जिसमें जानने की इच्छा हो	जिज्ञासु
16.	जो अपने ऊपर निर्भर हों	आत्मनिर्भर
17.	सबको समान दृष्टि से देखने वाला	समदर्शी
18.	दूसरे के मन को जानने वाला	अंतर्यामी
19.	जो दूर की सोचे	दूरदर्शी
20.	जो वेतन लेकर काम करे	सवैतनिक
21.	अच्छे कुल में पैदा होने वाला	कुलीन
22.	जो बिना वेतन लिए काम करे	अवैतनिक
23.	जिसमें दया न हो	निर्दय
24.	जहाँ जाने में कठिनाई हो	दुर्गम
25.	जो बात पहले कभी न हुई हो	अभूतपूर्व
26.	जो बात पूर्व समय में हुई हो	भूतपूर्व
27.	जिसे जीता न जा सके	अजेय
28.	जो छिपाने योग्य हो	गोपनीय
29.	दोपहर से पूर्व का समय	अपराह्न
30.	जहाँ पहुँचा न जा सके	अगम्य
31.	सब कुछ जानने वाला	सर्वज्ञ
32.	जो थोड़ा जानता हो	अल्पज्ञ
33.	एक ही समय में होने वाला	समकालीन
34.	अचानक होने वाली घटना	आकस्मिक
35.	जिसका कोई अर्थ न हो	निरर्थक
36.	हित चाहने वाला	हितैषी

37. शुभ चाहने वाला — शुभ चिंतक
38. पच्चीस वर्ष बाद होने वाला उत्सव — रजत जयंती
39. साठ वर्ष बाद होने वाला उत्सव — हीरक जयंती
40. पचास वर्ष बाद होने वाला उत्सव — स्वर्ण जयंती
41. शिव को मानने वाला — शैव
42. विष्णु को मानने वाला — वैष्णव
43. ऊपर कहा गया — उपर्युक्त
44. कम खर्च करने वाला — मितव्ययी
45. अधिक खर्च करने वाला — अपव्ययी
46. सदा रहने वाला — शाश्वत
47. जो आँखों के सामने हो — प्रत्यक्ष
48. किसी के द्वारा किए गए उपकार को मानने वाला — कृतज्ञ

अभ्यास प्रश्न

बहुविकल्पीय व वर्णनात्मक प्रश्नों सहित

1. (i) निम्न में से कौन-सा हवा का पर्यायवाची नहीं है?
(क) वायु (ख) समीर
(ग) पवन (घ) सलिल

(ii) पर्यायवाची शब्द का अर्थ है
(क) विलोम शब्द (ख) अनेकार्थी
(ग) एकार्थी शब्द (घ) समानार्थी

(iii) 'उपकार' शब्द का विलोम शब्द है
(क) विकार (ख) अनुकार
(ग) अपकार (घ) तिरस्कार

(iv) 'वादी' का विलोम शब्द है
(क) अवादी (ख) प्रतिवादी
(ग) विवादी (घ) अनावादी

(v) वर का अनेकार्थक शब्द नहीं है
(क) शरीर (ख) वरदान
(ग) श्रेष्ठ (घ) वरण करने योग्य

(vi) अंबर का अनेकार्थक शब्द है
(क) वस्त्र (ख) आकाश
(ग) 'क' और 'ख' दोनों (घ) वन

(vii) 'पति-युक्ता स्त्री' को एक शब्द में कहते हैं
(क) दम्पती (ख) जोड़ी
(ग) सधवा (घ) पति-पत्नी

(viii) 'जो दूसरों के अधीन हो' के लिए एक शब्द है
(क) पराधीन (ख) दास
(ग) सेवक (घ) अनुचर

(ix) निम्नलिखित में एकार्थी शब्द है
(क) अंक (ख) पानी
(ग) अंबर (घ) बचपन

(x) 'निधन-निर्धन' शब्द युग्म में भेद कीजिए
(क) मृत्यु-मोक्ष (ख) जन्म-मृत्यु
(ग) मृत्यु-धनहीन (घ) धनवान-धनहीन

2. रिक्त स्थानों की पूर्ति कीजिए
(क) नभ ...... का पर्यायवाची शब्द है। (आकाश/धरती)
(ख) विटप ...... का पर्यायवाची शब्द है। (वृक्ष/पक्षी)
(ग) समीर ...... का समानार्थी शब्द है। (पर्वत/पवन)
(घ) वारि ...... का समानार्थी शब्द है। (घर/जल)

3. नीचे दिए गए सही कथन के सामने (✓) तथा गलत कथन के सामने (×) का चिह्न लगाइए
(क) समान अर्थ का बोध कराने वाले शब्द समानार्थी शब्द कहलाते हैं। ( )
(ख) पर्यायवाची का प्रयोग वाक्य के भाव और संदर्भ के अनुसार होता है। ( )
(ग) कुछ शब्द-युग्म एक-दूसरे के विपरीत अर्थ देते हैं। ( )
(घ) परस्पर विपरीत अर्थ देने वाले शब्द-युग्म भिन्नार्थक शब्द कहलाते हैं। ( )
(ङ) कुछ ऐसे शब्द होते हैं, जिनका प्रयोग, वाक्यांश या अनेक शब्दों के स्थान पर किया जा सकता है। ( )
(च) अलग-अलग शब्द जो सुनने में असमान लगें, परंतु उनकी वर्तनी और अर्थ में अभिन्नता होती है। ( )

4. शब्द का उनके पर्यायवाची शब्द से मिलान कीजिए

(i) अंग	(क) आत्मजा, बेटी
(ii) थन	(ख) खग, विहग
(iii) इन्द्र	(ग) अवयव, हिस्सा
(iv) पुत्री	(घ) नयन, नेत्र
(v) पक्षी	(ङ) कुच, पयोधर
(vi) आँख	(च) सुरेश, देवेश

5. नीचे दिए गए वाक्यों में मोटे छपे शब्दों के विलोम शब्द लिखिए
(क) सूर्य **अस्त** हो चुका था। ....
(ख) वे लोग ईश्वर में **आस्था** रखते हैं। ....
(ग) ज्वालामुखी **तेज** हो गया है। ....

6. नीचे लिखे शब्दों के दो-दो पर्यायवाची शब्द लिखिए

इंद्र असुर वन पेड़ सिंह

समुद्र पहाड़ पक्षी पुष्प जल

7. नीचे लिखे शब्दों के विपरीतार्थक शब्द लिखिए

जन्म गुण जड़ जय दुःख

शांत स्वर्ग सुकर्म सौभाग्य पाप

8. नीचे लिखे शब्दों के अर्थ लिखकर उनमें अंतर स्पष्ट कीजिए

(क) पता, पत्ता (ख) मास, मांस (ग) सुत, सूत

(घ) भाग, भाग्य (ङ) वदन, बदन (च) पानी, पाणि

9. नीचे लिखे वाक्यांशों के लिए एक-एक शब्द लिखिए

(क) आकाश में उड़ने वाला (ख) जो कल्पना से परे हो

(ग) जिसका पति जीवित न हो (घ) जिसका आदि न हो

(ङ) जिसमें दया न हो (च) हित चाहने वाला

10. निम्नलिखित प्रश्नों के उत्तर दीजिए

(i) पर्यायवाची शब्दों की सोदाहरण परिभाषा लिखिए।

(ii) विलोम शब्द से आप क्या समझते हैं? उदाहरण सहित लिखिए।

(iii) 'अनल' और 'अनिल' में क्या अंतर है?

उत्तरमाला

1. (i) (घ) (ii) (घ) (iii) (ग) (iv) (ख) (v) (क) (vi) (ग) (vii) (ग) (viii) (क) (ix) (घ) (x) (ग)

2. (क) आकाश (ख) वृक्ष (ग) पवन (घ) जल

3. (क) (✓) (ख) (✓) (ग) (✓) (घ) (✗) (ङ) (✓) (च) (✗)

4. (i) (ग) (ii) (ङ) (iii) (च) (iv) (क) (v) (ख) (vi) (घ)

5. (क) उदय (ख) अनास्था (ग) धीरे

6. इंद्र – देवेंद्र, पुरंदर; असुर – दानव, निशाचर

वन – जंगल, विपिन; पेड़ – द्रुम, तरु,

सिंह – शार्दुल, व्याघ्र; समुद्र – जलधि, पयोधि,

पहाड़ – पर्वत, गिरि; पक्षी – खग, विहग

पुष्प – सुमन, कुसुम; जल – पानी, अंबु

7. जन्म–मरण गुण–अवगुण

जड़–चेतन जय–पराजय

दुःख–सुख शांत–अशांत

स्वर्ग–नरक सुकर्म–कुकर्म

सौभाग्य–दुर्भाग्य पाप–पुण्य

8. (क) पता–रहने का स्थान, पत्ता–पत्र (ख) मास–महीना, मांस–गोश्त

(ग) सुत–पुत्र, सूत–धागा (घ) भाग–हिस्सा, भाग्य–किस्मत

(ङ) वदन–मुख, बदन–शरीर (च) पानी–जल, पाणि–हाथ

9. (क) नभचर (ख) कल्पनातीत (ग) विधवा

(घ) अनादि (ङ) निर्दय (च) हितैषी

अध्याय 20
विराम-चिह्न

20.1 विराम-चिह्न का अर्थ एवं परिभाषा

विराम का शाब्दिक अर्थ होता है—रुकना या ठहरना। अपने भावों या विचारों को स्पष्ट रूप से प्रकट करने के लिए वाक्य लिखते समय हम थोड़ा विराम लेते हैं, इस विराम को प्रकट करने के लिए जिन चिह्नों का प्रयोग किया जाता है, उन्हें ही **विराम-चिह्न** कहते हैं।

विराम-चिह्नों के प्रयोग से अर्थ में भिन्नता आती है; जैसे—

- संभव रुको, मत पढ़ो।
- संभव रुको मत, पढ़ो।

हिंदी में प्रयुक्त होने वाले प्रमुख विराम-चिह्न निम्नलिखित हैं

विराम	चिह्न
पूर्ण विराम	(।)
अल्प विराम	(,)
अर्द्धविराम	(;)
प्रश्नवाचक चिह्न	(?)
विस्मयादिबोधक चिह्न	(!)
योजक चिह्न	(-)
निर्देशक चिह्न	(–)

विराम	चिह्न
उद्धरण चिह्न	(' ') (" ")
कोष्ठक	( )
लाघव चिह्न	(०)
हंसपद चिह्न	⋀

पूर्ण विराम (।)

वाक्यों की समाप्ति पर पूर्ण विराम का प्रयोग किया जाता है।

(i) मुझे पढ़ने का शौक है। (ii) आज ठंडी हवा चल रही है।

अल्प विराम (,)

दो शब्दों, उपवाक्यों या वाक्यों के बीच जब बहुत कम समय के लिए रुकना होता है, तब अल्प विराम चिह्न का प्रयोग किया जाता है। अल्प विराम का प्रयोग निम्नलिखित रूप से होता है

1. एक प्रकार के शब्दों को पृथक् करने के लिए; जैसे—
   - विमल, विक्रांत और विनीता यहाँ आ रहे हैं।
2. एक जैसे वाक्यांशों के मध्य; जैसे—
   - मैंने पाठ पढ़ा, प्रश्नोत्तर लिखा और अध्यापिका को दिखाया।
3. हाँ, नहीं, निःसंदेह, सचमुच, वस्तुतः, बेशक आदि शब्दों के पश्चात्; जैसे—
   - हाँ, मैं फल लाया हूँ। • नहीं, मैं यह काम नहीं करूँगा।
4. तारीख और सन् को अलग करने के लिए; जैसे—
   - 15 अगस्त, 1947
5. उद्धरण से पूर्व; जैसे—
   - महात्मा गाँधी ने कहा, "करो या मरो"।
6. शब्दयुग्मों के मध्य; जैसे—
   - लाभ-हानि, जीवन-मरण, यश-अपयश विधाता के हाथ में हैं।
7. विशेषण उपवाक्य वाक्य के बीच में आने पर; जैसे—
   - वे छात्र, जिन्होंने स्वच्छता अभियान में भाग लिया है, स्टेज पर आ जाएँ।
8. पत्र-लेखन में अभिवादन और समापन के पश्चात्; जैसे—
   - पूज्या माताजी, आपका प्रिय पुत्र, भवदीय आदि।
9. संबोधन शब्दों के बाद तथा संबोधन शब्द बीच में हो तो उससे पहले और बाद में; जैसे—
   - दोस्तों, मेरी बात तो सुनो।
   - इधर आओ, सुमन, मेरी बात सुनो।
10. दो वाक्यों के बीच में समुच्चयबोधक शब्द से पहले; जैसे—
    - राधा घर चली गई, क्योंकि उसे बुखार था।

अर्द्धविराम (;)

जब वाक्य में पूर्ण विराम से कम तथा अल्प विराम से कुछ अधिक समय तक रुकना हो, वहाँ अर्द्धविराम चिह्न का प्रयोग किया जाता है; जैसे—

- हिम्मत न हारो; चलो लड़ो। • चलो; खेलते हैं।

प्रश्नवाचक चिह्न (?)

इस चिह्न का प्रयोग प्राय: प्रश्नवाचक वाक्यों के अंत में किया जाता है; जैसे—

- तुम कहाँ जा रहे हो? • कल कब आओगे?

विस्मयादिबोधक चिह्न या विस्मयसूचक चिह्न (!)

जिन वाक्यों या शब्दों से आश्चर्य, घृणा, हर्ष, शोक आदि का भाव प्रकट हो, उनके अंत में इस चिह्न का प्रयोग किया जाता है; जैसे—

- कितना सुंदर घर है! (आश्चर्य)
- ओह! ये तो बुरा हुआ। (दु:ख)

योजक चिह्न (-)

दो समानार्थी, निरर्थक तथा विपरीतार्थी शब्दों को जोड़ने के लिए योजक चिह्न का प्रयोग होता है; जैसे—

- माँ ने कहा कि जीवन में सुख-दु:ख आते रहते हैं।
- आज तो माता-पिता मंदिर गए हैं।

निर्देशक चिह्न (—)

किसी बात का उदाहरण देने के लिए तथा वक्ता के नाम के बाद निर्देशक चिह्न लगाते हैं; जैसे—

- हिंदी में लिंग दो प्रकार के होते हैं—स्त्रीलिंग और पुल्लिंग।
- पिताजी ने पूछा—बेटे, धोनी ने कितने रन बनाए?

उद्धरण चिह्न ('–') ("–")

उद्धरण चिह्न दो प्रकार के होते हैं—**इकहरा उद्धरण** तथा **दोहरा उद्धरण चिह्न।**

- किसी लेखक के उपनाम, पुस्तक, कविता, कहानी के नाम को इकहरे (' ') उद्धरण चिह्न द्वारा दर्शाया जाता है; जैसे—
  (i) 'गीतांजलि' रवींद्रनाथ ठाकुर की सर्वश्रेष्ठ कृति है।
  (ii) रामधारी सिंह 'दिनकर' हिंदी के प्रख्यात कवि थे।
- किसी के कथन को ज्यों-का-त्यों उद्धृत करने के लिए दोहरा उद्धरण चिह्न (" ") लगाया जाता है; जैसे—
  (i) राकेश ने कहा था, "मैं कल दिल्ली जाऊँगा।"
  (ii) भारतेंदु ने कहा था, "देश को राष्ट्रीय साहित्य चाहिए।"

कोष्ठक ( )

किसी शब्द का अर्थ स्पष्ट करने तथा नाटक में पात्रों के कथन से पूर्व के भाव को दर्शाने के लिए कोष्ठक का प्रयोग किया जाता है; जैसे—

- तुम्हारे सतत (लगातार) प्रयास का फल आज तुम्हें मिला है।
- राजा (क्रोधित होकर)—इसे कारागार में डाल दिया जाए।

लाघव चिह्न (०)

किसी बड़े शब्द को संक्षिप्त करके लिखने के लिए उस शब्द के पहले अक्षर के बाद लाघव चिह्न लगाया जाता है; जैसे—

- प्रो० वर्मा आज कक्षा में नहीं आएँगे।
- डॉ० राजेंद्र प्रसाद हमारे देश के पहले राष्ट्रपति थे।

हंसपद या त्रुटिपूरक चिह्न (⋀)

वाक्य लिखते समय जब कोई शब्द या अंश छूट जाए, तो उसे लिखने के लिए हंसपद या त्रुटिपूरक चिह्न लगाया जाता है; जैसे—

(i) सिंधु नदी ⋀(लेह) से होकर जाती है।

(ii) वह बस ⋀(द्वारा) आगरा जा रहा है।

अभ्यास प्रश्न

बहुविकल्पीय व वर्णनात्मक प्रश्नों सहित

1. निम्नलिखित प्रश्नों के दिए गए विकल्पों में से सही विकल्प छाँटिए

(i) हर्ष, शोक, आश्चर्य प्रकट करने के लिए किस चिह्न का प्रयोग किया जाता है?

(क) पूर्ण विराम (ख) हंसपद
(ग) विस्मयसूचक (घ) योजक

(ii) किसी कथन को ज्यों-का-त्यों लिखने के लिए कौन-सा चिह्न लगाते हैं?

(क) अर्द्धविराम (ख) योजक
(ग) उद्धरण चिह्न (घ) पूर्ण विराम

(iii) शब्द को छोटा करते समय किस चिह्न का प्रयोग करते हैं?

(क) लाघव चिह्न (ख) हंसपद (ग) निर्देशक (घ) योजक

(iv) किसी शब्द या वाक्यांश का अर्थ स्पष्ट करने के लिए किस चिह्न का प्रयोग करते हैं?

(क) अल्प विराम (ख) कोष्ठक (ग) उद्धरण (घ) योजक

(v) जिस वाक्य में कुछ पूछा जाता है, उसमें किस चिह्न का प्रयोग करते हैं?

(क) पूर्ण विराम (ख) प्रश्नवाचक
(ग) अर्द्धविराम (घ) हंसपद

2. निम्नलिखित वाक्यों में से सही विराम-चिह्नों वाला वाक्य छाँटिए

(i) (क) गीता सीता; रीमा घर जा रही हैं।
(ख) गीता; सीता-रीमा घर जा रही हैं।
(ग) गीता, सीता और रीमा घर जा रही हैं।
(घ) गीता-सीता, रीमा घर जा रही हैं।

(ii) (क) राजा ने कहा-इस चोर को फाँसी पर लटका दो?
(ख) राजा ने कहा 'इस चोर को फाँसी पर लटका दो।'
(ग) "राजा ने कहा", इस चोर को फाँसी पर लटका दो।
(घ) राजा ने कहा, "इस चोर को फाँसी पर लटका दो।"

(iii) (क) आप कहाँ रहते हो! (ख) आप कहाँ रहते हो?
(ग) आप कहाँ रहते हो। (घ) आप, कहाँ रहते हो?

(iv) (क) वह दिन, रात काम करता है?
(ख) वह दिन; रात काम करता है।
(ग) वह दिन-रात काम करता है।
(घ) वह दिन; रात, काम करता है?

3. मिलान कीजिए

(i) पूर्ण विराम (क) (,)
(ii) अल्प विराम (ख) (!)
(iii) विस्मयादिबोधक (ग) (।)
(iv) योजक चिह्न (घ) (०)
(v) लाघव चिह्न (ङ) (-)

4. नीचे दिए गए वाक्यों में उचित विराम-चिह्न लगाइए

(क) हमें सभी त्योहार होली दिवाली ईद तथा क्रिसमस मिलकर मनाने चाहिए
(ख) माँ ने बेटे को पुकारा रोहन बेटा उठो स्कूल को देरी हो रही है
(ग) प्रदर्शनकारी नारे लगा रहे थे हमारी माँगें पूरी करो
(घ) कृपया पृष्ठ उलटिए का संक्षिप्त रूप है कृ पृ उ
(ङ) छिः तुमने तो नाम ही डुबो दिया

5. नीचे दिए गए कथन के आगे (✓) और (✗) का चिह्न लगाइए

(क) योजक चिह्न शब्द-युग्मों के मध्य लगाया जाता है। ( )
(ख) प्रश्नसूचक वाक्य के अंत में विवरण चिह्न का प्रयोग होता है। ( )
(ग) कोष्ठक का चिह्न (,) होता है। ( )
(घ) विराम का अर्थ रुकना है। ( )
(ङ) विस्मयादिबोधक प्रश्न करते समय प्रयोग करते हैं। ( )
(च) हंसपद का प्रयोग कोई शब्द छूट जाने के स्थान पर प्रयोग किया जाता है। ( )

6. नीचे दिए गए प्रश्नों के संक्षिप्त उत्तर दीजिए

(i) विराम-चिह्न किसे कहते हैं?
(ii) विराम-चिह्न कितने प्रकार के होते हैं?
(iii) विराम-चिह्नों का प्रयोग क्यों आवश्यक है?
(iv) विराम-चिह्नों के भेदों के नाम लिखिए।

उत्तरमाला

1. (i) (ग) (ii) (ग) (iii) (क) (iv) (ख) (v) (ख)

2. (i) (ग) (ii) (घ) (iii) (ख) (iv) (ग)

3. (i) (ग) (ii) (क) (iii) (ख) (iv) (ङ) (v) (घ)

4. (क) हमें सभी त्योहार–होली, दिवाली, ईद तथा क्रिसमस मिलकर मनाने चाहिए।
(ख) माँ ने बेटे को पुकारा–रोहन बेटा! उठो, स्कूल को देरी हो रही है।
(ग) प्रदर्शनकारी नारे लगा रहे थे–"हमारी माँगें पूरी करो।"
(घ) कृपया पृष्ठ उलटिए का संक्षिप्त रूप है–कृ. पृ. उ.।
(ङ) छिः! तुमने तो नाम ही डुबो दिया।

5. (क) ✓ (ख) ✗ (ग) ✗ (घ) ✓ (ङ) ✗ (च) ✓

मुहावरे एवं लोकोक्तियाँ

अध्याय 21

21.1 मुहावरे

'मुहावरा' शब्द अरबी भाषा से लिया गया है, जिसका अर्थ है—अभ्यास। मुहावरा वह शब्द समूह होता है, जो अपने शाब्दिक अर्थ से अलग एक विशेष अर्थ का बोध कराता है; जैसे—'पेट में चूहे कूदना'। यह अपना शाब्दिक अर्थ छोड़कर एक विशेष अर्थ 'भूख लगना' का बोध कराता है। मुहावरों का स्वतंत्र प्रयोग नहीं किया जाता है। ये वाक्य का अंश बनकर प्रयुक्त होते हैं तथा लिंग, वचन और क्रिया के अनुसार वाक्यों में प्रयोग किए जाते हैं।

कुछ प्रमुख मुहावरे, उनका अर्थ एवं वाक्य प्रयोग

1. **अँगूठा दिखाना** साफ इंकार करना
   - मुझे विश्वास था कि कठिन प्रश्न को हल करने में कामना मेरी मदद करेगी, पर जब मैंने उससे मदद माँगी, तो उसने मुझे अँगूठा दिखा दिया।
2. **अंग-अंग ढीला होना** थक जाना
   - पहाड़ी रास्ते पर चलते-चलते मेरा अंग-अंग ढीला हो गया।
3. **अंगारे उगलना** कठोर वचन कहना
   - जब किसी बच्चे ने खिड़की का शीशा तोड़ दिया, तो घर की मालकिन उस पर अंगारे उगलने लगी।
4. **अंधे की लकड़ी** एकमात्र सहारा
   - बुढ़ापे में बच्चे ही माता-पिता के लिए अंधे की लकड़ी होते हैं।
5. **अक्ल का दुश्मन** मूर्ख
   - रामू से कोई समझदारी की उम्मीद न रखना, वह तो पूरा अक्ल का दुश्मन है।
6. **अक्ल के घोड़े दौड़ाना** सोच विचार करके उपाय ढूँढ़ना
   - कई बार मुसीबत से बाहर निकलने के लिए अक्ल के घोड़े दौड़ाने पड़ते हैं।
7. **अपने मुँह मियाँ मिट्ठू बनना** स्वयं अपनी प्रशंसा करना
   - संजना की न कहो, वह तो हर बात पर अपने मुँह मियाँ मिट्ठू बनती है।
8. **आँखें दिखाना** क्रोध प्रकट करना
   - मेहमान के सामने शैतानी करने पर बिट्टू की माँ उसे आँखें दिखाने लगी।
9. **आँख खुलना** होश आना या सचेत होना
   - अच्छा हुआ कि समय रहते आकाश की आँखें खुल गईं, वरना दामोदर उसका घर बरबाद कर देता।
10. **आँखें चुराना** अनदेखा करना
    - जब से हरीश ने सोमेश से पैसे उधार लिए हैं, उसे देखते ही वह उससे आँखें चुराने लगता है।
11. **आँखों का तारा** बहुत प्यारा
    - हर बच्चा अपने माता-पिता की आँखों का तारा होता है।
12. **आँखों में धूल झोंकना** धोखा देना
    - आजकल कई नकली कंपनियाँ लोगों की आँखों में धूल झोंककर उनसे पैसा लेकर गायब हो जाती हैं।
13. **आग बबूला होना** क्रोध से भर जाना
    - बेटे को सिगरेट पीते देखकर उसके पिताजी आग बबूला हो गए।
14. **आपे से बाहर होना** बहुत क्रोधित होना
    - बेटे को दूसरे बच्चों के साथ झगड़ते देखकर पिताजी आपे से बाहर हो गए।
15. **आसमान से बातें करना** बहुत ऊँचा होना
    - आजकल की इमारतें तो आसमान से बातें करती हैं।
16. **आस्तीन का साँप होना** धोखेबाज
    - मैं तो राहुल को अपना विश्वासपात्र मित्र समझता था, पर वह तो आस्तीन का साँप निकला।
17. **ईंट का जवाब पत्थर से देना** शत्रु को कड़ा जवाब देना
    - भारतीय खिलाड़ियों ने क्रिकेट के मैदान में विरोधी खिलाड़ियों को ईंट का जवाब पत्थर से दिया।
18. **ईद का चाँद होना** बहुत दिनों बाद दिखाई देना
    - क्या बात है शर्माजी, आजकल तो आप ईद का चाँद हो गए हैं।

19. **अँगुली पर नचाना** अपने वश में करना
   - अमेरिका कमजोर देशों को सदा अपनी अँगुली पर नचाता रहता है।
20. **उन्नीस-बीस का अंतर** बहुत कम अंतर होना
   - दोनों जुड़वाँ बहनों में उन्नीस-बीस का अंतर है।
21. **उल्टी-सीधी सुनाना** बुरा-भला कहना
   - कुछ लोग छोटी-सी गलती पर उल्टी-सीधी बातें सुनाने लगते हैं।
22. **एड़ी चोटी का जोर लगाना** पूरी कोशिश करना
   - अक्षिता परीक्षा में प्रथम आने के लिए एड़ी चोटी का जोर लगा रही है।
23. **एक और एक ग्यारह होना** संगठन में बल होना
   - मेरी मानो मिल-जुलकर काम करो, क्योंकि एक और एक ग्यारह होते हैं।
24. **कंधे-से-कंधा मिलाना** सहयोग करना
   - देश की प्रगति के लिए हमें कंधे-से-कंधा मिलाकर काम करना होगा।
25. **कमर टूटना** थक जाना
   - लगातार काम करते-करते मेरी तो कमर टूट गई।
26. **कलेजा फटना** असहनीय दुःख होना
   - विमान दुर्घटना में पीड़ित घायलों को देखकर मेरा कलेजा फट गया।
27. **कान पर जूँ न रेंगना** असर न होना
   - मैंने हरित को बहुत समझाया, पर उसके कानों पर जूँ न रेंगी।
28. **खून का घूँट पीना** क्रोध को पीना
   - भरी सभा में द्रौपदी का अपमान होने पर पांडव खून का घूँट पीकर रह गए।
29. **खून पसीना एक करना** बहुत परिश्रम करना
   - नमन ने अपना खून पसीना एक करके घर बनवाया है।
30. **घाव पर नमक छिड़कना** दुःखी को और दुःखी करना
   - एक तो राकेश वैसे ही पास नहीं हुआ, तुम व्यंग्य कसकर उसके घाव पर नमक मत छिड़को।

पाठ्यपुस्तक के पाठों पर आधारित मुहावरे

बचपन

1. **मुँह में पानी भर आना** जी ललचाना
   - गाजर का हलवा देखकर अक्षिता के मुँह में पानी भर आया।
2. **लँगूर की सूरत बनना** अजीब शक्ल दिखना
   - क्यों लँगूर की सूरत बना रहे हो, वैसे ही तुम्हारी शक्ल इतनी अच्छी नहीं है।

नादान दोस्त

3. **सुध न रहना** होश न रहना
   - सोनू को पढ़ते हुए कुछ भी सुध नहीं रहती।
4. **आँखों में आँसू भरना** बहुत दुखी होना
   - अपने दादा जी की मृत्यु का समाचार सुनकर रमेश की आँखों में आँसू भर गए।
5. **उलटे पाँव दौड़ना** डरकर भाग जाना
   - अध्यापक के आते ही मैदान में खेल रहे विद्यार्थी उलटे पाँव दौड़ गए।

साथी हाथ बढ़ाना

6. **सीस झुकाना** सम्मान देना
   - हमें बड़े-बुजुर्गों के सामने सीस झुकाना चाहिए।
7. **चट्टानों में राहें पैदा करना** कठिन-से-कठिन कार्य करने में सक्षम होना
   - कर्मवीर चट्टानों में भी राहें पैदा कर सकते हैं।
8. **एक से एक मिलना** संगठन होना
   - एक से एक मिलकर किसी भी कठिनाई से निपटा जा सकता है।

ऐसे-ऐसे

9. **रट लगाना** एक बात को बार-बार कहना
   - वे लोग मसूरी जाने की रट लगा रहे थे।
10. **हवाइयाँ उड़ना** हैरान हो जाना
    - जब मधुर को चोरी करते हुए उसके पिताजी ने देख लिया, तो उसके चेहरे की हवाइयाँ उड़ गईं।
11. **घर को सिर पर उठाना** बहुत शोर मचाना
    - पिताजी के जाते ही बच्चों ने घर सिर पर उठा लिया।

टिकट अलबम

12. **धुन सवार होना** एक बात के पीछे पड़ जाना
    - संदीप पर सरकारी नौकरी पाने की ऐसी धुन सवार हुई कि वह अब दिन-रात पढ़ता रहता है।
13. **मोती जैसे अक्षर लिखना** बहुत सुंदर लिखना
    - मारुति मोती जैसे अक्षर लिखता है।
14. **पानी भरना** नौकरी करना
    - मेनपाल सारी उम्र ठाकुरों का पानी ही भरता रहा।

झाँसी की रानी

15. **तलवार खींच लेना** लड़ने के लिए तैयार होना
    - रानी लक्ष्मीबाई ने अंग्रेजों के विरुद्ध तलवार खींच ली।
16. **स्वर्ग सिधारना** मृत्यु को प्राप्त होना
    - लड़ाई में हजारों व्यक्ति स्वर्ग सिधार गए।
17. **वीरगति पाना** मृत्यु को प्राप्त होना
    - अंततः लड़ाई में रानी लक्ष्मीबाई वीरगति को प्राप्त हुईं।

जो देखकर भी नहीं देखते

18. **अचरज होना** हैरानी होना
    - रामू को साफ-सुथरे नए कपड़ों में देखकर सभी को अचरज हो रहा था।
19. **मन-मुग्ध होना** प्रसन्न होना
    - लैंसडाउन को देखकर सभी मन-मुग्ध हो गए।

20. **हरा-भरा करना** हरियाली युक्त करना
- सभी किसानों ने मिलकर सारा खेत हरा-भरा कर दिया।

संसार पुस्तक है

21. **कहानियाँ गढ़ना** मनगढ़ंत किससे बनाना
- कई लोग बैठे-बैठे ऐसी कहानियाँ गढ़ लेते हैं कि वे सच लगने लगती हैं।

22. **जर्रा होना** अस्तित्व समाप्त होना
- तुम ठाकुरों की सेवा कर-करके जर्रा हो गए।

लोकगीत

23. **हेय समझना** छोटा समझना
- बड़े लोग सदैव निचले लोगों को हेय समझते हैं।

24. **नजर फिरना** देखने का तरीका बदलना
- सुरेश के पास चार पैसे आ जाने पर उसकी नजरें ही फिर गईं।

25. **कमर बाँधना** किसी कार्य को करने के लिए तैयार होना
- सैनिक युद्ध करने हेतु सदा कमर बाँधे रहते हैं।

नौकर

26. **हाथ बँटाना** सहायता करना
- हमें असहायों का हाथ बँटाना चाहिए।

27. **हैरत में पड़ना** हैरानी में पड़ना
- दस साल की मनु को घुड़सवारी करते देख सभी हैरत में पड़ गए।

21.2 लोकोक्तियाँ

लोकोक्ति का अर्थ है—लोगों के द्वारा कही गई कहावतें, जो उनके अनुभव का परिणाम होती हैं। ये अपने में पूर्ण वाक्य होती हैं, जिनका स्वतंत्र प्रयोग होता है। इनका प्रयोग किसी बात के समर्थन या खंडन के लिए होता है।

कुछ प्रमुख लोकोक्तियाँ, उनका अर्थ एवं वाक्य प्रयोग

1. **आप भले तो जग भला** अच्छे को सभी अच्छे लगते हैं।
- रामू इतना ईमानदार तथा सीधा है कि उसे सभी लोग सीधे लगते हैं। कहते हैं न, आप भले तो जग भला।

2. **अंधों में काना राजा** गुणहीन लोगों में कम गुणवाला ही गुणवान माना जाता है
- अपने गाँव में श्यामू ही केवल दसवीं पास है। वह तो अंधों में काना राजा है।

3. **एक मछली सारे तालाब को गंदा कर देती है।** एक बुरा आदमी सभी को बिगाड़ देता है
- भ्रष्ट अफसर के आते ही दफ्तर का वातावरण ही बदल गया। कहते हैं न एक मछली सारे तालाब को गंदा कर देती है।

4. **उल्टा चोर कोतवाल को डाँटे** दोष अपना होने पर दूसरे को धमकाना
- एक तो मेरी घड़ी तोड़ दी 'ऊपर से मुझे ही आँखें दिखाते हो', वाह भाई, उल्टा चोर कोतवाल को डाँटे।

5. **एक तो करेला दूजा नीम चढ़ा** एक बुराई होने पर और बुरा हो जाना
- सूरज शराबी तो पहले से ही था, अब जुआ भी खेलना शुरू कर दिया। सच ही कहा है—एक तो करेला ऊपर से नीम चढ़ा।

6. **जिसकी लाठी उसकी भैंस** ताकतवर की ही जीत होती है
- पराग के पिताजी पुलिस अधिकारी हैं। वह अपने पिता के पद की शक्ति से सबसे काम करा लेता है। सच ही कहा है, जिसकी लाठी उसकी भैंस।

7. **जो गरजते हैं वो बरसते नहीं** बोलने वाले ठोस काम नहीं करते
- सतीश केवल धमकी ही देता रहता है, कुछ करने की हिम्मत उसमें नहीं है। कहते हैं न जो गरजते हैं, वो बरसते नहीं।

8. **आम-के-आम गुठलियों के दाम** दोहरा लाभ
- समाचार-पत्र लोगों का ज्ञान बढ़ाते हैं तथा रोजी का साधन भी हैं। इस तरह ये आम के आम गुठलियों के दाम की कहावत को चरितार्थ करते हैं।

9. **अब पछताए होत क्या जब चिड़िया चुग गई खेत** समय बीत जाने पर पछताना
- पहले तो मेहनत की नहीं, अब परिणाम देखकर क्यों दुःखी होते हो, क्योंकि अब पछताए होत क्या जब चिड़िया चुग गई खेत।

10. **आ बैल मुझे मार** मुसीबत मोल लेना
- विपक्षी दल को बुलाकर तुमने ही मुसीबत मोल ले ली। यह तो वही हुआ—आ बैल मुझे मार।

11. **एक हाथ से ताली नहीं बजती** दोस्ती और दुश्मनी एक ओर से नहीं होती
- मैं मान ही नहीं सकता कि तुमने गलती नहीं की। दोनों की गलती होगी, क्योंकि ताली कभी एक हाथ से नहीं बजती।

12. **चोर की दाढ़ी में तिनका** दोषी को डर लगा रहता है
- भुवन किसी के पूछने से पहले ही अपनी सफाई दे रहा है। सच ही कहा है, चोर की दाढ़ी में तिनका।

13. **दूध-का-दूध पानी-का-पानी** निष्पक्ष न्याय करना
- न्यायधीश ने दोनों पक्षों की बात सुनकर फैसला सुनाया, तो सभी ने कहा कि दूध-का-दूध, पानी-का-पानी हो गया।

14. **नाच न जाने आँगन टेढ़ा** अपना दोष छिपाने के लिए दूसरों को दोष देना
- तुमसे इतना सरल-सा सवाल हल नहीं होता और कहते हो, सवाल कठिन है, नाच न जाने आँगन टेढ़ा।

15. **लातों के भूत बातों से नहीं मानते** कुछ लोग बात से नहीं डंडे की भाषा समझते हैं
- उदिता को प्यार से समझाने का कोई लाभ नहीं, इसे तो दंड देना ही पड़ेगा, क्योंकि लातों के भूत बातों से नहीं मानते।

अभ्यास प्रश्न

बहुविकल्पीय व वर्णनात्मक
प्रश्नों सहित

1. निम्नलिखित प्रश्नों के दिए गए विकल्पों में से सही विकल्प छाँटिए

(i) 'कान का कच्चा होना' मुहावरे का अर्थ है
(क) बहरा होना
(ख) सुनी-सुनाई बातों पर विश्वास करना
(ग) सभी पर विश्वास करना
(घ) कम सुनाई देना

(ii) 'घुटने टेकना' मुहावरे का अर्थ है
(क) घुटने में दर्द होना
(ख) दु:खी होना
(ग) हार मान लेना
(घ) विजय प्राप्त करना

(iii) 'अक्ल पर पत्थर पड़ना' मुहावरे का अर्थ है
(क) मूर्ख बन जाना
(ख) अपमानजनक बात कहना
(ग) बेफिक्र होना
(घ) बुद्धि भ्रष्ट होना

(iv) 'अंडे सेना' मुहावरे का अर्थ है
(क) लड़ाई-झगड़ा होना (ख) घर में बेकार बैठना
(ग) स्वार्थ सिद्ध करना (घ) स्वावलंबी होना

(v) 'लाभ ही लाभ' अर्थ के लिए सही लोकोक्ति है
(क) पाँचों उँगलियाँ घी में
(ख) पाँचों उँगलियाँ बराबर नहीं होती
(ग) नेकी कर और कुएँ में डाल
(घ) नेकी और पूछ-पूछ

(vi) 'ऊँट के मुँह में जीरा' लोकोक्ति का अर्थ है
(क) बहुत थोड़ा
(ख) ऊँट को जीरा खिलाना
(ग) ऊँट के मुँह में बीमारी होना
(घ) पेट भरना

2. कोष्ठक में दिए गए मुहावरों में से उपयुक्त मुहावरों का चयन कर वाक्यों में रिक्त स्थानों की पूर्ति सही वाक्य बनाकर कीजिए।

जी चुराना, ढिंढोरा पीटना, चेहरा फीका पड़ना, झाँसे में मत आना, किताबी कीड़ा, गागर में सागर भरना

(क) केवल .... से कुछ नहीं होगा, कुछ करके दिखाओगे तब जनता विश्वास करेगी।
(ख) वह बड़ा खतरनाक आदमी है, उसके .... ।
(ग) जो लोग काम से .... हैं, कभी सफल नहीं हो पाते।
(घ) जब उसका झूठ पकड़ा गया तो उसका .... ।
(ङ) बिहारी ने अपने दोहों में ....।
(च) मोहन तो .... है, पढ़ाई के अतिरिक्त वह कुछ नहीं करता।

3. नीचे दिए गए कथन के आगे (✓) और (✗) का चिह्न लगाइए

(क) भाषा को रोचक बनाने में मुहावरे तथा लोकोक्तियों का विशेष स्थान होता है। ( )
(ख) मुहावरा शब्द का अर्थ बातचीत और अभ्यास है। ( )
(ग) मुहावरे से भाषा सरल व सुंदर बनती है। ( )
(घ) मुहावरों के शुद्ध प्रयोग से भाव-सौंदर्य में वृद्धि होती है। ( )
(ङ) लोकोक्ति स्वयं में अपूर्ण होती है। ( )
(च) लोकोक्ति का प्रयोग आम बोल-चाल की भाषा में होता है। ( )

4. निम्नलिखित लोकोक्तियों व मुहावरों का अर्थ लिखकर वाक्य में प्रयुक्त कीजिए

(क) ऊँट के मुँह में जीरा (ख) दूर के ढोल सुहावने
(ग) उलटा चोर कोतवाल को डाँटे (घ) एक अनार सौ बीमार
(ङ) गाल बजाना (च) छींका टूटना

5. निम्नलिखित प्रश्नों के उत्तर दीजिए

(i) मुहावरे और लोकोक्ति में क्या अंतर है? स्पष्ट कीजिए।
(ii) भाषा में मुहावरों का प्रयोग क्यों किया जाता है?
(iii) लोकोक्ति की दो विशेषताएँ लिखिए।

उत्तरमाला

1. (i) (ख) (ii) (ग) (iii) (घ) (iv) (ख) (v) (क) (vi) (क)

2. (क) ढिंढोरा पीटने (ख) झाँसे में मत आना
(ग) जी चुराते (घ) चेहरा फीका पड़ गया
(ङ) गागर में सागर भर दिया (च) किताबी कीड़ा

3. (क) ✓ (ख) ✓ (ग) ✓
(घ) ✓ (ङ) ✗ (च) ✓

मातृभूमि

सोहनलाल द्विवेदी

अध्याय 1

कविता का सार

प्रस्तुत कविता 'मातृभूमि' 'सोहनलाल द्विवेदी' द्वारा रचित है। इस कविता में कवि ने मुख्य रूप से अपनी मातृभूमि भारत माता की महिमा का बखान किया है, जिसमें उन्होंने भारत माता की भौगोलिक विशेषताओं के साथ-साथ उनके प्राकृतिक सौंदर्य का भी वर्णन किया है। कवि ने भारत माता को वीर महापुरुषों की जन्मभूमि कहा है, क्योंकि इसी जन्मभूमि में राम, सीता, कृष्ण और गौतम बुद्ध जैसे महापुरुषों ने जन्म लिया है और इन्होंने अपने आदर्श-चरित्र, गीता के उपदेश तथा दया और ज्ञान के प्रकाश से मनुष्य जाति को प्रेरणा दी। अत: हमें अपनी मातृभूमि भारत माता पर गर्व करना चाहिए। कविता में कवि ने मातृभूमि को पुण्यभूमि, स्वर्णभूमि, धर्मभूमि, कर्मभूमि, युद्धभूमि तथा बुद्धभूमि जैसे अनेक नामों से संबोधित किया है।

काव्यांशों की विस्तृत व्याख्या

काव्यांश 1

ऊँचा खड़ा हिमालय
आकाश चूमता है,
नीचे चरण तले झुक,
नित सिंधु झूमता है।
गंगा यमुना त्रिवेणी,
नदियाँ लहर रही हैं,
जगमग छटा निराली,
पग पग छहर रही हैं।
वह पुण्यभूमि मेरी,
वह स्वर्णभूमि मेरी।
वह जन्मभूमि मेरी,
वह मातृभूमि मेरी।

शब्दार्थ **चरण**-पैर, **नित**-रोजाना, **सिंधु**-सागर, **लहर**-पानी का हिलौरा अथवा मौज, **छटा**-शोभा, **छहर**-बिखरने की क्रिया या फैलना, **पुण्यभूमि**-पुण्य कर्मों की भूमि, **स्वर्णभूमि**-सोने की भूमि।

संदर्भ प्रस्तुत पंक्तियाँ हमारी पाठ्यपुस्तक 'मल्हार' में संकलित 'मातृभूमि' कविता से ली गई है। इसके रचयिता 'सोहनलाल द्विवेदी' हैं।

प्रसंग प्रस्तुत पंक्तियों में कवि ने अपनी मातृभूमि की भौगोलिक व प्राकृतिक सुंदरता के विषय में बताया है।

व्याख्या प्रस्तुत पंक्तियों के माध्यम से कवि ने भारत के प्राकृतिक सौंदर्य के साथ-साथ उसकी गौरवगाथा व महानता का भी वर्णन किया है। कवि कहता है कि भारत की उत्तर दिशा में विशाल हिमालय पर्वत है, जो आकाश की ऊँचाइयों को छूता है तथा भारत के दक्षिण में स्थित हिंद महासागर ऐसा प्रतीत होता है, जैसे वह भारत माता के चरणों को स्पर्श कर रहा है। पवित्र भारत-भूमि पर गंगा, यमुना व सरस्वती जैसी पावन नदियाँ अपनी छटा बिखेरती हुई व त्रिवेणी में संगम (समाहित) करती हुई भारत-भूमि की शोभा बढ़ा रही हैं। कवि अपनी जन्मभूमि की गौरवगाथा का वर्णन करते हुए कहता है कि यह भारत-भूमि पुण्यभूमि है, क्योंकि इस भूमि पर पवित्र नदियाँ बहती हैं और यहाँ पर्वत, पहाड़, नदियों आदि को पूजा जाता है। कवि कहता है कि भारत एक कृषि प्रधान देश है, यहाँ की भूमि अत्यधिक उपजाऊ है, जिस पर फसल रूपी सोना उगता है। इसी कारण यह मेरी जन्मभूमि स्वर्णभूमि भी कहलाती है। कवि को अपनी जन्मभूमि पर गर्व है कि यही हमारी मातृभूमि है। स्वर्णभूमि, जन्मभूमि, मातृभूमि समस्त मानव जाति के लिए सदियों से प्रेरणा स्रोत रही है तथा इसी प्रकार आगे भी सभी का मार्गदर्शन करती रहेगी।

विशेष

1. उत्तर में खड़ा हिमालय भारत के गौरव का प्रतीक है।
2. इसमें त्रिवेणी संगम का वर्णन किया है।
3. कवि ने गर्व से इसे अपनी मातृभूमि, पुण्यभूमि और स्वर्णभूमि कहकर संबोधित किया है।

काव्यांश 2

झरने अनेक झरते
जिसकी पहाड़ियों में,
चिड़ियाँ चहक रही हैं,
हो मस्त झाड़ियों में।
अमराइयाँ घनी हैं
कोयल पुकारती है,
बहती मलय पवन है,
तन-मन सँवारती है।
वह धर्मभूमि मेरी,
वह कर्मभूमि मेरी।
वह जन्मभूमि मेरी
वह मातृभूमि मेरी।

शब्दार्थ **झरते**-गिरते हैं, **अमराइयाँ**-आम के बाग, **घनी**-बहुत सारे, **मलय**-एक पर्वत (जो दक्षिण भारत में स्थित है), **पवन**-हवा, **तन**-शरीर, **मन**-आत्मा, **सँवारती है**-सजाती है।

संदर्भ पूर्ववत्।

प्रसंग प्रस्तुत पंक्तियों में कवि अपनी मातृभूमि की प्रशंसा करते हुए गर्व महसूस करता है कि उसने इस धर्मभूमि और कर्मभूमि पर जन्म लिया है।

व्याख्या प्रस्तुत पंक्तियों में कवि अपनी मातृभूमि भारत की प्राकृतिक सुंदरता और भौगोलिक विशेषताओं की प्रशंसा करते हुए उसकी महिमा का गुणगान करता है। कवि कहता है कि भारत भूमि एक ऐसी भूमि है, जहाँ पर्वतों से बहते झरनों का संगीत सुनाई देता है और जिनकी कल-कल ध्वनि मन को आनंदित कर देती है। यहाँ की जलवायु इतनी सुखदायी है कि पहाड़ियों में उगे पेड़-पौधों में चिड़ियाँ प्रसन्नता से चहचहाती हैं।

घने आम के बगीचों में कोयल के मधुर गीत गूँजते हैं, इन पक्षियों की चहचहाहट और मधुर ध्वनि वातावरण में जैसे मिठास-सी घोल देते हैं। मलय पर्वत की सुगंधित हवा हमारे तन-मन को सँवारती है अर्थात् हमें शारीरिक एवं मानसिक रूप से आनंदित कर देती है। कवि ने भारतभूमि को धर्मभूमि कहा, क्योंकि यहाँ अनेक धार्मिक और आध्यात्मिक परंपराओं का जन्म और विकास हुआ है। यहाँ के लोग धर्म में आस्था रखते हैं तथा सभी धर्मों का सम्मान करते हैं। कवि ने इसे कर्मभूमि भी कहा है, क्योंकि यहाँ के लोग कर्म करने पर विश्वास करते हैं तथा कर्म की प्रधानता को सर्वप्रमुख मानते हैं।

कवि गर्व के साथ कहता है कि मुझे खुशी है कि मैंने ऐसी महान भूमि पर जन्म लिया, जो मेरी मातृभूमि है। इस पवित्र भूमि की विशेषताएँ मुझे गौरव का अनुभव कराती हैं, जिससे मेरा मन अपनी मातृभूमि के प्रति असीम प्रेम और श्रद्धा से भर जाता है।

विशेष

1. कवि ने झरनों के बहने, चिड़ियों के चहकने, कोयल के गीत आदि के माध्यम से प्रकृति का मनमोहक चित्रण किया है।
2. कवि ने अपनी मातृभूमि को धर्मभूमि तथा कर्मभूमि कहकर संबोधित किया है।

काव्यांश 3

जन्मे जहाँ थे रघुपति,
जन्मी जहाँ थीं सीता,
श्रीकृष्ण ने सुनाई,
वंशी पुनीत गीता।
गौतम ने जन्म लेकर,
जिसका सुयश बढ़ाया,
जग को दया सिखाई,
जग को दिया दिखाया।
वह युद्ध-भूमि मेरी,
वह बुद्ध-भूमि मेरी।
वह मातृभूमि मेरी,
वह जन्मभूमि मेरी।

शब्दार्थ **रघुपति**-राम, **पुनीत**-पवित्र, **सुयश**-प्रसिद्धि, **जग**-विश्व या संसार, **दिया दिखाया**-मार्गदर्शन किया।

संदर्भ पूर्ववत्।

प्रसंग प्रस्तुत पंक्तियों में कवि भारतभूमि पर जन्म लेने वाले भगवान राम, सीता, कृष्ण और गौतम बुद्ध जैसे महापुरुषों की महिमा का गान करते हुए स्वयं को धन्य मानता है कि उसका जन्म इस पावन भूमि पर हुआ है।

व्याख्या प्रस्तुत पंक्तियों में कवि ने भारत की पवित्र भूमि पर गर्व करते हुए उसकी महिमा का गुणगान किया है। कवि कहता है कि यह वह पावन भूमि है, जिस पर राम व सीता माता का जन्म हुआ है। पुरुषोत्तम राम जहाँ प्रीति, सम्मान, शिष्टाचार व सत्य के प्रतीक हैं वहीं माता सीता करुणा, मातृत्व और सहनशक्ति की प्रतीक हैं। इस पावन भारत भूमि पर श्रीकृष्ण ने अपनी मधुर बाँसुरी की धुन से गोपियों के मन को मोहित किया, सच्चे प्रेम का महत्त्व बताया तथा महाभारत के युद्ध में अर्जुन को गीता का उपदेश देकर धर्म और कर्म का पाठ भी पढ़ाया है।

कवि आगे कहता है कि यह वह भारत भूमि है, जहाँ गौतम बुद्ध ने इसके सुयश को बढ़ाया, विश्व को दया, करुणा और अहिंसा का संदेश देकर दया आदि भाव सिखाए एवं संसार को एक नई राह दिखाकर सभी को सही मार्ग पर चलने की प्रेरणा दी।

भारत की यह पावन भूमि युद्धभूमि भी है, क्योंकि यहाँ महाभारत और राम-रावण का युद्ध हुआ, जो अधर्म पर धर्म की विजय के प्रतीक हैं। कवि ने इस भूमि को बुद्धभूमि कहकर भी संबोधित किया है, क्योंकि यहाँ गौतम बुद्ध का जन्म हुआ, जिन्होंने अपनी शिक्षा व दीक्षा से दुनिया को शांति और सहिष्णुता का मार्ग दिखाया। कवि इस बात पर गर्व करता है कि उसका जन्म इस पवित्र, महान, धार्मिक और सांस्कृतिक गुणों से परिपूर्ण मातृभूमि पर हुआ है, जो उनकी मातृभूमि और जन्मभूमि है।

विशेष

1. कवि ने भारतीय संस्कृति को चित्रित किया है।
2. कवि ने अपनी मातृभूमि को युद्धभूमि और बुद्धभूमि कहकर संबोधित किया है।

NCERT फोल्डर

पाठ्यपुस्तक के प्रश्नोत्तर

पाठ से

मेरी समझ से

(क) नीचे दिए गए प्रश्नों का सटीक उत्तर कौन-सा है? उसके सामने तारा (*) बनाइए

(i) हिंद महासागर के लिए कविता में कौन-सा शब्द आया है?
- चरण
- हिमालय
- वंशी
- सिंधु (*)

(ii) मातृभूमि कविता में मुख्य रूप से
- भारत की प्रशंसा की गई है। (*)
- भारत के महापुरुषों की जय की गई है।
- भारत की प्राकृतिक सुंदरता की सराहना की गई है।
- भारतवासियों की वीरता का बखान किया गया है।

(ख) अब अपने मित्रों के साथ चर्चा कीजिए और कारण बताइए कि आपने ये उत्तर ही क्यों चुने?

उत्तर मेरे अनुसार उपर्युक्त चुने हुए उत्तर इसलिए सटीक व सही हैं, क्योंकि हिंद महासागर का प्राचीन नाम 'सिंधु महासागर' था। यह नाम प्राचीन भारतीयों द्वारा रखा गया था। भारत के नाम पर इस सागर का नाम 'हिंद महासागर' रखा गया, इसलिए कवि ने अपनत्व के कारण इसे सिंधु नाम से पुकारा है। दूसरी ओर कवि ने प्रस्तुत कविता में भारत के पर्वत, नदियों, वृक्षों, पवन, घनी अमराइयों आदि की महिमा का बखान किया है। कविता में मुख्य रूप से भारत के प्राकृतिक व भौगोलिक सौंदर्य की सराहना की गई है, इसलिए मेरे अनुसार ये दोनों विकल्प सही हैं।

मिलकर करें मिलान

- पाठ में से चुनकर कुछ शब्द नीचे दिए गए हैं। अपने समूह में इन पर चर्चा कीजिए और इन्हें इनके सही अर्थों या संदर्भों से मिलाइए। इसके लिए आप शब्दकोश, इंटरनेट या अपने शिक्षकों की सहायता ले सकते हैं।

	शब्द		अर्थ या संदर्भ
1.	हिमालय	1.	एक प्रसिद्ध महापुरुष, बौद्ध धर्म के प्रवर्तक।
2.	त्रिवेणी	2.	वसुदेव के पुत्र वासुदेव।
3.	मलय पवन	3.	भारत की प्रसिद्ध नदियाँ।
4.	सिंधु	4.	तीन नदियों की मिली हुई धारा, संगम।
5.	गंगा-यमुना	5.	श्री रामचंद्र का एक नाम, दशरथ के पुत्र।
6.	रघुपति	6.	दक्षिणी भारत के मलय पर्वत से चलने वाली सुगंधित वायु।
7.	श्रीकृष्ण	7.	एक प्रसिद्ध और प्राचीन ग्रंथ 'श्रीमद्भगवद्गीता', इसमें वे प्रश्न-उत्तर और संवाद हैं, जो महाभारत में श्रीकृष्ण और अर्जुन के बीच हुए थे।
8.	सीता	8.	समुद्र, एक नदी का नाम।
9.	गीता	9.	जनक की पुत्री जानकी।
10.	गौतम बुद्ध	10.	भारत की उत्तरी सीमा पर फैली पर्वत-माला।

उत्तर 1-10; 2-4; 3-6; 4-8; 5-3; 6-5; 7-2; 8-9; 9-7; 10-1

पंक्तियों पर चर्चा

- कविता में से चुनकर कुछ पंक्तियाँ नीचे दी गई हैं। इन्हें ध्यान से पढ़िए और इन पर विचार कीजिए। आपको इनका क्या अर्थ समझ में आया? अपने विचार कक्षा में अपने समूह में साझा कीजिए और अपनी लेखन पुस्तिका में लिखिए

"वह युद्ध भूमि मेरी, वह बुद्ध-भूमि मेरी।
वह मातृभूमि मेरी, वह जन्मभूमि मेरी।"

उत्तर प्रस्तुत पंक्तियों का अर्थ यह है कि कवि अपनी मातृभूमि की महानता पर गर्व करते हुए कहता है कि यह वही युद्धभूमि है, जहाँ महाभारत का युद्ध हुआ, राम-रावण का युद्ध हुआ अर्थात् जो अधर्म पर धर्म की विजय के प्रतीक थे। यह संघर्ष की भूमि रही है, जो हमें आज भी संघर्ष करना सिखाती है। यह पावन भूमि मेरी वह बुद्धभूमि भी है, जिस पर गौतम बुद्ध का जन्म हुआ था, जिन्होंने विश्व को करुणा, प्रेम और अहिंसा का संदेश दिया, जिससे भारत में एकता की भावना रहे। अत: ऐसी पवित्र भूमि मेरी मातृभूमि है, यह मेरी जन्मभूमि है, यहाँ जन्म लेना मेरे लिए गर्व की बात है।

सोच-विचार के लिए

(क) कविता को एक बार फिर से पढ़िए और निम्नलिखित के बारे में पता लगाकर अपनी लेखन पुस्तिका में लिखिए।

(i) कोयल कहाँ रहती है?

उत्तर कोयल अमराइयों (आम के बगीचों) में रहती है, जहाँ वह मधुर गीत गाती है।

(ii) तन-मन कौन सँवारती है?

उत्तर मलय पर्वत से आने वाली सुगंधित पवन तन-मन को सँवारती है।

(iii) झरने कहाँ से झरते हैं?

उत्तर झरने पहाड़ियों से झरते हैं, जहाँ वे कल-कल करते हुए बहते हैं।

(iv) श्रीकृष्ण ने क्या सुनाया था?

उत्तर श्रीकृष्ण ने अर्जुन को गीता का उपदेश सुनाया था।

(v) गौतम ने किसका यश बढ़ाया?

उत्तर गौतम बुद्ध ने दया, प्रेम और अहिंसा का संदेश देकर भारत का यश बढ़ाया।

(ख) "नदियाँ लहर रही हैं
पग पग छहर रही हैं"

'लहर' का अर्थ होता है-पानी का हिलोरा, मौज, उमंग, वेग, जोश

'छहर' का अर्थ होता है- बिखरना, छितराना, छिटकना, फैलना

कविता पढ़कर पता लगाइए और लिखिए

- कहाँ-कहाँ छटा छहर रही है?

उत्तर पग-पग छटा 'छहर' रही है अर्थात् गंगा, यमुना, सरस्वती जैसी पवित्र नदियों के त्रिवेणी संगम की जगमग करती छटा ही अनोखी है, जो कदम-कदम में फैली हुई है और मातृभूमि की शोभा को बढ़ाती है।

- किसका पानी लहर रहा है?

उत्तर नदियों का पानी लहर रहा है। इसमें गंगा, यमुना और सरस्वती आदि नदियाँ सम्मिलित हैं, जो हिलोरे लेकर उमंग, जोश, मस्ती व अपनी सुंदरता से पूरे क्षेत्र में छटा बिखेरते हुए आगे बढ़ती हैं।

कविता की रचना

"गंगा यमुन त्रिवेणी
नदियाँ लहर रही हैं"

'यमुन' शब्द यहाँ 'यमुना' नदी के लिए आया है। कभी-कभी कवि कविता की लय और सौंदर्य को बढ़ाने के लिए इस प्रकार से शब्दों को थोड़ा बदल देते हैं। यदि आप कविता को थोड़ा और ध्यान से पढ़ोगे, तो आपको और भी बहुत-सी विशेषताएँ पता चलेंगी। आपको जो विशेष बातें दिखाई दें, उन्हें आपस में साझा कीजिए और लिखिए। जैसे सबसे ऊपर इस कविता का एक शीर्षक है।

उत्तर इस कविता में कुछ विशेषताएँ निम्नलिखित हैं

- **मातृभूमि** 'मातृभूमि' शब्द का अर्थ है—'माँ की तरह प्यारा देश', जो कवि के देशप्रेम और मातृभूमि के प्रति समर्पण को दर्शाता है।
- **चूमता** 'चूमता' शब्द हिमालय पर्वत के आकाश तक ऊँचा होने का वर्णन करता है, जो प्राकृतिक सुंदरता और हिमालय की विशालता को दर्शाता है।
- **पग-पग छहर** 'पग-पग छहर' का अर्थ है हर कदम पर बिखरती हुई चमक, जो सुंदरता और उसकी प्राकृतिक छटा को दर्शाती है।
- **अमराइयाँ घनी** 'अमराइयाँ घनी' शब्दों का अर्थ है घने आम के बागान, जो प्राकृतिक समृद्धि और हरियाली का वर्णन करते हैं।
- **वंशी पुनीत** 'वंशी पुनीत' का अर्थ है पवित्र बाँसुरी, जो हमारी धार्मिक और सांस्कृतिक परंपरा को दर्शाती है।

मिलान

- स्तंभ 1 और स्तंभ 2 में कुछ पंक्तियाँ दी गई हैं। मिलते-जुलते भाव वाली पंक्तियों को रेखा खींचकर जोड़िए

	स्तंभ 1		स्तंभ 2
1.	वह जन्मभूमि मेरी, वह मातृभूमि मेरी	1.	यहाँ आम के घने उद्यान हैं, जिनमें कोयल आदि पक्षी चहचहा रहे हैं।
2.	चिड़ियाँ चहक रही हैं, हो मस्त झाड़ियों में।	2.	मैंने उस भूमि पर जन्म लिया है। वह भूमि मेरी माँ समान है।
3.	अमराइयाँ घनी हैं, कोयल पुकारती है।	3.	वहाँ की जलवायु इतनी सुखदायी है कि पक्षी पेड़-पौधों के बीच प्रसन्नता से गीत गा रहे हैं।

उत्तर 1-2; 2-3; 3 -1

अनुमान या कल्पना से

- अपने समूह में मिलकर चर्चा कीजिए

(क) "अमराइयाँ घनी हैं
कोयल पुकारती है"
कोयल क्यों पुकार रही होगी? किसे पुकार रही होगी? कैसे पुकार रही होगी?

उत्तर वसंत ऋतु के आने से वहाँ की जलवायु इतनी सुखदायी है कि कोयल प्रसन्न होकर मधुर गीत गाकर अपने साथी व अन्य कोयल साथियों को पुकार रही होगी। कोयल मीठी और लयबद्ध स्वर में पुकार रही होगी।

(ख) "बहती मलय पवन है,
तन मन सँवारती है"
पवन किसका तन-मन सँवारती है? वह यह कैसे करती है?

उत्तर पवन सभी जीव-जंतुओं और मानव का तन-मन सँवारती है। मलय पवन अपनी शीतल हवा और सुगंध से सभी जीवों को शारीरिक और मानसिक ताजगी प्रदान करती है।

शब्दों के रूप

- नीचे शब्दों से जुड़ी कुछ गतिविधियाँ दी गई हैं। इन्हें करने के लिए आप शब्दकोश, अपने शिक्षकों और साथियों की सहायता भी ले सकते हैं।

(क) नीचे दी गई पंक्तियों को पढ़िए

"जगमग छटा निराली,
पग पग छहर रही है"

इन पंक्तियों में 'पग' शब्द दो बार आया है। इसका अर्थ है 'हर पग' या 'हर कदम' पर।

शब्दों के ऐसे ही कुछ जोड़े नीचे दिए गए हैं। इनके अर्थ लिखिए

घर-घर ....
बाल-बाल ....
साँस-साँस ....
देश-देश ....
पर्वत-पर्वत ....

उत्तर **घर-घर** हर घर, प्रत्येक घर। जैसे—"घर-घर में त्योहार की धूम मची है।" अर्थात् हर घर में त्योहार का जश्न मनाया जा रहा है।

बाल-बाल बहुत ही मुश्किल से संकट से बचना, बहुत ही कठिनाई से संकट से बचना; जैसे- "वह बाल-बाल बच गया।" तात्पर्य यह है कि वह बड़ी ही कठिनाई से संकट से बचा।

साँस-साँस हर साँस, प्रत्येक साँस; जैसे—"साँस-साँस में ईश्वर का नाम लेती हूँ।" तात्पर्य यह है कि हर साँस में ईश्वर को याद करती हूँ।

देश-देश हर देश, अनेक देश। जैसे—"उसने देश-देश की यात्रा की है।" तात्पर्य यह है कि उसने विभिन्न देशों की यात्रा की है।

पर्वत-पर्वत हर पर्वत, अनेक पर्वत। जैसे—"पर्वत-पर्वत की ऊँचाइयाँ नापी हैं।" तात्पर्य यह है कि उसने विभिन्न पर्वतों की ऊँचाइयाँ नापी है।

(ख) **"वह युद्ध-भूमि मेरी**
वह बुद्ध-भूमि मेरी"

कविता में 'भूमि' शब्द में अलग-अलग शब्द जोड़कर नए-नए शब्द बनाए गए हैं। आप भी कुछ नए शब्द बनाइए और उनके अर्थ पता कीजिए

(संकेत तप, देव, भारत, जन्म, कर्म, कर्त्तव्य, मरु, मलय, मल्ल, यज्ञ, रंग, रण, सिद्ध आदि)

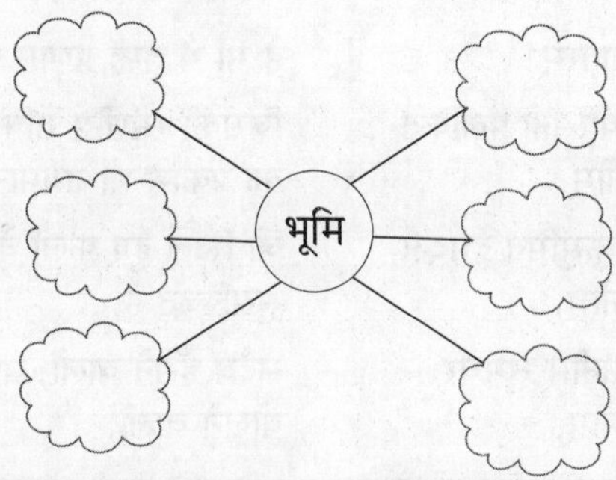

उत्तर
- **तपोभूमि** तपस्या की भूमि, जहाँ साधु-संत तप करते हैं।
- **देवभूमि** देवताओं की भूमि, जहाँ देवता निवास करते हैं।
- **भारतभूमि** भारत देश की भूमि।
- **जन्मभूमि** जन्मस्थान, वह स्थान जहाँ व्यक्ति का जन्म हुआ हो।
- **कर्मभूमि** कार्य क्षेत्र, जहाँ व्यक्ति अपने जीवन का कार्य या कर्म करता है।
- **कर्त्तव्यभूमि** कर्त्तव्य पालन की भूमि, जहाँ व्यक्ति अपने उत्तरदायित्वों का पालन करता है।
- **मरुभूमि** रेगिस्तान, सूखी और बंजर भूमि।
- **मलयभूमि** मलय पर्वत की भूमि, जहाँ से मलय पवन बहती है।
- **मल्लभूमि** पहलवानों की भूमि, जहाँ मल्लयुद्ध या कुश्ती का अभ्यास होता है।
- **यज्ञभूमि** यज्ञ करने की भूमि, जहाँ धार्मिक अनुष्ठान किए जाते हैं।
- **रंगभूमि** रंगमंच या नाटक का स्थान, जहाँ नाट्य प्रदर्शन होते हैं।
- **रणभूमि** युद्धभूमि, जहाँ युद्ध होता है।
- **सिद्धभूमि** वह पवित्र भूमि जहाँ सिद्ध योगी या साधु-महात्मा अपनी साधना द्वारा सिद्धी प्राप्त करते हैं।

थोड़ा भिन्न, थोड़ा समान

- **नीचे दी गई पंक्तियों को पढ़िए**

"जग को दया सिखाई,
जग को दिया दिखाया।"

'दया' और 'दिया' में केवल एक मात्रा का अंतर है, लेकिन इस एक मात्रा के कारण शब्द का अर्थ पूरी तरह बदल गया है। आप भी अपने समूह में मिलकर ऐसे शब्दों की सूची बनाइए, जिनमें केवल एक मात्रा का अंतर हो; जैसे-घड़ा-घड़ी।

उत्तर
- कला-किला
- नाव-नींव
- धन-धान
- ताल-तला
- ताल-तोल
- हाल-हिल
- ताप-तोप
- माल-मोल
- बाल-बलि
- वार-वीर
- गाल-गोल
- पार-पैर आदि।

पाठ से आगे

आपकी बात

(क) इस कविता में भारत का सुंदर वर्णन किया गया है। आप भारत के किस स्थान पर रहते हैं? वह स्थान आपको कैसा लगता है? उस स्थान की विशेषताएँ बताइए।

(संकेत प्रकृति, खान-पान, जलवायु, प्रसिद्ध स्थान आदि)

उत्तर मैं भारत के राजस्थान राज्य के जयपुर शहर में रहता हूँ। जयपुर एक ऐतिहासिक और सांस्कृतिक दृष्टि से बहुत महत्त्वपूर्ण शहर है, जिसे 'गुलाबी नगरी' भी कहा जाता है। यह शहर अपने राजसी महलों, किलों और सुंदर बागों के लिए प्रसिद्ध है। यहाँ का प्राकृतिक सौंदर्य बहुत आकर्षक और मनमोहक है। यहाँ अरावली पर्वतमाला की सुंदरता और मानसून के समय प्रकृति की हरियाली मन को मोह लेती है। यहाँ के प्रसिद्ध व्यंजन जैसे दाल बाटी चूरमा, गटटे की सब्जी, केसर, पिस्ता, दूध व घेवर, मिठाई बहुत ही स्वादिष्ट होते हैं।

यहाँ की जलवायु अर्द्ध-शुष्क है। गर्मियों में यहाँ का तापमान काफी बढ़ जाता है, जबकि सर्दियों में तापमान बहुत घट जाता है। जयपुर में देखने योग्य कई प्रसिद्ध स्थान हैं; जैसे—आमेर का किला, हवा महल, जंतर-मंतर, सिटी पैलेस और नाहरगढ़ किला। ये सभी स्थान न केवल ऐतिहासिक महत्त्व रखते हैं, बल्कि अपनी वास्तुकला के लिए भी प्रसिद्ध हैं। जयपुर की इन विशेषताओं के कारण मुझे ये स्थान बहुत पसंद हैं और यहाँ रहकर मुझे गर्व महसूस होता है।

(ख) अपने परिवार के किसी सदस्य या मित्र के बारे में लिखिए। उसकी कौन-कौन सी बातें आपको अच्छी लगती हैं?

उत्तर मेरे परिवार में मेरे पिताजी मेरे सबसे प्रिय सदस्य हैं। वे मेरे साथ मित्रवत व्यवहार करते हैं। मैं उनसे अपनी प्रत्येक बात साझा करता हूँ। उनकी बहुत-सी बातें मुझे अच्छी लगती हैं, जो मेरे जीवन के लिए प्रेरणास्पद भी हैं। मेरे पिताजी बहुत ही मेहनती और ईमानदार व्यक्ति हैं वे हमेशा अपने काम को पूरी लगन और निष्ठा के साथ करते हैं, मेरे पिताजी बहुत ही दयालु प्रवृत्ति के हैं। वे हमेशा दूसरों की मदद करने के लिए तैयार रहते हैं और समाज सेवा में भी योगदान देते हैं।

मेरे पिताजी अपने परिवार के प्रति बहुत समर्पित हैं। वे हमारे प्रत्येक छोटे-बड़े सुख-दु:ख में साथ रहते हैं और हमारी प्रत्येक जरूरतों का ख्याल रखते हैं वे बहुत समझदार और धैर्यवान व्यक्ति हैं। कठिन परिस्थितियों में भी वे अपना धैर्य नहीं खोते और सोच-समझकर निर्णय लेते हैं। उनके ये सभी गुण मुझे बहुत पसंद हैं, जो मुझे हमेशा प्रेरित करते हैं, मैं सदैव उनके आदर्शों पर चलने का प्रयास करता रहूँगा।

वंशी-से

"श्रीकृष्ण ने सुनाई,
वंशी पुनीत गीता"

'वंशी' बाँसुरी को कहते हैं। यह मुँह से फूँककर बजाया जाने वाला 'वाद्य' यानी बाजा है। नीचे फूँककर बजाए जाने वाले कुछ वाद्यों के चित्र दिए गए हैं। इनके नाम शब्द-जाल से खोजिए और सही चित्र के नीचे लिखिए।

वाद्यों के नामों का शब्द-जाल

श	ह	ना	ई	बाँ
अ	भं	द	शं	सु
ल	को	स्व	ख	री
गो	रा	र	बी	न
जा		म	सीं	गी

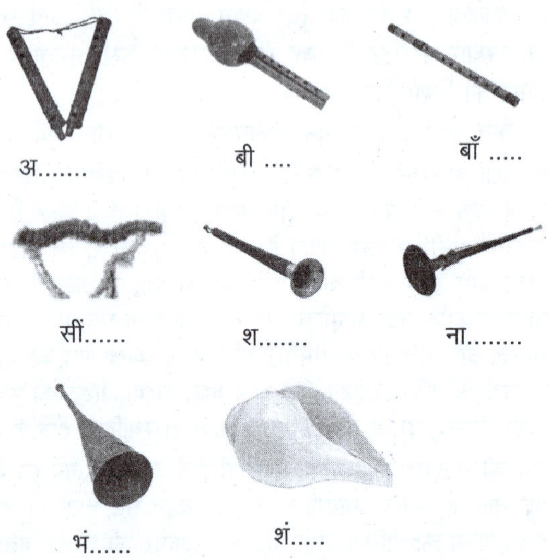

उत्तर अलगोजा, बीन, बाँसुरी, सींगी, शहनाई, नादस्वरम, भंकोरा, शंख

आज की पहेली

- आज हम आपके लिए एक अनोखी पहेली लाए हैं। नीचे कुछ अक्षर दिए गए हैं। आप इन्हें मिलाकर कोई सार्थक शब्द बनाइए। अक्षरों को आगे-पीछे किया जा सकता है अर्थात् उनका क्रम बदला जा सकता है। आप अपने मन से किसी भी अक्षर के साथ कोई मात्रा भी लगा सकते हैं। पहला शब्द हमने आपके लिए पहले ही बना दिया है।

क्रम संख्या	अक्षर	शब्द
1.	स म ह ग र	महासागर
2.	ह म य ल	
3.	ग ग	
4.	भ त र	
5.	ल क य	
6.	व न प	

उत्तर हिमालय, गंगा, भारत, लायक, पवन या पावन

झरोखे से

- आप अपने विद्यालय में 'वंदे मातरम्' गाते होंगे। 'वंदे मातरम्' बंकिम चंद्र चट्टोपाध्याय द्वारा रचा गया था। यह गीत स्वतंत्रता की लड़ाई में लोगों के लिए प्रेरणा का स्रोत था। भारत में इसका स्थान 'जन गण मन' के समान है। क्या आप इसका अर्थ जानते-समझते हैं? आइए, आज हम पहले इसका अर्थ समझ लेते हैं, फिर समूह में चर्चा करेंगे

वंदे मातरम्	भावार्थ
वंदे मातरम्, वंदे मातरम्!	हे माता, मैं तुम्हें प्रणाम करता हूँ!
सुजलाम्, सुफलाम्,	तुम जल से भरी हुई हो, फलों से परिपूर्ण हो,
मलयज शीतलाम्,	तुम्हें मलय से आती हुई पवन शीतलता प्रदान करती है,
शस्यश्यामलाम्, मातरम्!	तुम अन्न के खेतों से परिपूर्ण वंदनीय माता हो!
वंदे मातरम्!	हे माँ मैं तुम्हें प्रणाम करता हूँ!
शुभ्रज्योत्सना पुलकित यामिनीम्,	जिसकी रमणीय रात्रि को चंद्रमा का प्रकाश शोभायमान करता है,
फुल्लकुसुमित द्रुमदल शोभिनीम्,	जो खिले हुए फूलों के पेड़ों से सुसज्जित है,
सुहासिनीम् सुमधुर भाषिणीम्,	सदैव हँसने वाली, मधुर भाषा बोलने वाली,
सुखदाम् वरदाम्, मातरम्!	सुख देने वाली, वरदान-देने वाली माँ,
वंदे मातरम्, वंदे मातरम्।।	मैं तुम्हें प्रणाम करता हूँ!

उत्तर छात्र स्वयं करें।

साझी समझ

- आपने 'मातृभूमि' कविता को भी पढ़ा और 'वंदे मातरम्' को भी। अब कक्षा में चर्चा कीजिए और पता लगाइए कि इन दोनों में कौन-कौन-सी बातें एक जैसी हैं और कौन-कौन सी बातें कुछ अलग हैं।

उत्तर छात्र स्वयं करें।

खोजबीन के लिए

नीचे पाठ से संबंधित कुछ रचनाएँ दी गई हैं, इन्हें पुस्तक में दिए गए क्यू. आर. कोड की सहायता से पढ़ें, देखें व समझें।

- स्वाधीनता की सरगम-वंदना के इन स्वरों में
- ना हाथ एक शस्त्र हो
- पुष्प की अभिलाषा
- यह महिमामय अपना भारत

उत्तर छात्र स्वयं करें।

अभ्यास प्रश्न

बहुविकल्पीय व वर्णनात्मक प्रश्नों सहित

बहुविकल्पीय प्रश्न

1. कविता में सागर कहाँ झूमता है?

(क) हिमालय के चरणों में

(ख) भारत माता के चरणों में

(ग) गंगा के किनारे

(घ) यमुना के तट पर

उत्तर (ख) भारत माता के चरणों में

2. त्रिवेणी किसका संगम है?

(क) तीन नदियों का (ख) तीन पर्वतों का

(ग) तीन सागरों का (घ) तीन संस्कृतियों का

उत्तर (क) तीन नदियों का

3. कविता में चिड़ियाँ कहाँ चहक रही हैं?

(क) पहाड़ों पर (ख) झाड़ियों में

(ग) नदियों में (घ) मैदानों में

उत्तर (ख) झाड़ियों में

4. कोयल कहाँ पुकारती है?

(क) घने जंगलों में (ख) आम के बगीचों में

(ग) पहाड़ियों पर (घ) नदियों के किनारे

उत्तर (ख) आम के बगीचों में

5. मलय पवन किसे सँवारती है?

(क) पहाड़ियों को (ख) नदियों को

(ग) तन-मन को (घ) झाड़ियों को

उत्तर (ग) तन-मन को

6. अर्जुन को गीता का उपदेश किसने दिया?

(क) गौतम बुद्ध ने (ख) श्रीकृष्ण ने

(ग) रघुपति राम ने (घ) सीता ने

उत्तर (ख) श्रीकृष्ण ने

7. गौतम बुद्ध ने संसार को क्या सिखाया?

(क) युद्ध करना (ख) दया, अहिंसा और प्रेम करना

(ग) व्यापार करना (घ) राजनीति करना

उत्तर (ख) दया, अहिंसा और प्रेम करना

8. युद्ध-भूमि शब्द का प्रयोग किसके लिए किया गया है?

(क) हिमालय (ख) सतपुड़ा

(ग) भारत भूमि (घ) नीलगिरि

उत्तर (ग) भारत भूमि

रिक्त स्थान भरें

1. नीचे दिए गए वाक्यों में रिक्त स्थानों की पूर्ति कीजिए

(i) ऊँचा खड़ा हिमालय आकाश ········ है।

(ii) गंगा, यमुना ········ नदियाँ लहर रही हैं।

(iii) चिड़ियाँ चहक रही हैं, हो मस्त ········ में।

(iv) ········ ने जन्म लेकर, जिसका सुयश बढ़ाया,

(v) वह युद्ध-भूमि मेरी, वह ········ मेरी।

उत्तर (i) चूमता (ii) त्रिवेणी

(iii) झाड़ियों (iv) गौतम

(v) बुद्ध-भूमि

सत्य-असत्य

1. नीचे दिए गए कथनों में से सत्य या असत्य कथन की पहचान कीजिए

(i) कविता में हिमालय पर्वत उत्तर में स्थित है।

(ii) सिंधु सागर को मातृभूमि के चरणों में झूमते हुए बताया गया है।

(iii) कवि ने अपनी मातृभूमि को केवल 'पुण्य-भूमि' कहा है।

(iv) कविता में मलय पवन को गरम और असहज बताया गया है।

(v) श्रीकृष्ण ने नकुल को महाभारत युद्ध में गीता का उपदेश दिया था।

(vi) कवि ने भारत भूमि को 'युद्धभूमि' इसलिए कहा, क्योंकि यहाँ रघुपति राम और सीता का जन्म हुआ था।

उत्तर (i) सत्य (ii) सत्य

(iii) असत्य (iv) असत्य

(v) असत्य (vi) असत्य

मिलान करें

1. स्तंभ 1 और स्तंभ 2 में कुछ पंक्तियाँ दी गई हैं। मिलते-जुलते भाव वाली पंक्तियों को रेखा खींचकर जोड़िए

	स्तंभ 1		स्तंभ 2
1.	ऊँचा खड़ा हिमालय, आकाश चूमता है	1.	गंगा, यमुना और सरस्वती नदियों का संगम, त्रिवेणी अपनी लहरों से सुंदरता बिखेर रहा है।
2.	गंगा यमुना त्रिवेणी, नदियाँ लहर रही हैं	2.	यह वह भारत भूमि है, जहाँ पुरुषोत्तम भगवान श्री राम और माता सीता का जन्म हुआ था।
3.	जन्मे जहाँ थे रघुपति जन्मी, जहाँ थीं सीता	3.	हिमालय पर्वत इतना ऊँचा है कि वह आकाश को छूता हुआ प्रतीत होता है।

उत्तर 1-3; 2-1; 3-2

काव्यांश पर आधारित प्रश्न

निम्नलिखित काव्यांशों को पढ़कर उन पर आधारित प्रश्नों के उत्तर दीजिए

काव्यांश 1

ऊँचा खड़ा हिमालय, आकाश चूमता है,
नीचे चरण तले झुक, नित सिंधु झूमता है।
गंगा यमुना त्रिवेणी, नदियाँ लहर रही हैं,
जगमग छटा निराली, पग पग छहर रही हैं।
वह पुण्य-भूमि मेरी, वह स्वर्ण-भूमि मेरी।
वह जन्मभूमि मेरी, वह मातृभूमि मेरी।

1. कवि ने हिमालय पर्वत को कैसा बताया है?

(क) उष्ण और शांत
(ख) ऊँचा और आकाश को चूमता हुआ
(ग) नीचा और धरती को छूता हुआ
(घ) ठंडा और जलविहीन

उत्तर (ख) ऊँचा और आकाश को चूमता हुआ

2. प्रस्तुत काव्यांश में हिंद महासागर के लिए कौन-सा शब्द प्रयुक्त हुआ है?

(क) प्रशांत (ख) सागर (ग) महासागर (घ) सिंधु

उत्तर (घ) सिंधु

3. गंगा यमुना और सरस्वती तीनों नदियों के संगम स्थल को क्या कहा गया है?

(क) त्रिफला (ख) त्रिवेणी
(ग) पंचनदा (घ) सिंधु

उत्तर (ख) त्रिवेणी

4. प्रस्तुत काव्यांश में हिंद महासागर का उल्लेख किस संदर्भ में किया गया है?

उत्तर हिंद महासागर का उल्लेख कवि ने भारत के दक्षिण में स्थित महासागर के रूप में किया है, जो प्रतिदिन भारत माता के चरणों को स्पर्श करता हुआ प्रतीत होता है। यह भावनात्मक रूप से भारत माता की महानता को दर्शाता है।

5. कवि ने भारत भूमि को 'मातृभूमि, पुण्यभूमि, स्वर्णभूमि' कहकर किन गुणों का वर्णन किया है? **CBQ**

उत्तर कवि ने भारत भूमि को 'मातृभूमि, पुण्यभूमि, स्वर्णभूमि' कहकर उसकी पवित्रता, महानता और समृद्धि का वर्णन किया है। मातृभूमि से कवि का अभिप्राय है कि यह भूमि उसे माँ के समान प्रिय है। पुण्यभूमि का तात्पर्य है कि यह भूमि पवित्र है और स्वर्णभूमि का अर्थ है कि यह भूमि समृद्ध और सुंदर है, जिसे सोने की चिड़िया भी कहा जाता है।

6. त्रिवेणी संगम की धार्मिक और सांस्कृतिक महत्ता पर संक्षिप्त टिप्पणी लिखें। **CBQ**

उत्तर त्रिवेणी संगम भारत का एक प्रमुख धार्मिक स्थल है, जहाँ गंगा, यमुना और अदृश्य सरस्वती नदियाँ मिलती हैं। यह स्थान धार्मिक दृष्टि से अत्यंत पवित्र माना जाता है और यहाँ स्नान करने से पापों से मुक्ति मिलती है। ऐसी मान्यता है इसका सांस्कृतिक महत्त्व भी बहुत अधिक है और यह भारतीय इतिहास और परंपराओं का एक महत्त्वपूर्ण हिस्सा है।

काव्यांश 2

झरने अनेक झरते, जिसकी पहाड़ियों में,
चिड़ियाँ चहक रही हैं, हो मस्त झाड़ियों में।
अमराइयाँ घनी हैं, कोयल पुकारती है,
बहती मलय पवन है, तन-मन सँवारती है।
वह धर्मभूमि मेरी, वह कर्मभूमि मेरी।
वह जन्मभूमि मेरी वह मातृभूमि मेरी।

1. प्रस्तुत पंक्तियों में कवि ने किसका वर्णन किया है?

(क) रेगिस्तान का (ख) झरने और पहाड़ियों का
(ग) समुद्र तट का (घ) जंगल और रेत के टीलों का

उत्तर (ख) झरने और पहाड़ियों का

2. प्रस्तुत काव्यांश में 'आम का बाग' शब्द के अर्थ में कौन-सा शब्द प्रयुक्त हुआ है?

(क) जंगल (ख) पुष्पित वन (ग) अमराइयाँ (घ) फलदार वृक्ष

उत्तर (ग) अमराइयाँ

3. प्रस्तुत पंक्तियों में कवि ने भारत भूमि को किन विशेषणों से संबोधित किया है?

(क) धर्मभूमि, कर्मभूमि, मातृभूमि
(ख) पुण्यभूमि, वीरभूमि, रणभूमि
(ग) मातृभूमि, पुण्यभूमि, स्वर्णभूमि
(घ) कर्मभूमि, वीरभूमि, रत्नभूमि

उत्तर (क) धर्मभूमि, कर्मभूमि, मातृभूमि

4. कवि ने भारत भूमि को 'धर्मभूमि' और 'कर्मभूमि' क्यों कहा है? **CBQ**

उत्तर कवि ने भारत भूमि को 'धर्मभूमि' और 'कर्मभूमि' इसलिए कहा है, क्योंकि भारत विभिन्न धर्मों का उद्‌गम स्थल है और यहाँ विविध धार्मिक मान्यताओं का सम्मान होता है। 'कर्मभूमि' का तात्पर्य है कि यहाँ कर्म (कार्य) को महत्त्व दिया जाता है और जीवन को कर्म के आधार पर जीने की प्रेरणा दी जाती है। यह देश कर्म प्रधान संस्कृति और परंपराओं का पालन करता है।

5. 'अमराइयाँ' का प्राकृतिक सौंदर्य में क्या योगदान है?

उत्तर अमराइयाँ का अर्थ आम के बाग हैं। ये बाग न केवल फल उत्पादन के लिए महत्त्वपूर्ण हैं, बल्कि ये अपने छायादार वृक्षों और शांत वातावरण के कारण प्राकृतिक सौंदर्य को भी बढ़ाते हैं। अमराइयों में कोयल की मधुर आवाज और हरियाली वातावरण को सुरम्य बनाती है।

6. कवि ने कोयल की पुकार को कैसा बताया है और यह किसका प्रतीक है?

उत्तर कवि ने कोयल की पुकार को मधुर और मनमोहक कहा है, जो अमराइयों में गूँजती है। यह वसंत ऋतु के आगमन का संकेत देती है, जो प्राकृतिक सुंदरता की एक महत्त्वपूर्ण पहचान है। कोयल की आवाज आनंद और प्रसन्नता का प्रतीक मानी जाती है।

काव्यांश 3

जन्मे जहाँ थे रघुपति, जन्मी जहाँ थीं सीता,
श्रीकृष्ण ने सुनाई, वंशी पुनीत गीता।
गौतम ने जन्म लेकर, जिसका सुयश बढ़ाया,
जग को दया सिखाई,जग को दिया दिखाया।
वह युद्ध-भूमि मेरी, वह बुद्ध-भूमि मेरी।
वह मातृभूमि मेरी, वह जन्मभूमि मेरी।

1. श्रीकृष्ण की बाँसुरी ने किसको मोहित किया?

(क) राम को (ख) सीता को
(ग) गोपियों को (घ) गौतम बुद्ध को

उत्तर (ग) गोपियों को

2. बुद्धभूमि से क्या तात्पर्य है?

(क) जहाँ बुद्धि का विकास होता है
(ख) जहाँ गौतम बुद्ध ने जन्म लिया
(ग) जहाँ बुद्धिजीवी रहते हैं
(घ) जहाँ बुद्ध की पूजा होती है

उत्तर (ख) जहाँ गौतम बुद्ध ने जन्म लिया

3. दिए गए कथन में से कौन-सा/से कथन सही है/हैं?

1. कृष्ण ने सच्चे प्रेम का महत्त्व बताया।
2. गौतम बुद्ध ने भारत-भूमि के सुयश को घटाया।
3. पुरुषोत्तम राम सत्य के प्रतीक हैं।

कूट

(क) 1 और 2
(ख) 2 और 3
(ग) 1 और 3
(घ) केवल 3

उत्तर (ग) 1 और 3

4. कवि ने महापुरुषों के संदर्भ में क्या कहा?

उत्तर कवि ने महापुरुषों के संदर्भ में कहा कि यह भूमि न केवल ऐतिहासिक दृष्टि से महत्त्वपूर्ण है, बल्कि इस भूमि पर राम,सीता,श्रीकृष्ण और गौतम बुद्ध जैसे महापुरुषों ने जन्म लिया है, जिन्होंने मानवता को नैतिक, धार्मिक और सांस्कृतिक रूप से समृद्ध किया और विश्व में भारत का सुयश बढ़ाया।

5. गौतम बुद्ध के उपदेशों का भारतीय संस्कृति पर क्या प्रभाव पड़ा? **CBQ**

उत्तर गौतम बुद्ध के उपदेशों का भारतीय संस्कृति पर गहरा प्रभाव पड़ा। उन्होंने अहिंसा, करुणा और सहानुभूति की शिक्षा दी, जिससे समाज में शांति और सद्‌भावना का वातावरण बना। बुद्ध के उपदेशों से लोगों को आत्मज्ञान की प्राप्ति हुई।

6. कवि को मातृभूमि पर गर्व क्यों है?

उत्तर कवि को मातृभूमि पर गर्व है, क्योंकि यह भूमि राम, सीता, श्रीकृष्ण और गौतम बुद्ध जैसे महापुरुषों की जन्मस्थली है, जिन्होंने मानवता को धर्म, न्याय, दया और प्रेम का मार्ग दिखाया। ऐसी पवित्र भूमि पर जन्म लेना कवि के लिए गर्व की बात है।

अतिलघु उत्तरीय प्रश्न

1. 'ऊँचा खड़ा हिमालय' से क्या तात्पर्य है?

उत्तर 'ऊँचा खड़ा हिमालय' से तात्पर्य है कि हिमालय पर्वत इतना ऊँचा है कि वह आकाश को छूता प्रतीत होता है। हिमालय भारत के गौरव का प्रतीक है।

2. सिंधु झूमते हुए क्या करता है? यहाँ 'सिंधु' शब्द किसके लिए आया है?

उत्तर सिंधु झूमते हुए भारत माता के चरणों को स्पर्श करता है। यहाँ 'सिंधु' शब्द 'हिंद महासागर' के लिए आया है।

3. कविता में 'त्रिवेणी' शब्द का क्या अर्थ है?

उत्तर कविता में 'त्रिवेणी' शब्द का अर्थ तीन नदियों गंगा, यमुना और सरस्वती के संगम से है। यह संगम भारतीय संस्कृति में पवित्र माना जाता है।

4. 'वह स्वर्णभूमि मेरी' प्रस्तुत पंक्ति में 'स्वर्णभूमि' शब्द किसके लिए प्रयुक्त हुआ है?

उत्तर प्रस्तुत पंक्ति में 'स्वर्णभूमि' शब्द 'भारत माता' के लिए प्रयुक्त हुआ है, जो भारत माता की समृद्धि और सुंदरता को दर्शाता है।

5. 'अमराइयाँ घनी हैं, कोयल पुकारती है' पंक्ति का आशय स्पष्ट कीजिए। CBQ

उत्तर प्रस्तुत पंक्ति के द्वारा कवि कहता है कि घने आम के बगीचों में कोयल मधुर गान गाते हुए पुकारती है, जिससे पूरा वातावरण मनमोहक हो जाता है।

6. रघुपति राम और सीता माता का जन्म किस भूमि पर हुआ था?

उत्तर रघुपति राम और सीता माता का जन्म भारत भूमि पर हुआ था।

लघु उत्तरीय प्रश्न

1. हिमालय और हिंद महासागर के बारे में कवि ने क्या कहा है?

उत्तर कवि ने हिमालय और हिंद महासागर के बारे में कहा है कि हिमालय पर्वत आकाश को छूता है, जबकि हिंद महासागर प्रतिदिन भारत माता के चरणों को स्पर्श करता है। यह वर्णन भारत की प्राकृतिक सुंदरता और भौगोलिक विशेषताओं को दर्शाता है।

2. 'वह धर्मभूमि मेरी' पंक्ति के माध्यम से कवि क्या कहना चाहता है? CBQ

उत्तर 'वह धर्मभूमि मेरी' पंक्ति के माध्यम से कवि कहना चाहता है कि मेरी भारतभूमि वह धर्मभूमि है, जहाँ विभिन्न धर्मों की स्थापना हुई है। यह धर्म का पालन करने वाली भूमि है, यहाँ के लोग धर्म में आस्था रखते हैं तथा सभी धर्मों का सम्मान करते हैं।

3. श्रीकृष्ण ने गीता का उपदेश किसे सुनाया?

उत्तर श्रीकृष्ण ने गीता का उपदेश अर्जुन को सुनाया। महाभारत के युद्ध में श्रीकृष्ण ने अर्जुन को गीता का उपदेश दिया था, जो धर्म, कर्म और जीवन के सिद्धांतों का एक महत्त्वपूर्ण ग्रंथ है। यह उपदेश भारतीय संस्कृति और दर्शन का अभिन्न अंग है और इसे जीवन का मार्गदर्शन माना जाता है।

4. कवि ने जन्मभूमि को 'पुण्यभूमि' कहकर क्यों संबोधित किया? CBQ

उत्तर कवि ने जन्मभूमि को 'पुण्यभूमि' कहकर संबोधित किया, क्योंकि इस भूमि पर पवित्र नदियाँ बहती हैं और यहाँ पर्वत, पहाड़, नदियों आदि को पूजा जाता है।

इस भूमि पर भगवान राम, सीता, श्रीकृष्ण और गौतम बुद्ध जैसे महापुरुषों ने जन्म लिया, जिन्होंने मानवता को धर्म, प्रेम, दया और करुणा का मार्ग दिखाया। इन महापुरुषों के कारण भारत भूमि को पवित्र और धार्मिक स्थल माना गया है।

5. मलय पवन का कवि ने किस रूप में वर्णन किया है?

उत्तर कवि ने मलय पवन को सुगंधित और सुखदायक हवा के रूप में वर्णित किया है, जो तन-मन को सँवारती है। मलय पवन अपनी शीतल हवा से सभी जीवों को शारीरिक और मानसिक ताजगी प्रदान करती है, जो जीवन में सकारात्मकता और ऊर्जा भरती है।

6. 'धर्मभूमि' और 'कर्मभूमि' की अवधारणा को स्पष्ट करते हुए कवि के विचार लिखिए।

उत्तर 'धर्मभूमि' से तात्पर्य एक ऐसी भूमि से है, जहाँ धर्म का पालन होता है तथा प्रत्येक व्यक्ति को अपने धर्म के अनुसार चलने की आजादी है, जबकि 'कर्मभूमि' से तात्पर्य एक ऐसी भूमि से है, जो कर्म को महत्त्व देने वाली भूमि है। कवि ने ऐसा इसलिए कहा, क्योंकि भारत भूमि पर विभिन्न धर्मों की स्थापना हुई है और यहाँ कर्म को प्रधानता दी जाती है।

7. 'श्रीकृष्ण ने सुनाई, वंशी पुनीत गीता।' प्रस्तुत पंक्ति का आशय स्पष्ट कीजिए। CBQ

उत्तर प्रस्तुत पंक्तियों में कवि ने श्रीकृष्ण के बारे में बताया है कि इस भूमि पर श्रीकृष्ण जैसे महापुरुष ने जन्म लिया है, जिन्होंने गोपियों को अपनी बाँसुरी की मधुर ध्वनि से मोहित किया और अर्जुन को गीता का उपदेश दिया। श्रीकृष्ण की शिक्षाएँ जीवन में धर्म, कर्म और भक्ति का महत्त्व बताती हैं।

8. कवि ने भारतभूमि को 'स्वर्णभूमि' क्यों कहा?

उत्तर कवि ने भारतभूमि को 'स्वर्णभूमि' इसलिए कहा, क्योंकि भारत एक कृषि प्रधान देश है, यहाँ की भूमि अत्यधिक उपजाऊ है, जिस पर भरपूर फसलें होती हैं तथा यहाँ फसल रूपी सोना उगता है। इसी कारण भारत भूमि स्वर्णभूमि कहलाती है।

दीर्घ उत्तरीय प्रश्न

1. कविता के अनुसार, भारत भूमि की प्राकृतिक विशेषताओं का विस्तृत वर्णन कीजिए।

उत्तर कविता में भारत भूमि की प्राकृतिक विशेषताओं का अद्भुत वर्णन किया गया है। उत्तर दिशा में आकाश को चूमता हुआ हिमालय पर्वत है, जो भारत के गौरव का प्रतीक है। दक्षिण में हिंद महासागर है, जो प्रतिदिन भारत माता के चरणों को स्पर्श करता है। गंगा, यमुना और सरस्वती नदियाँ त्रिवेणी में संगम करती हैं, जो इस भूमि की पवित्रता और सांस्कृतिक धरोहर को दर्शाती हैं। पहाड़ियों में झरने कल-कल करते हुए बहते हैं और झाड़ियों में चिड़ियाँ चहकती रहती हैं। मलय पर्वत से आने वाली सुगंधित हवा तन-मन को सँवारती है, जो भारत की प्राकृतिक समृद्धि का प्रतीक है।

2. कविता में वर्णित झरनों और चिड़ियों का प्राकृतिक सौंदर्य कैसे प्रस्तुत किया गया है?

उत्तर कविता में झरनों का कल-कल करते हुए बहना और झाड़ियों में चिड़ियों का चहकने में प्राकृतिक सौंदर्य का अद्भुत वर्णन है। ये दोनों दृश्य मातृभूमि की शांति, ताजगी और नैसर्गिक सुंदरता को उजागर करते हैं। पहाड़ियों से बहते झरने और चिड़ियों का चहकना सभी जीवों को प्राकृतिक आनंद और शांति प्रदान करते हैं, जो भारतीय भूमि की विशिष्टता है।

3. कविता में महाभारत का युद्ध और बुद्ध के जन्म का सांस्कृतिक महत्त्व क्या है? CBQ

उत्तर कविता में महाभारत का युद्ध और बुद्ध के जन्म का सांस्कृतिक महत्त्व अत्यंत गहरा है। महाभारत का युद्ध धर्म और अधर्म के बीच संघर्ष का प्रतीक है और गीता का उपदेश इस संघर्ष में नैतिकता और धर्म के मार्गदर्शन का स्रोत है।

बुद्ध का जन्म और उनकी शिक्षाएँ भारतीय संस्कृति में अहिंसा, दया और प्रेम की स्थापना करती हैं। ये दोनों घटनाएँ भारत की सांस्कृतिक और धार्मिक धरोहर को समृद्ध बनाती हैं और भारतीय जनमानस में गहराई से बसी हुई हैं।

4. **कविता में किस प्रकार भारतीय जीवन मूल्य और दर्शन का चित्रण किया गया है?** CBQ

उत्तर कविता में भारतीय जीवन मूल्य और दर्शन का चित्रण गीता के उपदेश, बुद्ध की दया एवं प्रेम के संदेश और कर्मभूमि के रूप में भारत की पहचान के माध्यम से किया गया है। गीता में श्रीकृष्ण द्वारा दिए गए उपदेश जीवन के कर्मयोग पर आधारित हैं, जो प्रत्येक व्यक्ति को अपने कर्त्तव्यों का पालन करने और धर्म के मार्ग पर चलने की प्रेरणा देते हैं।

गौतम बुद्ध द्वारा दिया गया दया, अहिंसा और करुणा का संदेश मानवता को प्रेम और शांति की राह दिखाता है। कविता में 'कर्मभूमि' और 'धर्मभूमि' शब्दों से स्पष्ट है कि भारत में जीवन के गहन मूल्य और उच्च आदर्शों की स्थापना की गई है।

इन सभी तत्त्वों के माध्यम से कवि ने भारतीय संस्कृति की गहराई और उसकी नैतिकता पर आधारित जीवन शैली को प्रस्तुत किया है, जो सत्य, अहिंसा और करुणा जैसे उच्च जीवन मूल्यों को सुदृढ़ करती है।

5. **कवि अपनी मातृभूमि के प्रति कैसी भावना प्रकट करता है?**

उत्तर कवि अपनी मातृभूमि के प्रति गर्व व सम्मान व्यक्त करता है और कहता है कि उसे खुशी है कि जहाँ पवित्र नदियाँ बहती हैं, जहाँ राम, सीता, कृष्ण और गौतम बुद्ध जैसे महापुरुषों ने जन्म लिया है, जो कर्मभूमि और धर्मभूमि है।

कवि स्वयं को धन्य मानता है कि उसका जन्म उस भूमि पर हुआ है। इस पवित्र भूमि की विशेषताएँ उसे गौरव का अनुभव कराती हैं और उसका मन अपनी मातृभूमि के प्रति असीम प्रेम और श्रद्धा से भर जाता है। यह भूमि सदियों से मानव जाति के लिए प्रेरणा स्रोत रही है।

6. **कवि ने भारत भूमि पर जन्म लेने वाले महापुरुषों का उल्लेख कैसे किया है**

उत्तर कवि ने भारत भूमि पर जन्म लेने वाले महापुरुषों का उल्लेख करते हुए कहा है कि इस पवित्र भूमि पर राम, सीता, श्रीकृष्ण और गौतम बुद्ध जैसे महापुरुषों ने जन्म लिया। जहाँ पुरुषोत्तम राम, प्रीति, सम्मान, शिष्टाचार व सत्य के प्रतीक हैं वहीं माता सीता करुणा, मातृत्व और सहनशक्ति का प्रतीक हैं। इस भारत भूमि पर श्रीकृष्ण ने भी जन्म लिया, जिन्होंने अपनी मधुर बाँसुरी की धुन से गोपियों के मन को मोहित कर सच्चे प्रेम का महत्त्व बताया तथा महाभारत के युद्ध में अर्जुन को गीता का उपदेश देकर धर्म और कर्म का पाठ पढ़ाया। जहाँ गौतम बुद्ध ने विश्व में भारत भूमि का यश बढ़ाया, विश्व को दया, करुणा और अहिंसा का संदेश दिया एवं संसार को एक नई राह दिखाकर सभी का मार्गदर्शन किया।

व्याकरण आधारित प्रश्न

1. **निम्नलिखित समस्त पदों का विग्रह करते हुए समास का नाम लिखिए**

(क) त्रिवेणी (ख) मातृभूमि

(ग) राम-सीता (घ) युद्ध-भूमि

उत्तर (क) **त्रिवेणी**-तीन नदियों का समाहार - द्विगु समास

(ख) **मातृभूमि**-माता की भूमि - तत्पुरुष समास

(ग) **राम-सीता**-राम और सीता - द्वंद्व समास

(घ) **युद्ध-भूमि**-युद्ध की भूमि - तत्पुरुष समास

2. **निम्नलिखित शब्दों के पर्यायवाची लिखिए**

(क) आकाश (ख) समुद्र

(ग) नदी (घ) भूमि

उत्तर (क) **आकाश**-गगन, आसमान, नभ , व्योम

(ख) **समुद्र**-सागर, रत्नाकर,जलधि, उदधि

(ग) **नदी**-सरिता, तटिनी, तरंगिनी

(घ) **भूमि**-धरा, धरती, वसुधा, भू, जमीन, पृथ्वी

3. **निम्नलिखित शब्दों के विलोम शब्द बताइए**

(क) जन्म (ख) पुण्य

(ग) धर्म (घ) सुयश

उत्तर (क) जन्म-मृत्य (ख) पुण्य-पाप

(ग) धर्म-अधर्म (घ) सुयश-अपयश

स्व-मूल्यांकन

बहुविकल्पीय प्रश्न

1. भारत के उत्तर में स्थित कौन सा पर्वत आकाश को चूमता है?
(क) अरावली (ख) विंध्याचल
(ग) सतपुड़ा (घ) हिमालय

2. कविता में किस पर्वत की सुगंधित हवा का उल्लेख किया गया है?
(क) हिमालय (ख) मलय
(ग) अरावली (घ) विंध्याचल

3. कवि ने किसे 'कर्मभूमि' कहा है?
(क) गंगा नदी (ख) हिमालय
(ग) भारतभूमि (घ) रामायण

4. प्रस्तुत कविता में किस महापुरुष ने दया, करुणा और अहिंसा का संदेश दिया?
(क) महात्मा गांधी (ख) गौतम बुद्ध
(ग) रामकृष्ण परमहंस (घ) स्वामी विवेकानंद

5. राम और रावण के युद्ध को कवि ने किसकी विजय के प्रतीक के रूप में दर्शाया है?
(क) असत्य पर सत्य की (ख) घृणा पर प्रेम की
(ग) अधर्म पर धर्म की (ख) मित्रता पर शत्रुता की

काव्यांश पर आधारित प्रश्न

निम्नलिखित काव्यांश को पढ़कर उन पर आधारित प्रश्नों के उत्तर दीजिए

ऊँचा खड़ा हिमालय, आकाश चूमता है,
नीचे चरण तले झुक, नित सिंधु झूमता है।
गंगा यमुन त्रिवेणी, नदियाँ लहर रही हैं,
जगमग छटा निराली, पग पग छहर रही हैं।
वह पुण्य-भूमि मेरी, वह स्वर्ण-भूमि मेरी।
वह जन्मभूमि मेरी, वह मातृभूमि मेरी ।

1. विशालकाय हिमालय किसका प्रतीक है?
(क) आकाश का (ख) सुंदरता का
(ग) गौरव का (घ) ऊँचाई का

2. प्रस्तुत काव्यांश में कवि ने अपनी मातृभूमि की .... का वर्णन किया है।
(क) उपजाऊपन (ख) महानता
(ग) दिशाओं (घ) सागर

3. 'हिमालय' शब्द का संधि-विच्छेद क्या होगा?
(क) हि + मालय (ख) हिम + लय
(ग) हिम + आलय (घ) हिमा + लय

4. कविता में 'जगमग छटा' से क्या तात्पर्य है?

5. 'सिंधु' का झूमना किस ओर संकेत करता है?

6. हमारी मातृभूमि किस प्रकार हमारा मार्गदर्शन करती है? **CBQ**

अतिलघु उत्तरीय प्रश्न

1. प्रस्तुत कविता में कवि ने किसका वर्णन किया है?

2. कविता में गंगा, यमुना, और सरस्वती के संगम को क्या कहा गया है?

3. राम और रावण के युद्ध को कवि ने किसका प्रतीक बताया है?

4. कविता में कौन-सा पर्वत भारत की भौगोलिक महानता का प्रतीक है?

लघु उत्तरीय प्रश्न

1. कवि ने अपनी मातृभूमि की प्राकृतिक सुंदरता का वर्णन कैसे किया है?

2. कवि ने अपनी मातृभूमि के प्रति किस प्रकार की भावनाएँ व्यक्त की हैं?

3. कविता में किन महापुरुषों का उल्लेख किया गया है?

4. कवि ने भारतभूमि को 'युद्धभूमि' क्यों कहा है? **CBQ**

दीर्घ उत्तरीय प्रश्न

1. भारत के प्राकृतिक सौन्दर्य और धार्मिक महिमा का वर्णन करते हुए कविता के मुख्य विचारों को समझाइए। **CBQ**

2. 'मातृभूमि' कविता में कवि ने भारतभूमि के प्रति अपनी भावनाओं का कैसे वर्णन किया है?

3. कविता के माध्यम से कवि ने किस प्रकार अपनी मातृभूमि के प्रति आदर और सम्मान का प्रदर्शन किया है? **CBQ**

गोल मेजर ध्यानचंद

अध्याय **2**

पाठ का सार

प्रस्तुत पाठ 'गोल' हॉकी के महान खिलाड़ी 'मेजर ध्यानचंद' की आत्मकथा है, जिसमें उनका खेल के प्रति प्यार और समर्पण का भाव दिखाई देता है। प्रस्तुत पाठ में मेजर ध्यानचंद ने अपने खेल जीवन की कुछ घटनाओं और अनुभवों को साझा करते हुए खेल की भावना, संयम और धैर्य का महत्त्व बताया है। उन्होंने बताया कि खेलते समय परिस्थिति कैसी भी हो, हमेशा खेल को सही भावना से खेलना चाहिए। मेजर ध्यानचंद का मानना था कि खेल में हार या जीत व्यक्तिगत नहीं होती, बल्कि पूरे देश की होती है। उनकी आत्मकथा सभी के लिए बहुत ही प्रेरणादायक रही है।

लेखक पर विरोधी पक्ष द्वारा प्रहार

खेल के मैदान में धक्का-मुक्की और नोंक-झोंक की घटनाएँ सामान्यतया होती रहती हैं। वर्ष 1933 की एक घटना ऐसी ही है, जिसमें लेखक पंजाब रेजिमेंट की ओर से खेलते हुए 'सैंपर्स एंड माइनर्स' टीम के खिलाफ मुकाबला कर रहे थे। खेल के दौरान एक खिलाड़ी ने गुस्से में आकर उनके सिर पर हॉकी स्टिक से वार कर दिया, जिससे उन्हें चोट लग गई। थोड़ी देर बाद, पट्टी बाँधकर लेखक ने मैदान में वापसी की ओर लगातार छः गोल कर दिए। खेल के बाद उन्होंने उस खिलाड़ी से कहा कि उन्होंने बदला ले लिया है, इस बात से वह खिलाड़ी अत्यंत शर्मिंदा हुआ। लेखक ने इस घटना से सीख दी कि बुरा काम करने वाला व्यक्ति हमेशा बदला लेने की बात से डरता है।

खेल भावना और सफलता का मंत्र

लेखक के अनुसार, गुस्से में किए गए कार्यों से खेल भावना को नुकसान पहुँचता है। इसलिए खेल को सही और खेल की भावना से ही खेलना चाहिए। लेखक जहाँ भी जाते हैं, बच्चे और बूढ़े उनसे उनकी सफलता का राज पूछते हैं। वे बताते हैं कि उनके पास कोई विशेष गुरु-मंत्र नहीं है, बल्कि उनकी सफलता का मूलमंत्र लगन, साधना और खेल भावना में ही निहित है।

सूबेदार द्वारा प्रोत्साहित करना

लेखक का जन्म वर्ष 1904 में प्रयाग में एक साधारण परिवार में हुआ था। बाद में उनका परिवार झाँसी आकर बस गया। 16 साल की उम्र में उन्होंने 'फर्स्ट ब्राह्मण रेजिमेंट' में एक साधारण सिपाही के रूप में भर्ती होकर अपने हॉकी करियर की शुरुआत की। उनकी रेजिमेंट का हॉकी में बड़ा नाम था, लेकिन शुरुआत में लेखक की खेल में रुचि नहीं थी। सूबेदार मेजर तिवारी के प्रोत्साहन से उन्होंने हॉकी खेलना शुरू किया और धीरे-धीरे एक उत्कृष्ट खिलाड़ी बने।

बर्लिन ओलंपिक और 'हॉकी का जादूगर' का खिताब

वर्ष 1936 में लेखक को बर्लिन ओलंपिक में भारतीय हॉकी टीम का कप्तान बनाया गया। वहाँ उन्होंने अपने खेलने के ढंग से दर्शकों को इतना प्रभावित किया कि उन्हें 'हॉकी का जादूगर' कहा जाने लगा। उनकी हमेशा यह कोशिश रहती थी कि वे गेंद को गोल के पास ले जाकर अपने किसी साथी खिलाड़ी को दें, जिससे उसे गोल करने का श्रेय मिल सके। अपनी इन्हीं विशेषताओं व स्वभाव के कारण लेखक ने दुनिया के खेल प्रेमियों का दिल जीत लिया था। बर्लिन ओलंपिक में भारतीय टीम ने स्वर्ण पदक जीता। लेखक ने हमेशा यह ध्यान रखा कि हार या जीत लेखक की नहीं, बल्कि पूरे देश की है।

शब्दार्थ

शब्द	हिंदी अर्थ	शब्द	हिंदी अर्थ
नोंक-झोंक	हल्की-फुल्की बहस या वाद-विवाद	पट्टी	घाव पर बाँधा जाने वाला कपड़ा
मुकाबला	प्रतियोगिता, सामना	बदला	प्रतिशोध, प्रतिकार
गुस्सा	क्रोध, रोष	शर्मिंदा	लज्जित, अपमानित

शब्द	हिंदी अर्थ
सफलता	उपलब्धि, विजय
राज	रहस्य, गुप्त बात
गुरु-मंत्र	गूढ़ शिक्षा
लगन	मनोयोग, एकाग्रता
साधना	अभ्यास
भावना	मंशा, विचार
साधारण	सामान्य, सामान्य स्तर का
नौसिखिया	नए खिलाड़ी, प्रारंभिक स्तर का व्यक्ति
तरक्की	उन्नति, पदोन्सफलतानति
कप्तान	टीम का प्रमुख, नेता
श्रेय	कीर्तिकर
छावनी	सेना का शिविर, कैंप

शब्द	हिंदी अर्थ
रेजिमेंट	सेना का विशेष दल
सूबेदार मेजर	सेना में एक ऊँचा पद
हॉकी का जादूगर	हॉकी का महान खिलाड़ी
देश	राष्ट्र, मातृभूमि
अभ्यास	किसी कला या कौशल को निखारने के लिए बार-बार किया गया कार्य
श्रेणी	स्तर, वर्गीकरण
समारोह	उत्सव, कार्यक्रम
प्रतिबद्ध	किसी कार्य या उद्देश्य के प्रति समर्पित और वचनबद्ध होना
उपलब्धि	प्राप्ति
प्रतियोगिता	मुकाबला, प्रतिस्पर्धा
सफलता	विजय

NCERT फोल्डर

पाठ्यपुस्तक के प्रश्नोत्तर

पाठ से

मेरी समझ से

(क) नीचे दिए गए प्रश्नों का सटीक उत्तर कौन-सा है? उसके सामने तारा (*) बनाइए

(i) ''दोस्त, खेल में इतना गुस्सा अच्छा नहीं। मैंने तो अपना बदला ले ही लिया है। अगर तुम मुझे हॉकी नहीं मारते तो शायद मैं तुम्हें दो ही गोल से हराता।'' मेजर ध्यानचंद की इस बात से उनके बारे में क्या पता चलता है?

- वे अत्यंत क्रोधी थे।
- वे अच्छे ढंग से बदला लेते थे।
- उन्हें हॉकी से मारने पर वे अधिक गोल करते थे।
- वे जानते थे कि खेल को सही भावना से खेलना चाहिए।(*)

(ii) लोगों ने मेजर ध्यानचंद को 'हॉकी का जादूगर' कहना क्यों शुरू कर दिया?

- उनके हॉकी खेलने के विशेष कौशल के कारण (*)
- उनकी हॉकी स्टिक की अनोखी विशेषताओं के कारण
- हॉकी के लिए उनके विशेष लगाव के कारण
- उनकी खेल भावना के कारण

(ख) अब अपने मित्रों के साथ चर्चा कीजिए कि आपने ये उत्तर ही क्यों चुने?

उत्तर मैंने उपर्युक्त दोनों उत्तर को चुना, क्योंकि विकल्प 'वे जानते थे कि खेल को सही भावना से खेलना चाहिए।' यह सही विकल्प इसलिए है, क्योंकि मेजर ध्यानचंद को जब विरोधी टीम के सदस्य ने हॉकी स्टिक से मारा तो उन्होंने हिंसा न दिखाते हुए इस घटना को खेल भावना से देखा और मैदान में वापस आकर छः गोल करके अपने खेल कौशल से विरोधी टीम को हराया। यह उनके अनुशासन और खेल भावना को दर्शाता है।

मेजर ध्यानचंद के हॉकी खेलने के विशेष कौशल के कारण लोगों ने मेजर ध्यानचंद को 'हॉकी का जादूगर' कहना शुरू कर दिया । लेखक ने बताया कि वर्ष 1936 में बर्लिन ओलंपिक में लोग लेखक के हॉकी खेलने के ढंग से इतने प्रभावित हुए कि उन्होंने उसे 'हॉकी का जादूगर' कहना शुरू कर दिया।

मिलकर करें मिलान

पाठ में से चुनकर कुछ शब्द नीचे दिए गए हैं। अपने समूह में इन पर चर्चा कीजिए और इन्हें इनके सही अर्थों या संदर्भों से मिलाइए। इसके लिए आप शब्दकोश, इंटरनेट या अपने शिक्षकों की सहायता ले सकते हैं।

शब्द		अर्थ या संदर्भ	
1.	लांस नायक	1.	स्वतंत्रता से पहले सूबेदार भारतीय सैन्य अधिकारियों का दूसरा सबसे बड़ा पद था।
2.	बर्लिन ओलंपिक	2.	भारतीय सेना का एक पद (रैंक) है।
3.	पंजाब रेजिमेंट	3.	सैनिकों के रहने का क्षेत्र।
4.	सैंपर्स एंड माइनर्स टीम	4.	वर्ष 1936 में जर्मनी के बर्लिन शहर में आयोजित ओलंपिक खेल प्रतियोगिता, जिसमें 49 देशों ने भाग लिया था।
5.	सूबेदार	5.	स्वतंत्रता से पहले अंग्रेज़ों की भारतीय सेना का एक दल।
6.	छावनी	6.	अंग्रेजों के समय का एक हॉकी दल।

उत्तर 1-2, 2-4, 3-5, 4-6, 5-1, 6-3

पंक्तियों पर चर्चा

पाठ में से चुनकर कुछ पंक्तियाँ नीचे दी गई हैं। इन्हें ध्यान से पढ़िए और इन पर विचार कीजिए। आपको इनका क्या अर्थ समझ में आया? अपने विचार कक्षा में अपने समूह में साझा कीजिए और अपनी लेखन पुस्तिका में लिखिए।

(क) "बुरा काम करने वाला व्यक्ति प्रत्येक समय इस बात से डरता रहता है कि उसके साथ भी बुराई की जाएगी।"

उत्तर प्रस्तुत पंक्ति का अर्थ है कि जो लोग गलत या अनुचित कार्य करते हैं, वे हमेशा इस भय में रहते हैं कि उनके साथ भी वैसा ही गलत होगा। उन्हें अपने अंतर्मन में किए गए गलत कार्य या व्यवहार की ग्लानि का अहसास होता है। ठीक वैसे ही जैसे जब 'सैंपर्स एंड माइनर्स टीम' के खिलाड़ी ने ध्यानचंद पर हॉकी स्टिक से वार किया और जब थोड़ी देर बाद ध्यानचंद सिर पर पट्टी बाँधकर फिर से खेलने आ गए, तो वह खिलाड़ी मन ही मन डरने लगा। अत: उपर्युक्त पंक्ति हमें यह सिखाती है कि हमें अच्छे कर्म करने चाहिए और दूसरों के साथ वैसा ही व्यवहार करना चाहिए, जैसा हम अपने साथ चाहते हैं।

(ख) "मेरी तो हमेशा यह कोशिश रहती कि मैं गेंद को गोल के पास ले जाकर अपने किसी साथी खिलाड़ी को दे दूँ, ताकि उसे गोल करने का श्रेय मिल जाए। अपनी इसी खेल भावना के कारण मैंने दुनिया के खेल प्रेमियों का दिल जीत लिया।"

उत्तर प्रस्तुत पंक्तियों से स्पष्ट होता है कि लेखक, मेजर ध्यानचंद, अपनी टीम की सफलता को व्यक्तिगत सफलता से अधिक महत्त्वपूर्ण मानते थे। उनका उद्देश्य टीम के लिए योगदान देना और साथियों को प्रोत्साहित करना था। यह खेल भावना का एक उत्कृष्ट उदाहरण है, जहाँ व्यक्तिगत उपलब्धियों की तुलना में टीम की सफलता को प्राथमिकता दी जाती है। इस आत्मविचार और सहयोग की भावना ने उन्हें विश्व स्तर पर प्रशंसा दिलाई और 'हॉकी का जादूगर' का खिताब दिया। यह पंक्ति यह भी दर्शाती है कि सच्ची खेल भावना में न केवल व्यक्तिगत उत्कृष्टता होती है, बल्कि दूसरों को सफल बनाने की इच्छा भी शामिल होती है।

सोच-विचार के लिए

संस्मरण को एक बार फिर से पढ़िए और निम्नलिखित के बारे में पता लगाकर अपनी लेखन पुस्तिका में लिखिए

(क) ध्यानचंद की सफलता का क्या रहस्य था?

उत्तर ध्यानचंद की सफलता का रहस्य उनकी कड़ी मेहनत, लगन और खेल के प्रति गहरी प्रतिबद्धता थी। उन्होंने सफलता का मूल मंत्र लगन, साधना और खेल भावना को बताया। उन्होंने निरंतर अभ्यास किया और खेल में उत्कृष्टता प्राप्त करने के लिए अपनी खेल की तकनीकों को निखारा। वे हमेशा टीम की सफलता को प्राथमिकता देते थे और अपनी व्यक्तिगत उपलब्धियों के बजाय टीम के प्रदर्शन पर ध्यान केंद्रित करते थे। उनकी ईमानदारी, समर्पण और उत्कृष्ट खेल कौशल ने उन्हें 'हॉकी का जादूगर' बनाया और उन्हें अंतर्राष्ट्रीय ख्याति दिलाई।

(ख) किन बातों से ऐसा लगता है कि ध्यानचंद स्वयं से पहले दूसरों को रखते थे?

उत्तर ध्यानचंद अकसर गेंद को गोल के पास ले जाकर अपने साथियों को पास करते थे, जिससे वे गोल कर सकें और उन्हें इसका श्रेय मिल सके। यह खेल भावना इस बात का प्रमाण है कि वे स्वयं से पहले दूसरों को रखते थे। उनकी यह सोच थी कि टीम की सफलता व्यक्तिगत सफलता से अधिक महत्त्वपूर्ण है। उन्होंने खेल भावना के महत्त्व को समझा और उसे अपने जीवन और खेल में अपनाया। यह गुण उनकी महानता और उनकी टीम के प्रति समर्पण को दर्शाता है, जिससे यह स्पष्ट होता है कि वे अपनी टीम की भलाई को अपनी व्यक्तिगत प्रतिष्ठा से ऊपर रखते थे।

संस्मरण की रचना

"उन दिनों में मैं पंजाब रेजिमेंट की ओर से खेला करता था।"

इस वाक्य को पढ़कर ऐसा लगता है मानो लेखक आपसे यानी पाठक से अपनी यादों को साझा कर रहा है। ध्यान देंगे तो इस पाठ में ऐसी और भी अनेक विशेष बातें आपको दिखाई देंगी। इस पाठ को एक बार फिर से पढ़िए।

(क) अपने-अपने समूह में मिलकर इस संस्मरण की विशेषताओं की सूची बनाइए।

उत्तर संस्मरण की विशेषताओं की सूची निम्न प्रकार है

- **व्यक्तिगत और आत्मकथात्मक शैली** लेखक अपने जीवन की वास्तविक घटनाओं और अनुभवों को आत्मकथात्मक शैली में साझा करता है, जो पाठक को लेखक के जीवन के विशेष पलों को समझने में मदद करता है।
- **समय और स्थान का उल्लेख** लेखक विशेष घटनाओं के समय और स्थान का उल्लेख करता है; जैसे-"वर्ष 1933 की बात है।"
- **भावनात्मक और आत्मविश्लेषणात्मक दृष्टिकोण** लेखक अपने अनुभवों से उत्पन्न भावनाओं और आत्म-चिंतन को प्रकट करता है;

जैसे—गुस्सा, शर्मिंदगी या गर्व। उदाहरण:, "बुरा काम करने वाला व्यक्ति प्रत्येक समय इस बात से डरता रहता है कि उसके साथ भी बुराई की जाएगी।"

- **प्रेरणात्मक और नैतिक संदेश** संस्मरण में लेखक अपने अनुभवों से सीखें गए जीवन के पाठ और नैतिक संदेशों को साझा करता है, जो पाठक को प्रेरित कर सकते हैं। उदाहरण:, "लगन, साधना और खेल भावना ही सफलता के सबसे बड़े मंत्र हैं।"
- **सजीव विवरण** घटनाओं और अनुभवों का विस्तृत और सजीव वर्णन होता है, जैसे कि खेल के दौरान की घटनाएँ, चोट लगने का अनुभव और खेल की परिस्थितियाँ।
- **विनम्रता और आत्म-संयम** लेखक अपने गुणों और सफलताओं के बावजूद विनम्रता बनाए रखता है, जैसे कि अपनी टीम के साथियों को गोल का श्रेय देना।

(ख) अपने समूह की सूची को कक्षा में सबके साथ साझा कीजिए।

उत्तर छात्र स्वयं करें।

शब्दों के जोड़े, विभिन्न प्रकार के

(क) "जैसे-जैसे मेरे खेल में निखार आता गया, वैसे-वैसे मुझे तरक्की भी मिलती गई।"

इस वाक्य में 'जैसे-जैसे' और 'वैसे-वैसे' शब्दों के जोड़े हैं जिनमें एक ही शब्द दो बार उपयोग में लाया गया है। ऐसे जोड़ों को 'शब्द-युग्म' कहते हैं। शब्द-युग्म में दो शब्दों के बीच में छोटी-सी रेखा लगाई जाती है, जिसे योजक चिह्न कहते हैं। योजक यानी जोड़ने वाला। आप भी ऐसे पाँच शब्द-युग्म लिखिए।

उत्तर (i) **धीरे-धीरे** "वह धीरे-धीरे चल रहा था।"

(ii) **रोज़-रोज़** "रोज़-रोज़ वही कहानी सुनने में मजा नहीं आता।"

(iii) **एक-एक** "उसने एक-एक करके सभी सवालों का जवाब दिया।"

(iv) **बार-बार** "वह बार-बार मुझसे वही सवाल पूछता है।"

(v) **कभी-कभी** "कभी-कभी उसे देर से घर आना पड़ता है।"

(ख) "खेल के मैदान में धक्का-मुक्की और नोंक-झोंक की घटनाएँ होती रहती हैं।"

इस वाक्य में भी आपको दो शब्द-युग्म दिखाई दे रहे हैं, लेकिन इन शब्द-युग्मों के दोनों शब्द भिन्न-भिन्न हैं, एक जैसे नहीं हैं। आप भी ऐसे पाँच शब्द-युग्म लिखिए, जिनमें दोनों शब्द भिन्न-भिन्न हों।

उत्तर (i) **जीना-मरना** "जीना-मरना तो भगवान के हाथ में है।"

(ii) **आगे-पीछे** "वह अपने मालिक के आगे-पीछे घूमता रहता है।"

(iii) **रात-दिन** "वह रात-दिन मेहनत करता है।"

(iv) **लड़ाई-झगड़ा** "उनके बीच हमेशा लड़ाई-झगड़ा होता रहता है।"

(v) **हँसना-रोना** "हँसना-रोना तो जीवन का हिस्सा है।"

(ग) "हार या जीत मेरी नहीं, बल्कि पूरे देश की है।"

- **"आज मैं जहाँ भी जाता हूँ बच्चे व बूढ़े मुझे घेर लेते हैं।"**

इन वाक्यों में जिन शब्दों के नीचे रेखा खिंची है, उन्हें ध्यान से पढ़िए। हम इन शब्दों को योजक की सहायता से भी लिख सकते हैं; जैसे-हार-जीत, बच्चे-बूढ़े आदि। आप नीचे दिए गए शब्दों को योजक की सहायता से लिखिए

- **अच्छा या बुरा**
- **छोटा या बड़ा**
- **अमीर और गरीब**
- **उत्तर और दक्षिण**
- **गुरु और शिष्य**
- **अमृत या विष**

उत्तर
- अच्छा या बुरा → अच्छा-बुरा
- छोटा या बड़ा → छोटा-बड़ा
- अमीर और गरीब → अमीर-गरीब
- उत्तर और दक्षिण → उत्तर-दक्षिण
- गुरु और शिष्य → गुरु-शिष्य
- अमृत या विष → अमृत-विष

बात पर बल देना

"मैंने तो अपना बदला ले ही लिया है।"
"मैंने तो अपना बदला ले लिया है।"
इन दोनों वाक्यों में क्या अंतर है? ध्यान दीजिए और बताइए। सही पहचाना! दूसरे वाक्य में एक शब्द कम है। उस एक शब्द के न होने से वाक्य के अर्थ में भी थोड़ा अंतर आ गया है।
हम अपनी बात पर बल देने के लिए कुछ विशेष शब्दों का प्रयोग करते हैं; जैसे-'ही', भी', तो' आदि। पाठ में से इन शब्दों वाले वाक्यों को चुनकर लिखिए। ध्यान दीजिए कि यदि उन वाक्यों में ये शब्द न होते तो उनके अर्थ पर इसका क्या प्रभाव पड़ता।

उत्तर (i) "अगर तुम मुझे हॉकी नहीं मारते तो शायद मैं तुम्हें दो ही गोल से हराता।"
"अगर तुम मुझे हॉकी नहीं मारते, शायद मैं तुम्हें दो गोल से हराता।"

(ii) "हर किसी को यही कहता कि लगन, साधना और खेल भावना ही सफलता के सबसे बड़े मंत्र हैं।"
"हर किसी को यही कहता कि लगन, साधना और खेल भावना सफलता के सबसे बड़े मंत्र हैं।"

(iii) "इसका यह मतलब नहीं कि सारे गोल मैं ही करता था।"
"इसका यह मतलब नहीं कि सारे गोल मैं करता था।"

(iv) "सच मानो, बुरा काम करने वाला आदमी हर समय इस बात से डरता रहता है कि उसके साथ भी बुराई की जाएगी।"
"सच मानो, बुरा काम करने वाला आदमी हर समय इस बात से डरता रहता है कि उसके साथ बुराई की जाएगी।"

(v) "मेरी तो हमेशा यह कोशिश रहती कि मैं गेंद को गोल के पास ले जाकर अपने किसी साथी खिलाड़ी को दे दूँ, ताकि उसे गोल करने का श्रेय मिल जाए।"
"मेरी हमेशा यह कोशिश रहती कि मैं गेंद को गोल के पास ले जाकर अपने किसी साथी खिलाड़ी को दे दूँ, ताकि उसे गोल करने का श्रेय मिल जाए।"

पाठ से आगे

आपकी बात

(क) ध्यानचंद के स्थान पर आप होते तो क्या आप बदला लेते? यदि हाँ, तो बताइए कि आप बदला किस प्रकार लेते?

उत्तर यदि मैं मेजर ध्यानचंद के स्थान पर होता, तो मैं भी उनकी तरह ही खेल की भावना को प्राथमिकता देता और अहिंसा को अपनाता, क्योंकि खेल में हिंसा या क्रोध करने से खेल की भावनाएँ आहत होती हैं, इसलिए मैं बदला लेने के लिए हिंसा या क्रोध का सहारा बिल्कुल भी नहीं लेता, बल्कि ध्यानचंद की तरह अपने खेल के प्रदर्शन को उन्नत करता और प्रतिद्वंद्वी को यह सबक सिखाने का प्रयास करता कि खेल को हमेशा खेल की भावना से ही खेलना चाहिए।

(ख) आपको कौन-से खेल और कौन-से खिलाड़ी सबसे अधिक अच्छे लगते हैं? क्यों?

उत्तर मुझे हॉकी खेल सबसे अधिक पसंद है, क्योंकि यह खेल तेज गति, तकनीकी कौशल और टीमवर्क का अद्वितीय मिश्रण है। हॉकी में खिलाड़ियों का अनुशासन और मैदान पर रणनीति देखने लायक होती है। खिलाड़ियों में ध्यानचंद मेरे पसंदीदा खिलाड़ी हैं। उनकी खेल भावना, अनुशासन और अद्वितीय कौशल ने उन्हें 'हॉकी का जादूगर' का खिताब दिलाया। ध्यानचंद का खेल के प्रति समर्पण और अपनी टीम को जीत दिलाने की इच्छा प्रेरणादायक है। उन्होंने हमेशा यह सिद्ध किया है कि खेल में सफलता, लगन, साधना और खेल भावना से ही संभव है।

समाचार-पत्र से

(क) क्या आप समाचार-पत्र पढ़ते हैं? समाचार-पत्रों में प्रतिदिन खेल के समाचारों का एक पृष्ठ प्रकाशित होता है। अपने घर या पुस्तकालय से पिछले सप्ताह के समाचार-पत्रों को देखिए। अपनी पसंद का एक खेल-समाचार अपनी लेखन पुस्तिका में लिखिए।

उत्तर छात्र स्वयं करें।

(ख) मान लीजिए कि आप एक खेल संवाददाता हैं और किसी खेल का आँखों देखा प्रसारण कर रहे हैं। अपने समूह के साथ मिलकर कक्षा में उस खेल का आँखों देखा हाल प्रस्तुत कीजिए।
(**संकेत** इस कार्य में आप आकाशवाणी या दूरदर्शन पर प्रसारित होने वाले खेल-प्रसारणों की कमेंटरी की शैली का उपयोग कर सकते हैं। बारी-बारी से प्रत्येक समूह कक्षा में सामने डेस्क या कुर्सियों पर बैठ जाएगा और पाँच मिनट के लिए किसी खेल के सजीव प्रसारण की कमेंटरी का अभिनय करेगा।)

उत्तर छात्र स्वयं करें।

डायरी का प्रारंभ

कुछ लोग प्रतिदिन थोड़ी-थोड़ी बातें किसी स्थान पर लिख लेते हैं। जो वे सोचते हैं या जो उनके साथ उस दिन हुआ या जो उन्होंने देखा, उसे ईमानदारी से लिख लेते हैं या टाइप कर लेते हैं। इसे डायरी लिखना कहते हैं।

क्या आप भी अपने मन की बातों और विचारों को लिखना चाहते हैं? यदि हाँ, तो आज से ही प्रारंभ कर दीजिए

- आप जहाँ लिखेंगे, वह माध्यम चुन लीजिए। आप किसी लेखन-पुस्तिका में या ऑनलाइन मंचों पर लिख सकते हैं।
- आप प्रतिदिन कुछ दिनों में एक बार या जब कुछ लिखने का मन करे तब लिख सकते हैं।
- शब्दों या वाक्यों की कोई सीमा नहीं है, चाहे दो वाक्य हों या दो पृष्ठ। आप जो मन में आए उसे उचित और शालीन शब्दों में लिख सकते हैं।

उत्तर छात्र स्वयं करें।

आज की पहेली

यहाँ एक रोचक पहेली दी गई है। इसमें आपको तीन खिलाड़ी दिखाई दे रहे हैं। आपको पता लगाना है कि कौन-से खिलाड़ी द्वारा गोल किया जाएगा।

उत्तर छात्र स्वयं करें।

अभ्यास प्रश्न

बहुविकल्पीय व वर्णनात्मक प्रश्नों सहित

बहुविकल्पीय प्रश्न

1. लेखक को किसने हॉकी स्टिक से मारा?
(क) फर्स्ट रेजीमेंट टीम के खिलाड़ी ने
(ख) सैंपर्स एंड माइनर्स टीम के खिलाड़ी ने
(ग) पंजाब रेजिमेंट के खिलाड़ी ने
(घ) सेना के किसी अन्य खिलाड़ी ने
उत्तर (ख) सैंपर्स एंड माइनर्स टीम के खिलाड़ी ने

2. लेखक ने अपने खेल करियर की शुरुआत किस रेजिमेंट से की?
(क) ब्राह्मण रेजिमेंट (ख) बंगाल रेजिमेंट
(ग) सैंपर्स रेजिमेंट (घ) माइनर्स रेजिमेंट
उत्तर (क) ब्राह्मण रेजिमेंट

3. लेखक ने किस वर्ष बर्लिन ओलंपिक में भाग लिया था?
(क) 1928 में (ख) 1932 में
(ग) 1936 में (घ) 1940 में
उत्तर (ग) 1936 में

4. लेखक ने खेल के मैदान में कितने गोल किए?
(क) चार (ख) पाँच (ग) छः (घ) सात
उत्तर (ग) छः

5. लेखक का जन्म कब और कहाँ हुआ था?
(क) वर्ष 1904, प्रयाग में (ख) वर्ष 1904,लखनऊ में
(ग) वर्ष 1908, दिल्ली में (घ) वर्ष 2004, मुंबई में
उत्तर (क) वर्ष 1904, प्रयाग में

6. लेखक ने सफलता का मूलमंत्र किसे बताया?
(क) लगन (ख) साधना
(ग) खेल भावना (घ) ये सभी
उत्तर (घ) ये सभी

7. लेखक को हॉकी खेलने के लिए किसने प्रोत्साहित किया?
(क) कोच ने (ख) सूबेदार मेजर तिवारी ने
(ग) परिवार ने (घ) मित्र ने
उत्तर (ख) सूबेदार मेजर तिवारी ने

8. लेखक के अनुसार, खेल को किस भावना से नहीं खेलना चाहिए?
(क) हिंसा की (ख) क्रोध की
(ग) 'क' और 'ख' दोनों (घ) ये सभी
उत्तर (घ) ये सभी

9. लेखक ने किस ओलंपिक में स्वर्ण पदक प्राप्त किया?
(क) बर्लिन ओलंपिक में
(ख) दोहा ओलंपिक में
(ग) रसिया ओलंपिक में
(घ) इंग्लैंड ओलंपिक में
उत्तर (क) बर्लिन ओलंपिक में

10. लेखक का परिवार बाद में कहाँ आकर बस गया ?
(क) जयपुर में (ख) ओडिशा में
(ग) झाँसी में (घ) प्रयागराज में
उत्तर (ग) झाँसी में

रिक्त स्थान भरें

1. नीचे दिए गए वाक्यों में रिक्त स्थानों की पूर्ति कीजिए
(i) लेखक .... रेजिमेंट की ओर से खेलते थे।
(ii) चोट लगने के बाद भी लेखक ने .... गोल किए।
(iii) .... में हॉकी खेलने का समय निश्चित नहीं था।
(iv) लेखक को वर्ष 1936 में .... बनाया गया।
(v) लेखक के अनुसार, खेल में .... पूरे देश की होती है।
उत्तर (i) पंजाब (ii) छः
(iii) छावनी (iv) कप्तान
(v) हार-जीत

सत्य-असत्य

1. नीचे दिए गए कथनों में से सत्य या असत्य कथन की पहचान कीजिए।
(i) लेखक ने प्रतिद्वंद्वी खिलाड़ी को चोट पहुँचाकर बदला लिया।
(ii) लेखक का परिवार प्रयाग से मुंबई चला गया।
(iii) लेखक के अनुसार, खेल भावना से सफलता मिलती है।
(iv) 16 वर्ष की उम्र में लेखक नौसिखिया खिलाड़ी था।
(v) लेखक ने हमेशा स्वयं गोल करने की कोशिश की।
उत्तर (i) असत्य (v) असत्य
(iii) सत्य (iv) सत्य
(v) असत्य

मिलान करें

1. पाठ में से चुनकर कुछ शब्द नीचे दिए गए हैं। अपने समूह में इन पर चर्चा कीजिए और इन्हें इनके सही अर्थों या संदर्भों से मिलाइए।

	शब्द		अर्थ या संदर्भ
1.	धक्का-मुक्की	1.	खिलाड़ी के खेलने की शुरुआती स्थिति, जिसे खेल का कोई अनुभव न हो।
2.	खेल भावना	2.	खेल में सफलता प्राप्त करने के लिए की गई मेहनत और समर्पण।
3.	नौसिखिया खिलाड़ी	3.	खेल के मैदान में खिलाड़ियों के बीच शारीरिक संघर्ष और टकराव की घटनाएँ।
4.	साधना	4.	खेल के प्रति सही और सकारात्मक दृष्टिकोण, जिसमें हार-जीत की बजाय खेल को आनंद के साथ सही भावना से खेलना।

उत्तर 1-3; 2-4; 3-1; 4-2

गद्यांश पर आधारित प्रश्न

निम्नलिखित गद्यांशों को पढ़कर उन पर आधारित प्रश्नों के उत्तर दीजिए

गद्यांश 1

वर्ष 1933 की बात है। उन दिनों में मैं पंजाब रेजिमेंट की ओर से खेला करता था। एक दिन 'पंजाब रेजिमेंट' और 'सैंपर्स एंड माइनर्स' टीम के बीच मुकाबला हो रहा था। 'माइनर्स टीम' के खिलाड़ी मुझसे गेंद छीनने की कोशिश करते, लेकिन उनकी हर कोशिश बेकार जाती। इतने में एक खिलाड़ी ने गुस्से में आकर हॉकी स्टिक मेरे सिर पर दे मारी। मुझे मैदान से बाहर ले जाया गया।

1. गद्यांश के अनुसार, लेखक वर्ष 1933 में किस टीम के लिए खेलते थे?

(क) सैंपर्स एंड माइनर्स (ख) पंजाब रेजिमेंट
(ग) माइनर्स टीम (घ) किसी अन्य टीम

उत्तर (ख) पंजाब रेजिमेंट

2. किस टीम के खिलाड़ी लेखक से गेंद छीनने की कोशिश कर रहे थे?

(क) ब्राह्मण रेजिमेंट (ख) पंजाब रेजिमेंट
(ग) बंगाल रेजिमेंट (घ) सैंपर्स एंड माइनर्स

उत्तर (घ) सैंपर्स एंड माइनर्स

3. कथन (A) माइनर्स टीम के खिलाड़ी ने आसानी से लेखक से गेंद छीन ली।

कारण (R) खिलाड़ी ने क्रोधवश लेखक को हॉकी स्टिक मारी।

कूट

(क) कथन A और कारण R दोनों सही हैं तथा कारण R, कथन A की सही व्याख्या करता है।
(ख) कथन A और कारण R दोनों सही हैं, परंतु कारण R, कथन A की सही व्याख्या नहीं करता है।
(ग) कथन A सही है, किंतु कारण R गलत है।
(घ) कथन A गलत है, किंतु कारण R सही है।

उत्तर (घ) कथन A गलत है, किंतु कारण R सही है।

4. वर्ष 1933 में लेखक की टीम का मुकाबला किस टीम से हुआ था?

उत्तर वर्ष 1933 में लेखक की टीम का मुकाबला सैंपर्स एंड माइनर्स टीम से हुआ था।

5. 'सैंपर्स एंड माइनर्स' के खिलाड़ी लेखक से क्या चाहते थे? **CBQ**

उत्तर 'सैंपर्स एंड माइनर्स' के खिलाड़ी लेखक से गेंद छीनना चाहते थे। उन्होंने इसके लिए कई प्रयास किए, लेकिन सभी प्रयास विफल रहे और अंत में गुस्से में आकर लेखक को चोट पहुँचा दी।

6. लेखक को मैदान से बाहर क्यों ले जाया गया?

उत्तर जब 'सैंपर्स एंड माइनर्स' टीम के एक खिलाड़ी ने गुस्से में आकर लेखक के सिर पर हॉकी स्टिक से मारा, तो उनके सिर में चोट लग गई। चोट लगने के कारण लेखक को मैदान से बाहर ले जाया गया।

गद्यांश 2

थोड़ी देर बाद मैं पट्टी बाँधकर फिर मैदान में आ पहुँचा। आते ही मैंने उस खिलाड़ी की पीठ पर हाथ रखकर कहा, "तुम चिंता मत करो, इसका बदला मैं जरूर लूँगा।" मेरे इतना कहते ही वह खिलाड़ी घबरा गया। अब हर समय मुझे ही देखता रहता कि मैं कब उसके सिर पर हॉकी स्टिक मारने वाला हूँ।

मैंने एक के बाद एक झटपट छः गोल कर दिए। खेल खत्म होने के बाद मैंने फिर उस खिलाड़ी की पीठ थपथपाई और कहा, "दोस्त, खेल में इतना गुस्सा अच्छा नहीं। मैंने तो अपना बदला ले ही लिया है। अगर तुम मुझे हॉकी नहीं मारते तो शायद मैं तुम्हें दो ही गोल से हराता।" वह खिलाड़ी सचमुच बड़ा शर्मिंदा हुआ। तो देखा आपने मेरा बदला लेने का ढंग? सच मानो, बुरा काम करने वाला आदमी हर समय इस बात से डरता रहता है कि उसके साथ भी बुराई की जाएगी।

1. चोट लगने के बाद लेखक ने क्या किया?

(क) मैदान छोड़ दिया
(ख) पुलिस में शिकायत की
(ग) पट्टी बाँधकर मैदान में लौट आए
(घ) विपक्षी खिलाड़ी को मारा

उत्तर (ग) पट्टी बाँधकर मैदान में लौट आए

2. मैदान में वापसी के बाद लेखक ने विपक्षी खिलाड़ी से क्या कहा?

(क) "तुम बहुत अच्छे खिलाड़ी हो"
(ख) "तुम चिंता मत करो, इसका बदला मैं जरूर लूँगा।"
(ग) "तुम्हें हॉकी नहीं खेलनी चाहिए"
(घ) "तुम्हें बुरा नहीं मानना चाहिए"

उत्तर (ख) "तुम चिंता मत करो, इसका बदला मैं जरूर लूँगा।"

3. खेल समाप्त होने के बाद लेखक ने खिलाड़ी से क्या कहा?

(क) "तुम बहुत अच्छे हो।"

(ख) "तुम्हें मुझसे डरना चाहिए।"

(ग) "मैंने तो अपना बदला ले ही लिया है।"

(घ) "तुम मुझे नहीं हरा सकते।"

उत्तर (ग) "मैंने तो अपना बदला ले ही लिया है।"

4. लेखक के अनुसार, बुरा काम करने वाले को क्या भय सताता है?

उत्तर लेखक के अनुसार, बुरा काम करने वाला व्यक्ति प्रत्येक समय इस बात से डरता रहता है कि उसके साथ भी बुराई की जाएगी। यह भय उसे हमेशा सताता रहता है।

5. लेखक ने प्रतिद्वंद्वी खिलाड़ी से अपना बदला कैसे लिया? **CBQ**

उत्तर लेखक ने पट्टी बाँधकर मैदान में वापसी की और अपने उत्कृष्ट खेल का प्रदर्शन करके झटपट छः गोल कर दिए और अपनी टीम को जीत दिला दी। इस प्रकार उन्होंने प्रतिद्वंद्वी खिलाड़ी से अपना बदला लिया।

6. लेखक का बदला लेने का तरीका कैसा था?

उत्तर लेखक का बदला लेने का तरीका अहिंसक और खेल भावना से परिपूर्ण था। उन्होंने शारीरिक हिंसा का जवाब खेल कौशल और धैर्य से दिया। छः गोल करके उन्होंने अपने प्रतिद्वंद्वी को न केवल खेल में मात दी, बल्कि खेल भावना का भी परिचय दिया।

गद्यांश 3

आज मैं जहाँ भी जाता हूँ बच्चे व बूढ़े मुझे घेर लेते हैं और मुझसे मेरी सफलता का राज जानना चाहते हैं। मेरे पास सफलता का कोई गुरु-मंत्र तो है नहीं। हर किसी से यही कहता कि लगन, साधना और खेल भावना ही सफलता के सबसे बड़े मंत्र हैं।

मेरा जन्म वर्ष 1904 में प्रयाग में एक साधारण परिवार में हुआ। बाद में हम झाँसी आकर बस गए। 16 साल की उम्र में मैं 'फर्स्ट ब्राह्मण रेजिमेंट' में एक साधारण सिपाही के रूप में भर्ती हो गया। मेरी रेजिमेंट का हॉकी खेल में काफी नाम था । पर खेल में मेरी कोई रुचि नहीं थी।

उस समय हमारी रेजिमेंट के सूबेदार मेजर तिवारी थे। वे बार-बार मुझे हॉकी खेलने के लिए कहते। हमारी छावनी में हॉकी खेलने का कोई निश्चित समय नहीं था। सैनिक जब चाहे मैदान में पहुँच जाते और अभ्यास शुरू कर देते। उस समय तक मैं एक नौसिखिया खिलाड़ी था।

1. लेखक की उम्र कितनी थी, जब वह रेजिमेंट में भर्ती हुआ?

(क) 14 साल (ख) 16 साल

(ग) 18 साल (घ) 20 साल

उत्तर (ख) 16 साल

2. लेखक के रेजिमेंट के सूबेदार कौन थे?

(क) मेजर सिंह (ख) मेजर शर्मा

(ग) मेजर यादव (घ) मेजर तिवारी

उत्तर (घ) मेजर तिवारी

3. सूबेदार मेजर तिवारी ने लेखक को किसके लिए प्रेरित किया?

(क) युद्ध करने के लिए (ख) हॉकी खेलने के लिए

(ग) छावनी की रक्षा के लिए (घ) देश की रक्षा के लिए

उत्तर (ख) हॉकी खेलने के लिए

4. लेखक के अनुसार, सफलता का सबसे बड़ा मंत्र क्या है? **CBQ**

उत्तर लेखक के अनुसार, सफलता का सबसे बड़ा मंत्र लगन, साधना और खेल भावना है। लेखक के विचार में, ये तीन तत्त्व किसी भी व्यक्ति को अपने लक्ष्य तक पहुँचाने में सहायक हो सकते हैं।

5. गद्यांश के अनुसार लेखक उस समय हॉकी में किस स्तर का खिलाड़ी था?

उत्तर लेखक उस समय एक नौसिखिया खिलाड़ी था। इसका तात्पर्य है कि लेखक को हॉकी खेल में अनुभव या विशेष रुचि नहीं थी। यह उनकी प्रारंभिक अवस्था को दर्शाता है, जब उन्होंने खेल में भाग लेना शुरू किया था।

6. रेजिमेंट में हॉकी खिलाड़ियों को क्या सुविधा दी गई थी?

उत्तर रेजिमेंट में हॉकी खिलाड़ियों को उनकी सुविधानुसार किसी भी समय अभ्यास करने की सुविधा दी गई थी। गद्यांश के अनुसार रेजिमेंट में हॉकी खेलने का कोई निश्चित समय नहीं था। सैनिक अपनी सुविधा के अनुसार मैदान में जाकर अभ्यास कर सकते थे।

अतिलघु उत्तरीय प्रश्न

1. लेखक के अनुसार, उन दिनों खेल के मैदान में कैसी घटनाएँ होती रहती थीं?

उत्तर लेखक के अनुसार, उन दिनों खेल के मैदान में धक्का-मुक्की की घटनाएँ होती रहती थीं।

2. वर्ष 1933 में 'पंजाब रेजिमेंट' का मुकाबला किसके साथ हुआ?

उत्तर वर्ष 1933 में 'पंजाब रेजिमेंट' का मुकाबला 'सैंपर्स एंड माइनर्स टीम' के साथ हुआ।

3. लेखक को चोट कैसे लग गई?

उत्तर एक माइनर्स टीम के खिलाड़ी ने गुस्से में आकर लेखक के सिर पर हॉकी स्टिक दे मारी, जिसके कारण उन्हें चोट लग गई।

4. लेखक का खेल में छः गोल करना क्या दर्शाता है?

उत्तर लेखक का खेल में एकसाथ छः गोल करना उनकी खेल क्षमता के प्रमाण को दर्शाता है।

5. लेखक को कौन घेरकर उनसे उनकी सफलता का राज जानना चाहते हैं?

उत्तर बच्चे और बूढ़े सभी लेखक को घेरकर उनसे उनकी सफलता का राज जानना चाहते हैं।

6. लेखक ने प्रतिद्वंद्वी पक्ष को हिंसा का प्रत्युत्तर किस प्रकार दिया?

उत्तर लेखक ने प्रतिद्वंद्वी पक्ष को हिंसा का प्रत्युत्तर अपनी क्षमता व संयम से दिया।

7. सच्चे खिलाड़ी की क्या पहचान बताई गई है?

उत्तर सच्चे खिलाड़ी की पहचान खेल कौशल व धैर्य की भावना है।

8. लेखक ने खिलाड़ी को क्या सीख दी?

उत्तर लेखक ने खिलाड़ी को सीख दी कि खेल में गुस्सा करना अच्छा नहीं और इसे खेल भावना के साथ खेलना चाहिए।

लघु उत्तरीय प्रश्न

1. लेखक ने पंजाब रेजिमेंट की ओर से कौन-सा खेल खेला? घटना सहित वर्णन कीजिए।

उत्तर लेखक ने पंजाब रेजिमेंट की ओर से हॉकी खेला। वे वर्ष 1933 में 'सैंपर्स एंड माइनर्स' टीम के खिलाफ मुकाबला कर रहे थे, जहाँ एक खिलाड़ी ने गुस्से में आकर उनके सिर पर हॉकी स्टिक मार दी। इस घटना के बाद उन्होंने मैदान में लौटकर उत्कृष्ट खेल का प्रदर्शन किया और छः गोल किए।

2. खेल समाप्त होने के बाद लेखक ने प्रतिद्वंदी खिलाड़ी की पीठ क्यों थपथपाई? **CBQ**

उत्तर खेल समाप्त होने के बाद लेखक ने फिर उस खिलाड़ी की पीठ थपथपाई और कहा, "दोस्त, खेल में इतना गुस्सा अच्छा नहीं। मैंने तो अपना बदला ले ही लिया है। यदि तुम मुझे हॉकी नहीं मारते तो शायद मैं तुम्हें दो ही गोल से हराता।" वह खिलाड़ी वास्तव में बड़ा शर्मिंदा हुआ।

3. लेखक का जीवन और खेल के प्रति कैसा दृष्टिकोण था?

उत्तर लेखक का जीवन और खेल के प्रति समर्पित और सकारात्मक दृष्टिकोण था। वे खेल को व्यक्तिगत जीत-हार की बजाय पूरे देश की प्रतिष्ठा से जोड़कर देखते थे। वे खेल में अनुशासन, खेल भावना और टीमवर्क को महत्त्वपूर्ण मानते थे।

4. प्रतिद्वंदी खिलाड़ी शर्मिंदा क्यों हुआ? स्पष्ट कीजिए। **CBQ**

उत्तर प्रतिद्वंद्वी खिलाड़ी शर्मिंदा हुआ, क्योंकि उसने गुस्से में आकर लेखक के सिर पर हॉकी स्टिक मार दी थी, जिससे लेखक घायल हो गया था। फिर भी लेखक ने खेल में उत्कृष्ट प्रदर्शन करते हुए छः गोल किए और हिंसा के अतिरिक्त खेल भावना दिखाते हुए उस खिलाड़ी को सांत्वना दी। लेखक की इस उदारता और अनुशासन ने प्रतिद्वंद्वी खिलाड़ी को उसकी गलती का एहसास कराया, जिससे वह शर्मिंदा महसूस करने लगा।

5. लेखक सफलता के मूलमंत्र के लिए क्या कहते हैं?

उत्तर लेखक के अनुसार, उनकी सफलता का कोई विशिष्ट मंत्र नहीं है। लेखक की सफलता का मूलमंत्र है लगन, साधना और खेल भावना। वे कहते हैं कि सफलता के लिए निरंतर मेहनत और समर्पण आवश्यक हैं। लगन से किसी भी लक्ष्य को पाने की इच्छा, साधना से निरंतर अभ्यास और कौशल में निपुणता आती है। खेल भावना से खेल में अनुशासन और सहानुभूति विकसित होती है।

6. लेखक को हॉकी खेलने के लिए किसने प्रोत्साहित किया?

उत्तर लेखक 16 वर्ष की आयु में 'फर्स्ट ब्राह्मण रेजिमेंट' में साधारण सिपाही के रूप में भर्ती हुए। शुरुआत में उनकी खेल में कोई रुचि नहीं थी, लेकिन रेजिमेंट के सूबेदार मेजर तिवारी ने उन्हें हॉकी खेलने के लिए प्रोत्साहित किया, जिससे उनके खेल में सुधार हुआ। वे जब चाहे मैदान में पहुँच जाते और अभ्यास शुरू कर देते।

7. लेखक के हॉकी खेलने के ढंग से वे क्या कहलाए गए?

उत्तर बर्लिन ओलंपिक में लोग लेखक के हॉकी खेलने के ढंग से इतने प्रभावित हुए कि उन्होंने लेखक को 'हॉकी का जादूगर' कहना शुरू कर दिया। बर्लिन ओलंपिक वर्ष 1936 में उन्होंने खेल में अद्वितीय कौशल, गेंद पर असाधारण नियंत्रण और रणनीतिक सूझ-बूझ का प्रदर्शन करके भारतीय टीम को स्वर्ण पदक दिलाया।

8. खेल के मैदान में लेखक की निःस्वार्थ भावना को स्पष्ट कीजिए **CBQ**

उत्तर खेल के मैदान में लेखक की हमेशा यह कोशिश रहती कि वे गेंद को गोल के पास ले जाकर अपने किसी साथी खिलाड़ी को दे दे, जिससे उस साथी खिलाड़ी को गोल करने का श्रेय मिल जाए। लेखक की इसी खेल भावना और निस्वार्थता के कारण लेखक ने दुनिया के खेल प्रेमियों का दिल जीत लिया।

दीर्घ उत्तरीय प्रश्न

1. लेखक ने कहा कि हार या जीत उनकी अर्थात् किसी एक की नहीं, बल्कि पूरे देश की होती है। इस विचारधारा के संदर्भ में आप कैसे समझाएँगे कि व्यक्तिगत प्रयासों का व्यापक प्रभाव समाज या देश पर कैसे पड़ता है? **CBQ**

उत्तर लेखक का मानना है कि खेल में हार या जीत केवल व्यक्तिगत नहीं, बल्कि पूरे देश की होती है। यह विचारधारा इस तथ्य को रेखांकित करती है कि किसी भी व्यक्ति की उपलब्धियाँ समाज या देश की प्रतिष्ठा से जुड़ी होती हैं। जब एक खिलाड़ी उत्कृष्ट प्रदर्शन करता है, तो वह न केवल अपने लिए, बल्कि अपने देश के लिए भी गौरव का स्रोत बनता है। यह राष्ट्र की एकता और गर्व की भावना को भी मजबूत करता है। व्यक्तिगत प्रयासों से समाज में प्रेरणा और सकारात्मकता फैलती है, जिससे अन्य लोग भी अपनी क्षमताओं को पहचानते हुए अधिक मेहनत करने के लिए प्रेरित होते हैं। इसके परिणामस्वरूप देश का समग्र विकास के साथ-साथ प्रतिष्ठा भी बढ़ती है।

2. लेखक के खेल के प्रति दृष्टिकोण और अनुभव से हमें क्या सिखने को मिलता है? **CBQ**

उत्तर लेखक के खेल के प्रति दृष्टिकोण और अनुभव से हमें अनुशासन, संयम और खेल भावना का महत्त्व सीखने को मिलता है। उन्होंने खेल में अनुशासन और निःस्वार्थता के साथ खेलते हुए व्यक्तिगत उपलब्धियों को टीम की सफलता के लिए त्याग दिया। उनका यह दृष्टिकोण न केवल खेल के मैदान में ही नहीं, बल्कि सामान्य जीवन में भी फलीभूत होता है। यह हमें सिखाती है कि हमें अपने व्यक्तिगत लाभ की जगह समुदाय या टीम की भलाई को प्राथमिकता देनी चाहिए। उनके अनुभव से यह भी सीखने को मिलता है कि विपरीत परिस्थितियों में संयम और धैर्य से कार्य करना चाहिए, जो जीवन में सफलता और संतुलन के लिए आवश्यक है।

3. चोट लगने के पश्चात् भी लेखक ने खेल को प्राथमिकता दी। यह सोच और व्यवहार क्या दर्शाता है?

उत्तर चोट लगने के बाद भी खेल को प्राथमिकता देने से लेखक की दृढ़ता, समर्पण और खेल के प्रति सच्ची निष्ठा का परिचय मिलता है। उन्होंने दिखाया कि कैसे कठिनाइयों का सामना करते हुए भी अपनी जिम्मेदारी को निभाना चाहिए और खेल की भावना को बनाए रखना चाहिए।

यह दिखाता है कि किसी भी खेल में केवल जीत ही महत्त्वपूर्ण नहीं, बल्कि खेल के प्रति सम्मान और धैर्य भी उतने ही महत्त्वपूर्ण हैं। उनकी सोच अनुकरणीय है, क्योंकि यह न केवल उनकी दृढ़ इच्छाशक्ति को दर्शाती है, बल्कि यह भी बताती है कि वे अपने कर्त्तव्यों के प्रति कितने प्रतिबद्ध हैं।

4. लेखक ने 'माइनर्स टीम' के खिलाड़ी को गुस्से से मारने के बजाय कैसी प्रतिक्रिया दी? इस घटना का प्रतिद्वंद्वी खिलाड़ी के मनोबल पर क्या प्रभाव पड़ा?

उत्तर लेखक ने गुस्से में आकर खिलाड़ी को मारने के बजाय आत्म-नियंत्रण और खेल भावना का प्रदर्शन किया। उन्होंने मैदान में आकर शानदार खेल दिखाया और एक के बाद एक छः गोल कर दिए, जिससे प्रतिद्वंद्वी खिलाड़ी शर्मिंदा हुआ।

इस घटना से प्रतिद्वंद्वी खिलाड़ी का मनोबल टूट गया और उसे समझ में आया कि गुस्से में किया गया कार्य केवल स्वयं को नुकसान पहुँचाता है। लेखक ने प्रतिद्वंद्वी खिलाड़ी को दिखा दिया कि शांतिपूर्ण और प्रभावशाली तरीके से भी अपना विरोध व्यक्त किया जा सकता है।

5. लेखक के अनुसार, खेल में गुस्सा क्यों नहीं करना चाहिए तथा इसका खेल के परिणामों पर क्या प्रभाव पड़ता है? **CBQ**

उत्तर लेखक के अनुसार, खेल में गुस्सा नहीं करना चाहिए, क्योंकि गुस्सा केवल खेल की गुणवत्ता को प्रभावित करता है और खिलाड़ी की एकाग्रता को कम करता है। गुस्से में होने पर खिलाड़ी अपने खेल पर ध्यान नहीं दे पाता और उसके प्रदर्शन में कमी आ जाती है। लेखक ने दिखाया कि शांत रहकर और खेल भावना को बनाए रखते हुए बेहतर परिणाम प्राप्त किए जा सकते हैं। गुस्सा केवल प्रतिशोध और अराजकता को जन्म देता है, जो खेल की मूल भावनाओं को आहत करता है।

6. लेखक ने बर्लिन ओलंपिक में कौन-सी विशेष भूमिका निभाई?

उत्तर लेखक ने बर्लिन ओलंपिक 1936 में भारतीय हॉकी टीम के कप्तान के रूप में विशेष भूमिका निभाई। उनके नेतृत्व में भारतीय टीम ने शानदार प्रदर्शन करते हुए स्वर्ण पदक जीता। लेखक के उत्कृष्ट खेल-कौशल और रणनीतिक दृष्टिकोण ने उन्हें 'हॉकी का जादूगर' का खिताब दिलाया।

उन्होंने अपनी खेल भावना और नेतृत्व क्षमता दिखाते हुए खेल के दौरान अपनी टीम के अन्य खिलाड़ियों को गोल करने का अवसर देने पर जोर दिया। उनके प्रयासों ने भारतीय हॉकी को विश्व स्तर पर पहचान दिलाई।

व्याकरण आधारित प्रश्न

1. दिए गए वर्णों को सही क्रम में लिखकर सार्थक शब्द बनाइए

(i) ब जा पं (ii) ला ड़ी खि
(iii) क ट स्टि (iv) दू जा + र + ग
(v) ट जि रे में (vi) स्‍ पी ल च दि

उत्तर (i) पंजाब (ii) खिलाड़ी (iii) स्टिक
(iv) जादूगर (v) रेजिमेंट (vi) दिलचस्पी

2. दिए गए शब्द के लिए उचित विशेषण शब्द लिखिए।

(i) साधारण सिपाही (ii) नौसिखिया खिलाड़ी
(iii) निश्चित समय (iv) स्वर्ण पदक
(v) छः गोल

उत्तर (i) साधारण सिपाही (ii) नौसिखिया (iii) निश्चित
(iv) स्वर्ण (v) छः

स्व-मूल्यांकन

बहुविकल्पीय प्रश्न

1. मेजर ध्यानचंद को 'हॉकी का जादूगर' किस ओलंपिक के दौरान कहा गया?
(क) 1932 लॉस एंजिल्स ओलंपिक
(ख) 1936 बर्लिन ओलंपिक
(ग) 1928 एम्स्टर्डम ओलंपिक
(घ) 1948 लंदन ओलंपिक

2. मेजर ध्यानचंद ने अपनी खेल भावना से किन्हें प्रभावित किया?
(क) अपने कोच को (ख) प्रतिद्वंद्वी टीम को
(ग) दुनिया के खेल प्रेमियों को (घ) अपने परिवार को

3. मेजर ध्यानचंद हॉकी का जादूगर हैं क्योंकि
(क) उनके पास जादू की छड़ी थी।
(ख) वह सारे गोल करते थे।
(ग) वह खेल के प्रति प्रतिबद्ध थे।
(घ) वह सबसे तेज दौड़ते थे।

4. मेजर ध्यानचंद को कप्तान कब बनाया गया?
(क) वर्ष 1932 में (ख) वर्ष 1936 में
(ग) वर्ष 1940 में (घ) वर्ष 1928 में

गद्यांश आधारित प्रश्न

खेल भावना ही सफलता के सबसे बड़े मंत्र हैं। मेरा जन्म वर्ष 1904 में प्रयाग में एक साधारण परिवार में हुआ। बाद में हम झाँसी आकर बस गए। 16 वर्ष की उम्र में मैं 'फर्स्ट ब्राह्मण रेजिमेंट' में एक साधारण सिपाही के रूप में भर्ती हो गया। मेरी रेजिमेंट का हॉकी खेल में काफी नाम था । पर खेल में मेरी कोई दिलचस्पी नहीं थी। उस समय हमारी रेजिमेंट के सूबेदार मेजर तिवारी थे। वे बार-बार मुझे हॉकी खेलने के लिए कहते। हमारी छावनी में हॉकी खेलने का कोई निश्चित समय नहीं था। सैनिक जब चाहे मैदान में पहुँच जाते और अभ्यास शुरू कर देते। उस समय तक मैं एक नौसिखिया खिलाड़ी था।

1. बच्चे व बूढ़े मेजर ध्यानचंद से क्या जानना चाहते थे?
(क) सफलता का राज (ख) जवान रहने का राज
(ग) खुश होने का राज (घ) नौकरी मिलने का राज

2. सैनिक अपना अभ्यास कब शुरू करते थे?
(क) प्रातः काल में
(ख) जब मैदान में पहुँच जाते थे
(ग) शाम के समय
(घ) उपर्युक्त सभी

3. लेखक की रेजिमेंट में किस खेल में काफी नाम था?
(क) क्रिकेट में
(ख) धक्का-मुक्की में
(ग) हॉकी में
(घ) डांडी में

4. मेजर ध्यानचंद ने किस उम्र में सेना में भर्ती ली थी?

5. मेजर ध्यानचंद की खेल के प्रति कैसी दिलचस्पी थी?

6. मेजर ध्यानचंद का रेजिमेंट की हॉकी में क्या स्थान था?

अतिलघु उत्तरीय प्रश्न

1. मेजर ध्यानचंद का जन्म कब हुआ था?

2. मेजर ध्यानचंद का परिवार कहाँ बस गया था?

3. किस खिलाड़ी ने ध्यानचंद के सिर पर हॉकी स्टिक दे मारी?

4. बर्लिन ओलंपिक के समय मेजर ध्यानचंद किस पद पर कार्यरत थे?

लघु उत्तरीय प्रश्न

1. मेजर ध्यानचंद के मन में खेल के प्रति रुचि की भावना कैसे विकसित हुई?

2. मेजर ध्यानचंद ने खेल में अपनी खेल भावना का परिचय कैसे दिया?

3. ध्यानचंद ने अपनी खेल भावना से दुनिया के खेल प्रेमियों का दिल कैसे जीता?

दीर्घ उत्तरीय प्रश्न

1. बर्लिन ओलंपिक के दौरान मेजर ध्यानचंद के योगदान का विस्तार से वर्णन कीजिए।

2. मेजर ध्यानचंद की कहानी से आप क्या शिक्षा लेते हैं?

अध्याय 3

पहली बूँद गोपाल कृष्ण कौल

कविता का सार

प्रस्तुत कविता 'पहली बूंद' कवि 'गोपालकृष्ण कौल' द्वारा रचित है। इस कविता में कवि ने वर्षा ऋतु की प्रथम बूंद के धरती पर गिरने के सौंदर्य और उसके महत्त्व को वर्णित करते हुए बताया है कि जब पहली बूँद धरती पर गिरती है, तो किस प्रकार जीवन का संचार होता है, धरती से अंकुर फूट पड़ते हैं और सूखी धरती की प्यास बुझ जाती है। उसके बाद चारों ओर हरियाली छा जाती है।

ऐसा लगता है कि वर्षा की बूँदें धरती के सूखे होठों पर अमृत बनकर गिरी हैं, जिससे बेजान और सूखी धरती को नया जीवन मिल गया हो। धरती की रोमावलि (हरी-दूब) बारिश की पहली बूँद से प्रसन्न और रोमांचित होकर मुस्कुरा उठती है। नीला आकाश नीली आँखों की तरह है और उनमें काले बादल नीली-नीली आँखों की काली पुतलियों की तरह लग रहे हैं। ऐसा प्रतीत हो रहा है, जैसे बादल धरती के दु:ख में दु:खी होकर वर्षा रूपी आँसू बहा रहा है। वर्षा का प्रेम पाकर धरती की प्यास बुझ जाती है और धरती के मन में फिर से हरा-भरा होने की इच्छा जाग जाती है।

काव्यांशों की विस्तृत व्याख्या

काव्यांश 1

वह पावस का प्रथम दिवस जब,
पहली बूँद धरा पर आई।
अंकुर फूट पड़ा धरती से,
नव-जीवन की ले अँगड़ाई।
धरती के सूखे अधरों पर,
गिरी बूँद अमृत-सी आकर।
वसुंधरा की रोमावलि-सी,
हरी-दूब पुलकी-मुसकाई।
पहली बूँद धरा पर आई।।

शब्दार्थ **पावस**-वर्षा ऋतु, **दिवस**-दिन, **धरा**-धरती, पृथ्वी, **अंकुर**-पौधे का छोटा-सा नवांकुर, **अधर**-होंठ, **अमृत**-दिव्य पेय, वह पेय पदार्थ जिसके पीने से जीव अमर हो जाता है, **वसुंधरा**-धरती, पृथ्वी, **रोमावलि**-रोयों की पंक्ति, **पुलकी-मुसकाई**-पुलकित और मुस्कुराई, खुशी और प्रसन्नता का भाव।

संदर्भ प्रस्तुत पंक्तियाँ हमारी पाठ्यपुस्तक 'मल्हार' में संकलित 'पहली बूँद' कविता से ली गई है। इसके रचयिता महाकवि 'गोपालकृष्ण कौल' हैं।

प्रसंग कवि ने वर्षा ऋतु की पहली बूँद के धरती पर गिरने के प्रभाव और महत्त्व का वर्णन किया है, जिसमें सूखी धरती वर्षा की बूँदों से नव-जीवन पाकर हरी-भरी हो जाती है, साथ ही प्रकृति में एक नए उत्साह का संचार हो जाता है।

व्याख्या प्रस्तुत कविता में कवि ने वर्षा ऋतु की पहली बूँद के धरती पर गिरने के दृश्य का अत्यंत मनोहर चित्रण किया है। कवि के अनुसार जब वर्षा की पहली बूँद धरती पर गिरती है और जैसे ही धरती से मिलती है, उसमें नव-जीवन का संचार हो जाता है। वर्षा का जल गिरते ही धरती के अंदर छिपे बीज में से अंकुर इस प्रकार फूटकर बाहर निकलते हैं, मानो वह बीज नव-जीवन पाकर अँगड़ाई लेकर जाग रहा है।

कवि कहते हैं कि धरती के सूखे होंठों पर बारिश की बूँद अमृत के समान गिरती है, जिससे ऐसा प्रतीत होता है कि बेजान और सूखी पड़ी धरती को नवीन जीवन मिल गया है अर्थात् यह धरती, जो सूखी और बंजर थी, वर्षा में बूँद के गिरने से जैसे अमृत से सिंचित हो गई है। सूखी धरती पर यह बूँद जीवनदायिनी बनकर गिरी, जिससे धरती की प्यास बुझ गई और उसे एक नया जीवन मिल गया। कवि ने धरती की छोटी-छोटी दूब को 'वसुंधरा की रोमावलि (रोएँ)' के रूप में देखा और कहा कि जैसे ही वर्षा की बूँदें धरती की हरी-दूब (हरि घास) के ऊपर गिरी तो वह प्रसन्न होकर मुस्कुरा उठी। इस प्रकार, वर्षा की पहली बूँद धरती के लिए नव-जीवन का संदेश लेकर आती है और उसे पुन: जीवित और हरा-भरा कर देती है।

विशेष

1. कवि ने वर्षा ऋतु का और प्रकृति का मनमोहक चित्रण किया है।
2. यहाँ कवि ने प्रकृति का मानवीकरण किया है।
3. वर्षा की बूँदों को जीवनदायिनी अमृत बताया गया है।

काव्यांश 2

आसमान में उड़ता सागर,
लगा बिजलियों के स्वर्णिम पर
बजा नगाड़े जगा रहे हैं,
बादल धरती की तरुणाई।
पहली बूँद धरा पर आई।।
नीले नयनों-सा यह अंबर,
काली पुतली-से ये जलधर।
करुणा-विगलित अश्रु बहाकर,
धरती की चिर-प्यास बुझाई।
बूढ़ी धरती शस्य-श्यामला
बनने को फिर से ललचाई।
पहली बूँद धरा पर आई।।

शब्दार्थ **स्वर्णिम**–सुनहरा या सोने जैसे रंग का, **पर**-पंख **नगाड़े**–ढोल (बादलों की गर्जना का संकेत), **तरुणाई**–यौवन-अवस्था या जवानी, **अंबर**–आकाश, **जलधर**–बादल, **विगलित अश्रु**–पिघले हुए आँसू, **चिर-प्यास**–बहुत दिनों की प्यास (सूखे की स्थिति), **शस्य-श्यामला**–हरी-भरी धरती, **ललचाई**–लालसा।

संदर्भ पूर्ववत्।

प्रसंग कवि ने वर्षा ऋतु के आगमन पर धरती में आए परिवर्तन और उसके सौंदर्य का वर्णन किया है।

व्याख्या प्रस्तुत पंक्तियों में कवि वर्षा की पहली बूँद के धरती पर गिरने के दृश्य को अत्यंत सजीवता और भावनात्मक गहराई के साथ प्रस्तुत करते हुए बताते हैं कि ऐसा प्रतीत हो रहा है मानो आकाश में जल से भरे हुए बादल बिजली के सुनहरे पंख लगाकर उड़ रहे हैं। आकाश और बादल नगाड़े बजाते हुए ऐसे प्रतीत हो रहे हैं, जैसे वह धरती की तरुणाई (जवानी) को जगाने का प्रयास कर रहे हैं।

कवि आगे कहते हैं कि नीला आकाश नीली आँखों के समान है, जबकि काले बादल उन आँखों की काली पुतली की तरह हैं। यहाँ कवि ने आकाश को 'नीले नयनों' जैसा और बादलों को 'काली पुतली' की तरह बताया है, जिसमें आकाश और बादलों के रंगों का सूक्ष्म वर्णन किया गया है। कवि कहते हैं कि ये बादल (धरती के दु:खों से दु:खी होने के कारण) करुणा से भरे हुए हैं और अपनी बूँदों के रूप में आँसू बहा रहे हैं और इन अश्रुरूपी बूँदों से धरती की चिरकालिक (बहुत पुरानी) प्यास बुझ गई है। इस प्रेमपूर्ण वर्षा के कारण बूढ़ी धरती के मन में फिर से हरी-भरी होने की लालसा जागृत हो जाती है अर्थात् यह धरती, जो पहले बंजर और सूखी थी, अब पुन: हरी-भरी होने के लिए लालायित हो उठी है। वर्षा की पहली बूँद के गिरते ही धरती में पुन: जीवन का संचार होता है और वह फिर से अपनी पुरानी हरियाली और समृद्धि की ओर लौटने को उत्सुक हो जाती है।

विशेष

1. कविता में कवि ने बादलों को उड़ते हुए समुद्र के रूप में प्रस्तुत किया है।
2. कवि ने आकाश को नीले नयन और बादलों को उसकी काली पुतली बताया है।
3. प्रकृति के विभिन्न तत्त्वों का मानवीकरण करके कविता को बहुत ही प्रभावशाली ढंग से प्रस्तुत किया है।

NCERT फोल्डर

पाठ्यपुस्तक के प्रश्नोत्तर

पाठ से

मेरी समझ से

(क) नीचे दिए गए प्रश्नों का सटीक उत्तर कौन-सा है? उसके सामने तारा (*) बनाइए

(i) कविता में 'नव-जीवन की ले अँगड़ाई' किसके लिए प्रयुक्त हुआ है?

• बादल • घोंसला • अंकुर(*)

(ii) "नीले नयनों-सा यह अंबर, काली पुतली-से ये जलधर" में काली पुतली' है

• बारिश की बूँदें • वृद्ध धरती
• नगाड़ा • बादल (*)

(ख) अब आप अपने मित्रों के साथ चर्चा कीजिए कि आपने ये उत्तर क्यों चुने?

उत्तर 'नव-जीवन की ले अँगड़ाई' के लिए 'अंकुर' का चयन सही है, क्योंकि कविता के अनुसार जब वर्षा की पहली बूँद धरती पर गिरती है और धरती में छिपे बीज में से अंकुर फूटने लगते हैं, मानो वह बीज नव-जीवन पाकर अँगड़ाई लेकर जाग रहा है।

'काली पुतली' के लिए 'बादल' का चयन सही है, क्योंकि कविता में "नीले नयनों-सा यह अंबर, काली पुतली-से ये जलधर" पंक्तियों में कवि ने नीले आकाश को नीली आँखों के रूप में और काले बादलों को उन आँखों की काली पुतली के रूप में चित्रित किया है।

'काली पुतली' के माध्यम से बादलों का वर्णन किया गया है, जो आकाश में स्थित हैं और आँखों के भीतर पुतली की तरह प्रतीत होते हैं।

मिलकर करें मिलान

कविता की कुछ पंक्तियाँ नीचे दी गई हैं। इन पंक्तियों में कुछ शब्द रेखांकित हैं। दाहिनी ओर रेखांकित शब्दों के भावार्थ दिए गए हैं। इनका मिलान कीजिए।

	कविता की पंक्तियाँ		भावार्थ
1.	आसमान में उड़ता सागर, लगा बिजलियों के स्वर्णिम पर	(i)	मेघ गर्जना
2.	बजा नगाड़े जगा रहे हैं, बादल धरती की तरुणाई	(ii)	बादल
3.	नीले नयनों-सा यह अंबर, काली पुतली-से ये जलधर।	(iii)	हरी दूब
4.	वसुंधरा की रोमावलि-सी, हरी दूब पुलकी-मुस्काई।	(iv)	आकाश

उत्तर 1-(ii), 2-(i), 3-(iv), 4-(iii)

पंक्तियों पर चर्चा

कविता में से चुनकर कुछ पंक्तियाँ नीचे दी गई हैं। इन्हें ध्यान से पढ़िए और इन पर विचार कीजिए। आपको इनका क्या अर्थ समझ में आया? अपने विचार कक्षा में अपने समूह में साझा कीजिए और अपनी लेखन पुस्तिका में लिखिए

- **"आसमान में उड़ता सागर, लगा बिजलियों के स्वर्णिम पर, बजा नगाड़े जगा रहे हैं, बादल धरती की तरुणाई।"**

उत्तर प्रस्तुत पंक्तियों में कवि ने कहा है कि आसमान में समुद्र के रूप में बादल जल बिजलियों के सुनहरे पंख लगाकर उड़ रहा है और बादल नगाड़े बजाते हुए ऐसे प्रतीत हो रहे हैं, जैसे वह धरती की तरुणाई अर्थात् जवानी को जगाने का प्रयास कर रहे हैं।

- **"नीले नयनों-सा यह अंबर, काली पुतली-से ये जलधर। करुणा-विगलित अश्रु बहाकर, धरती की चिर-प्यास बुझाई।"**

उत्तर प्रस्तुत पंक्ति में कवि ने नीले आकाश को नीली आँखों के समान बताया है, जबकि काले बादल उन आँखों की काली पुतली की तरह हैं। कवि कहते हैं कि ये बादल जो धरती के दु:खों से दु:खी हैं, करुणा से भरे हुए हैं और बूँदों के रूप में अपने आँसू बहा रहे हैं। इन अश्रुओं के माध्यम से धरती की चिरकालिक प्यास बुझ गई है।

सोच-विचार के लिए

कविता को एक बार फिर से पढ़िए और निम्नलिखित के बारे में पता लगाकर पुस्तिका में लिखिए

- **बारिश की पहली बूँद से धरती का हर्ष कैसे प्रकट होता है?**

उत्तर बारिश की पहली बूँद के धरती पर गिरते ही, धरती में जीवन का संचार हो जाता है। सूखी और बंजर पड़ी धरती, जो पहले बेजान-सी थी, बारिश की अमृत समान बूँदों का स्पर्श पाकर फिर से जीवित हो उठती है। कविता में अंकुर का फूटना, हरी दूब का मुस्कुराना और धरती के सूखे होंठों पर अमृत-सी बूँद गिरना, इन सभी के माध्यम से धरती के हर्ष को प्रकट किया गया है। यह हर्ष धरती के नव-जीवन की प्राप्ति और उसके पुन: हरी-भरी होने की इच्छा के रूप में प्रकट होता है।

- **कविता में आकाश और बादलों को किनके समान बताया गया है?**

उत्तर कविता में आकाश को 'नीले-नयनों' अर्थात् नीली आँखों के समान बताया गया है, जबकि बादलों को उन आँखों की 'काली पुतली' के रूप में चित्रित किया गया है। कवि ने प्रकृति के इन तत्त्वों का मानवीकरण करके, उनकी सुंदरता और गहराई को दर्शाने का प्रयास किया है।

कविता की रचना

- **"आसमान में उड़ता सागर, लगा बिजलियों के स्वर्णिम पर" कविता की इस पंक्ति का सामान्य अर्थ देखें तो समुद्र का आकाश में उड़ना असंभव होता है, लेकिन जब हम इस पंक्ति का भावार्थ समझते हैं, तो अर्थ इस प्रकार निकलता है- समुद्र का जल बिजलियों के सुनहरे पंख लगाकर आकाश में उड़ रहा है। ऐसे प्रयोग न केवल कविता की सुंदरता बढ़ाते हैं, बल्कि उसे आनंददायक भी बनाते हैं। इस कविता में ऐसे दृश्यों को पहचानें और उन पर चर्चा करें।**

उत्तर इस कविता में कई ऐसे अद्भुत और कल्पनाशील दृश्यों का वर्णन किया गया है, जो कविता की सुंदरता को बढ़ाते हैं और पाठकों के मन में एक गहरा प्रभाव छोड़ते हैं। यहाँ कुछ प्रमुख दृश्य दिए गए हैं

- **"आसमान में उड़ता सागर, लगा बिजलियों के स्वर्णिम पर"**

यहाँ बादलों को उड़ते हुए समुद्र के रूप में दिखाया गया है और बिजली को 'सुनहरे पंख' के रूप में। यह दृश्य कल्पना को नया आयाम देता है और एक साधारण बादल बिजली के दृश्य को असाधारण बनाता है।

- **"धरती के सूखे अधरों पर, गिरी बूँद अमृत-सी आकर"**

इस पंक्ति में कवि ने धरती के सूखे होंठों का मानवीकरण किया है, और वर्षा की पहली बूँद को अमृत के समान बताया है। यह दृश्य धरती के हर्ष और उसकी प्यास को अद्भुत रूप से व्यक्त करता है।

- **"वसुंधरा की रोमावलि-सी, हरी दूब पुलकी-मुसकाई"**

यहाँ धरती की हरियाली को रोमावलि (शरीर के रोमकूपों) के रूप में दर्शाया गया है और हरी दूब को मुस्कुराते हुए दिखाया गया है। यह दृश्य प्रकृति के सौंदर्य और जीवन के पुन: संचार का प्रतीक है।

- **"नीले नयनों-सा यह अंबर, काली पुतली-से ये जलधरा"**

इस पंक्ति में आकाश को नीली आँखों के रूप में और बादलों को काली पुतली के रूप में वर्णित किया गया है। यहाँ आकाश और बादलों के बीच के रंगों के संबंध को बहुत ही सुंदर ढंग से प्रस्तुत किया गया है।

शब्द एक अर्थ अनेक

- 'अंकुर फूट पड़ा धरती से, नव-जीवन की ले अँगड़ाई' कविता की इस पंक्ति में 'फूटने' का अर्थ पौधे का अंकुरण है। 'फूट' का प्रयोग अलग-अलग अर्थों में किया जाता है; जैसे-फूट डालना, घड़ा फूटना आदि। अब फूट शब्द का प्रयोग ऐसे वाक्यों में कीजिए, जहाँ इसके भिन्न-भिन्न अर्थ निकलते हों; जैसे-अंग्रेज़ों की नीति थी फूट डालो और राज करो।

उत्तर यहाँ 'फूट' शब्द का विभिन्न अर्थों में प्रयोग निम्नलिखित है

- **फूट डालना** अंग्रेज़ों की नीति थी फूट डालो और राज करो।
- **अंकुर फूटना** बगीचे में नए पौधों के अंकुर फूटने लगे हैं।
- **घड़ा फूटना** घड़ा फूट गया और सारा पानी बह गया।
- **फूट-फूटकर रोना** अपनी माँ को याद करते ही वह फूट-फूटकर रोने लगी।
- **फूट पड़ना (भावनाओं का विस्फोट)** उसके अंदर का गुस्सा अचानक फूट पड़ा।

अनेक शब्दों के लिए एक शब्द

- 'नीले नयनों-सा यह अंबर, काली पुतली-से ये जलधर' कविता की इस पंक्ति में जलधर' शब्द आया है। 'जलधर' दो शब्दों से बना है, जल और धर। इस प्रकार जलधर का शाब्दिक अर्थ हुआ जल को धारण करने वाला। बादल और समुद्र; दोनों ही जल धारण करते हैं। इसलिए दोनों जलधर हैं। वाक्य के संदर्भ या प्रयोग से हम जान सकेंगे कि जलधर का अर्थ समुद्र है या बादल। शब्दकोश या इंटरनेट की सहायता से 'धर' से मिलकर बने कुछ शब्द और उनके अर्थ ढूँढकर लिखिए।

उत्तर यहाँ 'धर' से मिलकर बने कुछ शब्द और उनके अर्थ निम्नलिखित हैं

- **जलधर** जल को धारण करने वाला अर्थात् बादल।
- **हलधर** हल को धारण करने वाला अर्थात् बलराम।
- **मणिधर** मणि (रत्न) को धारण करने वाला अर्थात् नाग।
- **श्रीधर** लक्ष्मी को धारण करने वाला अर्थात् विष्णु।
- **गिरिधर** पर्वत (गोवर्धन) को धारण करने वाला अर्थात् कृष्ण।
- **चक्रधर** चक्र को धारण करने वाला अर्थात् कृष्ण।

शब्द पहेली

- दिए गए शब्द-जाल में प्रश्नों के उत्तर खोजें

न	य	न	ल
गा	दू	ब	अं
ड़ा	अ	श्रु	ब
ज	ल	ध	र

(क) एक प्रकार का वाद्य यंत्र ....

(ख) आँख के लिए एक अन्य शब्द ....

(ग) जल को धारण करने वाला ....

(घ) एक प्रकार की घास ....

(ङ) आँसू का समानार्थी ....

(च) आसमान का समानार्थी शब्द ....

उत्तर (क) नगाड़ा (ख) नयन (ग) जलधर
(घ) दूब (ङ) अश्रु (च) अंबर

पाठ से आगे

आपकी बात

- **बारिश को लेकर प्रत्येक व्यक्ति का अनुभव भिन्न होता है। बारिश आने पर आपको कैसा लगता है? बताइए।**

उत्तर जब बारिश आती है, तो मुझे बहुत अच्छा लगता है। बारिश की बूँदें जब धरती पर गिरती हैं, तो उसकी सोंधी मिट्टी की खुशबू मन को बहुत भाती है। बारिश की रिमझिम आवाज़ एक शांत वातावरण निर्मित कर देती है और उसकी आवाज़ सुनकर मन खुश हो जाता है। मुझे बारिश में भीगना और पानी में कागज़ की नाव चलाना बहुत पसंद है। स्कूल से घर लौटते समय जब अचानक बारिश होती है, तो दोस्तों के साथ भीगते हुए रास्ते में दौड़ना बहुत पसंद है, इसीलिए बारिश का मौसम मुझे बहुत आनंदित करता है और मेरे मन को तरोताजा कर देता है।

- **आपको कौन-सी ऋतु सबसे अधिक प्रिय है और क्यों? बताइए।**

उत्तर मुझे वर्षा ऋतु सबसे अधिक प्रिय है, क्योंकि वर्षा ऋतु में मौसम बहुत ही खुशनुमा और ताज़गी से भरा होता है, जब गर्मी से सभी लोग थक जाते हैं, तब बारिश की ठंडी-ठंडी बूँदें हमें राहत प्रदान करती हैं और हमें एक नई ऊर्जा का एहसास कराती हैं। इस मौसम में पक्षियों का कलरव सुनाई देता है, चारों ओर हरियाली छा जाती है और पेड़-पौधे फिर से हरे-भरे हो जाते हैं, जिससे प्रकृति की सुंदरता और भी निखर जाती है।

मुझे बारिश में खेलना और भीगना बहुत पसंद है, जब आसमान में बादल घिर आते हैं और अचानक से बारिश शुरू हो जाती है, तब बाहर निकलकर बारिश की बूँदों का आनंद लेना बहुत अच्छा लगता है। कभी-कभी मैं दोस्तों के साथ कागज़ की नाव बनाकर वर्षा ऋतु का आनंद लेती हूँ। इसके अतिरिक्त, इस मौसम में घर पर परिवार वालों के साथ गर्मागर्म पकौड़े और चाय पीने का मजा भी अलग ही होता है।

समाचार के माध्यमों से

- **प्रत्येक मौसम समाचार के विभिन्न माध्यमों (इलेक्ट्रॉनिक या प्रिंट या सोशल मीडिया) के प्रमुख समाचारों में रहता है। संवाददाता कभी बाढ़ तो कभी सूखे या भीषण ठंड के समाचार देते दिखाई देते हैं। आप भी बन सकते हैं संवाददाता या लिख सकते हैं समाचार।**

अत्यधिक गर्मी, सर्दी या बारिश में आपने जो स्थिति देखी है उसका आँखों देखा हाल अपनी कक्षा में प्रस्तुत कीजिए।

उत्तर इस बार गर्मियों में जब तापमान 49 डिग्री सेल्सियस तक पहुँच गया था, तब मैंने देखा कि अत्यधिक गर्मी के कारण सड़कों पर कोई भी

व्यक्ति दिखाई नहीं दे रहा था, क्योंकि इस समय सभी लोग घरों में ही रहना पसंद कर रहे थे। कुछ लोग यदि बाहर दिखाई दे रहे थे तो उनके सिर पर टोपी थी या वे छाते का उपयोग कर रहे थे। पशु-पक्षी इस भीषण गर्मी में दिखाई नहीं दे रहे थे। गर्म हवाएँ लू चल रही थीं। सरकार द्वारा विद्यालयों के लिए अवकाश घोषित कर दिया गया था। बाजार में आइसक्रीम की दुकानों पर ठंडे पेय पदार्थों की दुकानों पर भीड़ एकत्रित थी। कई स्थानों पर बिजली की कटौती हो जाने के कारण लोग परेशान थे। सड़क पर सन्नाटा था।

सृजन

- **नाम देना भी सृजन है। ऊपर दिए गए चित्र को ध्यान से देखिए और इसे एक नाम दीजिए।**

उत्तर इस चित्र में एक रेगिस्तानी पौधा दिखाई दे रहा है, जो सूखी और कठिन परिस्थिति में भी जीवित है। हम इसका नाम ''रेगिस्तानी लिली'' या 'मरु पुष्प' रखेंगे, क्योंकि यह कठिन और शुष्क परिस्थिति में भी खिलता हुआ दिखाई दे रहा है।

इन्हें भी जानें

इस कविता में नगाड़े की ध्वनि का उल्लेख है- ''बजा नगाड़े जगा रहे हैं, बादल धरती की तरुणाई।'' नगाड़ा भारत का एक पारंपरिक वाद्ययंत्र है। कुछ वाद्ययंत्रों को उन पर चोट कर बजाया जाता है; जैसे- ढोलक, नगाड़ा, डमरू, डफली आदि।

नगाड़ा प्राय: लोक उत्सवों के अवसर पर बजाया जाता है। होली जैसे लोकपर्व के अवसर पर गाए जाने वाले गीतों में इसका प्रयोग होता है। नगाड़ों को जोड़े में भी बजाया जाता है, जिसमें एक की ध्वनि पतली तथा दूसरे की मोटी होती है।

खोजबीन

- **आपके यहाँ उत्सवों में कौन-से वाद्ययंत्र बजाए जाते हैं, अपने समूह में उस पर चर्चा करें।**

उत्तर हमारे क्षेत्र में उत्सवों के दौरान विभिन्न पारंपरिक वाद्ययंत्रों का प्रयोग किया जाता है। इनमें से कुछ प्रमुख वाद्ययंत्र निम्नलिखित हैं

- **ढोलक** इसे दोनों हाथों से बजाया जाता है। यह विशेष रूप से शादी, त्योहार और धार्मिक अवसरों पर बजाया जाता है।
- **डमरू** यह एक छोटा वाद्ययंत्र है, जिसे हाथ से बजाया जाता है। इसका प्रयोग अकसर धार्मिक अनुष्ठानों में किया जाता है।
- **बाँसुरी** यह एक तंतुवाद्य है, जिसे होंठों से बजाया जाता है। इसकी मधुर ध्वनि संगीत समारोहों और भजन-कीर्तन में सुनाई देती है।
- **नगाड़ा** यह भी एक प्रमुख वाद्ययंत्र है, जिसे पारंपरिक उत्सवों और मेलों में बजाया जाता है। इसे एक जोड़े में बजाया जाता है, जिसमें एक नगाड़े की ध्वनि पतली और दूसरे की मोटी होती है।
- **गिटार** यह वाद्ययंत्र अपने अँगूठे और दूसरी उँगलियों से अलग-अलग नोट्स से बाजाया जाता है। इसका उपयोग सामान्यत: पाश्चात्य संगीत उत्सवों और जश्न में किया जाता है।

इन वाद्ययंत्रों का प्रयोग उत्सवों में न केवल संगीत का आनंद बढ़ाता है, बल्कि सांस्कृतिक पहचान को भी दर्शाता है।

आइए इंद्रधनुष बनाएँ

- **बारिश की बूँदें न केवल जीव-जंतुओं को राहत पहुँचाती हैं, बल्कि धरती को हरा-भरा भी बनाती हैं। कभी-कभी ये बूँदें आकाश में बहुरंगी छटा बिखेरती हैं, जिसे 'इंद्रधनुष' कहा जाता है। आप भी एक सुंदर इंद्रधनुष बनाइए और उस पर एक छोटी-सी कविता लिखिए। इसे कोई प्यारा-सा नाम भी दीजिए।**

उत्तर इंद्रधनुष छात्र स्वयं बनाएँ।

कविता-इंद्रधनुष का जादू

रंगों की बूँदें गिरती, आकाश से उतर आईं,
धरा पर बिखरी छटा, जैसे रंगीन परतें बिछाईं।
नीला, हरा, पीला और लाल, सभी रंगों का प्यारा खेल,
इंद्रधनुष की इस छवि में छुपा है सुंदरता का मेल।
हर बूँद एक रंग भरती, आकाश में निखरती जाती,
धरती पर बनती रंगीन छाया, दिल को है छू जाती।
इंद्रधनुष के झिलमिलाते, रंगीले बाजार में,
इंद्रधनुष का जादू चल गया, देखो इस संसार में।

अभ्यास प्रश्न

बहुविकल्पीय व वर्णनात्मक प्रश्नों सहित

बहुविकल्पीय प्रश्न

1. कवि के अनुसार, वर्षा की पहली बूँद के धरती पर गिरने से क्या होता है?

(क) धरती सूख जाती है
(ख) धरती में नव-जीवन का संचार होता है
(ग) धरती पर फूल खिल जाते हैं
(घ) धरती जलमग्न हो जाती है

उत्तर (ख) धरती में नव-जीवन का संचार होता है

2. 'वसुंधरा की रोमावलि-सी' से कवि का तात्पर्य किससे है?

(क) धरती की वनस्पति से (ख) धरती की मिट्टी से
(ग) धरती की नदियों से (घ) धरती की हरी-दूब से

उत्तर (घ) धरती की हरी-दूब से

3. कवि ने आकाश और बादलों की तुलना किससे की है?

(क) समुद्र और नदी से (ख) सूरज और चाँद से
(ग) नीली आँखों और काली पुतली से (घ) पेड़ और पौधों से

उत्तर (ग) नीली आँखों और काली पुतली से

4. कवि ने वर्षा की बूँदों को किस रूप में प्रस्तुत किया है?

(क) आँसूओं के (ख) मोतियों के
(ग) जलाशयों के (घ) सितारों के

उत्तर (क) आँसूओं के

5. धरती के सूखे अधरों का क्या अर्थ है?

(क) सूखी झीलें (ख) सूखी पड़ी मिट्टी
(ग) बंजर वनस्पति (घ) नदी की धाराएँ

उत्तर (ख) सूखी पड़ी मिट्टी

6. धरती पर अंकुर फूटने का क्या संकेत है?

(क) जीवन का अंत (ख) नव-जीवन की शुरुआत
(ग) पतझड़ का आगमन (घ) सूखापन

उत्तर (ख) नव-जीवन की शुरुआत

7. वसुंधरा किसका प्रतीक है?

(क) आकाश का (ख) धरती का (ग) नदी का (घ) पर्वत का

उत्तर (ख)धरती का

8. कविता में कवि ने 'अमृत' किसे कहा है?

(क) चाँदनी को (ख) बारिश की पहली बूँद को
(ग) सूर्य की किरणों को (घ) ओस की बूँदों को

उत्तर (ख) बारिश की पहली बूँद को

रिक्त स्थान भरें

1. नीचे दिए गए वाक्यों में रिक्त स्थानों की पूर्ति कीजिए

(i) बारिश की पहली बूँद धरती के लिए .... का प्रतीक है।
(ii) नीले-नयनों-से तात्पर्य .... से है।
(iii) अंकुर फूटकर धरती के अंदर छिपे .... से बाहर निकलता है।
(iv) कवि के अनुसार, बूढ़ी धरती .... बनने के लिए फिर से ललचाई।
(v) वर्षा का .... पाकर धरती की प्यास बुझ जाती है।

उत्तर (i) नव-जीवन (ii) आकाश (iii) बीज
(iv) शस्य-श्यामला (v) प्रेम

सत्य-असत्य

1. नीचे दिए गए कथनों में से सत्य या असत्य कथन की पहचान कीजिए

(i) 'धरती की चिर-प्यास बुझाने' का अर्थ धरती की नमी को कम करना है।
(ii) बादल नगाड़े बजाकर धरती की तरुणाई को जगाने का प्रयास कर रहे हैं।
(iii) बूढ़ी धरती पुनः बंजर होने को लालायित है।
(iv) कवि ने आकाश को समुद्र के रूप में देखा है।
(v) वर्षा की बूँदें धरती की हरियाली को नष्ट कर देती हैं।

उत्तर (i) असत्य (ii) सत्य (iii) असत्य
(iv) सत्य (v) असत्य

मिलान करें

1. स्तंभ 1 और स्तंभ 2 में कुछ पंक्तियाँ दी गई हैं। सही पंक्तियों को रेखा खींचकर जोड़िए

	स्तंभ 1		स्तंभ 2
1.	वसुंधरा की रोमावलि	(i)	धरती की चिर-प्यास बुझाई
2.	बूढ़ी धरती शस्य-श्यामला	(ii)	हरी-दूब पुलकी-मुस्काई
3.	पहली बूँद	(iii)	धरा पर आई
4.	काली-पुतली	(iv)	से ये जलधर
5.	करुणा-विगलित अश्रु बहाकर	(v)	बनने को फिर से ललचाई

उत्तर 1-(ii); 2-(v); 3-(iii); 4-(iv); 5-(i)

काव्यांश पर आधारित प्रश्न

निम्नलिखित काव्यांशों को पढ़कर उन पर आधारित प्रश्नों के उत्तर दीजिए

काव्यांश 1

निम्नलिखित काव्यांश को पढ़कर उन पर आधारित प्रश्नों के उत्तर दीजिए

वह पावस का प्रथम दिवस जब,
पहली बूँद धरा पर आई।
अंकुर फूट पड़ा धरती से,
नव-जीवन की ले अँगड़ाई।
धरती के सूखे अधरों पर,
गिरी बूँद अमृत-सी आकर।
वसुंधरा की रोमावलि-सी,
हरी-दूब पुलकी-मुस्काई।
पहली बूँद धरा पर आई।।

1. प्रस्तुत काव्यांश में कवि ने किसका मनमोहक चित्रण किया है?

(क) प्रात: काल का (ख) सागर की ऊँचाई का
(ग) वर्षा ऋतु का (घ) अमृत पदार्थ का

उत्तर (ग) वर्षा ऋतु का

2. बारिश की पहली बूँद के धरती पर गिरते ही क्या होता है?

(क) बाढ़ आती है
(ख) धरती का तापमान बढ़ता है
(ग) अंकुर फूट पड़ते हैं
(घ) पेड़ गिरने लगते हैं

उत्तर (ग) अंकुर फूट पड़ते हैं

3. वर्षा की पहली बूँद हरी-दूब पर गिरने से क्या हुआ?

(क) हरी-दूब सूख गई
(ख) हरी-दूब जलमग्न हो गई
(ग) हरी-दूब पुलकित होकर मुसकाई
(घ) हरी-दूब पीली हो गई

उत्तर (ग) हरी-दूब पुलकित होकर मुसकाई

4. कविता के अनुसार, पहली बूँद धरती के लिए किसका संदेश लेकर आती है?

उत्तर कविता के अनुसार, वर्षा की पहली बूँद धरती के लिए नव-जीवन का संदेश लेकर आती है। यह बूँद सूखी और बंजर पड़ी धरती पर गिरते ही उसमें नई ऊर्जा का संचार करती है। अंकुर फूट पड़ते हैं और धरती की सूखी हरियाली पुन: जीवित हो जाती है। यह बूँद धरती को पुन: हरा-भरा बना देती है।

5. "हरी दूब पुलकी-मुसकाई" पंक्ति का क्या अर्थ है?

उत्तर हरी दूब पुलकी-मुसकाई पंक्ति का अर्थ है कि जब वर्षा की पहली बूँद धरती पर गिरी, तो धरती की हरी-दूब (घास) प्रसन्न होकर मुस्कुराने लगी। यहाँ हरी-दूब का मानवीकरण करते हुए उसे ऐसा चित्रित किया गया है मानो वह मनुष्य है और वर्षा की बूँदों से प्रसन्न होकर हर्ष से खिल उठी हो।

6. धरती को जीवनदान कैसे मिलता है? CBQ

उत्तर धरती को जीवनदान तब मिलता है, जब वर्षा की पहली बूँद धरती पर गिरती है। यह बूँद धरती के लिए अमृत के समान होती है, जिससे धरती की सूखी सतह को नया जीवन मिलता है। बीज अंकुरित होते हैं और धरती हरी-भरी हो जाती है, जिससे उसे नव-जीवन का अनुभव होता है।

काव्यांश 2

आसमान में उड़ता सागर,
लगा बिजलियों के स्वर्णिम पर
बजा नगाड़े जगा रहे हैं,
बादल धरती की तरुणाई।
पहली बूँद धरा पर आई।।
नीले नयनों-सा यह अंबर,
काली पुतली-से ये जलधर।
करुणा-विगलित अश्रु बहाकर,
धरती की चिर-प्यास बुझाई।
बूढ़ी धरती शस्य-श्यामला
बनने को फिर से ललचाई।
पहली बूँद धरा पर आई।।

1. कवि ने 'आसमान में उड़ता सागर' किसको कहा है?

(क) समुद्र को
(ख) बादलों को
(ग) आसमान को
(घ) वर्षा को

उत्तर (ख) बादलों को

2. कविता के अनुसार, वर्षा की बूँदें धरती की किस प्यास को बुझाती हैं?

(क) चिरकालिक
(ख) अस्थायी
(ग) अनियंत्रित
(घ) मध्यम

उत्तर (क) चिरकालिक

3. "बजा नगाड़े जगा रहे हैं" उक्त पंक्ति के अनुसार नगाड़े कौन बजा रहा है?

(क) सूर्य (ख) धरती
(ग) बादल (घ) बिजली

उत्तर (ग) बादल

4. 'स्वर्णिम पर' का अर्थ स्पष्ट कीजिए।

उत्तर स्वर्णिम का अर्थ है—'सुनहरा' और पर का अर्थ है 'पंख'। अत: 'स्वर्णिम पर' का अर्थ 'सुनहरे पंख' होता है। इस संदर्भ में, कवि ने बादलों की तुलना उन सुनहरे पंखों वाले सागर से की है, जो आकाश में उड़ते हुए प्रतीत होते हैं। यह चित्रण आकाश और बादलों की सौंदर्य और गतिशीलता को व्यक्त करने के लिए किया गया है।

5. कविता के अनुसार, बादल आसमान में क्या कर रहे हैं?

उत्तर कविता के अनुसार, आसमान में जल से भरे हुए बादल सुनहरे पंख लगाकर उड़ रहे हैं और नगाड़े बजाते हुए धरती की तरुणाई (जवानी) को जगाने का प्रयास कर रहे हैं।

6. 'करुणा-विगलित अश्रु बहाकर' पंक्ति से कवि का क्या आशय है? **CBQ**

उत्तर "करुणा-विगलित अश्रु बहाकर" पंक्ति से कवि का आशय है कि बादल धरती की पीड़ा और सूखे से दु:खी हो गए हैं और उनके आँसुओं के रूप में वर्षा की बूँदें गिर रही हैं। इन अश्रु रूपी बूँदों से धरती की पुरानी प्यास बुझती है, जिससे धरती को नव-जीवन मिलता है और वह पुन: हरियाली की ओर लौटने लगती है।

अतिलघु उत्तरीय प्रश्न

1. सूखी धरती पर बूँद क्या बनकर गिरी?

उत्तर सूखी धरती पर बूँद जीवनदायनी बनकर गिरी।

2. वर्षा की बूँदे धरती के लिए क्या लेकर आती हैं?

उत्तर वर्षा की बूँदें धरती के लिए नव-जीवन का संदेश लेकर आती हैं।

3. कवि ने धरती के सूखे होंठों पर गिरी वर्षा की बूँद को किसके समान बताया है?

उत्तर कवि ने धरती के सूखे होंठों पर गिरी वर्षा की बूँद को अमृत के समान बताया है।

4. कवि के अनुसार, वर्षा ऋतु में बादल कैसे दिखाई पड़ते हैं ?

उत्तर वर्षा ऋतु में जल से भरे बादल ऐसे प्रतीत हो रहे हैं, मानो सागर बिजलियों के सुनहरे पंख लगाकर आसमान में उड़ रहा हो।

5. बादल नगाड़े बजाते हुए क्या कर रहे हैं?

उत्तर बादल नगाड़े बजाते हुए धरती की तरुणाई को जगाने का प्रयास कर रहे हैं।

6. बादल किससे भरे हुए हैं?

उत्तर बादल धरती के दु:खों से दु:खी होने के कारण करुणा से भरे हुए हैं।

7. कविता के अनुसार, फिर से हरी-भरी होने के लिए कौन ललचाई?

उत्तर कविता के अनुसार, बूढ़ी (सूखी व बंजर) धरती फिर से हरी-भरी होने के लिए ललचाई।

8. बादल करुणा से भरे आँसू किस रूप में बहा रहा है?

उत्तर बादल करुणा से भरे आँसू वर्षा की बूँदों के रूप में बहा रहा है।

लघु उत्तरीय प्रश्न

1. कविता के अनुसार, धरती पुन: हरी-भरी होने के लिए लालायित क्यों हो उठी?

उत्तर कविता के अनुसार, धरती पुन: हरी-भरी होने के लिए लालायित इसलिए हो उठी, क्योंकि वर्षा की पहली बूँद ने उसकी चिरकालिक प्यास बुझा दी। धरती, जो पहले सूखी और बंजर थी, अब जीवनदायिनी बारिश के कारण फिर से अपनी हरियाली और समृद्धि प्राप्त करने की ओर उत्सुक हो गई है। वर्षा ने उसे नव-जीवन प्रदान किया, जिससे उसमें पुन: हरियाली लौटने की लालसा जागृत हो गई।

2. कवि ने वर्षा ऋतु की पहली बूँद के धरती पर गिरने के दृश्य को किस प्रकार से चित्रित किया है?

उत्तर कवि ने वर्षा की पहली बूँद के धरती पर गिरने के दृश्य का अत्यंत मनोहर और सजीव चित्रण किया है। बूँद के धरती पर गिरते ही उसमें नव-जीवन का संचार होता है और धरती के अंदर छिपे बीज अंकुरित हो जाते हैं, मानो वे जीवन पाकर अँगड़ाई ले रहे हों। वर्षा की बूँदों से सूखी धरती हरी-भरी हो उठती है।

3. 'वसुंधरा की रोमावलि' से कवि का क्या तात्पर्य है? **CBQ**

उत्तर 'वसुंधरा की रोमावलि से कवि का तात्पर्य धरती पर उगने वाली हरी-दूब से है। कवि ने धरती की छोकी-छोकी दूब को 'वसुंधरा की रोमावलि(रोएं)' के रूप में देखा और कहा कि जैसे ही वर्षा की बूँदे धरती की रोमावलि(रोएं) रूपी हरी-दूब के ऊपर गिरती है, तो हरी-दूब प्रसन्न होकर मुस्कुराती है अर्थात् हरी-दूब खिल जाती है।

4. कवि के अनुसार, धरती की पुरानी प्यास को बुझाने के लिए बादल क्या करते हैं?

उत्तर कवि के अनुसार, धरती की पुरानी प्यास को बुझाने के लिए बादल अपनी करुणा से अश्रु बहाते हैं और यह अश्रु रूपी बूँदें धरती के लिए जीवनदायिनी बनकर गिरती हैं, जिससे उसकी बहुत पुरानी प्यास बुझ जाती है। कवि ने कविता में वर्षा की बूँदों को करुणा से पिघले हुए अश्रुओं के रूप में देखा है।

6. कवि ने आकाश में बादलों की उपमा किससे की है?

उत्तर कवि ने आकाश में बादलों की उपमा उड़ते हुए सागर से की है, जिसमें बादलों को जल-बिजलियों के स्वर्णिम पंख लगाकर उड़ते हुए दिखाया गया है तथा यह बादल नगाड़े बजाते हुए धरती की तरुणाई को जगाने का प्रयास कर रहे हैं। इसके अतिरिक्त कवि ने बादलों को आँख की काली-पुतली की उपमा भी दी है।

7. कवि ने वर्षा की पहली बूँद को जीवनदायिनी क्यों कहा है? **CBQ**

उत्तर कवि ने वर्षा की पहली बूँद को जीवनदायिनी इसलिए कहा है, क्योंकि यह बूँद सूखी और बंजर धरती पर गिरते ही, उसे नवीन जीवन प्रदान करती है। धरती, जो पहले निर्जीव और सूखी थी, वर्षा की बूँदों से फिर से हरी-भरी हो उठती है और उसमें पुन: जीवन का संचार होता है।

8. 'बूढ़ी धरती' से कवि का क्या तात्पर्य है?

उत्तर 'बूढ़ी धरती' से कवि का तात्पर्य सूखी, बंजर और निर्जीव हो चुकी धरती से है। वर्षा की पहली बूँद के गिरते ही यह धरती पुन: हरी-भरी होने के लिए लालायित हो उठती है।

9. कवि के अनुसार बादल धरती की तरुणाई को कैसे जगाते हैं?

उत्तर कवि के अनुसार, बादल नगाड़े बजाते हुए धरती की तरुणाई को जगाते हैं। यह संकेत है कि वर्षा के आगमन के साथ ही धरती पर नई ऊर्जा और जीवन का संचार होता है, जिससे वह फिर से हरी-भरी और जीवंत हो जाती है। यह प्रक्रिया धरती की तरुणाई को पुन: जागृत करती है।

दीर्घ उत्तरीय प्रश्न

1. "धरती के सूखे अधरों पर, गिरी बूँद अमृत-सी आकर" पंक्ति का आशय स्पष्ट कीजिए।

उत्तर इस पंक्ति में कवि ने धरती के सूखे होंठों को मानवीय रूप में प्रस्तुत किया है, जो लंबे समय से प्यासे हैं, जब वर्षा की पहली बूँद धरती पर गिरती है, तो वह अमृत के समान जीवनदायिनी बन जाती है। यह बूँद धरती की प्यास बुझाती है और उसे पुन: जीवित कर देती है। पंक्ति का आशय यह है कि वर्षा की बूँदें धरती के लिए अमृत के समान हैं, जो उसे नव-जीवन प्रदान करती हैं और धरती की सूखी अवस्था को समाप्त कर देती हैं।

2. कविता में बूढ़ी धरती को शस्य-श्यामला बनने की लालसा क्यों होती है? **CBQ**

उत्तर कविता में बूढ़ी धरती को शस्य-श्यामला बनने की लालसा इसलिए होती है, क्योंकि वह बहुत लंबे समय से सूखी और बंजर पड़ी है। अश्रुरूपी प्रेमपूर्ण वर्षा की पहली बूँद के गिरते ही उसमें पुन: जीवन का संचार होता है, जिससे वह फिर से हरी-भरी और समृद्ध होने के लिए लालायित हो उठती है। यह लालसा धरती के अंदर छिपी उसकी प्राकृतिक शक्ति और जीवन के प्रति उसकी अमिट इच्छा को दर्शाती है। कवि ने इस लालसा को धरती के पुनरुत्थान और उसकी जीवनदायिनी शक्ति के रूप में प्रस्तुत किया है, जो वर्षा के माध्यम से पुन: जीवित हो उठती है।

3. प्रस्तुत कविता में कवि ने वर्षा ऋतु की पहली बूँद के धरती पर गिरने को नव-जीवन का प्रतीक कैसे बताया है?

उत्तर कवि ने वर्षा ऋतु की पहली बूँद को नव-जीवन का प्रतीक बताते हुए कहा है कि जब यह बूँद धरती पर गिरती है, तो उसमें छिपे बीज अंकुरित हो जाते हैं, मानो वे नव-जीवन पाकर अँगड़ाई ले रहे हों। यह बूँद धरती के सूखे अधरों पर अमृत की तरह गिरती है, जिससे धरती का सूखापन समाप्त हो जाता है और वह पुन: हरी-भरी हो उठती है। कवि ने इस बूँद को जीवनदायिनी और धरती के लिए संजीवनी के रूप में प्रस्तुत किया है, जिससे सूखी और बंजर धरती में फिर से जीवन का संचार होता है।

4. "वसुंधरा की रोमावलि-सी, हरी-दूब पुलकी-मुस्काई" पंक्ति में कवि ने क्या दर्शाने का प्रयास किया है? **CBQ**

उत्तर इस पंक्ति में कवि ने वर्षा की पहली बूँद के धरती पर गिरने से हरी दूब (घास) के पुलकित होकर मुस्कुराने का वर्णन किया है। 'वसुंधरा की रोमावलि' से तात्पर्य धरती पर उगी हरी-दूब से है, जब वर्षा की बूँदें इस दूब पर गिरती हैं, तो वह प्रसन्न होकर मुस्कुरा उठती है। पंक्ति का आशय यह है कि वर्षा का जल धरती पर गिरते ही उसे हरा-भरा कर देता है और उसकी सूखी अवस्था समाप्त हो जाती है। यह दृश्य धरती की जीवंतता को दर्शाता है।

5. "नीले नयनों-सा यह अंबर, काली पुतली-से ये जलधर" पंक्ति में कवि ने किसकी तुलना की है?

उत्तर इस पंक्ति में कवि ने आकाश और बादलों की तुलना मानवीय आँखों से की है। नीला आकाश कवि को नीली आँखों के समान प्रतीत होता है, जबकि काले बादल उस आँख की काली पुतली के रूप में दिखाई देते हैं। कवि ने प्रकृति के तत्त्वों का मानवीकरण करते हुए उन्हें संवेदनशील और जीवंत रूप में प्रस्तुत किया है। यह तुलना आकाश और बादलों की प्राकृतिक सुंदरता और उनके बीच के संबंध को भावनात्मक गहराई के साथ चित्रित करती है।

6. "आसमान में उड़ता सागर, लगा बिजलियों के स्वर्णिम पर" पंक्ति का आशय स्पष्ट कीजिए। **CBQ**

उत्तर इस पंक्ति में कवि ने एक अद्भुत दृश्य की कल्पना की है, जहाँ आकाश में बादल उड़ते हुए सागर के रूप में प्रस्तुत किए गए हैं। इन बादलों को स्वर्णिम बिजली के पंख लगे हुए हैं, जो उन्हें आकाश में उड़ने में मदद कर रहे हैं। पंक्ति का आशय यह है कि कवि ने आकाश में उड़ते बादलों को सजीव और भव्य रूप में दिखाने के लिए इस उपमा का प्रयोग किया है। यह दृश्य बादलों की गतिशीलता और उसकी ऊर्जा को प्रकट करता है।

7. कविता में "धरती की चिर-प्यास" से क्या तात्पर्य है और यह कैसे बुझती है?

उत्तर कविता में "धरती की चिर-प्यास" का तात्पर्य धरती की पुरानी और गहरी प्यास से है, जो लंबे समय से सूखी और बंजर पड़ी है। यह प्यास धरती की जीवनदायिनी वर्षा के लिए है, जो उसकी सूखी अवस्था को समाप्त कर उसे पुन: हरा-भरा और समृद्ध बनाती है। कवि के अनुसार बादलों के करुणा-विगलित अश्रुओं के रूप में गिरने वाली वर्षा की बूँदें धरती की इस चिर-प्यास को बुझाती हैं, जिससे धरती पुन: जीवंत हो उठती है।

व्याकरण पर आधारित प्रश्न

1. निम्नलिखित शब्दों के तीन-तीन पर्यायवाची शब्द लिखिए

(i) वर्षा (ii) सागर
(iii) धरती (iv) बादल
(v) नयन (vi) अमृत

उत्तर (i) वर्षा-बारिश, वृष्टि, बरसात (ii) सागर-समुद्र ,सिंधु, जलधि
(iii) धरती-धरा, वसुंधरा, पृथ्वी (iv) बादल-मेघ, जलद, जलधर
(v) नयन-नेत्र, लोचन, आँख (vi) अमृत-पीयूष, सुधा, सोम

2.निम्नलिखित शब्दों के विलोम शब्द लिखिए

(i) जीवन (ii) आकाश (iii) सूखा
(iv) अमृत (v) नवीन

उत्तर (i) जीवन-मृत्यु (ii) आकाश-पाताल
(iii) सूखा-गीला (iv) अमृत-विष
(v) नवीन-प्राचीन

3. निम्नलिखित अक्षरों को सही क्रम में जमाकर शब्दों को शुद्ध रूप में लिखिए

(i) मृ अ त (ii) र ध ती
(iii) तु ऋ (iv) व न जी
(v) र्णि स्व म (vi) श्रु अ

उत्तर (i) अमृत (ii) धरती
(iii) ऋतु (iv) जीवन
(v) स्वर्णिम (vi) अश्रु

स्व-मूल्यांकन

बहुविकल्पीय प्रश्न

1. प्रस्तुत कविता में 'अंकुर फूट पड़ा धरती से' का क्या अर्थ है?
(क) धरती में दरारें पड़ गईं
(ख) बीज अंकुरित हो गया
(ग) फूल खिल गए
(घ) पानी की धार बहने लगी

2. कविता के अनुसार, बूढ़ी धरती के मन में क्या जागृत हुई?
(क) बंजर होने की इच्छा (ख) हरी-भरी होने की लालसा
(ग) पत्थर बनने की लालसा (घ) सूख जाने की लालसा

3. वर्षा की कौन-सी बूँद 'अमृत' के समान है?
(क) पहली (ख) दूसरी
(ग) आखिरी (घ) चौथी

4. कवि के अनुसार बादल किससे भरे हैं?
(क) हरियाली से (ख) वर्षा से
(ग) करुणा से (घ) पंख से

काव्यांश पर आधारित प्रश्न

निम्नलिखित काव्यांश को पढ़कर उन पर आधारित प्रश्नों के उत्तर दीजिए

आसमान में उड़ता सागर,
लगा बिजलियों के स्वर्णिम पर
बजा नगाड़े जगा रहे हैं,
बादल धरती की तरुणाई।
पहली बूँद धरा पर आई।।
नीले नयनों-सा यह अंबर,
काली पुतली-से ये जलधर
करुणा-विगलित अश्रु बहाकर,
धरती की चिर-प्यास बुझाई।
बूढ़ी धरती शस्य-श्यामला
बनने को फिर से ललचाई।
पहली बूँद धरा पर आई।।

1. 'स्वर्णिम पर' का क्या अर्थ है?
(क) सोने का पेड़ (ख) सुनहरे पंख
(ग) सोने की नदी (घ) आकाश का रंग

2. धरती की चिर-प्यास को किसने बुझाया?
(क) सूर्य ने (ख) बारिश की पहली बूँद ने
(ग) आकाश ने (घ) समुद्र ने

3. 'तरुणाई' का क्या अर्थ है?
(क) यौवन अवस्था (ख) लालसा
(ग) आकाश (घ) ढोल

4. कविता में धरती को पुनः हरी-भरी होने की प्रेरणा किससे मिलती है?

5. कवि के अनुसार, धरती के लिए वर्षा की पहली बूँद का क्या महत्त्व है?

6. प्रस्तुत काव्यांश के मूल भाव को अपने शब्दों में लिखिए।

अतिलघु उत्तरीय प्रश्न

1. कवि ने हरी-दूब को किसके रोमावलि-सा बताया है और क्यों?

2. आसमान में उड़ता सागर किसे कहा गया है?

3. कविता में बादलों को किस तरह प्रस्तुत किया गया है?

4. बूढ़ी धरती को पुनः जीवन कैसे प्राप्त होता है?

लघु उत्तरीय प्रश्न

1. कवि ने वर्षा की बूँदों के गिरने को करुणा-विगलित अश्रु से क्यों जोड़ा है?

2. बूढ़ी धरती को फिर से शस्य-श्यामला बनने की लालसा क्यों होती है? **CBQ**

दीर्घ उत्तरीय प्रश्न

1. कविता में बादलों को किस प्रकार मानवीकरण किया गया है? स्पष्ट कीजिए।

2. कवि ने वर्षा की पहली बूँद के धरती पर गिरने को करुणा और आशा के प्रतीक के रूप में कैसे प्रस्तुत किया है? **CBQ**

हार की जीत सुदर्शन

अध्याय 4

पाठ का सार

प्रस्तुत पाठ 'हार की जीत' लेखक 'सुदर्शन' द्वारा रचित है। लेखक ने प्रस्तुत कहानी में यह बताने का प्रयास किया है कि सच्ची मानवता की भावना, पवित्र विचार, त्याग और विश्वास की शक्ति से कठोर-से-कठोर हृदय के मनुष्य को भी बदला जा सकता है। कहानी में बाबा भारती, जो अपने घोड़े सुल्तान से अत्यधिक प्रेम करते थे, उस इलाके के डाकू खड्गसिंह के धोखे का शिकार हो जाते हैं। खड्गसिंह अपाहिज का रूप धारण करके, बाबा से उनका घोड़ा छीन लेता है, तब बाबा भारती, खड्गसिंह से केवल एक ही प्रार्थना करते हैं कि वह इस घटना को किसी से न कहे, ताकि लोगों का गरीबों पर से विश्वास न उठे। यह बात खड्गसिंह के दिल को छू जाती है। बाबा भारती के इस अद्वितीय त्याग और मानवता की भावना से प्रभावित होकर खड्गसिंह घोड़े को वापस लौटा देता है।

बाबा भारती का त्यागमय जीवन

बाबा भारती का अपने घोड़े से बहुत लगाव था। उन्हें अपने घोड़े को देखकर वैसा ही आनंद आता था, जैसा माँ को अपने बेटे और किसान को अपने लहलहाते खेत को देखकर आता है।

बाबा भारती एक साधु और सज्जन व्यक्ति थे। वे अपना रुपयां, माल, असबाब, ज़मीन आदि सब कुछ त्यागकर गाँव के बाहर एक मंदिर में भगवत भजन करते हुए जीवन व्यतीत करते थे।

बाबा भारती और सुल्तान का संबंध

बाबा भारती का घोड़ा सुल्तान बहुत सुंदर और बलवान था। उसके जैसा घोड़ा पूरे क्षेत्र में नहीं था। बाबा भारती उसे अपने हाथों से दाना खिलाते, उसकी देखभाल करके प्रसन्न होते थे। वे सुल्तान के साथ हर संध्या जब तक आठ-दस मील चक्कर न काट लें, तब तक उनके मन को सुकून नहीं मिलता था। बाबा भारती के जीवन में सुल्तान का विशेष स्थान था।

खड्गसिंह की सुल्तान पर नज़र

सुल्तान की सुंदरता और उसकी चाल की ख्याति दूर-दूर तक फैल चुकी थी। खड्गसिंह उस क्षेत्र का प्रसिद्ध डाकू था। वह एक दिन दोपहर को सुल्तान को देखने के लिए बाबा भारती के पास पहुँचता है। खड्गसिंह घोड़े की सुंदरता को देखकर आश्चर्यचकित हो जाता है और घोड़े की चाल देखने कि इच्छा प्रकट करता है।

बाबा भारती सुल्तान की प्रशंसा सुनने को अधीर हो उठते हैं और घोड़े को खोलकर बाहर ले आते हैं। खड्गसिंह घोड़े की अद्वितीय सुंदरता और उसकी चाल को देखकर मोहित हो जाता है। खड्गसिंह बाबा भारती से कहता है कि अब वह यह घोड़ा उनके पास नहीं रहने देगा।

बाबा भारती का डर और सुल्तान की चोरी

खड्गसिंह की धमकी के बाद बाबा भारती बेहद डर जाते हैं और वह सुल्तान की रात-रातभर रखवाली करनी शुरू कर देते हैं। बाबा भारती को हर समय यह डर लगने लगा कि खड्गसिंह कभी भी आकर उनका प्रिय घोड़ा चुरा लेगा। कई महीने बीत जाते हैं, लेकिन डाकू खड्गसिंह नहीं आता है।

एक दिन शाम को जब बाबा भारती अपने प्रिय घोड़े सुल्तान पर सवार होकर घूमने निकलते हैं, तभी रास्ते में अचानक एक अपाहिज उनसे मदद माँगता है।

अपाहिज की दयनीय हालत को देखकर बाबा भारती का हृदय पिघल जाता है और वे उसे घोड़े पर बिठा देते हैं, तभी सहसा उन्हें एक झटका-सा लगता है और घोड़े की लगाम हाथ से छूट जाती है। वह अपाहिज वास्तव में खड्गसिंह था, जो बाबा भारती के विश्वास का लाभ उठाकर सुल्तान को लेकर भाग जाता है। बाबा भारती के विश्वास को इस धोखे से गहरा आघात पहुँचता है और वे हताश हो जाते हैं।

बाबा भारती की प्रार्थना

खड्गसिंह जब सुल्तान को भगाकर ले जा रहा था, तो बाबा खड्गसिंह को जोर से रुकने के लिए कहते हैं। खड्गसिंह घोड़ा रोक लेता है और कहता है कि बाबाजी, मैं यह घोड़ा अब नहीं दूँगा।

बाबा भारती उससे कहते हैं कि यह घोड़ा अब तुम्हारा हो चुका है। मैं इसे वापस नहीं लूँगा, लेकिन मेरी केवल एक ही प्रार्थना है कि तुम इस घटना को किसी के सामने प्रकट मत करना। खड्गसिंह इसका कारण पूछता है, तो बाबा भारती इसका उत्तर देते हुए कहते हैं कि यदि लोगों को इस घटना का पता चल गया, तो वे किसी गरीब पर विश्वास नहीं करेंगे। खड्गसिंह बाबा की महानता, उच्च व पवित्र विचार से बहुत प्रभावित होता है।

खड्गसिंह का पश्चाताप और सुल्तान की वापसी

बाबा भारती के कथन से खड्गसिंह के मन में पश्चाताप होता है और रात के अँधेरे में बाबा भारती के मंदिर चुपचाप पहुँचकर चुपचाप सुल्तान को अस्तबल में बाँध देता है। बाबा भारती सुल्तान की हिनहिनाहट सुनकर आश्चर्य और प्रसन्नता से दौड़ पड़ते हैं। अपने घोड़े को वापस पाकर बाबा भारती भावुक हो उठे और आँसुओं के साथ उसे गले से लगा लिया। उन्होंने महसूस किया कि अब कोई गरीबों की मदद से पीछे नहीं हटेगा। थोड़ी देर के बाद जब वह अस्तबल से बाहर निकले तो उनकी आँखों से आँसू बह रहे थे। ये आँसू उसी भूमि पर ठीक उसी जगह गिर रहे थे, जहाँ बाहर निकलने के बाद खड्गसिंह खड़ा होकर रोया था। दोनों के आँसुओं का उस भूमि की मिट्टी पर परस्पर मेल हो गया।

शब्दार्थ

शब्द	अर्थ	शब्द	अर्थ
अर्पण	देना, दान देना, भेंट करना	मिथ्या	झूठ, असत्य, बनावटी
असबाब	आवश्यक सामग्री, चीज, मुसाफिर के साथ का सामान	स्वप्न	सपना
घृणा	नफरत	प्रतिक्षण	प्रत्येक क्षण
विचित्र	अजीब, अनोखा	कराह	आह, दर्द की आवाज
अंकित	चिह्नित	विस्मय	अचंभा, आश्चर्य
अधीरता	धैर्यरहित, उतावला, दृढ़तारहित	अस्तबल	अश्वशाला, तबेला
बाहुबल	बहुत ताकतवर	पश्चाताप	गलत कार्य के लिए खेद
बेरहमी	सख्ती, निर्दयता	पहर	समय, तीन घंटे का समय

NCERT फोल्डर

पाठ्यपुस्तक के प्रश्नोत्तर

पाठ से

मेरी समझ से

आइए, अब हम 'हार की जीत' कहानी को थोड़ा और निकटता से समझ लेते हैं।

(क) नीचे दिए गए प्रश्नों का सटीक उत्तर कौन-सा है? उसके सामने तारा (*) बनाइए।

(i) सुल्तान के छीने जाने का बाबा भारती पर क्या प्रभाव हुआ?

- बाबा भारती के मन से चोरी का डर समाप्त हो गया।
- बाबा भारती ने गरीबों की सहायता करना बंद कर दिया।
- बाबा भारती ने द्वार बंद करना छोड़ दिया। (*)
- बाबा भारती असावधान हो गए।

(ii) "बाबा भारती भी मनुष्य ही थे।" इस कथन के समर्थन में लेखक ने कौन-सा तर्क दिया है?

- बाबा भारती ने डाकू को घमंड से घोड़ा दिखाया।
- बाबा भारती घोड़े की प्रशंसा दूसरों से सुनने के लिए व्याकुल थे। (*)
- बाबा भारती को घोड़े से अत्यधिक लगाव और मोह था।
- बाबा भारती हर पल घोड़े की रखवाली करते रहते थे।

(ii) अब अपने मित्रों के साथ चर्चा कीजिए कि आपने ये उत्तर ही क्यों चुने?

उत्तर पाठ के अनुसार, जब सुल्तान को खड्गसिंह ने चुरा लिया तो बाबा भारती ने द्वार बंद करना और पहरा देना छोड़ दिया, क्योंकि रात के अँधेरे में खड्गसिंह जब सुल्तान को वापस लौटाने आया तब फाटक खुला पड़ा था। किसी समय बाबा भारती स्वयं लाठी लेकर वहाँ पहरा देते थे, परंतु अब उन्हें किसी चोरी या डकैती का भय न था।

दूसरा "बाबा भारती भी मनुष्य ही थे।" इस कथन के समर्थन में लेखक ने तर्क दिया है कि बाबा भारती भी एक साधारण व्यक्ति की तरह अपनी प्रिय वस्तु की प्रशंसा दूसरों से सुनने के लिए उत्सुक रहते थे। जब खड्गसिंह ने सुल्तान की प्रशंसा की, तो बाबा भारती उसे दिखाने के लिए तुरंत तैयार हो गए, जो उनके मानवीय स्वभाव को दर्शाता है।

शीर्षक

(क) आपने अभी जो कहानी पढ़ी है, इसका नाम सुदर्शन जी ने 'हार की जीत' रखा है। अपने समूह में चर्चा करके लिखिए कि उन्होंने इस कहानी को यह नाम क्यों दिया होगा? अपने उत्तर का कारण भी लिखिए।

उत्तर सुदर्शन ने इस कहानी का नाम 'हार की जीत' इसलिए रखा होगा, क्योंकि यह कहानी दर्शाती है कि भले ही बाबा भारती को प्रतीत होता है कि उन्होंने अपने प्रिय घोड़े सुल्तान को खो दिया है, लेकिन अंततः उन्होंने खड्गसिंह के दिल में पश्चाताप और बदलाव लाकर अपने नैतिक मूल्यों और विश्वास की जीत हासिल की है। बाबा भारती ने अपने घोड़े की चोरी के बावजूद भी अपने सिद्धांतों और विश्वास को नहीं छोड़ा और यही नैतिकता की जीत है।

(ख) यदि आपको इस कहानी को कोई अन्य नाम देना हो तो आप क्या नाम देंगे? आपने यह नाम क्यों सोचा, यह भी बताइए।

उत्तर मैं इस कहानी का अन्य नाम 'विश्वास की जीत' देना चाहूँगी। यह नाम इसलिए उपयुक्त है, क्योंकि कहानी का मुख्य संदेश यह है कि बाबा भारती ने कठिन समय में भी अपने प्रियतम घोड़े को छोड़कर विश्वास को अधिक महत्त्व दिया। उसी उच्च विचार के कारण अंत में उन्हें उनका घोड़ा वापस मिल गया।

(ग) बाबा भारती ने डाकू खड्गसिंह से कौन-सा वचन लिया?

उत्तर बाबा भारती ने डाकू खड्गसिंह से यह वचन लिया कि वह इस घटना को किसी के सामने प्रकट न करे। बाबा भारती को इस बात का डर था कि यदि लोगों को इस घटना का पता चला तो वे किसी गरीब पर विश्वास नहीं करेंगे। अंत: खड्गसिंह से इस घटना को गुप्त रखने की विनती की।

पंक्तियों पर चर्चा

कहानी में से चुनकर कुछ वाक्य नीचे दिए गए हैं। इन्हें ध्यान से पढ़िए और आपको इनका क्या अर्थ समझ में आया? अपने विचार लिखिए।

- **''भगवत-भजन से जो समय बचता, वह घोड़े को अर्पण हो जाता।''**

उत्तर बाबा भारती के जीवन में दो प्रमुख प्राथमिकताएँ थीं—पहली भगवान की भक्ति और दूसरी उनके प्रिय घोड़े सुल्तान की देखभाल करना। भगवान की पूजा करने के बाद जो समय बचता था, उसे वह अपने प्रिय घोड़े की सेवा में लगाते थे। प्रस्तुत वाक्य बाबा भारती के घोड़े के प्रति गहरे प्रेम और उसकी देखभाल के प्रति उनकी प्रतिबद्धता को दर्शाता है।

- **''बाबा ने घोड़ा दिखाया घमंड से, खड्गसिंह ने घोड़ा देखा आश्चर्य से।''**

उत्तर बाबा भारती को अपने घोड़े सुल्तान पर बहुत गर्व था इसलिए उन्होंने घोड़े को खड्गसिंह को घमंड के साथ दिखाया था, क्योंकि उनका घोड़ा बहुत सुंदर और अद्वितीय था। वहीं खड्गसिंह ने घोड़े को आश्चर्य से इसलिए देखा, क्योंकि उसने ऐसा सुंदर और अद्भुत घोड़ा पहले कभी नहीं देखा था।

यह वाक्य दोनों पात्रों की भावनाओं और दृष्टिकोण को दर्शाता है—एक ओर गर्व और घमंड का भाव है तथा दूसरी ओर आश्चर्य और लालसा का भाव है।

- **''वह डाकू था और जो वस्तु उसे पसंद आ जाए उस पर अपना अधिकार समझता था।''**

उत्तर प्रस्तुत वाक्य खड्गसिंह के स्वभाव को दर्शाता है। खड्गसिंह एक डाकू था, वह जो चीज पसंद कर लेता, उस पर अपना अधिकार जमाने में हिचकिचाता नहीं था। वह प्रत्येक उस वस्तु को अपना मानता था, जो उसे आकर्षित करती थी, चाहे वह वस्तु किसी और की ही क्यों न हो। यह स्वभाव उसकी लालच और क्रूरता को दर्शाता है।

- **''बाबा भारती ने निकट जाकर उसकी ओर ऐसी आँखों से देखा जैसे बकरा कसाई की ओर देखता है और कहा, यह घोड़ा तुम्हारा हो चुका है।''**

उत्तर प्रस्तुत वाक्य बाबा भारती के गहरे दु:ख और निराशा के भाव को व्यक्त करता है। जब खड्गसिंह ने बाबा भारती से धोखे से घोड़ा छीन लिया, तो बाबा भारती ने उसे इस प्रकार देखा जैसे बकरा कसाई को देखता है।

यह दृष्टि भय, असहाय और निराशा से भरी थी, लेकिन बाबा भारती ने घोड़े को लेकर कोई प्रतिरोध नहीं किया, बल्कि यह मान लिया कि अब घोड़ा खड्गसिंह का हो चुका है। यह उनके त्याग और विवशता के भाव को दर्शाता है।

- **''उनके पाँव अस्तबल की ओर मुड़े, परंतु फाटक पर पहुँचकर उनको अपनी भूल प्रतीत हुई।''**

उत्तर प्रस्तुत वाक्य बाबा भारती की मानसिक स्थिति को दर्शाता है। घोड़ा खो जाने के बाद, बाबा भारती पुन: उस अस्तबल की ओर गए जहाँ घोड़ा रखा गया था, लेकिन फाटक पर पहुँचकर उनको अपनी भूल का एहसास हुआ कि अब वहाँ घोड़ा नहीं होगा, क्योंकि घोड़ा तो डाकू खड्गसिंह ले गया था। यह उनकी गहरी निराशा और खालीपन के भाव को दर्शाता है।

सोच-विचार के लिए

कहानी को एक बार फिर से पढ़िए और निम्नलिखित पंक्ति के विषय में पता लगाकर अपनी लेखन पुस्तिका में लिखिए।

''दोनों के आँसुओं का उस भूमि की मिट्टी पर परस्पर मेल हो गया।''

(क) किस-किस के आँसुओं का मेल हो गया था?

उत्तर बाबा भारती और खड्गसिंह के आँसुओं का मेल हो गया था। खड्गसिंह ने जब बाबा भारती के त्याग और उनके विश्वास के कारण पश्चाताप में घोड़ा वापस कर दिया, तब उसकी आँखों से आँसू बह निकले।

वहीं, जब बाबा भारती ने सुबह अस्तबल में जाकर अपने घोड़े को वापस पाया, तो उनकी आँखों से भी आँसू बह निकले और उसी जगह पर गिरे जहाँ खड्गसिंह के आँसू गिरे थे। अत: दोनों के आँसू उसी भूमि की मिट्टी पर परस्पर मिल गए।

(ख) दोनों के आँसुओं में क्या अंतर था?

उत्तर दोनों के आँसू अलग-अलग भावनाओं से उत्पन्न हुए थे

- **खड्गसिंह के आँसू** खड्गसिंह, जो एक डाकू था और जिसने छल से बाबा भारती का घोड़ा छीन लिया था। वह बाबा के विश्वास और उनके द्वारा किए गए त्याग से गहरे रूप से प्रभावित हुआ। उसने यह एहसास किया कि उसने एक निर्दोष और धर्मपरायण व्यक्ति को धोखा दिया है, उसके दिल में पश्चाताप उत्पन्न हो गया और इसी भावना से प्रेरित होकर उसने घोड़ा वापस लौटा दिया। अत: उसके आँसू पश्चाताप, अपराधबोध और आत्मग्लानि के थे।
- **बाबा भारती के आँसू** बाबा भारती को यह उम्मीद नहीं थी कि खड्गसिंह घोड़ा वापस करेगा, लेकिन जब उन्होंने सुबह अस्तबल में घोड़े को पाया, तो उनकी खुशी और आश्चर्य का ठिकाना नहीं रहा। घोड़े को वापस पाने की खुशी और दुनिया में विश्वास की पुर्नस्थापना की भावना से प्रेरित होकर उनके आँसू बह निकले। अत: बाबा भारती के आँसू खुशी और संतोष के थे।

इस प्रकार, खड्गसिंह के आँसू पश्चाताप और आत्म-परिवर्तन के थे, जबकि बाबा भारती के आँसू खुशी और संतोष के थे।

दिनचर्या

(क) कहानी पढ़कर आप बाबा भारती के जीवन के विषय में बहुत कुछ जान चुके हैं। अब आप कहानी के आधार पर बाबा भारती की दिनचर्या लिखिए। वे सुबह उठने से लेकर रात को सोने तक क्या-क्या करते होंगे, लिखिए। इस काम में आप थोड़ा-बहुत अपनी ढंग कल्पना का सहारा भी ले सकते हैं।

उत्तर **बाबा भारती की दिनचर्या** बाबा भारती एक साधु थे, जिन्होंने सांसारिक जीवन से विरक्त होकर एक मंदिर में निवास कर लिया था। उनका जीवन सादगी, भक्ति और अपने प्रिय घोड़े सुल्तान की देखभाल में व्यतीत होता था। उनकी दिनचर्या कुछ इस प्रकार हो सकती है

- प्रात:काल बाबा भारती उठते, स्नान करते और भगवान की प्रार्थना में लीन हो जाते होंगे।
- इसके बाद, वे अपने घोड़े सुल्तान की देखभाल करते होंगे, उसे घास-डालते और उसके साथ समय बिताते होंगे।
- फिर बाबा भारती मंदिर के कार्यों में लग जाते होंगे, मंदिर की साफ़-सफ़ाई करते होंगे और भक्तों को आशीर्वाद देते होंगे।
- दोपहर में बाबा भारती साधारण भोजन करके थोड़ी देर विश्राम करते होंगे।
- विश्राम के बाद, वे फिर से सुल्तान की देखभाल करते होंगे।
- संध्या के समय वे फिर से भगवान की आराधना करके मंदिर में दीप जलाकर सुल्तान के साथ आठ-दस मील चक्कर लगाकर आते होंगे।
- वापस आकर बाबा भारती सुल्तान को आराम करने के लिए अस्तबल में बाँधकर भगवान का स्मरण करते हुए विश्राम करते होंगे।

(ख) अब आप अपनी दिनचर्या भी लिखिए।

उत्तर छात्र स्वयं करें।

कहानी की रचना

(क) इस कहानी की कौन-कौन सी बातें आपको पसंद आईं? आपस में चर्चा कीजिए।

उत्तर इस कहानी में निम्न बातें पसंद आईं

- **मानवीयता व त्याग भावना** 'हार की जीत' कहानी में मानवीयता, त्याग और विश्वास के महत्त्व को बहुत सुंदर तरीके से प्रस्तुत किया गया है। बाबा भारती के चरित्र के माध्यम से यह दिखाया गया है कि किस प्रकार एक साधारण व्यक्ति अपनी सच्चाई और विश्वास से क्रूर व्यक्ति को भी बदल सकता है।
- **बाबा भारती की उदारता और सरलता** बाबा भारती की गरीबों और जरूरतमंदों की मदद करना उनकी महानता को दर्शाता है।
- **खड्गसिंह का पश्चाताप** खड्गसिंह जैसे निर्दयी डाकू का हृदय परिवर्तन देखकर बहुत अच्छा लगा। यह हृदय परिवर्तन यह दर्शाता है कि दुनिया में सच्चे प्रेम और त्याग से बड़े से बड़ा अपराधी भी बदल सकता है।
- **संवेदनशीलता** बाबा भारती का अपने घोड़े सुल्तान से प्रेम और खड्गसिंह की उनकी भावनाओं को समझकर घोड़ा वापस कर देना, ये सब बातें बहुत ही संवेदनशील तरीके से प्रस्तुत की गई हैं।
- **कहानी का अंत** कहानी का अंत बहुत ही प्रभावशाली है, जहाँ दोनों के आँसू एक ही भूमि पर मिलते हैं। यह दृश्य मानवीयता की शक्ति को बहुत अच्छे ढंग से दर्शाता है।

(ख) कोई भी कहानी पाठक को तभी पसंद आती है, जब उसे अच्छी तरह लिखा गया हो। लेखक कहानी को अच्छी तरह लिखने के लिए अनेक बातों का ध्यान रखते हैं; जैसे-शब्द, वाक्य, संवाद आदि। इस कहानी में आए संवादों के विषय में अपने विचार लिखें।

उत्तर कहानी में संवादों का प्रयोग बहुत ही प्रभावी ढंग से किया गया है।

- **संवादों की सजीवता** कहानी के संवाद बहुत सजीव और स्वाभाविक हैं। बाबा भारती और खड्गसिंह के बीच हुए संवादों से दोनों के चरित्र की गहराई का पता चलता है।
- **संवेदनाओं की अभिव्यक्ति** बाबा भारती के संवाद उनके भीतर के भावों और उनकी संवेदनशीलता को अच्छे से प्रकट करते हैं। 'लोगों का विश्वास न उठ जाए' जैसी बातें यह दिखाती हैं कि वे दूसरों की भलाई के लिए अपने सुखों का बलिदान करने के लिए भी तैयार हैं।
- **खड्गसिंह के संवाद** खड्गसिंह के संवादों में शुरुआत में घमंड और अंत में पश्चाताप का मिश्रण देखा जा सकता है। यह बदलाव कहानी को और भी अधिक प्रभावशाली बनाता है।
- **संवादों की सादगी** संवादों की भाषा सरल और स्पष्ट है, जिससे कहानी का संदेश आसानी से समझ में आता है। कोई भी संवाद कहानी की गति को धीमा नहीं करता, बल्कि उसे आगे बढ़ाने में मदद करता है। अत: हम कह सकते हैं कि संवादों ने कहानी को जीवंत और प्रभावी बनाया है, जो इसे पाठकों के लिए अधिक रुचिकर और प्रेरणादायक बनाता है।

मुहावरे कहानी से

(क) कहानी में से चुनकर कुछ मुहावरे दिए गए हैं- लट्टू होना, हृदय पर साँप लोटना, फूले न समाना, मुँह मोड़ लेना, मुख खिल जाना, न्योछावर कर देना। कहानी में इन्हें खोजकर इनका प्रयोग समझिए।

उत्तर
- **लट्टू होना** किसी वस्तु पर बहुत अधिक मुग्ध या मोहित हो जाना।
  प्रयोग बाबा भारती अपनी घोड़े सुल्तान की चाल पर लट्टू थे।
- **हृदय पर साँप लोटना** ईर्ष्या या जलन महसूस करना।
  प्रयोग जब खड्गसिंह ने घोड़े की चाल देखी, तो उसके हृदय पर साँप लोट गया।
- **फूले न समाना** अत्यधिक प्रसन्नता महसूस करना।
  प्रयोग बाबा भारती अपने घोड़े सुल्तान को देखकर फूले न समाते थे।
- **मुँह मोड़ लेना** किसी चीज़ या व्यक्ति से संबंध तोड़ लेना या ध्यान हटाना।
  प्रयोग बाबा भारती ने सुल्तान से मुँह मोड़ लिया।
- **मुख खिल जाना** प्रसन्नता से चेहरे पर मुस्कान आ जाना।
  प्रयोग बाबा भारती का मुख सुल्तान को देखकर खिल गया।
- **न्योछावर कर देना** किसी चीज़ या वस्तु को व्यक्ति के लिए समर्पित कर देना।
  प्रयोग बाबा भारती अपने समय का अधिकांश हिस्सा सुल्तान पर न्योछावर कर देते थे।

(ख) अब इनका प्रयोग करते हुए अपने मन से नए वाक्य बनाइए।

उत्तर
- **लट्टू होना** मेरी छोटी बहन नई गुड़िया देखकर उस पर लट्टू हो गई और उसे छोड़ने का नाम ही नहीं ले रही थी।
- **हृदय पर साँप लोटना** जब उसने अपनी दोस्त को नई गाड़ी के साथ देखा, तो उसके हृदय पर साँप लोट गया।
- **फूले न समाना** बोर्ड परीक्षा में अच्छे अंक मिलने पर मैं फूले नहीं समा रहा था।
- **मुँह मोड़ लेना** रमन के दोस्त ने जब उसकी मदद नहीं की, तो उसने उससे मुँह मोड़ लिया।
- **मुख खिल जाना** जैसे ही बारिश की बूँदें गिरीं, बच्चों का मुख खिल गया।
- **न्योछावर कर देना** माता-पिता अपने बच्चों की खुशी के लिए सब कुछ न्योछावर कर देते हैं।

कैसे-कैसे पात्र

इस कहानी में तीन मुख्य पात्र हैं-बाबा भारती, डाकू खड्गसिंह और सुल्तान घोड़ा। इनके गुणों को बताने वाले शब्दों से दिए गए शब्द-चित्रों को पूरा कीजिए

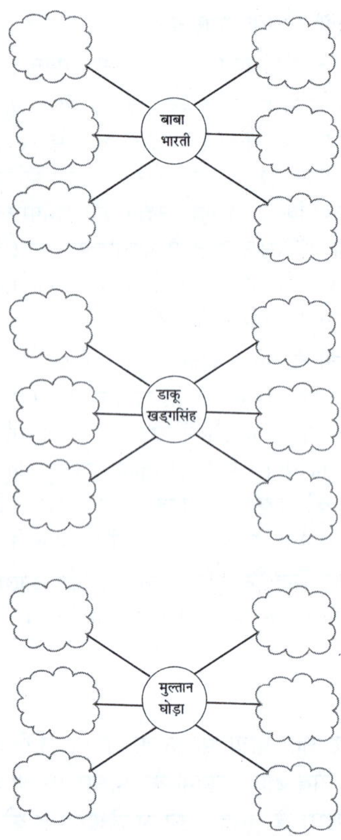

आपने जो शब्द लिखे हैं, वे किसी की विशेषता, गुण और प्रकृति के बारे में बताने के लिए उपयोग में लाए जाते हैं। ऐसे शब्दों को विशेषण कहते हैं।

उत्तर **बाबा भारती** दयालु, धार्मिक, त्यागी, संवेदनशील, करुणामय, ईमानदार

डाकू खड्गसिंह बाहुबली, क्रूर, चालाक, निर्दयी, पश्चातापी, बलशाली, चालाक या धूर्त

सुल्तान घोड़ा सुंदर, बलवान, तेज़, आकर्षक, वफादार, मनमोहक चाल

पाठ से आगे

सुल्तान की कहानी

मान लीजिए, यह कहानी सुल्तान सुना रहा है। तब कहानी कैसे आगे बढ़ती? स्वयं को सुल्तान के स्थान पर रखकर कहानी बनाइए।

(**संकेत** आप कहानी को इस प्रकार बढ़ा सकते हैं-मेरा नाम सुल्तान है। मैं एक घोड़ा हूँ ....)

उत्तर मेरा नाम सुल्तान है। मैं एक घोड़ा हूँ, लेकिन मैं साधारण घोड़ों से अलग हूँ। मेरी चाल, मेरा सौंदर्य और मेरी वफादारी ने मुझे खास बना दिया है। मेरे स्वामी बाबा भारती मुझसे बहुत प्रेम करते हैं। वे मेरी बहुत अच्छे से देखभाल करते हैं, मुझे बहुत प्यार से चारा डालते हैं और मुझे लेकर घूमने भी जाते हैं। मुझे भी अपने स्वामी के साथ समय बिताना बहुत अच्छा लगता है। वह मेरे लिए न केवल मालिक हैं, बल्कि मेरे सबसे अच्छे दोस्त भी हैं।

एक दिन, खड्गसिंह नाम का एक डाकू मेरे पास आया। वह मुझे देखकर आश्चर्यचकित हो गया और उसने मेरे मालिक से कहा कि वह मुझे उनके पास नहीं रहने देगा। बाबा भारती तब बहुत चिंतित हो गए थे। मुझे एहसास हुआ कि कुछ बुरा होने वाला है, लेकिन बाबा ने मुझे हमेशा सुरक्षित महसूस कराया। कुछ दिनों बाद, खड्गसिंह फिर से मेरे सामने आया, लेकिन इस बार वह बदला हुआ था। उसने बाबा से मदद माँगी। बाबा जो हमेशा दूसरों की मदद करने के लिए तैयार रहते हैं, उन्होंने उसे मेरी पीठ पर बिठा दिया।

खड्गसिंह ने मेरे स्वामी को धोखा दिया और मुझे लेकर भाग गया। मैं बहुत चिंतित हो गया, क्योंकि मैं अपने स्वामी को छोड़कर नहीं जाना चाहता था। मैंने रास्ते भर हिनहिनाने की कोशिश की, लेकिन वह डाकू बहुत तेज़ था। जब हम बहुत दूर पहुँच गए, तो उसने मुझे रोक दिया। वह मुझसे खुश था, लेकिन मैं उदास था। मुझे अपने स्वामी की चिंता हो रही थी। मैं जानता था कि बाबा भारती बहुत दु:खी होंगे। उसी रात, वह डाकू सोते हुए अचानक उठ खड़ा हुआ और उसने मुझे वापस बाबा के पास ले जाने का फैसला किया। उसकी आँखों में पश्चाताप के आँसू थे। जब अस्तबल में बाबा ने मुझे देखा, उनकी आँखों से आँसू बहने लगे।

मैंने भी खुशी के आँसू बहाए। वह पल मेरे लिए सबसे महत्त्वपूर्ण था। बाबा ने मुझे गले लगाया और उस क्षण, मैंने महसूस किया कि सच्चा प्यार और वफादारी ही सब कुछ है। बाबा और मैंने फिर से एकसाथ समय बिताया और मैंने ठान लिया कि मैं हमेशा उनके साथ रहूँगा, उनकी सेवा करूँगा।

मन के भाव

(क) कहानी में से चुनकर कुछ शब्द नीचे दिए हैं। बताइए, कहानी में कौन, कब, ऐसा अनुभव कर रहा था

- चकित
- डर
- करुणा
- अधीर
- प्रसन्नता
- निराशा

उत्तर
- **चकित** जब खड्गसिंह ने सुल्तान घोड़े को पहली बार देखा, तो वह उसकी सुंदरता और चाल देखकर चकित हो गया।
- **अधीर** खड्गसिंह घोड़े की चाल देखने के लिए अधीर हो गया था और उसने बाबा भारती से घोड़े को चलाने की इच्छा जताई।
- **डर** जब खड्गसिंह ने कहा कि वह सुल्तान घोड़ा बाबा भारती के पास नहीं रहने देगा, तब बाबा भारती डर गए थे।
- **प्रसन्नता** जब बाबा भारती ने घोड़े को वापस पाया और उसे अपने पास देखा, तो वह प्रसन्नता से रो पड़े।
- **करुणा** खड्गसिंह ने घोड़ा लौटाते समय बाबा भारती के प्रति करुणा का अनुभव किया और उन्हें घोड़ा वापस कर दिया।
- **निराशा** जब बाबा भारती को लगा कि उनका घोड़ा चोरी हो गया है, तब उन्हें घोर निराशा का अनुभव हुआ।

(ख) आप उपर्युक्त भावों को कब-कब अनुभव करते हैं? लिखिए।

(संकेत जैसे गली में किसी कुत्ते को देखकर डर या प्रसन्नता या करुणा आदि का अनुभव करना)

उत्तर
- **चकित** जब मैं किसी नई और अद्‌भुत चीज़ को पहली बार देखता हूँ, तो मैं चकित हो जाता हूँ; जैसे—आकाश में इंद्रधनुष।
- **अधीर** मैं अपने जन्मदिन के दिन उपहारों को खोलने के लिए अधीर हो जाता हूँ।
- **डर** गली में जाते अचानक, यदि कोई कुत्ता मेरे निकट आ जाए, तो मुझे डर लगता है।
- **प्रसन्नता** जब मुझे परीक्षा में अच्छे अंक मिलते हैं या मैं किसी दोस्त से लंबे समय के बाद मिलता हूँ, तो मुझे प्रसन्नता होती है।
- **करुणा** जब मैं किसी बेसहारा जानवर या व्यक्ति को देखता हूँ जिसे मदद की ज़रूरत है, तो मुझे करुणा का अनुभव होता है।
- **निराशा** जब मैं पूरी कोशिश के बावजूद भी कोई खेल या प्रतियोगिता हार जाता हूँ, तो मुझे निराशा होती है।

अभ्यास प्रश्न

बहुविकल्पीय व वर्णनात्मक प्रश्नों सहित

बहुविकल्पीय प्रश्न

1. बाबा भारती घोड़े को क्या कहकर पुकारते थे?

(क) बादल (ख) सुल्तान (ग) शेरू (घ) राणा

उत्तर (ख) सुल्तान

2. किसकी कीर्ति दूर-दूर तक फैल गई थी?

(क) सुल्तान की (ख) बाबा भारती की

(ग) खड्गसिंह की (घ) दुर्गादत्त वैद्य की

उत्तर (क) सुल्तान की

3. खड्गसिंह कौन था?

(क) व्यापारी (ख) किसान

(ग) डाकू (घ) सैनिक

उत्तर (ग) डाकू

4. बाबा भारती ने खड्गसिंह से क्या प्रार्थना की थी?

(क) घोड़ा लौटाने के लिए

(ख) घटना को किसी से न कहने के लिए

(ग) धन माँगने के लिए

(घ) मदद करने के लिए

उत्तर (ख) घटना को किसी से न कहने के लिए

5. खड्गसिंह ने बाबा भारती का घोड़ा कैसे छीना?

(क) अपाहिज का रूप धारण करके

(ख) रात में चोरी से

(ग) लड़ाई में

(घ) व्यापार के बहाने से

उत्तर (क) अपाहिज का रूप धारण करके

6. बाबा भारती का वास्तविक भय क्या था?

(क) घोड़ा खोने का (ख) डाकुओं का हमला

(ग) मंदिर खोने का (घ) समाज से विश्वास उठने का

उत्तर (घ) समाज से विश्वास उठने का

7. खड्गसिंह सुल्तान को किस समय लौटाने आया?

(क) सुबह के उजाले में (ख) रात के अँधेरे में

(ग) दोपहर की गर्मी में (घ) शाम की ठंडी हवा में

उत्तर (ख) रात के अँधेरे में

8. खड्गसिंह द्वारा सुल्तान को वापस लौटाने का क्या कारण था?

(क) बाबा का डर

(ख) लालच

(ग) पश्चाताप

(घ) मजबूरी

उत्तर (ग) पश्चाताप

9. खड्गसिंह बाबा भारती के पास क्यों आकर बैठा?

(क) भोजन के लिए

(ख) घोड़ा देखने के लिए

(ग) सहायता माँगने के लिए

(घ) धन माँगने के लिए

उत्तर घोड़ा देखने के लिए

रिक्त स्थान भरें

1. नीचे दिए गए वाक्यों में रिक्त स्थानों की पूर्ति कीजिए

(i) बाबा भारती का घोड़ा अत्यधिक ········ और ········ था, जिसे देखकर खड्गसिंह भी चकित हो गया।

(ii) बाबा भारती घोड़े की चाल को ········ की तरह मानते थे।

(iii) बाबा भारती ने खड्गसिंह से कहा, "लोगों का ········ उठ जाएगा।"

(iv) खड्गसिंह ने बाबा भारती के घोड़े को ········ में लौटाया।

(v) रात का ········ पहर बीत चुका था।

उत्तर

(i) सुंदर, बलवान (ii) मोर की नृत्य

(iii) विश्वास (iv) रात के अँधेरे

(v) तीसरा

सत्य-असत्य

1. नीचे दिए गए कथनों में से सत्य या असत्य कथन की पहचान कीजिए

(i) खड्गसिंह ने बिना किसी योजना के बाबा भारती का घोड़ा छीन लिया।

(ii) बाबा भारती का घोड़ा काले रंग का था।

(iii) बाबा भारती अपने घोड़े के बिना नहीं रह सकते थे।

(iv) खड्गसिंह ने घोड़ा लौटाने के बाद बाबा भारती को धन्यवाद दिया।

(v) बाबा भारती ने खड्गसिंह से उस घटना को किसी के सामने न प्रकट करने की प्रार्थना की।

उत्तर

(i) असत्य (ii) असत्य

(iii) सत्य (iv) असत्य

(v) सत्य

मिलान करें

1. पाठ में से चुनकर कुछ शब्द नीचे दिए गए हैं। अपने समूह में इन पर चर्चा कीजिए और इन्हें इनके सही अर्थों या संदर्भों से मिलाइए।

	शब्द		अर्थ या संदर्भ
1.	कीर्ति	(i)	घोड़ों को रखने का स्थान
2.	त्याग	(ii)	बेचैनी या जल्दबाजी का भाव
3.	अस्तबल	(iii)	विनम्र निवेदन या अनुरोध
4.	भ्रम	(iv)	बलिदान या किसी चीज़ को छोड़ देना
5.	प्रार्थना	(v)	गलतफहमी या मिथ्या विश्वास
6.	अधीरता	(vi)	प्रसिद्धि या यश

उत्तर 1. (vi); 2. (iv); 3. (i); 4. (v); 5. (iii) 6. (ii)

गद्यांश आधारित प्रश्न

निम्नलिखित गद्यांश को पढ़कर उन पर आधारित प्रश्नों के उत्तर दीजिए

गद्यांश 1

माँ को अपने बेटे और किसान को अपने लहलहाते खेत देखकर जो आनंद आता है, वही आनंद बाबा भारती को अपना घोड़ा देखकर आता था। भगवत भजन से जो समय बचता, वह घोड़े को अर्पण

न था। बाबा भारती उसे सुल्तान कहकर पुकारते, अपने हाथ से खरहरा करते, खुद दाना खिलाते और देख-देखकर प्रसन्न होते थे। उन्होंने रुपया, माल, असबाब, ज़मीन आदि अपना सब-कुछ छोड़ दिया था, यहाँ तक कि उन्हें नगर के जीवन से भी घृणा थी। अब गाँव से बाहर एक छोटे-से मंदिर में रहते और भगवान का भजन करते थे। मैं सुल्तान के बिना नहीं रह सकूँगा, उन्हें ऐसी भ्रांति-सी हो गई थी। वे उसकी चाल पर लट्टू थे। कहते, ''ऐसे चलता है जैसे मोर घटा को देखकर नाच रहा हो।'' जब तक संध्या समय सुल्तान पर चढ़कर आठ-दस मील का चक्कर न लगा लेते, उन्हें चैन न आता।

खड्गसिंह उस इलाके का प्रसिद्ध डाकू था। लोग उसका नाम सुनकर काँपते थे। होते-होते सुल्तान की कीर्ति उसके कानों तक भी पहुँची। उसका हृदय उसे देखने के लिए अधीर हो उठा। एक दिन वह दोपहर के समय बाबा भारती के पास पहुँचा और नमस्कार करके बैठ गया।

1. सुल्तान की चाल की तुलना बाबा भारती ने किससे की?

(क) हवा के झोंके से

(ख) मोर के नाच से

(ग) घोड़े की दौड़ से

(घ) नदी की धारा से

उत्तर (ख) मोर के नाच से

2. कथन (A) बाबा भारती को नगर के जीवन से घृणा थी।
कारण (R) वे मंदिर में रहकर भगवान का भजन करते थे।
कूट

(क) कथन (A) गलत है, किंतु कारण (R) सही है।

(ख) कथन (A) सही है, किंतु कारण (R) गलत है।

(ग) कथन (A) और कारण (R) दोनों सही हैं।

(घ) कथन (A) और कारण (R) दोनों गलत हैं।

उत्तर (ग) कथन (A) और कारण (R) दोनों सही हैं।

3. 'प्रसिद्ध' शब्द में उपसर्ग व मूल शब्द है

(क) प्रसि + द्ध

(ख) पर + सिद्ध

(ग) प्रसि + द्ध

(घ) प्र + सिद्ध

उत्तर (घ) प्र + सिद्ध

4. सुल्तान की देखभाल कौन करता था?

उत्तर सुल्तान की देखभाल बाबा भारती स्वयं करते थे। वे अपने हाथ से सुल्तान को खरहरा करते, उसे दाना खिलाते और उसकी चाल की प्रशंसा करते थे।

5. सुल्तान के प्रति बाबा भारती का व्यवहार कैसा था?

उत्तर सुल्तान के प्रति बाबा भारती का व्यवहार अत्यंत प्रेमपूर्ण और स्नेहिल था। वे सुल्तान को अपने पुत्र के समान प्रेम करते थे। बाबा भारती सुल्तान को केवल एक घोड़ा नहीं, बल्कि अपने जीवन का अभिन्न हिस्सा मानते थे।

6. बाबा भारती को नगर के जीवन से घृणा क्यों थी? **CBQ**

उत्तर बाबा भारती को नगर के जीवन से घृणा थी, क्योंकि उन्होंने अपने सांसारिक जीवन का त्याग करके भगवत भजन और साधारण जीवन को अपनाया था। उनके लिए नगर का जीवन अब मोह और माया से भरा हुआ था, जिससे वे दूर रहना चाहते थे। इस कारण, वे गाँव के बाहर एक छोटे-से मंदिर में निवास करने लगे।

गद्यांश 2

बाबा भारती और खड्गसिंह दोनों अस्तबल में पहुँचे। बाबा ने घोड़ा दिखाया घमंड से, खड्गसिंह ने घोड़ा देखा आश्चर्य से। उसने सैकड़ों घोड़े देखे थे, परंतु ऐसा बाँका घोड़ा उसकी आँखों से कभी न गुजरा था। सोचने लगा, भाग्य की बात है। ऐसा घोड़ा खड्गसिंह के पास होना चाहिए था। इस साधु को ऐसी चीज़ों से क्या लाभ? कुछ देर तक आश्चर्य से चुपचाप खड़ा रहा। इसके पश्चात् उसके हृदय में हलचल होने लगी। बालकों की-सी अधीरता से बोला, परंतु बाबाजी, इसकी चाल न देखी तो क्या?

बाबा भारती भी मनुष्य ही थे। अपनी चीज़ की प्रशंसा दूसरे के मुख से सुनने के लिए उनका हृदय भी अधीर हो गया। घोड़े को खोलकर बाहर लाए और उसकी पीठ पर हाथ फेरने लगे। एकाएक उचककर सवार हो गए, घोड़ा हवा से बातें करने लगा। उसकी चाल को देखकर खड्गसिंह के हृदय पर साँप लोट गया। वह डाकू था और जो वस्तु उसे पसंद आ जाए उस पर वह अपना अधिकार समझता था। उसके पास बाहुबल था, आदमी थे और बेरहमी थी। जाते-जाते उसने कहा, ''बाबाजी, मैं यह घोड़ा आपके पास न रहने दूँगा।''

बाबा भारती डर गए। अब उन्हें रात को नींद न आती। सारी रात अस्तबल की रखवाली में कटने लगी। प्रतिक्षण खड्गसिंह का भय लगा रहता, परंतु कई मास बीत गए और वह न आया। यहाँ तक कि बाबा भारती कुछ असावधान हो गए और इस भय को स्वप्न के भय की नाई मिथ्या समझने लगे।

1. बाबा भारती और खड्गसिंह कहाँ पहुँचे?

(क) मंदिर में (ख) बाजार में (ग) अस्तबल में (घ) खेत में

उत्तर (ग)अस्तबल में

2. घोड़े को देखकर खड्गसिंह मन में क्या सोचने लगा?

(क) घोड़ा बहुत साधारण है

(ख) घोड़े की चाल धीमी है

(ग) बाबा भारती को घोड़े से कोई लगाव नहीं है

(घ) ऐसा घोड़ा उसके पास होना चाहिए था

उत्तर (घ) ऐसा घोड़ा उसके पास होना चाहिए था

3. जाते-जाते खड्गसिंह ने बाबा भारती से क्या कहा?

(क) यह घोड़ा बहुत अच्छा है

(ख) मैं यह घोड़ा आपके पास न रहने दूँगा

(ग) घोड़ा आपको मुबारक हो

(घ) मैं इस घोड़े को खरीदना चाहता हू

उत्तर (ख)मैं यह घोड़ा आपके पास न रहने दूँगा

4. खड्गसिंह के जाने के बाद बाबा भारती के मन में कौन-सी आशंका घर कर गई?

उत्तर खड्गसिंह के जाने के बाद बाबा भारती के मन में यह आशंका घर कर गई कि खड्गसिंह उनके प्रिय घोड़े सुल्तान को उनसे छीन सकता है। इस डर के कारण बाबा भारती रात भर जागते रहते और अस्तबल की रखवाली करते थे।

5. खड्गसिंह ने बाबा भारती के घोड़े को देखकर क्या सोचा और क्यों?

उत्तर खड्गसिंह ने सोचा कि भाग्य की बात है। ऐसा घोड़ा खड्गसिंह के पास होना चाहिए था। बाबा भारती जैसे साधु को इस घोड़े का क्या लाभ हो सकता है। खड्गसिंह ने ऐसा इसलिए सोचा, क्योंकि खड्गसिंह ने सैकड़ों घोड़े देखे थे,परंतु ऐसा बाँका घोड़ा उसने पहले कभी नहीं देखा था। उसकी ईर्ष्या और लालच ने उसे यह सोचने पर मजबूर कर दिया।

6. 'साँप लोट जाना' मुहावरे का क्या अर्थ है? यह मुहावरा किसके लिए प्रयुक्त हुआ है? CBQ

उत्तर 'साँप लोट जाना' मुहावरे का अर्थ अत्यधिक जलन, ईर्ष्या या दुःख का अनुभव करना है। जब कोई व्यक्ति किसी दूसरे की संपत्ति, गुण या सफलता को देखकर जलन महसूस करता है, तो उसके मन में ऐसी भावना उत्पन्न होती है, जिसे 'साँप लोट जाना' कहा जाता है। यह मुहावरा खड्गसिंह के संदर्भ में प्रयुक्त हुआ है।

गद्यांश 3

संध्या का समय था। बाबा भारती सुल्तान की पीठ पर सवार होकर घूमने जा रहे थे। इस समय उनकी आँखों में चमक थी, मुख पर प्रसन्नता। कभी घोड़े के शरीर को देखते, कभी उसके रंग को और मन में फूले न समाते थे।

सहसा एक ओर से आवाज़ आई, ''ओ बाबा, इस कंगले की सुनते जाना।'' आवाज़ में करुणा थी। बाबा ने घोड़े को रोक लिया। देखा, एक अपाहिज वृक्ष की छाया में पड़ा कराह रहा है। बोले, ''क्यों तुम्हें क्या कष्ट है?'' अपाहिज ने हाथ जोड़कर कहा, बाबा, मैं दुखियारा हूँ। मुझ पर दया करो। रामावाला यहाँ से तीन मील है, मुझे वहाँ जाना है। घोड़े पर चढ़ा लो, परमात्मा भला करेगा।

''वहाँ तुम्हारा कौन है?''

''दुर्गादत्त वैद्य का नाम आपने सुना होगा। मैं उनका सौतेला भाई हूँ।''

बाबा भारती ने घोड़े से उतरकर अपाहिज को घोड़े पर सवार किया और स्वयं उसकी लगाम पकड़कर धीरे-धीरे चलने लगे। सहसा उन्हें एक झटका-सा लगा और लगाम हाथ से छूट गई। उनके आश्चर्य का ठिकाना न रहा, जब उन्होंने देखा कि अपाहिज घोड़े की पीठ पर तनकर बैठा है और घोड़े को दौड़ाए लिए जा रहा है। उनके मुख से भय, विस्मय और निराशा से मिली हुई चीख निकल गई। वह अपाहिज डाकू खड्गसिंह था।

1. अपाहिज ने स्वयं को किसका सौतेला भाई बताया?

(क) सुल्तान का (ख) खड्गसिंह का
(ग) दुर्गादत्त वैद्य का (घ) दुर्गादास का

उत्तर (ग) दुर्गादत्त वैद्य का

2. बाबा भारती किस पर बैठकर घूमने जा रहे थे?

(क) बैलगाड़ी पर (ख) हाथी पर
(ग) घोड़े की पीठ पर (घ) गधे पर

उत्तर (ग) घोड़े की पीठ पर

3. सहसा एक ओर से आई आवाज़ में क्या थी?

(क) गुस्सा (ख) करुणा (ग) आनंद (घ) उत्सुकता

उत्तर (ख) करुणा

4. बाबा भारती ने अपाहिज की मदद कैसे की?

उत्तर बाबा भारती ने अपाहिज को घोड़े पर सवार किया और स्वयं उसकी लगाम पकड़कर धीरे-धीरे चलने लगे। इस तरह उन्होंने अपाहिज की मदद की।

5. 'अपाहिज' शब्द का क्या अर्थ है? प्रस्तुत गद्यांश में अपाहिज कौन था?

उत्तर 'अपाहिज' शब्द का अर्थ है—शारीरिक रूप से अशक्त या विकलांग व्यक्ति। प्रस्तुत गद्यांश में अपाहिज वास्तव में डाकू खड्गसिंह था। उसने बाबा भारती को धोखा देने के लिए अपाहिज का वेश धारण किया था, जिससे वह सुल्तान को चुरा सके।

6. बाबा भारती को अपाहिज की वास्तविक पहचान का पता कैसे चला? CBQ

उत्तर बाबा भारती को अपाहिज की वास्तविक पहचान का पता तब चला, जब उन्होंने देखा कि अपाहिज घोड़े की पीठ पर तनकर बैठा है और घोड़े को तेज़ी से दौड़ा रहा है। यह देखकर उन्हें लगा कि अपाहिज वास्तव में और कोई नहीं, बल्कि डाकू खड्गसिंह था।

गद्यांश 4

बाबा भारती कुछ देर तक चुप रहे और कुछ समय पश्चात् कुछ निश्चय करके पूरे बल से चिल्लाकर बोले, ''जरा ठहर जाओ।'' खड्गसिंह ने यह आवाज़ सुनकर घोड़ा रोक लिया और उसकी गरदन पर प्यार से हाथ फेरते हुए कहा, बाबाजी, यह घोड़ा अब
न दूँगा।

''परंतु एक बात सुनते जाओ''

खड्गसिंह ठहर गया।

बाबा भारती ने निकट जाकर उसकी ओर ऐसी आँखों से देखा जैसे बकरा कसाई की ओर देखता है और कहा, यह घोड़ा तुम्हारा हो चुका है। मैं तुमसे इसे वापस करने के लिए न कहूँगा, परंतु खड्गसिंह, केवल एक प्रार्थना करता हूँ, इसे अस्वीकार न करना; नहीं तो मेरा दिल टूट जाएगा।

''बाबाजी, आज्ञा कीजिए। मैं आपका दास हूँ, केवल यह घोड़ा न दूँगा।''

''अब घोड़े का नाम न लो। मैं तुमसे इस विषय में कुछ न कहूँगा। मेरी प्रार्थना केवल यह है कि इस घटना को किसी के सामने प्रकट न करना।''

खड्गसिंह का मुँह आश्चर्य से खुला रह गया। उसे लगा था कि उसे घोड़े को लेकर यहाँ से भागना पड़ेगा, परंतु बाबा भारती ने स्वयं उसे कहा कि इस घटना को किसी के सामने प्रकट न करना। इससे क्या प्रयोजन सिद्ध हो सकता है? खड्गसिंह ने बहुत सोचा, बहुत सिर मारा, परंतु कुछ समझ

न सका। हारकर उसने अपनी आँखें बाबा भारती के मुख पर गड़ा दीं और पूछा, ''बाबाजी, इसमें आपको क्या डर है?''

सुनकर बाबा भारती ने उत्तर दिया, ''लोगों को यदि इस घटना का पता चला तो वे किसी गरीब पर विश्वास न करेंगे। दुनिया से विश्वास उठ जाएगा।'' यह कहते-कहते उन्होंने सुल्तान की ओर से इस तरह मुँह मोड़ लिया जैसे उनका उससे कभी कोई संबंध ही न रहा हो।

1. खड्गसिंह ने हारकर बाबा भारती से क्या पूछा?

(क) क्या आप मुझे घोड़े की कीमत बताएँगे
(ख) क्या आप मेरे साथ दोस्ती करेंगे
(ग) क्या आप मुझे घोड़े को देने के लिए मजबूर कर रहे हैं?
(घ) बाबाजी, इसमें आपको क्या डर है

उत्तर (घ) बाबाजी, इसमें आपको क्या डर है

2. खड्गसिंह ने किसकी आवाज़ सुनकर घोड़ा रोक लिया?

(क) एक राहगीर की (ख) बाबा भारती की
(ग) एक अन्य डाकू की (घ) एक साधु की

उत्तर (ख) बाबा भारती की

3. वास्तव में बाबा भारती को किस बात का डर था?

(क) खड्गसिंह घोड़े को चुराकर भाग जाएगा
(ख) लोग घोड़े की कीमत चुकाने के लिए दबाव बनाएँगे
(ग) लोग घटना के बारे में जानकर गरीबों पर विश्वास नहीं करेंगे
(घ) खड्गसिंह उनके खिलाफ विद्रोह करेगा

उत्तर (ग) लोग घटना के बारे में जानकर गरीबों पर विश्वास नहीं करेंगे

4. बाबा भारती ने खड्गसिंह से घोड़े को लेकर क्या अंतिम निर्णय लिया?

उत्तर बाबा भारती ने खड्गसिंह से घोड़े को लेकर अंतिम निर्णय लिया कि वह घोड़ा खड्गसिंह का हो चुका है और वे इसे वापस करने की कोई माँग नहीं करेंगे। उनकी प्रार्थना केवल यह थी कि इस घटना को किसी के सामने प्रकट न किया जाए।

5. बाबा भारती ने सुल्तान की ओर से मुँह क्यों मोड़ा?

उत्तर बाबा भारती ने सुल्तान की ओर से मुँह मोड़ा जैसे उनका उससे कोई संबंध नहीं रहा हो, ताकि वह यह दर्शा सकें कि अब उनका घोड़े से कोई भावनात्मक जुड़ाव नहीं है और उन्होंने उस घटना को पूरी तरह से समाप्त कर दिया है।

6. 'निश्चय' शब्द का क्या अर्थ है और इसे गद्यांश में किस संदर्भ में प्रयोग किया गया है? **CBQ**

उत्तर निश्चय शब्द का अर्थ है— दृढ़ निर्णय या निश्चितता। गद्यांश में इसे उस संदर्भ में प्रयोग किया गया है, जब बाबा भारती ने पूरी तरह से तय करके और आत्मविश्वास के साथ खड्गसिंह से अनुरोध किया कि वह घोड़े की घटना को सार्वजनिक न करे। यह शब्द दर्शाता है कि बाबा भारती की इच्छाएँ और निर्णय पूरी तरह से स्पष्ट और निर्धारित थे।

अतिलघु उत्तरीय प्रश्न

1. बाबा भारती कैसे व्यक्ति थे और वह कहाँ रहते थे?

उत्तर बाबा भारती एक साधु व सज्जन व्यक्ति थे। वह गाँव से बाहर एक छोटे-से मंदिर में रहते थे।

2. बाबा भारती को किससे विशेष प्रेम था?

उत्तर बाबा भारती को अपने घोड़े सुल्तान से विशेष प्रेम था। वह उसे अपना सब कुछ मानते थे और उसकी देखभाल स्वयं करते थे।

3. खड्गसिंह को क्या पसंद आ गया था?

उत्तर खड्गसिंह को बाबा भारती का घोड़ा सुल्तान बहुत पसंद आ गया था।

4. घोड़ा कैसा था?

उत्तर घोड़ा बहुत सुंदर और बलवान था, उसके जैसा घोड़ा पूरे इलाके में और कहीं नहीं था।

6. बाबा भारती ने क्या त्याग दिया था?

उत्तर बाबा भारती ने रुपया, माल, असबाब, जमीन और नगर का जीवन त्याग दिया था।

7. बाबा भारती को कैसी भ्रांति हो गई थी?

उत्तर बाबा भारती को यह भ्रांति हो गई थी कि वे सुल्तान के बिना नहीं रह सकेंगे।

8. बाबा भारती किस समय घोड़े पर सवार होकर घूमने जाते थे?

उत्तर बाबा भारती संध्या के समय सुल्तान पर सवार होकर आठ-दस मील का चक्कर लगाने जाते थे।

9. खड्गसिंह ने घोड़े को आश्चर्य से क्यों देखा?

उत्तर खड्गसिंह ने घोड़े को आश्चर्य से इसलिए देखा, क्योंकि उसने सैकड़ों घोड़े देखे थे, परंतु ऐसा बाँका घोड़ा उसकी आँखों से कभी न गुजरा था।

10. बाबा भारती का हृदय अधीर क्यों हो गया?

उत्तर जब खड्गसिंह ने बाबा भारती से घोड़े की चाल देखने के लिए कहा, तो अपनी चीज की प्रशंसा दूसरे के मुख से सुनने के लिए बाबा भारती का हृदय अधीर हो गया।

11. खड्गसिंह ने घोड़ा चुराने के लिए क्या किया?

उत्तर खड्गसिंह ने बाबा भारती को घोड़ा चुराने के लिए अपाहिज का वेश धारण किया।

12. बाबा भारती ने घोड़े को वापस पाकर क्या किया?

उत्तर बाबा भारती घोड़े को वापस पाकर उसके गले से लिपटकर रोने लगे। उसकी पीठ पर हाथ फेरते और मुँह पर थपकियाँ देते हुए कहते कि अब कोई गरीबों की सहायता से मुँह न मोड़ेगा।

13. घटना के अंत में खड्गसिंह के आँसू क्यों बह रहे थे? **CBQ**

उत्तर जब खड्गसिंह ने यह महसूस किया कि बाबा भारती के विचार कितने उच्च और पवित्र हैं और उसने बाबा भारती के घोड़े को चुराकर उनके साथ गलत किया है, तब पश्चाताप और आत्मग्लानि के कारण उसके आँखों से आँसू बह रहे थे।

लघु उत्तरीय प्रश्न

1. खड्गसिंह बाबा भारती के पास क्यों गया?

उत्तर सुल्तान की सुंदरता और उसकी चाल की ख्याति दूर-दूर तक फैल चुकी थी। खड्गसिंह उस इलाके का प्रसिद्ध डाकू था तथा सुल्तान की कीर्ति उसके कानों तक भी पहुँच चुकी थी। एक दिन दोपहर को सुल्तान को देखने के लिए खड्गसिंह बाबा भारती के पास जा पहुँचा।

2. खड्गसिंह ने सुल्तान को देखकर क्या सोचा और क्यों? CBQ

उत्तर खड्गसिंह ने सैकड़ों घोड़े देखे थे, परंतु ऐसा सुंदर घोड़ा उसने पहले कभी नहीं देखा था। वह सुल्तान को देखकर सोचने लगा कि ऐसा सुंदर और बलवान घोड़ा उसके पास होना चाहिए। इस साधु को ऐसी वस्तु से क्या लाभ? उसकी सुंदरता और चाल ने खड्गसिंह को अत्यधिक प्रभावित किया, जिससे उसके मन में सुल्तान को पाने की लालसा उत्पन्न हो गई।

3. बाबा भारती घोड़े को क्या कहकर पुकारते हैं तथा उसकी देखभाल कैसे करते हैं?

उत्तर बाबा भारती अपने घोड़े को 'सुल्तान' कहकर पुकारते हैं। वे उसकी देखभाल बहुत प्यार से करते थे, स्वयं अपने हाथों से उसे खरहरा करते, दाना खिलाते और देख-देखकर प्रसन्न होते थे। उसकी चाल पर मोहित होकर उसकी प्रशंसा करते थे। वे संध्या के समय उसे घूमाने ले जाते थे।

4. खड्गसिंह ने बाबा भारती को धोखा देकर घोड़ा कैसे चुराया?

उत्तर खड्गसिंह ने बाबा भारती को धोखा देने के लिए एक अपाहिज व्यक्ति का रूप धारण किया और बाबा भारती से मदद माँगी उन्हें यह विश्वास दिलाया कि वह एक जरूरतमंद व्यक्ति है, जिसे रामावाला जाना है। बाबा भारती ने सहानुभूति दिखाते हुए उसे अपने घोड़े पर बैठा लिया। जैसे ही खड्गसिंह ने अवसर पाया, उसने घोड़े की लगाम पकड़कर उसे तेज़ी से दौड़ा लिया और घोड़ा चुराकर भाग गया।

5. बाबा भारती के लिए सुल्तान का क्या महत्त्व था?

उत्तर बाबा भारती के लिए सुल्तान केवल एक घोड़ा नहीं था, बल्कि उनके जीवन का अभिन्न अंग था। वे उसे अपने पुत्र के समान प्रेम करते थे। वे स्वयं उसकी देखभाल करते थे। सुल्तान की चाल और सुंदरता उन्हें अत्यधिक प्रिय थी और उसके बिना जीवन की कल्पना उनके लिए असंभव थी। बाबा भारती को यह भ्रांति थी कि वे सुल्तान के बिना नहीं रह सकेंगे।

6. बाबा भारती ने खड्गसिंह से घटना को किसी के सामने प्रकट नहीं करने की प्रार्थना क्यों की? CBQ

उत्तर बाबा भारती ने खड्गसिंह से इस घटना को किसी के सामने प्रकट न करने की प्रार्थना इसलिए की, क्योंकि वे नहीं चाहते थे कि लोगों का गरीबों पर से विश्वास उठ जाए। उन्हें डर था कि यदि इस घटना का पता चल गया, तो लोग किसी जरूरतमंद की मदद करने से कतराएँगे, जिससे समाज में विश्वास की भावना कम हो जाएगी। बाबा भारती ने समाज में विश्वास बनाए रखने के लिए यह प्रार्थना की।

7. बाबाजी, मैं यह घोड़ा आपके पास न रहने दूँगा। खड्गसिंह के ऐसा कहने पर बाबा भारती ने क्या किया?

उत्तर खड्गसिंह के यह कहने पर बाबा भारती डर गए और इस डर से उन्हें रात को नींद नहीं आती थी। वे पूरी रात अस्तबल की रखवाली में बिताने लगे। हर समय उन्हें खड्गसिंह के द्वारा घोड़ा चुराए जाने का भय सताने लगा, लेकिन कई महीने बीतने के बाद जब खड्गसिंह नहीं आया, तो वे कुछ असावधान हो गए और इस भय को स्वप्न के समान मिथ्या समझने लगे।

8. घटना के अंत में बाबा भारती की क्या सोच थी? CBQ

उत्तर घटना के अंत में बाबा भारती ने सोचा कि दुनिया से विश्वास नहीं उठेगा, क्योंकि खड्गसिंह ने उनका घोड़ा वापस कर दिया था। बाबा भारती के हृदय में इस बात की संतुष्टि थी कि उनकी प्रार्थना ने खड्गसिंह के अंदर बदलाव ला दिया और उन्होंने विश्वास की शक्ति को कायम रखा। बाबा भारती के लिए यह क्षण उनके आदर्शों की जीत का प्रतीक था।

9. घोड़े को पुनः अस्तबल में देखकर बाबा भारती की क्या प्रतिक्रिया थी?

उत्तर घोड़े को पुनः अस्तबल में देखकर बाबा भारती आश्चर्य और प्रसन्नता से भर गए। वे दौड़ते हुए अंदर घुसे और अपने घोड़े के गले से लिपटकर इस तरह रोने लगे जैसे कोई पिता बहुत दिन से बिछड़े पुत्र से मिल रहा हो। उन्होंने बार-बार सुल्तान की पीठ पर हाथ फेरा और उसके मुँह पर थपकियाँ दीं। उनकी आँखों से खुशी के आँसू बहने लगे, वे अत्यधिक भावुक हो गए थे।

10. बाबा भारती के चरित्र के मुख्य गुणों पर चर्चा कीजिए। CBQ

उत्तर बाबा भारती का चरित्र करुणा, विश्वास और नैतिकता का प्रतीक है। उन्होंने अपने जीवन को साधुता और भगवान के भजन के लिए समर्पित कर दिया था। उनके भीतर दूसरों के प्रति सहानुभूति और मदद करने की गहरी भावना थी। बाबा भारती ने खड्गसिंह जैसे डाकू को भी माफ़ किया, जो उनकी विशाल हृदयता का प्रमाण है। वे नैतिकता और मानवीयता में विश्वास रखते थे और यही गुण उन्हें सबसे अलग बताते हैं।

दीर्घ उत्तरीय प्रश्न

1. आपके विचार से खड्गसिंह ने बाबा भारती से क्या सीख ली होगी? CBQ

उत्तर खड्गसिंह ने बाबा भारती से सच्चाई, विश्वास और मानवता की महत्ता सीखी होगी। खड्गसिंह ने बाबा भारती से यह सीखा होगा कि विश्वास सबसे मूल्यवान चीज़ है, जिसे बनाए रखना अत्यंत महत्त्वपूर्ण है। बाबा भारती के उच्च व पवित्र विचार और मानवता की भावना ने खड्गसिंह को प्रभावित किया और उसने महसूस किया कि अगर समाज को इस घटना का पता चल जाएगा, तो गरीबों पर से विश्वास उठ जाएगा। इस अनुभव ने खड्गसिंह को मानवीय मूल्यों का महत्त्व समझाया तथा उनके द्वारा दिखाए गए आदर्शों ने खड्गसिंह के हृदय में पश्चाताप और आत्मग्लानि की भावना जागृत की।

2. 'हार की जीत' की कहानी से हमें क्या सीख मिलती है?

उत्तर 'हार की जीत' की कहानी से हमें सच्ची मानवता, त्याग और विश्वास की शक्ति का महत्त्व समझ में आता है। बाबा भारती के उच्च व पवित्र विचारों ने, त्याग और सच्चाई ने खड्गसिंह के दिल को छू लिया, जिससे उसे आत्मग्लानि हुई और उसने अपनी गलती सुधारने का निर्णय लिया। इस कहानी से हमें यह सीख मिलती है कि सच्ची मानवता और उच्च विचारों से कठोर दिल वाला व्यक्ति भी बदल सकता है। विश्वसनीयता और सहानुभूति को कायम करना अत्यंत आवश्यक है, क्योंकि यही मानवीयता की आधारशिला है।

3. सुल्तान के प्रति बाबा भारती और खड्गसिंह की नियत में क्या अंतर था? अपने विचार स्पष्ट कीजिए।

उत्तर बाबा भारती का सुल्तान के प्रति अपार स्नेह निःस्वार्थ, पवित्र और भावनात्मक था। उन्होंने सुल्तान को केवल एक घोड़ा नहीं, बल्कि अपने जीवन का अभिन्न हिस्सा माना। सुल्तान के साथ उनका संबंध एक माता-पिता के अपने बच्चे के प्रति स्नेह जैसा था, जिसमें प्रेम और देखभाल का गहरा भाव था। दूसरी ओर, खड्गसिंह की नियत स्वार्थ और अधिकार की भावना से प्रेरित थी। उसने सुल्तान को उसकी सुंदरता और ताकत के लिए चाहा। इस प्रकार, जहाँ बाबा भारती का स्नेह सच्चे प्रेम और लगाव का प्रतीक था, वहीं खड्गसिंह की नियत में स्वार्थ और लालच छिपा था।

4. खड्गसिंह के चरित्र में हुए परिवर्तन का वर्णन कीजिए।

उत्तर खड्गसिंह एक कुख्यात डाकू था, जिसके नाम से लोग डरते थे। जिसके हृदय में करुणा का कोई स्थान नहीं था, परंतु जब वह बाबा भारती की करुणा, विश्वास और उनके उच्च विचारों का सामना करता है, तो उसके भीतर एक आंतरिक संघर्ष प्रारंभ हो जाता है। इस संघर्ष के परिणामस्वरूप उसके कठोर हृदय में परिवर्तन आता है और वह अपने अपराध का पश्चाताप करते हुए सुल्तान को लौटाने का निर्णय लेता है। यह परिवर्तन यह दर्शाता है कि मानवता और विश्वास किसी का भी हृदय परिवर्तन कर सकता है।

5. बाबा भारती ने अपने घोड़े को समाज के प्रति विश्वास बनाए रखने के लिए त्याग दिया। इस त्याग का उनके जीवन और उनके आदर्शों पर क्या प्रभाव पड़ा होगा? इसके बारे में विस्तार से लिखिए। CBQ

उत्तर समाज में विश्वास बनाए रखने के लिए बाबा भारती द्वारा अपने घोड़े का बलिदान देना उनके जीवन और आदर्शों का सर्वोच्च प्रमाण था। इस बलिदान ने उनकी भावना को नई ऊँचाइयों पर पहुँचा दिया। हालाँकि, उन्होंने अपना प्रिय घोड़ा खो दिया था, लेकिन उनके आदर्शों और सच्चाई की शक्ति और भी मजबूत हो गई। इस बलिदान ने उनके जीवन को और अधिक सार्थक बना दिया, जिससे वे समाज के लिए एक आदर्श बन गए। यह त्याग दर्शाता है कि सत्य और मानवता के लिए किया गया बलिदान कभी व्यर्थ नहीं जाता।

6. यदि आप खड्गसिंह की जगह होते, तो बाबा भारती की प्रार्थना सुनने के बाद क्या निर्णय लेते और क्यों? आपके इस निर्णय का समाज पर क्या प्रभाव पड़ सकता था? CBQ

उत्तर यदि मैं खड्गसिंह की जगह होता, तो बाबा भारती की प्रार्थना सुनने के बाद घोड़ा तुरंत लौटा देता। बाबा भारती की सच्चाई और मानवीयता ने मेरे हृदय को छू लिया होता और मुझे एहसास हुआ होता कि गलत कार्यों से सिर्फ नुकसान ही होता है। इस निर्णय का समाज पर सकारात्मक प्रभाव पड़ता, क्योंकि यह एक उदाहरण होता कि सच्चाई और मानवता की जीत होती है। इससे लोगों के दिलों में विश्वास और सहानुभूति बनी रहती और समाज में अच्छाई को प्रोत्साहन मिलता।

व्याकरण आधारित प्रश्न

(क) दिए गए शब्दों के लिंग परिवर्तन कीजिए

(i) स्वामी	(ii) साधु
(iii) मालिक	(iv) कवि
(v) सेवक	(vi) दास

उत्तर

(i) स्वामी-स्वामिनी	(ii) साधु-साध्वी
(iii) मालिक-मालकिन	(iv) कवि-कवयित्री
(v) सेवक-सेविका	(vi) दास-दासी

(ख) दिए गए शब्दों के विलोम शब्द लिखिए

(i) प्रसन्न
(ii) प्रसिद्ध
(iii) वृद्ध
(iv) धन
(v) प्रकाश
(vi) भय

उत्तर

(i) प्रसन्न-अप्रसन्न	(ii) प्रसिद्ध-अप्रसिद्ध
(iii) वृद्ध-तरुण	(iv) धन-निर्धन
(v) प्रकाश-अंधकार	(vi) भय-निर्भय

(ग) निम्नलिखित शब्दों के दो-दो पर्यायवाची लिखिए

(i) प्रसन्नता
(ii) डाकू
(iii) हृदय
(iv) गृह
(v) समय
(vi) प्रार्थना

उत्तर

(i) प्रसन्नता-खुशी, आनंद	(ii) डाकू-दस्यु, लुटेरा
(iii) हृदय-दिल, मन	(iv) गृह-घर, मकान
(v) समय-वक्त, काल	(vi) प्रार्थना-अनुरोध, विनती

स्व-मूल्यांकन

बहुविकल्पीय प्रश्न

1. बाबा भारती किस प्रकार के व्यक्ति थे?
(क) व्यापारी (ख) साधु
(ग) सैनिक (घ) किसान

2. खड्गसिंह ने बाबा भारती से किस बात की इच्छा जताई?
(क) उनके घर का दौरा करने की
(ख) सुल्तान को देखने की
(ग) भगवान का भजन सुनने की
(घ) गाँव में रहने की

3. बाबा भारती किस समय सुलतान पर चढ़कर घूमने जाते थे?
(क) सुबह (ख) दोपहर
(ग) शाम (घ) रात

4. घटना के बाद खड्गसिंह ने क्या किया?
(क) घोड़े को बेच दिया
(ख) घोड़े को वापस कर दिया
(ग) घोड़े को अपने पास रख लिया
(घ) घोड़े को गाँव में छोड़ दिया

5. खड्गसिंह ने घोड़े को वापस लाने का निर्णय क्यों लिया?
(क) डर से
(ख) बाबा भारती के उच्च विचारों से प्रभावित होकर
(ग) घोड़े की देखभाल करने में असमर्थता के कारण
(घ) ग्रामीणों के दबाव के कारण

गद्यांश आधारित प्रश्न

निम्नलिखित गद्यांश को पढ़कर उन पर आधारित प्रश्नों के उत्तर दीजिए-

रात्रि का तीसरा पहर बीत चुका था। चौथा पहर आरंभ होते ही बाबा भारती ने अपनी कुटिया से बाहर निकल ठंडे जल से स्नान किया। उसके पश्चात, इस प्रकार जैसे कोई स्वप्न में चल रहा हो, उनके पाँव अस्तबल की ओर बढ़े। परंतु फाटक पर पहुँचकर उनको अपनी भूल प्रतीत हुई। साथ ही घोर निराशा ने पाँव को मन-मन-भर का भारी बना दिया। वे वहीं रुक गए। घोड़े ने अपने स्वामी के पाँवों की चाप को पहचान लिया और ज़ोर से हिनहिनाया।

अब बाबा भारती आश्चर्य और प्रसन्नता से दौड़ते हुए अंदर घुसे और अपने घोड़े के गले से लिपटकर इस प्रकार रोने लगे मानो कोई पिता बहुत दिन से बिछड़े पुत्र से मिल रहा हो। बार-बार उसकी पीठ पर हाथ फेरते, बार-बार उसके मुँह पर थपकियाँ देते और कहते थे, अब कोई गरीबों की सहायता से मुँह न मोड़ेगा।

थोड़ी देर के बाद जब वह अस्तबल से बाहर निकले तो उनकी आँखों से आँसू बह रहे थे। ये आँसू उसी भूमि पर ठीक उसी जगह गिर रहे थे, जहाँ बाहर निकलने के बाद खड्गसिंह खड़ा होकर रोया था। दोनों के आँसुओं का उस भूमि की मिट्टी पर परस्पर मेल हो गया।

1. बाबा भारती ने किस पहर में उठकर स्नान किया?
(क) पहले पहर (ख) दूसरे पहर
(ग) तीसरे पहर (घ) चौथे पहर

2. बाबा भारती अपने घोड़े को देखकर किस प्रकार रोने लगे?
(क) जैसे कोई माता अपने बच्चे को देखकर रोती है।
(ख) जैसे कोई पिता अपने बिछड़े पुत्र से मिल रहा हो।
(ग) जैसे कोई मित्र अपने पुराने दोस्त को देखकर रोता है।
(घ) जैसे कोई व्यक्ति अपने पालतू जानवर को खोने के बाद रोता है।

3. बाबा भारती के मन में कैसे भाव थे?
(क) प्रसन्न
(ख) निराशा
(ग) आशा
(घ) कष्ट

4. बाबा भारती ने चौथे पहर में सबसे पहले क्या किया?

5. बाबा भारती को अस्तबल के फाटक पर पहुँचने के बाद क्या महसूस हुआ और उन्होंने क्या किया?

6. बाबा भारती की आँखों से आँसू क्यों बह रहे थे और ये आँसू कहाँ गिरे?

अतिलघु उत्तरीय प्रश्न

1. बाबा भारती को कौन बहुत प्रिय था?

2. जब खड्गसिंह बाबा भारती के पास आया था, तब उसका उद्देश्य क्या था ?

3. बाबा भारती ने सुल्तान को पुनः अस्तबल में देखकर किस प्रकार की भावना व्यक्त की?

4. बाबा भारती के साथ मंदिर में कौन-सा जानवर रहता था?

5. बाबा भारती की प्रार्थना से खड्गसिंह के मन में क्या उत्पन्न हुआ?

6. खड्गसिंह किसे चुराकर ले गया था?

लघु उत्तरीय प्रश्न

1. बाबा भारती को सुल्तान से इतना लगाव क्यों था?

2. खड्गसिंह ने बाबा भारती के घोड़े को देखकर क्या सोचा और उसने क्या किया?

3. बाबा भारती ने खड्गसिंह से घटना को छिपाने के लिए क्यों कहा? **CBQ**

4. खड्गसिंह ने बाबा भारती का घोड़ा वापस क्यों किया?

दीर्घ उत्तरीय प्रश्न

1. खड्गसिंह ने घोड़ा चुराने के बाद पश्चाताप क्यों किया? इस प्रसंग के आधार पर मानव स्वभाव की कमजोरियों पर विचार कीजिए। **CBQ**

2. 'हार की जीत' कहानी में खड्गसिंह का चरित्र विकास कैसे हुआ, इस पर प्रकाश डालिए।

अध्याय 5

रहीम के दोहे

अब्दुर्रहीम खानखाना

दोहों का सार

'रहीम के दोहे' के रचयिता कवि 'अब्दुर्रहीम खानखाना' हैं। रहीम ने प्रस्तुत दोहों के माध्यम से जीवन के विभिन्न अनुभवों से प्राप्त ज्ञान को सरल और सटीक शब्दों में प्रस्तुत किया है।

पहले दोहे में रहीमदास ने छोटी या बड़ी वस्तु अथवा व्यक्ति में भेदभाव न करते हुए प्रत्येक के अपने-अपने महत्त्व की बात कही है।

दूसरे दोहे में रहीमदास ने मनुष्य को प्रकृति की तरह स्वार्थरहित व परोपकारी बनने की बात कही है।

तीसरे दोहे में प्रेम संबंध को कच्चे धागे के समान बताया है।

चौथे दोहे में पानी के महत्त्व को और उसकी उपयोगिता को बताया है।

पाँचवें दोहे में रहीम ने विपत्ति के समय सच्चे हितैषी की परख के विषय में बताया है।

छठे दोहे में जिह्वा पर काबू रखने की सीख दी है।

सातवें दोहे में संपत्ति और विपत्ति के समय मित्र की पहचान करने के विषय में बताया है।

दोहों की विस्तृत व्याख्या

दोहा 1

रहिमन देखि बड़ेन को, लघु न दीजिए डारि।
जहाँ काम आवे सुई, कहा करे तलवारि।।

शब्दार्थ **देखि**-देखकर, समझकर, **बड़ेन**-बड़ों को, **लघु**-छोटा, मामूली, कम महत्त्वपूर्ण, **डारि**-अनदेखा या अनादर करना, **आवे**-आता है, **कहा**-क्या, **तलवारि**-तलवार, (एक धारदार शस्त्र)।

संदर्भ प्रस्तुत पंक्तियाँ हमारी पाठ्यपुस्तक 'मल्हार' में संकलित 'रहीम के दोहे' से ली गई है। इसके रचयिता 'अब्दुर्रहीम खानखाना' हैं।

प्रसंग रहीमदास अपने दोहों के माध्यम से जीवन के गहरे सत्य और व्यावहारिकता को सरल शब्दों में अभिव्यक्त करते हैं। इस दोहे में उन्होंने छोटी और बड़ी वस्तुओं के महत्त्व को समझाने का प्रयास किया है।

व्याख्या रहीमदास कहते हैं कि हमें बड़ी या महँगी वस्तु मिलने पर छोटी या सस्ती वस्तु का अनादर नहीं करना चाहिए। प्रत्येक वस्तु का अपना विशिष्ट उपयोग एवं महत्त्व होता है; जैसे—जहाँ सुई की आवश्यकता हो वहाँ तलवार काम नहीं कर सकती अर्थात् जहाँ सुई वस्तुओं को सिलकर जोड़ने का काम करती है, वहाँ तलवार वस्तुओं को काटकर अलग करने का काम करती है। दोनों ही एक-दूसरे का कार्य नहीं कर सकते। दोनों का अपना-अपना महत्त्व है। सूक्ष्म और मामूली लगने वाली चीज भी कभी-कभी बड़ी चीज से ज्यादा जरूरी हो जाती है। इसलिए किसी भी वस्तु या व्यक्ति को उसके आकार या मूल्य के आधार पर कम नहीं समझना चाहिए। छोटी वस्तुओं का भी अपने समय और परिस्थिति में उतना ही महत्त्व होता है, जितना कि बड़ी वस्तुओं का होता है।

विशेष

- प्रस्तुत दोहे में संत रहीम जी ने छोटी-बड़ी वस्तुओं के महत्त्व को बताया है।
- इसमें रहीम ने बहुत ही कम शब्दों में गहरे अर्थ को व्यक्त किया है।

दोहा 2

तरुवर फल नहिं खात हैं सरवर पियहिं न पान।
कहि रहीम पर काज हित, संपति सँचहि सुजान।।

शब्दार्थ **तरुवर**-वृक्ष, पेड़, **नहिं**-नहीं, **खात**-खाते, ग्रहण करते, **सरवर**-तालाब, जलाशय, **पियहिं**-पीते, **पान**-पानी, **कहि**-कहते हैं, **पर काज हित**-दूसरों के कार्य या भलाई के लिए, **संपति**-संपत्ति, **सँचहि**-संचित करते हैं, इकट्ठा करते हैं, **सुजान**-सज्जन, समझदार, विवेकशील व्यक्ति।

संदर्भ पूर्ववत्।

प्रसंग प्रस्तुत दोहे में संत रहीम ने प्रकृति के उपादानों के माध्यम से निःस्वार्थता और परोपकारिता के महत्त्व को बताया है।

व्याख्या कवि रहीमदास कहते हैं कि जिस प्रकार पेड़ स्वयं अपने फल नहीं खाते और तालाब स्वयं अपना पानी नहीं पीते, उसी प्रकार समझदार और विवेकशील लोग अपनी संपत्ति को केवल अपने लिए नहीं, बल्कि दूसरों के भले के लिए भी संचित करते हैं। कवि ने इस दोहे में निःस्वार्थता की महत्ता को बताते हुए इस बात पर बल दिया है कि सच्ची संपत्ति वही है, जिसका उपयोग दूसरों के कल्याण एवं भलाई के लिए किया जाए।

विशेष

- इस दोहे में निःस्वार्थता के महत्त्व को समझाया गया है।
- पेड़ और तालाब के उदाहरण देकर हमें प्रकृति से निःस्वार्थता और उदारता की सीख दी गई है।
- संपत्ति का सच्चा मूल्य तभी है, जब उसे दूसरों के कल्याण के लिए उपयोग किया जाए।
- यह दोहा समाज में परोपकारिता और सहयोग की भावना को बढ़ावा देता है।

दोहा 3

रहिमन धागा प्रेम का, मत तोड़ो छिटकाय।
टूटे से फिर ना मिले, मिले गाँठ परि जाय।।

शब्दार्थ **छिटकाय**-खींचकर, झटके से, **परि जाय**-पड़ जाती है (उलझन या खटास आ जाती है।)

संदर्भ पूर्ववत्।

प्रसंग प्रस्तुत दोहे में रहीम ने प्रेम के महत्त्व को समझाते हुए कहा है कि प्रेम का बंधन बहुत नाजुक होता है। इसे झटके से नहीं तोड़ना चाहिए।

व्याख्या रहीमदास जी इस दोहे में कहते हैं कि क्षणिक आवेश या गुस्से में आकर प्रेमरूपी नाजुक धागे को कभी नहीं तोड़ना चाहिए। प्रेम का धागा इतना नाजुक होता है कि यदि एक बार टूट जाए तो उसे फिर से जोड़ना मुश्किल हो जाता है और यदि जोड़ भी दिया जाए तो उसमें गाँठ पड़ जाती है। यह गाँठ दर्शाती है कि रिश्ते में पहले जैसी सहजता और मधुरता नहीं रह पाती। इसलिए हमें रिश्तों में धैर्य और समझदारी से काम लेना चाहिए, जिससे वे संबंध टूटे नहीं और उनमें कभी भी कोई खटास न आए। प्रस्तुत दोहा हमें प्रेम और संबंधों को संजोकर रखना सिखाता है, क्योंकि एक बार टूटने पर वे पहले जैसे नहीं रह पाते।

विशेष

- यह दोहा प्रेम के नाजुक और संवेदनशील स्वभाव को दर्शाता है।
- गुस्से या आवेश में आकर संबंधों को क्षति पहुँचाने से बचना चाहिए।
- प्रेम और संबंधों को संजोना और उन्हें बनाए रखना अत्यंत महत्त्वपूर्ण है।

दोहा 4

रहिमन पानी राखिये, बिनु पानी सब सून।
पानी गए न ऊबरै, मोती, मानुष, चून।।

शब्दार्थ **पानी**-चमक, लज्जा, जल **राखिये**-बनाए रखना, संजोना, **बिनु**-बिना, **सून**-शून्य, खाली, बेमानी, **ऊबरै**-बचना, सुरक्षित रहना, **मानुष**-मनुष्य, इंसान, **चून**-आटा।

संदर्भ पूर्ववत्।

प्रसंग रहीमदास इस दोहे में पानी का प्रतीकात्मक प्रयोग शर्म और लज्जा के संदर्भ में करते हैं। उनका कहना है कि जैसे पानी के बिना मोती की चमक और आटा व्यर्थ हो जाते हैं, वैसे ही सम्मान और लज्जा के बिना मनुष्य की गरिमा और मूल्य भी नष्ट हो जाते हैं।

व्याख्या प्रस्तुत दोहे के माध्यम से कवि यह बताना चाहते हैं कि जैसे मोती की चमक पानी (चमक) के बिना बेकार हो जाती है और आटा भी बिना पानी (जल) के खाने के योग्य नहीं होता है, वैसे ही पानी (सम्मान) रहित मनुष्य का जीवन भी व्यर्थ है। अत: मनुष्य को अपने सम्मान को बचाकर रखना चाहिए। सम्मान समाप्त हो जाने से व्यक्ति का मूल्य भी समाप्त हो जाता है। इसलिए हमें पानी के महत्त्व को समझकर इसे अपने पास संजोकर रखना चाहिए।

विशेष

- पानी को शर्म और लज्जा के प्रतीक के रूप में प्रस्तुत किया गया है।
- सम्मान के बिना व्यक्ति का जीवन व्यर्थ है।

दोहा 5

रहिमन बिपदाहू भली, जो थोरे दिन होय।
हित अनहित या जगत में, जानि परत सब कोय।।

शब्दार्थ **बिपदाहू**-विपत्ति में भी, कठिन परिस्थितियों में, **भली**-अच्छी, लाभकारी, **थोरे**-थोड़े, कम, **हित**-लाभकारी, हितकारी, **अनहित**-अहितकर, हानिकारक, **जगत**-संसार, दुनिया, **जानि**-जानकर, समझकर

संदर्भ पूर्ववत्।

प्रसंग रहीमदास ने इस दोहे में विपत्ति और कठिनाइयों के संदर्भ में विचार प्रस्तुत किया है। इस दोहे में विपत्ति को एक तरह से परीक्षा के रूप में देखा गया है, जो हमारे आस-पास के लोगों की वास्तविकता को उजागर करती है।

व्याख्या कवि रहीमदास इस दोहे में विपत्ति की स्थिति को सकारात्मक दृष्टिकोण से प्रस्तुत करते हैं। उनका कहना है कि यदि विपत्ति केवल कुछ दिनों की होती है तो यह भी अच्छी होती है, क्योंकि कठिन समय में ही हमारे सच्चे मित्र और हितैषी प्रकट होते हैं। विपत्ति का सामना करते समय, हम यह जान पाते हैं कि कौन हमें वास्तव में सहारा देता है और कौन हमारी मुश्किलों में हमारा साथ छोड़ देता है। यह समय हमें समझने में मदद करता है कि हमारे जीवन में कौन व्यक्ति हमारे लिए लाभकारी है और कौन नहीं। इस प्रकार, विपत्ति हमारे रिश्तों की असली पहचान का एक साधन होती है और हमें अपने जीवन में सच्चे साथी की पहचान करने का अवसर देती है।

विशेष

- थोड़े दिनों के लिए विपत्ति भी अच्छी होती है, क्योंकि यह हमें सच्चे मित्रों की पहचान करने में मदद करती है।
- कठिन समय हमें अपने रिश्तों की वास्तविकता और उनकी उपयोगिता को समझने का अवसर देता है।

दोहा 6

रहिमन जिह्वा बावरी, कहि गइ सरग पताल।
आपु तो कहि भीतर रही, जूती खात कपाल।।

शब्दार्थ **जिह्वा**–जीभ, **बावरी**–बावली, **सरग**–स्वर्ग, **पताल**–पाताल लोक, नर्क, **आपु**–स्वयं, **भीतर**–अंदर, **जूती**–जूते की मार, **खात**–खाने (झेलना), **कपाल**–सिर, माथा।

संदर्भ पूर्ववत्।

प्रसंग प्रस्तुत दोहे में रहीम जी ने जीभ से होने वाले अनर्थों के बारे में बताया है। कवि के अनुसार हमें अपनी जीभ को नियंत्रण में रखना चाहिए, अन्यथा इसका परिणाम भुगतने के लिए तैयार रहना चाहिए।

व्याख्या इस संसार में अधिकांश समस्याओं का कारण मनुष्य द्वारा बिना सोचे-समझे किए गए व्यर्थ प्रलाप होते हैं। बातों से बिगड़ी हुई स्थिति सुधर सकती है और एक सही समय पर कही गई गलत बात से बना-बनाया काम भी बिगड़ सकता है। रहीम जी इस दोहे में इसी विचार को व्यक्त करते हुए कहते हैं कि जिह्वा (जीभ) पगली होती है, जो बिना विचार किए उल्टी-सीधी बातें कह देती है और फिर स्वयं तो अंदर चली जाती है, परंतु उसकी कही बातों का परिणाम सिर को भुगतना पड़ता है, जिसे जूतों की मार खानी पड़ती है। इसलिए जिह्वा को हमेशा नियंत्रण में रखना चाहिए, नहीं तो उसके दुष्परिणामों का सामना करना पड़ता है।

रहीमदास जी का यह दोहा हमें इस बात की शिक्षा देता है कि हमें जीभ का उपयोग बहुत सोच-समझकर करना चाहिए। किसी भी बात को कहने से पहले उसके परिणामों के बारे में विचार करना चाहिए, क्योंकि एक बार कह देने के बाद, शब्द वापस नहीं लिए जा सकते।

विशेष

- बिना सोचे-समझे कुछ भी बोलने की प्रवृत्ति इंसान को मुसीबत में डाल सकती है।
- जीभ पर नियंत्रण रखना आवश्यक है, ताकि अनर्थ से बचा जा सके।
- सिर पर जूतों की मार से तात्पर्य अपमान और मानहानि से है, जो गलत बातें कहने से होती है।

दोहा 7

कहि रहीम संपत्ति सगे, बनत बहुत बहु रीत।
बिपति कसौटी जे कसे, ते ही साँचे मीत।।

शब्दार्थ **संपत्ति**-संपन्नता, समृद्धि, **सगे**- रिश्तेदार, संबंधी, **बनत**- बनते हैं, साथ आते हैं, **रीत**-तरीकों से, अनेक प्रकार से, **बिपति**-विपत्ति, कठिनाई, **कसौटी**- परीक्षा, परख, **जे कसे**- जो परीक्षा में खरे उतरते हैं, **ते ही**- वे ही, **साँचे**- सच्चे, **मीत**- मित्र, सच्चे साथी।

संदर्भ पूर्ववत्।

प्रसंग प्रस्तुत दोहे में रहीमदास जी सच्चे मित्र और रिश्तों की पहचान का वर्णन करते हैं। उन्होंने बताया है कि सच्चे मित्र और रिश्तेदार वही होते हैं, जो विपत्ति के समय में साथ खड़े रहते हैं।

व्याख्या प्रस्तुत दोहे में रहीमदास सच्चे मित्र और रिश्तेदारों की पहचान करने का तरीका बताते हुए कहते हैं कि जब व्यक्ति धन-संपत्ति से संपन्न होता है, तो कई लोग उसके सगे-संबंधी बनने का दावा करते हैं।

संपत्ति के समय लोग अलग-अलग तरीकों से साथ आते हैं और दिखावटी मित्रता निभाते हैं, लेकिन सच्ची मित्रता की परख तब होती है, जब व्यक्ति विपत्ति में होता है; जैसे—सोने की शुद्धता की परीक्षा कसौटी पर घिसकर की जाती है, वैसे ही सच्चे मित्र की पहचान कठिन समय में होती है। जो लोग विपत्ति की कसौटी पर खरे उतरते हैं और हर परिस्थिति में साथ देते हैं, वही सच्चे और विश्वसनीय मित्र होते हैं।

विशेष

- सच्ची मित्रता की परख कठिन समय में होती है, जब झूठे संबंध उजागर हो जाते हैं।
- सच्चे मित्रों का साथ कभी नहीं छोड़ना चाहिए, क्योंकि वे जीवन की सबसे बड़ी संपत्ति होते हैं।

NCERT फोल्डर

पाठ्यपुस्तक के प्रश्नोत्तर

पाठ से

मेरी समझ से

(क) नीचे दिए गए प्रश्नों का सबसे सही (सटीक) उत्तर कौन-सा है? उसके सामने तारा (*) बनाइए।

(i) ''रहिमन जिह्वा बावरी, कहि गइ सरग पताल। आपु तो कहि भीतर रही, जूती खात कपाल।'' दोहे का भाव है

- सोच-समझकर बोलना चाहिए। (*)
- मधुर वाणी में बोलना चाहिए।
- धीरे-धीरे बोलना चाहिए।
- सदा सच बोलना चाहिए।

(ii) ''रहिमन देखि बड़ेन को, लघु न दीजिए डारि । जहाँ काम आवे सुई, कहा करे तलवारि।'' इस दोहे का भाव क्या है?

- तलवार सुई से बड़ी होती है।
- सुई का काम तलवार नहीं कर सकती।
- तलवार का महत्त्व सुई से ज्यादा है।
- प्रत्येक छोटी-बड़ी चीज का अपना महत्त्व होता है। (*)

(ख) अब अपने मित्रों के साथ चर्चा कीजिए और कारण बताइए कि आपने यही उत्तर क्यों चुने?

उत्तर कविता में स्पष्ट रूप से बताया गया है कि हमें सोच-समझकर बोलना चाहिए, क्योंकि हमारी जिह्वा (वाणी) बहुत चंचल और बेकाबू होती है और यह बिना सोचे-समझे कुछ भी बोल देती है।

यदि हम बिना सोचे-समझे कुछ बोलते हैं, तो उसका परिणाम अच्छा नहीं होता, जिससे बाद में हमें पछताना पड़ता है। अत: हमें अपनी जीभ पर नियंत्रण रखना चाहिए।

दूसरी ओर प्रत्येक छोटी-बड़ी चीज़ का अपना महत्त्व होता है, क्योंकि प्रत्येक वस्तु की अपनी विशेष उपयोगिता और कार्य होता है, जो अन्य कोई चीज़ पूरी नहीं कर सकती। जिस प्रकार सुई का काम तलवार नहीं कर सकती और तलवार का काम सुई नहीं कर सकती, उसी प्रकार प्रत्येक चीज़ का एक अद्वितीय स्थान और महत्त्व होता है। हमें किसी भी वस्तु या व्यक्ति को उसके छोटे या बड़े आकार के आधार पर नहीं आँकना चाहिए।

मिलकर करें मिलान

पाठ में से कुछ दोहे स्तंभ 1 में दिए गए हैं और उनके भाव स्तंभ 2 में दिए गए हैं। अपने समूह में इन पर चर्चा कीजिए और रेखा खींचकर सही भाव से मिलान कीजिए।

	स्तंभ 1		स्तंभ 2
1.	रहिमन धागा प्रेम का, मत तोड़ो छिटकाय। टूटे से फिर ना मिले, मिले गाँठ परिजाय।।	(i)	सज्जन परहित के लिए ही संपत्ति संचित करते हैं।
2.	कहि रहीम संपति सगे, बनत बहुत बहु रीत। बिपति कसौटी जे कसे, ते ही साँचे मीत।।	(ii)	सच्चे मित्र विपत्ति या विपदा में भी साथ रहते हैं।
3.	तरुवर फल नहिं खात हैं, सरवर पियहिं न पान। कहि रहीम पर काज हित, संपत्ति सँचहि सुजान।	(iii)	प्रेम या रिश्तों को सहेजकर रखना चाहिए।

उत्तर 1-(iii); 2-(ii); 3-(i)

पंक्तियों पर चर्चा

नीचे दिए गए दोहों पर समूह में चर्चा कीजिए और उनके अर्थ या भावार्थ अपनी लेखन पुस्तिका में लिखिए

(क) "रहिमन बिपदाहू भली, जो थोरे दिन हो।
हित अनहित या जगत में, जानि परत सब कोय ।।"

उत्तर **भावार्थ** रहीमदास इस दोहे में विपत्ति (कठिनाई) में सही पहचान करने के महत्त्व को उजागर करते हैं। उनका कहना है कि यदि विपत्ति कुछ समय के लिए होती है तो वह भी अच्छी है, क्योंकि यही वह समय होता है, जब हम अपने सच्चे मित्रों की पहचान कर पाते हैं। कठिन समय में जो लोग हमारा साथ देते हैं, वे ही हमारे सच्चे हितैषी होते हैं, जबकि जो लोग हमें कठिन परिस्थितियों में छोड़ देते हैं, वे हमारे लिए अहितकर हैं और हमें उनसे दूर रहना चाहिए। अत: विपत्ति हमें जीवन में सही और गलत लोगों की पहचान करने का अवसर देती है।

(ख) "रहिमन जिह्वा बावरी, कहि गइ सरग पताल
आप तो कहि भीतर रही, जूती खात कपाल ।।"

उत्तर **भावार्थ** रहीमदास जी कहते हैं कि हमारी जिह्वा (वाणी) बहुत चंचल और बेकाबू होती है। यह बिना सोचे-समझे कुछ भी बोल देती है, जिसके परिणामस्वरूप या तो स्वर्ग या नर्क का सामना करना पड़ता है। ये जिह्वा उल्टा-सीधा कहकर स्वयं तो आराम से अंदर चली जाती है, लेकिन उसका परिणाम सिर को जूतों की मार खाकर भुगतना पड़ता है। अत: हमें अपनी जीभ पर नियंत्रण रखना चाहिए और जो भी बोले, उसे सोच-समझकर बोलना चाहिए।

सोच-विचार के लिए

दोहों को एक बार फिर से पढ़िए और निम्नलिखित के बारे में पता लगाकर अपनी लेखन पुस्तिका में लिखिए।

1. रहिमन धागा प्रेम का, मत तोड़ो छिटकाय।
टूटे से फिर ना मिले, मिले गाँठ परि जाय।।

(क) इस दोहे में 'मिले' के स्थान पर 'जुड़े' और 'छिटकाय' के स्थान पर 'चटकाय' शब्द का प्रयोग भी लोक में प्रचलित है; जैसे-
रहिमन धागा प्रेम का, मत तोड़ो चटकाय ।
टूटे से फिर ना जुड़े, जुड़े गाँठ पड़ जाय।।
इसी प्रकार पहले दोहे में 'डारि' के स्थान पर 'डार', 'तलवारि' के स्थान पर तरवार' और चौथे दोहे में 'मानुष' के स्थान पर 'मानस' का उपयोग भी प्रचलित है। ऐसा क्यों होता है?

उत्तर

(क) दोहों में 'मिले' के स्थान पर 'जुड़े', 'छिटकाय' के स्थान पर 'चटकाय' और इसी तरह 'डारि' के स्थान पर 'डार', 'तलवारि' के स्थान पर 'तरवार' तथा 'मानुष' के स्थान पर 'मानस' का उपयोग भाषा के क्षेत्रीय और सांस्कृतिक विविधताओं के कारण होता है। अलग-अलग क्षेत्रों में बोलचाल और उच्चारण का तरीका भिन्न होता है, जिससे शब्दों में परिवर्तन आ जाता है। इस प्रकार की विविधता भाषा की समृद्धि का प्रतीक है और यही कारण है कि एक ही दोहा या कविता में अलग-अलग शब्दों का प्रयोग देखा जाता है। कविता में लोक प्रचलित शब्दों का प्रयोग अवश्य होता है, भले ही ये शब्द अलग-अलग होते हैं, लेकिन उनका भावार्थ एक ही रहता है। इसके अतिरिक्त सरलता और लय बनाए रखने के लिए भी लोकभाषा में ऐसे परिवर्तन होते हैं।

(ख) इस दोहे में प्रेम के उदाहरण में धागे का प्रयोग ही क्यों किया गया है? क्या आप धागे के स्थान पर कोई अन्य उदाहरण सुझा सकते हैं? अपने सुझाव का कारण भी बताइए।

उत्तर धागे का प्रयोग प्रेम के प्रतीक के रूप में इसलिए किया गया है, क्योंकि धागा एक कोमल और संवेदनशील वस्तु है, जिसे जरा-सा झटका देने पर भी वह टूट सकता है। उसी प्रकार प्रेम भी एक नाजुक बंधन है, जिसे यदि सख्ती से या बिना विचार किए झटका दिया जाए

तो वह टूट सकता है। टूटने के बाद, जैसे धागे में गाँठ पड़ जाती है, वैसे ही रिश्तों में भी दरार आने पर उसे फिर से जोड़ना मुश्किल होता है और जुड़ने पर उसमें हमेशा एक खटास या गाँठ बनी रहती है। इसीलिए प्रेम के उदाहरण में धागे का प्रयोग किया गया है।

हाँ धागे के स्थान पर काँच का उदाहरण भी दिया जा सकता है, क्योंकि काँच भी धागे की तरह नाजुक होता है और उसे सँभालकर रखने की आवश्यकता होती है, जैसे प्रेम के रिश्ते को सँभालकर रखना पड़ता है। अत: प्रेम एक काँच की तरह होता है, जिसे अगर तोड़ा जाए, तो वह टूटकर बिखर जाता है और फिर उसे जोड़ने की कोशिश करने पर भी दरारें बनी रहती हैं।

2. **''तरुवर फल नहिं खात हैं, सरवर पियहिँ न पान।**
कहि रहीम पर काज हित, संपति सँचहि सुजान।।''

इस दोहे में प्रकृति के माध्यम से मनुष्य के किस मानवीय गुण की बात की गई है? प्रकृति से हम और क्या-क्या सीख सकते हैं?

उत्तर प्रस्तुत दोहे में रहीम ने परोपकार जैसे मानवीय गुणों की बात की गई है; जैसे—वृक्ष फल नहीं खाते और सरोवर अपना पानी स्वयं नहीं पीते, वैसे ही सज्जन व्यक्ति अपनी संपत्ति को केवल अपने लिए नहीं, बल्कि दूसरों की भलाई के लिए संचय करते हैं। यह दोहा इस बात को स्पष्ट करता है कि हमें अपनी संपत्ति, ज्ञान और संसाधनों का उपयोग दूसरों की सहायता के लिए करना चाहिए, न कि केवल स्वार्थपूर्ण उद्देश्यों के लिए।

प्रकृति से सीखने योग्य अन्य गुण

- **सहिष्णुता और धैर्य** जिस प्रकार पृथ्वी धैर्यपूर्वक सभी प्रकार के बीजों को धारण करती है और उन्हें फसल में बदल देती है, उसी प्रकार हमें धैर्य और सहिष्णुता का गुण अपनाना चाहिए।
- **निरंतरता और अविरलता** नदी का प्रवाह निरंतर चलता रहता है, चाहे कितनी भी बाधाएँ क्यों न आएँ। इससे हमें यह सीख मिलती है कि जीवन में हमें भी निरंतर चलते रहना चाहिए।
- **सहनशीलता और विनम्रता** जैसे वृक्ष फल से लदे होने पर झुक जाते हैं, वैसे ही हमें भी ज्ञान और धन से संपन्न होने पर विनम्र और सहनशील होना चाहिए।
- **सभी के साथ समानता का व्यवहार करना** जैसे सूर्य बिना किसी भेदभाव के सभी को प्रकाश देता है, वैसे ही हमें भी बिना किसी भेदभाव के सबके प्रति उदारता और प्रेम का व्यवहार करना चाहिए।

शब्दों की बात

हमने शब्दों के नए-नए रूप जाने और समझे। अब कुछ करके देखें

शब्द-संपदा

कविता में आए कुछ शब्द नीचे दिए गए हैं। इन शब्दों को आपकी मातृभाषा में क्या कहते हैं? लिखिए।

कविता में आए शब्द	मातृभाषा में समानार्थक शब्द
तरुवर	
बिपति	
छिटकाय	
सुजान	
सरवर	
साँचे	
कपाल	

उत्तर

कविता में आए शब्द	मातृभाषा में समानार्थक शब्द
तरुवर	वृक्ष, पेड़
बिपति	विपत्ति, संकट
छिटकाय	चटकाय, झटके से तोड़ना, टूटना
सुजान	सज्जन, ज्ञानी
सरवर	तालाब, जलाशय
साँचे	सच्चे, वास्तविक
कपाल	सिर, मस्तक

शब्द एक अर्थ अनेक

''रहिमन पानी राखिये, बिनु पानी सब सून
पानी गए न ऊबरै, मोती, मानुष, चून।।''

इस दोहे में 'पानी' शब्द के तीन अर्थ हैं—सम्मान, जल, चमक। इसी प्रकार कुछ शब्द नीचे दिए गए हैं। आप भी इन शब्दों के तीन-तीन अर्थ लिखिए। आप इस कार्य में शब्दकोश, इंटरनेट, शिक्षक या अभिभावकों की सहायता भी ले सकते हैं।

कल ---- ---- ----

पत्र ---- ---- ----

कर ---- ---- ----

फल ---- ---- ----

उत्तर

कल यंत्र या मशीन, समय (जैसे—कल का दिन), मधुर ध्वनि (जैसे—कल-कल की आवाज)

पत्र चिट्ठी, पता, समाचार पत्र

कर हाथ, टैक्स, करना

फल फल (जैसे—आम, केला), परिणाम (जैसे—कर्म का फल), तीर का अगला हिस्सा

पाठ से आगे

आपकी बात

रहिमन देखि बड़ेन को, लघु न दीजिये डारि।
जहाँ काम आवे सुई, कहा करे तलवारि।।

इस दोहे का भाव है–न कोई बड़ा है और न ही कोई छोटा है। सबके अपने–अपने काम हैं, सबकी अपनी–अपनी उपयोगिता और महत्ता है। चाहे हाथी हो या चींटी, तलवार हो या सुई, सबके अपने–अपने आकार–प्रकार हैं और सबकी अपनी–अपनी उपयोगिता और महत्त्व है। सिलाई का काम सुई से ही किया जा सकता है, तलवार से नहीं। सुई जोड़ने का काम करती है, जबकि तलवार काटने का। कोई वस्तु हो या व्यक्ति, छोटा हो या बड़ा, सबका सम्मान करना चाहिए।

अपने मनपसंद दोहे को इस तरह की शैली में अपने शब्दों में लिखिए। दोहा पाठ से या पाठ से बाहर का हो सकता है।

उत्तर छात्र स्वयं करें।

सरगम

- रहीम, कबीर, तुलसी, वृंद आदि के दोहे आपने दृश्य–श्रव्य (टी.वी. रेडियो) माध्यमों से कई बार सुने होंगे। कक्षा में आपने दोहे भी बड़े मनोयोग से गाए होंगे। अब बारी है इन दोहों की रिकॉर्डिंग (ऑडियो या विजुअल) की। रिकॉर्डिंग सामान्य मोबाइल से की जा सकती है। इन्हें अपने दोस्तों के साथ समूह में या अकेले गा सकते हैं। यदि संभव हो तो वाद्ययंत्रों के साथ भी गायन करें। रिकॉर्डिंग के बाद दोहे स्वयं भी सुनें और लोगों को भी सुनाएँ।

उत्तर छात्र स्वयं करें।

- रहीम, वृंद, कबीर, तुलसी, बिहारी आदि के दोहे आज भी जनजीवन में लोकप्रिय हैं। दोहे का प्रयोग लोग अपनी बात पर विशेष ध्यान दिलाने के लिए करते हैं। जब दोहे समाज में इतने लोकप्रिय हैं, तो क्यों न इन दोहों को एकत्र करें और अंत्याक्षरी खेलें। अपने समूह में मिलकर दोहे एकत्र कीजिए। इस कार्य में आप इंटरनेट, पुस्तकालय और अपने शिक्षकों या अभिभावकों की सहायता भी ले सकते हैं।

उत्तर छात्र स्वयं करें।

आज की पहेली

1. दो अक्षर का मेरा नाम, आता हूँ खाने के काम
   उल्टा होकर नाच दिखाऊँ, मैं क्यों अपना नाम बताऊँ।

उत्तर चना

2. एक किले के दो ही द्वार, उनमें सैनिक लकड़ीदार
   टकराएँ जब दीवारों से, जल उठे सारा संसार ।

उत्तर माचिस

अभ्यास प्रश्न

बहुविकल्पीय व वर्णनात्मक प्रश्नों सहित

बहुविकल्पीय प्रश्न

1. 'तरुवर फल नहिं खात हैं' पंक्ति से क्या शिक्षा मिलती है?
(क) स्वार्थी होना
(ख) निःस्वार्थ भावना से दूसरों की मदद करना
(ग) अपने लिए ही मेहनत करना
(घ) संपत्ति का संचय नहीं करना

उत्तर (ख) नि:स्वार्थ भावना से दूसरों की मदद करना

2. तलवार और सुई के संदर्भ में रहीम जी का क्या संदेश है?
(क) बड़ी वस्तुओं का ही महत्त्व होता है।
(ख) छोटी वस्तुएँ ही काम की होती हैं।
(ग) प्रत्येक वस्तु का अपना महत्त्व और उपयोग होता है।
(घ) तलवार ज्यादा शक्तिशाली होती है।

उत्तर (ग) प्रत्येक वस्तु का अपना महत्त्व और उपयोग होता है।

3. 'गाँठ पड़ने' से क्या तात्पर्य है?
(क) टूटे हुए रिश्ते में पहले जैसी सहजता नहीं रहती।
(ख) रिश्ते और भी मजबूत हो जाते हैं।
(ग) गाँठ रिश्ते को और बेहतर बनाती है।
(घ) गाँठ से रिश्ता मजबूत हो जाता है।

उत्तर (क) टूटे हुए रिश्ते में पहले जैसी सहजता नहीं रहती।

4. रहीम जी के अनुसार, क्षणिक गुस्से में प्रेम का धागा क्यों नहीं तोड़ना चाहिए?
(क) क्योंकि धागा हमेशा कमजोर रहता है।
(ख) क्योंकि धागा कभी नहीं टूटता।
(ग) क्योंकि धागा मजबूत होता है।
(घ) क्योंकि धागा टूटने के बाद प्रेम में खटास आ जाती है।

उत्तर (घ) क्योंकि धागा टूटने के बाद प्रेम में खटास आ जाती है।

5. रहीम जी ने जिह्वा को क्या उपमा दी है?
(क) पानी की (ख) तलवार की (ग) बावरी की (घ) मोती की

उत्तर (ग) बावरी की

6. "रहिमन पानी राखिये, बिनु पानी सब सून।" पंक्ति के अनुसार किसके बिना जीवन व्यर्थ है?
(क) धन के बिना (ख) ज्ञान के बिना
(ग) पानी (लज्जा) के बिना (घ) मित्रों के बिना

उत्तर (ग) पानी (लज्जा) के बिना

7. कौन-सी विपत्ति अच्छी होती है?

(क) धनी व्यक्तियों की (ख) शिक्षित व्यक्तियों की

(ग) गरीब व्यक्तियों की (घ) थोड़े दिनों की

उत्तर (घ) थोड़े दिनों की

8. सच्चे मित्र की पहचान कब होती है?

(क) धन-संपत्ति के समय (ख) विपत्ति के समय

(ग) खुशी के समय (घ) संघर्ष के समय

उत्तर (ख) विपत्ति के समय

9. हमें किस पर नियंत्रण रखना चाहिए?

(क) अपने मन पर (ख) अपनी जिह्वा पर

(ग) अपने हाथ पर (घ) अपने पैर पर

उत्तर (ख) अपनी जिह्वा पर

10. रहीम जी के अनुसार, किसे सँजोकर रखना चाहिए?

(क) सच्ची मित्रता को (ख) संपत्ति को

(ग) ज्ञान को (घ) शत्रुता को

उत्तर (क) सच्ची मित्रता को

रिक्त स्थान भरें

1. नीचे दिए गए वाक्यों में रिक्त स्थानों की पूर्ति कीजिए

(i) रहिमन धागा प्रेम का, मत तोड़ो ……।

(ii) रहिमन …… राखिये, बिनु पानी सब सून।

(iii) जहाँ काम आवे सुई, …… करे तलवारि।

(iv) टूटे से फिर ना मिले, मिले …… परि जाय।

(v) इस संसार में अधिकांश समस्याओं का कारण …… होते है।

उत्तर (i) छिटकाय (ii) पानी

(iii) कहा (iv) गाँठ

(v) व्यर्थ प्रलाप

सत्य-असत्य

1. नीचे दिए गए कथनों में से सत्य या असत्य कथन की पहचान कीजिए।

(i) विपत्ति का समय हमें हमारे सच्चे हितैषियों को पहचानने में मदद करता है।

(ii) रहीम जी ने पानी को जीवन के लिए महत्त्वपूर्ण बताया है।

(iii) विपत्ति में ही सच्चे मित्रों की पहचान होती है।

(iv) रहीम जी के अनुसार, बिना पानी के जीवन व्यर्थ है।

(v) जीभ का सही उपयोग करना आवश्यक नहीं है।

उत्तर (i) सत्य (ii) सत्य

(iii) सत्य (iv) सत्य

(v) असत्य

मिलान करें

1. स्तंभ 1 और स्तंभ 2 में कुछ पंक्तियाँ दी गई हैं। मिलते-जुलते भाव वाली पंक्तियों को रेखा खींचकर जोड़िए।

	स्तंभ 1		स्तंभ 2
1.	रहिमन पानी राखिये	(i)	कहा करे तलवारि
2.	रहिमन धागा प्रेम का	(ii)	बिनु पानी सब सून
3.	जहाँ काम आवे सुई	(iii)	मत तोड़ो छिटकाय
4.	टूटे से फिर ना मिले	(iv)	जो थोरे दिन होय
5.	रहीम बिपदाहू भली	(v)	सरवर पियहिं न पान
6.	तरुवर फल नहिं खात हैं	(vi)	पर काज हित
7.	संपति सँचहि सुजान	(vii)	मिले गाँठ परि जाय

उत्तर 1-(ii); 2-(iii); 3-(i); 4-(vii); 5-(iv), 6-(v), 7-(vi)

काव्यांश आधारित प्रश्न

निम्नलिखित काव्यांशों को पढ़कर उन पर आधारित प्रश्नों के उत्तर दीजिए

काव्यांश 1

रहिमन देखि बड़ेन को, लघु न दीजिये डारि।
जहाँ काम आवे सुई, कहा करे तलवारि।।
तरुवर फल नहिं खात हैं सरवर पियहिं न पान।
कहि रहीम पर काज हित, संपति सँचहि सुजान।।

1. संत रहीमदास जी के अनुसार हमें किसको अनदेखा नहीं करना चाहिए?

(क) बड़ी वस्तुओं को (ख) छोटी वस्तुओं को

(ग) महँगी वस्तुओं को (घ) इनमें से कोई नहीं

उत्तर (ख) छोटी वस्तुओं को

2. सुई और तलवार का क्या कार्य है?

(क) सुई वस्तुओं को सिलकर जोड़ने का कार्य करती है।

(ख) तलवार वस्तुओं को काटकर अलग करने का कार्य करती है।

(ग) सुई वस्त्र काटती है और तलवार वस्त्र सिलती है

(घ) 'क' और 'ख' दोनों

उत्तर (घ) 'क' और 'ख' दोनों

3. पेड़ किसके लिए फल देते हैं?

(क) स्वयं के लिए (ख) दूसरों के लिए

(ग) व्यापार के लिए (घ) पशुओं के लिए

उत्तर (ख) दूसरों के लिए

4. 'सरवर' शब्द का क्या अर्थ है?

उत्तर 'सरवर' शब्द का अर्थ तालाब या जलाशय है।

5. **कवि के अनुसार, संपत्ति को किसके लिए संचित करना चाहिए?** CBQ

उत्तर रहीमदास के अनुसार, संपत्ति को दूसरों की भलाई और कल्याण के लिए संचित किया जाना चाहिए।

6. **"जहाँ काम आवे सुई, कहा करे तलवारि" पंक्ति का क्या अर्थ है?**

उत्तर प्रस्तुत पंक्ति का अर्थ है कि जहाँ सुई की आवश्यकता हो, वहाँ तलवार काम नहीं कर सकती। प्रत्येक वस्तु का अपना अलग उपयोग और महत्त्व होता है, इसलिए किसी भी वस्तु को कमतर नहीं आका जाना चाहिए। सुई और तलवार दोनों की अपनी-अपनी महत्त्वपूर्ण भूमिका होती है।

काव्यांश 2

रहिमन धागा प्रेम का, मत तोड़ो छिटकाय।
टूटे से फिर ना मिले, मिले गाँठ परि जाय।।
रहिमन पानी राखिये, बिनु पानी सब सून।
पानी गए न ऊबरै, मोती, मानुष, चून।।

1. **रहीम जी के अनुसार, प्रेम का धागा कैसा होता है?**

(क) मजबूत (ख) नाजुक
(ग) लंबा (घ) छोटा

उत्तर (ख) नाजुक

2. **पानी गए न ऊबरै, मोती, मानुष, चून ।। पंक्ति में 'पानी' के कितने अर्थ हैं?**

(क) दो (ख) केवल एक
(ग) तीन (घ) चार

उत्तर (ग) तीन

3. **किसके बिना मोती बेकार है?**

(क) जल (ख) चमक
(ग) शील (घ) लज्जा

उत्तर (ख) चमक

4. **'छिटकाय' शब्द का क्या अर्थ है?**

उत्तर 'छिटकाय' शब्द का अर्थ है—तोड़ना या अलग करना अर्थात् किसी वस्तु को ज़बरदस्ती खींचकर या झटका देकर अलग कर देना।

5. **रहीम जी ने 'धागा' और 'गाँठ' के माध्यम से क्या समझाने का प्रयास किया है?** CBQ

उत्तर रहीम जी ने 'धागा' और 'गाँठ' के माध्यम से यह समझाने का प्रयास किया है कि प्रेम और संबंध बहुत नाजुक होते हैं। यदि इन्हें तोड़ा जाए, तो फिर से जोड़ने पर उनमें गाँठ पड़ जाती है अर्थात् संबंधों में खटास आ जाती है।

6. **'पानी गए न ऊबरै' पंक्ति का क्या अर्थ है?**

उत्तर 'पानी गए न ऊबरै' पंक्ति का अर्थ है कि यदि मनुष्य की लज्जा या मान-सम्मान एक बार समाप्त हो जाए, तो उसे वापस पाना असंभव होता है। जैसे मोती और चून (आटा) बिना पानी (चमक और जल) के बेकार हो जाते हैं, वैसे ही व्यक्ति का जीवन भी सम्मान के बिना व्यर्थ हो जाता है।

काव्यांश 3

रहिमन बिपदाहू भली, जो थोरे दिन होय।
हित अनहित या जगत में, जानि परत सब कोय।।
रहिमन जिह्वा बावरी, कहि गइ सरग पताल।
आपु तो कहि भीतर रही, जूती खात कपाल।।

1. **रहीम जी के अनुसार, विपत्ति क्यों अच्छी होती है?**

(क) क्योंकि इससे धन की बचत होती है।
(ख) क्योंकि इससे सुख और शांति मिलती है।
(ग) क्योंकि इससे सच्चे मित्र और हितैषी का पता लगता है।
(घ) क्योंकि इससे स्वास्थ्य में सुधार होता है।

उत्तर (ग) क्योंकि इससे सच्चे मित्र और हितैषी का पता लगता है।

2. **रहीम जी के अनुसार, जिह्वा बावरी क्यों है?** CBQ

(क) क्योंकि वह हमेशा सच बोलती है।
(ख) क्योंकि वह बिना सोचे-समझे कुछ भी कह देती है।
(ग) क्योंकि वह मीठा बोलती है।
(घ) क्योंकि वह कड़वा बोलती है।

उत्तर (ख) क्योंकि वह बिना सोचे-समझे कुछ भी कह देती है।

3. **रहीमदास के अनुसार, जिह्वा के बिना सोचे-समझे बोलने का परिणाम किसे भुगतना पड़ता है?**

(क) हाथों को (ख) पैरों को
(ग) सिर को (घ) हृदय को

उत्तर (ग) सिर को

4. **'बिपदाहू' शब्द का क्या अर्थ है?**

उत्तर 'बिपदाहू' शब्द का अर्थ है—विपत्ति या संकट। यह शब्द कठिनाइयों या मुसीबतों को संदर्भित करता है।

5. **'जूती खात कपाल' पंक्ति का क्या अर्थ है?**

उत्तर प्रस्तुत पंक्ति का अर्थ है कि जब जिह्वा बिना सोचे-समझे कुछ भी कह देती है, तो उसका दुष्परिणाम सिर को भुगतना पड़ता है, जो अकसर अपमान और दु:ख का कारण बनते हैं।

6. **रहीम जी के अनुसार, जिह्वा पर नियंत्रण क्यों आवश्यक है?** CBQ

उत्तर रहीम जी के अनुसार, जिह्वा पर नियंत्रण इसलिए आवश्यक है, क्योंकि इसके बिना सोचे-समझे बोले गए शब्दों का परिणाम बहुत गंभीर और अपमानजनक हो सकता है, जिससे व्यक्ति को जूतों की मार भी खानी पड़ सकती है।

अतिलघु उत्तरीय प्रश्न

1. **प्रेमरूपी धागे को टूटने से बचाने के लिए हमें क्या करना चाहिए?**

उत्तर प्रेमरूपी धागे को टूटने से बचाने के लिए हमें धैर्य और समझदारी से काम लेना चाहिए।

2. **रहीम जी के अनुसार, संपत्ति का सही उपयोग कब होता है?**

उत्तर संपत्ति का सही उपयोग तब होता है, जब हम उसे दूसरों के भले के लिए भी संचित करे, न कि केवल अपने स्वार्थ के लिए।

3. **'तरुवर फल नहिं खात हैं।' पंक्ति से क्या शिक्षा मिलती है?**

उत्तर प्रस्तुत पंक्ति से यह शिक्षा मिलती है कि हमें नि:स्वार्थ भाव से दूसरों की भलाई के लिए काम करना चाहिए, जैसे पेड़ स्वयं अपने फल नहीं खाते।

4. **'बिपति कसौटी जे कसे' में विपत्ति किसकी कसौटी मानी गई है?**

उत्तर रहीमदास के अनुसार, विपत्ति सच्चे मित्र की कसौटी मानी गई है। केवल वही मित्र सच्चा होता है, जो विपत्ति में साथ देता है।

5. **रहीमदास ने थोड़े समय की विपत्ति को अच्छा क्यों बताया है?**

उत्तर रहीमदास ने थोड़े समय की विपत्ति को अच्छा इसलिए बताया है, क्योंकि थोड़े समय की विपत्ति से व्यक्ति यह जान पाता है कि कौन उसका सच्चा मित्र है और कौन नहीं, जिससे जीवन में सही निर्णय लेने में सहायता मिलती है।

6. **रहीम जी के अनुसार, रिश्तों को कैसे सँजोकर रखना चाहिए?**

उत्तर रहीम जी के अनुसार, रिश्तों को संयम, समझदारी और प्रेम से सँजोकर रखना चाहिए, ताकि उनमें कभी खटास न आए।

7. **दोहे में रहीमदास ने पानी के कितने अर्थ बताए हैं?**

उत्तर दोहे में रहीमदास ने पानी के तीन अर्थ बताए हैं— चमक, सम्मान और जल।

8. **विपत्ति हमारे रिश्तों के लिए क्या है?**

उत्तर विपत्ति हमारे रिश्तों के लिए असली पहचान का साधन है।

लघु उत्तरीय प्रश्न

1. **रहीमदास ने सुई और तलवार का उदाहरण देकर क्या समझाने की कोशिश की है?**

उत्तर रहीमदास ने सुई और तलवार का उदाहरण देकर यह समझाने की कोशिश की है कि प्रत्येक वस्तु का अपना कार्य और महत्त्व होता है। जहाँ सुई चीजों को जोड़ने का कार्य करती है, वहाँ तलवार चीजों को काटने का कार्य करती है। दोनों का कार्य अलग-अलग है, इसलिए दोनों महत्त्वपूर्ण हैं। अत: हमें किसी भी वस्तु को उसके आकार के आधार पर कमतर नहीं समझना चाहिए तथा उसका अनादर नहीं करना चाहिए।

2. **रहीमदास के अनुसार, सज्जन लोग अपनी संपत्ति का उपयोग कैसे करते हैं?**

उत्तर रहीम दास के अनुसार, सज्जन लोग अपनी संपत्ति को केवल अपने लिए नहीं रखते, बल्कि दूसरों के कल्याण के लिए संचित करते हैं; जैसे—पेड़ अपने फल स्वयं नहीं खाते और तालाब अपना पानी स्वयं नहीं पीते, वैसे ही सज्जन लोग निःस्वार्थ होकर अपनी संपत्ति का उपयोग दूसरों की भलाई के लिए करते हैं।

3. **रहीम दास के अनुसार, प्रेम रूपी धागा तोड़ने पर क्या होता है?**

उत्तर रहीम दास के अनुसार, प्रेम रूपी नाजुक धागा तोड़ने पर उसे फिर से जोड़ना मुश्किल होता है और यदि जोड़ भी दिया जाए तो उसमें गाँठ पड़ जाती है अर्थात् रिश्तों में खटास आ जाती है। रिश्तों में पहले जैसी सहजता और मधुरता नहीं रहती है। इसलिए प्रेम और संबंधों को सँजोकर रखना चाहिए और धैर्य से काम लेना चाहिए।

4. **'पानी गए न ऊबरै, मोती, मानुष, चून।' पंक्ति का आशय स्पष्ट कीजिए।**

उत्तर प्रस्तुत पंक्ति का आशय यह है कि जैसे मोती की चमक पानी (चमक) के बिना बेकार हो जाती है और आटा भी बिना पानी (जल) के खाने के योग्य नहीं होता है, वैसे ही पानी (सम्मान) रहित मनुष्य का जीवन भी व्यर्थ है। अत: मनुष्य को अपना सम्मान बचाकर रखना चाहिए।

6. **रहीमदास के अनुसार, सच्चे मित्रों की पहचान कब होती है?**

उत्तर रहीमदास के अनुसार, सच्चे मित्रों की पहचान विपत्ति के समय होती है। जब व्यक्ति धन-संपत्ति से संपन्न होता है, तो कई लोग उसके मित्र और संबंधी बनने का दावा करते हैं, लेकिन कठिन समय में ही सच्चे मित्र की पहचान होती है। विपत्ति की कसौटी पर खरा उतरने वाला मित्र ही सच्चा और विश्वसनीय होता है।

7. **'रहिमन बिपदाहू भली, जो थोरे दिन होय' का भावार्थ स्पष्ट कीजिए।** **CBQ**

उत्तर प्रस्तुत पंक्ति में रहीमदास कह रहे हैं कि थोड़े समय के लिए आने वाली विपत्ति भी अच्छी होती है। इसका कारण यह है कि कठिन समय में हम अपने सच्चे मित्रों और हितैषियों की पहचान कर पाते हैं। विपत्ति के समय व्यक्ति को यह समझ में आता है कि कौन वास्तव में उसका साथ देता है और कौन केवल दिखावा करता है।

8. **'कहि रहीम संपत्ति सगे, बनत बहुत बहु रीत' में रहीम संपत्ति और संबंधों के बीच के जटिल संबंध को कैसे स्पष्ट करते हैं?** **CBQ**

उत्तर 'कहि रहीम संपत्ति सगे' में रहीम संपत्ति और संबंधों के जटिल संबंध को इस प्रकार स्पष्ट करते हैं कि जब व्यक्ति के पास संपत्ति होती है, तब उसके आस-पास कई लोग अपने स्वार्थों के कारण मित्र और संबंधी बनने का दिखावा करते हैं, लेकिन जब वही व्यक्ति विपत्ति में होता है, तब इन संबंधों की वास्तविकता सामने आती है और सच्चे मित्रों की पहचान होती है।

9. **''तरुवर फल नहिं खात हैं, सरवर पियहिं न पान'' पंक्ति का भावार्थ स्पष्ट कीजिए।** **CBQ**

उत्तर प्रस्तुत पंक्ति में रहीम कहते हैं कि जिस प्रकार पेड़ अपने फल स्वयं नहीं खाते और तालाब अपने पानी का सेवन स्वयं नहीं करते, उसी प्रकार विवेकशील और उदार व्यक्ति अपनी संपत्ति और संसाधनों का उपयोग केवल अपने लिए नहीं करते।

वे दूसरों के कल्याण के लिए अपनी संपत्ति का संचय और उपयोग करते हैं। यह पंक्ति नि:स्वार्थ सेवा, त्याग और उदारता की महत्ता को दर्शाती है, जिसमें व्यक्ति दूसरों के हित में अपना जीवन समर्पित करता है। इससे यह संदेश मिलता है कि सच्ची संपत्ति वही है, जिसका उपयोग दूसरों की भलाई के लिए किया जाए।

दीर्घ उत्तरीय प्रश्न

1. 'कहि रहीम पर काज हित, संपति सँचहि सुजान'। इस पंक्ति के माध्यम से रहीम क्या सीख देना चाहते हैं?

उत्तर प्रस्तुत पंक्ति के माध्यम से रहीमदास यह सीख देना चाहते हैं कि सज्जन व्यक्ति अपनी संपत्ति का संचय केवल अपने व्यक्तिगत लाभ के लिए नहीं करते, बल्कि वे उसे दूसरों के हित और कल्याण के लिए भी उपयोग करते हैं। रहीम के अनुसार, संपत्ति का सही अर्थ तभी है जब उसका उपयोग समाज और दूसरों के लाभ के लिए किया जाए। इस प्रकार, यह पंक्ति निःस्वार्थ और परोपकार का महत्त्व उजागर करती है, जिससे व्यक्ति का जीवन सार्थक और सच्चे अर्थों में पूर्ण हो सकता है।

2. रहिमन देखि बड़ेन को, लघु न दीजिए डारि।
जहाँ काम आवे सुई, कहा करे तलवारि।।
रहीमदास के इस दोहे से हमें क्या शिक्षा मिलती है? विस्तार से समझाइए। **CBQ**

उत्तर रहीमदास के इस दोहे से हमें यह शिक्षा मिलती है कि जीवन में किसी भी वस्तु या व्यक्ति को उसके बाहरी आकार, मूल्य या महत्त्व के आधार पर कम नहीं समझना चाहिए। छोटी वस्तुओं का भी जीवन में उतना ही महत्त्व होता है, जितना बड़ी वस्तुओं का। उदाहरण के लिए, जहाँ सुई की आवश्यकता हो वहाँ तलवार काम नहीं कर सकती अर्थात् जहाँ सुई वस्तुओं को सिलकर जोड़ने का काम करती है, वहाँ तलवार वस्तुओं को काटकर अलग करने का काम करती है। इस दोहे से हम सीखते हैं कि हमें प्रत्येक वस्तु का सम्मान करना चाहिए और उनकी विशेष भूमिका को समझना चाहिए। प्रत्येक वस्तु और व्यक्ति का जीवन में अपना विशेष स्थान और महत्त्व है और हमें किसी को भी छोटा नहीं आकना चाहिए।

3. रहीमदास के दोहे में प्रेम और रिश्तों को सँजोकर रखने की बात कही गई है। इस संदर्भ में आपके विचार में हमें रिश्तों को सँभालने के लिए कौन-सी बातें ध्यान में रखनी चाहिए? **CBQ**

उत्तर रहीमदास के इस दोहे में प्रेम और रिश्तों को सँजोकर रखने के लिए धैर्य, समझदारी और संयम जैसे गुणों को अपनाने की बात कही गई है। हमें किसी भी क्षणिक आवेश में आकर अपने संबंधों को तोड़ने से बचना चाहिए, क्योंकि एक बार टूटे हुए संबंधों को फिर से जोड़ना बहुत मुश्किल होता है। यदि संबंध टूट जाएँ, तो उनमें गाँठ पड़ जाती है, जो यह दर्शाती है कि पहले जैसी मधुरता और सहजता वापस नहीं आ सकती। इसलिए हमें अपने रिश्तों में सहनशीलता, परस्पर समझ और संवाद को बनाए रखना चाहिए, ताकि वे सुदृढ़ और स्थिर बने रहें।

4. रहीमदास ने पानी के कितने अर्थ बताए हैं और यह जीवन के विभिन्न पहलुओं को किस प्रकार प्रभावित करता है?

उत्तर रहीमदास जी ने पानी के तीन प्रमुख अर्थ बताए हैं—चमक, सम्मान और जल। चमक के बिना मोती बेकार है, चमक के बिना उसकी गुणवत्ता समाप्त हो जाती है। सम्मान के बिना मनुष्य का जीवन निरर्थक है, इससे उसकी सामाजिक पहचान प्रभावित होती है। जल के बिना आटा उपयोगी नहीं रहता, जिससे भोजन तैयार नहीं हो सकता। इन अर्थों के माध्यम से, रहीमदास जी ने यह स्पष्ट किया है कि पानी जीवन के विभिन्न पहलुओं के लिए अत्यंत आवश्यक है और इसके बिना इन पहलुओं की उपयोगिता और महत्त्व समाप्त हो जाते हैं।

5. "हित अनहित या जगत में, जानि परत सब कोय ।।" पंक्ति का आशय स्पष्ट कीजिए।

उत्तर 'हित अनहित या जगत में, जानि परत सब कोय' पंक्ति में रहीम जी यह संदेश देते हैं कि इस संसार में प्रत्येक व्यक्ति को अपने जीवन में हितकारी और अहितकारी लोगों का ज्ञान समय के साथ हो जाता है। जब व्यक्ति कठिनाइयों का सामना करता है, तो उसके वास्तविक मित्र और शत्रु प्रकट हो जाते हैं। सुख के समय जो लोग मित्रता का दिखावा करते हैं, वे विपत्ति में साथ नहीं देते, जबकि सच्चे मित्र प्रत्येक परिस्थिति में साथ रहते हैं।

6. "रहिमन जिह्वा बावरी, कहि गइ सरग पताल ।
आपु तो कहि भीतर रही, जूती खात कपाल ।।"
उपर्युक्त दोहे के अनुसार, जीभ के बिना सोचे-समझे बोलने के क्या परिणाम हो सकते हैं? **CBQ**

उत्तर प्रस्तुत दोहे के अनुसार, जीभ के बिना सोचे-समझे बोलने से व्यक्ति की समस्याएँ और परेशानियाँ बढ़ सकती हैं। जिह्वा बिना विचार किए उल्टी-सीधी बातें कह देती है और फिर स्वयं तो अंदर चली जाती है, परंतु उसकी कही बातों का परिणाम सिर को भुगतना पड़ता है, जिसे जूतों की मार खानी पड़ती है अर्थात् उसे कठिनाइयों और आलोचनाओं का सामना करना पड़ता है। इसलिए जीभ को नियंत्रण में रखना और सोच-समझकर बोलना अत्यंत आवश्यक है।

व्याकरण आधारित प्रश्न

1. निम्नलिखित शब्दों के दो-दो पर्यायवाची लिखिए।

(i) कपाल (ii) मित्र
(iii) जिह्वा (iv) विपत्ति

उत्तर (i) कपाल-माथा, सिर (ii) मित्र-सखा, दोस्त
(iii) जिह्वा-जीभ, रसना (iv) विपत्ति-संकट, विपदा

2. निम्न शब्दों के विलोम शब्द बताइए।

(i) झूठ (ii) प्रशंसा (iii) विवेक
(iv) शांत (v) स्थिर (vi) सही

उत्तर (i) झूठ-सच (ii) प्रशंसा-निंदा (iii) विवेक-अविवेक
(iv) शांत-अशांत (v) स्थिर-अस्थिर (vi) सही-गलत

3. दिए गए शब्दों में उपसर्ग व मूल शब्द अलग कीजिए।

(i) सुजान (ii) सम्पत्ति
(iii) अनहित (iv) पताल
(v) कपाल

उत्तर

	उपसर्ग	मूल शब्द
(i)	सु	जान
(ii)	सम्	पति
(iii)	अन	हित
(iv)	प	ताल
(v)	क	पाल

स्व–मूल्यांकन

बहुविकल्पीय प्रश्न

1. रहीम के अनुसार हमें छोटी वस्तुओं का अनादर क्यों नहीं करना चाहिए?
(क) वे महँगी होती हैं
(ख) वे भी महत्त्वपूर्ण होती हैं
(ग) वे दिखने में सुंदर होती हैं
(घ) वे बड़ी वस्तुओं से अधिक उपयोगी होती हैं

2. रहीम के अनुसार विवेकशील व्यक्ति किसके लिए संपत्ति संचित करते हैं?
(क) अपने लिए (ख) दूसरों के भले के लिए
(ग) सज्जन के लिए (घ) प्रकृति के लिए

3. 'रहिमन धागा प्रेम का' दोहे में 'धागा' का क्या अर्थ है?
(क) प्रेम का बंधन (ख) कपड़े का धागा
(ग) संबंध (घ) रस्सी

4. 'बिपति कसौटी जे कसे' का क्या अर्थ है?
(क) विपत्ति में ही मित्रों की परीक्षा होती है
(ख) विपत्ति में केवल पड़ोसी की पहचान होती है
(ग) विपत्ति में जीवन अच्छा होता है
(घ) विपत्ति में व्यक्ति सुखी होता है

5. 'मीत' शब्द का क्या अर्थ है?
(क) मित्र (ख) परिवार
(ग) सगा (घ) सगा-संबंधी

काव्यांश आधारित प्रश्न

निम्नलिखित काव्यांश को पढ़कर उन पर आधारित प्रश्नों के उत्तर दीजिए

कहि रहीम संपति सगे, बनत बहुत बहु रीत।
बिपति कसौटी जे कसे, ते ही साँचे मीत।।
तरुवर फल नहिं खात हैं सरवर पियहिं न पान।
कहि रहीम पर काज हित, संपति सँचहि सुजान।।

1. 'कसौटी' शब्द का क्या अर्थ है?
(क) संपत्ति (ख) परीक्षा
(ग) मित्रता (घ) संबंध

2. रहीम के अनुसार, संपत्ति के समय कौन-कौन पास आते हैं?
(क) सच्चे मित्र
(ख) दिखावटी मित्र
(ग) सभी रिश्तेदार
(घ) उपरोक्त में से कोई नहीं

3. 'सरवर' शब्द का क्या अर्थ है?
(क) तालाब (ख) वृक्ष
(ग) नदी (घ) ये सभी

4. कसौटी का सच्चे मित्रों से क्या संबंध है?

5. रहीम के अनुसार, विवेकशील व्यक्ति किसलिए संपत्ति का संचय करते हैं?

6. उपर्युक्त दोहे में परोपकारिता और निःस्वार्थता के महत्त्व को कैसे प्रस्तुत किया गया है?

अतिलघु उत्तरीय प्रश्न

1. रहीम के अनुसार, प्रेम का धागा टूटने पर क्या होता है?

2. रहीम जी ने 'पानी' शब्द को किन अर्थों में प्रयोग किया है?

3. 'जीभ' को नियंत्रण में रखने की सलाह क्यों दी गई है?

4. सच्चे मित्रों की पहचान कब होती है?

5. 'बिपदाहू भली' दोहे में विपत्ति को अच्छा क्यों बताया गया है?

लघु उत्तरीय प्रश्न

1. रहीम के अनुसार, छोटी वस्तुओं का अनादर क्यों नहीं करना चाहिए?

2. 'रहिमन धागा प्रेम का' दोहे के माध्यम से रहीम जी क्या शिक्षा देते हैं?

3. रहीम जी के अनुसार, समझदार व्यक्ति किसके लिए संपत्ति का संचय करते हैं? **CBQ**

दीर्घ उत्तरीय प्रश्न

1. 'जहाँ काम आवे सुई, कहा करे तलवारि' इस दोहे में रहीम जी ने जीवन मूल्य को किस तरह से समझाने का प्रयास किया है? **CBQ**

2. रहीम जी ने विपत्ति को सच्चे मित्रों की पहचान का समय क्यों माना है?

अध्याय 6

मेरी माँ रामप्रसाद 'बिस्मिल'

पाँठ का सार

प्रस्तुत पाठ 'मेरी माँ' भारत के महान क्रांतिकारी रामप्रसाद 'बिस्मिल' की आत्मकथा है। इस पाठ में लेखक अपने जीवन में अपनी माताजी के अद्वितीय योगदान और प्रभाव का वर्णन करते हैं। लेखक अपनी माताजी को देवी समान मानते हैं, जिन्होंने उनके जीवन को सही दिशा दी। लेखक बताते हैं कि माताजी के प्रोत्साहन, प्रेम और त्याग के कारण ही वे अपने जीवन में साहस, धैर्य और दृढ़ता के साथ आगे बढ़ सके। माताजी ने न केवल उन्हें शिक्षा और संस्कार दिए, बल्कि उनके क्रांतिकारी जीवन में भी महत्त्वपूर्ण भूमिका निभाई। माताजी के द्वारा दिए गए संस्कारों के कारण लेखक सत्य और धर्म के मार्ग पर अडिग रहे। उन्होंने अपनी माताजी के प्रति गहरे आभार और श्रद्धा व्यक्त करते हुए कहा कि माताजी के उपदेशों और मार्गदर्शन ने ही उनके जीवन को सार्थक बनाया। लेखक का अंतिम संदेश माताजी के प्रति उनके अटूट प्रेम और देश सेवा के प्रति उनकी प्रतिबद्धता को दर्शाता है।

लखनऊ कांग्रेस में जाने की इच्छा और सेवा समिति का आरंभ

बिस्मिल लखनऊ कांग्रेस में जाने के लिए अत्यधिक इच्छुक थे। दादीजी और पिताजी ने तो विरोध किया, लेकिन माताजी ने उनकी इच्छाओं का समर्थन किया और उन्हें खर्च भी दे दिया। उसी समय शाहजहाँपुर में सेवा समिति का आरंभ हुआ था, जिसमें बिस्मिल ने उत्साहपूर्वक सहयोग दिया। हालाँकि, उनके इस कार्य को पिताजी और दादीजी ने पसंद नहीं किया, लेकिन माताजी ने उनका उत्साह बनाए रखा और अपने पति की डाँट-फटकार भी सहन की। बिस्मिल का साहस और जीवन में दृढ़ता माताजी और गुरुदेव श्री सोमदेव जी की कृपा का परिणाम थी।

विवाह के प्रति माताजी का दृष्टिकोण

दादीजी और पिताजी बिस्मिल के विवाह के लिए उत्सुक थे, लेकिन माताजी का मानना था कि शिक्षा पूरी होने के बाद ही विवाह कराना उचित होगा। माताजी के इस प्रोत्साहन ने बिस्मिल के जीवन में दृढ़ता पैदा की और उन्होंने किसी भी आपत्ति या संकट के आने पर भी अपने संकल्प को नहीं छोड़ा।

सत्य और धर्म के प्रति अडिगता

बिस्मिल ने जीवन में हमेशा सत्य और धर्म का पालन किया। एक घटना का उल्लेख करते हुए उन्होंने बताया कि पिताजी के कहने पर वकील ने उन्हें एक दीवानी मुकदमे में हस्ताक्षर करने के लिए बुलाया, लेकिन उन्होंने इसे धर्म के विरुद्ध मानकर हस्ताक्षर करने से इनकार कर दिया। वकील साहब ने उन्हें समझाया कि मुकदमा खारिज हो जाएगा, लेकिन बिस्मिल सत्य के मार्ग से नहीं डिगे। यह घटना उनकी सत्यनिष्ठा और धर्म के प्रति अडिगता को दर्शाती है।

माताजी का शिक्षा और व्यक्तित्व विकास में योगदान

बिस्मिल की माताजी ने उन्हें शिक्षा और क्रांतिकारी जीवन में विशेष रूप से सहयोग दिया। ग्यारह वर्ष की उम्र में माताजी विवाह करके शाहजहाँपुर आई थीं, तब वह अशिक्षित थीं। शादी के बाद माताजी ने शाहजहाँपुर आकर गृहकार्य की शिक्षा ली और घर का सारा कामकाज सँभाल लिया। बाद में उन्होंने स्वयं हिंदी पढ़ना शुरू किया और जल्द ही देवनागरी पुस्तकों का अध्ययन करने लगीं। बिस्मिल की बहनों को छोटी आयु में माताजी ही शिक्षा देती थीं। जब से बिस्मिल आर्यसमाज में सम्मिलित हुए, माताजी से खूब बातें करते, तब से माताजी की विचारधारा में उदारता आई और उन्होंने जीवन में हर कदम पर बिस्मिल को मार्गदर्शन दिया। माताजी का बिस्मिल की शिक्षा और क्रांतिकारी जीवन में भी विशेष योगदान था, जैसे मेजिनी को उनकी माता ने की थी। माताजी ने बिस्मिल को सिखाया कि किसी की प्राणहानि नहीं होनी चाहिए और इस सिद्धांत का पालन करने के लिए बिस्मिल को कभी-कभी अपनी प्रतिज्ञा भंग करनी पड़ी थी।

माताजी के प्रति कृतज्ञता और समर्पण

बिस्मिल ने अपनी माताजी के प्रति गहन आभार व्यक्त किया है। उन्होंने कहा कि उनकी माताजी ने न केवल उन्हें जन्म दिया, बल्कि आत्मिक, धार्मिक और सामाजिक उन्नति में भी उनकी सदैव सहायता की है। उन्होंने माताजी के प्रेम, दृढ़ता और उपदेशों के लिए उनका ऋणी होने की बात

कही। बिस्मिल ने माना कि माताजी के बिना वे भी साधारण जीवन व्यतीत करते, लेकिन उनकी प्रेरणा और समर्थन से ही वे देश सेवा और धार्मिक जीवन में संलग्न हो सके।

माताजी से अंतिम विदाई

बिस्मिल ने अपने जीवन की अंतिम इच्छा व्यक्त करते हुए कहा कि वे माताजी के चरणों की सेवा करके अपने जीवन को सफल बनाना चाहते थे, लेकिन यह संभव नहीं हो सका। उन्होंने माताजी से आग्रह किया कि वे उनकी मृत्यु की खबर सुनकर धैर्य धारण करें, क्योंकि वे भारत माता की सेवा में अपने जीवन को बलिदान कर रहे हैं।

उन्होंने विश्वास जताया कि स्वाधीन भारत के इतिहास में माताजी का नाम भी उज्ज्वल अक्षरों में लिखा जाएगा, जैसे गुरु गोबिंद सिंह जी की धर्मपत्नी अपने पुत्रों के बलिदान पर बहुत प्रसन्न हुई थी और मिठाई बाँटी थी। बिस्मिल ने अपनी माँ से अंतिम समय में भी उनके हृदय को विचलित न होने देने का आशीर्वाद माँगा, ताकि वे परमात्मा का स्मरण करते हुए शरीर त्याग सकें।

शब्दार्थ

शब्द	हिंदी अर्थ	शब्द	हिंदी अर्थ
उत्साह	जोश, उत्सुकता	प्राणदंड	मृत्यु दंड
सहयोग	मदद, सहायता	ऋण	कर्ज़
प्रोत्साहन	प्रेरणा	सांत्वना	ढाँढ़स
संकल्प	दृढ़ निश्चय	भोग-विलास	ऐशोआराम, सुख-सुविधा
विरोध	नकारात्मकता, असहमति	श्रद्धापूर्वक	सम्मानपूर्वक
अशिक्षित	अनपढ़, बिना शिक्षा के	स्वाधीन	स्वतंत्र
साहस	हिम्मत, वीरता	प्रत्याशा	उम्मीद, आशा
आचरण	व्यवहार	विलास	ऐश्वर्य, सुख
सत्यनिष्ठा	सत्य के प्रति निष्ठा	संसार-चक्र	जीवन का चक्र
क्रांतिकारी	परिवर्तनकामी, विद्रोही	उन्नति	प्रगति, तरक्की
प्राणहानि	मृत्यु	संघर्ष	कठिनाई, संघर्ष

NCERT फोल्डर

पाठ्यपुस्तक के प्रश्नोत्तर

पाठ से

मेरी समझ से

(क) नीचे दिए गए प्रश्नों का सटीक उत्तर कौन-सा है? उसके सामने तारा (*) बनाइए

(i) 'किंतु यह इच्छा पूर्ण होती नहीं दिखाई देती।'
बिस्मिल को अपनी किस इच्छा के पूर्ण न होने की आशंका थी?

- भारत माता के साथ रहने की
- अपनी प्रतिज्ञा पर दृढ़ रहने की
- अपनी माँ की जीवनपर्यंत सेवा करने की (*)
- भोग विलास तथा ऐश्वर्य भोगने की

(ii) रामप्रसाद बिस्मिल की माँ का सबसे बड़ा आदेश क्या था?

- देश की सेवा करें
- कभी किसी के प्राण न लेना (*)
- कभी किसी से छल न करना
- सदा सच बोलना

(ख) अब अपने मित्रों के साथ तर्कपूर्ण चर्चा कीजिए कि आपने ये ही उत्तर क्यों चुने?

उत्तर मैंने ये उत्तर इसलिए चुने, क्योंकि पाठ के अनुसार ये उत्तर सटीक व सही हैं। बिस्मिल को अपनी माँ की जीवनपर्यंत सेवा करने की इच्छा

के पूर्ण न होने की आशंका थी, क्योंकि वे एक क्रांतिकारी थे और अंग्रेज़ों द्वारा उन्हें जेल भेजे जाने और फाँसी की सज़ा सुनाए जाने के कारण उन्हें यह आशंका हो गई थी कि वे अब अपनी माँ के चरणों की सेवा नहीं कर पाएँगे।

प्रस्तुत पाठ में रामप्रसाद बिस्मिल ने स्पष्ट रूप से कहा है कि उनकी माँ का सबसे बड़ा आदेश यह था कि वे किसी की प्राणहानि न करें। उनकी माँ ने उन्हें सिखाया था कि शत्रु को भी कभी प्राणदंड नहीं देना चाहिए। इसी आदेश को निभाने के लिए उन्हें कई बार अपनी प्रतिज्ञा भंग करनी पड़ी।

पंक्तियों पर चर्चा

पाठ में से चुनकर कुछ पंक्तियाँ नीचे दी गई हैं। इन्हें पढ़कर समझिए और इन पर विचार कीजिए। आपको इनका क्या अर्थ समझ में आया? कक्षा में अपने विचार साझा कीजिए और लिखिए।

(क) "यदि मुझे ऐसी माता न मिलतीं, तो मैं भी अति साधारण मनुष्यों की भाँति संसार-चक्र में फँसकर जीवन निर्वाह करता।"

उत्तर प्रस्तुत पंक्ति का अर्थ यह है कि रामप्रसाद बिस्मिल अपनी माँ को अपने जीवन के हर क्षेत्र में एक महत्त्वपूर्ण मार्गदर्शक मानते हैं। वे यह स्वीकार करते हैं कि अगर उन्हें ऐसी प्रेरणादायी माँ नहीं मिली होतीं, जो उन्हें सही दिशा दिखातीं हैं, तो वे भी साधारण लोगों की तरह एक सामान्य जीवन जीते, जो समाज और पारिवारिक ज़िम्मेदारियों के चक्र में उलझकर रह जाते। उनकी माँ ने उन्हें उच्च आदर्शों और महान लक्ष्यों की ओर प्रेरित किया, जिसके कारण वे अपने जीवन को सामान्य से अलग एक क्रांतिकारी के रूप में जीने में सक्षम हो सके।

(ख) "उनके इस आदेश की पूर्ति करने के लिए मुझे मज़बूरन एक-दो बार अपनी प्रतिज्ञा भंग भी करनी पड़ी थी।"

उत्तर प्रस्तुत पंक्ति में लेखक अपनी माँ के आदेश का पालन करने की बात कह रहे हैं, जिसमें उनकी माँ ने उन्हें आदेश दिया था कि कभी किसी की भी प्राणहानि न हो, चाहे वह शत्रु ही क्यों न हो। लेखक के लिए यह आदेश इतना महत्त्वपूर्ण था कि उन्हें क्रांतिकारी गतिविधियों में कई बार अपनी प्रतिज्ञा को तोड़ना पड़ा। यह उनकी माँ के प्रति गहरी निष्ठा और सम्मान को दर्शाता है, जो किसी भी अन्य प्रतिज्ञा या संकल्प से अधिक महत्त्वपूर्ण था।

मिलकर करें मिलान

पाठ में से चुनकर कुछ शब्द नीचे दिए गए हैं। अपने समूह में इन पर चर्चा कीजिए और इन्हें इनके सही अर्थ या संदर्भों से मिलाइए। इसके लिए आप शब्दकोश, इंटरनेट, पुस्तकालय या अपने शिक्षकों की सहायता ले सकते हैं।

	शब्द		अर्थ या संदर्भ
1.	देवनागरी	(i)	सिखों के दसवें और अंतिम गुरु थे। उन्होंने खालसा पंथ की स्थापना की।
2.	आर्यसमाज	(ii)	इटली के गुप्त राष्ट्रवादी दल का सेनापति इटली का मसीहा था, जिसने लोगों को एक सूत्र में बाँधा।
3.	मेजिनी	(iii)	महर्षि दयानंद द्वारा स्थापित एक संस्था।
4.	गोबिंद सिंह	(iv)	भारत की एक भाषा-लिपि जिसमें हिंदी, संस्कृत, मराठी आदि भाषाएँ लिखी जाती हैं।

उत्तर 1-(iv), 2-(iii), 3-(ii), 4-(i)

सोच-विचार के लिए

पाठ को एक बार फिर से पढ़िए और दिए गए प्रश्नों के बारे में पता लगाकर अपनी लेखन पुस्तिका में लिखिए।

प्र.1 बिस्मिल की माताजी जब ब्याहकर आईं तो उनकी आयु काफ़ी कम थी।

(क) फिर भी उन्होंने स्वयं को अपने परिवार के अनुकूल कैसे ढाला?

उत्तर बिस्मिल की माताजी जब शाहजहाँपुर आईं, तब वह बिल्कुल अशिक्षित और एक ग्रामीण कन्या के समान थीं। परिवार में आने के बाद उन्होंने अपने घर के कार्यों को सीखने के लिए दादीजी की छोटी बहन से शिक्षा ली। थोड़े ही दिनों में उन्होंने गृहकार्य में दक्षता प्राप्त कर ली और घर के सभी कामकाज को ठीक-से सँभालने लगीं। उन्होंने नए परिवेश में स्वयं को ढालते हुए परिवार के अनुरूप अपने आपको ढाल लिया।

(ख) उन्होंने अपनी इच्छाशक्ति के बल पर स्वयं को कैसे शिक्षित किया?

उत्तर बिस्मिल की माताजी को पढ़ने का शौक स्वयं ही पैदा हुआ था। उन्होंने मुहल्ले की शिक्षित सखी-सहेलियों से अक्षर-बोध प्राप्त किया और घर के कामकाज के बाद बचे समय में पढ़ाई करने लगीं। अपनी इच्छाशक्ति और परिश्रम से उन्होंने थोड़े समय में देवनागरी पुस्तकों का अध्ययन करना सीख लिया। उन्होंने अपनी बेटियों को भी छोटी आयु में शिक्षा दी, जिससे उनकी शिक्षित बनने की इच्छाशक्ति और प्रयास स्पष्ट होते हैं।

प्र.2 बिस्मिल को साहसी बनाने में उनकी माताजी ने कैसे सहयोग दिया?

उत्तर बिस्मिल की माताजी ने उन्हें हमेशा प्रोत्साहित किया और उनके हर निर्णय में साथ दिया। जब बिस्मिल सेवा-समिति में सहयोग देते थे, तो पिताजी और दादीजी के विरोध के बावजूद उनकी माँ ने उनका उत्साह बनाए रखा। माताजी के प्रोत्साहन तथा सद्व्यवहार ने बिस्मिल के जीवन में वह दृढ़ता उत्पन्न की कि किसी आपत्ति तथा संकट के आने पर भी उन्होंने अपने संकल्प को नहीं त्यागा। उन्होंने हमेशा बिस्मिल को सत्य पर डटे रहने का आदेश दिया, जो उनके साहस का मूल था।

प्र.3 आज से कई दशक पहले बिस्मिल की माँ शिक्षा के महत्त्व को समझती थीं, बताइए कैसे?

उत्तर बिस्मिल की माँ ने शिक्षा के महत्त्व को समझते हुए ही अपने बच्चों को पढ़ाने का निर्णय लिया था। उन्होंने स्वयं ही हिंदी पढ़ने का शौक पैदा किया और स्वयं को भी शिक्षित किया। बिस्मिल के विवाह के संबंध में जब दादीजी और पिताजी जोर देते थे, तब भी उन्होंने यही

कहा कि पहले शिक्षा पूरी कर लो, फिर विवाह करना उचित होगा। यह उनके शिक्षा के प्रति गंभीर दृष्टिकोण को दर्शाता है।

प्र.4 हम कैसे कह सकते हैं कि बिस्मिल की माँ स्वतंत्र और उदार विचारों वाली थीं?

उत्तर हम यह कह सकते हैं कि बिस्मिल की माँ स्वतंत्र और उदार विचारों वाली थीं, क्योंकि उन्होंने बिस्मिल के जीवन में हर महत्त्वपूर्ण निर्णय का समर्थन किया, चाहे वह शिक्षा का हो या क्रांतिकारी जीवन का। लखनऊ कांग्रेस में जाने के लिए उन्होंने पिताजी और दादीजी के विरोध के बावजूद बिस्मिल को आर्थिक सहायता दी और उनके उत्साह को बनाए रखा। उन्होंने बिस्मिल को शिक्षा पूरी करने से पहले विवाह नहीं करने का सुझाव दिया, जो उनकी दूरदर्शिता और स्वतंत्र सोच को दर्शाता है। साथ ही उन्होंने बिस्मिल को सत्य और धर्म का पालन करने की शिक्षा दी और यह भी सिखाया कि किसी की प्राणहानि न हो, चाहे वह शत्रु ही क्यों न हो, उसे भी प्राणदंड न देना। इन सब बातों से यह स्पष्ट होता है कि बिस्मिल की माँ स्वतंत्र, उदार और सशक्त विचारों वाली थीं।

आत्मकथा की रचना

यह पाठ रामप्रसाद 'बिस्मिल' की आत्मकथा का एक अंश है। आत्मकथा यानी अपनी कथा। दुनिया में अनेक लोग अपनी आत्मकथा लिखते हैं, कभी अपने लिए, तो कभी दूसरों के पढ़ने के लिए।

(क) इस पाठ को एक बार फिर से पढ़िए और अपने-अपने समूह में मिलकर इस पाठ की ऐसी पंक्तियों की सूची बनाइए, जिनसे पता लगे कि लेखक अपने बारे में कह रहा है।

उत्तर इस पाठ में कई पंक्तियाँ ऐसी हैं, जो स्पष्ट रूप से यह दर्शाती हैं कि लेखक रामप्रसाद 'बिस्मिल' अपने बारे में बात कर रहे हैं। नीचे उन पंक्तियों की सूची दी गई हैं

- "लखनऊ कांग्रेस में जाने के लिए मेरी बड़ी इच्छा थी।"
- "पिताजी और दादीजी को मेरे इस प्रकार के कार्य अच्छे न लगते थे, किंतु माताजी मेरा उत्साह भंग न होने देती थीं।"
- "वास्तव में, मेरी माताजी देवी हैं। मुझमें जो कुछ जीवन तथा साहस आया, वह मेरी माताजी तथा गुरुदेव श्री सोमदेव जी की कृपाओं का ही परिणाम है।"
- "यदि मुझे ऐसी माता न मिलतीं, तो मैं भी अति साधारण मनुष्यों की भाँति संसार-चक्र में फँसकर जीवन निर्वाह करता।"
- "पिताजी और दादीजी मेरे विवाह के लिए बहुत अनुरोध करते, किंतु माताजी यही कहतीं कि शिक्षा पूरी होने के बाद ही विवाह करना उचित होगा।"
- "अपने जीवन में हमेशा सत्य का आचरण करता था, चाहे कुछ हो जाए, सत्य बात कह देता था।"
- "माताजी का सबसे बड़ा आदेश मेरे लिए यही था कि किसी की प्राणहानि न हो।" "जन्मदात्री जननी! इस जीवन में तो तुम्हारा ऋण उतारने का प्रयत्न करने का भी अवसर न मिला।"

(ख) अपने समूह की सूची को कक्षा में सबके साथ साझा कीजिए।

उत्तर छात्र स्वयं करें।

शब्द-प्रयोग तरह-तरह के

(क) "माताजी उनसे अक्षर-बोध करतीं।" इस वाक्य में अक्षर-बोध का अर्थ है अक्षर का बोध या ज्ञान।
एक अन्य वाक्य देखिए- "जो कुछ समय मिल जाता, उसमें पढ़ना-लिखना करतीं।
इस वाक्य में पढ़ना-लिखना अर्थात् पढ़ना और लिखना। हम लेखन में शब्दों को मिलाकर छोटा बना लेते हैं, जिससे समय, स्याही, कागज़ आदि की बचत होती है। संक्षेपीकरण मानव का स्वभाव भी है। इस पाठ से ऐसे शब्द खोजकर सूची बनाइए।

उत्तर
- **चोरी-छिपे** चोरी से और छिपकर
- **बचते-बचाते** बचते हुए और बचाते हुए
- **सेवा-समिति** सेवा के लिए समिति
- **डाँट-फटकार** डाँटना और फटकारना
- **पढ़ना-लिखना** पढ़ना और लिखना
- **संसार-चक्र** संसार का चक्र
- **प्राणहानि** प्राण की हानि
- **प्राणदंड** प्राण का दंड
- **भोग-विलास** भोग और विलास
- **पालन-पोषण** पालन और पोषण
- **देश-सेवा** देश की सेवा
- **जन्म-जन्मांतर** जन्म और जन्मांतर
- **धर्म-रक्षार्थ** धर्म की रक्षा के लिए

पाठ से आगे

आपकी बात

(क) रामप्रसाद 'बिस्मिल' के मित्रों के नाम खोजिए और स्वतंत्रता आंदोलन में उनकी भागीदारी पर कक्षा में चर्चा कीजिए।

उत्तर रामप्रसाद 'बिस्मिल' के कुछ प्रमुख मित्र और साथी थे, जिन्होंने स्वतंत्रता आंदोलन में महत्त्वपूर्ण भागीदारी निभाई—
चंद्रशेखर आज़ाद, अशफाकउल्लाह खान, राजेंद्र लाहिड़ी, केशव चक्रवर्ती, मुकंदी लाल, बनवारी लाल आदि।

स्वतंत्रता आंदोलन में उनकी भागीदारी

रामप्रसाद 'बिस्मिल' और उनके मित्रों ने अंग्रेज़ों के खिलाफ़ हथियार उठाने और क्रांतिकारी गतिविधियों के माध्यम से देश को स्वतंत्र कराने का प्रयास किया। काकोरी कांड में रेलवे की धनराशि लूटकर उन्होंने अंग्रेजी हुकूमत को चुनौती दी थी। उनकी गतिविधियाँ हिंसक थीं, लेकिन उनका उद्देश्य भारत को अंग्रेजों की गुलामी से मुक्त करना था। उनका बलिदान भारतीय स्वतंत्रता संग्राम का एक महत्त्वपूर्ण अध्याय है।

(ख) नीचे लिखे बिंदुओं को आधार बनाते हुए अपनी माँ या अपने अभिभावक से बातचीत कीजिए और उनके बारे में गहराई से जानिए कि उनका प्रिय रंग, भोज्य पदार्थ, गीत, बचपन की यादें, प्रिय स्थान आदि कौन-कौन से थे? उदाहरण के लिए आपका जन्म कहाँ हुआ था?
आपकी प्रिय पुस्तक का नाम क्या है?

उत्तर छात्र स्वयं करें।

पुस्तकालय या इंटरनेट से

आप पुस्तकालय से रामप्रसाद 'बिस्मिल' की आत्मकथा खोजकर पढ़िए।

- देशभक्तों से संबंधित अन्य पुस्तकें; जैसे-उनके पत्र, आत्मकथा, जीवनी आदि पढ़िए और अपने मित्रों से साझा कीजिए।

उत्तर छात्र स्वयं करें।

शब्दों की बात

आप अपनी माँ को क्या कहकर संबोधित करते हैं? अन्य भाषाओं में माँ के लिए प्रयुक्त संबोधन और माँ के लिए शब्द ढूँढिए।

क्या उनमें कुछ समानता दिखती है? हाँ, तो क्या?

उत्तर माँ को संबोधित करने के लिए प्रत्येक भाषा में अलग-अलग शब्द और संबोधन होते हैं, लेकिन इनमें एक दिलचस्प समानता यह है कि अधिकांश भाषाओं में 'माँ' के लिए उपयोग किए जाने वाले शब्दों में 'म' या 'मा' ध्वनि होती है।

उदाहरण

- **हिंदी** माँ
- **अंग्रेज़ी** मदर, मॉम
- **स्पेनिश** माद्रे, मामा
- **जर्मन** मुटर, मामा
- **रूसी** मामा
- **जापानी** ओकासान
- **फ्रेंच** मेअर, ममाँ
- **चीन** मामा
- **अरबी** उम्म
- **इटालियन** मामा, माद्रे

आज की पहेली

यहाँ दी गई वर्ग पहेली में पाठ से बारह विशेषण दिए गए हैं। उन्हें छाँटकर पाठ में रेखांकित कीजिए।

मं	ग	ल	म	यी	ल
प्र	त्ये	क	नो	छो	टी
धा	ग्या	र	ह	खू	ब
र्मि	सा	धा	र	ण	ड़ा
क	दु	ख	भ	री	प
म	हा	न	स्वा	धी	न

उत्तर

(i) मंगलमयी (ii) प्रत्येक
(iii) ग्यारह (iv) धार्मिक
(v) महान (vi) स्वाधीन
(vii) दुखभरी (viii) साधारण
(ix) छोटी (x) बड़ा
(xi) खूब (xii) मनोहर

अभ्यास प्रश्न

बहुविकल्पीय व वर्णनात्मक प्रश्नों सहित

बहुविकल्पीय प्रश्न

1. लेखक की लखनऊ कांग्रेस में जाने की इच्छा के प्रति किसने समर्थन दिया?

(क) पिताजी (ख) दादीजी
(ग) माताजी (घ) वकील साहब

उत्तर (ग) माताजी

2. लेखक के लखनऊ कांग्रेस में सम्मिलित होने पर किसे आपत्ति थी?

(क) माताजी (ख) पिताजी और दादीजी
(ग) गुरुदेव श्री सोमदेव जी (घ) लेखक की बहनें

उत्तर (ख) पिताजी और दादीजी

3. लेखक की माताजी ने लेखक के विवाह के संबंध में क्या विचार व्यक्त किया?

(क) शिक्षा पूरी होने के बाद ही विवाह करना चाहिए।
(ख) जल्द-से-जल्द विवाह हो जाना चाहिए।
(ग) विवाह की कोई आवश्यकता नहीं है।
(घ) माता-पिता को विवाह का निर्णय लेना चाहिए।

उत्तर (क) शिक्षा पूरी होने के बाद ही विवाह करना चाहिए।

4. लेखक के अनुसार माताजी ने उन्हें कौन-सी शिक्षा दी?

(क) सत्य और धर्म के मार्ग पर चलने की (ख) व्यापार करने की
(ग) राजनीति में जाने की (घ) विदेश यात्रा की

उत्तर (क) सत्य और धर्म के मार्ग पर चलने की

5. लेखक ने अपने पिताजी के कहने पर भी क्या करने से मना किया?

(क) व्यापार में साझेदारी (ख) किसी को पढ़ाना

(ग) घर के कार्यों में मदद (घ) वकालतनामे पर हस्ताक्षर

उत्तर (घ) वकालतनामे पर हस्ताक्षर

6. माताजी ने अपने जीवन में गृहकार्य की शिक्षा किससे प्राप्त की?

(क) अपनी माँ से (ख) दादीजी की छोटी बहन से

(ग) स्वयं से (घ) पड़ोसियों से

उत्तर (ख) दादीजी की छोटी बहन से

7. माताजी ने हिंदी पढ़ना कब शुरू किया?

(क) शादी के तुरंत बाद

(ख) शाहजहाँपुर आने के कुछ समय बाद ही

(ग) लेखक के जन्म के पाँच या सात वर्ष बाद

(घ) लेखक के बाल्यकाल में

उत्तर (ग) लेखक के जन्म के पाँच या सात वर्ष बाद

8. माताजी के प्रोत्साहन से लेखक ने क्या किया?

(क) व्यापार में सफलता प्राप्त की

(ख) क्रांतिकारी जीवन की ओर अग्रसर हुए

(ग) विदेश में शिक्षा प्राप्त की

(घ) राजनीति में प्रवेश किया

उत्तर (ख) क्रांतिकारी जीवन की ओर अग्रसर हुए

9. लेखक के अनुसार माताजी का सबसे बड़ा आदेश क्या था?

(क) सच बोलना (ख) किसी की प्राणहानि न करना

(ग) हमेशा धर्म का पालन करना (घ) देश-सेवा करना

उत्तर (ख) किसी की प्राणहानि न करना

10. लेखक के अनुसार माताजी ने किस प्रकार से उनमें सुधार किया?

(क) कठोर अनुशासन से (ख) कड़ी सजा देकर

(ग) प्रेम और दृढ़ता से (घ) धार्मिक शिक्षा देकर

उत्तर (ग) प्रेम और दृढ़ता से

रिक्त स्थान भरें

1. नीचे दिए गए वाक्यों में रिक्त स्थानों की पूर्ति कीजिए।

(i) शाहजहाँपुर में ………… का आरंभ हुआ था, जिसमें लेखक ने बड़े उत्साह के साथ सहयोग दिया।

(ii) लेखक के अनुसार, माताजी को अक्सर पिताजी की ………… सहन करनी पड़ती थी।

(iii) लेखक की माताजी ………… उम्र में शादी करके शाहजहाँपुर आई थीं।

(iv) लेखक की माताजी ने अपने जीवन में हिंदी पढ़ने का शौक ………… पैदा किया।

(v) लेखक की माताजी ने ………… से अक्षर-बोध प्राप्त किया।

उत्तर (i) सेवा-समिति (ii) डाँट-फटकार

(iii) ग्यारह वर्ष की (iv) स्वयं ही

(v) मुहल्ले की सखी-सहेलियों

सत्य-असत्य

1. नीचे दिए गए कथनों में से सत्य या असत्य कथन की पहचान कीजिए।

(i) लेखक की माताजी ने गृहकार्य की शिक्षा दादीजी की छोटी बहन से प्राप्त की थी।

(ii) लेखक ने वकालतनामे पर हस्ताक्षर करने से मना कर दिया था, क्योंकि वह इसे धर्म विरुद्ध मानते थे।

(iii) लेखक की माताजी ने लेखक के क्रांतिकारी जीवन में भी सहायता नहीं की।

(iv) लेखक की माताजी का सबसे बड़ा आदेश यह था कि लेखक किसी को भी प्राणदंड न दे।

(v) लेखक की माताजी ने जीवन में अपने पुत्र को सिर्फ पालन-पोषण ही नहीं, बल्कि आत्मिक और धार्मिक उन्नति में भी सहायता की।

उत्तर (i) सत्य (ii) सत्य

(iii) असत्य (iv) सत्य

(v) सत्य

मिलान करें

1. पाठ में से चुनकर कुछ शब्द नीचे दिए गए हैं। अपने समूह में इन पर चर्चा कीजिए और इन्हें इनके सही अर्थों या संदर्भों से मिलाइए।

	शब्द		अर्थ या संदर्भ
1.	दीवानी मुकदमा	(i)	वकील द्वारा तैयार किया गया कानूनी दस्तावेज।
2.	वकालतनामा	(ii)	एक धार्मिक हिंदू सुधार संगठन, जिसकी स्थापना स्वामी दयानंद सरस्वती ने की थी।
3.	प्राणहानि	(iii)	मृत्यु होना।
4.	देवनागरी पुस्तकें	(iv)	हिंदी भाषा में लिखी गई किताबें।
5.	आर्यसमाज	(v)	कानूनी विवाद जो सिविल मामलों से संबंधित हो।

उत्तर 1-(v) 2-(i) 3-(iii) 4-(iv) 5-(ii)

गद्यांश आधारित प्रश्न

गद्यांश 1

निम्नलिखित गद्यांश को पढ़कर उन पर आधारित प्रश्नों के उत्तर दीजिए

लखनऊ कांग्रेस में जाने के लिए मेरी बड़ी इच्छा थी। दादीजी और पिताजी तो विरोध करते रहे, किंतु माताजी ने मुझे खर्च दे ही दिया। उसी समय शाहजहाँपुर में सेवा-समिति का आरंभ हुआ था। मैं बड़े उत्साह के साथ सेवा-समिति में सहयोग देता था। पिताजी और दादीजी को मेरे इस प्रकार के कार्य अच्छे न लगते थे, किंतु माताजी मेरा उत्साह भंग न होने देती थीं,

जिसके कारण उन्हें अकसर पिताजी की डाँट-फटकार तथा दंड सहन करना पड़ता था। वास्तव में, मेरी माताजी देवी हैं। मुझमें जो कुछ जीवन तथा साहस आया, वह मेरी माताजी तथा गुरुदेव श्री सोमदेव जी की कृपाओं का ही परिणाम है। दादीजी और पिताजी मेरे विवाह के लिए बहुत अनुरोध करते, किंतु माताजी यही कहतीं कि शिक्षा पूरी होने के बाद ही विवाह करना उचित होगा। माताजी के प्रोत्साहन तथा सद्व्यवहार ने मेरे जीवन में वह दृढ़ता उत्पन्न की कि किसी आपत्ति तथा संकट के आने पर भी मैंने अपने संकल्प को न त्यागा।

1. 'वास्तव में मेरी माताजी देवी हैं।' लेखक का ऐसा कहने के पीछे क्या आशय है?

(क) माताजी से ही लेखक का जीवन आगे बढ़ा।
(ख) माताजी ने पिताजी का साथ नहीं दिया।
(ग) माताजी ने लेखक में कार्य करने का साहस जागृत किया।
(घ) माताजी की बातों का लेखक पर प्रभाव पड़ा।

उत्तर (ग) माताजी ने लेखक में कार्य करने का साहस जागृत किया।

2. शाहजहाँपुर में किस संस्था का आरंभ हुआ था?

(क) आर्यसमाज (ख) सेवा-समिति
(ग) लखनऊ कांग्रेस (घ) विद्या-मंदिर

उत्तर (ख)सेवा-समिति

3. लेखक के अनुसार, उनके जीवन में साहस और दृढ़ता किसकी कृपा से आई?

(क) पिताजी
(ख) दादीजी
(ग) सेवा-समिति
(घ) गुरुदेव श्री सोमदेव जी और माताजी

उत्तर (घ) गुरुदेव श्री सोमदेव जी और माताजी

4. दादीजी और पिताजी लेखक के कांग्रेस में भाग लेने के खिलाफ़ क्यों थे?

उत्तर दादीजी और पिताजी लेखक के कांग्रेस में भाग लेने के खिलाफ़ इसलिए थे, क्योंकि पिताजी और दादीजी को लेखक के इस प्रकार के कार्य अच्छे नहीं लगते थे।

5. लेखक की माताजी ने लेखक के उत्साह को बनाए रखने के लिए किस प्रकार सहयोग किया?

उत्तर लेखक की माताजी ने लेखक के उत्साह को बनाए रखने के लिए उन्हें खर्च दिया, जिससे वह लखनऊ कांग्रेस में भाग ले सके। इसके अतिरिक्त उन्होंने पिताजी की डाँट-फटकार और दंड सहन करते हुए भी लेखक का साथ दिया, ताकि उनके उत्साह में कोई कमी न आए।

6. लेखक के जीवन में माताजी और गुरुदेव श्री सोमदेव जी का क्या योगदान था? **CBQ**

उत्तर माताजी और गुरुदेव श्री सोमदेव जी ने लेखक के जीवन में साहस और जीवन जीने की प्रेरणा दी। उनकी कृपा से ही लेखक में जीवन के प्रति दृढ़ता और साहस उत्पन्न हुआ, जिससे उन्होंने किसी भी संकट या आपत्ति के आने पर अपने संकल्प को नहीं त्यागा।

गद्यांश 2

ग्यारह वर्ष की उम्र में माताजी विवाह कर शाहजहाँपुर आई थीं। उस समय वह नितांत अशिक्षित एक ग्रामीण कन्या के समान थीं। शाहजहाँपुर आने के थोड़े दिनों बाद दादीजी ने अपनी छोटी बहन को बुला लिया। उन्होंने माताजी को गृहकार्य की शिक्षा दी। थोड़े दिनों में माताजी ने घर के सब कामकाज को समझ लिया और भोजनादि का ठीक-ठीक प्रबंध करने लगीं। मेरे जन्म होने के पाँच या सात वर्ष बाद उन्होंने हिंदी पढ़ना आरंभ किया। पढ़ने का शौक उन्हें स्वयं ही पैदा हुआ था। मुहल्ले की सखी-सहेली जो घर पर आया करती थीं, उन्हीं में जो शिक्षित थीं, माताजी उनसे अक्षर-बोध करतीं। इस प्रकार घर का सारा काम करने के बाद जो कुछ समय मिल जाता, उसमें पढ़ना-लिखना करतीं। परिश्रम के फल से थोड़े दिनों में ही वह देवनागरी पुस्तकों का अध्ययन करने लगीं। मेरी बहनों को छोटी आयु में माताजी ही शिक्षा दिया करती थीं। जब से मैंने आर्यसमाज में प्रवेश किया, माताजी से खूब वार्तालाप होता। उस समय की अपेक्षा अब उनके विचार भी कुछ उदार हो गए हैं। यदि मुझे ऐसी माता न मिलतीं तो मैं भी अति साधारण मनुष्यों की भाँति संसार-चक्र में फँसकर जीवन निर्वाह करता। शिक्षादि के अतिरिक्त क्रांतिकारी जीवन में भी उन्होंने मेरी वैसी ही सहायता की है, जैसी मेजिनी को उनकी माता ने की थी। माताजी का सबसे बड़ा आदेश मेरे लिए यही था कि किसी की प्राणहानि न हो। उनका कहना था कि अपने शत्रु को भी कभी प्राणदंड न देना। उनके इस आदेश की पूर्ति करने के लिए मुझे मजबूरन दो-एक बार अपनी प्रतिज्ञा भंग करनी पड़ी थी।

1. माताजी द्वारा घर के काम सीखने का क्या परिणाम हुआ?

(क) भोजन आदि का प्रबंध करने लगीं
(ख) मुहल्ले की सखी-सहेलियों के घर जाने लगीं
(ग) सबसे खूब वार्तालाप करने लगीं
(घ) दूसरों को काम सिखाने लगीं

उत्तर (क) भोजन आदि का प्रबंध करने लगीं

2. शिक्षा के अतिरिक्त अन्य किस क्षेत्र में माताजी ने लेखक की सहायता की?

(क) खेलकूद
(ख) क्रांतिकारी जीवन
(ग) घुमक्कड़ जीवन
(घ) प्रतियोगिताओं में

उत्तर (ख) क्रांतिकारी जीवन

3. शाहजहाँपुर आने के थोड़े दिनों बाद दादीजी ने किसे बुला लिया?

(क) माताजी को (ख) पापाजी को
(ग) अपनी छोटी बहन को (घ) वकील को

उत्तर (ग) अपनी छोटी बहन को

4. माताजी ने गृहकार्य में निपुणता कैसे प्राप्त की?

उत्तर शाहजहाँपुर आने के बाद दादीजी ने अपनी छोटी बहन को बुलाया, जिन्होंने माताजी को गृहकार्य की शिक्षा दी। माताजी ने थोड़े ही दिनों में घर के सभी कामकाज को अच्छी तरह से समझ लिया और भोजन का प्रबंध भी ठीक से करने लगीं। इस प्रकार उन्होंने गृहकार्य में निपुणता प्राप्त की।

5. घर का सारा काम करने के बाद जो समय मिलता, उसमें माताजी क्या करती थीं?

उत्तर घर का सारा काम करने के बाद जो समय मिलता, उसमें माताजी पढ़ना-लिखना करती थीं। माताजी में पढ़ने का शौक स्वयं ही पैदा हुआ था। उनके मुहल्ले की सखी-सहेलियाँ, जो शिक्षित थीं, उनसे उन्होंने अक्षर-बोध किया। थोड़े ही समय में उन्होंने देवनागरी पुस्तकों का अध्ययन करना शुरू कर दिया।

6. लेखक की माताजी के विचारों में कैसे बदलाव आया? **CBQ**

उत्तर लेखक के आर्यसमाज में प्रवेश के बाद माताजी के विचारों में उदारता आई। पहले के मुकाबले उनके विचार अधिक खुले और आधुनिक हो गए। लेखक और उनकी माताजी के बीच अधिक वार्तालाप होने लगा। लेखक के अनुसार माताजी की सोच और दृष्टिकोण में सकारात्मक बदलाव आए।

गद्यांश 3

महान से महान संकट में भी तुमने मुझे अधीर नहीं होने दिया। सदैव अपनी प्रेम भरी वाणी को सुनाते हुए मुझे सांत्वना देती रहीं। तुम्हारी दया की छाया में मैंने अपने जीवन भर में कोई कष्ट अनुभव न किया। इस संसार में मेरी किसी भी भोग-विलास तथा ऐश्वर्य की इच्छा नहीं। केवल एक इच्छा है, वह यह कि एक बार श्रद्धापूर्वक तुम्हारे चरणों की सेवा करके अपने जीवन को सफल बना लेता। किंतु यह इच्छा पूर्ण होती नहीं दिखाई देती और तुम्हें मेरी मृत्यु की दुखभरी खबर सुनाई जाएगी। माँ! मुझे विश्वास है कि तुम यह समझकर धैर्य धारण करोगी कि तुम्हारा पुत्र माताओं की माता या भारत माता की सेवा में अपने जीवन को बलि देवी को भेंट कर गया और उसने तुम्हारी कोख कलंकित न की, अपनी प्रतिज्ञा पर दृढ़ रहा।

जब स्वाधीन भारत का इतिहास लिखा जाएगा, तो उसके किसी पृष्ठ पर उज्ज्वल अक्षरों में तुम्हारा भी नाम लिखा जाएगा। गुरु गोबिंद सिंह जी की धर्मपत्नी ने जब अपने पुत्रों की मृत्यु की खबर सुनी तो बहुत प्रसन्न हुई थीं और गुरु के नाम पर धर्म-रक्षार्थ अपने पुत्रों के बलिदान पर मिठाई बाँटी थी। जन्मदात्री! वरदान दो कि अंतिम समय भी मेरा हृदय किसी प्रकार विचलित न हो और तुम्हारे चरण कमलों को प्रणाम कर मैं परमात्मा का स्मरण करता हुआ शरीर त्याग करूँ।

1. लेखक की सबसे बड़ी इच्छा क्या है?

(क) ऐश्वर्य प्राप्त करना

(ख) माताजी के चरणों की सेवा करना

(ग) अपनी कहानी लिखना

(घ) संसार के भोग-विलास में संलिप्त होना

उत्तर (ख) माताजी के चरणों की सेवा करना

2. प्रस्तुत गद्यांश में लेखक ने किस महान व्यक्ति का उदाहरण दिया है?

(क) महात्मा गांधी

(ख) चंद्रशेखर आज़ाद

(ग) सुभाष चंद्र बोस

(घ) गुरु गोबिंद सिंह

उत्तर (घ) गुरु गोबिंद सिंह

3. गुरु गोबिंद सिंह जी की धर्मपत्नी ने किसके बलिदान पर मिठाई बाँटी?

(क) अपने पति के बलिदान पर

(ख) अपने पुत्रों के बलिदान पर

(ग) अपने शिष्यों के बलिदान पर

(घ) अपने भाई के बलिदान पर

उत्तर (ख) अपने पुत्रों के बलिदान पर

4. लेखक ने गुरु गोबिंद सिंह जी की धर्मपत्नी का उदाहरण क्यों दिया है?

उत्तर लेखक ने गुरु गोबिंद सिंह जी की धर्मपत्नी का उदाहरण इसलिए दिया है, ताकि उनकी माँ को यह प्रेरणा मिले कि जैसे उन्होंने अपने पुत्रों के बलिदान पर मिठाई बाँटी थी, वैसे ही वे भी उनके बलिदान को गर्व और संतोष के साथ स्वीकार करें।

5. लेखक अपने अंतिम समय में क्या करना चाहता है?

उत्तर लेखक अपने अंतिम समय में अपनी माताजी के चरण कमलों को प्रणाम करना चाहता है और परमात्मा का स्मरण करते हुए शरीर त्यागना चाहता है। वह चाहता है कि उसका हृदय अंतिम समय में भी किसी प्रकार से विचलित न हो और उसे धैर्य और शांति मिले।

6. लेखक माताजी से अपनी मृत्यु की ख़बर सुनने पर किस प्रकार का धैर्य रखने की अपेक्षा करता है? **CBQ**

उत्तर लेखक को विश्वास है कि माताजी यह समझकर धैर्य धारण करेंगी कि उनका पुत्र माताओं की माता, भारत माता की सेवा में अपने जीवन को बलिदान कर गया। वह आशा करता है कि उनकी माताजी यह समझेंगी कि उनका पुत्र अपनी प्रतिज्ञा पर दृढ़ रहा और उनकी कोख को कलंकित नहीं किया।

अतिलघु उत्तरीय प्रश्न

1. लखनऊ कांग्रेस में जाने की किसकी इच्छा थी तथा किसने इसका विरोध किया?

उत्तर लखनऊ कांग्रेस में जाने की रामप्रसाद 'बिस्मिल' की इच्छा थी तथा 'बिस्मिल' की दादीजी और पापाजी ने इसका विरोध किया।

2. लेखक रामप्रसाद 'बिस्मिल' लखनऊ कांग्रेस में क्यों जाना चाहता था?

उत्तर लेखक रामप्रसाद 'बिस्मिल' लखनऊ कांग्रेस में इसलिए जाना चाहता था, क्योंकि उसे राजनीतिक गतिविधियों में गहरी रुचि थी और वह स्वतंत्रता संग्राम में अपना योगदान देना चाहता था।

3. शाहजहाँपुर में किसका आरंभ हुआ तथा उसमें लेखक का क्या योगदान था?

उत्तर शाहजहाँपुर में सेवा-समिति का आरंभ हुआ। लेखक ने सेवा-समिति में बड़े उत्साह से सहयोग दिया और समाज सेवा के कार्यों में सक्रिय रूप से हिस्सा लिया।

4. लेखक की माताजी ने कब और कैसे शिक्षा प्राप्त करना आरंभ किया?

उत्तर लेखक की माताजी ने अपने पुत्र के जन्म के पाँच-सात वर्ष बाद हिंदी पढ़ना आरंभ किया। पढ़ने का शौक उन्हें स्वयं ही पैदा हुआ था। उन्होंने मुहल्ले की शिक्षित सखी-सहेलियों से अक्षर-बोध करना सीखा।

5. लेखक की माताजी ने गृहकार्य की शिक्षा किससे प्राप्त की?

उत्तर शाहजहाँपुर आने के थोड़े दिनों बाद लेखक की माताजी ने गृहकार्य की शिक्षा अपनी दादीजी की छोटी बहन से प्राप्त की थी, जिन्होंने उन्हें घर के सभी कामकाज सिखा दिए थे।

6. लेखक की माता का सबसे बड़ा आदेश क्या था?

उत्तर लेखक की माता का सबसे बड़ा आदेश था कि किसी की प्राणहानि न हो तथा किसी भी परिस्थिति में अपने शत्रु को भी प्राणदंड न देना।

7. लेखक अपनी माँ के प्रति कृतज्ञता क्यों प्रकट करता है?

उत्तर लेखक अपनी माँ के प्रति कृतज्ञता इसलिए प्रकट करता है, क्योंकि उनकी माताजी ने उनके जीवन के हर क्षेत्र में उनका मार्गदर्शन और समर्थन किया, जिससे वे सफल हो पाए थे।

8. लेखक अपनी माँ के प्रति कैसी अंतिम इच्छा प्रकट करता है?

उत्तर लेखक अपनी माँ के चरणों की सेवा करके अपने जीवन को सफल बनाना चाहता है, लेकिन उनकी यह इच्छा पूर्ण होती नहीं दिखाई देती, जिसके कारण अंग्रेज़ों ने उन्हें फाँसी की सजा सुनाई थी।

9. माताजी ने लेखक के क्रांतिकारी जीवन में कैसे सहायता की?

उत्तर माताजी ने लेखक को क्रांतिकारी जीवन में साहस और प्रोत्साहन देकर उसका समर्थन किया, जिससे वह देश-सेवा में संलग्न हो सका और अपने आदर्शों पर खरा उतर पाया।

लघु उत्तरीय प्रश्न

1. पिताजी और दादीजी के लेखक की गतिविधियों के बारे में क्या विचार थे?

उत्तर लेखक के पिताजी और दादीजी उसकी राजनीतिक और सामाजिक गतिविधियों से असहमत थे। वे उसके स्वतंत्रता संग्राम में भाग लेने और सेवा-समिति में योगदान देने के खिलाफ थे, लेकिन माताजी ने हमेशा लेखक का समर्थन किया और उसका उत्साह बनाए रखा।

2. लेखक की माताजी के विचारों में आर्यसमाज में प्रवेश के बाद क्या बदलाव आया?

उत्तर लेखक की माताजी के विचारों में आर्यसमाज में प्रवेश के बाद कुछ उदारता आई। लेखक के साथ वार्तालाप के दौरान उन्होंने धार्मिक और सामाजिक दृष्टिकोण में भी विस्तार किया, जिससे उनके विचार अधिक खुले और उदार हो गए।

3. लेखक की माताजी ने हिंदी पढ़ने का शौक कैसे उत्पन्न किया और इसका क्या प्रभाव पड़ा? **CBQ**

उत्तर लेखक के जन्म होने के पाँच या सात वर्ष बाद उन्होंने हिंदी पढ़ना आरंभ कर दिया। लेखक की माताजी को हिंदी पढ़ने का शौक स्वयं ही उत्पन्न हुआ। उन्होंने मुहल्ले की शिक्षित सखी-सहेलियों से अक्षर-बोध का ज्ञान लिया और थोड़े ही समय में देवनागरी पुस्तकों का अध्ययन करने लगीं। इससे न केवल वे स्वयं शिक्षित हुई, अपितु उन्होंने अपनी बेटियों को भी शिक्षा दी।

4. लेखक की माताजी ने अपने ग्रामीण जीवन से शाहजहाँपुर में आकर गृहकार्य की शिक्षा कैसे प्राप्त की?

उत्तर लेखक की माताजी ग्यारह वर्ष की उम्र में विवाह कर शाहजहाँपुर आई थीं। उस समय वह नितांत अशिक्षित एक ग्रामीण कन्या के समान थीं। शाहजहाँपुर आने के थोड़े दिनों बाद दादीजी ने अपनी छोटी बहन को बुला लिया था। माताजी ने उनसे गृहकार्य की शिक्षा प्राप्त की। थोड़े ही दिनों में माताजी घर के सब कामकाज में निपुण हो गईं।

5. माताजी के प्रोत्साहन ने लेखक को क्रांतिकारी जीवन में किस प्रकार सहायता दी? स्पष्ट कीजिए। **CBQ**

उत्तर माताजी के प्रोत्साहन और समर्थन ने लेखक को क्रांतिकारी जीवन में साहस और आत्मविश्वास प्रदान किया। उन्होंने लेखक को यह सिखाया कि कठिनाइयों और संकटों के बावजूद सत्य और न्याय के मार्ग पर अडिग रहना चाहिए। अपनी माँ की शिक्षा और प्रेरणा से लेखक ने अपने क्रांतिकारी कार्यों को सफलतापूर्वक अंजाम दिया।

6. लेखक ने अपनी माता के आदेश का पालन करने के लिए क्या किया?

उत्तर लेखक को अपनी माता के आदेश का पालन करने के लिए मजबूरन एक-दो बार अपनी प्रतिज्ञा भंग करनी पड़ी। लेखक की माताजी का सबसे बड़ा आदेश लेखक के लिए यही था कि किसी की प्राणहानि न हो भले ही वह शत्रु ही क्यों न हो, उसे भी प्राणदंड नहीं देना है।

7. लेखक की माताजी ने उसे जीवन में धैर्य और संतुलन बनाए रखने के लिए कैसे प्रेरित किया?

उत्तर लेखक की माताजी ने लेखक को अपने प्रेम भरे शब्दों से जीवन में धैर्य और संतुलन बनाए रखने के लिए प्रेरित किया। उन्होंने उसे प्रत्येक कठिनाई में साहस और धैर्य से काम लेने का उपदेश दिया और उसकी प्रत्येक समस्या को स्नेहपूर्वक समझाया, जिससे लेखक कभी भी अधीर नहीं हुआ।

8. लेखक के अनुसार स्वाधीन भारत के इतिहास में उनकी माँ का नाम क्यों दर्ज होगा? **CBQ**

उत्तर लेखक का मानना है कि स्वाधीन भारत के इतिहास में उसकी माँ का नाम इसलिए दर्ज होगा, क्योंकि उन्होंने लेखक को सत्य, धर्म और देशभक्ति के मार्ग पर चलने के लिए प्रेरित किया। लेखक का जीवन उनकी माँ के आदर्शों का प्रतिफल है और वह गर्व से अपनी माँ को देश के प्रति उनके योगदान के लिए सम्मानित रूप से देखता है।

दीर्घ उत्तरीय प्रश्न

1. लेखक की माताजी ने उनकी जीवन यात्रा में क्या भूमिका निभाई? अपने विचार स्पष्ट कीजिए।

उत्तर लेखक की माताजी ने उनके जीवन में एक महत्त्वपूर्ण भूमिका निभाई। उन्होंने लेखक के हर निर्णय में उनका साथ दिया, चाहे वह लखनऊ कांग्रेस में जाने की इच्छा हो या सेवा-समिति में कार्य करने का उत्साह। पिताजी और दादीजी के विरोध के बावजूद माताजी ने हमेशा लेखक का उत्साह बनाए रखा। उनका प्रोत्साहन और सद्व्यवहार ही लेखक के साहस और दृढ़ता के विकास का आधार बना, जिससे लेखक ने जीवन की कठिनाइयों में भी अपने संकल्प को न त्यागा।

2. लेखक ने दीवानी मुकदमे में वकालतनामे पर पिताजी के हस्ताक्षर क्यों नहीं किए?

उत्तर लेखक ने अपने पिताजी के कहने पर भी वकील द्वारा पेश किए गए वकालतनामे पर पिताजी के हस्ताक्षर करने से इनकार कर दिया, क्योंकि उन्हें यह धर्म के विरुद्ध और अनैतिक लगा। इस प्रकार का पाप वे कभी नहीं करना चाहते। वकील ने उन्हें समझाया कि मुकदमा खारिज हो जाएगा, परंतु उन्होंने सत्य और न्याय के प्रति अपनी प्रतिबद्धता बनाए रखते हुए हस्ताक्षर नहीं किए, चाहे मुकदमा खारिज ही क्यों न हो जाए।

3. लेखक की माता ने लेखक के विवाह के संबंध में क्या विचार व्यक्त किए और इसका क्या परिणाम हुआ? **CBQ**

उत्तर लेखक की माताजी का मानना था कि शिक्षा पूरी होने के बाद ही विवाह करना सही होगा। उन्होंने इस विचार पर दृढ़ता से जोर दिया, भले ही दादीजी और पिताजी ने विवाह के लिए अनुरोध किया। उनके इस विचार ने लेखक को शिक्षा को प्राथमिकता देने के लिए प्रेरित किया। माताजी के समर्थन और प्रोत्साहन से लेखक ने अपनी पढ़ाई पर ध्यान केंद्रित किया और शिक्षा पूरी करने के बाद ही विवाह करने के बारे में सोचा।

4. लेखक की माताजी ने अपने स्नेह और प्रेम से लेखक को जीवन में धैर्य और संतुलन कैसे सिखाया?

उत्तर लेखक की माताजी ने अपने स्नेह और प्रेम से लेखक को जीवन में धैर्य और संतुलन का पाठ पढ़ाया। उन्होंने कभी भी लेखक को अधीर नहीं होने दिया और प्रत्येक परिस्थिति में उसे स्नेहपूर्ण मार्गदर्शन दिया। जब भी लेखक ने धृष्टतापूर्ण उत्तर दिया, तो माताजी ने प्रेम भरे शब्दों में उसे सही मार्ग दिखाया। उनके इस संतुलित और धैर्यपूर्ण व्यवहार ने लेखक को जीवन में कभी भी अधीर न होने और प्रत्येक परिस्थिति का सामना धैर्य और संतुलन के साथ करने की शिक्षा दी।

5. लेखक के अनुसार, माताजी के दिए गए संस्कारों और उपदेशों का उनके जीवन में क्या महत्त्व रहा?

उत्तर लेखक के अनुसार, माताजी के दिए गए संस्कारों और उपदेशों ने उनके जीवन में अत्यधिक महत्त्वपूर्ण भूमिका निभाई। माताजी ने उन्हें सत्य, धर्म और सेवा के मार्ग पर चलने की शिक्षा दी। उनके उपदेशों ने लेखक के जीवन में धैर्य, साहस और दृढ़ता का विकास किया, जिससे वह किसी भी संकट में विचलित नहीं हुए। माताजी के संस्कारों के कारण ही लेखक ने जीवन में उच्च आदर्शों का पालन किया और समाज देश के प्रति अपनी ज़िम्मेदारी को निभाने में सफल रहे।

6. यदि लेखक की माताजी भी लेखक के पिताजी और दादीजी के विरोध का समर्थन करते हुए लेखक को लखनऊ कांग्रेस में जाने से मना कर देती, तो लेखक के जीवन पर इसका क्या प्रभाव पड़ता? अपने विचार स्पष्ट कीजिए। **CBQ**

उत्तर यदि लेखक की माताजी ने पिताजी और दादीजी के विरोध का समर्थन करते हुए लेखक को लखनऊ कांग्रेस में जाने से मना कर दिया होता, तो लेखक का जीवन संभवत: पूरी तरह से बदल जाता। यह निर्णय लेखक के भीतर के साहस, संकल्प और समाज सेवा के प्रति उनके उत्साह को कमजोर कर सकता था। माताजी के इस समर्थन के बिना लेखक शायद अपने क्रांतिकारी जीवन की ओर अग्रसर नहीं हो पाते और साधारण जीवन जीने के लिए बाध्य हो जाते। यह उनकी सोच, स्वतंत्रता संग्राम में भागीदारी और नैतिक मूल्यों पर भी गहरा प्रभाव डाल सकता था, जिससे उनका जीवन प्रेरणारहित और उद्देश्यहीन हो जाता।

व्याकरण आधारित प्रश्न

1. दिए गए शब्दों का संधि-विच्छेद कीजिए।

(i) परमात्मा (ii) जन्मांतर
(iii) सदैव (iv) प्रत्येक
(v) उज्ज्वल (vi) भोजनादि
(vii) कदापि

उत्तर (i) परमात्मा-परम + आत्मा (ii) जन्मांतर-जन्म + अंतर
(iii) सदैव-सदा + एव (iv) प्रत्येक-प्रति + एक
(v) उज्ज्वल-उत् + ज्वल (vi) भोजनादि-भोजन + आदि
(vii) कदापि-कदा + अपि

2. निम्नलिखित वाक्यों को सही पदक्रम में व्यवस्थित कीजिए।

(i) शाहजहाँपुर में/दादीजी/छोटी बहन को/बुला लिया/ने।
(ii) विवाह के लिए/दादीजी और पिताजी/अनुरोध करते/बहुत।
(iii) स्वाधीन भारत का/लिखा जाएगा/इतिहास/पृष्ठ पर/स्वर्ण अक्षरों में।
(iv) पढ़ने का शौक/माताजी को/स्वयं ही/पैदा हुआ।
(v) सेवा समिति में/उत्साह से/सहयोग/देता था/लेखक।
(vi) गुरु गोबिंद सिंह जी की धर्मपत्नी/अपने पुत्रों की मृत्यु की खबर/मिठाई बाँटी/पर ने

उत्तर (i) दादीजी ने शाहजहाँपुर में छोटी बहन को बुला लिया।
(ii) दादीजी और पिताजी विवाह के लिए बहुत अनुरोध करते।
(iii) स्वाधीन भारत का इतिहास स्वर्ण अक्षरों में पृष्ठ पर लिखा जाएगा।
(iv) माताजी को पढ़ने का शौक स्वयं ही पैदा हुआ।
(v) लेखक सेवा समिति में उत्साह से सहयोग देता था।
(vi) गुरु गोबिंद सिंह जी की धर्मपत्नी ने अपने पुत्रों की मृत्यु की खबर पर मिठाई बाँटी।

3. दिए गए शब्दों में से उपसर्ग अथवा प्रत्यय छाँटकर लिखिए।

(i) अत्याचार (ii) परिश्रम
(iii) निर्वाह (iv) प्रकाशित
(v) आत्मिक (vi) धार्मिक
(vii) सामाजिक

उत्तर (i) अत्याचार-अति (उपसर्ग) (ii) परिश्रम-परि (उपसर्ग)
(iii) निर्वाह-निर् (उपसर्ग) (iv) प्रकाशित-इत (प्रत्यय)
(v) धार्मिक-इक (प्रत्यय) (vi) सामाजिक-इक (प्रत्यय)
(vii) इक (प्रत्यय)

स्व-मूल्यांकन

बहुविकल्पीय प्रश्न

1. लेखक को माँ के प्रति क्या करने का अवसर न मिला?
(क) शिक्षा अर्जित कराने का
(ख) ऋण-उऋण का
(ग) वार्तालाप करने का
(घ) अध्ययन करने का

2. लेखक की माताजी ने लेखक का किस प्रकार सुधार किया?
(क) प्राणदंड देकर
(ख) किसी की प्राणहानि से
(ग) अपनी देववाणी का उपदेश करके
(घ) परिश्रम करके

3. लेखक के अनुसार, यदि उसे उसकी माता न मिलती, तो वह किस प्रकार जीवन निर्वाह करता?
(क) साधारण मनुष्य की भाँति (ख) संसार चक्र में फँसकर
(ग) 'क' और 'ख' दोनों (घ) मित्रों की भाँति

4. लेखक के पिताजी और दादीजी को लेखक के किस कार्य से परेशानी थी?
(क) सेवा-समिति में सहयोग देने से
(ख) पढ़ाई में रुचि लेने से
(ग) विवाह न करने से
(घ) आर्यसमाज में प्रवेश करने से

5. लेखक ने किस वजह से वकील साहब का कहा मानने से इनकार कर दिया?
(क) पिताजी का डर था (ख) यह धर्म विरुद्ध था
(ग) माताजी का आदेश था (घ) मुकदमा खारिज होने का डर था

गद्यांश आधारित प्रश्न

निम्नलिखित गद्यांश को पढ़कर उन पर आधारित प्रश्नों के उत्तर दीजिए

एक समय मेरे पिताजी दीवानी मुकदमे में किसी पर दावा करके वकील से कह गए थे कि जो काम हो वह मुझसे करा लें। कुछ आवश्यकता पड़ने पर वकील साहब मुझे बुला भेजा और कहा कि मैं पिताजी के हस्ताक्षर वकालतनामे पर कर दूँ। मैंने तुरंत उत्तर दिया कि यह तो धर्म विरुद्ध होगा, इस प्रकार का पाप मैं कदापि नहीं कर सकता। वकील साहब ने बहुत समझाया कि मुकदमा खारिज हो जाएगा। किंतु मुझ पर कुछ भी प्रभाव न हुआ, न मैंने हस्ताक्षर किए। अपने जीवन में हमेशा सत्य का आचरण करता था, चाहे कुछ हो जाए, सत्य बात कह देता था।

1. लेखक के पिताजी किस प्रकार के मुकदमे में संलग्न थे?
(क) फौजदारी मुकदमा (ख) दीवानी मुकदमा
(ग) आपराधिक मुकदमा (घ) पारिवारिक मुकदमा

2. वकील साहब ने लेखक को किस बात का डर दिखाया?
(क) मुकदमा खारिज हो जाने का
(ख) धन हानि का
(ग) सामाजिक प्रतिष्ठा खोने का
(घ) अदालत की सजा का

3. लेखक कैसी बातें कहता था?
(क) सच्ची (ख) झूठी
(ग) बनावटी (घ) बुरी

4. लेखक ने अपने जीवन में हमेशा किसका पालन किया?

5. वकील साहब ने लेखक को किस प्रकार से समझाने का प्रयास किया?

6. लेखक ने वकील साहब के अनुरोध को क्यों अस्वीकार किया?

अतिलघु उत्तरीय प्रश्न

1. लेखक ने वकालतनामे पर हस्ताक्षर करने से क्यों मना किया?
2. माताजी के विवाह के समय उनकी शिक्षा का स्तर क्या था?
3. लेखक को लखनऊ कांग्रेस में जाने से किसने रोका था?
4. लेखक की माताजी शादी के बाद कहाँ आई?
5. लेखक की माताजी ने लेखक की शादी के बारे में क्या कहा?

लघु उत्तरीय प्रश्न

1. लेखक ने अपनी माताजी को देवी क्यों कहा है?
2. माताजी की शिक्षा और उनके उपदेशों का लेखक के क्रांतिकारी जीवन पर क्या प्रभाव पड़ा? **CBQ**
3. माताजी ने लेखक के क्रांतिकारी जीवन में किस प्रकार सहायता की?

दीर्घ उत्तरीय प्रश्न

1. लेखक की माताजी ने उनके जीवन पर किस प्रकार गहरा प्रभाव डाला और कैसे उनका मार्गदर्शन किया? अपने विचार स्पष्ट कीजिए। **CBQ**
2. पाठ के आधार पर लेखक के पिताजी और माताजी के विचारों में किस प्रकार का अंतर था?

जलाते चलो

द्वारिका प्रसाद माहेश्वरी

अध्याय 7

कविता का सार

प्रस्तुत कविता 'जलाते रहो' द्वारिका प्रसाद माहेश्वरी द्वारा रचित है। इसमें कवि ने प्रेम, स्नेह, आशा और संघर्ष के महत्त्व को बताया है। कवि कहते हैं कि भले ही विज्ञान ने इतनी तरक्की कर ली हो कि वह अमावस की रात को भी उज्ज्वल बना सकता है, लेकिन संसार में फिर भी निराशा और अंधकार फैला हुआ है अर्थात् विज्ञान की शक्ति के बावजूद भी स्नेह और प्रेम के बिना अंधकार को मिटाना संभव नहीं है। यह अंधकार केवल स्नेह और प्रेम से भरे दीप जलाने से ही मिट सकता है। अंततः हमें स्नेह और प्रेम के दियों को निरंतर जलाते रहना चाहिए, जिससे किसी दिन इस अंधकार का अंत हो और चारों ओर आशा तथा प्रेम-स्नेह से रोशन सवेरा हो सके।

काव्यांशों की विस्तृत व्याख्या

काव्यांश 1

जलाते चलो ये दिये स्नेह भर-भर
कभी तो धरा का अँधेरा मिटेगा।
भले शक्ति विज्ञान में है निहित वह
कि जिससे अमावस बने पूर्णिमा-सी,
मगर विश्व पर आज क्यों दिवस ही में
घिरी आ रही है अमावस निशा-सी।
बिना स्नेह विद्युत-दिये जल रहे जो
बुझाओ इन्हें, यों न पथ मिल सकेगा।।

शब्दार्थ **दिये**–दीपक, प्रकाश का स्रोत, **स्नेह**–प्रेम,प्यार, **धरा**–पृथ्वी, धरती, **अँधेरा**–अंधकार, **शक्ति**–ताकत, **निहित**–स्थित, अंतर्निहित, **अमावस**–अमावस्या, **पूर्णिमा**–चंद्रमा की पूर्ण अवस्था वाली रात, **विश्व**–संसार, दुनिया, **दिवस**–दिन, **घिरी**–आच्छादित, ढकी हुई, **निशा**–रात्रि, रात , **पथ**–मार्ग।

संदर्भ प्रस्तुत पंक्तियाँ हमारी पाठ्यपुस्तक 'मल्हार' में संकलित 'जलाते चलो' कविता से ली गई है। इसके रचयिता 'द्वारिका प्रसाद माहेश्वरी' हैं।

प्रसंग प्रस्तुत काव्यांश में कवि ने विज्ञान और स्नेह के बीच तुलना करते हुए स्नेह के महत्त्व को उजागर किया है।

व्याख्या कवि कहते हैं कि हमें निरंतर प्रेम और स्नेह के दीप जलाते रहना चाहिए, क्योंकि प्रेम व स्नेहरूपी दीप से कभी तो धरती का अंधकार समाप्त होगा। कवि कहते हैं कि विज्ञान में इतनी शक्ति है कि वह अमावस को भी पूर्णिमा-सा उज्ज्वल बना सकता है, तो फिर यह आज का समाज दिन में भी अमावस की रात-सा अंधकारमय क्यों प्रतीत हो रहा है? इसका कारण यह है कि विज्ञान के विकास ने मानवीय मूल्यों, विशेष रूप से स्नेह और प्रेम को पीछे छोड़ दिया है। स्नेह से रहित विज्ञान की इस रोशनी में मार्ग दिखाने की क्षमता नहीं है। आजकल के लोग स्नेह, प्रेम एवं मानवीय मूल्यों को भूल चुके हैं और केवल विज्ञान की कृत्रिम रोशनी पर निर्भर हो गए हैं। इस कृत्रिम प्रकाश में स्नेह का अभाव है, जिससे मार्ग मिलना असंभव है। अत: कवि कहते हैं कि हमें स्नेह और प्रेम के दियों को जलाते रहना चाहिए, तभी हमें सही मार्ग मिल सकेगा और समाज में उजाला होगा।

प्रस्तुत काव्यांश में कवि बताना चाह रहे हैं कि केवल तकनीकी उन्नति से ही नहीं, बल्कि प्रेम और स्नेह से भी दुनिया को उज्ज्वल बनाना आवश्यक है।

विशेष

1. यहाँ कवि ने प्रेम और स्नेह के दीप जलाने के महत्त्व को उजागर किया है।
2. मानवीय मूल्यों का पुन: उपचार करने की बात कही है।
3. अमावस अंधकार व पूर्णिमा-प्रकाश का प्रतीक है।

काव्यांश 2

जला दीप पहला तुम्हीं ने तिमिर की
चुनौती प्रथम बार स्वीकार की थी,
तिमिर की सरित पार करने तुम्हीं ने
बना दीप की नाव तैयार की थी।
बहाते चलो नाव तुम वह निरन्तर
कभी तो तिमिर का किनारा मिलेगा।

शब्दार्थ तिमिर–अंधकार, चुनौती–ललकार, सरित–नदी, किनारा–मंज़िल, समाधान।

संदर्भ पूर्ववत्।

प्रसंग प्रस्तुत काव्यांश में कवि मानव को प्रेरित करते हुए निरंतर प्रयास करते रहने की प्रेरणा देता है, ताकि वह अंधकार से निकलकर प्रकाश की ओर बढ़ सके।

व्याख्या प्रस्तुत काव्यांश में कवि मानव को संबोधित करते हुए कहते हैं कि सबसे पहले तुमने ही अंधकार को चुनौती देने का साहस किया था और इस चुनौती को स्वीकार करते हुए तुमने दीपक जलाया था। इस जलते दीपक के माध्यम से तुमने अंधकार की नदी (तिमिर की सरित) को पार करने की कोशिश की और उसके लिए दीपक की नाव तैयार की। कवि आगे प्रेरित करते हैं कि इस नाव को निरंतर बहाते रहो अर्थात् संघर्ष करते रहो, क्योंकि किसी न किसी दिन अंधकार को किनारा ज़रूर मिलेगा अर्थात् अंधकार का अंत अवश्य होगा। इस प्रकार, कवि का संदेश है कि निरंतर संघर्ष और साहस से ही अंधकार का नाश संभव है। यहाँ दीपक को एक प्रतीक के रूप में प्रस्तुत किया गया है, जो अंधकार के खिलाफ़ लड़ाई में मार्गदर्शक की भूमिका निभाता है। इस प्रकार, कवि हमें आशावादी दृष्टिकोण अपनाने और संघर्षरत रहने की प्रेरणा देते हैं। दीपक ज्ञान और प्रकाश का प्रतीक है, जबकि नाव परिवर्तन और प्रगति का प्रतीक है। कवि ने इस काव्यांश के माध्यम से हमें प्रेरित किया है कि हम भी अपने जीवन में एक दीपक की तरह प्रकाशित होकर दूसरों को भी प्रकाश प्रदान करें।

विशेष

1. यहाँ कवि ने निरंतर प्रयासरत् रहने की प्रेरणा दी है।
2. दीपक को प्रतीक रूप में दर्शाया गया है।

काव्यांश 3

युगों से तुम्हीं ने तिमिर की शिला पर
दिये अनगिनत है निरंतर जलाए,
समय साक्षी है कि जलते हुए दीप
अनगिन तुम्हारे पवन ने बुझाए।
मगर बुझ स्वयं ज्योति जो दे गए वे
उसी से तिमिर को उजेला मिलेगा।

शब्दार्थ शिला–पत्थर (यहाँ कठिनाई या अवरोध के लिए कहा गया है), पवन–हवा, ज्योति–प्रकाश, उजेला–प्रकाश, रोशनी।

संदर्भ पूर्ववत्।

प्रसंग प्रस्तुत काव्यांश में कवि ने मनुष्य द्वारा सदियों से अंधकार से लड़ने के लिए दीप जलाने के विषय में बताया हैं, लेकिन उन दीपों को कई बार हवाओं ने बुझा दिया। फिर भी जो ज्योति बुझकर भी अपनी चमक छोड़ गई, वही अंधकार को दूर करने में सफल होती है।

व्याख्या कवि मनुष्य के संकल्प और कर्मठता की प्रशंसा करते हुए कहते हैं कि युगों से तुमने अंधकार की कठोर शिला पर अनगिनत दीपक जलाए हैं। ये दीपक मनुष्य की कठिनाइयों को दूर करने के प्रयासों और संघर्षों का प्रतीक हैं। समय इस बात का साक्षी है कि कई बार जलते हुए दीपक अर्थात् संघर्षरत प्रयास, हवाओं (परिस्थितियों) द्वारा बुझा दिए गए हैं। इन संघर्षों में कई बार विफलताएँ मिली हैं, लेकिन फिर भी उन लौ ने, जो बुझने से पहले प्रकाश दे गईं, अंधकार को दूर करने में अपना योगदान दिया है। चाहे कितनी भी बार दीपक बुझा हो, लेकिन उसकी जो आखिरी चमक है, वह अंधकार को मिटाने का काम करती ही है अर्थात् कभी-कभी मनुष्य अपने प्रयासों में सफल नहीं होता है, लेकिन उसके प्रयास हमें आगे बढ़ने की प्रेरणा देते हैं, हार मानने की नहीं। अत: जो व्यक्ति रुक जाता है या हार जाता है अथवा जो किसी कारणवश अपने लक्ष्य को प्राप्त नहीं कर पाता है उनके प्रयास भी निरंतर हमें आगे बढ़ने की प्रेरणा देते हैं।

अत: संघर्षों और कठिनाइयों के बावजूद भी हमें अपने प्रयासों को जारी रखना चाहिए, क्योंकि हर एक छोटे से प्रयास का बड़ा महत्त्व होता है। अंधकार का सामना करने के लिए संघर्षरत रहना ही जीवन की सच्चाई है और अंतत: यह संघर्ष ही हमें सफलता की ओर ले जाता है।

विशेष

1. कवि ने आगे बढ़ते रहने की प्रेरणा दी है।
2. प्रयास करते रहने के महत्त्व को उजागर किया गया है।

काव्यांश 4

दिये और तूफ़ान की यह कहानी
चली आ रही और चलती रहेगी,
जी जो प्रथम बार लौ दीप की
स्वर्ण-सी जल रही और जलती रहेगी।
रहेगा धरा पर दिया एक भी
यदि कभी तो निशा को सवेरा मिलेगा।।

शब्दार्थ तूफ़ान–आँधी, बड़ी चुनौती, स्वर्ण-सी–सोने के समान, उज्ज्वल, निशा–रात, अंधकार, सवेरा–सुबह, धरा–पृथ्वी, धरती।

संदर्भ पूर्ववत्।

प्रसंग प्रस्तुत काव्यांश में कवि ने दिये और तूफ़ान के बीच के द्वंद्व को चित्रित किया है। कवि ने यहाँ दिये और तूफ़ान के प्रतीकों का उपयोग करके यह बताया है कि किस प्रकार एक दृढ़ व्यक्ति अपने संकल्प और प्रयासों से तमाम कठिनाइयों का सामना कर सकता है।

व्याख्या कवि कहते हैं कि दीपक और तूफ़ान की कहानी सदियों से चली आ रही है और आगे भी चलती रहेगी। यह कहानी प्रतीकात्मक रूप से इस बात की ओर संकेत करती है कि जीवन में कठिनाइयाँ और विपरीत परिस्थितियाँ हमेशा आती रहेंगी, लेकिन यदि मनुष्य दृढ़ता और

साहस के साथ आशारूपी दीपक को जलाए रखता है, तो वह हर कठिनाई को पार कर सकता है। जिस प्रकार दीपक की लौ पहली बार जलने के बाद सोने जैसी चमक के साथ जलती रहती है, उसी प्रकार एक बार जब मनुष्य ने संघर्ष और सकारात्मकता का मार्ग अपनाया, तो वह जीवन की कठिनाइयों का सामना करते हुए उज्ज्वल भविष्य की ओर बढ़ता रहेगा।

कवि आगे कहते हैं कि यदि संसार में एक भी व्यक्ति ऐसा है, जो प्रेम, स्नेह और सहृदयता का संचार करता रहे, तो इस धरती पर अंधकार (नकारात्मक भाव और निराशा) को समाप्त कर उजाले का (सकारात्मक भाव) आगमन होगा। यह व्यक्ति एक नई सुबह की शुरुआत करेगा, जहाँ प्रेम और सहिष्णुता का राज्य होगा। इस प्रकार, कवि मनुष्य को निरंतर आशावान बने रहने और कठिनाइयों का साहसपूर्वक सामना करने की प्रेरणा देते हैं, क्योंकि यही जीवन का सार है।

विशेष

1. दृढ़ता व आशारुपी दीपक को जलाए रखने की बात की गई है।
2. निराशा को समाप्त करके आशा का भाव जागृत करने को कहा गया है।
3. दीपक की लौ की तुलना सोने की चमक के समान की गई है।

NCERT फोल्डर

पाठ्यपुस्तक के प्रश्नोत्तर

पाठ से

आइए, अब हम इस कविता से अपनी मित्रता को और घनिष्ठ बना लेते हैं। इसके लिए नीचे कुछ गतिविधियाँ दी गई हैं। हो सकता है कि इन्हें करने के लिए आप कविता को फिर से पढ़ने की आवश्यकता का अनुभव करें।

मेरी समझ से

(क) नीचे दिए गए प्रश्नों का सटीक उत्तर कौन-सा है? उसके सामने तारा (*) बनाइए

(i) निम्नलिखित में से कौन-सी बात इस कविता में मुख्य रूप से कही गई है?

- भलाई के कार्य करते रहना (*)
- दीपावली के दीपक जलाना
- बल्ब आदि जलाकर अंधकार दूर करना
- तिमिर मिलने तक नाव चलाते रहना

(ii) "जला दीप पहला तुम्हीं ने तिमिर की, चुनौती प्रथम बार स्वीकार की थी।" यह वाक्य किससे कहा गया है?

- तूफ़ान से
- मनुष्यों से (*)
- दीपकों से
- तिमिर से

(ख) अब अपने मित्रों के साथ चर्चा कीजिए और कारण बताइए कि आपने ये उत्तर ही क्यों चुने?

उत्तर इस कविता में कवि ने मुख्य रूप से भलाई के कार्य करने की बात कही है। कविता का मुख्य संदेश यह है कि प्रेम और स्नेह का दीप जलाते रहना चाहिए, ताकि अंधकार को मिटाया जा सके और दुनिया में अच्छाई अर्थात् रोशनी फैलाई जा सके।

वाक्य में 'तुम्हीं ने' का संदर्भ मनुष्यों से है, जिन्होंने पहली बार अंधकार की चुनौती को स्वीकार किया और दीप जलाया है। यह वाक्य उनके दृढ़ संकल्प और संघर्ष की बात करता है। यहाँ दीपक और तूफ़ान का संदर्भ मनुष्यों के संघर्ष और उनके प्रयासों से है, न कि सीधे किसी अन्य वस्तु से।

मिलकर करें मिलान

कविता में से चुनकर कुछ शब्द यहाँ दिए गए हैं। अपने समूह में इन पर चर्चा कीजिए और इन्हें इनके सही अर्थों या संदर्भों से मिलाइए। इसके लिए आप शब्दकोश, इंटरनेट या अपने शिक्षकों की सहायता ले सकते हैं।

	शब्द		अर्थ या संदर्भ
1.	अमावस	(i)	पूर्णमासी, वह तिथि जिस रात चंद्रमा पूरा दिखाई देता है।
2.	पूर्णिमा	(ii)	विद्युत-दीये अर्थात् बिजली से जलने वाले दीपक, बल्ब आदि उपकरण।
3.	विद्युत-दीये	(iii)	समय, काल, युग संख्या में चार माने गए हैं—सत्ययुग (सतयुग), त्रेतायुग, द्वापरयुग और कलियुग।
4.	युग	(iv)	अमावस्या, जिस रात आकाश में चंद्रमा दिखाई नहीं देता।

उत्तर 1-(iv); 2-(i); 3-(ii); 4-(iii)

पंक्तियों पर चर्चा

कविता में से चुनकर कुछ पंक्तियाँ नीचे दी गई हैं। इन्हें ध्यान से पढ़िए और इन पर विचार कीजिए। आपको इनका क्या अर्थ समझ में आया? अपने विचार अपने समूह में साझा कीजिए और अपनी लेखन पुस्तिका में लिखिए।

"दिये और तूफ़ान की यह कहानी
चली आ रही और चलती रहेगी,
जली जो प्रथम बार लौ दीप की
स्वर्ण-सी जल रही और जलती रहेगी।
रहेगा धरा पर दिया एक भी यदि
कभी तो निशा को सवेरा मिलेगा।"

उत्तर कवि ने इन पंक्तियों के माध्यम से संघर्ष और सफलता की निरंतरता को स्पष्ट किया है। यहाँ दियों और तूफ़ान की कहानी को प्रतीक के रूप में प्रस्तुत किया गया है। कवि बताना चाहते हैं कि दियों की लौ और तूफ़ान की यह कहानी हमेशा से चलती आ रही है और चलती रहेगी।

इसका तात्पर्य है कि जीवन में संघर्ष और चुनौती की स्थिति हमेशा बनी रहती है। जिस प्रकार दीपक की लौ पहली बार जलने के बाद सोने जैसी चमक के साथ जलती रहती है, उसी प्रकार एक बार जब मनुष्य ने संघर्ष का मार्ग अपनाया, तो वह जीवन की कठिनाइयों का सामना करते हुए उज्ज्वल भविष्य की ओर बढ़ता रहेगा।

इस प्रकार, कवि का संदेश है कि भले ही संघर्ष और कठिनाइयाँ बनी रहें, हमें हतोत्साहित नहीं होना चाहिए। एक छोटे से प्रयास जैसे एक दीपक की लौ भी अंधकार को दूर करने में महत्त्वपूर्ण भूमिका निभा सकती है। प्रेम, स्नेह और ज्ञान के प्रकाश को फैलाते रहना चाहिए, ताकि जीवन में आशा और सार्थकता बनी रहे।

सोच-विचार के लिए

कविता को एक बार फिर से पढ़िए, पता लगाइए और अपनी लेखन पुस्तिका में लिखिए।

(क) कविता में अँधेरे या तिमिर के लिए किन वस्तुओं के उदाहरण दिए गए हैं?

उत्तर
- अमावस
- तिमिर की शिला
- तूफ़ान
- तिमिर की सरिता
- पवन
- निशा

(ख) यह कविता आशा और उत्साह जगाने वाली कविता है। इसमें क्या आशा की गई है? यह आशा क्यों की गई है?

उत्तर इस कविता में आशा की गई है कि यदि हम निरंतर प्रेम और स्नेह से भरे दीप जलाते रहें, तो एक दिन अंधकार अवश्य मिटेगा और संसार में प्रकाश फैलेगा। आशा इसलिए की गई है, क्योंकि कवि का मानना है कि प्रेम और स्नेह के दीप की निरंतरता से ही अँधेरे को दूर किया जा सकता है और एक नई सुबह का आगमन हो सकता है।

(ग) कविता में किसे जलाने और किसे बुझाने की बात कही गई है?

उत्तर कविता में स्नेह और प्रेम के दियों को जलाने और बिना स्नेह के विद्युत दियों को बुझाने की बात कही गई है। स्नेह और प्रेम से भरे दियों का अर्थ है मानवता के प्रति सहानुभूति, करुणा और प्रेम का संचार करना, जबकि बिना स्नेह के विद्युत दिये केवल बाहरी प्रकाश का प्रतीक हैं, जो जीवन के अंधकार को मिटाने में असमर्थ हैं। कवि का कहना है कि केवल स्नेह और प्रेम ही वह दीप हैं, जो वास्तव में जीवन में प्रकाश ला सकते हैं।

कविता की रचना

"जलाते चलो ये दिये स्नेह भर-भर
कभी तो धरा का अँधेरा मिटेगा।

इन पंक्तियों को अपने शिक्षक के साथ मिलकर लय सहित गाने या बोलने का प्रयास कीजिए। आप हाथों से ताल भी दे सकते हैं। दोनों पंक्तियों को गाने या बोलने में समान समय लगा या अलग-अलग? आपने अवश्य ही अनुभव किया होगा कि इन पंक्तियों को बोलने या गाने में लगभग एकसमान समय लगता है। केवल इन दो पंक्तियों को ही नहीं, बल्कि इस कविता की प्रत्येक पंक्ति को गाने में या बोलने में लगभग समान समय ही लगता है। इस विशेषता के कारण यह कविता और अधिक प्रभावशाली हो गई है।

आप ध्यान देंगे तो इस कविता में आपको और भी अनेक विशेष बातें दिखाई देंगी।

(क) इस कविता को एक बार फिर से पढ़िए और अपने-अपने समूह में मिलकर इस कविता की विशेषताओं की सूची बनाइए, जैसे इस कविता की पंक्तियों को 2-4, 2-4 के क्रम में बाँटा गया है आदि।

उत्तर छात्र स्वयं करें।

(ख) अपने समूह की सूची को कक्षा में सबके साथ साझा कीजिए।

उत्तर छात्र स्वयं करें।

मिलान

स्तंभ 1 और स्तंभ 2 में कुछ पंक्तियाँ दी गई हैं। मिलते-जुलते भाव वाली पंक्तियों को रेखा खींचकर जोड़िए।

	स्तंभ 1		स्तंभ 2
1.	कभी तो तिमिर का किनारा मिलेगा।	(i)	विश्व की भलाई का ध्यान रखे बिना प्रगति करने से कोई लाभ नहीं होगा।
2.	जलाते चलो ये दिये स्नेह भर-भर।	(ii)	विश्व में सुख-शांति क्यों कम होती जा रही है?
3.	मगर विश्व पर आज क्यों दिवस ही में घिरी आ रही है अमावस निशा-सी।	(iii)	विश्व की समस्याओं से एक न एक दिन छुटकारा अवश्य मिलेगा।
4.	बिना स्नेह विद्युत-दिये जल रहे जो बुझाओ इन्हें, यों न पथ मिल सकेगा।	(iv)	दूसरों के सुख-चैन के लिए प्रयास करते रहिए।

उत्तर 1-(iii); 2-(iv); 3-(ii); 4-(i)

अनुमान या कल्पना से

अपने समूह में मिलकर चर्चा कीजिए

(क) "दिये और तूफ़ान की यह कहानी
चली आ रही और चलती रहेगी"
दीपक और तूफ़ान की यह कौन-सी कहानी हो सकती है, जो सदा से चली आ रही है?

उत्तर दीपक और तूफ़ान की कहानी एक प्रतीकात्मक संघर्ष को दर्शाती है। दीपक की लौ अँधेरे को मिटाने की कोशिश करती है और तूफ़ान उसे बुझाने की कोशिश करता है। यह संघर्ष दर्शाता है कि सृजन और नाश, प्रकाश और अंधकार, सकारात्मकता और नकारात्मकता के बीच निरंतर टकराव चलता रहता है।
यहाँ दीपक से तात्पर्य ज्ञान, स्नेह और आशा से है। यह अज्ञानरूपी अंधकार को दूर करता है और प्रकाश फैलाता है तथा तूफ़ान से तात्पर्य अस्थिरता, विपरीतता और अड़चनों से है।

(ख) ''जली जो प्रथम बार लौ दीप की
स्वर्ण-सी जल रही और जलती रहेगी''
दीपक की यह सोने जैसी लौ क्या हो सकती है, जो अनगिनत सालों से जल रही है?

उत्तर यह लौ ज्ञान, सत्य, प्रेम, स्नेह और मानवीय गरिमा का प्रतीक हो सकती है, जो सदियों से मानव समाज को मार्गदर्शन और प्रेरणा देती आई है।

शब्दों के रूप

''कि जिससे अमावस बने पूर्णिमा-सी''
'अमावस' का अर्थ है-अमावस्या'। इन दोनों शब्दों का अर्थ तो समान है, लेकिन इनके लिखने-बोलने में थोड़ा-सा अंतर है। ऐसे ही कुछ शब्द नीचे दिए गए हैं। इनसे मिलते-जुलते दूसरे शब्द कविता से खोजकर लिखिए। ऐसे ही कुछ अन्य शब्द आपस में चर्चा करके खोजिए और लिखिए।

1. दीया ______	4. ______
2. उजेला ______	5. ______
3. अनगिन ______	6. ______

उत्तर
- दीया - दीप
- उजेला - प्रकाश
- अनगिन - अनगिनत
- तिमिर - अंधकार
- निशा - रात
- स्वर्ण - सोना

अर्थ की बात

(क) ''जलाते चलो ये दिये स्नेह भर-भर''
इस पंक्ति में 'चलो' के स्थान पर 'रहो' शब्द रखकर पढ़िए। इस शब्द के बदलने से पंक्ति के अर्थ में क्या अंतर आ रहा है? अपने समूह में चर्चा कीजिए।

उत्तर पंक्ति में 'चलो' शब्द के स्थान पर 'रहो' शब्द का उपयोग करने से अर्थ में सूक्ष्म अंतर आ जाता है
- **''जलाते चलो ये दिये स्नेह भर-भर''** में 'चलो' शब्द गतिशीलता और निरंतरता का भाव दर्शाता है। यह शब्द इस बात पर ज़ोर देता है कि हमें निरंतर और सक्रिय रूप से स्नेह और प्रेम से भरे हुए दिये जलाते रहना चाहिए, ताकि अंधकार का सामना किया जा सके।
- **''जलाते रहो ये दिये स्नेह भर-भर''** में 'रहो' शब्द स्थायित्व और निरंतरता का भाव उत्पन्न करता है, लेकिन इसमें वह गतिशीलता नहीं है, जो 'चलो' शब्द में है। यह भी निरंतरता को दर्शाता है, लेकिन इसमें सक्रियता की भावना थोड़ी कम हो जाती है।
- **अंतर**–''चलो'' शब्द कविता में एक गतिशील और क्रियात्मक दृष्टिकोण को दर्शाता है, जबकि 'रहो' शब्द से स्थायित्व का भाव अधिक स्पष्ट होता है। 'चलो' शब्द कविता को अधिक प्रेरक और जोशीला बनाता है, जबकि 'रहो' शब्द इसे थोड़ा शांत और स्थिर बना देता है।

(ख) कविता में प्रत्येक शब्द का अपना विशेष महत्त्व होता है। यदि वे शब्द बदल दिए जाएँ तो कविता का अर्थ भी बदल सकता है और उसकी सुंदरता में भी अंतर आ सकता है।
नीचे कुछ पंक्तियाँ दी गई हैं। पंक्तियों के सामने लगभग समान अर्थों वाले कुछ शब्द दिए गए हैं। आप उनमें से वह शब्द चुनिए, जो उस पंक्ति में सबसे उपयुक्त रहेगा।

1. बहाते चलो .... तुम वह निरंतर (नैया, नाव, नौका)
कभी तो तिमिर का .... मिलेगा। (तट, तीर, किनारा)

2. रहेगा .... पर दीया एक भी यदि (धरा, धरती, भूमि)
कभी तो निशा को .... मिलेगा। (प्रातः, सुबह, सवेरा)

3. जला दीप पहला तुम्हीं ने .... की (अंधकार, तिमिर, अँधेरे)
चुनौती .... बार स्वीकार की थी। (प्रथम, अव्वल, पहली)

उत्तर 1. नाव, किनारा 2. धरा, सवेरा 3. तिमिर, प्रथम

प्रतीक

(क) ''कभी तो निशा को सवेरा मिलेगा''
निशा का अर्थ है-रात।
सवेरा का अर्थ है-सुबह।
आपने अनुभव किया होगा कि कविता में इन दोनों शब्दों का प्रयोग 'रात' और 'सुबह' के लिए नहीं किया गया है। अपने समूह में चर्चा करके पता लगाइए कि 'निशा' और 'सवेरा' का इस कविता में क्या-क्या अर्थ हो सकता है?
(संकेत निशा से जुड़ा है- 'अँधेरा' और सवेरे से जुड़ा है-'उजाला')

उत्तर **निशा** (रात) अँधेरा, अमावस, तिमिर, शिला, तूफ़ान, बुझना। निशा का अर्थ यहाँ केवल रात नहीं है, बल्कि यह जीवन में आने वाले अंधकार, कठिनाइयों, निराशा और दुःख का प्रतीक है। यह उन चुनौतियों और संघर्षों का प्रतिनिधित्व करता है, जिनका सामना व्यक्ति या समाज करता है। निशा वह अवस्था है, जब सब कुछ अनिश्चित और धुँधला होता है अर्थात् जब आगे का मार्ग स्पष्ट नहीं होता।

सवेरा (सुबह) पूर्णिमा, दिवस, नाव, किनारा, ज्योति, उजेला, लौ, स्वर्ण, जलना। सवेरा का अर्थ केवल सुबह या दिन की शुरुआत नहीं है, बल्कि यह आशा, सकारात्मकता, नए अवसर और उज्ज्वल भविष्य का प्रतीक है। सवेरा उस समय को दर्शाता है, जब अंधकार का अंत होता है और प्रकाश का उदय होता है। यह परिवर्तन पुनर्जन्म और नई ऊर्जा का प्रतीक है।

(ख) कविता में से चुनकर कुछ शब्द नीचे दिए गए हैं। अपने समूह में मिलकर इन पर चर्चा कीजिए और इन्हें उपयुक्त स्थान पर लिखिए।

दिये	अँधेरा	अमावस	पूर्णिमा	दिवस	तिमिर	नाव	किनारा
शिला	ज्योति	उजेला	तूफ़ान	लौ	स्वर्ण	जलना	बुझना

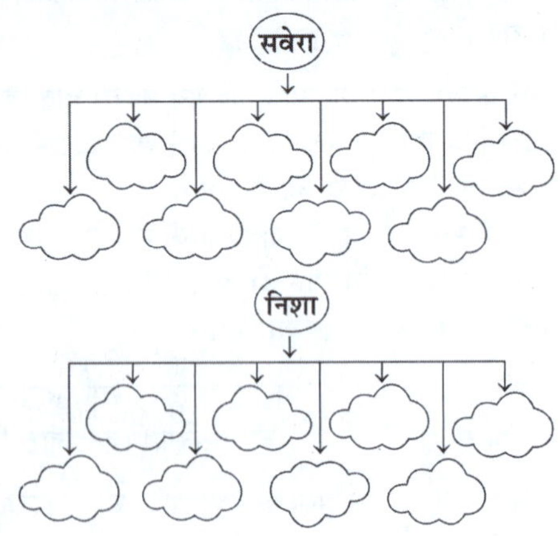

उत्तर सवेरा

- दिये
- दिन
- उजेला
- स्वर्ण
- किनारा
- पूर्णिमा
- ज्योति
- लौ
- जलना
- नाव

निशा

- अँधेरा
- तिमिर
- बुझना
- अमावस
- तूफ़ान
- शिला

(ग) अपने समूह में मिलकर 'निशा' और 'सवेरा' के लिए कुछ और शब्द सोचिए और लिखिए।
(संकेत-नीचे दिए गए चित्र देखिए और इन पर विचार कीजिए।)

उत्तर छात्र स्वयं करें।

पंक्ति से पंक्ति

"जला दीप पहला तुम्हीं ने तिमिर की
चुनौती प्रथम बार स्वीकार की थी"

कविता की इस पंक्ति को वाक्य के रूप में इस प्रकार लिख सकते हैं "तुम्हीं ने पहला दीप जला तिमिर की चुनौती प्रथम बार स्वीकार की थी।" अब नीचे दी गई पंक्तियों को इसी प्रकार वाक्यों के रूप में लिखिए

1. बहाते चलो नाव तुम वह निरंतर।

उत्तर तुम निरंतर वह नाव बहाते चलो।

2. जलाते चलो ये दिये स्नेह भर-भर।

उत्तर तुम ये दिये स्नेह भर-भर जलाते चलो।

3. बुझाओ इन्हें, यों न पथ मिल सकेगा।

उत्तर इन्हें बुझाओ, अन्यथा पथ नहीं मिल सकेगा।

4. मगर विश्व पर आज क्यों दिवस ही में घिरी आ रही है अमावस निशा-सी।

उत्तर मगर आज दिन के समय भी क्यों विश्व पर अमावस्या जैसी रात छाई हुई है।

सा/सी/से का प्रयोग

"घिरी आ रही है अमावस निशा-सी
स्वर्ण-सी जल रही और जलती रहेगी"

इन पंक्तियों में कुछ शब्दों के नीचे रेखा खींची है। इनमें 'सी' शब्द पर ध्यान दीजिए। यहाँ 'सी' शब्द समानता दिखाने के लिए प्रयोग किया गया है। 'सा/ सी / से' का प्रयोग जब समानता दिखाने के लिए किया जाता है, तो इनसे पहले योजक चिह्न (-) का प्रयोग किया जाता है।

अब आप भी विभिन्न शब्दों के साथ 'सा/सी/से' का प्रयोग करते हुए अपनी कल्पना से पाँच वाक्य अपनी लेखन-पुस्तिका में लिखिए।

उत्तर (i) सूरज की किरणें सोने-सी चमकीली हैं।
(ii) वह बच्चा चाँद-सा प्यारा है।
(iii) पानी का रंग नीला-सा लग रहा है।
(iv) उसकी मुस्कान फूलों-सी खिली हुई है।
(v) यह कहानी किताबों-सी दिलचस्प है।

पाठ से आगे

आपकी बात

(क) "रहेगा धरा पर दीया एक भी यदि
कभी तो निशा को सवेरा मिलेगा"

यदि प्रत्येक व्यक्ति अपना कर्त्तव्य समझ ले और दूसरों की भलाई के लिए कार्य करे तो पूरी दुनिया सुंदर बन जाएगी। आप भी दूसरों के लिए प्रतिदिन बहुत-से अच्छे कार्य करते होंगे। अपने उन कार्यों के बारे में बताइए।

उत्तर जब प्रत्येक व्यक्ति अपने कर्त्तव्य को समझे और दूसरों की भलाई के लिए कार्य करे, तो दुनिया में सकारात्मक बदलाव आ सकता है। मैं प्रतिदिन दूसरों के लिए कई अच्छे कार्य करता हूँ; जैसे—

- **सहायता करना** जब भी कोई दोस्त या परिवार का सदस्य किसी समस्या में होता है, तो मैं उसकी सहायता करता हूँ।
- **समय देना** समाज के आयोजनों या ज़रूरतमंद लोगों के लिए समय निकालकर काम करता हूँ।
- **प्रेरित करना** मैं लोगों को उनके लक्ष्यों को पूरा करने के लिए प्रेरित करता हूँ और उनका हौसला बढ़ाता हूँ।
- **स्वयंसेवी कार्य** समय-समय पर सामाजिक कार्यों में हिस्सा लेता हूँ।

(ख) इस कविता में निराश न होने, चुनौतियों का सामना करने और सबके सुख के लिए कार्य करने के लिए प्रेरित किया गया है। यदि आपको अपने किसी मित्र को निराश न होने के लिए प्रेरित करना हो, तो आप क्या करेंगे? क्या कहेंगे? अपने समूह में बताइए।

उत्तर यदि मुझे अपने किसी मित्र को निराश न होने के लिए प्रेरित करना हो, तो मैं निम्नलिखित बातें कहूँगा

- **प्रेरणादायक बातें** "याद रखो कि हर मुश्किल के बाद ही सफलता मिलती है। तुमने अब तक जो मेहनत की है, वह बेकार नहीं जाएगी।"
- **सकारात्मक दृष्टिकोण** "हर समस्या का समाधान होता है। हमें बस धैर्य और मेहनत से काम लेना होता है।"
- **समर्थन का वादा** "मैं तुम्हारे साथ हूँ। हमें मिलकर इस मुश्किल को पार करना होगा।"

(ग) क्या आपको कभी किसी ने कोई कार्य करने के लिए प्रेरित किया है? कब? कैसे? उस घटना के बारे में बताइए।

उत्तर हाँ, मुझे याद है कि कभी मेरे शिक्षक ने मुझे कठिनाई में कार्य करने के लिए प्रेरित किया था।

जब मैंने एक महत्त्वपूर्ण परीक्षा में अच्छा प्रदर्शन नहीं किया, तो मैं बहुत निराश हो गया था। मेरी इस स्थिति को देखकर मेरे शिक्षक ने मुझसे बात की और कहा, "तुम्हें इस असफलता से निराश होने की आवश्यकता नहीं है। यह एक चुनौती है जो तुम्हें और मजबूत बनाएगी। तुम्हारे पास प्रतिभा है, बस तुम्हें मेहनत और धैर्य से काम लेना होगा।" इस प्रोत्साहन के बाद मैंने अपनी पढ़ाई को लेकर और मेहनत करनी शुरू कर दी, जिससे मैंने अगली परीक्षा में अच्छा परिणाम प्राप्त किया।

अमावस्या और पूर्णिमा

(क) "भले शक्ति विज्ञान में है निहित वह
कि जिससे <u>अमावस</u> बने <u>पूर्णिमा</u>-सी"
आप अमावस्या और पूर्णिमा के बारे में पहले ही पढ़ चुके हैं। क्या आप जानते हैं कि अमावस्या और पूर्णिमा के होने का क्या कारण है?

आप आकाश में रात को चंद्रमा अवश्य देखते होंगे। क्या चंद्रमा प्रतिदिन एक-सा दिखाई देता है? नहीं। चंद्रमा घटता-बढ़ता दिखाई देता है। आइए जानते हैं कि ऐसा कैसे होता है? आप जानते ही हैं कि चंद्रमा पृथ्वी की परिक्रमा करता है, जबकि पृथ्वी सूर्य की करती है। आप यह भी जानते हैं कि चंद्रमा का अपना कोई प्रकाश नहीं होता। वह सूर्य के प्रकाश से ही चमकता है, लेकिन पृथ्वी के कारण के कुछ प्रकाश को चंद्रमा तक जाने में रुकावट आ जाती है। इससे पृथ्वी की छाया चंद्रमा पर पड़ती है, जो प्रतिदिन घटती-बढ़ती रहती है। सूरज का जो प्रकाश बिना रुकावट चंद्रमा तक पहुँच जाता है, उसी से चंद्रमा चमकदार दिखता है। इसी छाया और उजले भाग की आकृति में आने वाले परिवर्तन को चंद्रमा की कला कहते हैं।

चंद्रमा की कला धीरे-धीरे बढ़ती रहती है और पूर्णिमा की रात को चंद्रमा पूरा दिखने लगता है। इसके बाद कला धीरे-धीरे घटती रहती है और अमावस्या वाली रात चाँद दिखाई नहीं देता। चंद्रमा की कलाओं के घटने के दिनों को 'कृष्ण पक्ष' कहते हैं। 'कृष्ण' शब्द का एक अर्थ काला भी है। इसी प्रकार चंद्रमा की कलाओं के बढ़ने के दिनों को 'शुक्ल पक्ष' कहते हैं। 'शुक्ल' शब्द का एक अर्थ 'उजला' भी है।

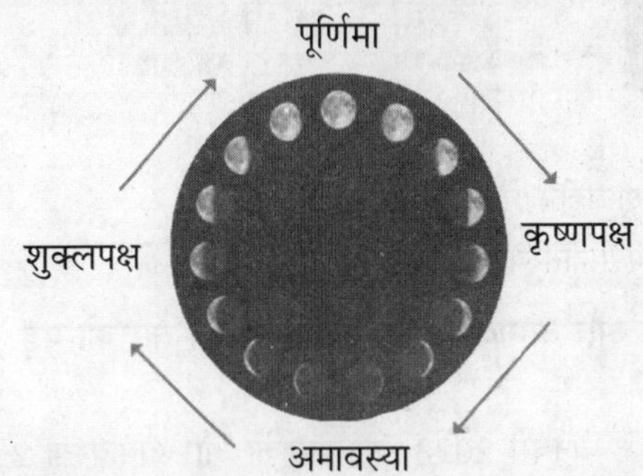

उत्तर छात्र स्वयं करें।

(ख) अब नीचे दिए गए चित्र में अमावस्या, पूर्णिमा, कृष्ण पक्ष और शुक्ल पक्ष को पहचानिए और ये नाम उपयुक्त स्थानों पर लिखिए। (यदि पहचानने में कठिनाई हो तो आप अपने शिक्षक, परिजनों या इंटरनेट की सहायता भी ले सकते हैं।)

उत्तर छात्र स्वयं करें।

तिथिपत्र

आपने तिथिपत्र (कैलेंडर) अवश्य देखा होगा। उसमें साल के सभी महीनों की तिथियों की जानकारी दी जाती है।

नीचे तिथिपत्र के एक महीने का पृष्ठ दिया गया है। इसे ध्यान से देखिए और प्रश्नों के उत्तर दीजिए।

जनवरी 2023 [1-30 पौष 1-11] माघ, शक 1944					
रविवार	1 दशमी (शुक्ल)	8 द्वितीया (कृष्ण)	15 अष्टमी (कृष्ण)	22 प्रतिपदा (शुक्ल)	29 अष्टमी (शुक्ल)
सोमवार	2 एकादशी (शुक्ल)	9 द्वितीया (कृष्ण)	16 नवमी (कृष्ण)	23 द्वितीया (शुक्ल)	30 नवमी (शुक्ल)
मंगलवार	3 द्वादशी (शुक्ल)	10 तृतीया (कृष्ण)	17 दशमी (कृष्ण)	24 तृतीया (शुक्ल)	31 दशमी (शुक्ल)
बुधवार	4 त्रयोदशी (शुक्ल)	11 चतुर्थी (कृष्ण)	18 एकादशी (कृष्ण)	25 चतुर्थी (शुक्ल)	
गुरुवार	5 चतुर्दशी (शुक्ल)	12 पंचमी (कृष्ण)	19 द्वादशी (कृष्ण)	26 वसंत पंचमी (शुक्ल)	
शुक्रवार	6 पूर्णिमा	13 षष्ठी (कृष्ण)	20 त्रयोदशी (कृष्ण)	27 षष्ठी (शुक्ल)	
शनिवार	7 प्रतिपदा (कृष्ण)	14 सप्तमी (कृष्ण)	21 अमावस्या	28 सप्तमी (शुक्ल)	

(क) दिए गए महीने में कुल कितने दिन हैं?

उत्तर दिए गए महीने में कुल 31 दिन हैं।

(ख) पूर्णिमा और अमावस्या किस दिनांक और वार को पड़ रही है?

उत्तर पूर्णिमा 6 जनवरी 2023, शुक्रवार को और अमावस्या 21 जनवरी, 2023 शनिवार को पड़ रही है।

(ग) कृष्ण पक्ष की सप्तमी और शुक्ल पक्ष की सप्तमी में कितने दिनों का अंतर है?

उत्तर कृष्ण पक्ष की सप्तमी 14 जनवरी, 2023 शनिवार को है और शुक्ल पक्ष की सप्तमी 28 जनवरी, 2023 शनिवार को है। इन दोनों में 14 दिनों का अंतर है।

(घ) इस महीने में कृष्ण पक्ष में कुल कितने दिन हैं?

उत्तर इस महीने में कृष्ण पक्ष में कुल 15 दिन हैं (7 जनवरी, 2023 से 21 जनवरी, 2023 तक)।

(ङ) 'वसंत पंचमी' की तिथि बताइए।

उत्तर 'वसंत पंचमी' 26 जनवरी, 2023 गुरुवार को है।

आज की पहेली

समय साक्षी है कि जलते हुए दीप
अनगिन तुम्हारे पवन ने बुझाए।
'पवन' शब्द का अर्थ है– हवा।

नीचे एक अक्षर-जाल दिया गया है। इसमें 'पवन' के लिए उपयोग किए जाने वाले अलग-अलग नाम या शब्द छिपे हैं। आपको उन्हें खोजकर उन पर घेरा बनाना है, जैसा एक हमने पहले से बना दिया है। देखते हैं, आप कितने सही नाम या शब्द खोज पाते हैं।

बा	द	ल	ई	ब
प	अ	नि	ल	या
व	क	स	मी	र
न	ह	वा	यु	ब
मा	रु	त	स	ड़

उत्तर पवन, मारुत, वायु, बयार, समीर, अनिल।

अभ्यास प्रश्न

बहुविकल्पीय व वर्णनात्मक प्रश्नों सहित

बहुविकल्पीय प्रश्न

1. कवि ने 'स्नेह और प्रेम के दीपक' को जलाने की सलाह क्यों दी है?

(क) समाज में वैज्ञानिक प्रगति को बढ़ाने के लिए
(ख) अंधकार को मिटाने के लिए
(ग) आर्थिक विकास के लिए
(घ) धार्मिक परंपराओं को निभाने के लिए

उत्तर (ख) अंधकार को मिटाने के लिए

2. कविता में 'अमावस' और 'पूर्णिमा' से क्या तात्पर्य है?

(क) धार्मिक अनुष्ठान (ख) चाँदनी और रात
(ग) अंधकार और प्रकाश (घ) मौसम की स्थिति

उत्तर (ग) अंधकार और प्रकाश

3. 'दीपक की लौ' की तुलना किससे की गई है?

(क) चाँद की चमक से (ख) सोने की चमक से
(ग) सूर्य की किरण से (घ) तारे की चमक से

उत्तर (ख) सोने की चमक से

4. **कवि के अनुसार, समाज में क्या छाया हुआ है?**

(क) प्रकाश (ख) उजाला

(ग) प्रेम व स्नेह (घ) अंधकार

उत्तर (घ)अंधकार

5. **मनुष्य ने अंधकार को पार करने के लिए क्या तैयार किया?**

(क) दीप की नाव (ख) तिमिर की शिला

(ग) तिमिर का किनारा (घ) तिमिर की सरिता

उत्तर (क) दीप की नाव

6. **कविता में वर्तमान की किन परिस्थितियों की ओर इशारा किया गया है?**

(क) सुख और समृद्धि की

(ख) स्वार्थ, अन्याय और अराजकता की

(ग) विज्ञान और तकनीकी प्रगति की

(घ) प्राकृतिक आपदाओं की

उत्तर (ख) स्वार्थ, अन्याय और अराजकता की

7. **कवि के अनुसार, किसके अभाव में मार्ग नहीं मिल सकता?**

(क) विज्ञान के (ख) स्नेह और प्रेम के

(ग) विद्युतीय रोशनी के (घ) पूर्णिमा के चाँद के

उत्तर (ख) स्नेह और प्रेम के

8. **'तिमिर का किनारा' किसका प्रतीक है?**

(क) ज्ञान का (ख) संघर्ष का

(ग) अंधकार के अंत का (घ) पूर्णिमा की रात का

उत्तर (ग) अंधकार के अंत का

9. **कविता के अनुसार, समाज में व्याप्त अंधकार कब समाप्त होगा?**

(क) जब स्नेह और प्रेम का प्रसार होगा।

(ख) जब समाज में विद्युतीय रोशनी फैलाई जाएगी।

(ग) जब विज्ञान का विकास होगा।

(घ) जब प्राकृतिक आपदाएँ रुक जाएँगी।

उत्तर (क) जब स्नेह और प्रेम का प्रसार होगा।

रिक्त स्थान भरें

1. **नीचे दिए गए वाक्यों में रिक्त स्थानों की पूर्ति कीजिए।**

(i) **'स्नेह और प्रेम के दीपक' जलाने से समाज में .... फैलता है।**

(ii) **कविता में 'दीपक की नाव' .... और .... का प्रतीक है।**

(iii) **.......... ने सबसे पहले अंधकार को चुनौती दी थी।**

(vi) **......... और .... की कहानी सदियों से चली आ रही है।**

(v) **तिमिर की .... पर अनगिनत दिये जलाए।**

उत्तर (i) उजाला (ii) प्रगति, परिवर्तन

(iii) मनुष्य (iv) दीपक, तूफ़ान

(v) शिला

सत्य या असत्य

1. **नीचे दिए गए कथनों में से सत्य या असत्य कथन की पहचान कीजिए।**

(i) **कविता के अनुसार, स्नेह और प्रेम के दीप जलाने से अंधकार मिट सकता है।**

(ii) **'दीपक और तूफ़ान की कहानी' सदियों से चली आ रही है।**

(iii) **'दीप की नाव' संघर्ष और साहस का प्रतीक है।**

(iv) **कवि के अनुसार, विज्ञान अकेले अंधकार को मिटाने में सक्षम है।**

(v) **विद्युत के दीयों के बिना मार्ग नहीं मिल सकता।**

उत्तर (i) सत्य (ii) असत्य

(iii) सत्य (iv) असत्य

(v) असत्य

मिलान करें

1. **स्तंभ 1 और स्तंभ 2 में कुछ पंक्तियाँ दी गई हैं। कविता की पंक्तियों के सही जोड़ों को रेखा खींचकर जोड़िए।**

	स्तंभ 1		स्तंभ 2
1.	जलाते चलो ये दीये स्नेह भर-भर	(i)	बुझाओ इन्हें, यों न पथ मिल सकेगा
2.	बिना स्नेह विद्युत-दीये जल रहे जो	(ii)	दिये अनगिनत है निरंतर जलाए
3.	तिमिर की सरित पार करने	(iii)	कभी तो धरा का अँधेरा मिटेगा
4.	युगों से तुम्हीं ने तिमिर की शिला पर	(iv)	बना दीप की नाव तैयार की थी
5.	दीपक और तूफ़ान की यह कहानी	(v)	चली आ रही और चलती रहेगी

उत्तर 1-(iii); 2-(i); 3-(iv); 4-(ii); 5-(v)

काव्यांश पर आधारित प्रश्न

निम्नलिखित काव्यांशों को पढ़कर उन पर आधारित प्रश्नों के उत्तर दीजिए।

काव्यांश 1

जलाते चलो ये दिये स्नेह भर-भर
कभी तो धरा का अँधेरा मिटेगा।
भले शक्ति विज्ञान में है निहित वह
कि जिससे अमावस बने पूर्णिमा-सी,
मगर विश्व पर आज क्यों दिवस ही में
घिरी आ रही है अमावस निशा-सी।
बिना स्नेह विद्युत-दिये जल रहे जो
बुझाओ इन्हें, यों न पथ मिल सकेगा।।

1. कवि किस प्रकार के दिये जलाने की बात कह रहे हैं?

(क) विज्ञान के दिये (ख) स्नेह के दिये

(ग) विद्युत के दिये (घ) तैल के दिये

उत्तर (ख) स्नेह के दिये

2. 'बिना स्नेह विद्युत-दिये को क्यों बुझाने की बात कही है?

(क) क्योंकि ये दिये बेकार हैं

(ख) क्योंकि ये दिये अधिक ऊर्जा खपत करते हैं

(ग) क्योंकि ये दिये पथ नहीं दिखा सकते हैं

(घ) क्योंकि ये दिये टूटे हुए हैं

उत्तर (ग) क्योंकि ये दिये पथ नहीं दिखा सकते हैं

3. 'अमावस निशा-सी' से क्या तात्पर्य है?

(क) दिन का अंधकार (ख) रात का प्रकाश

(ग) दिन का उजाला (घ) रात का अंधकार

उत्तर (क) दिन का अंधकार

4. 'तिमिर' शब्द का क्या अर्थ है?

उत्तर 'तिमिर' शब्द का अर्थ है—अंधकार या घना अँधेरा।

5. कवि ने किसे बुझाने को कहा है और क्यों?

उत्तर कवि ने 'भिन्ना स्नेह विद्युत-दिये' को बुझाने को कहा है, क्योंकि ये दिये स्नेह और प्रेम से रहित हैं, इसलिए ये सच्चा मार्ग नहीं दिखा सकते।

6. 'अँधेरा मिटेगा' के संदर्भ में कवि ने क्या आशा व्यक्त की है? (CBQ)

उत्तर 'अँधेरा मिटेगा' के संदर्भ में कवि ने यह आशा व्यक्त की है कि यदि हम स्नेह और प्रेम के दीपक जलाते रहेंगे, तो धरती का अंधकार अवश्य मिटेगा। यह स्नेह और प्रेम ही है, जो समाज में व्याप्त नकारात्मकता और निराशा को दूर करके सच्चे उजाले का संचार करेंगे।

काव्यांश 2

जला दीप पहला तुम्हीं ने तिमिर की
चुनौती प्रथम बार स्वीकार की थी,
तिमिर की सरित पार करने तुम्हीं ने
बना दीप की नाव तैयार की थी।
बहाते चलो नाव तुम वह निरंतर
कभी तो तिमिर का किनारा मिलेगा।

1. काव्यांश के अनुसार तिमिर की चुनौती सबसे पहले किसने स्वीकार की?

(क) विज्ञान ने (ख) मनुष्य ने

(ग) दीपक ने (घ) प्रकृति ने

उत्तर (ख) मनुष्य ने

2. 'सरित' शब्द का क्या अर्थ है?

(क) नदी (ख) प्रकाश

(ग) दीपक (घ) नाव

उत्तर (क) नदी

3. तिमिर का किनारा पाने के लिए हमें क्या करना पड़ेगा?

(क) प्रेम को फैलाना

(ख) दीपक जलाना

(ग) निरंतर प्रयास करना

(घ) अमावस की रात का इंतजार करना

उत्तर (ग) निरंतर प्रयास करना

4. 'चुनौती' शब्द का क्या अर्थ है?

उत्तर 'चुनौती' शब्द का अर्थ ललकारना है।

5. कवि ने 'नाव बहाते चलो' पंक्ति के माध्यम से क्या प्रेरणा दी है? CBQ

उत्तर कवि ने 'नाव बहाते चलो' पंक्ति के माध्यम से प्रेरणा दी है कि हमें निरंतर संघर्षरत रहना चाहिए और आगे बढ़ने के प्रयास करते रहना चाहिए। चाहे कितनी भी कठिनाइयाँ क्यों न आएँ, हमें उम्मीद नहीं छोड़नी चाहिए, क्योंकि दृढ़ता व निरंतरता से ही अंधकार का अंत हो सकता है।

6. कवि ने 'तिमिर की चुनौती' से क्या तात्पर्य लिया है?

उत्तर 'तिमिर की चुनौती' से तात्पर्य है अंधकार से लड़ने और उसे दूर करने का साहस। कवि का मानना है कि मनुष्य ने सबसे पहले अंधकार का सामना करने की हिम्मत दिखाई और इस चुनौती को स्वीकार करते हुए दीपक जलाकर प्रकाश फैलाने का प्रयास किया।

अतिलघु उत्तरीय प्रश्न

1. कवि यहाँ क्या जलाने की बात कर रहे हैं?

उत्तर कवि यहाँ स्नेह से भरे हुए दियों को जलाने की बात कर रहे हैं, ताकि अंधकार को दूर किया जा सके।

2. मनुष्य ने पहली बार कौन-सी चुनौती स्वीकार की थी?

उत्तर मनुष्य ने पहली बार अंधकार (तिमिर) को दूर करने के लिए प्रथम दीपक जलाने की चुनौती स्वीकार की थी।

3. कवि के अनुसार, कौन-सी कहानी चली आ रही है और चलती रहेगी?

उत्तर कवि के अनुसार दिये और तूफ़ान की कहानी चली आ रही है और आगे भी निरंतर चलती रहेगी।

4. कवि हमें धरती पर व्याप्त अंधकार को दूर करने हेतु क्या करने के लिए कहते हैं?

उत्तर कवि हमें स्नेह से भरे हुए दिये जलाने के लिए कहते हैं, ताकि धरती पर व्याप्त अंधकार को दूर किया जा सके।

5. अंधकार की सरिता पार करने के लिए मनुष्य ने क्या तैयार किया था?

उत्तर अंधकार की सरिता पार करने के लिए मनुष्य ने दीप की नाव तैयार की थी।

6. बिना स्नेह के जलने वाले दियों से क्या नहीं मिलेगा?

उत्तर बिना स्नेह के जलने वाले विद्युत-दियों से सही मार्ग नहीं मिलेगा और अंधकार नहीं मिटेगा।

7. पहली बार जली हुई दीप की लौ किस प्रकार की थी?

उत्तर पहली बार जली हुई दीप की लौ स्वर्ण-सी थी, जो निरंतर जलती रहेगी।

8. मनुष्य ने दीप की नाव क्यों तैयार की थी?

उत्तर अंधकार की सरिता पार करने के लिए मनुष्य ने दीप की नाव तैयार की थी, जिसे निरंतर चलाने से एक-न-एक दिन तिमिर का किनारा अवश्य मिलेगा।

9. कविता में 'तिमिर की सरित' किसका प्रतीक है?

उत्तर 'तिमिर की सरित' अर्थात् अंधकार की नदियाँ और निराशा, कठिनाइयाँ व बाधाओं का प्रतीक है।

लघु उत्तरीय प्रश्न

1. कविता के माध्यम से कवि ने किस आशा को व्यक्त किया है?

उत्तर कविता के माध्यम से कवि ने यह आशा व्यक्त की है कि यदि मनुष्य प्रेम, स्नेह और मानवीय मूल्यों के दीपक जलाए रखेगा, तो समाज का अंधकार अवश्य मिटेगा। कवि को विश्वास है कि निरंतर संघर्ष और स्नेह के माध्यम से हम जीवन की कठिनाइयों पर विजय प्राप्त कर सकते हैं और उज्ज्वल भविष्य की ओर आगे बढ़ सकते हैं।

2. कवि ने 'विद्युत-दिये' को क्यों बुझाने की सलाह दी है?

उत्तर कवि ने 'विद्युत-दिये' को बुझाने की सलाह इसलिए दी है, क्योंकि ये बिना स्नेह के जल रहे हैं, जिससे मार्गदर्शन नहीं हो सकता। कवि का मानना है कि केवल तकनीकी रोशनी पर्याप्त नहीं है, इसलिए हमें स्नेह और प्रेम से भरे दीपक को जलाने की आवश्यकता है।

3. प्रस्तुत कविता के माध्यम से कवि ने मनुष्य को क्या प्रेरणा दी है? CBQ

उत्तर कविता के अनुसार, मनुष्य को कठिनाइयों और चुनौतियों के सामने संघर्षरत रहने की प्रेरणा दी गई है। साथ ही प्रेम, स्नेह और मानवीय मूल्यों को अपनाने की भी सलाह दी गई है। कवि कहते हैं कि निरंतर प्रयास और स्नेह के माध्यम से अंधकार को उजाले में बदला जा सकता है। कठिन परिस्थितियों में भी सकारात्मक दृष्टिकोण और धैर्य बनाए रखते हुए, हम समाज में उजाला और सुधार ला सकते हैं।

4. कविता के अनुसार समय किस बात का साक्षी है?

उत्तर समय साक्षी है कि जब मनुष्य ने अंधकार रूपी चट्टानों पर अनगिनत दियों को जलाया, जिससे प्रकाश की किरणें चारों ओर फैल जाएँ, तब इन जलते हुए दियों को कई बार हवाओं ने बुझा दिया अर्थात् मनुष्य ने अपने जीवन को बेहतर बनाने के लिए कई प्रयास किए हैं और इस दौरान उसने तूफ़ानों और विपदाओं को भी सहन किया है, लेकिन उसने संघर्ष करने का साहस कभी नहीं खोया है।

5. कविता के अंत में कवि द्वारा 'निशा को सवेरा मिलेगा' कहने से क्या अभिप्राय है?

उत्तर 'निशा को सवेरा मिलेगा' से कवि का अभिप्राय है कि यदि संसार में एक भी व्यक्ति प्रेम और स्नेह का प्रचार करता रहे, तो अंधकार का अंत होगा और उजाले का आगमन होगा। यह संदेश हमें निरंतर आशावान बने रहने और विपरीत परिस्थितियों में भी धैर्य और प्रेम से काम लेने की प्रेरणा देता है।

6. कविता में 'युगों से चली आ रही कहानी' पंक्ति से कवि का क्या आशय है? CBQ

उत्तर कविता में 'युगों से चली आ रही कहानी' पंक्ति से कवि का आशय यह है कि संघर्ष और कठिनाइयाँ जीवन का अटूट हिस्सा है, जो सदियों से चली आ रही हैं और आगे भी बनी रहेंगी। दीपक और तूफ़ान की कहानी प्रतीकात्मक रूप से यह दर्शाती है कि जीवन में विपरीत परिस्थितियाँ और चुनौतियाँ हमेशा मौजूद रहेंगी, लेकिन यदि हम साहस, धैर्य और सकारात्मक दृष्टिकोण के दीप जलाए रखेंगे, तो हम हर कठिनाई को पार कर सकते हैं।

7. कविता में 'स्नेह के दियों' को जलाने का क्या अर्थ है? CBQ

उत्तर कविता में 'स्नेह के दियों' को जलाने का अर्थ है—प्रेम, सहानुभूति और मानवता का प्रचार-प्रसार करना। कवि का मानना है कि केवल विज्ञान और तकनीकी उन्नति से समाज का अंधकार दूर नहीं हो सकता, इसके लिए स्नेह और मानवीय मूल्यों की भी आवश्यकता होती है। कवि ने पूरे समाज को स्नेह के दिये जलाकर अंधकाररूपी हिंसा, द्वेष, लोभ, मोह, अनीति और अराजकता को दूर करने का आग्रह किया है।

8. 'जलाते चलो' कविता का मूल भाव क्या है?

उत्तर 'जलाते चलो' कविता के माध्यम से कवि हमें विश्व में फैले स्वार्थ, हिंसा, द्वेष, लोभ, मोह, अनीति और अराजकता रूपी अंधकार को दूर करने के लिए प्रेम और स्नेह के दीप जलाने के लिए प्रेरित करता है। केवल तकनीकी उन्नति से नहीं, बल्कि मानवीय मूल्यों और प्यार के माध्यम से ही समाज में उजाला और सकारात्मक दृष्टिकोण लाया जा सकता है। इस प्रकार, हमें अपने प्रयासों और संघर्षों को जारी रखते हुए अंधकार को उजाले में बदलने का प्रयास करना चाहिए।

9. कवि ने 'दीपक की लौ' की तुलना सोने की चमक से क्यों की है?

उत्तर कवि ने 'दीपक की लौ' की तुलना सोने की चमक से इसलिए की है, क्योंकि यह लौ संघर्ष, साहस और सकारात्मक दृष्टिकोण का प्रतीक है, जो कठिनाइयों और विपरीत परिस्थितियों के बावजूद उज्ज्वल और चमकदार रहती है अर्थात् जैसे सोने की चमक स्थायी और मूल्यवान होती है, वैसे ही दीपक की लौ भी हमारे संघर्ष और सकारात्मक दृष्टिकोण के कारण स्थायी उजाला प्रदान करती है।

दीर्घ उत्तरीय प्रश्न

1. कविता में 'दीपक और तूफ़ान' किस बात का प्रतीक हैं?

उत्तर कविता में 'दीपक और तूफ़ान' जीवन के संघर्ष और विपरीत परिस्थितियों का प्रतीक हैं। दीपक साहस, प्रेम, अच्छाई व सकारात्मक दृष्टिकोण का प्रतीक हैं, जो अंधकार से लड़कर उजाला फैलाता है, जबकि तूफ़ान उन कठिनाइयों और चुनौतियों का प्रतीक है, जो मनुष्य के प्रयासों को विफल करने का प्रयास करती हैं। इन प्रतीकों के माध्यम से कवि ने यह संदेश दिया है कि जीवन में कितनी भी कठिनाइयाँ क्यों न आ जाएँ, यदि हम अपने साहस, धैर्य और दृढ़ता का दीप जलाए रखेंगे, तो हम हर तूफ़ान का सामना कर सकते हैं और अंततः अंधकार पर विजय पा सकते हैं।

2. कवि ने 'अमावस' और 'पूर्णिमा' का उल्लेख किस संदर्भ में किया है? **(CBQ)**

उत्तर कवि ने 'अमावस' और 'पूर्णिमा' का उल्लेख यह दिखाने के लिए किया है कि विज्ञान की शक्ति इतनी बड़ी है कि वह अमावस (अंधकारमयी रात) को भी पूर्णिमा (उज्ज्वल चाँदनी रात) की तरह रोशन कर सकती है। कवि कहते हैं कि विज्ञान में इतनी शक्ति है कि वह अंधकार को प्रकाश में बदल सकता है, फिर भी संसार दिन के उजाले के अज्ञान निराशा से घिरा हुआ है अर्थात् विज्ञान की प्रगति ने मानवीय मूल्यों, विशेष रूप से प्रेम और स्नेह को पीछे छोड़ दिया है तथापि स्नेह से रहित विज्ञान की कृत्रिम रोशनी में सही मार्गदर्शन की क्षमता नहीं है। अत: प्रेमरूपी दीपक को जलाकर ही पथ प्राप्त होगा।

3. कवि के अनुसार, तिमिर का किनारा पाने के लिए क्या करना चाहिए?

उत्तर कवि के अनुसार, तिमिर का किनारा पाने के लिए हमें निरंतर संघर्ष और प्रयास करना चाहिए। यहाँ 'दीप की नाव' में 'दीपक' को ज्ञान, प्रेम व अच्छाइयों का प्रतीक मानते हुए, कवि उसे अंधकार (तिमिर) को पार करने के लिए आवश्यक साधन के रूप में प्रस्तुत करते हैं। हमें स्नेह, प्रेम और साहस का दीपक जलाए रखते हुए निरंतर प्रयास करते रहना चाहिए। इस प्रकार, हम जीवन की कठिनाइयों और अंधकार को पार कर सकते हैं और अंतत: जीवन को प्रकाशित कर सकते हैं।

4. कविता में 'बुझ स्वयं ज्योति जो दे गए' का क्या अर्थ है?

उत्तर कविता में 'बुझ स्वयं ज्योति जो दे गए' का अर्थ है कि भले ही दीपक स्वयं बुझ जाए या संघर्षरत व्यक्ति की कोशिशें विफल हो जाएँ, लेकिन उसने जो प्रकाश या ज्ञान देने का प्रयास किया गया है, वह दूसरों के लिए मार्गदर्शक साबित होता है। इसका तात्पर्य यह है कि व्यक्ति की हार या विफलता के बावजूद, उसके द्वारा दिए गए प्रयास और प्रकाश का प्रभाव और मूल्य बना रहता है। अत: प्रत्येक प्रयास, चाहे कितना भी छोटा या विफल क्यों न हो, अंतत: दूसरों को उजाले की ओर ले जाने में सहायक होता है।

5. स्नेह और प्रेम के दीपक जलाने से क्या परिणाम हो सकते हैं? अपने विचार बताइए। **(CBQ)**

उत्तर 'स्नेह और प्रेम के दीपक' जलाने से समाज में सकारात्मक परिवर्तन आ सकते हैं। जब लोग एक-दूसरे के प्रति स्नेह और प्रेम का भाव रखते हैं, तो उनमें आपसी समझ, सहयोग और सौहार्द बढ़ता है। इस भावना के प्रसार से समाज में शांति, समरसता और न्याय की स्थापना होती है।

स्नेह और प्रेम से भरे समाज में द्वेष, हिंसा और नफरत की जगह नहीं होती, जिससे नकारात्मकता और अंधकार स्वत: ही समाप्त हो जाता है। ऐसे में समाज व्यापक स्तर पर भी समृद्धि और खुशहाली का मार्ग प्रशस्त करते हैं।

6. समाज में अंधकार क्यों छाया हुआ है, जबकि विज्ञान ने प्रगति की है? स्पष्ट कीजिए।

उत्तर समाज में अंधकार छाया हुआ है, जबकि विज्ञान ने प्रगति की है, क्योंकि तकनीकी उन्नति के साथ मानवीय मूल्यों का विकास समान गति से नहीं हुआ। विज्ञान ने भौतिक और तकनीकी क्षेत्र में अद्वितीय प्रगति की है, लेकिन यह मानवीय स्नेह, समझदारी और सामाजिक सहयोग को नहीं बढ़ा सकता। आज का समाज केवल विज्ञान की कृत्रिम रोशनी पर निर्भर है, जबकि स्नेह और प्रेम की कमी के कारण समाज में अंधकार, हिंसा और नफरत बनी हुई है। स्नेह और मानवीय मूल्यों की कमी ने विज्ञान की प्रगति को समाज में वास्तविक उजाले में बदलने में विफल कर दिया है।

व्याकरण आधारित प्रश्न

1. निम्नलिखित शब्दों के दो-दो पर्यायवाची लिखिए

(i) **स्नेह** (ii) **तिमिर**
(iii) **दीपक** (iv) **नाव**
(v) **शक्ति**

उत्तर

(i) **स्नेह** प्रेम, लगाव
(ii) **तिमिर** अंधकार, तमस
(iii) **दीपक** दीप, ज्योति
(iv) **नाव** नौका, जलयान
(v) **शक्ति** बल, ताकत

2. निम्न शब्दों के विलोम शब्द बताइए

(i) **स्नेह** (ii) **प्रकाश**
(iii) **सफलता** (iv) **शांति**
(v) **दिवस**

उत्तर (i) स्नेह-घृणा (ii) प्रकाश-अंधकार
(iii) सफलता-असफलता (iv) शांति-अशांति
(v) दिवस-रात्रि

3. निम्नलिखित वाक्यों को सही पदक्रम में व्यवस्थित कीजिए

(i) **क्यों/घिरी/आज/दिन ही में/आ रही है/अमावस निशा-सी?**
(ii) **जला/तुम/दीप पहला/ने/तिमिर की चुनौती।**
(iii) **जलाते/चलो/ये दिये/स्नेह भर-भर।**
(iv) **रहेगा/धरा पर/एक भी/यदि/दिया/कभी।**
(v) **बुझाओ/इन्हें/यों/न पथ/मिल सकेगा।**

उत्तर (i) आज दिन में ही क्यों अमावस निशा-सी घिरी आ रही है?
(ii) तुमने पहला दीप जला तिमिर की चुनौती।
(iii) जलाते चलो ये दिये स्नेह भर-भर।
(iv) यदि धरा पर एक भी दीया रहेगा कभी।
(v) इन्हें बुझाओ, यों न पथ मिल सकेगा।

स्व–मूल्यांकन

बहुविकल्पीय प्रश्न

1. कविता के अनुसार संसार में किस प्रकार का अंधकार छाया हुआ है?

(क) स्वार्थ एवं द्वेष (ख) भेदभाव

(ग) अराजकता (घ) ये सभी

2. हमें किसके द्वारा अनगिनत दीयों को जलाए रखना है?

(क) ज्ञान और शक्ति के तेल से

(ख) मुश्किलों और दुःखों से

(ग) बलिदानियों की गाथाओं से

(घ) दूसरे की प्रशंसा से

3. 'दीप' और 'तूफान' की कहानी का मुख्य संदेश क्या है?

(क) प्रेम और विज्ञान की तुलना

(ख) संघर्ष और साहस की महत्त्वता

(ग) जीवन की निराशा

(घ) प्रकृति का प्रभाव

4. किसके बिना पथ मिलना असंभव है?

(क) विज्ञान के बिना (ख) शक्ति के बिना

(ग) स्नेह और प्रेम के बिना (घ) धन के बिना

5. कविता के अनुसार किसके द्वारा धरती पर ज्ञान और सौहार्द फैलेगा?

(क) कष्टों और बुराइयों को मिटाकर

(ख) मुश्किलों और दुःखों में निराश होकर

(ग) बलिदानियों के जीवन से प्रेरणा प्राप्त करके

(घ) संकल्प और परिश्रम से

काव्यांश आधारित प्रश्न

निम्नलिखित काव्यांश को पढ़कर उन पर आधारित प्रश्नों के उत्तर दीजिए

जला दीप पहला तुम्हीं ने तिमिर की
चुनौती प्रथम बार स्वीकार की थी,
तिमिर की सरित पार करने तुम्हीं ने
बना दीप की नाव तैयार की थी।
बहाते चलो नाव तुम वह निरंतर
कभी तो तिमिर का किनारा मिलेगा।

1. कवि के अनुसार, मनुष्य ने सबसे पहले किससे लड़ने के लिए दीपक जलाया?

(क) तूफान से (ख) अंधकार से

(ग) दिन से (घ) चाँद से

2. उपर्युक्त काव्यांश के अनुसार, किनारा किसका प्रतीक है?

(क) मंज़िल का (ख) तूफान का

(ग) दीपक का (घ) दिन का

3. तिमिर को किनारा कैसे मिलेगा?

(क) चुनौतियों को स्वीकार करने से

(ख) अंधकार में ज्योति जलाने से

(ग) बुराइयों रूपी अंधकार को मिटाने से

(घ) बुराइयों को प्रकाशित करने से

4. 'नाव को निरंतर बहाते रहो' पंक्ति का आशय स्पष्ट कीजिए।

5. कविता में 'दीपक' का उपयोग किस संदर्भ में किया गया है?

6. कवि ने मनुष्य को किससे लड़ने के लिए प्रेरित किया है?

अतिलघु उत्तरीय प्रश्न

1. समय को किसका साक्षी बताया गया है?

2. निशा को सवेरा कब मिलेगा?

3. 'उजेला' शब्द का क्या अर्थ है?

4. 'समय साक्षी है' का क्या तात्पर्य है?

लघु उत्तरीय प्रश्न

1. कवि के अनुसार, अंधकार का अंत कैसे संभव है?

2. कवि ने दीपक और तूफान के माध्यम से कौन-सा संदेश दिया है?

3. कविता में 'नाव' को किसका प्रतीक माना गया है और उसके निरंतर बहने का क्या अर्थ है? **CBQ**

दीर्घ उत्तरीय प्रश्न

1. कवि ने 'अंधकार' और 'प्रकाश' को किस प्रकार से चित्रित किया है? यह आधुनिक समाज के लिए क्या संदेश देता है?

2. कवि के दृष्टिकोण से, स्नेह और प्रेम का समाज में क्या महत्त्व है और यह कैसे समाज को उज्ज्वल बना सकता है? **CBQ**

अध्याय 8

सत्रिया और बिहू नृत्य

जया मेहता

पाठ का सार

प्रस्तुत पाठ 'सत्रिया और बिहू नृत्य' लेखिका जया मेहता की पुस्तक 'नृत्य कथा' से लिया गया है। इस पाठ में लेखिका ने सांस्कृतिक विविधता, नए अनुभवों की समृद्धि और भारत की अनोखी संस्कृति और कला व नृत्यकला के प्रति आकर्षण को बताया है। इस पाठ में एंजेला और उसका परिवार भारत की सांस्कृतिक विविधता और समृद्धि से प्रभावित होकर असम की यात्रा पर आता है। असम के बिहू और सत्रिया नृत्य के माध्यम से उन्हें भारतीय संस्कृति की गहराई और उसकी अनूठी विशेषताओं का अनुभव होता है। इस अनुभव ने न केवल एंजेला की सोच और दृष्टिकोण को बदल दिया, बल्कि उसे एक नए सांस्कृतिक आयाम से भी अवगत कराया।

केंजिंग्टन में एंजेला का जीवन

एंजेला लंदन के प्रतिष्ठित केंजिंग्टन क्षेत्र में अपने माता-पिता के साथ रहती थी। उसका स्कूल घर से नज़दीक था और उसके कोई सगे भाई-बहन नहीं थे। एंजेला को अपने दोस्तों जेम्स और कीरा के साथ समय बिताना पसंद था।

वे अक्सर काल्पनिक दुनिया की कहानियों में खो जाते थे, जिनमें वे प्रसिद्ध स्थलों जैसे ताजमहल, एफिल टॉवर या कोलोजियम की यात्राएँ करते। एंजेला को हमेशा से ऐसी कहानियों से प्यार था, जो उसे रोमांचक यात्राओं की दुनिया में ले जाती थीं, लेकिन उसे यह अंदाज़ा नहीं था कि जल्द ही उसकी ये कहानियाँ सच हो जाएँगी।

असम की यात्रा की योजना

एंजेला की माँ, एलेसेंड्रा, एक डॉक्यूमेंट्री फिल्म निर्माता थीं, जिन्हें असम की नृत्य परंपरा पर फिल्म बनाने के लिए ब्रिटिश अकादमी से आर्थिक सहयोग मिला था। इस कार्य के लिए उन्हें मात्र एक महीने का समय मिला था। एंजेला की बसंत की छुट्टियों को एक हफ़्ते और बढ़ाकर, एलेसेंड्रा ने एंजेला और उसके पिता ब्रायन को भी इस यात्रा में सम्मिलित कर लिया। बहुत ही जल्दबाजी में बनाई गई इस यात्रा की योजना ने एंजेला को चौंका दिया, लेकिन उसकी माँ को काम समय पर पूरा करना था, इसलिए वे सभी जल्दी ही तैयार हो गए।

असम की सुंदरता और बिहू नृत्य का अनुभव

यात्रा के दौरान उसकी माँ ने उसे असम की प्राकृतिक सुंदरता और सांस्कृतिक धरोहर के बारे में बताया कि असम अपने वन्यजीवन, रेशम और चाय के बागानों के साथ-साथ नृत्य की समृद्ध परंपरा के लिए प्रसिद्ध है।

वे अप्रैल के महीने में गए थे, तब असम में नए साल का समय होता है और वसंत का उत्सव 'बिहू' मनाया जाता है, वे भी वहाँ वसंत के आगमन के उपलक्ष्य में मनाए जाने वाले बिहू उत्सव का हिस्सा बनने वाले थे।

एंजेला और उसके परिवार के मलंग गाँव पहुँचने पर एंजेला को माँ ने बिहू के बारे में जानकारी दी कि यह एक कृषि आधारित त्योहार है।

भारत के अधिकांश लोग किसान हैं और असम में बिहू तीन बार मनाया जाता है- जब किसान बीज बोते हैं, जब धान रोपा जाता है और जब फसल कटने के लिए तैयार हो जाती है।

बिहू उत्सव का आनंद और नृत्य का महत्त्व

एंजेला और उसके परिवार ने बिहू नृत्य और इसके साथ-साथ लजीज पकवानों का आनंद लिया। जब वे वापस लौटे, तब एंजेला ने माँ से इस बारे में चर्चा की। उसे इस बात पर खुशी हुई कि बिहू नामक यह उत्सव और नृत्य एक-दूसरे से जुड़े हुए हैं।

उसने माँ से पूछा कि क्या संगीत और नृत्य सिर्फ़ त्योहारों पर ही होते हैं। माँ ने बताया कि पूरी दुनिया में लोग नृत्य और संगीत के माध्यम से अपनी भावनाओं को व्यक्त करते हैं, और भारत में विशेष रूप से यह संस्कृति बहुत समृद्ध है।

असम और लंदन की संस्कृति में अंतर

अगले कुछ दिनों में, एंजेला की माँ डॉक्यूमेंट्री के लिए तथ्य जुटाने और साक्षात्कार लेने में व्यस्त रहीं। इस दौरान, एंजेला ने अपने आसपास की चीज़ों को ध्यान से देखा और महसूस किया कि असम का जीवन लंदन से कितना अलग है। उसे अपनी माँ पर गर्व हुआ, जो एक वैज्ञानिक-कहानीकार की तरह अपनी फ़िल्मों में कई महत्त्वपूर्ण चीज़ें एक साथ दिखाती हैं। एंजेला के मन में बिहू नृत्य और उत्सव की स्मृतियाँ गहराई तक बैठ गईं।

उत्तरी असम की यात्रा और अनु-एंजेला की दोस्ती

अगले दिन एंजेला और उसका परिवार उत्तरी असम की ओर रवाना हुआ, जहाँ सत्रों अर्थात् मठों की पीठ है। वे दक्षिणापथ सत्र के पास रहने के लिए जा रहे थे क्योंकि वहाँ सत्रिया नृत्य का फ़िल्मांकन करना था। इस यात्रा में उनकी मुलाकात असम की प्रसिद्ध लेखिका रीना सेन से हुई, जिनके घर पर उन्हें ठहरना था।

रीना आंटी की एक बेटी थी, जिसका नाम अनु था। अनु और एंजेला ने एक-दूसरे से दोस्ती कर ली। दोनों की उम्र लगभग दस साल थी। अनु ने एंजेला को असमिया शब्द सिखाए। एंजेला को अनु के अनोखे खिलौने लकड़ी के तीर-कमान और नारियल की जटा से बने घर बहुत पसंद आए। दोनों ने राम और रावण की भूमिका निभाई और खूब मस्ती की।

सत्रिया नृत्य का फिल्मांकन और महिलाओं की भागीदारी

एंजेला और अनु ने देखा कि एलेसेंड्रा (एंजेला की माँ) वैष्णव मठ के सभागार में युवा साधुओं के नृत्य का फ़िल्मांकन कर रही थीं। एंजेला को आश्चर्य हुआ कि क्या सत्रिया नृत्य सिर्फ़ लड़कों और पुरुषों के लिए है? दोनों बच्चियों ने कल्पना की कि काश वे भी उन साधुओं की तरह गा सकते, नृत्य कर सकते और छद्म युद्ध का अभिनय कर सकते!

एंजेला की माँ ने उसे बताया कि बीसवीं शताब्दी के मध्य में कुछ साधु मठों से बाहर आकर पुरुषों और महिलाओं को सत्रिया नृत्य सिखाने लगे। प्रारंभ में, ऐसे साधुओं को मठों से निकाल दिया गया, लेकिन समय के साथ महिला सत्रिया कलाकारों के लिए मंच पर नृत्य करना आम हो गया।

सत्रिया नृत्य का अद्वितीय अनुभव

एंजेला के आग्रह पर रीना आंटी ने अनु को सत्रिया नृत्य देखने की अनुमति दी। उस रात एंजेला और अनु ने भगवान विष्णु के द्वारपालों, जय-विजय की कहानी को सत्रिया नृत्य के माध्यम से देखा।

जैसे-जैसे कथा आगे बढ़ी, एंजेला और अनु ने देखा कि किस प्रकार जय और विजय ने भगवान विष्णु से मिलने आए ऋषियों को रोका, जिससे नाराज होकर ऋषियों ने उन्हें असुर बनने का श्राप दिया। भगवान विष्णु के जागने पर उन्हें अपने द्वारपालों को श्राप से मुक्त करने के लिए उन्हें मारने का वचन देना पड़ा। इस नाटकीय प्रस्तुति और महिला नृत्यांगनाओं की शक्ति, बल और आकर्षण ने एंजेला को गहराई से प्रभावित किया। यह अनुभव इतना जीवंत और रोचक था कि इसके बाद के दिनों में एंजेला के मन में केवल सत्रिया नृत्य ही घूमता रहा।

लंदन में वापसी और एंजेला का नृत्य प्रदर्शन

एंजेला जब लंदन लौटी, तो उसने अपनी माँ द्वारा रिकॉर्ड की गई वीडियो को बार-बार देखा और असम की समृद्ध नृत्य परंपरा को याद किया। एंजेला की इस गहरी रुचि को देखते हुए, उसके माता-पिता ने उसके लिए असमी नृत्य पर एक विशेष योजना बनाई। एंजेला ने लंदन में अपनी कक्षा में असमी नृत्य का प्रदर्शन किया, जिसमें उसने स्वयं किए गए नृत्य की वीडियो रिकॉर्डिंग भी दिखाई। उसके सहपाठियों और शिक्षकों ने इसे बहुत सराहा।

शब्दार्थ

शब्द	हिंदी अर्थ
डॉक्यूमेंट्री	वास्तविक घटनाओं, तथ्यों या स्थितियों पर आधारित फिल्म
वित्तीय	आर्थिक, पैसे से संबंधित।
परंपरा	रीति-रिवाज
साक्षात्कार	प्रत्यक्ष भेंट
अचंभित	बहुत अधिक आश्चर्यचकित या हैरान होना।
वृत्तचित्र	किसी विशिष्ट विषय पर आधारित दस्तावेजी फिल्म
शुभारंभ	किसी कार्य या योजना की शुरुआत।
सभागार	वह स्थान जहाँ लोग एकत्र होते हैं।
काल्पनिक	केवल कल्पना मात्र, वास्तविक न हो।
मनोरंजन	वह प्रक्रिया जिससे मन को खुशी और आनंद मिलता है।
सभ्यता	समाज की सांस्कृतिक, नैतिक और वैज्ञानिक उन्नति की स्थिति।

शब्द	हिंदी अर्थ
संवेदनशील	जिसे बहुत जल्दी और गहराई से महसूस किया जा सके।
अनोखा	अद्वितीय, विशेष
मंत्रमुग्ध	मोहित।
उत्सव	त्योहार
अचंभित	आश्चर्यचकित
बहुतायत	बड़ी संख्या में, प्रचुरता से
छद्म	नकली, झूठा
श्राप	शाप, किसी को बद्दुआ देना
नृत्यांगना	नृत्य करने वाली महिला
मुद्राएँ	नृत्य या कला में हाथों और शरीर की विभिन्न अवस्थाएँ
समृद्ध	संपन्न, धनी

NCERT फोल्डर

पाठ्यपुस्तक के प्रश्नोत्तर

पाठ से

आइए, अब हम इस पाठ को थोड़ा और निकटता से समझ लेते हैं। आगे दी गई गतिविधियाँ इस कार्य में आपकी सहायता करेंगी।

मेरी समझ से

(क) नीचे दिए गए प्रश्नों का सटीक उत्तर कौन-सा है? उसके सामने तारा (*) बनाइए

(i) माँ एलेसेंड्रा के बारे में कौन-सा कथन सत्य है?

- वे असम के जीवन के बारे में बहुत-कुछ जानती थीं। (*)
- उन्हें असम, बिहू और सत्रिया नृत्य से बहुत प्रेम था।
- उन्होंने एंजेला को कुछ असमिया शब्द भी सिखाए।
- वे अपने कार्य में सहायता के लिए बेटी को लाई थीं।

(ii) "अनु और एंजेला ने तुरंत एक-दूसरे की तरफ़ देखा।" क्यों?

- अनु के पास खिलौने थे।
- दोनों की आयु एक समान थी। (*)
- दोनों को अंग्रेज़ी भाषा आती थी।
- एंजेला अनु से असमिया भाषा सीखना चाहती थी।

(ख) अब अपने मित्रों के साथ चर्चा कीजिए और कारण बताइए कि आपने ये उत्तर ही क्यों चुने?

उत्तर वे असम के जीवन के बारे में बहुत-कुछ जानती थीं। पाठ में एक स्थान पर उल्लेख किया गया है कि एलेसेंड्रा ने गाँव पहुँचने पर अपनी बेटी एंजेला को बताया कि बिहू एक कृषि आधारित त्योहार है। भारत में जनसंख्या का एक बड़ा हिस्सा किसानों का है। असम में बिहू साल में तीन बार मनाया जाता है। सबसे पहले जब किसान बीज बोते हैं, फिर जब वे धान रोपते हैं और फिर तब, जब खेतों में अनाज तैयार हो जाता है। इससे यह स्पष्ट है कि माँ एलेसेंड्रा असम के ग्रामीण जीवन, बिहू और सत्रिया नृत्य के बारे में काफी जानकारी रखती थीं।

दोनों की आयु एक समान थी, क्योंकि पाठ में बताया गया है कि अनु और एंजेला दोनों ही दस साल की थीं। उनकी एक जैसी आयु ने उन्हें तुरंत एक-दूसरे के प्रति आकर्षित किया और उन्होंने आपस में बातचीत शुरू की।

मिलकर करें मिलान

पाठ में से कुछ शब्द चुनकर स्तंभ 1 में दिए गए हैं। उनसे संबंधित वाक्य स्तंभ 2 में दिए गए हैं। अपने समूह में इन पर चर्चा कीजिए और रेखा खींचकर शब्दों का मिलान उपयुक्त वाक्यांशों से कीजिए। इसके लिए आप शब्दकोश, इंटरनेट या अपने शिक्षकों की सहायता ले सकते हैं।

	स्तंभ 1		स्तंभ 2
1.	सत्र	(i)	ग्रेगरी कैलेंडर के अनुसार 1 जनवरी, 1901 से 31 दिसम्बर, 2000 तक का समय ।
2.	बोहाग बिहू	(ii)	यूनाइटेड किंगडम और इंग्लैंड की राजधानी।
3.	लंदन	(iii)	'यूनाइटेड किंगडम' देश की एक सरकारी संस्था
4.	गुवाहाटी	(iv)	असम में मनाया जाने वाला एक त्योहार। यह असम में नए वर्ष की शुरुआत और वसंत के आगमन का प्रतीक है।
5.	ब्रिटिश अकादमी	(v)	भारत के असम राज्य का प्राचीन और सबसे बड़ा नगर है।
6.	बीसवीं शताब्दी	(vi)	ये असम के मठ हैं। इनकी संख्या पाँच सौ से भी ज्यादा है। ये पूजा-पाठ और धार्मिक गतिविधियों के स्थान हैं। सत्रिया नृत्य की उत्पत्ति इन्हीं सत्रों में हुई है।

उत्तर 1-(vi); 2-(iv); 3-(ii); 4-(v); 5-(iii); 6-(i)

पंक्तियों पर चर्चा

पाठ में से चुनकर कुछ पंक्तियाँ नीचे दी गई हैं। इन्हें ध्यान से पढ़िए और इन पर विचार कीजिए। आपको इनका क्या अर्थ समझ में आया? अपने विचार अपनी कक्षा में साझा कीजिए और लिखिए।

(क) असम, भारत के पूर्वोत्तर क्षेत्र में है, जिसे अपने वन्य जीवन, रेशम और चाय के बागानों के लिए जाना जाता है। इसके साथ असम में नृत्य की भी एक समृद्ध परंपरा है।

उत्तर प्रस्तुत पंक्ति में असम के सांस्कृतिक और प्राकृतिक धरोहरों का वर्णन किया गया है। असम न केवल अपने सुंदर वन्यजीव अभ्यारण्यों, रेशम उत्पादन और चाय के बागानों के लिए प्रसिद्ध है, बल्कि यहाँ की नृत्य परंपराएँ भी अत्यधिक समृद्ध और महत्त्वपूर्ण हैं। यह पंक्ति असम की सांस्कृतिक विविधता और प्राकृतिक सौंदर्य को दर्शाती है। इसमें यह भी संकेत है कि असम की पहचान न केवल उसके प्राकृतिक संसाधनों से बल्कि उसकी सांस्कृतिक धरोहर नृत्य परंपरा से भी होती है।

(ख) "पूरी दुनिया की संस्कृतियों में लोग नृत्य और संगीत से अपनी भावनाओं को व्यक्त करते हैं।"

उत्तर प्रस्तुत पंक्ति का अर्थ यह है कि नृत्य और संगीत दुनिया भर में सभी संस्कृतियों का एक अभिन्न हिस्सा हैं। लोग अपने आनंद, दुख, प्यार,

और अन्य भावनाओं को व्यक्त करने की लिए नृत्य और संगीत का सहारा लेते हैं। नृत्य और संगीत मानवता की सार्वभौमिक भाषा हैं, जो लोगों को भावनात्मक रूप से जोड़ने में सक्षम हैं।

सोच-विचार के लिए

निबंध को एक बार फिर से पढ़िए और निम्नलिखित के बारे में पता लगाकर अपनी लेखन पुस्तिका में लिखिए-

(क) एंजेला के मन में कई तरह के विचार चल रहे थे। उसके मन में कौन-कौन से विचार चल रहे होंगे?

उत्तर एंजेला के मन में कई तरह के विचार चल रहे थे। उसने सोचा कि 'बिहू' जैसे उत्सव और नृत्य दोनों का एक ही नाम कैसे हो सकता है। उसे इस बात पर आश्चर्य हुआ कि क्या संगीत और नृत्य केवल त्योहारों तक ही सीमित होते हैं। उसने माँ से यह भी पूछा कि क्या असम में लोग रोज़मर्रा की ज़िंदगी में भी इस तरह से नृत्य और संगीत का आनंद लेते हैं या फिर यह केवल विशेष अवसरों के लिए ही होता है। इन सब बातों से एंजेला के मन में असम की सांस्कृतिक परंपराओं को लेकर अनेक विचार आए होंगे।

(ख) बिहू एक कृषि आधारित त्योहार है। कैसे?

उत्तर बिहू एक कृषि आधारित त्योहार है, क्योंकि यह त्योहार असम के किसानों के जीवन और कृषि से गहराई से जुड़ा हुआ है। बिहू तीन बार मनाया जाता है-पहली बार जब किसान बीज बोते हैं (रोंगाली बिहू), दूसरी बार जब वे धान रोपते हैं (भोगाली बिहू) और तीसरी बार जब खेतों में फसल तैयार हो जाती है (कोंगाली बिहू)। इन तीनों अवसरों पर किसान अपनी मेहनत और प्रकृति की कृपा का उत्सव मनाते हैं। इस तरह, बिहू असम की कृषि संस्कृति का एक महत्त्वपूर्ण हिस्सा है।

(ग) ऐसा लगता है कि भारत से जाने के बाद भी एंजेला के मन में असम ही छाया हुआ था। पाठ से इस कथन के समर्थन के लिए कुछ उदाहरण खोजकर लिखिए।

उत्तर एंजेला के मन में असम से जुड़ी यादें इतनी गहरी थीं कि भारत से जाने के बाद भी वह असम के नृत्यों-बिहू और सत्रिया-के बारे में सोचती रही। वह चलने, खाना खाने और यहाँ तक कि खेलने के दौरान भी नृत्य करती रही। वापस लंदन जाने के बाद वह उन सभी रिकॉर्डिंग्स को देखती रही, जो उसकी माँ ने रिकॉर्ड की थी। पूरे उत्साह के साथ वह असम की समृद्ध नृत्य परंपरा को याद करती रही। इसके अतिरिक्त, उसने लंदन में अपनी कक्षा में भी असम के नृत्यों का प्रदर्शन किया, जिसे देखकर उसके सहपाठी और शिक्षक बहुत प्रभावित हुए। ये सभी उदाहरण यह दिखाते हैं कि एंजेला के मन में असम की गहरी छाप थी, जो भारत से जाने के बाद भी उसके साथ बनी रही।

(घ) समय के बदलने के साथ-साथ सत्रिया नृत्य की परंपरा में क्या बदलाव आया है?

उत्तर समय के बदलने के साथ-साथ सत्रिया नृत्य की परंपरा में महत्त्वपूर्ण बदलाव आए हैं। पहले यह नृत्य केवल मठों में और पुरुष साधुओं के द्वारा ही किया जाता था, लेकिन बीसवीं शताब्दी के मध्य में कुछ साधुओं ने मठों से बाहर आकर महिलाओं को भी सत्रिया नृत्य सिखाना शुरू किया। शुरू में इसका विरोध हुआ और इन साधुओं को मठों से निकाल दिया गया। लेकिन धीरे-धीरे इस नृत्य को महिलाओं के द्वारा भी अपनाया गया और अब आधुनिक दौर में महिला सत्रिया कलाकारों के लिए मंच पर नृत्य करना आम बात हो गई है।

निबंध की रचना

"गुवाहाटी के एक होटल में सामान्य होने के बाद वे उसी शाम पास के एक गाँव मलंग में गए। गाँव पहुँचने पर माँ ने एंजेला को बताया कि बिहू एक कृषि आधारित त्योहार है। असम में बिहू साल में तीन बार मनाया जाता है।"

इन वाक्यों में बिहू और असम का ऐसा रोचक और सरस वर्णन किया गया है कि लगता है मानों हम कोई कहानी पढ़ रहे हैं।

इस निबंध में वस्तु, घटना, प्रदेश आदि का वर्णन किया गया है। इसमें जो कुछ भी स्वयं देखा गया है, उसका वर्णन किया गया है। इस प्रकार के निबन्धों में घटनाओं का एक क्रम होता है। इनमें आम जीवन की बातें होती हैं। इनकी भाषा सरल होती है। उदाहरण के लिए होली, दीपावली आदि के बारे में बताना।

इस पाठ को एक बार फिर से पढ़िए और इसकी बनावट पर ध्यान दीजिए। इस पाठ की विशेषताएँ पहचानिए और अपनी कक्षा में साझा कीजिए और लिखिए, जैसे इस पाठ में लंदन से यात्रा शुरू करने से लेकर वापस लंदन पहुँचने तक के अनुभवों का वर्णन किया गया है।

उत्तर छात्र स्वयं करें।

अनुमान या कल्पना से

अपनी कक्षा में चर्चा कीजिए

(क) बिहू नृत्य और इसके उत्सव से अचंभित एंजेला और उसके परिवार ने इसके साथ-साथ लजीज पकवानों का पूरा आनंद लिया। एंजेला और उसका परिवार बिहू नृत्य और उसके उत्सव को देखकर अचंभित क्यों हो गया?

उत्तर एंजेला और उसका परिवार बिहू नृत्य और उसके उत्सव को देखकर अचंभित हो गया, क्योंकि उन्होंने इससे पहले कभी ऐसी जीवंतता और सांस्कृतिक विविधता का अनुभव नहीं किया था। बिहू उत्सव असम की सांस्कृतिक परंपरा की अनूठी झलक पेश करता है, जिसमें रंग-बिरंगे परिधान, जीवंत संगीत और नृत्य की विशेष शैली शामिल होती है। इस उत्सव के दौरान नृतकों की ऊर्जा और उत्साह ने उन्हें पूरी तरह से प्रभावित किया। इसके साथ ही, असम के स्वादिष्ट भोजन ने भी उनके अनुभव को खास बना दिया। इस प्रकार के सांस्कृतिक प्रदर्शन ने एंजेला और उसके परिवार को मंत्रमुग्ध कर दिया, जिससे उन्हें एक अनूठा अनुभव मिला।

(ख) "जब तक एंजेला कुछ समझ पाती, तब तक वह लंदन से नई दिल्ली होते हुए गुवाहाटी की उड़ान पर थी।" एंजेला और उसकी माँ एलेसेंड्रा ने भारत की यात्रा से पहले कौन-कौन सी तैयारियाँ की होंगी?

उत्तर एंजेला और उसकी माँ एलेसेंड्रा ने भारत की यात्रा से पहले कई महत्त्वपूर्ण तैयारियाँ की होंगी। उन्होंने पासपोर्ट और वीजा की व्यवस्था की होगी और यात्रा की योजना बनाई होगी, जिसमें गंतव्य स्थानों की जानकारी शामिल थी। एलेसेंड्रा ने अपनी फिल्म के लिए आवश्यक उपकरणों की जाँच की होगी और दोनों ने यात्रा के लिए आवश्यक वस्त्र और दवाइयाँ भी पैक की होंगी। इसके अलावा, उन्होंने

भारत के सांस्कृतिक और भौगोलिक विशेषताओं के बारे में जानकारी जुटाई होगी, ताकि वे यात्रा के दौरान स्थानीय लोगों और परंपराओं को समझ सकें।

(ग) **"वहाँ एक बड़े से बरगद के पेड़ के नीचे मंच बनाया गया था।"**
बिहू नृत्य के लिए बरगद के पेड़ के नीचे मंच क्यों बनाया गया होगा?

उत्तर बिहू नृत्य के लिए बरगद के पेड़ के नीचे मंच बनाए जाने का कारण यह हो सकता है कि बरगद का पेड़ छाँव और सुरक्षा प्रदान करता है। यह पेड़ गाँवों में पवित्र माना जाता है और ग्रामीण उत्सवों के लिए आदर्श स्थान होता है। इसके नीचे नृत्य और अन्य सांस्कृतिक गतिविधियों का आयोजन पारम्परिक और सांस्कृतिक महत्त्व को दर्शाता है, साथ ही प्राकृतिक वातावरण में उत्सव का आनंद भी बढ़ जाता है।

शब्दों की बात

नीचे शब्दों से जुड़ी कुछ गतिविधियाँ दी गई हैं। इन्हें करने के लिए आप शब्दकोश, अपने शिक्षकों और मित्रों की सहायता भी ले सकते हैं।

असम से जुड़े शब्द

इस पाठ में अनेक शब्द ऐसे हैं जो असम से विशेष रूप से जुड़े हैं। अपने समूह में मिलकर उन शब्दों की पहचान कीजिए। इसके बाद उन्हें नीचे दिए गए स्थान पर लिखिए
(संकेत असम के नृत्य, त्योहार, भाषा आदि।)

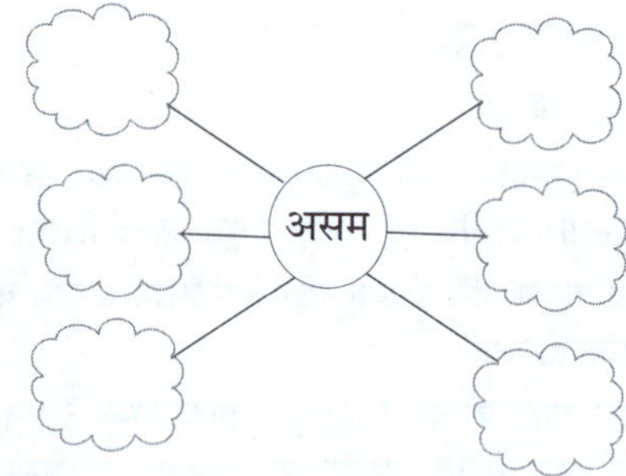

उत्तर
- असमिया भाषा
- बिहू नृत्य व त्योहार
- झूमर नृत्य
- सत्रिया नृत्य
- मठों की पीठ
- बैशगु त्योहार

तीन बिहू

"असम में बिहू साल में तीन बार मनाया जाता है।"

रोंगाली या बोहाग
(बैसाख, सामान्यतः अप्रैल में)

भोगाली या पाप
(माघ, सामान्यतः जनवरी में)

कोंगाली या काटी
(कार्तिक, सामान्यतः अक्टूबर में)

(क) **एंजेला और उसकी माँ एलेसेंड्रा कौन-से बिहू के अवसर पर भारत आए थे? लिखिए।**

उत्तर एंजेला और उसकी माँ एलेसेंड्रा रोंगाली बिहू के अवसर पर भारत आए थे। रोंगाली बिहू, जिसे बोहाग बिहू भी कहा जाता है, असम का प्रमुख फसल उत्सव है। यह अप्रैल माह में वसंत के आने की खुशी में मनाया जाता है।

(ख) **तीनों बिहू के लिए लिखिए कि उस समय किसान खेतों में क्या कर रहे होते हैं?**

उत्तर असम में बिहू के तीन प्रमुख त्योहार होते हैं

(i) **रोंगाली या बोहाग बिहू (बैसाख, सामान्यतः अप्रैल में)** इस समय किसान नए साल के स्वागत के साथ खेतों में बीज बोने की तैयारी करते हैं। यह खेती का सबसे महत्त्वपूर्ण चरण होता है, जहाँ वे अपनी आगामी फसलों के लिए खेतों को तैयार करते हैं।

(ii) **भोगाली या माघ बिहू (माघ, सामान्यतः जनवरी में)** इस समय किसान अपनी फसल की कटाई कर लेते हैं। फसल कटाई के बाद यह समय फसलों के भंडारण और उसके बाद के भोज और उत्सव का होता है। त्योहार फसल के मौसम के अंत का प्रतीक है और आमतौर पर जनवरी में मनाया जाता है।

(iii) **कोंगाली या काटी बिहू (कार्तिक, सामान्यतः अक्टूबर में)** काटी बिहू के समय किसान धान के पौधों की देखभाल करते हैं और पौधों की सुरक्षा के लिए दीप जलाते हैं। कोंगाली बिहू अच्छी फसल के लिए प्रार्थनाओं से जुड़ा है। यह अक्टूबर माह में मनाया जाता है।

पाठ से आगे

आपकी बात

अपने समूह में चर्चा कीजिए

(क) "रीना आंटी की एक <u>बिटिया</u> थी- अनु"
बिटिया का अर्थ है बेटी'। बेटी को प्यार से बुलाने के लिए और स्नेह जताने के लिए 'बिटिया' शब्द का प्रयोग भी किया जाता है। 'बिटिया' जैसा ही एक अन्य शब्द 'बिट्टो' भी है। आपके घर में आपको प्यार से किन-किन नामों से पुकारा जाता है?

उत्तर छात्र स्वयं करें।

(ख) आपके नाम का क्या अर्थ है? आपका नाम किसने रखा? पता करके बताइए।

उत्तर छात्र स्वयं करें।

(ग) "वे एक साथ खेल रहे थे"
आप कौन-कौन से खेल अपने मित्रों के साथ मिलकर खेलते हैं? बताइए।

उत्तर छात्र स्वयं करें।

(घ) "असम में नृत्य की भी एक समृद्ध परंपरा है।'
आपने इस पाठ में बिहू और सत्रिया नृत्यों के बारे में तो पढ़ा है। आपके प्रांत में कौन-कौन से नृत्य प्रसिद्ध हैं? आपको कौन-सा नृत्य करना पसंद है?

उत्तर छात्र स्वयं करें।

पूर्वोत्तर की यात्रा

असम भारत के पूर्वोत्तर भाग में स्थित है। असम के अतिरिक्त पूर्वोत्तर भारत में सात अन्य राज्य भी हैं। आपको अवसर मिले तो इनमें से किसी राज्य की यात्रा कीजिए। आठ राज्यों के नाम हैं—अरुणाचल प्रदेश, सिक्किम, मिजोरम, मेघालय, त्रिपुरा, नागालैंड, मणिपुर और असम।

टाइम मशीन

"उसे ऐसा लग रहा था, जैसे वह आश्चर्यजनक रूप से किसी टाइम मशीन में आकर बैठ गई हो!"
क्या आपने पहले कभी 'टाइम मशीन' का नाम सुना है? टाइम मशीन ऐसी काल्पनिक मशीन है, जिसमें बैठकर बीते हुए या आने वाले समय की दुनिया में पहुँचा जा सकता है। टाइम-मशीन' को अभी तक बनाया नहीं जा सका है। लेकिन अनेक लेखकों ने 'टाइम मशीन' के बारे में कहानियाँ लिखी हैं, अनेक फ़िल्मकारों ने इसके बारे में फ़िल्में बनाई हैं।

(क) यदि आपको टाइम मशीन मिल जाए तो आप उसमें बैठकर कौन-से समय में और कौन-से स्थान पर जाना चाहेंगे? क्यों?

उत्तर छात्र स्वयं करें।

(ख) आपको यदि कोई ऐसी वस्तु बनाने का अवसर मिले जो अभी तक नहीं बनाई आप क्या बनाएँगे? क्यों बनाएँगे?

उत्तर छात्र स्वयं करें।

(ग) क्या आपने कभी किसी संग्रहालय की यात्रा की है? संग्रहालय ऐसा स्थान होता है जहाँ विभिन्न कालों की प्राचीन वस्तुएँ देखने को मिलती हैं। कभी-कभी संग्रहालय की यात्रा भी 'टाइम मशीन' की यात्रा जैसी लगती है।
अवसर मिले तो आप भी किसी संग्रहालय की यात्रा अवश्य कीजिए और उसके बारे में कक्षा में बताइए।

उत्तर छात्र स्वयं करें।

खिलौने विभिन्न प्रकार के

"एंजेला को अनु के खिलौने बहुत अच्छे लगे, जो थोड़े अलग तरह के थे।"

(क) अनु के खिलौने कैसे थे? लंदन में एंजेला के खिलौने कैसे रहे होंगे?

उत्तर अनु के खिलौने असम की स्थानीय संस्कृति और परंपराओं से जुड़े हुए थे। इनमें गुड़िया, लकड़ी के खिलौने और नारियल की जटा से बने घर शामिल थे। ये खिलौने प्राकृतिक सामग्रियों से बने होते थे और साधारण, लेकिन अनोखे थे, जो स्थानीय कारीगरों की कला और कौशल को दर्शाते हैं। इनमें एक अलग ही आकर्षण था, जो एंजेला के लिए नया और रोचक था।
लंदन में एंजेला के खिलौने आधुनिक और तकनीकी हो सकते थे, जैसे इलेक्ट्रॉनिक खिलौने, प्लास्टिक से बने खिलौने और वर्चुअल गेम्स लंदन की संस्कृति और शहरी जीवन शैली के अनुरूप, उसके खिलौने आमतौर पर बाजार में उपलब्ध होते होंगे। ये खिलौने ज़्यादा चमकदार, आकर्षक और शायद अधिक जटिल होते होंगे, लेकिन वे स्थानीय संस्कृति से जुड़े नहीं होते जैसे कि अनु के खिलौने थे।

(ख) आप घर पर कौन-कौन से खिलौनों से खेलते रहे हैं? उनके नाम बताइए।

उत्तर छात्र स्वयं करें।

(ग) भारत के प्रत्येक प्रांत में हाथ से बच्चों के अनोखे खिलौने बनाए जाते हैं। आपके यहाँ बच्चों के लिए हाथ से बने कौन-कौन से खिलौने मिलते हैं?

उत्तर छात्र स्वयं करें।

(घ) भारत के बच्चे स्वयं भी अपने लिए अनोखे खिलौने बना लेते हैं। आप भी तो कागज़,मिट्टी आदि से कोई न कोई खिलौना बनाना जानते होंगे? आप अपने हाथों से बनाए किसी खिलौने को कक्षा में लाकर दिखाइए और उसे बनाने का तरीका सबको सिखाइए।

उत्तर छात्र स्वयं करें।

पत्र

(क) मान लीजिए आप एंजेला हैं। आप लंदन लौट चुकी हैं और आपको भारत की बहुत याद आ रही है। अपनी सखी अनु को पत्र लिखकर बताइए कि आपको कैसा अनुभव हो रहा है।

उत्तर प्रिय सहेली अनु,
नमस्ते!
कैसी हो? लंदन लौटने के बाद, मैं एक अलग ही दुनिया महसूस कर रही हूँ। भारत की वो रंग-बिरंगी गलियाँ और तुम्हारे साथ बिताए हुए पल मुझे हर रोज़ याद आते हैं। वहाँ की जीवनशैली, लोगों की सादगी और तुम्हारे अनोखे खिलौने मेरी यादों में बसे हुए हैं। तुम्हारे खिलौने सचमुच बहुत खास थे। वे न केवल सुंदर थे, बल्कि उनके पीछे की सोच और रचनात्मकता ने मुझे प्रभावित किया। यहाँ के खिलौने मेरे लिए उतने खास नहीं हैं।
मैं अक्सर उन दिनों के बारे में सोचती हूँ, जब हम साथ में घूमते थे, खेलते थे। हम दोनों जब साथ में सत्रिया नृत्य देखने गए थे, वह अनुभव मेरे लिए अविस्मरणीय है। सत्रिया नृत्य की वो अद्भुत प्रस्तुति, जिसमें जय-विजय की कहानी को जीवंत होते देखा, आज भी मेरी आँखों के सामने घूमती है। नृत्यांगनाओं की अद्भुत मुद्राएँ और उनके हर भाव में छिपी कला ने मेरे दिल को गहराई से छू लिया। मैं आज भी उस नृत्य की सुंदरता और उसकी पारंपरिकता को महसूस कर सकती हूँ। तुम्हारे साथ बिताए गए वो पल मेरे लिए बहुत खास हैं और वे हमेशा मेरी यादों में ताज़ा रहेंगे। मैं जल्द ही तुमसे मिलने की उम्मीद करती हूँ, ताकि हम फिर से साथ में हँस सकें, खेल सकें और नई यादें बना सकें।,
तुम्हारी प्यारी सहेली
एंजेला।

(ख) आप जानते होंगे कि पत्र लिखने के लिए आवश्यक सामग्री; जैसे- पोस्टकार्ड, अन्तर्देशीय लिफाफे आदि डाकघर से खरीदे जा सकते हैं। संभव हो तो आप भी अपने घर के पास डाकघर में जाइए और एक पोस्टकार्ड खरीदकर पत्र लिखने के लिए उसका उपयोग कीजिए।

उत्तर छात्र स्वयं करे।

(ग) क्या आपने कभी डाक टिकट देखा है? संसार के सभी देश डाक-टिकट जारी करते हैं। भारत का डाक विभाग भी समय-समय पर डाक टिकट जारी करता है। डाक टिकट किसी देश की संस्कृति के बारे में महत्त्वपूर्ण जानकारी भी उपलब्ध कराते हैं। इसलिए अनेक लोग देश-विदेश के डाक टिकटों को एकत्रित करना पसंद करते हैं।

नीचे भारत के विभिन्न लेखकों के सम्मान में जारी किए गए कुछ डाक-टिकटों के चित्र दिए गए हैं। इन्हें ध्यान से देखिए

(i) आपको इनमें से कौन-सा डाक टिकट सबसे अच्छा लगा और क्यों?

उत्तर छात्र स्वयं करें।

(ii) डाक टिकटों पर लेखकों के बारे में कौन-कौन सी जानकारी दी गई है?

उत्तर टिकटों पर लेखकों की तस्वीर के साथ उनके नाम, जन्म और मृत्यु की तिथियाँ और कभी-कभी उनके साहित्यिक योगदान का उल्लेख किया गया है। उदाहरण के लिए, महादेवी वर्मा के डाक टिकट पर उनकी छवि के साथ उनका नाम और उनके महत्त्वपूर्ण साहित्यिक योगदान का संकेत दिया गया है।

आज की पहेली

आज हम आपके लिए लाए हैं कुछ असमिया पहेलियाँ। हो सकता है इनमें से कुछ पहेलियों को पढ़कर आपको लगे, अरे! ये पहेली तो मेरे घर पर भी बूझी जाती है! तो कुछ पहेलियाँ आप पहली बार बूझेंगे। तो आइए, आनंद लेते हैं इन रंग-बिरंगी पहेलियों का।

उत्तर 1. मूली 2. नारियल 3. होंठ 4. चींटी

क्र.सं.	असमिया पहेली	हिंदी पहेली	संकेत
1.	हातीर दाँत, कदमर पात	हाथी के दाँत-सी कदंब के पात-सी।	
2.	पानी आसे मास नाइ, हाबि आसे बाघ नाइ	पानी है पर मछली नहीं, जंगल है पर बाघ नहीं	
3.	आई बुलिले ने लागे, बोपाइ, बुलिले लागे	लग-लग कहे तो ना लगे, बेलग कहे लग जाए	
4.	सय चरण कृष्ण वरण, पेट काटिलेउ नाई मरण	काला तन और छह हैं चरण, पेट कटे पर भी न मरण	

अभ्यास प्रश्न

बहुविकल्पीय व वर्णनात्मक प्रश्नों सहित

बहुविकल्पीय प्रश्न

1. एंजेला की माँ का नाम क्या था?

(क) एमी (ख) एलेसेंड्रा

(ग) एलिजाबेथ (घ) ऐन

उत्तर (ख) एलेसेंड्रा

2. एलेसेंड्रा किस प्रकार की फिल्म निर्माता थीं?

(क) फिक्शन फिल्म (ख) एनिमेशन

(ग) डॉक्यूमेंट्री (घ) म्यूजिक वीडियो

उत्तर (ग) डॉक्यूमेंट्री

3. एंजेला की माँ को असम की किस परंपरा पर डॉक्यूमेंट्री बनाने के लिए वित्तीय मदद मिली थी?

(क) असम के ग्रामीण-जीवन पर

(ख) असम के चाय बागानों पर

(ग) असम के वन्य-जीवन पर

(घ) असम की नृत्य परंपरा पर

उत्तर (घ) असम की नृत्य परंपरा पर

4. असम का बिहू त्योहार किसके आगमन की खुशी में मनाया जाता है?

(क) वसंत ऋतु (ख) मानसून

(ग) सर्दी (घ) गर्मी

उत्तर (क) वसंत ऋतु

5. असम में साल में कितनी बार बिहू मनाया जाता है?

(क) एक बार (ख) दो बार

(ग) तीन बार (घ) चार बार

उत्तर (ग) तीन बार

6. बिहू त्योहार मुख्य रूप से किससे जुड़ा हुआ है?

(क) धार्मिक अनुष्ठान (ख) कृषि और फसल

(ग) वाणिज्यिक गतिविधियाँ (घ) सामाजिक सेवा

उत्तर (ख) कृषि और फसल

7. रोंगाली बिहू कब मनाया जाता है?

(क) जनवरी में (ख) अक्टूबर में

(ग) दिसंबर में (घ) अप्रैल में

उत्तर (घ) अप्रैल में

8. एंजेला को असम के कौन-से त्योहार को देखने का अवसर मिला?

(क) होली (ख) दिवाली

(ग) बिहू (घ) मकर संक्रांति

उत्तर (ग) बिहू

9. सत्रिया नृत्य किससे जुड़ा हुआ है?

(क) ग्रामीण जीवन (ख) समाज सुधार

(ग) धार्मिक परंपराओं (घ) वन्य जीवन

उत्तर (ग) धार्मिक परंपराओं

10. सत्रिया नृत्य में जय और विजय किसके द्वारपाल थे?

(क) भगवान शिव के (ख) भगवान विष्णु के

(ग) भगवान ब्रह्मा के (घ) भगवान गणेश के

उत्तर (ख) भगवान विष्णु के

रिक्त स्थान भरें

नीचे दिए गए वाक्यों में रिक्त स्थानों की पूर्ति कीजिए

(i) एंजेला की माँ डॉक्यूमेंट्री फिल्म के लिए ………… स्थान पर साक्षात्कार लेने गईं।

(ii) एंजेला ने अनु के साथ ………… नृत्य देखा।

(iii) बिहू नृत्य के दौरान लड़कियों ने ………… और ………… रंग की पोशाक पहनी थी।

(iv) एंजेला को असम में ………… नाम की लेखिका के घर रुकने का अवसर मिला।

(v) अनु का पसंदीदा खिलौना ………… का बना हुआ था।

उत्तर (i) वैष्णव मठ (ii) सत्रिया

(iii) लाल, बादामी (iv) रीना सेन

(v) लकड़ी

सत्य-असत्य

1. नीचे दिए गए कथनों में से सत्य या असत्य कथन की पहचान कीजिए।

(i) एंजेला का स्कूल उसके घर से बहुत दूर था।

(ii) बिहू एक कृषि आधारित त्योहार है।

(iii) अनु ने एंजेला को असमिया शब्द सिखाए।

(iv) एंजेला और अनु ने जय और विजय की कहानी को महिला कलाकारों द्वारा प्रस्तुत होते देखा।

(v) एलेसेंड्रा को असम की चाय परंपरा पर डॉक्यूमेंट्री बनाने के लिए वित्तीय मदद मिली थी।

उत्तर (i) असत्य (ii) सत्य

(iii) सत्य (iv) सत्य

(v) असत्य

मिलान करें

स्तंभ 1 और स्तंभ 2 में कुछ शब्द और उनसे संबंधित तथ्य दिए गए हैं। दिए गए शब्द और तथ्यों का सही मिलान कीजिए

	स्तंभ 1		स्तंभ 2
1.	रोंगाली बिहू	(i)	असम की भाषा
2.	कोंगाली बिहू	(ii)	असम का पारंपरिक नृत्य
3.	भोगाली बिहू	(iii)	अप्रैल
4.	असमिया भाषा	(iv)	अक्टूबर
5.	सत्रिया नृत्य	(v)	जनवरी

उत्तर 1-(iii); 2-(iv); 3-(v); 4-(i); 5-(ii)

गद्यांश आधारित प्रश्न

निम्नलिखित गद्यांशों को पढ़कर उन पर आधारित प्रश्नों के उत्तर दीजिए

गद्यांश 1

एंजेला लंदन के जाने-माने इलाके केंजिंग्टन में रहती थी। उसका स्कूल घर से दूर नहीं था। उसका कोई सगा भाई-बहन भी नहीं था। उसे जेम्स और कीरा नाम के दोस्तों के साथ समय बिताना पसंद था। वे सब आपस में मिलकर कई काल्पनिक खेल खेला करते थे। उन्हें ऐसी कहानियों का पात्र बनने में मज़ा आता था, जिनमें दूर-दराज़ की दुनिया का ज़िक्र हो। एंजेला को हर उस कहानी से प्यार था, जिसमें उसे ताजमहल, एफिल टॉवर या कोलोजियम की यात्रा पर जाना हो। उसे बिल्कुल अंदाज़ा नहीं था कि जल्दी ही यात्राओं की उसकी ये कहानियाँ सच साबित होने वाली हैं।

एंजेला की माँ एलेसेंड्रा एक डॉक्यूमेंट्री फ़िल्म निर्माता थीं। उन्हें लंदन की ब्रिटिश अकादमी से असम की नृत्य परंपरा पर एक डॉक्यूमेंट्री बनाने के लिए वित्तीय मदद दी गई थी। पेचीदा बात यह थी कि उनके पास इस काम को पूरा करने के लिए सिर्फ़ एक महीने का समय था। उन्होंने एंजेला के स्कूल से उसकी वसंत की छुट्टियों को एक हफ़्ते और बढ़ाने की अनुमति ले ली, जिससे एंजेला और उसके पिता ब्रायन भी उनके साथ जा सके। एंजेला बहुत जल्दबाजी में बनाई गई इस यात्रा की योजना से हैरान थी, परंतु उसकी माँ को काम समय पर पूरा करना था, इसलिए वे सभी जल्दी ही तैयार हो गए।

1. एंजेला कहाँ रहती थी?

(क) पेरिस (ख) लंदन (ग) न्यूयॉर्क (घ) टोक्यो

उत्तर (ख) लंदन

2. एंजेला को किस तरह की कहानियाँ पसंद थीं?

(क) प्रेम कहानियाँ

(ख) रहस्यपूर्ण कहानियाँ

(ग) यात्रा पर जाने की कहानियाँ

(घ) ऐतिहासिक कहानियाँ

उत्तर (ग) यात्रा पर जाने की कहानियाँ

3. एंजेला को कैसी कहानियों का पात्र बनने में मजा आता था?

(क) जिसमें वह स्वयं हो

(ख) जिसमें दूर-दराज की दुनिया का जिक्र हो

(ग) जिसमें उसके दोस्तों का जिक्र हो

(घ) जिसमें उसके परिवार की कहानी हो

उत्तर (ख) जिसमें दूर-दराज की दुनिया का जिक्र हो

4. एंजेला को क्या पसंद था?

उत्तर एंजेला को अपने दोस्त जेम्स और कीरा के साथ समय बिताना पसंद था। वे सब आपस में मिलकर काल्पनिक खेल खेला करते थे।

5. एंजेला की माँ ने उसके स्कूल से छुट्टियाँ क्यों बढ़वाईं?

उत्तर एंजेला की माँ ने उसके स्कूल से वसंत की छुट्टियों को एक हफ्ते और बढ़ाने की अनुमति इसलिए ली, ताकि एंजेला और उसके पिता ब्रायन उनके साथ असम जा सकें और वह अपनी डॉक्यूमेंट्री का काम समय पर पूरा कर सकें।

6. असम में जाने की योजना जल्दबाजी में क्यों बनाई गई? CBQ

उत्तर असम में जाने की योजना जल्दबाजी में बनाई गई, क्योंकि एंजेला की माँ एलेसेंड्रा को असम की नृत्य परंपरा पर एक डॉक्यूमेंट्री बनाने के लिए केवल एक महीने का समय मिला था, इसलिए उन्होंने एंजेला और उसके पिता को भी साथ ले जाने की योजना बनाई।

गद्यांश 2

एंजेला कार से उतरी, वहाँ आस-पास उत्सव जैसा माहौल देखकर वह हतप्रभ थी। वहाँ एक बड़े से बरगद के पेड़ के नीचे मंच बनाया गया था। वह जगह लोगों से भरी हुई थी। एंजेला ने एक पेड़ के नीचे एक साथ इतने लोगों को पहले कभी नहीं देखा था। वहाँ खुले आसमान के नीचे लोगों के बीच बैठकर उसे ऐसा लग रहा था, जैसे वह आश्चर्यजनक रूप से किसी टाइम मशीन में आकर बैठ गई हो! या क्या वह उस वक्त किसी सपनों की दुनिया में थी?

वह मंत्रमुग्ध होकर वहाँ लड़के-लड़कियों को वसंत ऋतु के आगमन पर नृत्य करते देख रही थी। एंजेला ने इस बात पर ध्यान दिया कि लड़कों ने वाद्ययंत्र ले रखे हैं और लड़कियों ने लाल और बादामी रंग की गहरी डिजाइन वाली खूबसूरत पोशाक पहन रखी है। वे सभी काफ़ी रंगीन और मस्त लग रहे थे। उनका हिलता-डुलता शरीर, हाथ-पैर की हलचल से समझ आ रहा था कि वे मौज-मस्ती के नृत्य में खोए हुए हैं। उसकी इच्छा हुई कि वह अपने घर पर वसंत के आगमन पर ऐसे ही नृत्य करेगी।

1. मंच कहाँ बनाया गया था?

(क) एक मंदिर के अंदर (ख) एक खुले मैदान में

(ग) एक बरगद के पेड़ के नीचे (घ) एक बड़े भवन के अंदर

उत्तर (ग) एक बरगद के पेड़ के नीचे

2. एंजेला को क्या देखकर लगा कि वह टाइम मशीन में आ गई है?

(क) पेड़ के नीचे बैठे लोगों को देखकर

(ख) लड़कों के वाद्ययंत्र बजाने को देखकर

(ग) लड़कियों की खूबसूरत पोशाक देखकर

(घ) नृत्य करते हुए लोगों को देखकर

उत्तर (क) पेड़ के नीचे बैठे लोगों को देखकर

3. लड़कों ने क्या ले रखा था?

(क) लाल और बादामी पोशाक (ख) वाद्ययंत्र

(ग) तीर-कमान (घ) नारियल के खिलौने

उत्तर (ख) वाद्ययंत्र।

4. एंजेला को मलंग गाँव में कैसा माहौल देखने को मिला?

उत्तर एंजेला को मलंग गाँव में उत्सव जैसा माहौल देखने को मिला। वहाँ एक बड़े बरगद के पेड़ के नीचे मंच बनाया गया था और वह जगह लोगों से भरी हुई थी। इस दृश्य ने एंजेला को हतप्रभ कर दिया।

5. एंजेला मंत्रमुग्ध क्यों हो गई? **CBQ**

उत्तर एंजेला नृत्य करते हुए लड़कों और लड़कियों को देखकर मंत्रमुग्ध हो गई थी। उनका हिलता-डुलता शरीर और हाथ-पैर की हलचल देखकर उसे समझ आया कि वे सभी मौज-मस्ती के नृत्य में पूरी तरह खोए हुए थे।

6. बिहू नृत्य को देखकर एंजेला ने क्या इच्छा व्यक्त की?

उत्तर एंजेला ने यह इच्छा व्यक्त की कि वह अपने घर पर वसंत के आगमन पर ऐसे ही नृत्य करेगी, जैसा उसने वहाँ देखा था। उसे इस नृत्य की मौज-मस्ती और जीवंतता बहुत पसंद आई थी।

गद्यांश 3

एंजेला बहुत उत्साहित थी, उसने रीना आंटी से आग्रह किया कि वे अनु को भी सत्रिया नृत्य में 'महिला-नृत्य' को देखने के लिए साथ आने दें। आंटी ने स्वीकृति दे दी, उस रात अनु और एंजेला सत्रिया नृत्य देखने गए, जिसमें भगवान विष्णु के दो द्वारपालों जय-विजय की कहानी थी। परदा उठा और एंजेला ने देखा कि सफ़ेद पगड़ीनुमा टोपी में दो महिलाएँ नृत्य और नाटक की शैली में कमाल का अभिनय कर रही हैं। जैसे-जैसे कहानी आगे बढ़ी उन दोनों ने देखा कि किस तरह जय और विजय ने कई बड़े ऋषियों को भगवान विष्णु से मिलने नहीं दिया, क्योंकि उस वक्त भगवान विष्णु सो रहे थे। वे ऋषि नाराज़ हो गए। उन्होंने जय-विजय को असुर बनने का श्राप दे दिया। भगवान विष्णु की नींद जब टूटी, तब उन्हें अपने द्वारपालों को बचाने के लिए आना पड़ा। उन्होंने वचन दिया कि वे जय और विजय को मारकर उन्हें श्राप से बचा लेंगे। बाद में जय और विजय दोबारा भगवान विष्णु के द्वारपाल बने।

एंजेला को यह कहानी नाटकीय और दिलचस्प लगी। सत्रिया महिला नृत्यांगनाओं ने जिस प्रकार की शक्ति, बल और आकर्षण प्रदर्शित किया, वह अद्भुत था! एंजेला को लगा कि उन महिला कलाकारों की प्रस्तुति सत्रिया नृत्य करने वाले पुरुष कलाकारों से भी बेहतर थी।

1. एंजेला और अनु किस नृत्य को देखने गए थे?

(क) कथक (ख) सत्रिया नृत्य

(ग) भरतनाट्यम (घ) कुचिपुड़ी

उत्तर (ख) सत्रिया नृत्य।

2. सत्रिया नृत्य में कौन-सी कहानी का प्रदर्शन किया गया?

(क) राम-रावण युद्ध (ख) कृष्ण-राधा प्रेम

(ग) जय-विजय की कहानी (घ) शिव-नंदी संवाद

उत्तर (ग) जय-विजय की कहानी

3. जय और विजय को किसने श्राप दिया?

(क) देवताओं ने (ख) राक्षसों ने

(ग) गंधर्वों ने (घ) ऋषियों ने

उत्तर (घ) ऋषियों ने

4. जय और विजय को किस कारण से ऋषियों ने श्राप दिया?

उत्तर जय और विजय ने भगवान विष्णु के सोने के कारण कई बड़े ऋषियों को उनसे मिलने नहीं दिया, जिससे ऋषि नाराज हो गए और उन्होंने जय-विजय को असुर बनने का श्राप दे दिया।

5. भगवान विष्णु ने जय और विजय को श्राप से बचाने के लिए क्या वचन दिया?

उत्तर भगवान विष्णु ने वचन दिया कि वे जय और विजय को मारकर उन्हें श्राप से मुक्त कर देंगे। इसके बाद जय और विजय दोबारा भगवान विष्णु के द्वारपाल बने।

6. एंजेला को सत्रिया नृत्य में कौन-सी बात सबसे अधिक प्रभावी लगी? **CBQ**

उत्तर एंजेला को सत्रिया नृत्य में महिला नृत्यांगनाओं द्वारा प्रदर्शित शक्ति, बल और आकर्षण सबसे अधिक प्रभावी लगा। उसे लगा कि महिला कलाकारों की प्रस्तुति सत्रिया नृत्य करने वाले पुरुष कलाकारों से भी बेहतर थी।

अतिलघु उत्तरीय प्रश्न

1. एंजेला कहाँ रहती थी और उसे किसके साथ समय बिताना पसंद था?

उत्तर एंजेला लंदन के केंजिंग्टन इलाके में रहती थी। उसे उसके दोस्त जेम्स और कीरा के साथ समय बिताना पसंद था।

2. एंजेला की माँ को किस डॉक्यूमेंट्री के लिए वित्तीय मदद मिली थी?

उत्तर एंजेला की माँ एलेसेंड्रा को लंदन की ब्रिटिश अकादमी से असम की नृत्य परंपरा पर डॉक्यूमेंट्री बनाने के लिए वित्तीय मदद मिली थी।

3. एंजेला और उसका परिवार असम कब आए ?

उत्तर एंजेला और उसका परिवार अप्रैल के महीने में असम आए। असम में यह नए साल का समय होता है।

4. एंजेला और उसके माता पिता ने असम में किस त्योहार का आनंद लिया?

उत्तर एंजेला और उसके माता पिता ने असम में बिहू नृत्य व त्योहार का आनंद लिया। बिहू त्योहार वसंत ऋतु के आगमन पर मनाया जाता है।

5. 'बिहू' कौन-सा त्योहार है?

उत्तर 'बिहू' एक कृषि आधारित त्योहार है। इसे वसंत ऋतु के आगमन, फसल की बुआई और कटाई के समय मनाया जाता है।

6. बिहू नृत्य करने वाली लड़कियों ने कैसे परिधान पहने हुए थे ?

उत्तर बिहू नृत्य करने वाली लड़कियों ने लाल और बादामी रंग की गहरी डिजाइन वाली खूबसूरत पोशाक पहन रखी थी।

7. एंजेला की माँ एलेसेंड्रा ने असम में क्या फिल्माया?

उत्तर एंजेला की माँ एलेसेंड्रा ने असम में बिहू और सत्रिया नृत्य के साथ-साथ युवा साधुओं की नृत्य प्रस्तुतियों का फ़िल्मांकन किया।

8. एंजेला और अनु ने किस प्रकार का खेल खेला?

उत्तर एंजेला और अनु ने तीर-कमान का खेल खेला, जिसमें अनु राम और एंजेला रावण बनी थी।

9. लंदन लौटने के बाद एंजेला ने असम के अनुभवों को कैसे जीवंत रखा?

उत्तर लंदन लौटने के बाद, एंजेला असम के नृत्यों की रिकॉर्डिंग बार-बार देखती रही और अपने दोस्तों और शिक्षकों को असम की समृद्ध नृत्य परंपरा के बारे में बताया।

10. 'मंत्रमुग्ध' शब्द का क्या अर्थ है

उत्तर 'मंत्रमुग्ध' शब्द का अर्थ है किसी चीज़ को देखकर अत्यधिक प्रभावित या मोहित हो जाना।

लघु उत्तरीय प्रश्न

1. एंजेला को किस प्रकार की कहानियाँ पसंद थीं?

उत्तर एंजेला को ऐसी कहानियों का पात्र बनने में मज़ा आता था, जिनमें दूर-दराज़ की दुनिया का जिक्र हो। एंजेला को प्रत्येक उस कहानी से प्यार था, जिसमें उसे ताजमहल, एफिल टॉवर या कोलोजियम की यात्रा पर जाना हो। वह काल्पनिक खेल खेलने में आनंद महसूस करती थी।

2. एंजेला की माँ एलेसेंड्रा क्या काम करती थीं और उन्हें किस कार्य के लिए वित्तीय मदद मिली थी?

उत्तर एंजेला की माँ एलेसेंड्रा एक डॉक्यूमेंट्री फ़िल्म निर्माता थीं। उन्हें लंदन की ब्रिटिश अकादमी से असम की नृत्य परंपरा पर एक डॉक्यूमेंट्री बनाने के लिए वित्तीय मदद दी गई थी। इस काम को पूरा करने के लिए उनके पास केवल एक महीने का समय था।

3. एंजेला ने असम की यात्रा के बारे में क्या अनुभव किया?

उत्तर असम की यात्रा के दौरान, एंजेला ने असम की प्राकृतिक सुंदरता, वन्य जीवन, रेशम, चाय के बागानों और समृद्ध नृत्य परंपरा को देखा। उसने बिहू और सत्रिया नृत्य का आनंद लिया और स्थानीय संस्कृति को अनुभव किया। इन सब दृश्यों ने उसके मन में गहरी छाप छोड़ी।

4. बिहू त्योहार क्या है और इसे कब-कब मनाया जाता है?

उत्तर बिहू असम का एक कृषि आधारित त्योहार है, जिसे साल में तीन बार मनाया जाता है। यह त्योहार तब मनाया जाता है जब किसान बीज बोते हैं, धान रोपते हैं और खेतों में अनाज तैयार हो जाता है। विशेष रूप से, यह वसंत ऋतु के आगमन पर मनाया जाता है और इसे असम के नए साल का उत्सव माना जाता है।

5. एंजेला ने बिहू नृत्य और उत्सव के बारे में अपनी माँ से क्या सवाल पूछा?

उत्तर एंजेला ने अपनी माँ से पूछा कि क्या संगीत और नृत्य सिर्फ़ त्योहारों पर ही होते हैं। उसकी माँ ने बताया कि पूरी दुनिया की संस्कृतियों में लोग नृत्य और संगीत से अपनी भावनाओं को व्यक्त करते हैं। विशेष रूप से भारत में बहुतायत ऐसा होता है, असम का बिहू नृत्य ग्रामीण जनजीवन के साथ-साथ फसल लगाने से लेकर वसंत के आगमन तक से जुड़ा हुआ है।

6. रीना सेन कौन थीं और एंजेला का उनके घर में क्या अनुभव रहा? **CBQ**

उत्तर रीना सेन असम की जानी-मानी लेखिका थीं, जिनसे एंजेला और उसके परिवार ने दक्षिणापथ सत्र में मुलाकात की थी। एंजेला और उसका परिवार रीना सेन के घर में रुके। वहाँ अनु के साथ एंजेला ने असमी जीवन और संस्कृति के विभिन्न पहलुओं का अनुभव किया। उसे अनु के खिलौने बहुत अनोखे लगे, जो उसने पहले कभी नहीं देखे थे।

7. एंजेला और अनु के बीच कैसी दोस्ती हुई?

उत्तर एंजेला और अनु ने पहली मुलाकात में ही एक-दूसरे को पसंद किया। दोनों की उम्र लगभग समान थी और उन्होंने अंग्रेज़ी में बातचीत शुरू की। अनु ने एंजेला को असमी शब्द भी सिखाए। एंजेला को अनु के खिलौने बहुत ही अच्छे लगे, जो थोड़े अलग तरह के थे। वे दोनों एक साथ खेलते हुए जल्दी ही मित्र बन गए।

8. एंजेला को सत्रिया महिला नृत्यांगनाओं का प्रदर्शन कैसा लगा?

उत्तर एंजेला को सत्रिया महिला नृत्यांगनाओं का प्रदर्शन अद्भुत और आकर्षक लगा। वह उनकी शक्ति, बल और नृत्य के दौरान की गई अभिव्यक्ति से बहुत प्रभावित हुई। उसने महसूस किया कि इन महिला कलाकारों का प्रदर्शन पुरुष सत्रिया नृत्य कलाकारों से भी बेहतर था।

9. असम के नृत्य से एंज़ेला को क्या सीखने को मिला?

उत्तर असम के नृत्य से एंजेला ने भारतीय संस्कृति की विविधता, परंपराओं और भावनाओं की अभिव्यक्ति के महत्त्व को समझा। उसने देखा कि नृत्य और संगीत भारतीय जनजीवन में गहराई से रचे-बसे हैं और वे समाज के विभिन्न अवसरों और मान्यताओं से जुड़े होते हैं। उसने नृत्य की बारीकियों और उसकी सुंदरता को करीब से अनुभव किया।

10. 'डॉक्यूमेंट्री' शब्द का क्या अर्थ है? पाठ में इसका प्रयोग किस संदर्भ में किया गया है? **CBQ**

उत्तर 'डॉक्यूमेंट्री' शब्द का अर्थ होता है एक प्रकार की फ़िल्म, जो वास्तविक घटनाओं, व्यक्तियों या स्थानों को दिखाती है। इसमें अभिनय और मनोरंजन की जगह वृत्त के विषय और उद्देश्य पर अधिक ध्यान रखा जाता है।

पाठ में 'डॉक्यूमेंट्री' शब्द का प्रयोग एंजेला की माँ के पेशे के संदर्भ में किया गया है। एंजेला की माँ, एलेसेंड्रा, असम की नृत्य परंपरा पर एक डॉक्यूमेंट्री बना रही थीं।

दीर्घ उत्तरीय प्रश्न

1. सत्रिया नृत्य के बारे में माँ ने एंजेला को क्या बताया?

उत्तर माँ ने एंजेला को बताया कि सत्रिया नृत्य असम की समृद्ध वैष्णव परंपरा का हिस्सा है, जिसे पहले मठों में साधुओं द्वारा प्रस्तुत किया जाता था। बाद में, बीसवीं शताब्दी में कुछ साधु मठों से बाहर आकर पुरुषों और महिलाओं को यह नृत्य सिखाने लगे, जिससे सत्रिया नृत्य में महिलाओं की भी सहभागिता हो गई।

प्रारंभ में ऐसे साधुओं को मठों से निकाल दिया गया, परंतु आधुनिक दौर में महिला सत्रिया कलाकारों के लिए मंच पर नृत्य करना आम बात हो गई है।

2. **एंजेला असम यात्रा की योजना से हैरान क्यों थी और उसने इसके बारे में क्या सोचा? स्पष्ट कीजिए।** CBQ

उत्तर एंजेला असम यात्रा की योजना से हैरान थी, क्योंकि यह योजना बहुत जल्दबाजी में बनाई गई थी। उसकी माँ, एलेसेंड्रा, को असम की नृत्य परंपरा पर एक डॉक्यूमेंट्री बनाने के लिए वित्तीय मदद मिली थी और इस काम को एक महीने के अंदर पूरा करना था। इसके लिए उन्होंने एंजेला की वसंत की छुट्टियों को बढ़ाने की अनुमति ले ली, जिससे एंजेला और उसके पिता ब्रायन भी उनके साथ जा सकें। एंजेला बहुत ही जल्दबाजी में बनाई गई इस यात्रा की योजना से हैरान थी, लेकिन उसने इसे अपनी माँ के काम के लिए महत्त्वपूर्ण समझा और जल्दी तैयार हो गई।

3. **एंजेला की माँ के लिए असम की यात्रा का क्या उद्देश्य था और उन्होंने कैसे इसे पूरा किया?**

उत्तर एंजेला की माँ, एलेसेंड्रा, एक डॉक्यूमेंट्री फ़िल्म निर्माता थीं और असम की यात्रा का उनका मुख्य उद्देश्य असम की नृत्य परंपरा पर फिल्म बनाना था। उन्होंने बिहू और सत्रिया नृत्य का गहन अध्ययन किया और उनकी स्वाभाविकता को कैमरे में कैद किया। इसके लिए उन्होंने असमी कलाकारों और साधुओं से मुलाकात की और उनके नृत्यों की विशिष्टता को फिलमाया। इस यात्रा के माध्यम से उन्होंने असम की समृद्ध संस्कृति को दुनिया के सामने प्रस्तुत करने में सफलता प्राप्त की।

4. **एंजेला ने अपनी माँ को वैज्ञानिक-कहानीकार क्यों कहा? अपने विचार स्पष्ट कीजिए।** CBQ

उत्तर एंजेला ने अपनी माँ को वैज्ञानिक-कहानीकार कहा, क्योंकि उसकी माँ, एलेसेंड्रा, डॉक्यूमेंट्री फिल्में बनाकर वैज्ञानिक तथ्यों और सांस्कृतिक कहानियों को एक साथ प्रस्तुत करती थीं। वे विभिन्न सांस्कृतिक और सामाजिक विषयों पर गहराई से शोध करती थीं और उसे अपनी फिल्मों के माध्यम से दिखाती थीं। एंजेला ने असम में अपनी माँ के काम को देखा, जहाँ वे नृत्य की परंपरा को बारीकी से समझकर फिल्म बना रही थीं। इस अनुभव ने एंजेला को यह समझने में मदद की कि उसकी माँ का काम कितना महत्त्वपूर्ण और जटिल है।

5. **एंजेला ने लंदन में असम की नृत्य परंपरा को कैसे प्रस्तुत किया?**

उत्तर एंजेला की माँ ने उसकी गहरी रुचि को समझा और उन्होंने एंजेला के पिताजी के साथ मिलकर असमिया नृत्य पर एक शानदार योजना तैयार की। एंजेला ने लंदन में अपनी कक्षा में अपने द्वारा किए गए नृत्य की वीडियो रिकॉर्डिंग के साथ इसका प्रदर्शन किया। उसके सहपाठियों और शिक्षकों को यह बहुत पसंद आया। एंजेला बहुत रोमांचित थी कि वह उन सभी को असम के खूबसूरत नृत्यों की एक झलक दिखा पाई। एंजेला को बहुत अच्छा लग रहा था।

6. **एंजेला की माँ एलेसेंड्रा का डॉक्यूमेंट्री बनाने का उद्देश्य क्या था और उन्होंने इसे कैसे पूरा किया?**

उत्तर एंजेला की माँ एलेसेंड्रा का उद्देश्य असम की नृत्य परंपरा पर आधारित एक डॉक्यूमेंट्री बनाना था, जिसमें वे नृत्य के महत्त्व और ग्रामीण जनजीवन में इसके स्थान को प्रदर्शित करना चाहती थीं। उन्हें ब्रिटिश अकादमी से इस परियोजना के लिए वित्तीय मदद मिली थी और इसके लिए केवल एक महीने का समय दिया गया था। एलेसेंड्रा ने बिहू और सत्रिया नृत्य की रिकॉर्डिंग करके, स्थानीय लोगों से साक्षात्कार लेकर और उनके जीवन की बारीकियों को समझकर इस डॉक्यूमेंट्री को पूरा किया। उन्होंने एंजेला और उसके पिता को भी इस अनुभव में शामिल किया।

7. **यदि आप एंजेला की जगह होते और आपको असम की यात्रा पर जाने का अवसर मिलता, तो आप असम की संस्कृति से संबंधित कौन-कौन सी चीजें सीखना और समझना चाहेंगे?** CBQ

उत्तर अगर मैं एंजेला की जगह होता, तो मैं असम की समृद्ध संस्कृति को समझने के लिए बिहू और सत्रिया नृत्य के बारे में गहराई से सीखता। इसके अलावा, मैं असम के चाय बागानों की यात्रा करता और वहाँ की चाय उत्पादन की प्रक्रिया के बारे में जानता। असम की वेशभूषा, भाषा और लोक कथाओं के बारे में भी जानने की कोशिश करता। मेरी यात्रा की योजना में स्थानीय गाँवों का दौरा, असम के विभिन्न नृत्य रूपों का प्रदर्शन देखना और स्थानीय व्यंजनों का आनंद लेना भी सम्मिलित होता।

व्याकरण आधारित प्रश्न

1. **दिए गए शब्दों के मूल शब्द व प्रत्यय बताइए**

(i) **नाटककार** (ii) **नाटकीय**
(iii) **वैज्ञानिक** (iv) **काल्पनिक**
(v) **बहुतायत**

उत्तर

शब्द	मूल शब्द		प्रत्यय
(i) नाटककार	नाटक	+	कार
(ii) नाटकीय	नाटक	+	ईय
(iii) वैज्ञानिक	विज्ञान	+	इक
(iv) काल्पनिक	कल्पना	+	इक
(v) बहुतायत	बहुत	+	आयत

2. **निम्न शब्दों के विलोम शब्द बताइए**

(i) **समृद्ध** (ii) **प्रशंसा**
(iii) **सुंदर** (iv) **आकर्षण**
(v) **बल**

उत्तर (i) समृद्ध-दरिद्र, कम (ii) प्रशंसा-निंदा
(iii) सुंदर-कुरुप (iv) आकर्षण-विकर्षण
(v) बल-दुर्बल

3. **निम्नलिखित वाक्यों को सही पदक्रम में व्यवस्थित कीजिए**

(i) **फिल्म/निर्माण/एंजेला की माँ/में/व्यस्त थीं**
(ii) **असम/डॉक्यूमेंट्री का/में/निर्माण/किया गया**
(iii) **आशीर्वाद/जय और विजय को/मिला/विष्णु का**
(iv) **उत्सव/पर/उत्साहित/एंजेला/थी**
(v) **नृत्यांगनाओं/प्रभावशाली/का/प्रदर्शन/था**
(vi) **उड़ान/नई दिल्ली/गुवाहाटी/के लिए/थी**

उत्तर (i) एंजेला की माँ फिल्म निर्माण में व्यस्त थीं।
(ii) डॉक्यूमेंट्री का निर्माण असम में किया गया।
(iii) जय और विजय को विष्णु का आशीर्वाद मिला।
(iv) एंजेला उत्सव पर उत्साहित थी।
(v) नृत्यांगनाओं का प्रदर्शन प्रभावशाली था।
(vi) उड़ान नई दिल्ली से गुवाहाटी के लिए थी।

स्व-मूल्यांकन

बहुविकल्पीय प्रश्न

1. अनु कौन थी?
(क) एंजेला की सहपाठी (ख) एलेसेंड्रा की सहेली
(ग) रीना सेन की बेटी (घ) एंजेला की चाची

2. एंजेला की माँ ने असम के किस नृत्य का फिल्मांकन किया?
(क) भरतनाट्यम (ख) कथकली
(ग) सत्रिया (घ) ओडिसी

3. बिहू उत्सव के लिए किस वृक्ष के नीचे मंच बनाया गया था?
(क) पीपल (ख) आम
(ग) नीम (घ) बरगद

4. रीना सेन कौन थीं?
(क) असम की नृत्यांगना (ख) असम की लेखिका
(ग) असम की संगीतकार (घ) असम की फिल्म निर्माता

5. एंजेला को असमिया शब्द किसने सिखाए?
(क) रीना आंटी ने (ख) प्रिया और रीता ने
(ग) अनु ने (घ) जेम्स और कीरा ने

गद्यांश आधारित प्रश्न

निम्नलिखित गद्यांश को पढ़कर उन पर आधारित प्रश्नों के उत्तर दीजिए

रीना आंटी की एक बिटिया थी– अनु। अनु और एंजेला ने तुरंत एक-दूसरे की तरफ़ देखा। उन दोनों की ही उम्र दस साल थी, दोनों ने अंग्रेज़ी में बातचीत शुरू की। अनु ने एंजेला को असमिया शब्द भी सिखाए। एंजेला को अनु के खिलौने बहुत अच्छे लगे, जो थोड़े अलग तरह के थे। गुड़िया, लकड़ी के खिलौने और नारियल की जटा से बने घर कितने अनोखे खिलौने! उसने लंदन में ऐसे खिलौने कभी नहीं देखे थे। अनु का पसंदीदा खिलौना लकड़ी का बना तीर-कमान था, जिसे लेकर उसे राम बनना बहुत अच्छा लग रहा था। एंजेला उसकी विरोधी बनी थी, शक्तिशाली रावण। वे एक साथ खेल रहे थे, उस कूद-फाँद और लड़ाई का कोई अंत नहीं था।

1. एंजेला और अनु ने एक-दूसरे से किस भाषा में बातचीत शुरू की?
(क) असमिया (ख) हिंदी
(ग) अंग्रेज़ी (घ) बांग्ला

2. किस खेल में एंजेला और अनु एक-दूसरे के विरोधी बने थे?
(क) छिपन-छिपाई
(ख) तीरंदाजी
(ग) राम-रावण का खेल
(घ) क्रिकेट

3. दिए गए कथनों में से कौन-सा कथन सत्य है?
(क) अनु ने एंजेला को अंग्रेजी भाषा के शब्द सिखाए।
(ख) अनु का पसंदीदा खिलौना लोहे का धनुष था।
(ग) अनु और एंजेला लड़ते रहते थे।
(घ) एंजेला को अनु के खिलौने बहुत अच्छे लगे।

4. अनु के खिलौने किससे बने हुए थे?

5. अनु के खिलौनों की क्या खासियत थी?

6. अनु और एंजेला के बीच किस तरह की दोस्ती हुई और उन्होंने क्या कुछ नया सीखा?

अतिलघु उत्तरीय प्रश्न

1. एंजेला के सबसे करीबी दोस्त कौन थे? नाम बताइए।
2. एंजेला के असम की यात्रा के समय कौन-सा महीना था?
3. एंजेला ने लंदन में कौन-सा नृत्य प्रदर्शन किया?
4. एंजेला और अनु ने किस कहानी पर आधारित खेल खेला?

लघु उत्तरीय प्रश्न

1. बिहू नृत्य में किस प्रकार की पोशाक पहनी जाती है?
2. असम में बिहू त्योहार कब-कब मनाया जाता है?
3. एंजेला को सत्रिया नृत्य के बारे में विस्तार से किसने और क्या बताया? **CBQ**

दीर्घ उत्तरीय प्रश्न

1. एंजेला की असम यात्रा उसके जीवन में क्या बदलाव लाती है? अपने विचार स्पष्ट कीजिए। **CBQ**
2. एंजेला ने असम की यात्रा के दौरान कौन-कौन सी नई चीजें सीखीं और अनुभव किए?

मैया मैं नहिं माखन खायो

अध्याय 9

सूरदास

कविता का सार

सूरदास द्वारा रचित प्रस्तुत पद 'मैया मैं नहिं माखन खायो' में सूरदास ने बाल कृष्ण की चंचलता और माता यशोदा के साथ उनके प्रेम-भरे संबंध को बड़े ही मधुर और भावनात्मक तरीके से प्रस्तुत किया है। जब श्रीकृष्ण को माता यशोदा माखन खाते हुए पकड़ लेती हैं, तो कृष्ण तर्क देते हुए माता यशोदा से कहते हैं कि उन्होंने माखन नहीं खाया, क्योंकि वे सुबह से ही गायों के साथ थे और दिनभर बंसीवट में भटकते रहे थे, इसलिए उन्हें माखन खाने का समय ही नहीं मिला। वे इतने छोटे हैं कि छीके से माखन कैसे ले सकते हैं?

श्रीकृष्ण मैया से कहते हैं कि ग्वाल-बाल सब उनसे बैर करते हैं, इसलिए जबरदस्ती उनके मुख पर माखन लगा देते हैं। आप बहुत भोली हो इसलिए आप ग्वाल-बालों की बातों पर विश्वास कर लेती हो। श्रीकृष्ण कहते हैं कि आप के मन में कोई संदेह है, आप मुझे पराया समझती हैं, इसलिए उनकी बातों पर विश्वास कर लेती हो। अब आप यह अपनी लाठी और कमरिया (दुपट्टा) रख लीजिए। आपने मुझे गायों के पीछे बहुत भगाया है, अब मैं आपकी बात नहीं सुनूँगा और आपके कहने से कहीं नहीं जाऊँगा। अंत में, माता यशोदा कृष्ण की बातें सुनकर हँसती हैं और उन्हें गले से लगा लेती हैं।

काव्यांशों की विस्तृत व्याख्या

काव्यांश 1

मैया मैं नहिं माखन खायो
भोर भयो गैयन के पाछे, मधुबन मोहि पठायो।
चार पहर बंसीवट भटक्यो, साँझ परे घर आयो।
मैं बालक बहियन को छोटो, छीको केहि बिधि पायो।
ग्वाल-बाल सब बैर परे हैं, बरबस मुख लपटायो।।

शब्दार्थ **मैया**-माँ, **नहिं**-नहीं, **माखन**-मक्खन, **खायो**-खाया, **भोर**-सुबह, **गैयन**-गायें (गायों का समूह), **मधुबन**-मथुरा के पास यमुना के किनारे का एक वन, **मोहि**-मुझे, **पठायो**-भेजा, **पहर**-समय मापने की एक इकाई **बंसीवट**-एक वट वृक्ष जिस पर बैठकर कृष्ण बंस (बाँसुरी) बजाते थे, **भटक्यो**-भटका, घूमता रहा, **बहियन**-बाहें (हाथ), **छोटो**-छोटा, **केहि बिधि**-किस प्रकार, किस तरह, **ग्वाल-बाल**-कृष्ण के मित्र, **बैर**-शत्रुता, द्वेष, **बरबस**-जबरदस्ती, **मुख लपटायो**-मुँह पर लगा दिया।

संदर्भ प्रस्तुत पंक्तियाँ हमारी पाठ्यपुस्तक 'मल्हार' में संकलित 'मैया मैं नहिं माखन खायो' कविता से ली गईं हैं। इसके रचयिता 'महाकवि सूरदास' हैं।

प्रसंग प्रस्तुत पंक्तियों में सूरदास जी ने बालकृष्ण की नटखट लीलाओं को अद्भुत रूप में दर्शाया है। इसमें बालकृष्ण और माता यशोदा के बीच के प्यार भरे संवाद को प्रस्तुत किया गया है।

व्याख्या महाकवि सूरदास श्रीकृष्ण की नटखट बाल-लीलाओं का वर्णन करते हुए कहते हैं कि माता यशोदा द्वारा श्रीकृष्ण को माखन चुराकर खाते हुए पकड़े जाने पर श्रीकृष्ण अपनी माँ के सामने सिद्ध करने का प्रयास कर रहे हैं कि उन्होंने माखन नहीं खाया है। श्रीकृष्ण माता यशोदा से कहते हैं कि सुबह होते ही मुझे गायों के पीछे (अर्थात् गायों को चराने के लिए) मधुबन भेज दिया। ग्वाल-बाल व गायों के साथ चार पहर बंसीवट में भटकने(घूमने) के बाद शाम होने पर मैं घर आया हूँ। इसलिए मैं माखन कैसे खा सकता हूँ? श्रीकृष्ण स्वयं को निर्दोष सिद्ध करने के लिए तर्क देते हुए कहते हैं मैं तो छोटा-सा बालक हूँ, मेरी बाँहें छोटी हैं, आप ही बताओ मैया मैं छीके तक कैसे पहुँच सकता हूँ? ये तो सब बाल-ग्वाल(सखा) मुझसे बैर(शत्रुता) रखते हैं, इन्होंने मक्खन हठपूर्वक मेरे मुख पर लिपटा दिया है, क्योंकि वे मुझे दोषी सिद्ध करना चाहते हैं।

विशेष

1. यहाँ श्रीकृष्ण की बाल-लीला का सुंदर चित्रण किया गया है।
2. श्रीकृष्ण का तर्क देना व माता यशोदा को समझाना, माता व पुत्र के बीच प्रेम संबंधों को दर्शाता है।

काव्यांश 2

तू माता मन की अति भोरी, इनके कहे पतियायो।
जिय तेरे कछु भेद उपजि हैं, जानि परायो जायो।।
ये ले अपनी लकुटि कमरिया, बहुतहिं नाच नचायो।
सूरदास तब बिहँसि जसोदा, लै उर कण्ठ लगायो।।

शब्दार्थ **अति**-बहुत, **भोरी**-भोली, **पतियायो**-विश्वास कर लिया, **जिय**-मन में, **हृदय भेद**-संदेह, **उपजि**-उत्पन्न होना, **जानि**-जानकर, **परायो**-पराया, **जायो**-जन्मा, **लकुटि**-छड़ी, **कमरिया**-कंबल या धोती, **बहुतहिं**- बहुत-ही, बहुत बार, **बिहँसि**-मुस्कुराई, हँस पड़ी, **जसोदा**-यशोदा माता, **लै**-लेकर, **उर**-हृदय, सीना, **कंठ**-गले, **लगायो**-लगाया।

संदर्भ पूर्ववत्।

प्रसंग प्रस्तुत पंक्तियों में श्रीकृष्ण अपनी माँ यशोदा को बहुत भोली बताकर यह समझाने का प्रयास करते हैं कि दूसरों की बातों में आकर उन पर संदेह ना करें।

व्याख्या प्रस्तुत पंक्तियों में श्रीकृष्ण अपनी माँ यशोदा को समझाते हुए कहते हैं कि माता! तुम मन की बहुत भोली हो और दूसरों की बातों में आ जाती हो अर्थात् ग्वाल-बालों की बातों को तुमने सच मान लिया है। श्रीकृष्ण अपनी माता को उलाहना देते हुए कहते हैं कि ऐसा प्रतीत होता है कि तुम्हारे हृदय में मेरे प्रति कोई संदेह उत्पन्न हो गया है, इसलिए तुमने मुझे पराया समझ लिया है। ऐसा कहकर श्रीकृष्ण यह जताने का प्रयास कर रहे हैं कि अगर माता उन्हें सच्चे मन से अपना बेटा समझती, तो कभी भी उन पर माखन चोरी का संदेह नहीं करती, परंतु माँ ने दूसरों की बातों में आकर उन पर संदेह कर लिया है।

श्रीकृष्ण माता यशोदा से यह कहते हैं कि मैया यह अपनी लाठी और कंबल को अपने पास ही रख लो, आपने मुझे गायों के पीछे बहुत भगाया है, पर अब मैं आपकी बात नहीं सुनूँगा। अब मैं गाय चराने नहीं जाऊँगा।

अंत में, सूरदास जी कहते हैं कि जब श्रीकृष्ण अपनी माता को यह सब तर्क देते हैं, तो माता यशोदा उनके भोलेपन को देखकर हँस पड़ती हैं और उन्हें गले से लगा लेती हैं। यह दृश्य माता-पुत्र के गहरे स्नेह और प्रेम भाव को दर्शाता है, जहाँ यशोदा माता अपने बेटे की चंचलता और भोलेपन पर मोहित हो जाती हैं और उसे अपने हृदय से लगा लेती हैं।

विशेष

1. माता यशोदा को भोली कहकर संबोधित किया गया है।
2. माता यशोदा व कृष्ण के बीच वात्सल्य भाव को दर्शाया गया है।

NCERT फोल्डर

पाठ्यपुस्तक के प्रश्नोत्तर

पाठ से

मेरी समझ से

(क) नीचे दिए गए प्रश्नों का सटीक उत्तर कौन-सा है? उसके सामने तारा (*) बनाइए

(i) मैं माखन कैसे खा सकता हूँ? इसके लिए श्रीकृष्ण ने क्या तर्क दिया?
- मुझे तुम पराया समझती हो।
- मेरी माता, तुम बहुत भोली हो।
- मुझे यह लाठी-कंबल नहीं चाहिए।
- मेरे छोटे-छोटे हाथ छीके तक कैसे जा सकते हैं? (*)

(ii). श्रीकृष्ण माँ के आने से पहले क्या कर रहे थे?
- गाय चरा रहे थे।
- माखन खा रहे थे। (*)
- मधुबन में भटक रहे थे।
- मित्रों के संग खेल रहे थे।

(ख) अब अपने मित्रों के साथ चर्चा कीजिए और कारण बताइए कि आपने ये उत्तर ही क्यों चुने?

उत्तर मैं माखन कैसे खा सकता हूँ? इसके लिए श्रीकृष्ण ने तर्क दिया है कि मैं तो छोटा-सा बालक हूँ, मेरे छोटे-छोटे हाथ हैं और इतने छोटे-छोटे हाथ छीके तक कैसे जा सकते हैं? अर्थात् उनके छोटे हाथ इतनी ऊँचाई पर रखे माखन के मटके तक नहीं पहुँच सकते, इसीलिए वे माखन खा ही नहीं सकते हैं। अत: श्रीकृष्ण इस तर्क के माध्यम से यह सिद्ध करने का प्रयास करते हैं कि उन्होंने माखन नहीं खाया है।

श्रीकृष्ण माँ के आने से पहले माखन खा रहे थे, क्योंकि पद में प्रसंग के अनुसार, माँ यशोदा श्रीकृष्ण को माखन खाते हुए पकड़ती हैं। इसी कारण वे श्रीकृष्ण पर माखन चोरी का आरोप लगाती हैं और कृष्ण इस बात का खंडन करने के लिए तर्क देते हैं कि उन्होंने माखन नहीं खाया है। अत: यह सबसे उपयुक्त विकल्प है।

मिलकर करें मिलान

पाठ में से चुनकर यहाँ कुछ शब्द दिए गए हैं। अपने समूह में इन पर चर्चा कीजिए और इन्हें इनके सही अर्थ या संदर्भ से मिलाइए। इसके लिए आप शब्दकोश, इंटरनेट या अपने शिक्षकों की सहायता ले सकते हैं।

	शब्द		अर्थ या संदर्भ
1.	जसोदा	(i)	समय मापने की एक इकाई (तीन घण्टे का एक पहर होता है। एक दिवस में आठ पहर होते हैं)।
2.	पहर	(ii)	एक वट वृक्ष (मान्यता है कि श्रीकृष्ण जब गाय चराया करते थे, तब वे इसी वृक्ष के ऊपर चढ़कर वंशी की ध्वनि से गायों को पुकारकर उन्हें एकत्रित करते थे)।
3.	लकुटि कमरिया	(iii)	गोल पात्र के आकार का रस्सियों का बुना हुआ जाल, जो छत या ऊँची जगह से लटकाया जाता है, ताकि उसमें रखी हुई खाने-पीने की चीज़ें (जैसे-दूध, दही आदि) को कुत्ते, बिल्ली आदि न पी सकें।
4.	बंसीवट	(iv)	यशोदा, श्रीकृष्ण की माँ, जिन्होंने श्रीकृष्ण को पाला था।
5.	मधुबन	(vi)	जन्म देने वाली, उत्पन्न करने वाली, जननी, माँ ।
6.	छीको	(vi)	गाय पालने वालों के बच्चे, श्रीकृष्ण के संगी साथी।
7.	माता	(vii)	मथुरा के पास यमुना के किनारे का एक वन।
8.	ग्वाल-बाल	(viii)	लाठी और छोटा कंबल, कमली (मान्यता है कि श्रीकृष्ण लकुटि-कमरिया लेकर गाय चराने जाया करते थे।)

उत्तर 1-(iv); 2-(i); 3-(viii); 4-(ii); 5-(vii); 6-(iii); 7-(v); 8-(vi)

पंक्तियों पर चर्चा

पाठ में से चुनकर कुछ पंक्तियाँ नीचे दी गई हैं। इन्हें ध्यान से पढ़िए और इन पर विचार कीजिए। आपको इनका क्या अर्थ समझ में आया? अपने विचार अपनी कक्षा में साझा कीजिए और अपनी लेखन पुस्तिका में लिखिए।

(क) "भोर भयो गैयन के पाछे, मधुबन मोहि पठायो"

उत्तर श्रीकृष्ण अपनी माँ के सामने यह सिद्ध करने का प्रयास कर रहे हैं कि उन्होंने माखन नहीं खाया है। श्रीकृष्ण माता यशोदा से कहते हैं कि सुबह होते ही मुझे गायों के पीछे (अर्थात् गायों को चराने के लिए) मधुबन भेज दिया था।

(ख) "सूरदास तब बिहँसि जसोदा, लै उर कंठ लगायो"

उत्तर सूरदास जी कहते हैं कि जब श्रीकृष्ण माता यशोदा से कहते हैं कि उन्होंने माखन नहीं खाया है और सभी प्रकार के तर्क देते हैं, तो माँ यशोदा उनके भोलेपन पर मोहित होकर उन्हें गले से लगा लेती हैं।

सोच-विचार के लिए

पाठ को एक बार फिर से पढ़िए और निम्नलिखित प्रश्नों के उत्तर ढूँढकर अपनी लेखन पुस्तिका में लिखिए

(क) पद में श्रीकृष्ण ने अपने बारे में क्या-क्या बताया है?

उत्तर श्रीकृष्ण ने पद में अपने बारे में बताया है कि वे दिनभर गायों को चराने के लिए मधुबन गए थे और शाम को घर लौटे हैं। इसके अतिरिक्त, वह एक छोटे बालक हैं, जिसके छोटे-छोटे हाथ हैं, जिससे वह छीके तक नहीं पहुँच सकते। उन्होंने यह भी बताया कि उनके मित्र (ग्वाल-बाल) उनसे ईर्ष्या करते हैं और उन्हें दोषी ठहरा रहे हैं।

(ख) यशोदा माता ने श्रीकृष्ण को हँसते हुए गले से क्यों लगा लिया?

उत्तर यशोदा माता ने श्रीकृष्ण को हँसते हुए गले से इसलिए लगा लिया, क्योंकि श्रीकृष्ण ने अपने तर्क और भोलेपन के साथ यह सिद्ध करने का प्रयास किया था कि उन्होंने माखन नहीं खाया। श्रीकृष्ण की इस चंचलता और भोलेपन को देखकर माता यशोदा का मन प्रेम और वात्सल्य से भर जाता है। उन्हें अपने पुत्र की नटखट और भोली बातों पर प्यार आ जाता है और इस प्रेमभाव में उन्होंने श्रीकृष्ण को हँसते हुए गले से लगा लिया। इस दृश्य में माता-पुत्र के मध्य गहरे स्नेह और प्रेम का भाव प्रकट होता है।

कविता की रचना

"भोर भयो गैयन के पाछे, मधुबन मोहि पठायो।
चार पहर बंसीवट भटक्यो, साँझ परे घर आयो।"

इन पंक्तियों के अंतिम शब्दों को ध्यान से देखिए। 'पठायो' और 'आयो' दोनों शब्दों की अंतिम ध्वनि एक जैसी है। इस विशेषता को 'तुक' कहते हैं। इस पूरे पद में प्रत्येक पंक्ति के अंतिम शब्द का तुक मिलता है। अनेक कवि अपनी रचना को प्रभावशाली बनाने के लिए तुक का उपयोग करते हैं।

(क) इस पाठ को एक बार फिर से पढ़िए और अपने-अपने समूह में मिलकर इस पाठ की विशेषताओं की सूची बनाइए, जैसे इस पद की अंतिम पंक्ति में कवि ने अपना नाम भी दिया है आदि।

उत्तर इस पद की विशेषताओं की सूची निम्नलिखित है

- **तुकांत** इस पद की हर पंक्ति के अंतिम शब्दों में तुक है, जैसे—'पठायो' और 'आयो', 'छोटो' और 'पायो'। यह पद को प्रभावशाली और सुनने में आनंददायक बनाता है।
- **मातृवत्सल भाव** इस पद में श्रीकृष्ण की बाल-सुलभ चंचलता और भोलेपन के माध्यम से मातृवत्सल प्रेम को दर्शाया गया है। यशोदा माता का वात्सल्य और श्रीकृष्ण का सरलता से अपने आप को निर्दोष सिद्ध करने का प्रयास प्रमुख है।
- **संवाद शैली** इस पद में श्रीकृष्ण और माता यशोदा के बीच के संवाद को पद्य के रूप में प्रस्तुत किया गया है, जो इसे जीवंत और भावनात्मक बनाता है।
- **प्राकृतिक दृश्य** इस पद में भोर, मधुबन, साँझ जैसे प्राकृतिक दृश्यों और समय का वर्णन किया गया है, जो पाठ को और अधिक आकर्षक बनाते हैं।

- **बाल मनोविज्ञान** श्रीकृष्ण के तर्कों में उनके नटखट और मासूम विचार झलकते हैं, जो बाल मनोविज्ञान का सुंदर चित्रण है। वे अपने छोटे कद और हाथों की छोटी लंबाई का तर्क देकर स्वयं को निर्दोष सिद्ध करने का प्रयास करते हैं।
- **स्नेह और प्रेम का चित्रण** पद का अंत यशोदा माता द्वारा श्रीकृष्ण को गले लगाने के दृश्य पर होता है, जो स्नेह और प्रेम का चित्रण करता है।

(ख) अपने समूह की सूची को कक्षा में सबके साथ साझा कीजिए।

उत्तर छात्र स्वयं करें।

अनुमान या कल्पना से

अपने समूह में मिलकर चर्चा कीजिए

(क) श्रीकृष्ण अपनी माँ यशोदा को तर्क क्यों दे रहे होंगे?

उत्तर श्रीकृष्ण अपनी माँ यशोदा को तर्क इसलिए दे रहे होंगे, ताकि माखन चोरी के आरोप से स्वयं को निर्दोष सिद्ध कर सकें। वे माता यशोदा से कहते हैं कि उन्होंने दिनभर मधुबन में गायें चराई तथा ये भी तर्क देते हैं कि वे इतने छोटे हैं कि छीके तक उनके हाथ नहीं पहुँच सकते। उनके सखाओं ने ही यह माखन उनके मुख पर लगा दिया है। यह तर्क वे इसलिए दे रहें होंगे, जिससे माँ का संदेह दूर हो जाए और उन्हें माँ का गुस्सा न सहना पड़े।

(ख) जब माता यशोदा ने श्रीकृष्ण को गले से लगा लिया, तब क्या हुआ होगा?

उत्तर माता यशोदा ने श्रीकृष्ण के भोलेपन और नटखट तर्कों पर हँसते हुए प्रेम से उन्हें गले लगा लिया। इस आलिंगन में माँ-बेटे का सारा संदेह मिट गया तथा इस भावुक क्षण में माँ-बेटे के बीच का प्रेम और गहरा हो गया। यशोदा माता ने श्रीकृष्ण को स्नेह से अपने आँचल में समेट लिया, जिससे उनके रिश्ते में और भी मिठास भर गई।

शब्दों के रूप

नीचे शब्दों से जुड़ी कुछ गतिविधियाँ दी गईं हैं। इन्हें करने के लिए आप शब्दकोश, अपने शिक्षकों और साथियों की सहायता भी ले सकते हैं।

(क) "भोर भयो गैयन के पाछे"

इस पंक्ति में 'पाछे' शब्द आया है। इसके लिए 'पीछे' शब्द का उपयोग भी किया जाता है। इस पद में ऐसे कुछ और शब्द हैं जिन्हें आप कुछ अलग रूप में लिखते और बोलते होंगे। नीचे ऐसे ही कुछ अन्य शब्द दिए गए हैं। इन्हें आप जिस रूप में बोलते - लिखते हैं, उस प्रकार से लिखिए।

- परे
- बिधि
- कछु
- नहिं
- छोटो
- भोरी
- लै

उत्तर

- परे - पड़े
- बिधि - विधि
- कछु - कुछ
- नहिं - नहीं
- छोटो - छोटा
- भोरी - भोली
- लै - लेकर

(ख) पद में से कुछ शब्द चुनकर नीचे स्तंभ 1 में दिए गए हैं और स्तंभ 2 में उनके अर्थ दिए हैं। शब्दों का उनके सही अर्थों से मिलान कीजिए

	स्तंभ 1		स्तंभ 2
1.	उपजि	(i)	मुसकाई, हँसी
2.	जानि	(ii)	उपजना, उत्पन्न होना
3.	जायो	(iii)	जानकर, समझकर
4.	जिय	(iv)	विश्वास किया, सच माना
5.	पठायो	(v)	बाँह, हाथ, भुजा
6.	पतियायो	(vi)	प्रकार, भाँति, रीति
7.	बहियन	(vii)	मन, जी
8.	बिधि	(viii)	जन्मा
9.	बिहँसि	(ix)	मला,लगाया, पोता
10.	भटक्यो	(x)	इधर-उधर घूमा या भटका
11.	लपटायो	(xi)	भेज दिया

उत्तर 1-(ii); 2-(iii); 3-(viii); 4-(vii); 5-(xi); 6-(iv); 7-(v); 8-(vi); 9-(i); 10-(x); 11-(ix)

वर्ण-परिवर्तन

"तू माता मन की अति भोरी"

'भोरी' का अर्थ है 'भोली'। यहाँ 'ल' और 'र' वर्ण परस्पर बदल गए हैं। आपने ध्यान दिया होगा कि इस पद में कुछ और शब्दों में भी 'ल' या 'ड़' और 'र' में वर्ण परिवर्तन हुआ है। ऐसे शब्द चुनकर अपनी लेखन पुस्तिका में लिखिए।

उत्तर परे का अर्थ है— 'पड़े'। यहाँ 'र' और 'ड़' वर्ण परस्पर बदल गए हैं।

पंक्ति से पंक्ति

नीचे स्तंभ 1 में कुछ पंक्तियाँ दी गई हैं और स्तंभ 2 में उनके भावार्थ दिए गए हैं। रेखा खींचकर ही मिलान कीजिए।

स्तंभ 1		स्तंभ 2
1. भोर भयो गैयन के पाछे, मधुबन मोहि पठायो।	(i)	छोटा बालक हूँ, मेरी बाँहें छोटी हैं,मैं छीके तक कैसे पहुँच सकता हूँ?
2. चार पहर बंसीवट भटक्यो, साँझ परे घर आयो।	(ii)	तेरे हृदय में अवश्य कोई भेद है, जो मुझे पराया समझ लिया।
3. मैं बालक बहियन को छोटो,छीको केहि बिधि पायो।	(iii)	माँ तुम मन की बड़ी भोली हो, इनकी बातों में आ गई हो।
4. ग्वाल-बाल सब बैर परे हैं,बरबस मुख लपटायो।	(iv)	सुबह होते ही गायों के पीछे मुझे मधुबन भेज दिया।
5. तू माता मन की अति भोरी, इनके कहे पतियायो।	(v)	चार पहर बंसीवट में भटकने के बाद साँझ होने पर घर आया।
6. जिय तेरे कछु भेद उपजि है,जानि परायो जायो।	(vi)	ये सब सखा मुझसे बैर रखते हैं, इन्होंने मक्खन हठपूर्वक मेरे मुख पर लिपटा दिया।

उत्तर 1-(iv); 2-(v); 3-(i); 4-(vi); 5-(iii); 6-(ii)

पाठ से आगे

आपकी बात

"मैया मैं नहिं माखन खायो"

यहाँ श्रीकृष्ण अपनी माँ के सामने सिद्ध करने का प्रयास कर रहे हैं कि उन्होंने माखन नहीं खाया है। कभी-कभी हमें दूसरों के सामने सिद्ध करना पड़ जाता है कि यह कार्य हमने नहीं किया। क्या आपके साथ भी कभी ऐसा हुआ है? कब? किसके सामने? आपने अपनी बात सिद्ध करने के लिए कौन-कौन से तर्क दिए? उस घटना के बारे में बताइए।

उत्तर पिछले वर्ष स्कूल में, मेरी कक्षा में मेरे एक सहपाठी की पेंसिल बॉक्स से पेंसिल गायब हो गई, मेरे पीछे बैठे एक सहपाठी को मुझ पर संदेह हुआ और उसने मुझे अकारण ही दोषी ठहरा दिया। मैंने स्वयं को दोषमुक्त करने के लिए तर्क दिया कि जब पेंसिल गायब हुई, तो मैं अपनी जगह पर बैठा था और मैंने डिब्बे को छुआ तक नहीं था। मुझे अन्य सहपाठियों से भी गवाही मिली, जिन्होंने देखा था कि मैं अपनी सीट से उठकर कहीं नहीं गया था। मैंने शिक्षक से अनुरोध किया कि वह तुरंत पेंसिल बॉक्स की स्थिति का निरीक्षण करें, ताकि यह साबित हो सके कि मैंने उसे छुआ नहीं है। सभी से बात करने के बाद अध्यापक को समझ आ गया कि मैं निर्दोष हूँ और किसी ने गलती से मुझे दोषी ठहराया है। इस घटना ने मुझे सिखाया कि शांत रहते हुए सटीक तर्क करना महत्त्वपूर्ण है।

घर की वस्तुएँ

"मैं बालक बहियन को छोटो, छीको केहि बिधि पायो।"

'छीका' घर की एक ऐसी वस्तु है, जिसे सैकड़ों वर्ष से भारत में उपयोग में लाया जा रहा है।

नीचे कुछ और घरेलू वस्तुओं के चित्र दिए गए हैं। इन्हें आपके घर में क्या कहते हैं? चित्रों के नीचे लिखिए। यदि किसी चित्र को पहचानने में कठिनाई हो, तो आप अपने शिक्षक, परिजनों या इण्टरनेट की सहायता भी ले सकते हैं।

उत्तर

- मटका
- प्रेस (इस्तरी)
- चौपाया
- सिलाई मशीन
- चारपाई
- मर्तबान
- सूप
- सिल-लोढ़ा (पट्टा)
- चक्की
- हाथ का पंखा
- मथानी
- छलनी
- कटोरदान
- ओखली
- मथानी (मटका)

आप जानते ही हैं कि श्रीकृष्ण को मक्खन बहुत पसंद था। दूध से दही एवं मक्खन बनाया जाता है और मक्खन से घी बनाया जाता है। नीचे दूध से घी बनाने की प्रक्रिया संबंधी कुछ चित्र दिए गए हैं। अपने परिवार के सदस्यों, शिक्षकों या इंटरनेट आदि की सहायता से दूध से घी बनाने की प्रक्रिया लिखिए।

उत्तर दिए गए चित्रों के आधार पर, यहाँ दूध से घी बनाने की प्रक्रिया दी गई है

- **दूध निकालना** सबसे पहले गाय या भैंस का दूध निकाला जाता है।

- **दूध को उबालना** निकाले गए दूध को एक बर्तन में डालकर उबाला जाता है।
- **दूध को जमाना** उबले हुए दूध को ठंडा करके उसमें थोड़ा-सा दही मिलाकर उसे जमाया जाता है।
- **मलाई को मथना** दही को मथनी या रई की सहायता से मथा जाता है, जिससे मक्खन और छाछ अलग हो जाते हैं।
- **मक्खन निकालना** मथे गए दही से मक्खन निकालकर छाछ को अलग कर दिया जाता है।
- **मक्खन को गर्म करना** मक्खन को एक बर्तन में डालकर धीमी आँच पर गर्म किया जाता है। इसे तब तक गर्म किया जाता है, जब तक मक्खन पिघलकर घी में न बदल जाए।
- **घी को छानना** पिघले हुए घी को एक साफ बर्तन में छान लिया जाता है, जिससे उसमें से ठोस पदार्थ अलग हो जाए।
- **घी का संग्रहण** तैयार घी को एक साफ और सूखे कंटेनर में भरकर स्टोर किया जाता है।

समय का माप

"चार पहर बंसीवट भटक्यो, साँझ परे घर आयो।"

(क) 'पहर' और 'साँझ' शब्दों का प्रयोग समय बताने के लिए किया जाता है। समय बताने के लिए और कौन-कौन से शब्दों का प्रयोग किया जाता है? अपने समूह में मिलकर सूची बनाइए और कक्षा में साझा कीजिए।

(संकेत कल, ऋतु, वर्ष, अब, पखवाड़ा, दशक, वेला, अवधि आदि।)

उत्तर
- अभी
- सायं
- रात
- परसो
- प्रहर
- दिवस
- याम
- त्रैमासिक
- प्रात:
- दोपहर
- आज
- साप्ताहिक
- वार्षिक
- युग
- पाक्षिक
- मासिक

(ख) श्रीकृष्ण के अनुसार वे कितने घण्टे गाय चराते थे?

उत्तर श्रीकृष्ण के अनुसार, वे चार पहर तक गाय चराते थे। एक प्रहर लगभग तीन घंटे का होता है अर्थात् चार प्रहर का अर्थ लगभग 12 घंटे हुए। अत: वे 12 घंटे गाय चराते थे।

(ग) मान लीजिए वे शाम को छह बजे गाय चराकर लौटे। वे सुबह कितने बजे गाय चराने के लिए घर से निकले होंगे?

उत्तर यदि श्रीकृष्ण शाम को छह बजे गाय चराकर लौटे और उन्होंने 12 घंटे गाय चराई, तो वे सुबह छह बजे घर से निकले होंगे।

(घ) 'दोपहर' का अर्थ है 'दो पहर' का समय। जब दूसरे पहर की समाप्ति होती है और तीसरे पहर का प्रारंभ होता है। यह लगभग 12 बजे का समय होता है, जब सूर्य सिर पर आ जाता है। बताइए दिन के पहले पहर का प्रारंभ लगभग कितने बजे होगा?

उत्तर दिन का पहला पहर सूर्योदय के समय सुबह 6 बजे से 9 बजे तक होता है।

हम सब विशेष हैं

(क) महाकवि सूरदास दृष्टि बाधित थे। उनकी विशेष क्षमता थी, उनकी कल्पना शक्ति और कविता रचने की कुशलता।
हम सभी में कुछ न कुछ ऐसा होता है, जो हमें सबसे विशेष और सबसे भिन्न बनाता है। नीचे दिए गए व्यक्तियों की विशेष क्षमताएँ क्या हैं, विचार कीजिए और लिखिए

आपकी ____________________

आपके किसी परिजन की ____________________

आपके शिक्षक की ____________________

आपके मित्र की ____________________

उत्तर
- **आपकी** मैं समस्याओं को शांतिपूर्वक सुलझाने में सक्षम हूँ।
- **आपके किसी परिजन की** मेरी माँ बहुत अच्छा खाना बनाती है तथा वे कढ़ाई-बुनाई में भी निपुण हैं।
- **आपके शिक्षक की** वे कठिन विषयों को आसानी से समझा देते हैं।
- **आपके मित्र की** वह हमेशा सबकी सहायता करता है तथा सबका मनोबल बढ़ाता है।

(ख) एक विशेष क्षमता ऐसी भी है, जो हम सबके पास होती है। वह क्षमता है सबकी सहायता करना, सबके भले के लिए सोचना।
तो बताइए, इस क्षमता का उपयोग करके आप इनकी सहायता कैसे करेंगे

- **एक सहपाठी पढ़ना जानता है और उसे एक पाठ समझ में नहीं आ रहा है।**

उत्तर उस पाठ को सरल शब्दों में समझाकर और उदाहरण देकर उसकी सहायता करेंगे।

- **एक सहपाठी को पढ़ना अच्छा लगता है और वह देख नहीं सकता।**

उत्तर उसके लिए पाठ को ज़ोर-से पढ़कर सुनाएँगे या उसे ऑडियोबुक्स की सुविधा दिलाने में मदद करेंगे।

- **एक सहपाठी बहुत जल्दी-जल्दी बोलता है और उसे कक्षा में भाषण देना है।**

उत्तर उसे धीरे-धीरे बोलने का अभ्यास कराएँगे और उसे भाषण के दौरान शांत और आत्मविश्वास से बोलने का सुझाव देंगे।

- **एक सहपाठी बहुत अटक-अटक कर बोलता है और उसे कक्षा में भाषण देना है।**

उत्तर उसे धैर्यपूर्वक सुनने और रुक-रुक कर बोलने का अभ्यास करने में मदद करेंगे, जिससे उसका आत्मविश्वास बढ़ सके।

- एक सहपाठी को चलने में कठिनाई है और वह सबके साथ दौड़ना चाहता है।

उत्तर उसे प्रोत्साहित करेंगे कि वह अपनी गति से दौड़े और उसके साथ चलेंगे ताकि वह अकेला महसूस न करे।

- एक सहपाठी प्रतिदिन विद्यालय आता है और उसे सुनने में कठिनाई है।

उत्तर उसे कक्षा के सामने की ओर बैठने का सुझाव देंगे, ताकि वह शिक्षक की बातें स्पष्ट रूप से सुन सके और साथ ही उसे महत्त्वपूर्ण नोट्स देने में भी मदद करेंगे।

आज की पहेली

दूध से मक्खन ही नहीं बल्कि और भी बहुत कुछ बनाया जाता है। नीचे दूध से बनने वाली कुछ वस्तुओं के चित्र दिए गए हैं। दी गई शब्द-पहेली में उनके नाम से पहले अक्षर दे दिए गए हैं। नाम पूरे कीजिए।

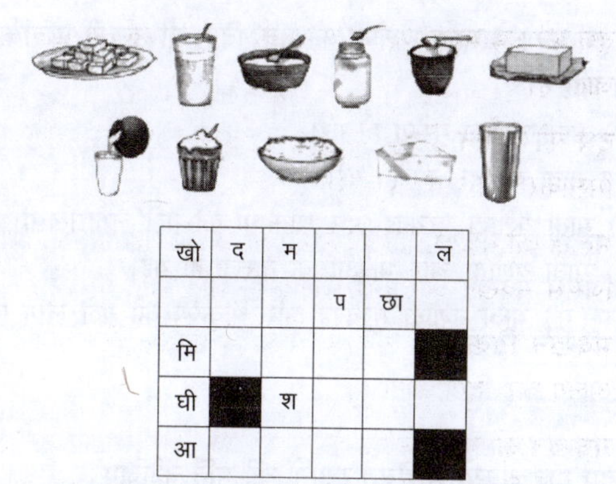

उत्तर

- खोया
- दही
- मक्खन
- लस्सी
- मलाई
- पनीर
- छाछ
- मिठाई
- शरबत
- आइस्क्रीम
- घी
- मट्ठा

अभ्यास प्रश्न

बहुविकल्पीय व वर्णनात्मक प्रश्नों सहित

बहुविकल्पीय प्रश्न

1. श्रीकृष्ण ने माता यशोदा से क्या कहा?

(क) मैंने ही माखन खाया था।
(ख) मैंने माखन नहीं खाया।
(ग) मुझे बहुत देर हो गई थी।
(घ) ग्वाल-सखाओं ने माखन खाया था।

उत्तर (ख) मैंने माखन नहीं खाया।

2. भोर होते ही माता यशोदा श्रीकृष्ण को कहाँ भेज देती थीं?

(क) नंदगाँव (ख) नदी के किनारे
(ग) अवध (घ) मधुबन

उत्तर (घ) मधुबन

3. श्रीकृष्ण चार पहर कहाँ भटकते रहे?

(क) हरिद्वार (ख) वृंदावन (ग) बंसीवट (घ) मथुरा

उत्तर (ग) बंसीवट

4. श्रीकृष्ण ने माँ यशोदा को भोली कहा, क्योंकि

(क) वे सहजता से सबकी बातों में आ जाती थीं।
(ख) वे किसी की बात नहीं मानती थीं।
(ग) वे श्रीकृष्ण को डाँटती थीं।
(घ) उपर्युक्त सभी

उत्तर (क) वे सहजता से सबकी बातों में आ जाती थीं।

5. श्रीकृष्ण ने अपने बाल-ग्वाल सखाओं के बारे में क्या कहा?

(क) बाल-ग्वाल श्रीकृष्ण से बहुत प्रेम करते हैं।
(ख) बाल-ग्वाल श्रीकृष्ण से बैर करते हैं।
(ग) बाल-ग्वाल श्रीकृष्ण की मदद करते हैं।
(घ) बाल-ग्वाल हमेशा श्रीकृष्ण के साथ खेलते हैं।

उत्तर (ख) बाल-ग्वाल श्रीकृष्ण से बैर करते हैं।

6. श्रीकृष्ण को दोषी कौन सिद्ध करना चाहता है?

(क) पड़ोसी (ख) बाल-ग्वाल (सखा)
(ग) दासी (घ) पालतू जानवर

उत्तर (ख) बाल-ग्वाल (सखा)

7. श्रीकृष्ण ने अपनी माँ को क्या वापस लौटाने की बात कहीं?

(क) मक्खन (ख) लाठी और कंबल
(ग) बंसी (घ) गायें

उत्तर (ख) लाठी और कंबल।

8. श्रीकृष्ण ने माँ यशोदा से क्या करने के लिए मना कर दिया?

(क) अब वे घर नहीं लौटेंगे।
(ख) अब वे पढ़ाई नहीं करेंगे।
(ग) अब वे मक्खन नहीं खाएँगे।
(घ) अब वे गाय चराने नहीं जाएँगे।

उत्तर (घ) अब वे गाय चराने नहीं जाएँगे।

9. जब श्रीकृष्ण ने माता यशोदा को तर्क दिए, तो उनकी प्रतिक्रिया क्या थी?

(क) माता यशोदा गुस्सा हो गईं।

(ख) माता यशोदा चुप हो गईं।

(ग) माता यशोदा मुस्काई और श्रीकृष्ण को गले लगा लिया।

(घ) माता यशोदा और भी अधिक नाराज हो गईं।

उत्तर (ग) माता यशोदा मुस्काई और श्रीकृष्ण को गले लगा लिया।

रिक्त स्थान भरें

1. नीचे दिए गए वाक्यों में रिक्त स्थानों की पूर्ति कीजिए

(i) **भोर भयो गैयन के पाछे ………… मोहि पठायो।**

(ii) **मैं बालक ………… को छोटो।**

(iii) **ग्वाल-बाल सब ………… परे हैं।**

(iv) **तू माता मन की अति ………… ।**

(v) **ये ले अपनी ………… कमरिया, बहुतहिं नाच नचायो।**

उत्तर (i) मधुबन (ii) बहियन (iii) बैर (iv) भोरी (v) लकुटि

सत्य या असत्य

2. नीचे दिए गए कथनों में से सत्य या असत्य कथन की पहचान कीजिए।

(i) **श्रीकृष्ण ने माखन चोरी करने के आरोप को स्वीकार किया।**

(ii) **श्रीकृष्ण ने दिन का अधिकांश समय बंसीवट में बिताया।**

(iii) **ग्वाल-बालों ने श्रीकृष्ण के साथ मैत्रीपूर्ण व्यवहार किया।**

(iv) **सुबह होते ही श्रीकृष्ण को मधुबन भेजा गया।**

(v) **श्रीकृष्ण ने कहा कि वे इतने छोटे हैं कि छीके तक नहीं पहुँच सकते।**

उत्तर (i) असत्य (ii) सत्य (iii) असत्य (iv) सत्य (v) सत्य

मिलान करें

1. स्तंभ 1 और स्तंभ 2 में कुछ पंक्तियाँ दी गईं हैं। सही पंक्तियों को रेखा खींचकर जोड़िए।

स्तंभ 1		स्तंभ 2
1. मैं बालक बहियन को छोटो	(i)	इनके कहे पतियायो।
2. तू माता मन की अति भोरी	(ii)	बहुतहिं नाच नचायो।
3. सूरदास तब बिहँसि जसोदा	(iii)	मधुबन मोहि पठायो ।
4. ये ले अपनी लकुटि कमरिया	(iv)	बरबस मुख लपटायो।
5. भोर भयो गैयन के पाछे	(v)	छीको केहि बिधि पायो।
6. ग्वाल-बाल सब बैर परे हैं	(vi)	लै उर कंठ लगायो।

उत्तर 1-(v); 2-(i); 3-(vi); 4-(ii); 5-(iii); 6-(iv)

काव्यांश आधारित प्रश्न

निम्नलिखित काव्यांशों को पढ़कर उन पर आधारित प्रश्नों के उत्तर दीजिए

काव्यांश 1

मैया मैं नहिं माखन खायो।
भोर भयो गैयन के पाछे, मधुबन मोहि पठायो।
चार पहर बंसीवट भटक्यो, साँझ परे घर आयो।
मैं बालक बहियन को छोटो, छीको केहि बिधि पायो।
ग्वाल-बाल सब बैर परे हैं, बरबस मुख लपटायो।।

1. श्रीकृष्ण ने स्वयं को किस कारण माखन चोरी करने में असमर्थ बताया?

(क) वे वृंदावन में थे (ख) वे छोटे बालक हैं

(ग) वे सो रहे थे (घ) वे गुरुदेव के आश्रम में थे

उत्तर (ख) वे छोटे बालक हैं

2. माता यशोदा ने श्रीकृष्ण को मधुबन क्यों भेजा?

(क) खेलने के लिए (ख) माखन खाने के लिए

(ग) गायों को चराने के लिए (घ) विश्राम करने के लिए

उत्तर (ग) गायों को चराने के लिए

3. श्रीकृष्ण ने अपने मुख पर माखन लगने का क्या कारण बताया?

(क) उन्होंने खुद लगाया। (ख) ग्वाल-बालों ने जबरदस्ती लगाया।

(ग) गोपियों ने लगा दिया। (घ) माता यशोदा ने लगा दिया।

उत्तर (ख) ग्वाल-बालों ने जबरदस्ती लगाया।

4. 'बरबस' शब्द का क्या अर्थ है?

उत्तर बरबस' शब्द का अर्थ है-जबरदस्ती या हठपूर्वक।

5. 'चार पहर बंसीवट भटक्यो, साँझ परे घर आयो।' पंक्ति का आशय स्पष्ट कीजिए।

उत्तर श्रीकृष्ण माता यशोदा से कहते हैं कि सुबह होते ही मुझे गायों के पीछे (अर्थात् गायों को चराने के लिए) मधुबन भेज दिया। ग्वाल-बाल व गायों के साथ चार पहर बंसीवट में भटकने(घूमने) के बाद शाम होने पर घर आया हूँ। मैं माखन कैसे खा सकता हूँ?

6. श्रीकृष्ण के अनुसार, ग्वाल-बाल उनसे क्या रखते थे?

उत्तर श्रीकृष्ण के अनुसार, ग्वाल-बाल उनसे बैर रखते थे। श्रीकृष्ण माता यशोदा से कहते हैं कि ग्वाल-बाल उनके साथ शत्रुतापूर्ण व्यवहार करते हैं और इसी शत्रुता के कारण उन्होंने जबरदस्ती उनके मुख पर माखन लगा दिया, ताकि उन्हें दोषी सिद्ध किया जा सके।

7. प्रस्तुत पद्यांश में श्रीकृष्ण ने किस तरह की बाल सुलभ चतुराई का प्रदर्शन किया है? **CBQ**

उत्तर प्रस्तुत पद्यांश में श्रीकृष्ण ने स्वयं को निर्दोष सिद्ध करने के लिए भोलेपन और चतुराई का प्रदर्शन करते हुए माता से कहा कि वे तो केवल छोटे-से बालक हैं, जिसके छोटे-छोटे हाथ हैं, जो छीके तक नहीं पहुँच सकते। इसके अतिरिक्त, उन्होंने ग्वाल-बालों पर शत्रुता का आरोप लगाते हुए कहा कि उन्होंने मक्खन उनके मुख पर जबरदस्ती लगाया गया था।

काव्यांश 2

तू माता मन की अति भोरी, इनके कहे पतियायो।
जिय तेरे कछु भेद उपजि हैं, जानि परायो जायो।।
ये ले अपनी लकुटि कमरिया, बहुतहिं नाच नचायो।
सूरदास तब बिहँसि जसोदा, लै उर कंठ लगायो।।

1. प्रस्तुत पंक्तियों में कवि सूरदास ने किसका वर्णन किया है?

(क) श्रीराम के वनवास गमन का
(ख) श्रीकृष्ण की बाल-लीलाओं का
(ग) शिव के बालपन का
(घ) श्रीकृष्ण द्वारा अर्जुन को गीता उपदेश देने का

उत्तर (ख) श्रीकृष्ण की बाल-लीलाओं का

2. 'लकुटि कमरिया' का क्या अर्थ है?

(क) गहना (ख) वस्त्र
(ग) लाठी और कंबल (घ) बाँसुरी और मोरपंख

उत्तर (ग) लाठी और कंबल

3. श्रीकृष्ण को गले से किसने लगाया?

(क) राधा ने (ख) यशोदा ने
(ग) देवकी ने (घ) सुदामा ने

उत्तर (ख) यशोदा ने

4. 'पतियायो' शब्द का अर्थ क्या है?

उत्तर 'पतियायो' शब्द का अर्थ है-विश्वास किया या सच मान लिया।

5. 'मन की अति भोरी' से क्या तात्पर्य है? **CBQ**

उत्तर 'मन की अति भोरी' से तात्पर्य है कि माता यशोदा मन की अत्यंत भोली हैं। श्रीकृष्ण अपनी माँ यशोदा को समझाते हुए कहते हैं कि माता तुम मन की बहुत भोली हो और दूसरों की बातों में शीघ्र ही आ जाती हो अर्थात् ग्वाल-बालों की बातों को तुमने सच मान लिया है। इस कारण तुम मुझ पर माखन चोरी का संदेह करने लग गई हो।

6. अंत में माता यशोदा ने श्रीकृष्ण के साथ क्या किया तथा क्यों किया?

उत्तर अंत में माता यशोदा ने श्रीकृष्ण को गले से लगा लिया। श्रीकृष्ण ने अपने तर्क और भोलेपन के साथ यह सिद्ध करने का प्रयास किया कि उन्होंने माखन नहीं खाया। श्रीकृष्ण की इस चंचलता और भोलेपन को देखकर माता यशोदा का मन प्रेम और वात्सल्य से भर गया। उन्हें अपने पुत्र की नटखट और भोली बातों पर प्यार आ गया और इस प्रेमभाव में उन्होंने श्रीकृष्ण को हँसते हुए गले से लगा लिया। इस दृश्य में माता-पुत्र के बीच गहरे स्नेह और प्रेम का भाव प्रकट होता है।

अतिलघु उत्तरीय प्रश्न

1. श्रीकृष्ण को माता यशोदा सुबह होते ही कहाँ भेज देती हैं?

उत्तर श्रीकृष्ण को माता यशोदा सुबह होते ही मधुबन में गायों को चराने भेज देती हैं।

2. श्रीकृष्ण मधुबन से घर कब लौटकर आते हैं?

उत्तर श्रीकृष्ण मधुबन से चार पहर बाद शाम को घर लौटकर आते हैं।

3. श्रीकृष्ण गायों के साथ चार पहर कहाँ घूमते रहते हैं?

उत्तर श्रीकृष्ण गायों के साथ चार पहर बंसीवट में भटकने (घूमने) के बाद शाम होने पर घर आते हैं।

4. श्रीकृष्ण माता यशोदा के सामने माखन नहीं खाने का तर्क क्यों देते हैं?

उत्तर श्रीकृष्ण माता यशोदा के सामने माखन नहीं खाने का तर्क स्वयं को निर्दोष सिद्ध करने के लिए देते हैं।

5. श्रीकृष्ण ने स्वयं को निर्दोष सिद्ध करने का पहला कारण क्या बताया?

उत्तर श्रीकृष्ण ने माता यशोदा को बताया कि सुबह होते ही उन्हें गायों के पीछे मधुबन भेजा गया था और चार पहर बंसीवट में भटकने के बाद वह शाम को घर आए हैं, इसलिए वह माखन नहीं खा सकते।

6. श्रीकृष्ण ने माता यशोदा के सामने माखन नहीं खाने का दूसरा कारण क्या बताया?

उत्तर श्रीकृष्ण ने माता यशोदा के सामने माखन नहीं खाने का दूसरा कारण यह बताया कि वे एक छोटे बालक हैं और उनकी बाँहें छोटी हैं, इसलिए उनके हाथ छीके तक नहीं पहुँच सकते, जहाँ माखन रखा था।

लघु उत्तरीय प्रश्न

1. श्रीकृष्ण ने माता यशोदा को भोली क्यों कहा?

उत्तर श्रीकृष्ण ने माता यशोदा को भोली कहा, क्योंकि वे अन्य ग्वाल-बालों की बातों पर आसानी से विश्वास करके व्यर्थ में ही श्रीकृष्ण पर संदेह कर रही थीं। ग्वाल-बाल तो द्वेष करके श्रीकृष्ण को दोषी सिद्ध करना चाहते थे, इसलिए जबरदस्ती उनके मुख पर माखन लगा दिया।

2. 'लकुटि कमरिया' से क्या तात्पर्य है? स्पष्ट कीजिए। **CBQ**

उत्तर 'लकुटि कमरिया' से तात्पर्य लाठी और कंबल से है। जब श्रीकृष्ण को लगता है कि माता उसकी बात पर विश्वास नहीं कर रहीं, तो श्रीकृष्ण यशोदा माता को लाठी और कंबल वापस करने की बात करते हैं, जो माता यशोदा उन्हें गाय चराने के समय देती थीं। यहाँ वह यह जताना चाहते थे कि अब वह गाय चराने नहीं जाएँगे और उनकी बात नहीं मानेंगे, क्योंकि उन पर गलत आरोप लगाया गया है।

3. श्रीकृष्ण ने माता यशोदा से लाठी और कंबल रखने के लिए क्यों कहा?

उत्तर श्रीकृष्ण ने माता यशोदा से लाठी और कंबल रखने के लिए कहा, क्योंकि वे माता यशोदा से इस बात पर नाराज़ हो जाते हैं, क्योंकि उन्होंने उन पर माखन चोरी करने का संदेह किया था, इसलिए वे अब गाय चराने नहीं जाएँगे और अपनी माँ की बात भी नहीं मानेंगे।

4. सूरदास ने कृष्ण के किस रूप का वर्णन किया है?

उत्तर इस पद में सूरदास जी ने कृष्ण के बाल रूप का वर्णन किया है। उन्होंने कृष्ण की बाल लीलाओं, भोलेपन और चंचलता का बहुत ही भावपूर्ण और मनोहारी ढंग से चित्रण किया है। इस पद में विशेष रूप से कृष्ण के माखन चोरी करने की घटना का वर्णन किया गया है, जिसमें वे अपनी माता यशोदा को अपने भोलेपन और चतुराई से समझाने का प्रयास करते हैं कि उन्होंने माखन नहीं खाया है।

5. श्रीकृष्ण की बातों का प्रभाव माता यशोदा पर क्या पड़ा?

उत्तर जब श्रीकृष्ण ने अपने तर्क और भोलेपन के साथ यह सिद्ध करने का प्रयास किया कि उन्होंने मक्खन नहीं खाया, तो माता यशोदा का मन प्रेम और वात्सल्य से भर गया। उन्हें अपने पुत्र की नटखट और भोली बातों पर प्यार आ गया, और इस प्रेमभाव में उन्होंने हँसते हुए श्रीकृष्ण को गले से लगा लिया।

6. 'जिय तेरे कछु भेद उपजि हैं, जानि परायो जायो।' पंक्ति का आशय स्पष्ट कीजिए। **CBQ**

उत्तर प्रस्तुत पंक्ति में श्रीकृष्ण अपनी माँ यशोदा को उलाहना देते हुए कहते हैं कि उनके हृदय में कोई भेद है, जिस कारणवश उन्होंने श्रीकृष्ण को पराया समझ लिया है। यहाँ श्रीकृष्ण अपनी माता से कहना चाहते हैं कि यदि यशोदा माता उन्हें अपना पुत्र मानतीं, तो उनकी बात का विश्वास करती और उस पर माखन चोरी का संदेह नहीं करतीं।

दीर्घ उत्तरीय प्रश्न

1. श्रीकृष्ण ने माता यशोदा को यह कैसे समझाया कि उन्होंने माखन नहीं खाया?

उत्तर श्रीकृष्ण ने अपनी माता यशोदा से कहा कि उन्होंने उसे सुबह गायों के पीछे मधुबन भेजा दिया था तथा वह पूरे चार पहर बंसीवट घूमकर घर आया था, इसलिए उसके पास माखन खाने का समय नहीं था। इसके अतिरिक्त, श्रीकृष्ण ने यशोदा माता को समझाया कि वे तो एक छोटे-से बालक हैं, उनकी बाँहे छोटी हैं, जो छीके तक नहीं पहुँच सकती हैं। ग्वाल-बाल ने जबरदस्ती द्वेष करके उनके मुख पर माखन लगा दिया है और माता तो भोली हैं, सबकी बातों में आ जाती हैं।

2. 'बरबस मुख लपटायो' पंक्ति में श्रीकृष्ण द्वारा दूसरों पर दोषारोपण की प्रक्रिया को नैतिक दृष्टिकोण से समझाइए। **CBQ**

उत्तर 'बरबस मुख लपटायो' पंक्ति में श्रीकृष्ण ने अपनी स्थिति को बचाने के लिए दूसरों पर दोषारोपण किया है। नैतिक दृष्टिकोण यह दिखाता है कि व्यक्ति अपनी गलतियों को छिपाने के लिए दूसरों को दोषी ठहराता है। हालाँकि, इसे बच्चे की चंचलता के रूप में देखा जा सकता है, लेकिन यह समाज में दोषारोपण की प्रवृत्ति का भी प्रतीक है। इस पंक्ति से यह स्पष्ट होता है कि जब व्यक्ति स्वयं को कठिनाई में पाता है, तो वह किसी और को दोषी ठहराकर खुद को निर्दोष सिद्ध करने का प्रयास करता है।

3. प्रस्तुत पद्यांश के आधार पर यशोदा का चरित्र-चित्रण कीजिए। **CBQ**

उत्तर सूरदास ने यशोदा के चरित्र को एक आदर्श माँ के रूप में चित्रित किया है। यशोदा अपने पुत्र श्रीकृष्ण के प्रति अत्यधिक स्नेहशील और करुणामयी हैं। उनका हँसना और श्रीकृष्ण को गले लगाना उनके मातृ-स्नेह को दर्शाता है। वे अपने पुत्र की मासूमियत और चंचलता पर मोहित हो जाती हैं और उसकी हरकतों को प्रेम से स्वीकार करती हैं। सूरदास के इस चित्रण में यशोदा की सरलता, ममता और अपने पुत्र के प्रति उनके अटूट प्रेम की झलक मिलती है, जो उन्हें एक आदर्श माँ के रूप में प्रस्तुत करती हैं।

4. 'मैं बालक बहियन को छोटो' पंक्ति का भावार्थ क्या है?

उत्तर श्रीकृष्ण स्वयं को निर्दोष सिद्ध करने के लिए तर्क देते हुए यशोदा माता से यह कहते हैं कि मैं तो छोटा-सा बालक हूँ, मेरी बाँहें छोटी हैं, आप ही बताओं मैया मैं छीके तक कैसे पहुँच सकता हूँ? यह कथन श्रीकृष्ण के मासूम और बाल सुलभ तर्क का प्रतीक है। वे अपनी माँ को यह विश्वास दिलाने का प्रयास कर रहे हैं कि वे इतने छोटे हैं कि छीके तक पहुँच ही नहीं सकते। यहाँ श्रीकृष्ण अपनी चतुराई से माता यशोदा के समक्ष स्वयं को एक सामान्य बच्चे के रूप में असमर्थ दिखाते हैं।

5. प्रस्तुत पद में श्रीकृष्ण और ग्वाल-बालों के सम्बन्ध को किस प्रकार चित्रित किया गया है तथा यह क्या दर्शाता है?

उत्तर प्रस्तुत पद में श्रीकृष्ण और ग्वाल-बालों के संबंध को शत्रुतापूर्ण और प्रतिस्पर्द्धात्मक के रूप में चित्रित किया गया है। श्रीकृष्ण माता यशोदा से ये शिकायत करते हैं कि उनके सखा उनसे शत्रुता रखते हैं और उन्होंने मक्खन उनके मुख पर जबरदस्ती लगा दिया है। यह दर्शाता है कि बच्चों के बीच अकसर छोटी-छोटी बातों पर लड़ाई और प्रतिस्पर्द्धा होती है। यहाँ पद में श्रीकृष्ण की बाल लीलाओं में मानवीय पहलुओं को देखा जा सकता है, जहाँ वे भी सामान्य बच्चों की तरह अपने साथियों के साथ तकरार करते हैं।

व्याकरण आधारित प्रश्न

1. निम्नलिखित शब्दों के पर्यायवाची लिखिए।

(i) गाय (ii) माँ
(iii) सखा (iv) संदेह
(v) मुख

उत्तर **गाय** गौ, गैया, गऊ, धेनु, सुरभी, पयस्विनी आदि।
माँ माता, मातृ, जननी, पितामही।
सखा साथी, सहयोगी, मित्र, संगी।
संदेह संशय, शंका , अविश्वास, अनिश्चितता।
मुख मुँह, शक्ल, चेहरा, मुखड़ा, मुखमंडल, आनन आदि।

2. निम्न शब्दों के विलोम शब्द बताइए।

(i) छोटा (ii) पराया
(iii) बैर (iv) हँसना

उत्तर (i) छोटा-बड़ा (ii) पराया-अपना
(iii) बैर-प्रीति (iv) हँसना-रोना

3. दिए गए वाक्यों में विशेषण को छाँटकर लिखिए।

(i) मैं तो छोटा-सा बालक हूँ।
(ii) मेरी बाँहे छोटी हैं।
(iii) माता तुम मन की बहुत भोली हो।
(iv) इन्होंने मक्खन हठपूर्वक मेरे मुख पर लगा दिया।

उत्तर (i) छोटा-सा (ii) छोटी
(iii) बहुत भोली (iv) हठपूर्वक

स्व-मूल्यांकन

बहुविकल्पीय प्रश्न

1. किस वृक्ष के नीचे श्रीकृष्ण बंसी बजाते थे?
(क) पीपल वृक्ष
(ख) बरगद वृक्ष
(ग) बंसीवट
(घ) नीम वृक्ष

2. श्रीकृष्ण के अनुसार कौन भोला है?
(क) राधा (ख) माता यशोदा
(ग) गोपियाँ (घ) स्वयं

3. 'मुख लपटायो' का अर्थ क्या है?
(क) मुँह पर मक्खन लगाया
(ख) मुँह पर लाठी मारी
(ग) मुँह पर पानी लगाया
(घ) मुँह पर मिठाई लगाई

4. श्रीकृष्ण ने अपनी लाठी और कमरिया किसे लौटाने के लिए कहा?
(क) ग्वाल-बाल को (ख) यशोदा माँ को
(ग) राधा को (घ) नंद बाबा को

5. श्रीकृष्ण किसके साथ चार पहर बंसीवट में भटके?
(क) ग्वाल-बाल और गायों के साथ
(ख) अकेले
(ग) राधा के साथ
(घ) गोपियों के साथ

काव्यांश आधारित प्रश्न

निम्नलिखित काव्यांश को पढ़कर उन पर आधारित प्रश्नों के उत्तर दीजिए

"मैं बालक बहियन को छोटो, छीको केहि बिधि पायो।
ग्वाल-बाल सब बैर परे हैं, बरबस मुख लपटायो।।"

1. श्रीकृष्ण के अनुसार, उनकी बाँहें कैसी हैं?
(क) लंबी (ख) छोटी
(ग) मजबूत (घ) कमज़ोर

2. श्रीकृष्ण ने किन पर बैर रखने का आरोप लगाया है?
(क) ग्वाल-बालों पर (ख) माता यशोदा पर
(ग) राधा पर (घ) गायों पर

3. प्रस्तुत काव्यांश में किसके बीच संवाद हो रहा है?
(क) गोपियों-कृष्ण (ख) ग्वाल-बाल-कृष्ण
(ग) कृष्ण-यशोदा (घ) यशोदा-गोपियाँ

4. 'छीको' शब्द का अर्थ क्या है?

5. 'बरबस मुख लपटायो' पंक्ति से क्या आशय है?

6. श्रीकृष्ण ने माखन चोरी के आरोप को झुठलाने के लिए किस बात का सहारा लिया?

अतिलघु उत्तरीय प्रश्न

1. 'बंसीवट' का क्या अर्थ है?

2. 'जानि परायो जायो' का अर्थ क्या है?

3. माता यशोदा को किसने कहा कि ग्वाल-बाल उनसे बैर रखते हैं?

4. यशोदा माँ ने श्रीकृष्ण को गले से क्यों लगाया?

5. प्रस्तुत काव्यांश में 'भोरी' शब्द किसके लिए प्रयुक्त हुआ है?

लघु उत्तरीय प्रश्न

1. श्रीकृष्ण ने यशोदा माँ को क्या लौटा देने के लिए कहा और क्यों?

2. 'तू माता मन की अति भोरी' में श्रीकृष्ण किस बात की ओर इशारा कर रहे हैं? **CBQ**

3. श्रीकृष्ण ने माता यशोदा से ऐसा क्यों कहा कि वे अब गायें चराने नहीं जाएँगे?

दीर्घ उत्तरीय प्रश्न

1. प्रस्तुत काव्यांश में सूरदास जी ने कृष्ण और यशोदा के संबंधों का किस प्रकार चित्रण किया है? अपने विचार स्पष्ट कीजिए। **CBQ**

2. "सूरदास तब बिहँसि जसोदा" पंक्ति के अनुसार माता यशोदा के हँसने के पीछे क्या भावनाएँ निहित रही होंगी?

परीक्षा प्रेमचंद

अध्याय 10

पाठ का सार

कहानीकार 'प्रेमचंद' द्वारा रचित 'परीक्षा' कहानी में लेखक ने सरदार सुजानसिंह के उच्च चरित्र एवं देशभक्ति से पूर्ण व्यक्तित्व को दर्शाया है। वे कर्त्तव्यनिष्ठ, समर्पित व धर्म पराजय व्यक्ति थे, जिन्होंने अपना कार्य ईमानदारी से किया। प्रेमचंद ने प्रस्तुत पाठ में दीवान पद के लिए आए उम्मीदवारों, किसान व युवक के माध्यम से यह दर्शाने का प्रयास किया है कि मनुष्य की असली पहचान, उसकी योग्यताएँ एवं शिक्षा मात्र नहीं है। दीवान जैसे पद का असली हकदार केवल वही व्यक्ति हो सकता है, जो योग्यताओं का सही समय पर उपयोग करें, जैसे पंडित जानकीनाथ ने स्वयं आहत होते हुए भी किसान की मदद करके अपने उदार व उच्च चरित्र होने का प्रमाण दिया और परीक्षा में उत्तीर्ण होकर अपनी पृथक् पहचान बनाई है।

दीवान सुजानसिंह को राजकाज की ज़िम्मेदारी से मुक्त करने का निवेदन

सरदार सुजानसिंह देवगढ़ रियासत के दीवान थे। उन्होंने अधिक उम्र हो जाने के कारण राजकाज की ज़िम्मेदारी से मुक्त करने का निवेदन महाराज से किया। महाराज ने इस अनुरोध को स्वीकार कर लिया, लेकिन यह शर्त भी रखी कि नए दीवान का चुनाव सरदार सुजानसिंह ही करेंगे। दूसरे दिन देश के प्रसिद्ध अखबारों में यह विज्ञापन जारी किया गया कि रियासत को एक सुयोग्य दीवान की आवश्यकता है। विज्ञापन में ज़रूरी योग्यता का भी उल्लेख किया गया था। इस पद के लिए ग्रेजुएट होने की ज़रूरत नहीं थी, बल्कि कर्त्तव्यनिष्ठ होना ज़रूरी था। विज्ञापन में उल्लेख था कि उम्मीदवारों का एक महीने तक मूल्यांकन होने के बाद परिणाम की घोषणा की जाएगी।

दीवान पद के लिए उम्मीदवारों का आगमन और उनका व्यवहार

देवगढ़ रियासत में दीवान पद के लिए आयोजित प्रतियोगिता में देश भर से लोग आए थे। हर कोई इस पद को पाने के लिए किसी भी हद तक जाने को तैयार था। प्रतियोगी अपने आप को बेहतर दिखाने के लिए नकली व्यवहार कर रहे थे, जो लोग आलसी थे, वे सुबह जल्दी उठकर बगीचे में टहलने लगे। जो लोग किताबें नहीं पढ़ते थे, वे बड़े-बड़े ग्रंथ पढ़ने लगे। हर कोई नम्रता और सदाचार का दिखावा कर रहा था। दीवान सरदार सुजानसिंह इन सबका बारीकी से निरीक्षण कर रहे थे। उन्हें पता था कि ये लोग सिर्फ़ पद पाने के लिए ऐसा कर रहे हैं। सुजानसिंह जानते थे कि इन लोगों का असली चेहरा जल्द ही सामने आ जाएगा।

हॉकी खेल का आयोजन

दीवान पद के लिए आए हुए उम्मीदवारों ने एक दिन तय किया कि हॉकी का खेल खेला जाए। इस खेल के माध्यम से सभी खिलाड़ी अपनी इस खेल कला का भी प्रदर्शन करना चाहते थे। रियासत देवगढ़ के लिए यह खेल बिलकुल नया था। वहाँ पर इसे बच्चों का खेल समझा जाता था। दोनों टीमें मैदान में उतरीं और अपने खेल कौशल का प्रदर्शन करने लगीं। दोनों टीमें एक-दूसरे से कम नहीं थीं। शाम हो गई, लेकिन खेल का कोई परिणाम नहीं निकला।

एक युवक द्वारा किसान की सहायता करना

मैदान से थोड़ी दूर एक नाला था। इसको पार करने के लिए कोई पुल नहीं बना था। एक किसान उस नाले से अपनी बैलगाड़ी लेकर निकल रहा था, लेकिन वह भरी हुई गाड़ी को इस नाले के ऊपर से पार नहीं कर पा रहा था। बैलगाड़ी को खींचने में असमर्थ किसान निराश हो गया था। हॉकी के खिलाड़ी खेल खत्म करके वहीं से वापस आ रहे थे किंतु उनसे सहायता माँगने की किसान की हिम्मत नहीं हुई। अधिकतर खिलाड़ी भी उसकी मदद करने के प्रति उदासीन थे।

हॉकी के एक खिलाड़ी ने किसान की मुश्किल देखी और उसकी सहायता करने के लिए आगे आया। उसे खेल के दौरान चोट भी लग गई थी, लेकिन उसने अपनी चोट की परवाह किए बिना किसान की गाड़ी को ऊपर खींचने में सहायता की। गाड़ी जब नाले से पार हो गई तब किसान ने युवक के प्रति आभार प्रकट किया। युवक ने किसान से मजाक में कुछ इनाम माँगने का आग्रह किया। किसान ने हँसते हुए कहा कि अगर भगवान चाहेंगे, तो तुम्हें दीवानी मिलेगी।

दीवान का चयन

देवगढ़ रियासत में दीवान के चुनाव के लिए बहुत उम्मीदवार आए थे। सभी उम्मीदवार इस पद के लिए उत्सुक थे। जब चुनाव का दिन आया तो रियासत के सरदार सुजानसिंह ने सभी उम्मीदवारों को एकत्रित किया। सुजानसिंह ने बताया कि उन्हें ऐसे दीवान की आवश्यकता है, जिसके हृदय में दया हो और साथ ही आत्मबल भी हो और उन्हें ऐसा व्यक्ति मिल गया है, जिसके पास ये सभी गुण हैं।

फिर सुजानसिंह बताते हैं कि यह व्यक्ति एक गरीब किसान की सहायता करने के लिए अपनी चोट की परवाह किए बिना दलदल से गाड़ी निकालने में लगा था। इस कार्य से साबित होता है कि इस व्यक्ति के हृदय में दया, साहस और आत्मबल है।

अंत में, सुजानसिंह जानकीनाथ को ही नया दीवान घोषित करते हैं। अन्य उम्मीदवारों को यह बात स्वीकार करनी पड़ती है कि जानकीनाथ ही इस पद के लिए सबसे योग्य उम्मीदवार हैं।

शब्दार्थ

शब्द	हिंदी अर्थ	शब्द	हिंदी अर्थ
रियासत	राज, शासन	जौहरी	बहुमूल्य रत्न परखने एवं बेचने वाला व्यापारी
अवस्था	हालत, दशा	अकस्मात्	अचानक, एकदम
नेकनामी	सुख्याति, सुप्रसिद्धि	उत्सुक	बेचैन, अत्यधिक इच्छुक
नीति कुशल	लोक व्यवहार में श्रेष्ठ	धनाढ्य	धनी, समृद्ध, धनवान, रईस
तहलका	उत्पाद, उपद्रव	आत्मबल	आत्मा या मन का बल
अंगरखे	अचकन	फरमाया	कहना
कंटोप	कान को ढकने वाली टोपी	संकल्प	दृढ़ निश्चय

NCERT फोल्डर

पाठ्यपुस्तक के प्रश्नोत्तर

पाठ से

मेरी समझ से

आइए, अब हम कहानी 'परीक्षा' के बारे में कुछ चर्चा कर लेते हैं।

(क) आपकी समझ से नीचे दिए गए प्रश्नों का सटीक उत्तर कौन-सा है? उसके सामने तारा (*) बनाइए

(i) महाराज ने दीवान को ही उनका उत्तराधिकारी चुनने का कार्य उनके किस गुण के कारण सौंपा?

- सादगी
- उदारता
- बल
- नीतिकुशलता (*)

(ii) दीवान साहब द्वारा नौकरी छोड़ने के निश्चय का क्या कारण था?

- परमात्मा की याद
- राज-काज सँभालने योग्य शक्ति न रहना (*)
- बदनामी का भय
- चालीस वर्ष की नौकरी पूरा हो जाना

(ख) अब अपने मित्रों के साथ चर्चा कीजिए कि आपने ये उत्तर ही क्यों चुने?

उत्तर देवगढ़ रियासत के दीवान सुजानसिंह नीतिकुशल व्यक्ति थे। इसी गुण के कारण महाराज ने उन्हें उनका उत्तराधिकारी चुनने का कार्य सौंपा।

दीवान साहब द्वारा नौकरी छोड़ने का सबसे बड़ा कारण उनकी उम्र थी। बढ़ती उम्र के कारण उनमें राज-काज सँभालने की योग्य शक्ति नहीं बची थी।

शीर्षक

(क) **आपने जो कहानी पढ़ी है, इसका नाम प्रेमचंद ने 'परीक्षा' रखा है। अपने समूह में चर्चा करके लिखिए कि उन्होंने इस कहानी का यह नाम क्यों दिया होगा? अपने उत्तर के कारण भी लिखिए।**

उत्तर प्रेमचंद की कहानी 'परीक्षा' का शीर्षक बहुत ही सटीक और अर्थपूर्ण है। कहानी में पात्रों को विभिन्न स्थितियों और चुनौतियों का सामना करना पड़ता है, जो उनके चरित्र और मूल्यों की परीक्षा लेते हैं। कहानी में केंद्रीय भूमिका परीक्षा की है। यह परीक्षा देवगढ़ रियासत के नए दीवान के चुनाव के लिए आयोजित की गई थी। यह परीक्षा एक महीने तक चलती है, जिसमें सभी उम्मीदवार अपने कौशल और व्यक्तित्व का प्रदर्शन करते हैं। उम्मीदवार के व्यक्तित्व का समग्र मूल्यांकन होने के बाद ही नए दीवान का चयन होना था। इसलिए इस कहानी का शीर्षक 'परीक्षा' रखा गया है।

'परीक्षा' शीर्षक कहानी के केंद्रीय विषय, पात्रों के विकास और पाठक के लिए संदेश को बखूबी व्यक्त करता है। यह शीर्षक कहानी को एक सार्वभौमिक अपील देता है, क्योंकि प्रत्येक व्यक्ति को जीवन में किसी-न-किसी रूप में परीक्षाओं का सामना करना पड़ता है।

(ख) **यदि आपको इस कहानी को कोई अन्य नाम देना हो, तो क्या नाम देंगे? आपने यह नाम क्यों सोचा, यह भी बताइए?**

उत्तर 'परीक्षा' कहानी के अतिरिक्त में अन्य शीर्षक 'आचरण की कसौटी' देना चाँहूगा, जो कहानी के विभिन्न पहलुओं को उजागर करता है। यह शीर्षक कहानी के केंद्रीय विषय, यानी पात्रों के चरित्र और आचरण की परीक्षा को सीधे तौर पर दर्शाता है। कहानी में पात्रों को विभिन्न परिस्थितियों में रखकर उनके आचरण की कसौटी लगाई जाती है, जिससे उनके असली स्वरूप का पता चलता है।

पंक्तियों पर चर्चा

कहानी में से चुनकर यहाँ कुछ पंक्तियाँ दी गई हैं। इन्हें ध्यान से पढ़िए और इन पर विचार कीजिए। आपको इनका क्या अर्थ समझ में आया? अपने विचार अपने समूह में साझा कीजिए और अपनी लेखन पुस्तिका में लिखिए।

"इस पद के लिए ऐसे पुरुष की आवश्यकता थी, जिसके हृदय में दया हो और साथ-साथ आत्मबल भी हो। हृदय वह जो उदार हो, आत्मबल वह जो आपत्ति का वीरता के साथ सामना करे। ऐसे गुणवाले संसार में कम हैं और जो हैं, वे कीर्ति और मान के शिखर पर बैठे हुए हैं।"

उत्तर प्रस्तुत कहानी में जिस पद के लिए व्यक्ति की तलाश की जा रही है, वह बहुत महत्त्वपूर्ण पद है। इस पद के लिए एक ऐसे व्यक्ति की ज़रूरत थी, जो बहुत दयालु और साहसी हो। दूसरों के प्रति दया रखते हुए सहायता करना बिना डरे संकट का सामना करना आदि है ऐसे गुण वाले लोग बहुत कम होते हैं। ऐसे गुणों से संपन्न व्यक्ति का प्रत्येक क्षेत्र में बहुत सम्मान होता है। इसी कारणवश ऐसे व्यक्ति प्रसिद्धि व मान के सर्वोच्च शिखर पर बैठे हैं।

सोच-विचार के लिए

कहानी को एक बार फिर से पढ़िए, निम्नलिखित के बारे में पता लगाइए और लिखिए

(क) **नौकरी की चाह में आए लोगों ने नौकरी पाने के लिए कौन-कौन से प्रयत्न किए?**

उत्तर नौकरी की चाह में आए लोगों ने नौकरी पाने के लिए तरह-तरह के प्रयत्न किए। सभी उम्मीदवार स्वयं को बहुत अच्छा दिखाने का प्रयत्न कर रहे थे। जिन उम्मीदवारों को देर तक सोने की आदत थी, वे सुबह जल्दी उठकर बगीचे में टहलने लगे। कई उम्मीदवार नौकरों से अच्छा व्यवहार कर रहे थे, जो उनका वास्तविक स्वभाव नहीं था। कभी न पढ़ने वाले उम्मीदवार भी किताबों में डूबे रहते थे तथा दिखावटी नम्रता और सदाचार के देवता बने हुए थे।

(ख) **"उसे किसान की सूरत देखते ही सब बातें ज्ञात हो गई।" खिलाड़ी को कौन-कौन सी बातें पता चल गईं?**

उत्तर किसान की सूरत देखते ही खिलाड़ी को पता चल गया कि किसान की गाड़ी नाले से पार नहीं हो पा रही है। गाड़ी पार न होने के कारण किसान परेशान है, लेकिन किसी खिलाड़ी से सहायता माँगने ही हिम्मत नहीं जुटा पा रहा है। किसान की इस परेशानी के भाव को खिलाड़ी ने उसका चेहरा देखकर पढ़ लिया।

(ग) **"मगर उन आँखों में सत्कार था, इन आँखों में ईर्ष्या।" किनकी आँखों में सत्कार था और किनकी आँखों में ईर्ष्या थी? क्यों?**

उत्तर रियासत के कर्मचारियों और रईसों की आँखों में जानकीनाथ के प्रति सत्कार था, जबकि उम्मीदवार दल की आँखों में ईर्ष्या थी। ऐसा इसलिए था, क्योंकि रियासत के कर्मचारियों और रईसों को नए दीवान जानकीनाथ के अधीन कार्य करना था, जबकि दीवान पद के लिए आए हुए उम्मीदवार जानकीनाथ के प्रतिद्वंदी थे।

खोजबीन

कहानी में से वे वाक्य खोजकर लिखिए, जिनसे पता चलता है कि-

(क) **शायद युवक बूढ़े किसान की असलियत पहचान गया था।**

उत्तर युवक ने हँसकर कहा, "अब मुझे कुछ इनाम देते हो?" किसान ने गंभीर भाव से कहा, "नारायण चाहेंगे तो दीवानी आपको ही मिलेगी।" युवक ने किसान की तरफ़ गौर से देखा। उसके मन में एक संदेह हुआ क्या यह सुजानसिंह नहीं हैं? आवाज़ मिलती है, चेहरा-मोहरा भी वही। किसान ने भी उसकी ओर तीव्र दृष्टि से देखा। शायद उसके दिल के संदेह को भाँप गया। मुस्कराकर बोला, "गहरे पानी में पैठने से ही मोती मिलता है।"

उपर्युक्त पंक्तियों से पता चलता है कि युवक बूढ़े किसान की असलियत पहचान गया था।

(ख) **नौकरी के लिए आए लोग किसी तरह बस नौकरी पा लेना चाहते थे।**

उत्तर प्रत्येक मनुष्य अपने जीवन को अपनी बुद्धि के अनुसार अच्छे रूप में दिखाने की कोशिश करता था। मिस्टर 'अ' नौ बजे दिन तक सोया करते थे, आजकल वे बगीचे में टहलते हुए ऊषा का दर्शन करते थे। मिस्टर 'द', 'स' और 'ज' से उनके घर पर नौकरों की नाक में दम था, लेकिन ये सज्जन आजकल 'आप' और 'जनाब' के बिना नौकरों से बातचीत नहीं करते थे। मिस्टर 'ल' को किताब से घृणा थी, परंतु आजकल वे बड़े-बड़े ग्रंथ देखने-पढ़ने में डूबे रहते थे। जिससे बात कीजिए, वह नम्रता और सदाचार का देवता बना मालूम दिखाई देता था। लोग समझते थे कि एक महीने का झंझट है, किसी तरह काट लें, कहीं कार्य सिद्ध हो गया तो कौन पूछता है?

उपर्युक्त पंक्तियों से पता चलता है कि नौकरी के लिए आए लोग किसी तरह बस नौकरी पा लेना चाहते थे।

कहानी की रचना

"लोग पसीने से तर हो गए। खून की गरमी आँख और चेहरे से झलक रही थी।"

इन वाक्यों को पढ़कर आँखों के सामने थकान से चूर खिलाड़ियों का चित्र दिखाई देने लगता है। यह चित्रात्मक भाषा है। ध्यान देंगे तो इस पाठ में ऐसी और भी अनेक विशेष बातें आपको दिखाई देंगी।

कहानी को एक बार ध्यान से पढ़िए। आपको इस कहानी में और कौन-कौन सी विशेष बातें दिखाई दे रही हैं? अपने समूह में मिलकर उनकी सूची बनाइए।

उत्तर
- "संध्या तक यही धूम रही। लोग पसीने से तर हो गए। खून की गरमी आँख और चेहरे से झलक रही थी। हाँफते-हाँफते बेदम हो गए, लेकिन हार-जीत का निर्णय न हो सका।"
- 'किसान बार-बार ज़ोर लगाता और बार-बार झुंझलाकर बैलों को मारता, लेकिन गाड़ी उभरने का नाम न लेती। बेचारा इधर-उधर निराश होकर ताकता, लेकिन वहाँ कोई सहायक नज़र न आता।"
- "किसान ने उनकी ओर सहमी हुई आँखों से देखा, परंतु किसी से सहायता माँगने का साहस न हुआ। खिलाड़ियों ने भी उसको देखा मगर बंद आँखों से, जिनमें सहानुभूति न थी। उनमें स्वार्थ था, मद था, मगर उदारता और वात्सल्य का नाम भी न था।"
- "युवक ने किसान की ओर गौर से देखा। उसके मन में एक संदेह हुआ, क्या यह सुजानसिंह तो नहीं हैं? आवाज़ मिलती है, चेहरा-मोहरा भी वही। किसान ने भी उसकी ओर तीव्र दृष्टि से देखा। शायद उसके दिल के संदेह को भाँप गया। मुस्कराकर बोला, "गहरे पानी में पैठने से ही मोती मिलता है।"

समस्या और समाधान

इस कहानी में कुछ समस्याएँ हैं और उसके समाधान भी हैं। कहानी को एक बार फिर से पढ़कर बताइए कि

(क) महाराज के सामने क्या समस्या थी? उन्होंने इसका क्या समाधान खोजा?

उत्तर महाराज के सामने नए दीवान के चयन की समस्या थी। इसके समाधान का सारा भार सरदार सुजानसिंह पर डाल कर महाराज ने समाधान को खोजा।

(ख) दीवान के सामने क्या समस्या थी? उन्होंने इसका क्या समाधान खोजा?

उत्तर दीवान के सामने समस्या अपने जैसा ही नीतिवान और योग्य दीवान चुनने की थी। जानकीनाथ जैसे सुयोग्य उम्मीदवार का चयन करके उन्होंने इस समस्या का समाधान निकाला।

(ग) नौकरी के लिए आए लोगों के सामने क्या समस्या थी? उन्होंने इसका क्या समाधान खोजा?

उत्तर नौकरी के लिए आए लोगों के सामने यह समस्या थी कि उन्हें अपने स्वभाव के विपरीत आचरण करना पड़ता था। इसके लिए उन्होंने अपने नकली अथवा दिखावटी आचरण को ही सामने रखने का निर्णय लिया। उन्हें लगता था कि एक महीने की ही तो बात है, किसी तरह काट लेने के बाद यदि कार्य सिद्ध हो जाता है, तो फिर कौन पूछने आएगा।

मन के भाव

"स्वार्थ था, मद था, मगर उदारता और वात्सल्य का नाम भी न था।"

इस वाक्य में कुछ शब्दों के नीचे रेखा खिंची हुई है। ये सभी नाम हैं, लेकिन दिखाई देने वाली वस्तुओं, व्यक्तियों या स्थानों के नाम नहीं हैं। ये सभी शब्द मन के भावों के नाम हैं। आप कहानी में से ऐसे ही अन्य नामों को खोजकर नीचे दिए गए रिक्त स्थानों में लिखिए।

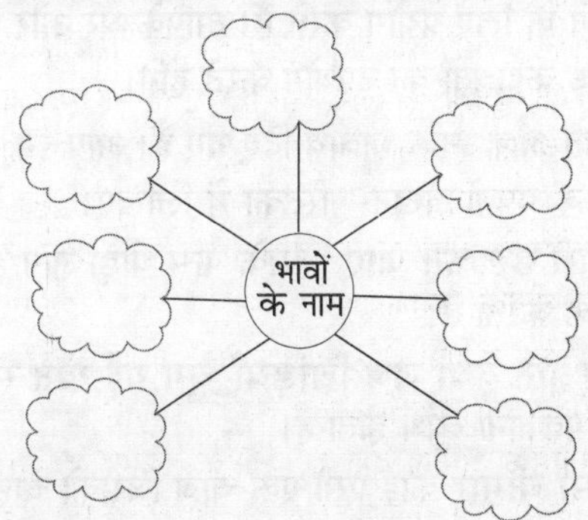

उत्तर विनय, कर्त्तव्य, आदर-सत्कार, नाक में दम, घृणा, नम्रता, सदाचार, झुंझलाकर, निराश, सहमी, सहानुभूति, दया, साहस, गंभीर, संदेह, उत्सुक, आशा, निराशा, आत्मबल, उदार, वीरता, सत्कार, ईर्ष्या।

अभिनय

कहानी में युवक और किसान की बातचीत संवादों के रूप में दी गई है। यह भी बताया गया है कि उन दोनों ने ये बातें कैसे बोलीं। अपने समूह के साथ मिलकर तैयारी कीजिए और कहानी के इस भाग को कक्षा में अभिनय के द्वारा प्रस्तुत कीजिए। प्रत्येक समूह से अभिनेता या अभिनेत्री कक्षा में सामने आएँगे और एक-एक संवाद अभिनय के साथ बोलकर दिखाएँगे।

उत्तर छात्र स्वयं करें।

विपरीतार्थक शब्द

"विद्या का कम, परंतु कर्त्तव्य का अधिक विचार किया जाएगा।"

'कम' का विपरीत अर्थ देने वाला शब्द है- 'अधिक'। इसी प्रकार के कुछ विपरीतार्थक शब्द नीचे दिए गए हैं, लेकिन वे आमने-सामने नहीं हैं। रेखाएँ खींचकर विपरीतार्थक शब्दों के सही जोड़े बनाइए।

	स्तंभ 1		स्तंभ 2
1.	आना	(i)	निर्दयी
2.	गुण	(ii)	निराशा
3.	आदर	(iii)	जीत
4.	स्वस्थ	(iv)	अवगुण
5.	कम	(v)	अस्वस्थ
6.	दयालु	(vi)	अधिक
7.	योग्य	(vii)	जाना
8.	हार	(viii)	अयोग्य
9.	आशा	(ix)	अनादर

उत्तर 1-(vii); 2-(iv); 3-(ix); 4-(v); 5-(vi); 6-(i); 7-(viii); 8-(iii); 9-(ii)

कहावत

"गहरे पानी में पैठने से ही मोती मिलता है।"

यह वाक्य एक कहावत है। इसका अर्थ है कि कोशिश करने पर ही सफलता मिलती है। ऐसी ही एक और कहावत है, "जिन खोजा तिन पाइयाँ गहरे पानी पैठ" अर्थात् परिश्रम का फल अवश्य मिलता है।

कहावतें ऐसे वाक्य होते हैं, जिन्हें लोग अपनी बात को और अधिक प्रभावशाली बनाने के लिए प्रयोग करते हैं। आपके घर और आस-पड़ोस में भी लोग अनेक कहावतों का उपयोग करते होंगे।

नीचे कुछ कहावतें और उनके भावार्थ दिए गए हैं। आप इन कहावतों को कहानी से जोड़कर अपनी लेखन-पुस्तिका में लिखिए।

- **अधजल गगरी छलकत जाए** जिसके पास थोड़ा ज्ञान होता है, वह उसका दिखावा करता है।
- **अब पछताए होत क्या जब चिड़ियाँ चुग गईं खेत** समय निकल जाने के बाद पछताना व्यर्थ होता है।
- **एक अनार सौ बीमार** कोई ऐसी एक चीज़ जिसको चाहने वाले अनेक हों।
- **जो गरजते हैं वे बरसते नहीं हैं** जो अधिक बढ़-चढ़कर बोलते हैं, वे काम नहीं करते हैं।
- **जहाँ चाह, वहाँ राह** जब किसी काम को करने की इच्छा होती है, तो उसका साधन भी मिल जाता है।

उत्तर
- **अधजल गगरी छलकत जाए** जिसके पास थोड़ा ज्ञान होता है, वह उसका दिखावा करता है।
- **कहानी से इसका संबंध** सभी उम्मीदवार दीवान पद के चयन के लिए आए थे। वे अपनी योग्यता से अधिक बढ़-चढ़कर स्वय का प्रदर्शन कर रहे थे। इसे कहते हैं अधजल गगरी छलकत जाए।
- **अब पछताए होत क्या जब चिड़ियाँ चुग गई खेत** समय निकल जाने के बाद पछताना व्यर्थ होता है।
- **कहानी से इसका संबंध** किसान की सहायता नहीं करने पर सभी उम्मीदवारों को पछतावा हुआ होगा, क्योंकि इसी के आधार पर सरदार सुजानसिंह ने नए दीवान का चयन कर लिया था। इसे कहते हैं अब पछताए होत क्या जब चिड़ियाँ चुग गई खेत।
- **एक अनार सौ बीमार** कोई ऐसी एक चीज़ जिसको चाहने वाले अनेक हों।
- **कहानी से इसका संबंध** विज्ञापन में तो एक नौकरी की बात कही गई थी, लेकिन उम्मीदवार आ गए हज़ारों। इसे कहते हैं, एक अनार सौ बीमार।
- **जो गरजते हैं वे बरसते नहीं हैं** जो अधिक बढ़-चढ़कर बोलते हैं, वे काम नहीं करते हैं।
- **कहानी से इसका संबंध** दीवानी पद के लिए बहुत सारे उम्मीदवार आए थे। अपने प्रदर्शनों के माध्यम से वे यह दिखाते थे कि वे ही इस पद के योग्य हैं, लेकिन समय आने पर वे असफल हो गए। इसे कहते हैं, जो गरजते हैं वे बरसते नहीं हैं।
- **जहाँ चाह, वहाँ राह** जब किसी काम को करने की इच्छा होती है, तो उसका साधन भी मिल जाता है।
- **कहानी से इसका संबंध** इस कहानी में सभी उम्मीदवार दीवानी के पद के लिए आए थे। अपनी सादगी के बावजूद सुजानसिंह को दीवानी का पद मिल गया। इसे ही कहते हैं जहाँ चाह, वहाँ राह।

पाठ से आगे

अनुमान या कल्पना से

(क) "दूसरे दिन देश के प्रसिद्ध पत्रों में यह विज्ञापन निकला"

देश के प्रसिद्ध पत्रों में नौकरी का विज्ञापन किसने निकलवाया होगा? आपको ऐसा क्यों लगता है?

उत्तर देश के प्रसिद्ध पत्रों में नौकरी का विज्ञापन सरदार सुजानसिंह ने निकलवाया होगा, क्योंकि राजा ने सुयोग्य दीवान की खोज का भार सरदार सुजानसिंह पर डाला था।

(ख) "इस विज्ञापन ने सारे मुल्क में तहलका मचा दिया।"

विज्ञापन ने पूरे देश में तहलका क्यों मचा दिया होगा?

उत्तर इस विज्ञापन ने सारे मुल्क में तहलका इसलिए मचा दिया, क्योंकि दीवान के पद के लिए विद्या की कोई सीमा तय नहीं की गई थी और पद भी बहुत बड़ा था।

विज्ञापन

"दूसरे दिन देश के प्रसिद्ध पत्रों में यह विज्ञापन निकला कि देवगढ़ के लिए एक सुयोग्य दीवान की ज़रूरत है।"

(क) कहानी में इस विज्ञापन की सामग्री को पढ़िए। इसके बाद अपने समूह में मिलकर इस विज्ञापन को अपनी कल्पना का उपयोग करते हुए बनाइए। (**संकेत** विज्ञापन बनाने के लिए आप एक चौकोर कागज पर हाशिया बनाइए। इसके बाद इस हाशिए के भीतर के खाली स्थान पर सुंदर लिखाई, चित्रों, रंगों आदि की सहायता से सभी आवश्यक जानकारी लिख दीजिए। आप भिन्न रंगों या चित्रों के भी विज्ञापन बना सकते हैं।)

उत्तर

विज्ञापन

आवश्यकता आवश्यकता आवश्यकता

रियासत देवगढ़ के लिए एक सुयोग्य दीवान की आवश्यकता

उम्मीदवार के लिए आवश्यक योग्यता
- आचरण और कर्त्तव्य के प्रति सजग
- शारीरिक रूप से स्वस्थ
- मानसिक रूप से सक्षम
- शिक्षा की औपचारिकता अनिवार्य नहीं
- नैतिकता व कर्त्तव्यनिष्ठता

नोट उम्मीदवार को एक महीने तक उनके व्यवहार, जीवनशैली और आचरण के आधार पर परखा जाएगा।

(ख) आपने भी अपने आस-पास दीवारों पर, समाचार-पत्रों में या पत्रिकाओं में, मोबाइल फोन या दूरदर्शन पर अनेक विज्ञापन देखे होंगे। अपने किसी मनपसंद विज्ञापन को याद कीजिए।

आपको वह अच्छा क्यों लगता है? सोचकर अपने समूह में बताइए। अपने समूह के बिंदुओं को लिख लीजिए।

उत्तर मुझे चॉकलेट का एक विज्ञापन बहुत पसंद है। इसमें एक बच्चा अपनी माँ से चॉकलेट माँगता है, लेकिन माँ मना कर देती है। फिर वह बच्चा अपनी माँ को गले लगाकर प्यार से मनाने की कोशिश करता है। आखिरकार, माँ मुस्कुराकर उसे चॉकलेट दे देती है। यह विज्ञापन मुझे इसलिए अच्छा लगता है, क्योंकि इसमें माँ और बच्चे के बीच के प्यार और स्नेह को बहुत सुंदर ढंग से दिखाया गया है। इस विज्ञापन में कोई शोर-शराबा नहीं है, सिर्फ प्यारे भाव हैं, जो दिल को छू जाते हैं।

(ग) विज्ञापनों से लाभ होते हैं, हानि होती हैं या दोनों? अपने समूह में चर्चा कीजिए और चर्चा के बिंदु लिखकर कक्षा में साझा कीजिए।

उत्तर विज्ञापनों से लाभ

- विज्ञापन हमें नए उत्पादों और सेवाओं के बारे में जानकारी देते हैं, जिससे हम अपने लिए सही चीज़ ले सकते हैं।
- विज्ञापन उत्पादों को आकर्षक तरीके से पेश करते हैं, जिससे लोग उन्हें खरीदने के लिए प्रेरित होते हैं।
- विज्ञापन रोज़गार के अवसर पैदा करते हैं और व्यापार को बढ़ावा देते हैं।

विज्ञापनों से हानि

- कई बार विज्ञापन उत्पादों की झूठी जानकारी देकर लोगों को भ्रमित करते हैं।
- विज्ञापनों के प्रभाव में आकर लोग ज़रूरत से ज़्यादा खरीदारी करते हैं, जिससे उनका बजट बिगड़ सकता है।
- विज्ञापन छोटे बच्चों को प्रभावित करते हैं, जिससे सही व गलत का चुनाव किए बिना वे चीजों के प्रति आकर्षिक होकर ज्यादा जिद्दी हो जाते हैं।

आगे की कहानी

'परीक्षा' कहानी जहाँ समाप्त होती है, उसके आगे क्या हुआ होगा। आगे की कहानी अपनी कल्पना से बनाइए।

उत्तर जानकीनाथ अपनी उदारता और काम के प्रति निष्ठा के कारण राजा के सबसे विश्वासपात्र बन गए होंगे। राजा के यहाँ काम करते हुए जानकीनाथ का बहुत समय बीत गया होगा। राजा भी अब बूढ़े हो गए होंगे। दूसरे राज्यों के आक्रमण का भी भय बना रहता होगा इसलिए अब राज्य को ऐसे व्यक्ति के हाथों में सौंपने की ज़रूरत हुई होगी, जो प्रजा की देखभाल के साथ राज्य की भी सुरक्षा कर सके। राजा की कोई संतान नहीं थी इसी कारण दूसरे राज्य देवगढ़ को अपने राज्य में मिला लेना चाहते होंगे। दरबार के अधिकारी षड्यंत्र में लगे रहते होंगे कि राज्य के उत्तराधिकारी वे चुन लिए जाएँ। वहीं, जानकीनाथ इन षड्यंत्रों को समाप्त करने और राज्य की सुरक्षा के लिए राजा की सहायता करते होंगे। दीवान जानकीनाथ की वफादारी और कर्त्तव्यनिष्ठा से बहुत प्रभावित हुए होंगे यह सब देखते हुए। एक दिन राजा ने सभा बुलाकर और जानकीनाथ की योग्यता को देखते हुए उन्हें अपना उत्तराधिकारी घोषित कर दिया होगा। कुछ वर्षों के बाद जब राजा की मृत्यु हो गई होगी, तब जानकीनाथ रियासत के राजा बन गए होंगे।

आपकी बात

(क) यदि कहानी में दीवान साहब के स्थान पर आप होते तो योग्य व्यक्ति को कैसे चुनते?

उत्तर यदि दीवान साहब के स्थान पर मुझे नए दीवान का चयन करना होता तो मैं भी किसी ऐसे उम्मीदवार को चुनता, जो उदार एवं उच्च नैतिक आदर्शों वाला हो। उदार एवं आदर्शवादी व्यक्ति ही राजा और प्रजा के प्रति ईमानदार हो सकता है। योग्य व्यक्ति के चयन के लिए मैं सभी उम्मीदवारों को समूह में बाँटकर अलग-अलग गाँवों में भेजता। इन सभी उम्मीदवारों की निगरानी स्वयं भी करता रहता। एक महीने के बाद सभी उम्मीदवारों के व्यवहार का निरीक्षण करता और अपनी निगरानी में जो देखता उसके आधार पर उनका मूल्यांकन करता। जो अभ्यर्थी उदारता एवं उच्च आदर्शों के पैमाने पर खरा उतरता उसका चयन करता।

(ख) यदि आपको कक्षा का मॉनिटर चुनने के लिए कहा जाए तो आप उसे कैसे चुनेंगे? उसमें किन-किन गुणों को देखेंगे? गुणों की परख के लिए क्या-क्या करेंगे?

उत्तर यदि मुझे कक्षा के मॉनिटर का चयन करने के लिए कहा जाए तो मैं गुणों के आधार पर मॉनिटर का चयन करता। इसके लिए धैर्य, ईमानदारी, विद्यार्थियों के साथ व्यवहार, शालीनता, विद्यालयी गतिविधियों में रुचि आदि गुण देखता। इन गुणों की परख के लिए विद्यार्थियों और बच्चों से संबंधित विद्यार्थी के बारे में जानकारी लेता।

नया-पुराना

"कोई नए फैशन का प्रेमी, कोई पुरानी सादगी पर मिटा हुआ।"

हमारे आस-पास अनेक वस्तुएँ ऐसी हैं, जिन्हें लोग फैशन या पुराना चलन कहकर दो भागों में बाँट देते हैं, जो वस्तु आपके माता-पिता या दादा-दादी के लिए नई हो, हो सकता है वह आपके लिए पुरानी हो या जो उनके लिए पुरानी हो, वह आपके लिए नई हो। अपने परिवार या परिजनों से चर्चा करके नीचे दी गई तालिका को पूरा कीजिए।

मेरे लिए नई वस्तुएँ	मेरे लिए पुरानी वस्तुएँ	परिवार के बड़ों के लिए नई वस्तुएँ	परिवार के बड़ों के लिए पुरानी वस्तुएँ

उत्तर छात्र स्वयं करें

वाद-विवाद

"आपस में हॉकी का खेल हो जाए। यह भी तो आखिर एक विद्या है।"

क्या हॉकी जैसा खेल भी विद्या है? इस विषय पर कक्षा में एक वाद-विवाद गतिविधि का आयोजन कीजिए। इसे आयोजित करने के लिए कुछ सुझाव आगे दिए गए हैं

- कक्षा में पहले कुछ समूह बनाएँ। फिर पर्ची निकालकर निर्धारित कर लीजिए कि कौन समूह पक्ष में बोलेंगे, कौन विपक्ष में।
- आधे समूह इसके पक्ष में तर्क दीजिए, आधे समूह इसके विपक्ष में।
- सभी समूहों को बोलने के लिए 5-5 मिनट का समय दिया जाएगा।
- ध्यान रखें कि प्रत्येक समूह का प्रत्येक सदस्य चर्चा करने, तर्क देने आदि कार्यों में भाग अवश्य लें।

उत्तर छात्र स्वयं करें।

अच्छाई और दिखावा

"प्रत्येक मनुष्य अपने जीवन को अपनी बुद्धि के अनुसार अच्छे रूप में दिखाने की कोशिश करता था।"

अपने समूह में निम्नलिखित पर चर्चा कीजिए और चर्चा के बिंदु अपनी लेखन-पुस्तिका में लिख लीजिए।

(क) प्रत्येक व्यक्ति अपनी बुद्धि के अनुसार स्वयं को अच्छा दिखाने की कोशिश करता है। स्वयं को अच्छा दिखाने के लिए लोग क्या-क्या करते हैं?

(**संकेत** मेहनत करना, कसरत करना, साफ़-सुथरे रहना आदि)

उत्तर स्वयं को अच्छा दिखाने के लिए लोग निम्नलिखित कार्य करते हैं

- अच्छे और साफ-सुथरे कपड़े पहनते हैं।
- प्रतिदिन स्नान करते हैं।
- शालीनता से बात करते हैं।
- खेल में अपना कौशल दिखाते हैं।
- मेहनत करके पढ़ते हैं।

(ख) क्या 'स्वयं को अच्छा दिखाने' में और 'स्वयं के अच्छा होने' में कोई अंतर है? कैसे?

उत्तर हाँ, 'स्वयं को अच्छा दिखाने' और 'स्वयं के अच्छा होने' में अंतर है। 'स्वयं को अच्छा दिखाने' का अर्थ है कि हम बाहर से अच्छे दिखें, जैसे कि हम सिर्फ़ लोगों को खुश करने के लिए अच्छे काम करें या दिखावा करें, लेकिन अंदर से हम वैसे न हों।

'स्वयं के अच्छा होने' का अर्थ है कि हम सच में अच्छे इंसान बनें। हम सही आचरण करें, सच्चे बनें, दूसरों की सहायता करें, चाहे कोई देख रहा हो या नहीं।

अच्छा होना ज़्यादा महत्त्वपूर्ण है, क्योंकि यह हमें और दूसरों को सच्ची खुशी देता है। अच्छे दिखने से लोग बस थोड़ी देर के लिए खुश हो सकते हैं, लेकिन अच्छा बनने से सबका भला होता है।

परिधान तरह-तरह के

"कोट उतार डाला"

'कोट' एक परिधान का नाम है। कुछ अन्य परिधानों के नाम और चित्र नीचे दिए गए हैं। परिधानों के नामों को इनके सही चित्र के साथ मिलाइए। इन्हें आपके घर में क्या कहते हैं? लिखिए।

चित्र	नाम	और क्या कहते हैं
	दुपट्टा	

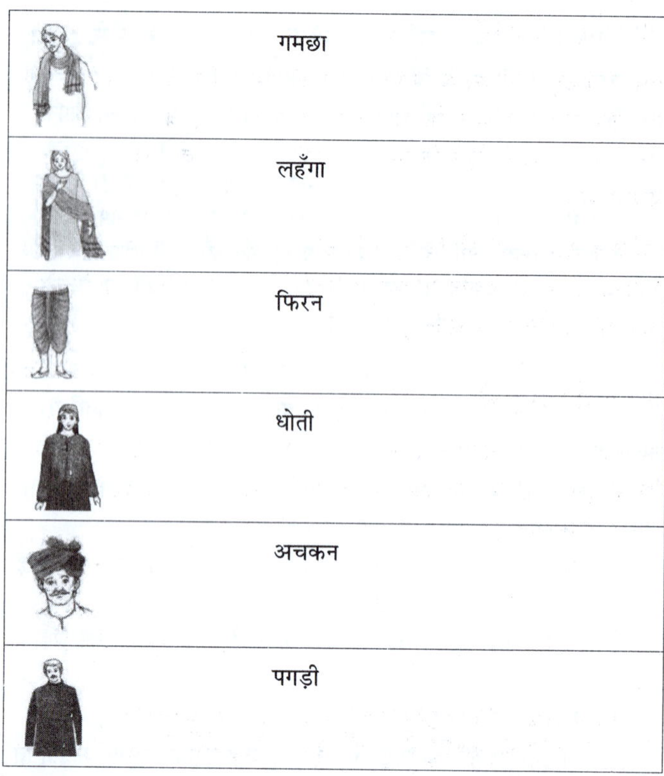

चित्र	नाम	और क्या कहते हैं
	गमछा	
	लहँगा	
	फिरन	
	धोती	
	अचकन	
	पगड़ी	

उत्तर

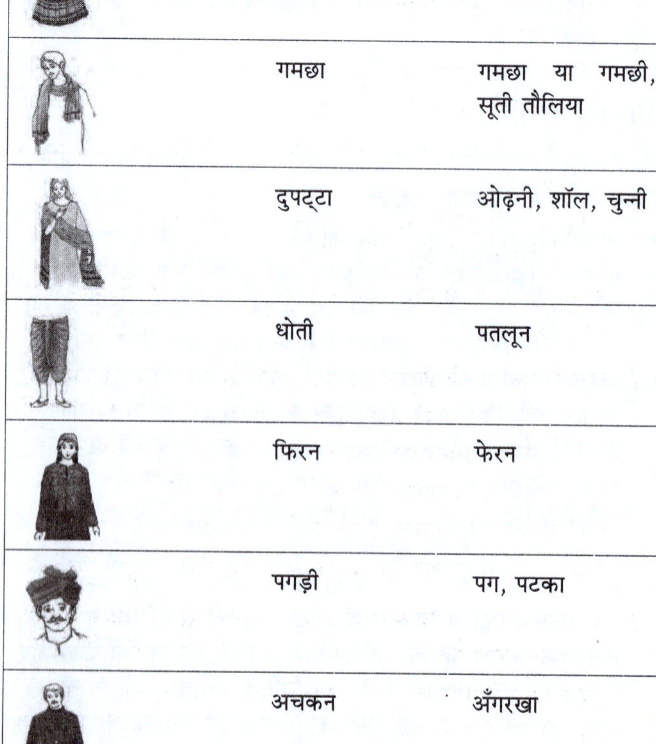

चित्र	नाम	और क्या कहते हैं
	लहँगा	घाघरा, लांचा
	गमछा	गमछा या गमछी, सूती तौलिया
	दुपट्टा	ओढ़नी, शॉल, चुन्नी
	धोती	पतलून
	फिरन	फेरन
	पगड़ी	पग, पटका
	अचकन	अँगरखा

आपकी परीक्षाएँ

हम सभी अपने जीवन में अनेक प्रकार की परीक्षाएँ लेते और देते हैं। आप अपने अनुभवों के आधार पर कुछ परीक्षाओं के उदाहरण बताहए। यह भी बताइए कि किसने, कब, कैसे और क्यों वह परीक्षा ली।

(**संकेत** जैसे किसी को विश्वास दिलाने के लिए उसके सामने साइकिल चलाकर दिखाना, स्कूल या घर पर कोई परीक्षा देना, किसी को किसी काम की चुनौती देना आदि।)

आज की पहेली

आज आपकी एक रोचक परीक्षा है। यहाँ दिए गए चित्र एक जैसे हैं या भिन्न? इन चित्रों में कुछ अंतर हैं। देखते हैं आप कितने अंतर कितनी जल्दी खोज पाते हैं।

उत्तर
- पहले चित्र में कुत्ता आदमी को पीठ दिखा रहा है, तो दूसरे चित्र में कुत्ता आदमी को देख रहा है
- पहले चित्र में इमारत के पास बड़ी-सी झाड़ी है तथा दूसरे चित्र में वह नहीं है।
- पहले चित्र में सिग्नल बंद है तथा दूसरे चित्र में सिग्नल शुरू है।
- पहले चित्र में दादीजी ने लाल रंग की चूड़ियाँ पहनी हैं तथा दूसरे चित्र में जामनी रंग की हैं।
- पहले चित्र में लड़की के बालों में रिबन नहीं है तथा दूसरे चित्र में लाल रंग का रिबन है।

अभ्यास प्रश्न

बहुविकल्पीय व वर्णनात्मक प्रश्नों सहित

बहुविकल्पीय प्रश्न

1. रियासत देवगढ़ के दीवान सरदार सुजानसिंह ने राजा से क्या विनती की?

(क) राजा से अपनी सेवा के लिए धनवान बनने की इच्छा जताई।
(ख) राजा से अपनी सेवा के लिए पदोन्नति की माँग की।
(ग) राजा से राज-काज सँभालने की जिम्मेदारी से मुक्त होने की प्रार्थना की।
(घ) राजा से अपने बेटे को राज-काज सँभालने का अधिकार देने की गुजारिश की।

उत्तर (ग) राजा से राज-काज सँभालने की जिम्मेदारी से मुक्त होने की प्रार्थना की।

2. राजा ने दीवान की प्रार्थना स्वीकार करने के लिए क्या शर्त रखी?

(क) दीवान को अपने उत्तराधिकारी का चयन करना होगा।
(ख) दीवान को रियासत के लिए नया दीवान ढूँढना होगा।
(ग) दीवान को रियासत छोड़कर जाना होगा।
(घ) दीवान को रियासत के खजाने की देखभाल करनी होगी।

उत्तर (ख) दीवान को रियासत के लिए नया दीवान ढूँढना होगा।

3. रियासत देवगढ़ में किसान की गाड़ी को नाले से पार करने में कौन सहायता करता है?

(क) गाड़ी के मालिक (ख) नाले के किनारे खड़े लोग
(ग) रियासत के सैनिक (घ) हॉकी खेल रहा एक खिलाड़ी

उत्तर (घ) हॉकी खेल रहा एक खिलाड़ी

4. हॉकी खेल के अंत में किसान की गाड़ी को पार करने में युवक ने किसका उपयोग किया?

(क) अपनी हॉकी स्टिक (ख) अपने जूते
(ग) अपनी ताकत (घ) अपने हौसले

उत्तर (घ) अपने हौसले

5. किसान की गाड़ी नाले को पार करते समय क्या हुआ?

(क) गाड़ी कीचड़ में फँस गई।
(ख) गाड़ी को धारा ने बहा दिया।
(ग) गाड़ी पलट गई।
(घ) गाड़ी चोरी हो गई।

उत्तर (क) गाड़ी कीचड़ में फँस गई।

6. युवक ने मजाक में कुछ इनाम माँगने का आग्रह किससे किया था?

(क) स्थानीय ग्रामीणों से
(ख) हॉकी के एक खिलाड़ी से
(ग) किसान से
(घ) पुलिस अधिकारियों से

उत्तर (ग) किसान से

7. किसान ने युवक को क्या दिया?

(क) धन (ख) भूमि
(ग) पद (घ) आशीर्वाद

उत्तर (घ) आशीर्वाद

8. **किसान द्वारा गंभीर भाव को सुनकर युवक ने किसान की ओर किस दृष्टि से देखा?**

(क) सहमी (ख) आश्चर्यचकित

(ग) संदेह भरी (घ) तीव्र

उत्तर (ग) संदेह भरी

9. **चुनाव के दिन सभी उम्मीदवारों के चेहरे पर कैसे रंग आ रहे थे?**

(क) खुशी व दु:खी के (ख) आशा और निराशा के

(ग) हैरानी भाव के (घ) संदेह भाव के

उत्तर (ख) आशा और निराशा के

गद्यांश आधारित प्रश्न

निम्नलिखित गद्यांशों को पढ़कर उन पर आधारित प्रश्नों के उत्तर दीजिए

गद्यांश 1

जब रियासत देवगढ़ के दीवान सरदार सुजानसिंह बूढ़े हुए तो परमात्मा की याद आई। जाकर महाराज से विनय की कि दीनबंधु! दास ने श्रीमान की सेवा चालीस वर्ष तक की, अब मेरी अवस्था भी ढल गई, राज-काज सँभालने की शक्ति नहीं रही। कहीं भूल-चूक हो जाए, तो बुढ़ापे में दाग लगे। सारी जिंदगी की नेकनामी मिट्टी में मिल जाए।

राजा साहब अपने अनुभवशील नीतिकुशल दीवान का बड़ा आदर करते थे। बहुत समझाया, लेकिन जब दीवान साहब नहीं माने, तो हारकर उनकी प्रार्थना स्वीकार कर ली, पर शर्त यह रखी गई कि रियासत के लिए नया दीवान आप को ही खोजना पड़ेगा।

1. **देवगढ़ राज्य के दीवान ने महाराज से क्या माँगा?**

(क) पदोन्नति (ख) सेवानिवृत्ति

(ग) वेतन वृद्धि (घ) छुट्टी

उत्तर (ख) सेवानिवृत्ति

2. **महाराज ने दीवान पर क्या शर्त लगाई?**

(क) दीवान को अपना प्रतिस्थापन खोजना था

(ख) दीवान को अंशकालिक काम करना जारी रखना था

(ग) दीवान को जुर्माना देना था

(घ) दीवान को राज्य छोड़ना था

उत्तर (क) दीवान को अपना प्रतिस्थापन खोजना था

3. **दीवान सरदार सुजानसिंह ने श्रीमान की सेवा कब तक की?**

(क) बीस साल (ख) तीस साल

(ग) चालीस साल (घ) पचास साल

उत्तर (ग) चालीस साल

4. **दीवान सरदार सुजानसिंह को किस बात का डर था?**

उत्तर दीवान सरदार सुजानसिंह को इस बात का डर था कि यदि बुढ़ापे के कारण कहीं कोई भूल-चूक हो गई, तो सारी ज़िंदगी की नेकमानी मिट्टी में मिल जाएगी।

5. **दीवान सरदार सुजानसिंह ने राजा से क्या विनती की?**

उत्तर दीवान सरदार सुजानसिंह ने राजा से यह विनती की कि उनमें राज-काज सँभालने की शक्ति नहीं रही है और इसलिए उन्हें सेवानिवृत्त होने की अनुमति दी जाए।

6. **राजा साहब ने दीवान की विनती क्यों स्वीकार कर ली?** **CBQ**

उत्तर राजा साहब ने दीवान की विनती इसलिए स्वीकार कर ली, क्योंकि वे उनके अनुभवशील नीतिकुशल दीवान का बड़ा आदर करते थे और उन्हें बहुत समझाया भी था, लेकिन जब दीवान साहब नहीं माने, तो राजा ने हारकर उनकी प्रार्थना स्वीकार कर ली।

गद्यांश 2

इस विज्ञापन ने सारे मुल्क में तहलका मचा दिया। ऐसा ऊँचा पद और किसी प्रकार की कैद नहीं? केवल नसीब का खेल है। सैकड़ों आदमी अपना-अपना भाग्य परखने के लिए चल पड़े। देवगढ़ में नए-नए और रंग-बिरंगे मनुष्य दिखाई देने लगे। प्रत्येक रेलगाड़ी से उम्मीदवारों का एक मेला-सा उतरता। कोई पंजाब से चला आता था, कोई मद्रास से, कोई नए फैशन का प्रेमी, कोई पुरानी सादगी पर मिटा हुआ। रंगीन एमामे, चोगे और नाना प्रकार के अंगरखे और कंटोप देवगढ़ में अपनी सज-धज दिखाने लगे, लेकिन सबसे विशेष संख्या ग्रेजुएटों की थी, क्योंकि सनद की कैद न होने पर भी सनद से परदा तो ढका रहता है।

1. **इस विज्ञापन में किस बात ने लोगों को इतना आकर्षित किया?**

(क) उच्च पद

(ख) किसी प्रकार की कैद नहीं

(ग) नसीब का खेल

(घ) ये सभी

उत्तर (घ) ये सभी

2. **देवगढ़ में किन-किन लोगों का आना-जाना शुरू हो गया था?**

(क) पंजाब और मद्रास से आए लोग

(ख) नए फैशन के प्रेमी

(ग) पुरानी सादगी पर मिटे हुए लोग

(घ) उपरोक्त सभी

उत्तर (घ) उपरोक्त सभी

3. **देवगढ़ में कैसे मनुष्य दिखाई देने लगे?**

(क) नए-नए

(ख) रंग-बिरंगे

(ग) 'क' और 'ख' दोनों

(घ) नसीब वाले

उत्तर (ग) 'क' और 'ख' दोनों

4. **विज्ञापन ने लोगों में क्या प्रतिक्रिया उत्पन्न की?**

उत्तर विज्ञापन ने लोगों में काफी उत्साह और उत्सुकता पैदा की। उच्च पद और बिना किसी कैद के नौकरी मिलने का लालच देकर विज्ञापन ने लोगों को अपना भाग्य आजमाने के लिए प्रेरित किया।

5. देवगढ़ में किस तरह के लोग आने लगे?

उत्तर देवगढ़ में विभिन्न पृष्ठभूमि के लोग आने लगे। कोई पंजाब से था, कोई मद्रास से। कुछ नए फैशन के शौकीन थे, तो कुछ पुरानी सादगी को पसंद करते थे, लेकिन सबसे ज्यादा संख्या ग्रेजुएट्स की थी।

6. "सनद की कैद न होने पर भी सनद से परदा तो ढका रहता है" पंक्ति का क्या आशय है? **CBQ**

उत्तर प्रस्तुत पंक्ति का आशय है कि भले ही विज्ञापन में यह कहा गया हो कि किसी तरह की शैक्षिक योग्यता की आवश्यकता नहीं है, लेकिन अधिकांश लोग अपनी शैक्षिक योग्यता को छिपाना नहीं चाहते थे। वे अपनी शिक्षा को अपनी पहचान का एक हिस्सा मानते थे।

गद्यांश 3

अँधेरा हो गया था। इस मैदान से ज़रा दूर हटकर एक नाला था। उस पर कोई पुल न था। पथिकों को नाले में से चलकर आना पड़ता था। खेल अभी बंद ही हुआ था और खिलाड़ी बैठे दम ले रहे थे कि एक किसान अनाज से भरी हुई गाड़ी लिए हुए उस नाले में आया, लेकिन कुछ तो नाले में कीचड़ थी और कुछ उसकी चढ़ाई इतनी ऊँची थी कि गाड़ी ऊपर न चढ़ सकती थी। वह कभी बैलों को ललकारता, कभी पहियों को हाथ से ढकेलता, लेकिन बोझ अधिक था और बैल कमज़ोर। गाड़ी ऊपर को न चढ़ती और चढ़ती भी तो कुछ दूर चढ़कर फिर खिसककर नीचे पहुँच जाती। किसान बार-बार ज़ोर लगाता और बार-बार झुझलाकर बैलों को मारता, लेकिन गाड़ी उभरने का नाम न लेती। बेचारा इधर-उधर निराश होकर ताकता मगर वहाँ कोई सहायक नज़र न आता। गाड़ी को अकेले छोड़कर कहीं जा भी नहीं सकता। बड़ी आपत्ति में फँसा हुआ था। इसी बीच में खिलाड़ी हाथों में डंडे लिए घूमते-घामते उधर से निकले।

1. किसान अपनी गाड़ी को नाले से पार क्यों नहीं कर पा रहा था?

(क) नाला बहुत गहरा था।

(ख) नाले में बहुत कीचड़ थी और चढ़ाई बहुत ऊँची थी।

(ग) बैल बहुत थक गए थे।

(घ) गाड़ी बहुत भारी थी।

उत्तर (ख) नाले में बहुत कीचड़ थी और चढ़ाई बहुत ऊँची थी।

2. किसान किस स्थिति में फँस गया था?

(क) भूख और प्यास की (ख) बीमारी की

(ग) बड़ी आपत्ति की (घ) अकेलेपन की

उत्तर (ग) बड़ी आपत्ति की

3. दिए गए गद्यांश के आधार पर सही विकल्प चुनिए

(क) अँधेरा होता ही खेल प्रारंभ हो गया था।

(ख) नाला में एक युवक फँस गया था।

(ग) किसान की सहायता के लिए सभी आ गए।

(घ) किसान की गाड़ी अनाज से भी हुई थी।

उत्तर (घ) किसान की गाड़ी अनाज से भी हुई थी।

4. मैदान से थोड़ा दूर क्या था?

उत्तर मैदान से थोड़ा दूर नाला था। उस नाले पर कोई भी पुल नहीं था। वहाँ से आने-जाने वाले व्यक्तियों को नाले में से चलकर आना पड़ता था।

5. किसान क्यों परेशान था?

उत्तर किसान इसलिए परेशान था, क्योकि वह अपनी गाड़ी को नाले से पार नहीं कर पा रहा था। वह जैसे ही गाड़ी को आगे लाने की कोशिश करता इतने ही गाड़ी थोड़ी ऊपर चढ़कर फिर खिसककर नीचे पहुँच जाती थी इसी कारण किसान परेशान हो गया।

6. किसान झुँझलाकर क्या करने लगा? **CBQ**

उत्तर अनेक बार प्रयास करने के उपरांत भी जब गाड़ी ऊपर नहीं चढ़ती तो वह बार-बार जोर लगाता और झुँझलाकर बैलों को मारता लेकिन तब भी गाड़ी आगे बढ़ने का नाम न लेती थी।

गद्यांश 4

किसान गाड़ी पर जा बैठा। युवक ने पहिये को ज़ोर लगाकर उकसाया। कीचड़ बहुत ज्यादा थी, वह घुटने तक ज़मीन में गड़ गया, लेकिन हिम्मत न हारी। उसने फिर ज़ोर किया, उधर किसान ने बैलों को ललकारा। बैलों को सहारा मिला, हिम्मत बंध गई, उन्होंने कंधे झुकाकर एक बार ज़ोर किया, तो गाड़ी नाले के ऊपर थी।

किसान युवक के सामने हाथ जोड़कर खड़ा हो गया। बोला, "महाराज, आपने आज मुझे उबार लिया, नहीं तो सारी रात मुझे यहाँ बैठना पड़ता।"

युवक ने हँसकर कहा, "अब मुझे कुछ इनाम देते हो? किसान ने गंभीर भाव से कहा, नारायण चाहेंगे तो दीवानी आपको ही मिलेगी।

युवक ने किसान की ओर गौर से देखा। उसके मन में एक संदेह हुआ, क्या यह सुजानसिंह तो नहीं हैं? आवाज़ मिलती है, चेहरा-मोहरा भी वही। किसान ने भी उसकी ओर तीव्र दृष्टि से देखा। शायद उसके दिल के संदेह को भाँप गया। मुस्कुराकर बोला, गहरे पानी में पैठने से ही मोती मिलता है।

1. किसान ने युवक को क्या कहा जब गाड़ी नाले से पार हो गई?

(क) आपको बदले में क्या चाहिए।

(ख) नारायण चाहेंगे, तो दीवानी आपको ही मिलेगी।

(ग) आपका बहुत धन्यवाद।

(घ) उपर्युक्त सभी

उत्तर (ख) नारायण चाहेंगे, तो दीवानी आपको ही मिलेगी।

2. युवक को किस बात का संदेह हुआ?

(क) किसान बहुत अमीर है।

(ख) किसान एक राजा है।

(ग) किसान सुजानसिंह है।

(घ) किसान बहुत बुद्धिमान है।

उत्तर (ग) किसान सुजानसिंह है।

3. किसान ने युवक के संदेह का जवाब कैसे दिया?

(क) गुस्सा होकर (ख) मुस्कुराकर

(ग) रोकर (घ) डरकर

उत्तर (ख) मुस्कुराकर

4. युवक ने गाड़ी को कैसे पार करवाया?

उत्तर युवक ने पहिये को जोर लगाकर उकसाया। कीचड़ ज्यादा होने पर उसके घुटने जमीन में गड़ गए थे, किंतु उसने हिम्मत नहीं हारी। उसने पुन: (दोबारा) जोर लगाया किसान ने भी बैलों को ललकारा। इस प्रकार बैलों में भी हिम्मत बँध गई और गाड़ी नाले से निकल गई।

5. किसान ने युवक को क्या कहा?

उत्तर किसान ने युवक को धन्यवाद दिया और कहा कि नारायण चाहेंगे, तो दीवानी आपको ही मिलेगी। किसान द्वारा युवक को इस प्रकार कहे गए भाव गंभीर थे।

6. युवक को किस बात का संदेह हुआ? **CBQ**

उत्तर युवक को संदेह हुआ कि किसान सुजानसिंह तो नहीं है, क्योंकि किसान की आवाज़ युवक को सुजानसिंह से मिलती हुई लगी और चेहरा भी उसी की भाँति लगा, साथ ही किसान ने भी उस युवक को तीव्र दृष्टि से देखा था।

गद्यांश 5

संध्या समय राजा साहब का दरबार सजाया गया। शहर के रईस और धनाढ्य लोग, राज्य के कर्मचारी और दरबारी तथा दीवानी के उम्मीदवारों का समूह, सब रंग-बिरंगी सज-धज बनाए दरबार में आ विराजे! उम्मीदवारों के कलेजे धड़क रहे थे।

जब सरदार सुजानसिंह ने खड़े होकर कहा, मेरे दीवानी के उम्मीदवार महाशयो! मैंने आप लोगों को जो कष्ट दिया है, उसके लिए मुझे क्षमा कीजिए। इस पद के लिए ऐसे पुरुष की आवश्यकता थी, जिसके हृदय में दया हो और साथ-साथ आत्मबल। हृदय वह जो उदार हो, आत्मबल वह जो आपत्ति का वीरता के साथ सामना करे और इस रियासत के सौभाग्य से हमें ऐसा पुरुष मिल गया। ऐसे गुणवाले संसार में कम हैं और जो हैं, वे कीर्ति और मान के शिखर पर बैठे हुए हैं, उन तक हमारी पहुँच नहीं। मैं रियासत के पंडित जानकीनाथ-सा को दीवानी पाने पर बधाई देता हूँ।

1. दीवानी का पद किसको दिया गया?

(क) सुजानसिंह (ख) जानकीनाथ
(ग) किसान को (घ) इनमें से कोई नहीं

उत्तर (ख) जानकीनाथ

2. दीवानी के लिए किस गुण वाले व्यक्ति की आवश्यकता थी?

(क) दयालु और आत्मविश्वासी
(ख) अमीर और ताकतवर
(ग) चालाक और धूर्त
(घ) उपरोक्त में से कोई नहीं

उत्तर (क) दयालु और आत्मविश्वासी

3. दरबार में कौन-कौन लोग आए थे?

(क) शहर के रईस
(ख) राज्य के कर्मचारी
(ग) दरबारी व दीवान
(घ) ये सभी

उत्तर (घ) ये सभी

4. 'ऐसे गुण वाले संसार में कम है' प्रस्तुत पंक्ति में किस ओर संकेत किया गया है? **CBQ**

उत्तर प्रस्तुत पंक्ति में सरदार सुजानसिंह ने ऐसे व्यक्ति की ओर संकेत किया है, जिसमें दया, नम्रता, सहानुभूति, बंधुत्व भाव विद्यमान हो, साथ ही वह वीर व साहसी भी हो। अत: ऐसे गुण वाले व्यक्ति इस संसार में कम हैं।

5. सरदार सुजानसिंह खड़े क्यों हो गए थे?

उत्तर सरदार सुजानसिंह दरबार में इसलिए खड़े हुए, क्योंकि वह दिन चुनाव का दिन था और उन्हें 'दीवानी' पद के लिए उम्मीदवार का चयन करना था।

6. सुजानसिंह को रियासत के सौभाग्य से कैसा पुरुष मिल गया था? **CBQ**

उत्तर सुजानसिंह को रियासत के सौभाग्य से वह पुरुष मिल गया था, जो हृदय से उदार हो तथा आत्मबल से जो हर आपत्ति का वीरता के साथ सामना करे।

अतिलघु उत्तरीय प्रश्न

1. जब रियासत देवगढ़ के दीवान सरदार सुजानसिंह बूढ़े हुए, तो किसकी याद आई?

उत्तर जब रियासत देवगढ़ के दीवान सरदार सुजानसिंह बूढ़े हुए, तो उन्हें परमात्मा की याद आई।

2. रियासत के नए दीवान की खोज का भार राजा ने किस पर छोड़ दिया?

उत्तर रियासत के नए दीवान की खोज का भार राजा ने सरदार सुजानसिंह पर छोड़ दिया।

3. प्रत्येक उम्मीदवार अपने जीवन को अपनी बुद्धि के अनुसार कैसा दिखाने की कोशिश करता था?

उत्तर प्रत्येक उम्मीदवार अपने जीवन को अपनी बुद्धि के अनुसार अच्छे रूप में दिखाने की कोशिश करता था।

4. एक दिन नए फैशनवालों को कौन-सा खेल खेलने की सूझी?

उत्तर एक दिन नए फैशनवालों को हॉकी का खेल खेलने की सूझी।

5. सरदार सुजानसिंह ने दीवानी के पद के लिए किसको चुना?

उत्तर सरदार सुजानसिंह ने दीवानी के पद के लिए पंडित जानकीनाथ को चुना।

6. सभी उम्मीदवार दीवान पद पाने के लिए क्या कर रहे थे?

उत्तर सभी उम्मीदवार दीवान पद पाने के लिए नकली व्यवहार कर रहे थे।

7. सरदार सुजानसिंह ने उम्मीदवार के व्यवहार के बारे में क्या सोचा?

उत्तर सरदार सुजानसिंह ने सोचा कि उम्मीदवार सिर्फ पद पाने के लिए नकली व्यवहार कर रहे हैं और उनका असली चेहरा जल्द ही सामने आ जाएगा।

8. हॉकी खेल रहे युवक जिसके पैर में चोट लग गई थी, उसका स्वभाव कैसा था?

उत्तर वह युवक साहसी था और उसके हृदय में दया की भावना थी।

लघु उत्तरीय प्रश्न

1. रियासत देवगढ़ के दीवान सरदार सुजानसिंह ने महाराज से क्या विनय किया?

उत्तर रियासत देवगढ़ के दीवान सरदार सुजानसिंह जाकर महाराज से विनय की कि दीनबंधु! दास ने श्रीमान की सेवा चालीस वर्ष तक की, अब मेरी अवस्था भी ढल गई, राज-काज सँभालने की शक्ति नहीं रही।

2. **रियासत देवगढ़ के लोग हॉकी के खेल को किस नज़र से देखते थे?**

उत्तर रियासत देवगढ़ के लोग हॉकी के खेल को अलग ही दृष्टि से देखते थे। पढ़े-लिखे भलेमानुस लोग शतरंज और ताश जैसे गंभीर खेल खेलते थे। वहाँ दौड़-कूद के खेल बच्चों के खेल समझे जाते थे।

3. **देवगढ़ में लोग क्यों आ रहे थे?**

उत्तर देवगढ़ में लोग एक खास पद के लिए आ रहे थे। इस पद के लिए किसी तरह की योग्यता या परीक्षा नहीं थी, बस नसीब का खेल था। इस वजह से सैकड़ों लोग अपना भाग्य आजमाने के लिए देवगढ़ आ रहे थे।

4. **किसान नाले के ऊपर से अपनी बैलगाड़ी क्यों पार नहीं कर पा रहा था?**

उत्तर किसान अपनी बैलगाड़ी को नाले के ऊपर से इसलिए पार नहीं कर पा रहा था, क्योंकि गाड़ी बहुत भारी थी और बैल उसे खींचने में असमर्थ थे। नाले के ऊपर कोई पुल भी नहीं बना था, जिससे गाड़ी को पार करना और भी मुश्किल हो गया था। किसान ने कई बार प्रयास किया, लेकिन सफल नहीं हो सका। वह निराश हो गया।

5. **हॉकी के खिलाड़ी ने किसान की मदद कैसे की?** **CBQ**

उत्तर हॉकी के एक खिलाड़ी ने चोटिल होने के बावजूद किसान की परेशानी देखी और उसकी सहायता की। उसने अपनी चोट की परवाह किए बिना, पूरी ताकत से किसान की गाड़ी को नाले के ऊपर खींचने में सहायता की। उसकी इस सहायता से किसान की गाड़ी नाले के पार हो गई और किसान ने उसके प्रति आभार व्यक्त किया।

दीर्घ उत्तरीय प्रश्न

1. **दीवान पद के चयन के लिए आए हुए उम्मीदवारों का उल्लेख लेखक ने किस प्रकार किया है?**

उत्तर दीवान पद के चयन के लिए आए हुए उम्मीदवारों का उल्लेख करते हुए लेखक ने लिखा है कि देवगढ़ में नए-नए और रंग-बिरंगे मनुष्य दिखाई देने लगे। प्रत्येक रेलगाड़ी से उम्मीदवारों का एक मेला-सा उतरता। कोई पंजाब से चला आता था, कोई मद्रास से, कोई नए फैशन का प्रेमी, कोई पुरानी सादगी पर मिटा हुआ। रंगीन एमामे, चोगे और नाना प्रकार के अंगरखे और कंटोप देवगढ़ में अपनी सज-धज दिखाने लगे।

2. **इस कहानी में किसान की क्या समस्या थी और उसका समाधान कैसे हुआ? किसान और युवक के बीच हुई बातचीत के बारे में क्या निष्कर्ष निकाला जा सकता है?**

उत्तर यह कहानी एक किसान की मुश्किल स्थिति को बयान करती है। अंधेरा हो चुका था और किसान अपनी अनाज से भरी गाड़ी को एक कीचड़ भरे नाले से पार नहीं कर पा रहा था। नाले की चढ़ाई काफी ऊँची थी और गाड़ी का बोझ बहुत अधिक था। किसान ने कई बार प्रयास किया, लेकिन गाड़ी हर बार नीचे खिसक जाती थी। वह निराश और हताश हो चुका था।

ऐसे में कुछ खिलाड़ी वहाँ से गुजरे। उन्होंने किसान की समस्या देखी और उसकी सहायता करने का फैसला किया। युवकों ने मिलकर गाड़ी को धक्का दिया और किसान ने भी बैलों को प्रेरित किया। आखिरकार, संयुक्त प्रयास से गाड़ी नाले से पार हो गई।

3. **जब राजा साहब का दरबार सजा, तब सुजानसिंह ने क्या घोषणा की?**

उत्तर जब राजा साहब का दरबार सजा तब सुजानसिंह ने घोषणा की कि इस पद के लिए ऐसे पुरुष की आवश्यकता थी, जिसके हृदय में दया हो और साथ-साथ आत्मबल। हृदय वह जो उदार हो, आत्मबल वह जो आपत्ति का वीरता के साथ सामना करे और इस रियासत के सौभाग्य से हमें ऐसा पुरुष मिल गया। ऐसे गुणवाले संसार में कम हैं और जो हैं, वे कीर्ति और मान के शिखर पर बैठे हुए हैं, उन तक हमारी पहुँच नहीं। मैं रियासत के पंडित जानकीनाथ-सा को दीवानी पाने पर बधाई देता हूँ।

4. **जानकीनाथ को दीवान क्यों चुना गया और इस निर्णय को कैसे उचित ठहराया गया?** **CBQ**

उत्तर जानकीनाथ को दीवान के पद के लिए चुना गया, क्योंकि उन्होंने अपने कार्यों से साबित कर दिया कि उनके पास आवश्यक गुण हैं। एक गरीब किसान की सहायता करने के दौरान जानकीनाथ ने अपनी चोट की परवाह किए बिना दलदल से गाड़ी निकालने में सहायता की। इससे उनके हृदय में बसी दया, साहस और आत्मबल की सच्चाई सामने आई। उनकी इस दया और साहस ने यह साबित किया कि वे एक संवेदनशील और ईमानदार व्यक्ति भी हैं। इस प्रकार, सुजानसिंह ने जानकीनाथ को नए दीवान के रूप में चुना और अन्य उम्मीदवारों ने यह मान लिया कि जानकीनाथ ही इस पद के लिए सबसे योग्य व्यक्ति हैं।

व्याकरण आधारित प्रश्न

1. **प्रस्तुत पाठ में से पाँच संज्ञा शब्दों को ढूँढकर लिखिए।**

1. ______ 2. ______ 3. ______ 4. ______ 5. ______

उत्तर 1. किसान, 2. खिलाड़ी, 3. देवगढ़, 4. महाराज, 5. सुजानसिंह

2. **दिए गए शब्दों के पर्यायवाची शब्द लिखिए।**

(i) परमात्मा

(ii) प्रसिद्ध

(iii) उत्साह

(iv) संदेह

(v) हृदय

उत्तर (i) परमात्मा-ईश्वर, प्रभु (ii) प्रसिद्ध-विख्यात, मशहूर

(ii) उत्साह-जोश, जुनून (iv) **संदेह** शक, संशय

(v) उत्साह-मन, दिल

स्व-मूल्यांकन

बहुविकल्पीय प्रश्न

1. रियासत देवगढ़ के दीवान कौन थे?
   (क) पंडित जानकीनाथ (ख) सरदार सुजानसिंह
   (ग) राजा साहब (घ) मिस्टर अ
2. सरदार सुजानसिंह ने अपनी दीवानी से इस्तीफा क्यों दिया?
   (क) उम्र ढल गई थी और राज-काज सँभालने की शक्ति नहीं रही।
   (ख) वे किसी दूसरे राज्य में जाना चाहते थे।
   (ग) वे बीमार थे।
   (घ) वे नए दीवान की तलाश में थे।
3. किसान की गाड़ी किसके कारण नाले में फँसी हुई थी?
   (क) बैल कमज़ोर थे। (ख) नाले में कीचड़ थी।
   (ग) गाड़ी का बोझ अधिक था। (घ) ये सभी
4. खेल के दौरान युवक के पैरों में क्या हुआ?
   (क) चोट लग गई
   (ख) वह गिर पड़ा
   (ग) वह घायल हो गया
   (घ) उसे कोई चोट नहीं लगी
5. किसान की गाड़ी निकालने में किसने सहायता की?
   (क) सरदार सुजानसिंह (ख) मिस्टर ल
   (ग) एक युवक (घ) पंडित जानकीनाथ

गद्यांश आधारित प्रश्न

सरदार सुजानसिंह ने इन महानुभावों के आदर-सत्कार का बड़ा अच्छा प्रबंध कर दिया था। प्रत्येक मनुष्य अपने जीवन को अपनी बुद्धि के अनुसार अच्छे रूप में दिखाने की कोशिश करता था। मिस्टर 'अ' नौ बजे दिन तक सोया करते थे, आजकल वे बगीचे में टहलते हुए ऊषा का दर्शन करते थे। मिस्टर 'द', 'स' और 'ज' से उनके घरों पर नौकरों की नाक में दम था, लेकिन ये सज्जन आजकल 'आप' और 'जनाब' के बिना नौकरों से बातचीत नहीं करते थे। मिस्टर 'ल' को किताब से घृणा थी, परंतु आजकल वे बड़े-बड़े ग्रंथ देखने-पढ़ने में डूबे रहते थे। जिससे बात कीजिए, वह नम्रता और सदाचार का देवता बना मालूम देता था। लोग समझते थे कि एक महीने का झंझट है, किसी तरह काट लें, कहीं कार्य सिद्ध हो गया, तो कौन पूछता है?

लेकिन मनुष्यों का वह बूढ़ा जौहरी आड़ में बैठा हुआ देख रहा था कि इन बगुलों में हंस कहाँ छिपा हुआ है।

एक दिन नए फैशनवालों को सूझी कि आपस में हॉकी का खेल हो जाए। यह प्रस्ताव हॉकी के मँजे हुए खिलाड़ियों ने पेश किया। यह भी तो आखिर एक विद्या है। इसे क्यों छिपा रखें। संभव है, कुछ हाथों की सफ़ाई ही काम कर जाए। चलिए तय हो गया, फील्ड बन गई, खेल शुरू हो गया और गेंद किसी दफ़्तर के अप्रेंटिस की तरह ठोकरें खाने लगी।

रियासत देवगढ़ में यह खेल बिल्कुल निराली बात थी। पढ़े-लिखे भलेमानुस लोग शतरंज और ताश जैसे गंभीर खेल खेलते थे। दौड़-कूद के खेल बच्चों के खेल समझे जाते थे।

1. हॉकी खेलने का प्रस्ताव किसने दिया?
   (क) नए फैशनवाले (ख) पुराने खिलाड़ी
   (ग) दीवान साहब (घ) बच्चों के समूह
2. रियासत देवगढ़ में किस प्रकार के खेलों को गंभीर खेल माना जाता था?
   (क) दौड़-कूद (ख) हॉकी
   (ग) शतरंज और ताश (घ) क्रिकेट
3. हॉकी के खेल की किससे तुलना की गई है?
   (क) पढ़े-लिखे लोगों के शौक से
   (ख) बच्चों के खेल से
   (ग) किसी दफ़्तर के अप्रेंटिस से
   (घ) खेलकूद प्रतियोगिता से
4. गद्यांश में ऐसा क्यों कहा गया है कि जिससे बात करो वह नम्रता और सदाचार का देवता बना मालूम होता था?
5. "लेकिन मनुष्यों का वह बूढ़ा जौहरी आड़ में बैठा हुआ देख रहा था कि इन बगुलों में हंस कहाँ छिपा हुआ है।" प्रस्तुत पंक्ति का आशय स्पष्ट कीजिए।
6. हॉकी का खेल क्यों खेला गया?

अतिलघु उत्तरीय प्रश्न

1. सरदार सुजानसिंह ने नए दीवान की तलाश के लिए क्या किया?
2. किसान की गाड़ी किस प्रकार की स्थिति में फँसी हुई थी?
3. सरदार सुजानसिंह ने किसे दीवान के रूप में चुना?
4. उम्मीदवारों के व्यवहार में एक महीने के दौरान क्या बदलाव आया?
5. किसान की गाड़ी किस समय नाले में फँसी?

लघु उत्तरीय प्रश्न

1. हॉकी खेलने के बाद खिलाड़ियों की क्या हालत थी?
2. किसान की गाड़ी किस कारण नाले में फँसी हुई थी और उसने उसे निकालने का कैसे प्रयास किया?
3. किसान को किस प्रकार की सहायता मिली और उसने किस प्रकार से उसका उत्तर दिया?
4. सरदार सुजानसिंह ने पंडित जानकीनाथ को दीवान क्यों चुना? **CBQ**

दीर्घ उत्तरीय प्रश्न

1. कहानी के आधार पर सरदार सुजानसिंह का चरित्र-चित्रण कीजिए।
2. दीवान पद के उम्मीदवारों का एक महीने के दौरान के व्यवहार और उनकी मानसिकता का विश्लेषण कीजिए।
3. इस कहानी में 'दया और आत्मबल' की अवधारणा को किस प्रकार से प्रस्तुत किया गया है? **CBQ**
4. पंडित जानकीनाथ को दीवान पद के लिए क्यों चुना गया? इस निर्णय के पीछे सरदार सुजानसिंह के दृष्टिकोण का विवेचन कीजिए। **CBQ**

चेतक की वीरता

श्यामनारायण पांडेय

अध्याय 11

कविता का सार

'चेतक की वीरता' कविता में महाराणा प्रताप के प्रिय घोड़े चेतक के अद्वितीय पराक्रम और वीरता का वर्णन किया गया है। महाराणा प्रताप का चेतक एक अद्वितीय घोड़ा था, जिसका कौशल उसे सामान्य घोड़ों से अलग बनाता था। कविता में चेतक की बहादुरी और तेजस्विता को उजागर किया गया है, जो युद्ध के मैदान में हवा से भी तीव्र गति, फुर्ती और साहस के लिए प्रसिद्ध था। चेतक रणभूमि में बड़ी तेजी से दौड़ता था। उसकी गति इतनी तेज़ थी कि राणा प्रताप का कोड़ा कभी उसके शरीर पर नहीं पड़ता था। चेतक राणा प्रताप की हर आज्ञा का पालन करता था। राणा की पुतली का हल्का-सा भी संकेत पाते ही चेतक तुरंत मुड़ जाता था। उसकी चालों में ऐसी चपलता (तीव्रता) थी कि वह भयंकर भालों व तलवारों के बीच से भी निकल जाता था और ढालों के बीच भी निर्भीक होकर चलता था।

चेतक के दौड़ने का कोई निश्चित स्थान नहीं था। उसका प्रचंड पराक्रम ऐसा था कि वह विकराल बादल होकर शत्रुओं की सेना पर छा जाता था। चेतक के प्रहार से भाला गिर जाता, निषंग (धनुष की डोरी) टूट जाती थी। शत्रु समाज चेतक के इस अद्वितीय रंग और पराक्रम को देखकर हक्का-बक्का रह जाता था। चेतक केवल एक घोड़ा नहीं था, बल्कि वह महाराणा प्रताप के पराक्रम और गौरव का प्रतीक था। उसकी वीरता और उसके अद्वितीय गुणों ने उसे इतिहास में अमर बना दिया है।

काव्यांशों की विस्तृत व्याख्या

काव्यांश 1

रण-बीच चौकड़ी भर-भरकर
चेतक बन गया निराला था।
राणा प्रताप के घोड़े से
पड़ गया हवा को पाला था।

शब्दार्थ **रण**-युद्ध, **चौकड़ी**-घोड़े की तेज दौड़, **निराला**-अद्वितीय, अनोखा, **पाला पड़ना**-मुकाबला करना, सामना करना

संदर्भ प्रस्तुत पंक्तियाँ हमारी पाठ्यपुस्तक 'मल्हार' में संकलित 'चेतक की वीरता' नामक कविता से ली गई है। इसके रचयिता 'श्यामनारायण पांडेय' हैं।

प्रसंग प्रस्तुत पंक्तियों में कवि ने महाराणा प्रताप के प्रिय घोड़े चेतक की अद्वितीयता और उसकी अद्भुत गति का वर्णन किया है।

व्याख्या प्रस्तुत पंक्तियों में कवि कहता है कि रणभूमि में चेतक अपनी चौकड़ी (गति) से सामान्य घोड़ों से अलग एक अनोखा घोड़ा होता है। उसकी गति इतनी तेज़ थी कि हवा भी उसके सामने धीमी प्रतीत होती थी। इस प्रकार चेतक की तेज़ी और रणभूमि में उसकी अनोखी चाल इस तरह प्रतीत होती है कि वह हवा से भी मुकाबला कर सकता था। यह उसकी असाधारण क्षमता और वीरता का प्रतीक है।

काव्यांश 2

गिरता न कभी चेतक-तन पर
राणा प्रताप का कोड़ा था।
वह दौड़ रहा अरि-मस्तक पर
या आसमान पर घोड़ा था।

शब्दार्थ **चेतक**-महाराणा प्रताप का प्रसिद्ध और वीर घोड़ा, **तन**-शरीर, **कोड़ा**-घोड़े को चलाने के लिए इस्तेमाल की जाने वाली चाबुक, **अरि**-शत्रु या दुश्मन, **मस्तक**-सिर।

संदर्भ पूर्ववत्।

प्रसंग महाराणा प्रताप एक महान राजपूत योद्धा थे। प्रस्तुत पंक्तियाँ चेतक की गति और महाराणा प्रताप की युद्धकला का वर्णन करती हैं। इसमें चेतक की अद्वितीयता का चित्रण किया गया है।

व्याख्या प्रस्तुत पंक्तियों में महाराणा प्रताप के घोड़े चेतक की वीरता का वर्णन किया गया है। चेतक इतना वफादार और प्रशिक्षित था कि महाराणा प्रताप को उसे कभी कोड़ा मारने की ज़रूरत नहीं पड़ी। वह

स्वाभाविक रूप से उनके सभी आदेशों का पालन करता था। उसकी गति इतनी तीव्र थी कि ऐसा प्रतीत होता था जैसे वह दुश्मनों के सिरों पर दौड़ रहा हो या आसमान में उड़ रहा हो। इस प्रकार चेतक केवल एक घोड़ा ही नहीं, बल्कि महाराणा प्रताप के युद्धों में उनका सबसे महत्त्वपूर्ण और बहादुर साथी था।

काव्यांश 3

जो तनिक हवा से बाग हिली
लेकर सवार उड़ जाता था।
राणा की पुतली फिरी नहीं
तब तक चेतक मुड़ जाता था।

तनिक-थोड़ा सा, **बाग**-वन, जंगल, **सवार**-घोड़े पर बैठने वाला व्यक्ति, **पुतली**-आँख का वह हिस्सा जो दिशा दिखाने के लिए मुड़ता है, **फिरी**-मुड़ी, घूमी।

संदर्भ पूर्ववत्।

प्रसंग प्रस्तुत पंक्तियाँ महाराणा प्रताप के घोड़े चेतक की अद्वितीय गति, समझदारी और वफादारी का वर्णन करती हैं। चेतक को महाराणा प्रताप के सबसे विश्वसनीय साथी के रूप में जाना जाता है, जो राणा की पुतली के संकेत मात्र से ही उनके निर्देशों का पालन करता था।

व्याख्या प्रस्तुत पंक्तियों में कहा गया है कि चेतक की गति और सजगता इतनी तेज थी कि यदि बाग में पेड़ों की पत्तियाँ जरा-सी भी हिलतीं, तो चेतक तुरंत सजग हो जाता और सवार को लेकर तुरंत उड़ने लगता। आगे कहा गया है कि महाराणा प्रताप की आँखों की पुतलियों (नज़र) के मुड़ने से पहले ही चेतक उनकी प्रत्येक इच्छा को समझकर दिशा बदल देता था। इससे चेतक की अद्वितीय समझदारी और महाराणा प्रताप के प्रति उसकी गहरी वफादारी का पता चलता है। वह बिना किसी आदेश के ही उनके संकेत को समझ जाता था और तुरंत उसके अनुरूप क्रिया करता था।

काव्यांश 4

कौशल दिखलाया चालों में
उड़ गया भयानक भालों में
निर्भीक गया वह ढालों में
सरपट दौड़ा करवालों में।

शब्दार्थ **कौशल**-दक्षता, निपुणता, **चालों**-यहाँ युद्ध में घोड़े द्वारा की गई गतिविधियाँ या हरकतें, **भयानक**-डरावना, भय उत्पन्न करने वाला, **भालों**-धारदार हथियार, भाला, **निर्भीक**-निडर, बिना भय के, **ढालों**-रक्षा करने के लिए उपयोग की जाने वाली वस्तु, ढाल, **सरपट**-बहुत तेजी से, **करवालों**-तलवारों, खासकर लम्बी तलवार।

संदर्भ पूर्ववत्।

प्रसंग प्रस्तुत पंक्तियों में महाराणा प्रताप के घोड़े चेतक की युद्धक्षमता, कौशल और निर्भीकता का वर्णन किया गया है। यहाँ चेतक की वीरता और उसकी महाराणा प्रताप के प्रति निष्ठा का वर्णन युद्ध के दृश्य के माध्यम से किया गया है।

व्याख्या प्रस्तुत पंक्तियों में कहा गया है कि चेतक ने युद्ध के मैदान में अपनी चालों से अद्वितीय कौशल का प्रदर्शन किया। वह युद्ध के भयानक भालों (धारदार हथियारों) के बीच से इतनी तेज़ी से निकला मानो वह वहाँ से उड़ गया हो। वह ढालों के बीच निर्भीकता से आगे बढ़ता रहा और तलवारों (करवालों) के बीच से सरपट दौड़ता रहा। यह पंक्तियाँ चेतक की तेज़ गति, साहस और युद्ध कौशल का वर्णन करती हैं, जो उसे एक असाधारण घोड़ा साबित करती हैं।

काव्यांश 5

है यहीं रहा, अब यहाँ नहीं
वह वहीं रहा है वहाँ नहीं।
थी जगह न कोई जहाँ नहीं
किस अरि-मस्तक पर कहाँ नहीं।

शब्दार्थ **अरि**-शत्रु, दुश्मन, **मस्तक**-सिर।

संदर्भ पूर्ववत्।

प्रसंग प्रस्तुत पंक्तियाँ चेतक की अद्वितीय गति और युद्ध में उसकी अप्रत्याशित उपस्थिति का वर्णन करती हैं। चेतक इतना तेज़ और तीव्र था कि वह क्षणभर में एक जगह से दूसरी जगह पहुँच जाता था।

व्याख्या प्रस्तुत पंक्तियों में कहा गया है कि चेतक की गति इतनी तेज थी कि वह एक पल में यहाँ होता था और अगले ही पल वहाँ पहुँच जाता था। उसकी उपस्थिति इतनी अप्रत्याशित थी कि कोई यह नहीं समझ पाता था कि वह कहाँ रहेगा। चेतक की उपस्थिति युद्ध के मैदान में हर जगह महसूस की जाती थी। ऐसा कोई दुश्मन का सिर (अरि-मस्तक) नहीं था, जिस पर उसकी टापों की मार न पड़ी हो। यहाँ चेतक की सर्वव्यापकता, अद्वितीयता और युद्ध के मैदान में उसकी अद्भुत तेज़ी का वर्णन किया गया है।

काव्यांश 6

बढ़ते नद-सा वह लहर गया
वह गया गया फिर ठहर गया।
विकराल बज्र-मय बादल-सा
अरि की सेना पर घहर गया।

शब्दार्थ **नद**-नदी, **लहर**-पानी की तरंग, **विकराल**-अत्यधिक भयंकर, बज्र-वज्र, बिजली की तरह मारक शक्ति, **बादल**-मेघ, **घहर**-गरजना।

संदर्भ पूर्ववत्।

प्रसंग प्रस्तुत पंक्तियाँ चेतक की युद्धभूमि में अद्वितीय गति, साहस और युद्ध कौशल का वर्णन करती हैं। चेतक को एक ऐसे योद्धा के रूप में प्रस्तुत किया गया है जो शत्रुओं की सेना पर अपनी अप्रतिम शक्ति और गति से हमला करता है।

व्याख्या प्रस्तुत पंक्तियों में चेतक की गति और शक्ति की तुलना एक बाढ़ के समान बढ़ती नदी से की गई है। वह तेज़ी से लहरों की तरह आगे बढ़ता है, फिर अचानक रुकता है और ठहर जाता है। उसकी शक्ति को एक विशाल, शक्तिशाली और विकराल (भयंकर) बादल के समान वर्णित किया गया है, जो बिजली की तरह टूट पड़ता है। इस प्रकार चेतक की गति, शक्ति और क्षमता से दुश्मनों की सेना भयभीत हो जाती थी।

काव्यांश 7

भाला गिर गया, गिरा निषंग,
हय-टापों से खन गया अंग
वैरी-समाज रह गया दंग
घोड़े का ऐसा देख रंग

शब्दार्थ **भाला**-एक धारदार हथियार जिसे फेंककर मारा जाता है, **निषंग**-तरकश, जिसमें तीर रखे जाते हैं, **हय**-घोड़ा, **टाप**-घोड़े के दौड़ने पर उसकी टापों की आवाज, **खन**-टकराने या गिरने से उत्पन्न होने वाली आवाज, **वैरी**-शत्रु, दुश्मन, **दंग**-चौंक जाना, **रंग**-यहाँ संदर्भ में घोड़े का अद्वितीय रूप, गति और व्यवहार।

संदर्भ पूर्ववत्।

प्रसंग प्रस्तुत पंक्तियों में बताया गया है कि कैसे चेतक युद्ध के मैदान में अपनी वीरता से शत्रुओं को विस्मित और भयभीत कर देता है। यह पंक्तियाँ चेतक की वीरता और युद्ध में उसकी अप्रतिम भूमिका को दर्शाती हैं।

व्याख्या युद्ध के दौरान जब चेतक तेज़ी से आगे बढ़ता है, तो दुश्मनों के हाथ से भाले और तरकश गिर गए। चेतक की टापों की आवाज़ इतनी तेज़ और भयानक थी कि वह दुश्मनों के शरीर पर चोट करने लगीं, जिससे उनका संतुलन बिगड़ गया। शत्रु सेना चेतक के इस रूप को देखकर दंग रह गई और उसकी अद्वितीय गति तथा शक्ति के सामने आश्चर्यचकित हो गई। चेतक की इस वीरता ने दुश्मनों को पूरी तरह से चौंका दिया।

NCERT फोल्डर

पाठ्यपुस्तक के प्रश्नोत्तर

पाठ से

मेरी समझ से

अब हम इस कविता पर विस्तार से चर्चा करेंगे। आगे दी गई गतिविधियाँ इस कार्य में आपकी सहायता करेंगी।

(क) नीचे दिए गए प्रश्नों का सटीक उत्तर कौन-सा है? उसके सामने तारा (*) बनाइए

(i) चेतक शत्रुओं की सेना पर किस प्रकार टूट पड़ता था?

- चेतक बादल की तरह शत्रु की सेना पर वज्रपात बनकर टूट पड़ता था।
- चेतक शत्रु की सेना को चारों ओर से घेरकर उस पर टूट पड़ता था।
- चेतक हाथियों के दल के समान बादल के रूप में शत्रु की सेना पर टूट पड़ता था। (*)
- चेतक नदी के उफान के समान शत्रु की सेना पर टूट पड़ता था।

(ii) 'लेकर सवार उड़ जाता था' इस पंक्ति में 'सवार' शब्द किसके लिए आया है?

- चेतक
- महाराणा प्रताप (*)
- कवि
- शत्रु

(ख) अब अपने मित्रों के साथ तर्कपूर्ण चर्चा कीजिए कि आपने ये ही उत्तर क्यों चुने?

उत्तर चेतक हाथियों के दल के समान बादल के रूप में शत्रु की सेना पर टूट पड़ता था। 'लेकर सवार उड़ जाता था।' इस पंक्ति में सवार महाराणा प्रताप के लिए प्रयुक्त हुआ है। मेरे अनुसार, उपर्युक्त दोनों प्रश्नों के उत्तर सटीक हैं, क्योंकि कविता में बताया गया है कि महाराणा प्रताप का घोड़ा चेतक वीर, निर्भीक व साहसी था, जो महाराणा प्रताप के इशारों पर तीव्रता से सवार लेकर उड़ जाता था।

पंक्तियों पर चर्चा

पाठ में से चुनकर कुछ पंक्तियाँ नीचे दी गई हैं। इन्हें पढ़कर समझिए और इन पर विचार कीजिए। आपको इनका क्या अर्थ समझ में आया? कक्षा में अपने विचार साझा कीजिए और अपनी लेखन पुस्तिका में लिखिए।

(क) "निर्भीक गया वह ढालों में, सरपट दौड़ा करवालों में।"

उत्तर प्रस्तुत पंक्ति में चेतक की वीरता और साहस की बात की गई है। वह बिना किसी डर के युद्ध में दुश्मनों का सामना करने के लिए तलवारों और ढालों के बीच में जाकर उन पर प्रहार करता है और तेजी से बाधाओं में फँसने के उपरांत भी वह निकल जाता है।
इस प्रकार इन पंक्तियों में चेतक की निडरता, साहस और युद्ध में उसकी अद्वितीय गति और कौशल को दर्शाया गया है।

(ख) "भाला गिर गया, गिरा निषंग, हय-टापों से खन गया अंग।"

उत्तर प्रस्तुत पंक्ति में बताया गया है कि युद्ध के दौरान चेतक ने अपनी वीरता का प्रदर्शन किया। युद्ध में भाले और तलवारें चल रहीं थीं, जिससे युद्ध की स्थिति बहुत ही उग्र और भयंकर थी। चेतक ने इतने

भाले और तलवारों का सामना किया कि वे गिरने लगे। चेतक की टापों से शत्रुओं के अंगों में चोट लग गई, जिससे दुश्मन पूरी तरह से घायल हो गए तथा उनके भाले और तरकस जमीन पर गिर गए।

मिलकर करें मिलान

कविता में से चुनकर कुछ पंक्तियाँ नीचे दी गई हैं। अपने समूह में इन पर चर्चा कीजिए और इन्हें इनके सही भावार्थ से मिलाइए। इसके लिए आप शब्दकोश, इंटरनेट या अपने शिक्षकों की सहायता ले सकते हैं।

	पंक्तियाँ		भावार्थ
1.	राणा प्रताप के घोड़े से पड़ गया हवा को पाला था।	(i)	शत्रु की सेना पर भयानक बज्रमय बादल बनकर टूट पड़ता और शत्रुओं का नाश करता।
2.	वह दौड़ रहा अरि-मस्तक पर, या आसमान पर घोड़ा था।	(ii)	हवा से भी तेज दौड़ने वाला चेतक ऐसे दौड़ लगा रहा था मानो हवा और चेतक में प्रतियोगिता हो रही हो।
3.	जो तनिक हवा से बाग हिली लेकर सवार उड़ जाता था।	(iii)	शत्रुओं के सिर के ऊपर से होता हुआ एक छोर से दूसरे छोर पर ऐसे दौड़ता जैसे आसमान में दौड़ रहा हो।
4.	राणा की पुतली फिरी नहीं, तब तक चेतक मुड़ जाता था।	(iv)	चेतक की फुर्ती ऐसी कि लगाम के थोड़ा-सा हिलते ही सरपट हवा में उड़ने लगता था।
5.	विकराल बज्र-मय बादल-सा अरि की सेना पर घहर गया।	(v)	वह राणा की पूरी निगाह मुड़ने से पहले ही उस ओर मुड़ जाता अर्थात् वह उनका भाव समझ जाता था।

उत्तर 1-(ii); 2-(iii); 3-(iv); 4-(v); 5-(i)

शीर्षक

यह कविता 'हल्दीघाटी' शीर्षक काव्य कृति का एक अंश है। यहाँ इसका शीर्षक 'चेतक की वीरता' दिया गया है। आप इसे क्या शीर्षक देना चाहेंगे और क्यों?

उत्तर मैं इस कविता को 'रणभूमि का शूरवीर चेतक' शीर्षक देना चाहूँगा, क्योंकि कविता में चेतक की वीरता और उसकी युद्धक्षमता को केंद्र में रखा गया है। कविता में जिस प्रकार चेतक रणभूमि में अपने अद्वितीय साहस और शौर्य का प्रदर्शन करता है, उससे वह केवल एक घोड़ा नहीं, बल्कि रणभूमि का सच्चा शूरवीर बन जाता है। अत: यह शीर्षक उसकी अद्वितीय वीरता और रणभूमि में उसके अपार योगदान को सही रूप में प्रस्तुत करता है।

कविता की रचना

"चेतक बन गया <u>निराला</u> था।"
"पड़ गया हवा को <u>पाला</u> था।"
"राणा प्रताप का <u>कोड़ा</u> था।"
"या आसमान पर <u>घोड़ा</u> था।

रेखांकित शब्दों पर ध्यान दीजिए। ये शब्द बोलने-लिखने में थोड़े मिलते-जुलते हैं। इस तरह की तुकांत शैली प्रायः कविता में आती है। कभी-कभी कविता अतुकांत भी होती है। इस कविता में आए तुकांत शब्दों की सूची बनाइए।

उत्तर तुकांत शब्दों की सूची

"निराला था-पाला था"
"कोड़ा था-घोड़ा था"
"उड़ जाता था-मुड़ जाता था"
"चालों में-भालों में-ढालों में-करवालों में"
"यहाँ नहीं-वहाँ नहीं-कहाँ नहीं-जहाँ नहीं"
"लहर गया-ठहर गया-घहर गया"
"निषंग-अंग-दंग-रंग"

शब्द के भीतर शब्द

"या <u>आसमान</u> का घोड़ा था।"

'आसमान' शब्द के भीतर कौन-कौन से शब्द छिपे हैं- आस, समान, मान, सम, आन, नस आदि।

अब इसी प्रकार कविता में से कोई पाँच शब्द चुनकर उनके भीतर के शब्द खोजिए।

उत्तर करवाल कर, करवा, रवा, वाल, कल
समाज सम, आज, जमा, समा
बादल बाद, दल, बाल, दबा
दिखलाया दिला, दिया, लाया, दिख, लाख
सरपट सर, रपट, पट, रस, टस, पर, परस

पाठ से आगे

आपकी बात

"जो तनिक हवा से बाग हिली
लेकर सवार उड़ जाता था।"

(क) 'हवा से लगाम हिली और घोड़ा भाग चला' कविता को प्रभावशाली बनाने में इस तरह के प्रयोग काम आते हैं। कविता में आए ऐसे प्रयोग खोजकर परस्पर बातचीत करें।

उत्तर कविता में ऐसे कई प्रभावशाली प्रयोग हैं, जो इसे अधिक सजीव और वर्णनात्मक बनाते हैं। कुछ उदाहरण इस प्रकार हैं

"रण-बीच चौकड़ी भर-भरकर चेतक बन गया निराला था।"
"गिरता न कभी चेतक-तन पर राणा प्रताप का कोड़ा था।"
"वह दौड़ रहा अरि-मस्तक पर या आसमान पर घोड़ा था।"
"बढ़ते नद-सा वह लहर गया, वह फिर ठहर गया।"
"विकराल बज्र-मय बादल-सा अरि की सेना पर घहर गया।"

(ख) कहीं भी, किसी भी तरह का युद्ध नहीं होना चाहिए। इस पर आपस में बात कीजिए।

उत्तर कहीं भी, किसी भी तरह का युद्ध नहीं होना चाहिए। युद्ध में दो या दो से अधिक देश या समूह अर्थात् विरोधी पक्ष एक-दूसरे के विरुद्ध लड़ते हैं।

युद्ध में लोग घायल होते हैं और अपनी जान गँवाते हैं। इस तरह की हिंसा से किसी को भी लाभ नहीं होता है, बल्कि इससे बहुत सारी समस्याएँ पैदा होती हैं।

युद्ध के कारण न केवल सैनिक, बल्कि आम लोग भी बहुत तकलीफ झेलते हैं। इससे शहर और गाँव नष्ट हो जाते हैं, जिससे उन्हें फिर से बसाने में सालों लग जाते हैं। युद्ध के स्थान पर लोगों को आपस में बातचीत करनी चाहिए और समस्याओं को शांतिपूर्ण तरीके से हल करना चाहिए।

युद्ध के बिना ही दुनिया का विकास संभव है। इसलिए हमें हमेशा यह कोशिश करनी चाहिए कि कभी भी, कहीं भी युद्ध की स्थिति उत्पन्न न हो। हमें आपस में प्यार, दोस्ती और समझदारी से रहना चाहिए। इससे ही हम सभी एक बेहतर और खुशहाल दुनिया बना सकते हैं।

समानार्थी शब्द

कुछ शब्द समान अर्थ वाले होते हैं; जैसे– हय, अश्व और घोड़ा। इन्हें समानार्थी शब्द कहते हैं।

यहाँ पर दिए गए शब्दों से उस शब्द पर घेरा बनाइए जो समानार्थी न हों

1. हवा अनल पवन बयार
2. रण तुरंग युद्ध समर
3. आसमान आकाश गगन नभचर
4. नद नाद सरिता तटिनी
5. करवाल तलवार असि ढाल

उत्तर 1. अनल 2. तुरंग 3. नभचर 4. नाद 5. ढाल

आज की पहेली

बूझो तो जानें

- तीन अक्षर का मेरा नाम, उल्टा सीधा एकसमान।
  दिन में जगता, रात में सोता, यही मेरी पहचान।

उत्तर नयन

- एक पक्षी ऐसा अलबेला, बिना पंख उड़ रहा अकेला।
  बाँध गले में लंबी डोर, पकड़ रहा अंबर का छोर।

उत्तर पतंग

- रात में हूँ दिन में नहीं, दीये के नीचे हूँ ऊपर नहीं
  बोलो, बोलो-- मैं हूँ कौन?

उत्तर छाया

- मुझमें समाया फल, फूल और मिठाई सबके मुँह में आया पानी मेरे भाई।

उत्तर गुलाब जामुन।

- सड़क है पर गाड़ी नहीं, जंगल है पर पेड़ नहीं
  शहर है पर घर नहीं, समंदर है पर पानी नहीं।

उत्तर मानचित्र

खोजबीन के लिए

1. महाराणा प्रताप कौन थे? उनके बारे में इंटरनेट या पुस्तकालय से जानकारी प्राप्त करके लिखिए।

उत्तर महाराणा प्रताप भारतीय इतिहास के एक प्रमुख और सम्माननीय योद्धा थे। उन्होंने राजस्थान के मेवाड़ राज्य की रक्षा के लिए अपने जीवन को समर्पित कर दिया था। वे मेवाड़ के महान शासक और वीर योद्धा के रूप में प्रसिद्ध हैं। उनकी कहानी भारतीय वीरता और धैर्य की एक आदर्श मिसाल है।

महाराणा प्रताप का जन्म 1540 ई. में कुम्भलगढ़ किले में हुआ था। वे राणा उदयसिंह द्वितीय के पुत्र थे और मेवाड़ के राजघराने से संबंधित थे। जब महाराणा प्रताप के पिता का निधन हुआ, तो वे 1572 ई. में मेवाड़ के सिंहासन पर विराजमान हुए। इस समय तक अकबर ने भारतीय उपमहाद्वीप के बड़े हिस्से पर विजय प्राप्त कर ली थी। वह मेवाड़ को भी अपने अधीन करना चाहता था।

महाराणा प्रताप ने अकबर के साम्राज्य के खिलाफ युद्ध लड़ने का निश्चय किया। उन्होंने मुग़ल साम्राज्य के साथ किसी भी प्रकार की संधि करने से इनकार कर दिया। वे अपने राज्य की स्वतंत्रता की रक्षा के लिए दृढ़ संकल्पित रहे। उनके नेतृत्व में मेवाड़ ने कई महत्त्वपूर्ण युद्ध लड़े। इन युद्धों में सबसे प्रसिद्ध 'हल्दीघाटी की लड़ाई' (1576 ई.) है। इस लड़ाई में महाराणा प्रताप और अकबर के सेनापति मानसिंह के बीच भीषण संघर्ष हुआ था। इस युद्ध में महाराणा प्रताप की हार हुई, फिर भी वे अपने आत्मसम्मान और स्वतंत्रता की रक्षा के लिए दृढ़ रहे।

महाराणा प्रताप का जीवन कठिनाइयों और संघर्षों से भरा था। उन्होंने संघर्ष के दौरान जंगलों में निवास किया और अपनी सेना के साथ मिलकर मेवाड़ की भूमि की रक्षा की। उन्होंने कभी भी अकबर की अधीनता स्वीकार नहीं की और एक स्वतंत्रता सेनानी के रूप में उनकी पहचान बनी। महाराणा प्रताप का जीवन धैर्य, साहस और संकल्प का प्रतीक है। उनके अदम्य साहस और वीरता ने उन्हें भारतीय इतिहास में एक अमिट स्थान दिलाया। वे केवल एक शासक ही नहीं थे, बल्कि एक महान योद्धा और राष्ट्रप्रेमी भी थे। उन्होंने अपने समर्पण और बलिदान से एक सशक्त और प्रेरणादायक छवि बनाई। उनके आदर्श और संघर्ष की गाथाएँ आज भी प्रेरणा का स्रोत हैं।

2. इस कविता में चेतक एक 'घोड़ा' है। पशु-पक्षियों पर आधारित पाँच रचनाओं को खोजिए और अपनी कक्षा की दीवार-पत्रिका पर लगाइए।

उत्तर छात्र स्वयं करें।

अभ्यास प्रश्न

बहुविकल्पीय व वर्णनात्मक प्रश्नों सहित

बहुविकल्पीय प्रश्न

1. चेतक किसका घोड़ा था?

(क) शिवाजी (ख) महाराणा प्रताप

(ग) अकबर (घ) राणा सांगा

उत्तर (ख) महाराणा प्रताप

2. कविता में चेतक की चाल की तुलना किससे की गई है?

(क) बादल से (ख) बिजली से

(ग) हवा से (घ) आग से

उत्तर (ग) हवा से

3. रणभूमि में चेतक का कोड़ा राणा प्रताप के द्वारा कितनी बार लगा?

(क) बार-बार (ख) एक बार

(ग) कभी नहीं (घ) केवल युद्ध के अंत में

उत्तर (ग) कभी नहीं

4. चेतक किस पर दौड़ रहा था?

(क) अरि-मस्तक पर (ख) भूमि पर

(ग) पर्वत पर (घ) नदी पर

उत्तर (क) अरि-मस्तक पर

5. कविता में चेतक का सबसे बड़ा कौशल किसमें दिखाया गया है?

(क) छलांग में (ख) चालों में

(ग) युद्ध में (घ) उड़ान में

उत्तर (ख) चालों में

6. चेतक का व्यवहार किस प्रकार के बादल के समान था?

(क) शीतल बादल

(ख) वर्षा बादल

(ग) विकराल बज्र-मय बादल

(घ) सफेद बादल

उत्तर (ग) विकराल बज्र-मय बादल

7. चेतक की चाल के समय बैरी-समाज की क्या प्रतिक्रिया थी?

(क) वे खुश थे (ख) वे स्तब्ध थे

(ग) वे हँस रहे थे (घ) वे सो रहे थे

उत्तर (ख) वे स्तब्ध थे

8. चेतक की टापों से क्या हुआ?

(क) युद्धभूमि हिल गई (ख) अंग खन गया

(ग) पर्वत टूट गया (घ) पानी बहने लगा

उत्तर (ख) अंग खन गया

9. चेतक की गति की किससे तुलना की गई है?

(क) हवा के वेग से (ख) समुद्र की लहर से

(ग) बहती नदी से (घ) पर्वत की ऊँचाई से

उत्तर (ग) बहती नदी से

रिक्त स्थान भरें

नीचे दिए गए वाक्यों में रिक्त स्थानों की पूर्ति कीजिए।

(i) राजा प्रताप का ………… चेतक के तन पर कभी नहीं गिरता था।

(ii) चेतक अपनी ………… के सामान्य घोड़ों से अलग प्रतीक होता है।

(iii) चेतक ………… और ………… था।

(iv) वह ………… के बीच निर्भीकता से आगे बढ़ता था।

उत्तर (i) कोड़ा (ii) चौकड़ी

(iii) वफादार, प्रशिक्षित (iv) ढालों

सत्य असत्य

नीचे दिए गए कथनों में से 'सत्य' या 'असत्य' कथन की पहचान कीजिए।

(i) राजा प्रताप का घोड़ा बहुत धीमा दौड़ता था।

(ii) चेतक के टापों की आवाज भयानक थी।

(iii) चेतक की शक्ति बादल के समान विकराल है।

(iv) चेतक महाराणा प्रताप की बातों को नजरअंदाज करता है।

(v) चेतक की रणभूमि में अनोखी चाल होती है।

उत्तर (i) असत्य (ii) सत्य

(iii) सत्य (iv) असत्य

(v) सत्य

काव्यांश आधारित प्रश्न

काव्यांश 1

रण-बीच चौकड़ी भर-भरकर
चेतक बन गया निराला था।
राणा प्रताप के घोड़े से
पड़ गया हवा को पाला था।

1. चेतक का संबंध किससे था?

(क) अकबर से (ख) महाराणा प्रताप से

(ग) शिवाजी से (घ) बीरबल से

उत्तर (ख) महाराणा प्रताप से

2. दिए गए कथन में से कौन-सा/से कथन सही है/हैं। चेतक निराला था, क्योंकि

1. वह अन्य घोड़ों से अलग था। 2. वह वीर व साहसी था।
3. वह भयभीत था।

कूट
(क) 1 और 2 हैं। (ख) 2 और 3 है।
(ग) केवल 2 हैं। (घ) केवल 3 है।

उत्तर (क) 1 और 2 हैं।

3. चेतक कहाँ अद्वितीय हो गया?
(क) जंगल में (ख) रणभूमि में
(ग) राजमहल में (घ) सड़कों पर

उत्तर (ख) रणभूमि में

4. चेतक की गति के सामने कौन धीमा प्रतीत होता था?
उत्तर चेतक की गति के सामने हवा धीमी प्रतीत होती थी।

5. चेतक किसका प्रतीक है?
उत्तर चेतक वीरता का प्रतीक है।

6. चेतक ने रणभूमि में कैसा प्रदर्शन किया?
उत्तर चेतक ने रणभूमि में अद्वितीय और निराला प्रदर्शन किया।

काव्यांश 2

गिरता न कभी चेतक-तन पर
राणा प्रताप का कोड़ा था।
वह दौड़ रहा अरि-मस्तक पर
या आसमान पर घोड़ा था।

1. चेतक घोड़ा होने के साथ ही महाराणा प्रताप का क्या था?
(क) पशु (ख) साथी (ग) शत्रु (घ) ये सभी

उत्तर (ख) साथी

2. चेतक किसके आदेशों का पालन करता था?
(क) विपक्षी दल के (ख) हवा के
(ग) महाराणा प्रताप के (घ) नदी के

उत्तर (ग) महाराणा प्रताप के

3. 'अरि' शब्द का अर्थ है
(क) मित्र (ख) शत्रु (ग) सहपाठी (घ) साथी

उत्तर (ख) शत्रु

4. चेतक के शरीर पर महाराणा प्रताप का कोड़ा क्यों नहीं गिरता था?
उत्तर चेतक इतना वफादार और प्रशिक्षित था कि उसे कोड़ा मारने की आवश्यकता नहीं पड़ती थी। वह बिना कोड़े के ही महाराणा प्रताप की इच्छाओं का पालन करता था।

5. चेतक रणभूमि में किस प्रकार का प्रदर्शन कर रहा था? CBQ
उत्तर चेतक रणभूमि में अरि (शत्रु) के मस्तक पर दौड़ रहा था और उसकी गति इतनी तेज़ थी कि उसे आसमान में दौड़ते हुए घोड़े के रूप में देखा गया।

6. चेतक के संबंध में 'अरि-मस्तक पर दौड़ना' का क्या अर्थ है? CBQ
उत्तर 'अरि-मस्तक पर दौड़ना' का अर्थ है—चेतक शत्रुओं के सिरों पर इतनी तेज़ गति से दौड़ रहा था कि शत्रु उसकी चाल और गति को समझ नहीं पा रहे थे।

काव्यांश 3

जो तनिक हवा से बाग हिली
लेकर सवार उड़ जाता था।
राणा की पुतली फिरी नहीं
तब तक चेतक मुड़ जाता था।

1. हवा से जब बाग हिलती थी, चेतक किसके साथ उड़ जाता था?
(क) शत्रु के साथ (ख) महाराणा प्रताप के साथ
(ग) अकेला (घ) अकबर के साथ

उत्तर (ख) महाराणा प्रताप के साथ

2. चेतक किसकी पुतली फिरने से पहले ही मुड़ जाता था?
(क) शत्रु की (ख) अपनी
(ग) महाराणा प्रताप की (घ) अकबर की

उत्तर (ग) महाराणा प्रताप की

3. काव्यांश के अनुसार, चेतक की सजगता का आभास किससे होता है?
(क) पानी के समान बहने से
(ख) हवा की तुलना करने से
(ग) बाघ के आ जाने से
(घ) बाग की पत्तियों के जरा-से भी हिलने से

उत्तर (घ) बाग की पत्तियों के जरा-से भी हिलने से

4. चेतक महाराणा प्रताप की किस बात को पूर्व ही समझ लेता था?
उत्तर चेतक महाराणा प्रताप की प्रत्येक इच्छा को पूर्व ही समझ लेता था।

5. चेतक किस समय मुड़ जाता था?
उत्तर चेतक महाराणा प्रताप की पुतली फिरने से पहले ही मुड़ जाता था।

6. इस पद्यांश से चेतक की कौन-सी विशेषता का पता चलता है? CBQ
उत्तर इस पद्यांश से चेतक की तेज़ गति, सतर्कता और महाराणा प्रताप के प्रति उसकी वफादारी का पता चलता है।

काव्यांश 4

बढ़ते नद-सा वह लहर गया
वह गया गया फिर ठहर गया।
विकराल बज्र-मय बादल-सा
अरि की सेना पर घहर गया।

1. चेतक लहरों की तरह बढ़कर क्या करता है?
(क) अचानक रुकता है (ख) ठहर जाता है
(ग) 'क' और 'ख' दोनों (घ) टूट पड़ता है

उत्तर (ग) 'क' और 'ख' दोनों

2. कथन (A) चेतक विशाल शक्तिशाली भयंकर बादलों के समान है। कारण (R) वह बिजली की तरह टूट पड़ता है।

कूट

(क) कथन (A) और कारण (R) दोनों सही हैं तथा कारण (R), कथन (A) की सही व्याख्या करता है।

(ख) कथन (A) और कारण (R) दोनों सही हैं, परंतु कारण (R), कथन (A) की सही व्याख्या नहीं करता है।

(ग) कथन (A) सही है, किंतु कारण (R) गलत है।

(घ) कथन (A) गलत है, किंतु कारण (R) सही है।

उत्तर (क) कथन (A) और कारण (R) दोनों सही हैं तथा कारण (R), कथन (A) की सही व्याख्या करता है।

3. चेतक की गति और ताकत का वर्णन किससे किया गया है?

(क) समुद्र की लहर से (ख) तूफान से

(ग) विकराल बादल से (घ) नदी से

उत्तर (ग) विकराल बादल से

4. चेतक से कौन भयभीत हो जाता था?

उत्तर चेतक से शत्रु सेना भयभीत हो जाती थी।

5. चेतक की उपस्थिति शत्रु सेना पर कैसी प्रतीत हुई? **CBQ**

उत्तर चेतक की उपस्थिति शत्रु सेना पर विकराल बज्र-मय बादल की तरह प्रतीत हुई।

6. चेतक की गति किस प्रकार की थी?

उत्तर चेतक की गति बढ़ती हुई नदी की लहर जैसी थी।

अतिलघु उत्तरीय प्रश्न

1. कविता में किस घोड़े का वर्णन किया गया है?

उत्तर कविता में महाराणा प्रताप के विख्यात घोड़े चेतक का वर्णन किया गया है।

2. कविता में चेतक की किन विशेषताओं का जीवंत-चित्रण किया गया है?

उत्तर कविता में चेतक की बहादुरी, निर्भीकता व स्वामी भक्ति का चित्रण किया गया है।

3. चेतक और हवा के बीच में क्या प्रतीत हो रही थी?

उत्तर चेतक और हवा के बीच प्रतियोगिता होती प्रतीत हो रही थी।

4. चेतक की युद्ध भूमि में उपस्थिति कैसी थी?

उत्तर चेतक की युद्ध भूमि में उपस्थिति अप्रत्याशित थी।

5. चेतक के प्रहार से किसका संतुलन बिगड़ गया?

उत्तर चेतक के प्रहार से शत्रुओं का संतुलन बिगड़ गया।

6. महाराणा प्रताप को हम क्यों याद करते हैं?

उत्तर महाराणा प्रताप को हम उनकी बहादुरी और पराक्रम के लिए याद करते हैं।

7. चेतक किस प्रकार के भालों में उड़ गया?

उत्तर चेतक भयानक भालों के बीच तेजी से उड़ गया।

8. चेतक की गति से क्या खन गया?

उत्तर चेतक की गति से शत्रुओं का अंग खन गया।

9. चेतक के कारण बैरी-समाज की क्या प्रतिक्रिया थी?

उत्तर चेतक की वीरता और उसकी चाल देखकर बैरी-समाज दंग रह गया था।

लघु उत्तरीय प्रश्न

1. चेतक की चाल और गति के विषय में कविता में क्या बताया गया है?

उत्तर चेतक की चाल इतनी तेज़ थी कि वह अरि-मस्तक पर दौड़ रहा था और उसकी गति हवा से भी तेज़ थी। चेतक की चाल की बढ़ते नद और विकराल बज्र-मय बादल से तुलना की गई है।

2. महाराणा प्रताप के घोड़े चेतक को कोड़ा क्यों नहीं पड़ता था?

उत्तर चेतक इतना वफादार और प्रशिक्षित था कि महाराणा प्रताप को उस पर कोड़ा चलाने की आवश्यकता नहीं पड़ती थी। वह बिना कोड़े के ही तेज़ी से दौड़ता था।

3. चेतक की चाल में किस प्रकार का कौशल दिखाया गया है?

उत्तर चेतक ने अपनी चाल में ऐसा कौशल दिखाया कि वह भयानक भालों में, ढालों में और करवालों में सरपट निर्भीकता से दौड़ता चला गया।

4. 'हय-टापों से खन गया अंग' का क्या अर्थ है?

उत्तर प्रस्तुत पंक्ति का अर्थ है कि चेतक की टापों की तेज़ी और शक्ति से शत्रु के शरीर के अंगों पर चोट लग गई तथा वे घायल हो गए।

5. 'वह वहीं रहा है वहाँ नहीं' पंक्ति का अर्थ क्या है? **CBQ**

उत्तर प्रस्तुत पंक्ति का अर्थ है—चेतक इतना तेज़ था कि वह किसी एक स्थान पर टिकता नहीं था। उसकी गति इतनी तेज़ थी कि वह एक पल में यहाँ तो दूसरे पल में कहीं और पहुँच जाता था।

6. कविता में चेतक के कौशल और वीरता का वर्णन किस प्रकार किया गया है?

उत्तर कविता में चेतक की वीरता और कौशल का वर्णन उसकी तेज़ चाल, शत्रु के मस्तक पर दौड़ने, भयानक भालों और ढालों के बीच निर्भीकता से दौड़ने के माध्यम से किया गया है।

7. चेतक के कौशल और गति का महाराणा प्रताप की युद्धनीति पर क्या प्रभाव पड़ा? **CBQ**

उत्तर चेतक के कौशल और गति ने महाराणा प्रताप की युद्धनीति में महत्त्वपूर्ण भूमिका निभाई। रणभूमि में चेतक की तेज़ चाल और उसकी अनोखी गति ने शत्रुओं को पराजित करने में महाराणा प्रताप की मदद की। चेतक की वीरता ने महाराणा प्रताप को कठिन परिस्थितियों में भी विजय दिलाने में सहायता की।

दीर्घ उत्तरीय प्रश्न

1. कविता में चेतक की वीरता का वर्णन किस प्रकार किया गया है?

उत्तर कविता 'चेतक की वीरता' में 'श्यामनारायण पांडेय' ने महाराणा प्रताप के प्रिय घोड़े चेतक की अद्वितीय वीरता का चित्रण किया है। रणभूमि में चेतक ने अपनी चाल और तेज गति से एक अद्वितीय उदाहरण प्रस्तुत किया है। उसकी चाल इतनी तेज़ थी कि वह हवा से भी आगे निकल जाता था।

चेतक ने कभी भी महाराणा प्रताप के कोड़े का अनुभव नहीं किया, क्योंकि वह बिना कोड़े के ही महाराणा प्रताप की हर बात को समझता था और उसी के अनुरूप क्रिया करता था। उसकी चाल और कौशल ने शत्रुओं के बीच आतंक पैदा कर दिया था। चेतक की गति नदियों की बढ़ती लहर की तरह थी। वह विकराल बज्र-मय बादल की तरह शत्रु की सेना पर टूट पड़ता था। उसकी वीरता ने शत्रुओं को हैरान कर दिया था।

2. चेतक और महाराणा प्रताप के बीच के संबंध का वर्णन कीजिए।

उत्तर चेतक और महाराणा प्रताप के बीच का संबंध एक अद्वितीय और गहरा था। चेतक केवल महाराणा प्रताप का घोड़ा नहीं था, बल्कि उनका सबसे विश्वसनीय और वफादार साथी भी था। रणभूमि में चेतक ने महाराणा प्रताप का साथ कभी नहीं छोड़ा और उनकी हर आज्ञा का पालन किया। चेतक इतना समझदार था कि महाराणा प्रताप को कभी भी उस पर कोड़ा चलाने की आवश्यकता नहीं पड़ी। वह बिना किसी निर्देश के ही उनकी इच्छाओं को समझ जाता था। चेतक का यह समर्पण और वफादारी उसे साधारण घोड़ों से अलग बनाती है।

3. कविता में चेतक की चाल और उसकी गति का वर्णन कैसे किया गया है? **CBQ**

उत्तर कविता में चेतक की चाल और गति का वर्णन बहुत ही प्रभावशाली ढंग से किया गया है। चेतक की चाल इतनी तेज़ और अनोखी थी कि वह रणभूमि में एक अद्वितीय घोड़े के रूप में उभरा। उसकी गति को हवा से भी तेज बताया गया है, जिससे उसकी गति का अंदाजा लगाया जा सकता है।

चेतक के दौड़ने की गति इतनी अद्भुत थी कि वह राणा प्रताप की पुतली फिरने से पहले ही मुड़ जाता था। उसकी गति और चाल को बढ़ते नद और विकराल बज्र-मय बादल से तुलना की गई है, जो उसकी तेज़ी और ताकत को दर्शाता है।

4. चेतक के रणभूमि में दिखाए गए कौशल और वीरता का वर्णन कीजिए। **CBQ**

उत्तर चेतक ने रणभूमि में अद्वितीय कौशल और वीरता का प्रदर्शन किया। उसकी चाल और गति इतनी तेज़ थी कि वह हवा की तरह सरपट दौड़ता था। भयानक भालों और शत्रुओं की ढालों के बीच वह निर्भीक होकर अपना रास्ता बनाता था। वह इतनी कुशलता से दौड़ता था कि शत्रु उसकी चालों को समझने में असमर्थ थे। चेतक ने रणभूमि में अपनी वीरता का प्रदर्शन किया और हर वह स्थान जहाँ शत्रु मौजूद थे, वहाँ अपनी छाप छोड़ी। उसकी ताकत और रणभूमि में किए गए कार्य ने शत्रुओं को चौंका दिया और उन्हें हार का सामना करना पड़ा।

5. चेतक की वीरता के कारण शत्रुओं की क्या प्रतिक्रिया थी?

उत्तर चेतक की वीरता और चाल ने शत्रुओं के बीच भय और आतंक पैदा कर दिया। जब चेतक ने रणभूमि में अपनी तेज़ गति और कुशलता का प्रदर्शन किया, तो शत्रु समाज दंग रह गया। उसकी चाल, गति और ताकत ने शत्रुओं को आश्चर्यचकित कर दिया था। शत्रु उसकी वीरता को देखकर स्तब्ध हो गए। वे समझ ही नहीं पाए कि कैसे उस पर प्रतिक्रिया करें। चेतक की शक्ति ने शत्रुओं को भयभीत कर दिया। वे चेतक के रंग और उसकी चाल देखकर दंग रह गए।

व्याकरण आधारित प्रश्न

1. दिए गए शब्दों में उपसर्ग व मूल शब्द अलग कीजिए।

(i) **चौकड़ी** (ii) **प्रताप**

(iii) **सवार** (iv) **बादल**

उत्तर (i) **चौकड़ी** उपसर्ग-चौ, मूल शब्द-कड़ी

(ii) **प्रताप** उपसर्ग-प्र, मूल शब्द-ताप

(iii) **सवार** उपसर्ग-स, मूल शब्द-वार

(iv) **बादल** उपसर्ग-बा, मूल शब्द-दल

2. निम्नलिखित शब्दों के विलोम शब्द लिखिए।

(i) तनिक (ii) गिरना

(iii) निर्भीक (iv) सरपट

(v) बैरी

उत्तर (i) तनिक-ज्यादा (ii) गिरना-उठना

(iii) निर्भीक-भीरु (iv) सरपट-धीरे-धीरे

(v) बैरी-मित्र

स्व-मूल्यांकन

बहुविकल्पीय प्रश्न

1. चेतक किसका प्रतीक है?
(क) बादल का (ख) आग का
(ग) हवा का (घ) पानी का

2. चेतक के दौड़ने की गति किस पर दौड़ने जैसी प्रतीत हो रही थी?
(क) शत्रु के मस्तक पर (ख) अपने साथी पर
(ग) राणा प्रताप पर (घ) भूमि पर

3. चेतक के दौड़ने के कारण शत्रु सेना पर क्या प्रभाव पड़ा?
(क) वे मुस्कुराए (ख) वे घबराए
(ग) वे हार मान गए (घ) वे खुश हो गए

4. चेतक की गति की तुलना किस प्राकृतिक तत्त्व से की गई है?
(क) समुद्र की लहर से (ख) नदी की लहर से
(ग) आकाश से (घ) पर्वत से

5. चेतक की चाल में कौन-सा विशेष गुण दर्शाया गया है?
(क) स्थिरता (ख) तेज़ी
(ग) मंद गति (घ) सामान्यता

काव्यांश आधारित प्रश्न

निम्नलिखित काव्यांश को पढ़कर उन पर आधारित प्रश्नों के उत्तर कीजिए।

भाला गिर गया, गिरा निषंग,
हय-टापों से खन गया अंग।
बैरी-समाज रह गया दंग
घोड़े का ऐसा देख रंग।

1. कविता में किस वस्तु के गिरने का वर्णन किया गया है?
(क) तलवार का (ख) भाले का
(ग) धनुष का (घ) तीर का

2. कविता के अनुसार, किसकी टापों से अंग खन गया?
(क) हाथी की (ख) ऊँट की (ग) घोड़े की (घ) बकरी की

3. प्रस्तुत काव्यांश में घोड़े की किस विशेषता का वर्णन है?
(क) तेजी (ख) वीरता
(ग) कोमल (घ) कमजोर

4. बैरी-समाज की कैसी प्रतिक्रिया हुई? स्पष्ट कीजिए।

5. 'गिरा निषंग' का क्या अर्थ है?

6. 'भाला गिर गया, गिरा निषंग' पंक्ति का आशय स्पष्ट कीजिए।

अतिलघु उत्तरीय प्रश्न

1. चेतक की उपस्थिति शत्रु सेना पर कैसी प्रतीत हुई?

2. चेतक की चाल और गति की तुलना को स्पष्ट कीजिए?

3. चेतक ने रणभूमि में किस तरह की चाल दिखाई?

4. चेतक की वफादारी का क्या उदाहरण दिया गया है?

5. चेतक की विशेषताओं में कौन-कौन सी बातें शामिल हैं?

लघु उत्तरीय प्रश्न

1. चेतक की वीरता का वर्णन कविता में कैसे किया गया है?

2. चेतक ने शत्रु सेना को किस रूप में प्रभावित किया?

3. चेतक की वफादारी और कौशल का महाराणा प्रताप की विजय में क्या योगदान था?

4. चेतक की उपस्थिति ने युद्ध के परिणाम को कैसे प्रभावित किया? **CBQ**

5. कविता में चेतक की चाल का वर्णन किस प्रकार किया गया है?

दीर्घ उत्तरीय प्रश्न

1. कविता के आधार पर चेतक की वीरता का विस्तृत वर्णन कीजिए और बताइए कि वह रणभूमि में कैसे अद्वितीय था?

2. चेतक और महाराणा प्रताप के बीच के संबंध का विश्लेषण कीजिए। यह संबंध कैसे रणभूमि में प्रभावी साबित हुआ?

3. कविता में चेतक की चाल और गति का वर्णन किस प्रकार किया गया है? उसकी गति और चाल ने रणभूमि में क्या प्रभाव डाला? **CBQ**

4. चेतक की उपस्थिति और उसकी विशेषताओं का शत्रु सेना पर क्या प्रभाव पड़ा? युद्ध के परिणाम पर इसका क्या असर हुआ?

5. कविता के विभिन्न पद्यांशों के आधार पर चेतक की वफादारी, कौशल और वीरता का विश्लेषण कीजिए। **CBQ**

हिंद महासागर में छोटा-सा हिंदुस्तान

रामधारी सिंह 'दिनकर'

अध्याय **12**

पाठ का सार

'हिंद महासागर में छोटा-सा हिंदुस्तान' राष्ट्रवादी कवि 'रामधारी सिंह दिनकर' द्वारा रचित एक प्रसिद्ध यात्रा-वृत्तांत है। इस यात्रा-वृत्तांत में मॉरिशस की यात्रा के दौरान नैरोबी (केन्या) और मॉरिशस के हृदयस्पर्शी अनुभवों व घटनाओं का वर्णन किया गया है। मॉरिशस हिंद महासागर का एक खूबसूरत हिस्सा है। दिनकर जी की यात्रा दिल्ली से 15 जुलाई को, मुंबई से 16 जुलाई को और नैरोबी (केन्या) से 17 जुलाई को मॉरिशस के लिए प्रारंभ होती है। नैरोबी में नेशनल पार्क के भ्रमण के दौरान अफ्रीकी शेरों व सिंहों के व्यवहार का वर्णन करते हुए लेखक अपनी यात्रा आरंभ करते हैं। मॉरिशस को एक छोटा-सा हिंदुस्तान मानते हुए वहाँ की भारतीय संस्कृति एवं भाषा का अनूठा प्रभाव इस पाठ में दिखाई देता है।

नैरोबी का नेशनल पार्क

नैरोबी का नेशनल पार्क चिड़ियाघर नहीं है, बल्कि शहर से बाहर एक बहुत बड़ा जंगल है, जिसमें घास अधिक, पेड़ बहुत कम है। जंगल में सर्वत्र अच्छी सड़कें बिछी हुई हैं और पर्यटकों की गाड़ी उन पर दौड़ती रहती है। लेखक की गाड़ी दस-बीस मील चलने के पश्चात् उन्हें वहाँ सिंह आराम करते दिखाई देते हैं, परंतु सिंहों द्वारा मनुष्य को देखकर किसी प्रकार की कोई प्रतिक्रिया नहीं दी जाती। मनुष्यों को नजरअंदाज़ करने का यह रवैया लेखक को आश्चर्यचकित कर देता है तथा उसका रक्तचाप अधिक हो जाता है। यह अनुभव अफ्रीका के वन्यजीवन व सिंहों की स्वतंत्रता को स्पष्ट दर्शाता है कि किस प्रकार वह स्वतंत्र व प्रभुत्वशाली है।

मॉरिशस की भौगोलिक स्थिति

नैरोबी से मॉरिशस की उड़ान भरने के बाद लेखक मॉरिशस की भौगोलिक स्थिति का वर्णन करते हुए कहता है—नैरोबी से मॉरिशस तक हम बी. ओ. ए. सी. के जहाज़ से उड़े तथा वहाँ रात के लगभग दस बजे पहुँचे। वहाँ अँधेरा था, पानी सरस रहा था, उसके पश्चात् भी लेखक के स्वागत में बहुत-से लोग मौजूद थे।

मॉरिशस द्वीप भूमध्य रेखा से कोई बीस डिग्री दक्षिण और देशांतर रेखा 60 के बिल्कुल पास, किंतु उससे पश्चिम में बसा हुआ है। इसकी लंबाई 29 मील और चौड़ाई 30 मील थी। इस द्वीप का क्षेत्र 720 वर्गमूल आँका गया। इस द्वीप को हिंद महासागर का मोती कहा जाता है। यह भारत-समुंद्र का सबसे खूबसूरत सितारा भी है।

मॉरिशस की भाषाएँ और भारतीय संस्कृति

मॉरिशस की राजभाषा अंग्रेज़ी, किंतु संस्कृति की भाषा फ्रेंच है, जबकि जनता क्रेयोल भाषा का अधिकतम प्रयोग करती है। क्रेयोल का फ्रेंच से वही संबंध है, जो संबंध भोजपुरी का हिंदी से है। मॉरिशस की दूसरी जनभाषा भोजपुरी को माना जाता है, जबकि क्रेयोल प्रथम जनभाषा है। मॉरिशस के हिंदुओं में से अधिकांश बिहार और उत्तर प्रदेश के लोग हैं, इसीलिए हिंदी का मॉरिशस में व्यापक प्रसार-प्रचार है। यही मिश्रण भाषा के समृद्ध विकास और भारतीय संस्कृति की शक्ति को दर्शाता है।

मॉरिशस और खेती

मॉरिशस एक कृषि-प्रधान द्वीप है। चीनी यहाँ का एकमात्र तथा प्रमुख उद्योग है। मॉरिशस में ऊख की खेती और उसके व्यवसाय को जो सफलता भारतीयों के कारण मिली है वह अन्यत्र मिल पाना संभव नहीं थी। यदि भारतीय वंशज इस द्वीप पर नहीं आए होते, तो ऊख की खेती असंभव हो जाती और चीनी के कारखाने नहीं बढ़ पाते। इस खेती व चीनी उद्योग से मॉरिशस की अर्थव्यवस्था अधिक सुदृढ़ और विकसित हुई।

भारतीय संस्कृति की चिरंतनता और धार्मिकता

भारतीय संस्कृति कितनी प्राणवती और चिरायु है यह समझना आसान नहीं, परंतु मॉरिशस की इस यात्रा से लेखक ने भारतीय संस्कृति की प्राणवत्ता का ज्ञान आसानी से प्राप्त कर लिया। लेखक भारतीय संस्कृति की चिरंतनता की सराहना करते हैं। मॉरिशस के मंदिरों और शिवालयों की स्वच्छता, रख-रखाव और सुंदरता लेखक को अत्यधिक प्रभावित करती है। भारतीयों ने अत्याचार सहे, किंतु प्रलोभनों को ठुकरा दिया। वे अपने धर्म पर अडिग रहे और जिस द्वीप में वह आ बसे थे, उसे ही उन्होंने एक छोटा-सा हिंदुस्तान बना दिया। भारतीय संस्कृति की यह स्थिति हम सभी भारतीयों के लिए गर्व का विषय बन गई।

मॉरिशस और भारतीय पर्व

लेखक द्वारा मॉरिशस में भारतीय पर्वों की स्थिति का वर्णन किया गया है। लेखक बताते हैं कि मॉरिशस के प्रत्येक प्रमुख ग्राम में शिवालय होता है। मॉरिशस के प्रत्येक प्रमुख ग्राम में हिंदु तुलसीकृत रामायण (रामचरितमानस) का पाठ करते हैं अथवा ढोलक और झाँझ पर उसका गायन करते हैं।

भारत के पर्व-त्योहार मॉरिशस में भी प्रचलित हैं, किंतु वर्ष का सर्वश्रेष्ठ धार्मिक पर्व शिवरात्रि है। शिवरात्रि के समय सभी मॉरिशस हिंदू श्वेत वस्त्र धारण करके कंधों पर काँवर लिए जुलूस बाँधकर परी-तालाब पर आते हैं। परी तालाब से जल भरकर अपने-अपने गाँव के शिवालय लौट जाते हैं।

शब्दार्थ

शब्द	अर्थ	शब्द	अर्थ
रवाना	भेजा गया	ठिठके	आशंका, संकोच, भय
सर्वत्र	सभी जगह	रक्तचाप	खून का दबाव
पर्यटकों	दूसरे देशों में घूमने फिरने वाला	प्रलोभनों	लोभ, लालच
दृष्टिपात	अवलोकन, सरसरी निगाह से देखना	सुरम्य	अत्यंत मनोरम
तुच्छातितुच्छ	एकदम गया गुजरा, अत्यंत निकृष्ट	शिवालय	शिव का मंदिर
ताड़	अनुमान लगाना	कृत्य	कर्म, काम
मोर्चे	गढ़ के अंदर रहकर शत्रु से लड़ने वाली सेना	वयस्क	एक पूर्ण विकसित व्यक्ति
चौकन्ने	हैरान हो जाना	आकर्षण	खिंचाव

NCERT फोल्डर

पाठ्यपुस्तक के प्रश्नोत्तर

पाठ से

आइए, अब हम इस पाठ को थोड़ा और निकटता से समझ लेते हैं। आगे दी गई गतिविधियाँ इस कार्य में आपकी सहायता करेंगी। आइए इन गतिविधियों को पूरा करते हैं।

मेरी समझ से

(क) नीचे दिए गए प्रश्नों का सटीक उत्तर कौन-सा है? उसके सामने तारा (*) बनाइए

(i) हिरण समूह में क्यों खड़े थे?

- भागने पर उन्हें सिंह के आक्रमण का डर था। (*)
- वे भाग चुके हिरणों के लौटने की प्रतीक्षा में थे।
- वे बीच में खड़े असावधान जिराफ की रक्षा कर रहे थे।
- सिंह उनसे उदासीन थे अतः उन्हें कोई खतरा नहीं था।

(ii) मॉरिशस छोटे पैमाने पर भारतवर्ष ही है। कैसे?

- गन्ने की खेती अधिकतर भारतीयों द्वारा की जाती है।
- अधिकतर जनसंख्या भारत से जाने वालों की है।
- सभी भारतवासी परी तालाब पर एकत्रित होते हैं।
- भारत की बहुत-सी विशेषताएँ वहाँ दिखाई देती हैं। (*)

(ख) अपने मित्रों के साथ चर्चा कीजिए और कारण बताइए कि आपने ये उत्तर ही क्यों चुने?

उत्तर हिरण समूह में इसलिए खड़े थे, क्योंकि उन्हें यह अहसास हो गया था कि उन पर सिंहों की नज़र पड़ चुकी है। उनके अंदर की सहज

प्रवृत्ति उन्हें बता रही थी कि खतरा किसी भी तरफ़ भागने में हो सकता है। सिंह सामान्यत: शिकार करते समय झुंड का नहीं, बल्कि उस जानवर का शिकार करते हैं, जो भागते हुए झुंड से पिछड़ जाता है। इसलिए हिरणों ने भागने के बजाय एक गोल (समूह) में खड़े रहना ही सुरक्षित समझा।

मॉरिशस को छोटे पैमाने पर भारतवर्ष इसलिए कहा गया है, क्योंकि इस द्वीप में भारतीय संस्कृति, भाषा और परंपराएँ गहराई से रची-बसी हैं। यहाँ 67% जनसंख्या भारतीय मूल की है और उनमें से 53% लोग हिंदू धर्म के अनुयायी हैं। मॉरिशस की राजधानी पोर्टलुई की गलियों के नाम भारतीय शहरों; जैसे—कलकत्ता, मद्रास, हैदराबाद और बम्बई के नाम पर रखे गए हैं। यहाँ के मोहल्लों के नाम भी भारतीय शहरों और धार्मिक स्थलों पर आधारित हैं; जैसे—काशी, बनारस, गोकुल और ब्रह्मस्थान।

पंक्तियों पर चर्चा

पाठ में से चुनकर कुछ पंक्तियाँ नीचे दी गई हैं। इन्हें ध्यान से पढ़िए और इन पर विचार कीजिए। आपको इनका क्या अर्थ समझ में आया? अपने विचार अपने समूह में साझा कीजिए और अपनी लेखन पुस्तिका में लिखिए।

"भारत में बैठे-बैठे हम यह नहीं समझ पाते कि भारतीय संस्कृति कितनी प्राणवती और चिरायु है, किंतु, मॉरिशस जाकर हम अपनी संस्कृति की प्राणवत्ता का ज्ञान आसानी से प्राप्त कर लेते हैं।"

उत्तर लेखक ने प्रस्तुत पंक्तियों के माध्यम से यह व्यक्त किया है कि भारतीय संस्कृति की महत्ता और उसकी चिरंजीवता को, केवल भारत में रहते हुए समझना मुश्किल हो सकता है। भारत की विविधता और सांस्कृतिक धरोहर यहाँ के लोगों के लिए एक सामान्य बात हो सकती हैं, क्योंकि वे इन्हें अपने दैनिक जीवन में सहज रूप में जीते हैं, लेकिन जब यही व्यक्ति किसी अन्य देश, विशेषकर मॉरिशस जैसे स्थान पर जाता है, जहाँ भारतीय मूल के लोग अपनी सांस्कृतिक धरोहर को सँजोए हुए हैं, तो उसे भारतीय संस्कृति की गहराई और उसकी अद्वितीयता का वास्तविक अनुभव होता है। मॉरिशस में भारतीय मूल के लोग अपने धर्म, परंपराओं और रीति-रिवाज़ों को बहुत ही समर्पण और गर्व भाव के साथ जीते हैं, जिससे वहाँ की संस्कृति भारतीय संस्कृति का एक जीवंत प्रतीक बन जाती है। ऐसे में लेखक को एहसास होता है कि भारतीय संस्कृति सिर्फ एक जीवंत धरोहर नहीं है, बल्कि एक ऐसी प्राणवती शक्ति है, जो समय और स्थान से परे है, जो किसी भी परिस्थिति में अपनी पहचान बनाए रखती है। मॉरिशस में भारतीयों के इस समर्पण को देखकर लेखक भारतीय संस्कृति की ताकत को नई दृष्टि से समझ पाता है।

सोच-विचार के लिए

इस यात्रा-वृत्तांत को एक बार फिर से पढ़िए और निम्नलिखित के बारे में पता लगाकर अपनी लेखन-पुस्तिका में लिखिए

(क) "नैरोबी का नेशनल पार्क चिड़ियाघर नहीं है।"
नेशनल पार्क और चिड़ियाघर में क्या अंतर है?

उत्तर "नैरोबी का नेशनल पार्क चिड़ियाघर नहीं है।" इस पंक्ति से लेखक यह स्पष्ट करना चाहते हैं कि नैरोबी का नेशनल पार्क एक प्राकृतिक और खुला वन क्षेत्र है न कि एक सीमित और संरक्षित चिड़ियाघर। चिड़ियाघरों में जानवरों को पिंजरों में या बाड़ों में रखा जाता है, जहाँ पर्यटक आसानी से उन्हें देख सकते हैं।
नेशनल पार्क एक बड़ा, खुला प्राकृतिक क्षेत्र होता है, जहाँ जानवर स्वतंत्र रूप से उनके प्राकृतिक आवास में रहते हैं। इसमें मानव हस्तक्षेप कम होता है, जबकि चिड़ियाघर में जानवरों को सीमित बाड़ों या पिंजरों में रखा जाता है, जहाँ वे नियंत्रित और संरक्षित वातावरण में रहते हैं और पर्यटक उन्हें नज़दीक से देख सकते हैं।

(ख) "हम लोग पेड़-पौधे और खरपात से भी बदतर समझे गए।"
वे कौन थे, जिन्होंने लेखक और अन्य लोगों को पेड़-पौधों और खरपात से भी बदतर समझ लिया था? उन्होंने ऐसा क्यों समझ लिया था?

उत्तर लेखक और अन्य लोगों को पेड़-पौधों और खरपात से भी बदतर समझने वाले शेर थे। नैरोबी के नेशनल पार्क में शेर आराम कर रहे थे और उन्होंने वहाँ खड़ी मोटरों और उनके अंदर बैठे लोगों की ओर बिल्कुल ध्यान नहीं दिया। उन्होंने यह इसलिए किया, क्योंकि शेरों के लिए वहाँ मौजूद लोग या मोटरें उनकी दुनिया का हिस्सा नहीं थे। शेरों को इंसानों की उपस्थिति से कोई फर्क नहीं पड़ा और उन्होंने मानो इंसानों को तुच्छ समझते हुए उन्हें पूरी तरह अनदेखा कर दिया।

(ग) "मॉरिशस की असली ताकत भारतीय लोग ही हैं।"
पाठ में इस कथन के समर्थन में कौन-सा तर्क दिया गया है?

उत्तर "मॉरिशस की असली ताकत भारतीय लोग ही हैं।" इस कथन के समर्थन में यह तर्क दिया गया है कि मॉरिशस में ऊख (गन्ने) की खेती और चीनी के उद्योग को जो सफलता मिली है, वह भारतीयों के कारण ही संभव हो पाई है। यदि भारतीय वंश के लोग मॉरिशस में नहीं गए होते तो ऊख की खेती असंभव हो जाती और चीनी के कारखानों का विकास नहीं हो पाता। इस प्रकार भारतीयों ने मॉरिशस के कृषि और उद्योग को अपनी मेहनत और समर्पण से समृद्ध बनाया है।

(घ) "उस द्वीप को उन्होंने छोटा-सा हिंदुस्तान बना डाला।"
भारत से गए लोगों ने मॉरिशस को हिंदुस्तान जैसा कैसे बना दिया है?

उत्तर भारत से गए लोगों ने मॉरिशस को हिंदुस्तान जैसा इस प्रकार बना दिया कि उन्होंने वहाँ अपनी भारतीय संस्कृति, धर्म और परंपराओं को बनाए रखा। उन्होंने अत्याचार और प्रलोभनों को सहकर भी अपना धर्म नहीं छोड़ा और मॉरिशस के प्रत्येक गाँव में शिवालय और मंदिर बनाए। उन्होंने वहाँ भारतीय पर्व-त्योहारों को भी प्रचलित किया, जैसे शिवरात्रि, जिसमें वे भक्ति-भाव से परी-तालाब पर जल भरने जाते हैं। मॉरिशस में हिंदी, भोजपुरी और भारतीय रीति-रिवाज़ों को अपनाकर उन्होंने मॉरिशस को एक छोटा-सा हिंदुस्तान बना दिया।

मिलकर करें मिलान

पाठ में से कुछ शब्द चुनकर स्तंभ 1 में दिए गए हैं। उनसे संबंधित वाक्य स्तंभ 2 में दिए गए हैं। अपने समूह में इन पर चर्चा कीजिए और रेखा खींचकर शब्दों का मिलान उपयुक्त वाक्यों से कीजिए। इसके लिए आप शब्दकोश, इंटरनेट, पुस्तकालय या अपने शिक्षकों की सहायता ले सकते हैं।

	स्तंभ 1		स्तंभ 2
1.	अफ्रीका	(i)	यह अफ्रीका महाद्वीप के एक देश 'केन्या' की राजधानी है।
2.	नैरोबी	(ii)	यह श्रीराम के जीवन पर आधारित अमर ग्रंथ 'रामचरितमानस' लिखने वाले कवि का नाम है।
3.	रक्तचाप	(iii)	यह एशिया के बाद दुनिया का सबसे बड़ा महाद्वीप है।
4.	बी.ओ.ए.सी.	(iv)	यह रक्त-वाहिनियों अर्थात् नसों में बहते रक्त द्वारा उनकी दीवारों पर डाले गए दबाव का नाम है।
5.	भूमध्य रेखा	(v)	यह दो भाषाओं के मिलने से बनी नई भाषा का नाम है।
6.	देशांतर रेखा	(vi)	यह 'ब्रिटिश ओवरसीज एयरवेज कॉरपोरेशन' नाम का छोटा रूप है। यह एक बहुत पुरानी विदेशी विमान कंपनी थी।
7.	तुलसीदास	(vii)	यह पृथ्वी के चारों ओर एक काल्पनिक वृत्त है, जो पृथ्वी को दो भागों में बाँटता है- उत्तरी भाग और दक्षिणी भाग।
8.	क्रेयोल	(viii)	यह बाँस का एक मज़बूत डंडा होता है, जिसे काँवर या बहंगी भी कहा जाता है, जिसके दोनों सिरों पर बँधी हुई दो टोकरियों या छीकों में यात्री गंगाजल या अन्य वस्तुएँ भरकर ले जाते हैं।
9.	काँवर	(ix)	ये ग्लोब पर उत्तर से दक्षिण की ओर खींची जाने वाली काल्पनिक रेखाएँ हैं। ये उत्तरी ध्रुव को दक्षिणी ध्रुव से मिलाती हैं।

उत्तर 1-(iii); 2-(i); 3-(iv); 4-(vi); 5-(vii); 6-(ix); 7-(ii); 8-(v); 9-(viii)

यात्रा-वृत्तांत की रचना

"इतने में कोई मील-भर की दूरी पर हिरनों का एक झुंड दिखाई पड़ा। अब दो जवान सिंह उठे और दो ओर को चल दिए। एक तो थोड़ा-सा आगे बढ़कर एक जगह बैठ गया, लेकिन दूसरा घास के बीच छिपता हुआ मोर्चे पर आगे बढ़ने लगा।"

इन वाक्यों को पढ़कर ऐसा लगता है मानो हम लेखक की आँखों से स्वयं वह दृश्य देख रहे हैं। मानो हम स्वयं भी उस स्थान की यात्रा कर रहे हैं, जहाँ का वर्णन लेखक ने किया है। यह इस यात्रा-वृत्तांत की एक महत्त्वपूर्ण विशेषता है। यदि आप इस यात्रा-वृत्तांत को थोड़ा और ध्यान से पढ़ेंगे, तो आपको और भी बहुत-सी विशेषताएँ पता चलेंगी।

इस पाठ को एक बार फिर से पढ़िए और इसकी रचना पर ध्यान दीजिए। आपको जो विशेष बातें दिखाई दें उन्हें आपस में साझा कीजिए और लिख लीजिए। जैसे लेखक ने बताया है कि वह एक स्थान से दूसरे स्थान तक कैसे और कब पहुँचा।

उत्तर लेखक ने अपने यात्रा-वृत्तांत में एक जीवंत और चित्रात्मक वर्णन प्रस्तुत किया है, जो पाठकों को घटनाओं और स्थलों का अनुभव कराता है। पहले, उन्होंने दिल्ली से 15 जुलाई को, मुंबई से 16 जुलाई को और नैरोबी से 17 जुलाई को मॉरिशस की यात्रा की योजना बनाई। नैरोबी में एक रात और दो दिन ठहरने का अवसर मिलने पर लेखक ने वहाँ के नेशनल पार्क में भ्रमण किया।

नेशनल पार्क की विशेषता बताते हुए, लेखक ने यह स्पष्ट किया कि यह एक चिड़ियाघर नहीं है, बल्कि एक विशाल जंगल है, जिसमें घास अधिक और पेड़ कम हैं। लेखक ने वन्य जीवन का विवरण देते हुए बताया कि सिंहों ने पर्यटकों की गाड़ियों को, उनके आस-पास के वातावरण को नज़रअंदाज़ किया।

हिरनों के झुंड की ओर संकेत करते हुए, लेखक ने दो जवान सिंहों की गतिविधियों का जीवंत चित्रण किया, जिन्होंने शिकार के लिए घातक तैयारी की थी। इस विवरण से पाठक स्वयं को उस स्थान पर उपस्थित महसूस करता है।

लेखक ने यात्रा की शुरुआत में स्थलों की विशेषताओं और वन्य जीवन की गतिविधियों का सजीव चित्रण करते हुए पाठकों को अपनी यात्रा के दौरान हुए अनुभवों को साझा किया है। उनके वर्णन की गहराई और विस्तार पाठकों को यात्रा का स्वयं अनुभव कराने में सहायता करती है, जैसे वे स्वयं ही यात्रा कर रहे हों।

अनुमान या कल्पना से

अपने समूह में मिलकर चर्चा कीजिए

(क) "मॉरिशस वह देश है, जहाँ बनारस भी है, गोकुल भी है और ब्रह्मस्थान भी।" मॉरिशस में लोगों ने गली-मोहल्लों के नाम इस तरह के क्यों रखे होंगे?

उत्तर मॉरिशस में गली-मोहल्लों के नाम; जैसे—बनारस, गोकुल और ब्रह्मस्थान रखना भारतीय समुदाय की सांस्कृतिक और धार्मिक जड़ों को दर्शाता है। जब भारतीय अपने पूर्वजों की मातृभूमि से मॉरिशस जैसे दूरस्थ द्वीप पर गए, तो उन्होंने अपनी पहचान और संस्कृति को वहाँ भी बनाए रखा। इस प्रकार, ये नाम मॉरिशस में भारतीय संस्कृति की गहरी जड़ों को प्रतिबिंबित करते हैं और वहाँ के हिंदू समुदाय की धार्मिक आस्थाओं और सांस्कृतिक परंपराओं की पहचान को प्रकट करते हैं। इन नामों को रखने से भारतीय समुदाय ने अपने पारंपरिक धार्मिक स्थलों और सांस्कृतिक धरोहरों की महत्ता को बनाए रखने का प्रयास किया। बनारस, गोकुल और ब्रह्मस्थान जैसे नाम न केवल उनकी धार्मिक आस्थाओं को व्यक्त करते हैं, बल्कि उनके पूर्वजों की सांस्कृतिक धरोहर को भी सम्मानित करते हैं। इस प्रकार, मॉरिशस में इन नामों का उपयोग सांस्कृतिक एकता और पहचान को मजबूती प्रदान करता है, जो भारतीयों की सांस्कृतिक स्थिरता और उनके नए देश में अपनी सांस्कृतिक पहचान बनाए रखने की प्रतिबद्धता को दर्शाता है।

(ख) "कोई सात-आठ सिंह लेटे या सोए हुए थे और उन्हें घेरकर आठ-दस मोटरें खड़ी थीं।" आपने पढ़ा कि केन्या का राष्ट्रीय पार्क पर्यटकों से भरा रहता है। पर्यटक जंगली जानवरों को घेरे रहते हैं। क्या इसका उन पशुओं पर कोई प्रभाव पड़ता होगा? अपने उत्तर के कारण भी बताइए। (संकेत- राष्ट्रीय पार्क के बंदरों, सिंहों का व्यवहार भी बदल गया है।)

उत्तर राष्ट्रीय पार्कों में पर्यटकों की भारी उपस्थिति और जानवरों को घेरे रखने से उनके व्यवहार पर प्रभाव पड़ सकता है। मोटरगाड़ियों और पर्यटकों के जानवरों के करीब आ जाने से जानवरों में तनाव और विचलन उत्पन्न होता होगा और इस प्रकार के निरंतर संपर्क से जानवरों में अजीब या असामान्य व्यवहार विकसित हो सकता है, जैसे कि बंदर और लंगूर पर्यटकों से भोजन प्राप्त करने के लिए आक्रामक होते हैं। इसके अतिरिक्त, जानवरों की प्राकृतिक आदतें प्रभावित होती होंगी, जिससे वे पर्यटकों की उपस्थिति को सामान्य मान लेते होंगे और अपने स्वाभाविक शिकार या भोजन की आदतों में बदलाव करते होंगे। इस प्रकार, पर्यटकों की उपस्थिति के बावजूद, प्राकृतिक आवासों में जानवरों की भलाई और उनके व्यवहार को न्यूनतम प्रभावित करने के लिए उचित दिशा-निर्देश और नियम बनाए जाने आवश्यक है।

(ग) "हिरनों का एक झुंड दिखाई पड़ा, जिनके बीच एक जिराफ बिल्कुल बेवकूफ की तरह खड़ा था।" सिंहों के आस-पास होने के बाद भी जिराफ क्यों खड़ा रहा होगा?

उत्तर सिंहों के आस-पास होने के बावजूद जिराफ का झुंड के बीच खड़ा रहना उसकी प्राकृतिक सुरक्षा रणनीति को दर्शाता है। जिराफ अपनी ऊँचाई और लंबी गर्दन के कारण झुंड के भीतर भी अपनी निगरानी क्षमता को बनाए रख सकते हैं। जब सिंहों ने हिरनों के झुंड की ओर ध्यान देना शुरू किया, तो जिराफ ने अपने आस-पास की स्थिति का आकलन करने की कोशिश की होगी और यह जानने का प्रयास किया होगा कि वह स्वयं कितना सुरक्षित है। जिराफ का स्थिर रहना संभवत: उसकी सुरक्षा की रणनीति का हिस्सा रहा होगा, जिससे वह अपनी ऊँचाई का लाभ उठाकर आस-पास की स्थिति पर निगरानी रख सके। इसके अतिरिक्त जिराफ के लिए सिंहों का अस्थायी ध्यान और शिकार का केंद्र हिरनों पर केंद्रित होने से उसे अस्थायी सुरक्षा का एहसास हुआ होगा।

(घ) "मॉरिशस के मध्य में एक झील है, जिसका संबंध हिंदुओं ने परियों से बिठा दिया है और उस झील का नाम अब परी-तालाब हो गया है।" उस झील का नाम 'परी-तालाब' क्यों पड़ा होगा?

उत्तर मॉरिशस के मध्य में स्थित झील का नाम 'परी-तालाब' हिंदू समुदाय की धार्मिक और सांस्कृतिक मान्यताओं से संबंधित है। भारतीय संस्कृति में झीलों और जलाशयों को अकसर पवित्र माना जाता है और इन्हें दिव्य या धार्मिक कथाओं से जोड़ा जाता है। जब भारतीयों ने मॉरिशस में अपने धर्म और संस्कृति को बनाए रखा, तो उन्होंने इस झील को भी अपनी धार्मिक मान्यताओं के अनुसार पवित्रता और दिव्यता का प्रतीक बना दिया। 'परी-तालाब' नाम इस बात को दर्शाता है कि हिंदू समुदाय ने झील को परियों के निवास स्थान या उनके साथ जोड़कर देखा, जिससे झील को धार्मिक और सांस्कृतिक महत्त्व प्रदान किया। यह नाम झील की पवित्रता और धार्मिक विशेषताओं को दर्शाता है, जो हिंदू समुदाय की सांस्कृतिक धरोहर को सम्मानित करता है।

(ङ) आपको यह जानकर आश्चर्य होगा कि लगभग 50 साल पहले 'परी-तालाब' का नाम बदलकर 'गंगा-तालाब' कर दिया गया है। मॉरिशस के लोगों ने यह नाम क्यों रखा होगा?

उत्तर मॉरिशस के लोगों द्वारा 'परी-तालाब' का नाम बदलकर 'गंगा-तालाब' रखे जाने का निर्णय भारतीय धार्मिक और सांस्कृतिक मान्यताओं के अनुरूप हो सकता है। गंगा नदी भारतीय संस्कृति में अत्यधिक पवित्र मानी जाती है और उसे देवी के रूप में पूजा जाता है। इस प्रकार, 'गंगा-तालाब' नाम देकर झील को भारतीय धार्मिकता और पवित्रता से जोड़ा गया, जो हिंदू समुदाय के लिए एक महत्त्वपूर्ण सांस्कृतिक प्रतीक है।

नाम बदलने के इस निर्णय से यह स्पष्ट होता है कि मॉरिशस के हिंदू समुदाय ने अपनी सांस्कृतिक पहचान और धार्मिक आस्थाओं को बनाए रखने की कोशिश की। 'गंगा-तालाब' नाम झील की धार्मिक महत्ता को बढ़ाता है और स्थानीय लोगों के धार्मिक आदर्शों के प्रति उनकी श्रद्धा को दर्शाता है। यह नाम भारतीय संस्कृति की गहरी जड़ों और धार्मिक मान्यताओं को सम्मानित करने का एक तरीका है।

शब्दों की बात

नीचे शब्दों से जुड़ी कुछ गतिविधियाँ दी गई हैं। इन्हें करने के लिए आप शब्दकोश, पुस्तकालय, अपने शिक्षकों और साथियों की सहायता भी ले सकते हैं।

संज्ञा के स्थान पर

(क) हिरनों ने ताड़ लिया कि उन पर सिंहों की नज़र पड़ रही है। अतएव वे चरना भूलकर चौकन्ने हो उठे।

इन पंक्तियों में रेखांकित शब्दों पर ध्यान दीजिए। इन वाक्यों में ये शब्द किनके लिए उपयोग किए गए हैं? ये शब्द 'हिरनों' के लिए उपयोग में लाए गए हैं। आप जानते ही हैं कि 'हिरन' यहाँ एक संज्ञा शब्द है, जो शब्द संज्ञा शब्दों के स्थान पर उपयोग में लाए जाते हैं, उन्हें 'सर्वनाम' कहते हैं।

अब नीचे दिए गए वाक्यों में सर्वनाम शब्दों को पहचानिए और उनके नीचे रेखा खींचिए

(i) "हाँ, बच्चे हाफ पैंट पहन सकते हैं, लेकिन गाँधी टोपी उस दिन उन्हें भी पहननी पड़ती है।"

(ii) "भारतीयों ने अत्याचार तो सहे, लेकिन प्रलोभनों को ठुकरा दिया। वे अपने धर्म पर डटे रहे और जिस द्वीप में भगवान ने उन्हें भेज दिया था, उस द्वीप को उन्होंने छोटा-सा हिंदुस्तान बना डाला।"

उत्तर (i) "हाँ, बच्चे हाफ पैंट पहन सकते हैं, लेकिन गाँधी टोपी उस दिन उन्हें भी पहननी पड़ती है।"

(ii) "भारतीयों ने अत्याचार तो सहे, लेकिन प्रलोभनों को ठुकरा दिया। वे अपने धर्म पर डटे रहे और जिस द्वीप में भगवान ने उन्हें भेज दिया था, उस द्वीप को उन्होंने छोटा-सा हिंदुस्तान बना डाला।"

(ख) ऊपर दिए गए दोनों वाक्यों को सर्वनाम की जगह संज्ञा शब्द लगाकर लिखिए।

उत्तर (i) ''हाँ, बच्चे हाफ पैंट पहन सकते हैं, लेकिन गाँधी टोपी उस दिन बच्चों को भी पहननी पड़ती है।''

(ii) भारतीयों ने अत्याचार तो सहे, लेकिन प्रलोभनों को ठुकरा दिया। भारतीय अपने धर्म पर डटे रहे और जिस द्वीप में भगवान ने भारतीयों को भेज दिया था, उस द्वीप को भारतीयों ने छोटा-सा हिंदुस्तान बना डाला।''

पाठ से आगे

आपकी बात

(क) **''वहाँ जो कुछ देखा, वह जन्मभर कभी नहीं भूलेगा।''**
क्या आपने कभी ऐसा कुछ देखा, सुना या पढ़ा है, जिसके बारे में आपको लगता है कि आप उसे कभी नहीं भूल सकेंगे? उसके बारे में अपने समूह में बताइए।

उत्तर हाँ, मैंने ऐसा अनुभव किया है, जिसे मैं कभी नहीं भूलूँगा। एक बार मैं अपने परिवार के साथ जंगल सफारी पर गया था। वहाँ हमने बाघ को बहुत करीब से देखा। वह बाघ धीरे-धीरे हमारी जीप के पास से गुज़र रहा था। वह बहुत बड़ा और ताकतवर लग रहा था और उसकी आँखें चमक रही थीं। उस समय, सब कुछ बहुत शांत था और हम सबने साँसें रोक रखी थीं, ताकि बाघ को हमारा आभास न हो जाए। यह नज़ारा देखकर मैं बहुत रोमांचित हो गया और मुझे थोड़ा डर भी लग रहा था। वह पल इतना खास था कि मैं उसे जीवनभर नहीं भूल सकता।

(ख) **''हमें अफ्रीका के शेरों से मुलाकात कर लेनी चाहिए।''**
'मुलाकात' शब्द का अर्थ है 'मिलना'। लेकिन यहाँ 'मुलाकात' शब्द का भाव है- शेरों को पास से देखना। इसके लिए 'अपनी आँखों से देखना', 'सजीव देखना' 'भेंट करना' आदि शब्दों का प्रयोग भी किया जाता है। अपनी बात को और अधिक सुंदर और अनोखा रूप देने के लिए शब्दों के इस प्रकार के प्रयोग किए जाते हैं।

आपने अब तक किन-किन पशु-पक्षियों से 'मुलाकात' की है? वह मुलाकात कहाँ हुई थी? बताइए।

उत्तर मैंने अब तक कई पशु-पक्षियों से 'मुलाकात' की है और ये मुलाकातें मेरे लिए बहुत खास है। एक बार मैं अपने परिवार के साथ चिड़ियाघर गया था, जहाँ मैंने बाघ, शेर और हाथी को सजीव देखा। शेर को इतने करीब से देखकर मैं रोमांचित हो गया था, क्योंकि वह बहुत ही ताकतवर और डरावने दिखाई दे रहे थे। बाघ भी अपनी खूबसूरत धारियों और शान से चलता हुआ बहुत शानदार लग रहा था।

इसके अतिरिक्त, मैं एक बार पक्षी विहार भी गया था, जहाँ मैंने अलग-अलग प्रजातियों के रंग-बिरंगे तोते, मोर और बगुलों को अपनी आँखों से देखा था मोर का नाचना और तोते का बात करना मुझे बहुत अच्छा लगा। ये सभी मुलाकातें चिड़ियाघर और पक्षी विहार में हुईं, इन पलों को मैं कभी नहीं भूल सकता। ये मुलाकातें मुझे प्रकृति के करीब ले आईं और मैंने इन जानवरों और पक्षियों के बारे में बहुत कुछ सीखा।

(ग) **''यह ऐसी सफलता की बात है, जिस पर सभी भारतीयों को गर्व होना चाहिए।'' आपको किन-किन बातों पर गर्व होता है? बताइए। (संकेत- ये बातें आपके बारे में हो सकती हैं, आपके परिवार के बारे में हो सकती हैं और किसी अन्य व्यक्ति, वस्तु, स्थान, प्राणी आदि के बारे में भी हो सकती हैं।)**

उत्तर मुझे कई बातों पर गर्व होता है; जैसे--

- सबसे पहले, मुझे अपने परिवार पर गर्व है। मेरे माता-पिता मुझे हमेशा सही रास्ता दिखाते हैं और मेरी पढ़ाई में मेरी सहायता करते हैं। वे बहुत मेहनती और दयालु हैं, मैं उनकी इन बातों पर गर्व महसूस करता हूँ।
- मुझे अपने स्कूल पर भी गर्व है। मेरे स्कूल में अच्छे शिक्षक हैं, जो हमें नई-नई बातें सिखाते हैं। वहाँ का वातावरण बहुत अच्छा है और मुझे वहाँ पढ़ाई करना बहुत पसंद है।
- इसके अतिरिक्त, मुझे अपने देश भारत पर भी गर्व है। हमारे देश की संस्कृति, त्योहार और विविधता बहुत खास है। हम हर तरह के त्योहार मनाते हैं और हर राज्य की अपनी अलग भाषा, भोजन और परंपराएँ हैं। यह सब मिलकर भारत को बहुत खास बनाते हैं और मुझे इस पर गर्व होता है।
- अंत में, मुझे अपनी मेहनत पर गर्व होता है। जब मैं कोई काम अच्छे से करता हूँ, जैसे पढ़ाई में अच्छे अंक लाना या किसी खेल में जीतना, तो मुझे खुशी और गर्व दोनों महसूस होते हैं। ये सभी बातें मेरे लिए गर्व का कारण बनती हैं।

कक्षा और घर की भाषाएँ

''प्राय: सभी भारतीय भोजपुरी बोलते अथवा उसे समझ लेते हैं। यहाँ तक कि भारतीयों के पड़ोस में रहने वाले चीनी भी भोजपुरी बखूबी बोल लेते हैं।''

भारत एक बहुभाषी देश है। भारत में लगभग सभी व्यक्ति एक से अधिक भाषाएँ बोल या समझ लेते हैं। आप कौन-कौन सी भाषाएँ बोल-समझ लेते हैं? आपके मित्र कौन-कौन सी भाषाएँ बोल-समझ लेते हैं? इसके बारे में यहाँ दी गई तालिका को पूरा कीजिए

क्रम संख्या	मैं जिन भाषाओं को बोल-समझ लेता/लेती हूँ।	मेरे मित्र जिन भाषाओं को बोल-समझ लेते हैं।	मेरे परिजन जिन भाषाओं को बोल-समझ लेते हैं।
कुल संख्या			

(संकेत इस तालिका को पूरा करने के लिए आपको अपने मित्रों और परिजनों से पूछताछ करनी होगी। पहले भाषाओं के नाम लिखने हैं, बाद में उन नामों को गिनकर उनकी कुल संख्या लिखनी है।

उत्तर

क्रम संख्या	मैं जिन भाषाओं को बोल-समझ लेता/लेती हूँ।	मेरे मित्र जिन भाषाओं को बोल-समझ लेते हैं।	मेरे परिजन जिन भाषाओं को बोल-समझ लेते हैं।
	हिंदी	हिंदी	हिंदी
	अंग्रेज़ी	अंग्रेज़ी	अंग्रेज़ी
	भोजपुरी	भोजपुरी	भोजपुरी
		पंजाबी	पंजाबी
		मराठी	मराठी
		गुजराती	अवधी
कुल संख्या	3	6	6

प्रशंसा या सराहना विभिन्न प्रकार से

"यह द्वीप हिंद महासागर का मोती है, भारत-समुद्र का सबसे खूबसूरत सितारा है।"

इस पाठ में लेखक ने मॉरिशस की सराहना में यह वाक्य लिखा है। सराहना करने के लिए 'दिनकर' ने द्वीप की तुलना मोती और तारे से की है।

किसी की सराहना अनेक प्रकार से की जा सकती है। आप आगे दी गई तालिका को पूरा कीजिए। पहले नाम लिखिए, फिर इनकी प्रशंसा में एक-एक वाक्य लिखिए। शर्त यह है कि प्रत्येक बार अलग तरह से प्रशंसा करनी है

सराहना की तालिका

	नाम	प्रशंसा या सराहना का वाक्य
स्वयं		
परिजन		
शिक्षक		
मित्र		
पशु		
स्थान		
सब्जी		
पेड़		

उत्तर सराहना की तालिका

	नाम	प्रशंसा या सराहना का वाक्य
स्वयं	स्वयं	मैं अपनी मेहनत से स्वयं को एक मजबूत इंसान बना रहा हूँ।
परिजन	माता-पिता	मेरे माता-पिता मेरी ज़िंदगी का सबसे बड़ा सहारा है।
शिक्षक	शिक्षक	मेरी शिक्षिका ज्ञान का खजाना है, जो हम सभी को रोशनी दिखाती है।
मित्र	अमित	मेरा मित्र अमित मेरे जीवन का सबसे अच्छा मित्र है।
पशु	कुत्ता	हमारा कुत्ता हमारे परिवार का सबसे वफादार साथी है, जो हमेशा खुशियाँ लाता है।
स्थान	पहाड़	हमारे गाँव का पहाड़ धरती का वह मुकुट है, जो प्रकृति की सुंदरता को सजाता है।
सब्जी	गाजर	गाजर सेहत का खजाना है, जो हर खाने को रंगीन और पौष्टिक बनाती है।
पेड़	नीम का पेड़	नीम का पेड़ धरती का डॉक्टर है, जो हमें स्वच्छ और ताज़ी हवा देता है।

चित्रात्मक सूचना (इंफोग्राफिक्स)

नीचे दिए गए चित्र को देखिए। इसमें चित्रों के साथ-साथ बहुत कम शब्दों में कुछ जानकारी दी गई है। इसे 'चित्रात्मक सूचना' कहते हैं।

(क) इस 'चित्रात्मक सूचना' के आधार पर मॉरिशस के बारे में एक अनुच्छेद लिखिए।

उत्तर मॉरीशस में भारतीय आगमन दिवस 2 नवंबर, 1834 को मनाया जाता है, जब एटलस नामक जहाज भारतीय मजदूरों को लेकर द्वीप पर पहुँचा था। इन मजदूरों को ब्रिटिश शासकों द्वारा गन्ने के खेतों में काम करने के लिए लाया गया था। आज मॉरीशस की आबादी का लगभग 68% हिस्सा भारतीय मूल के लोगों का है। इनमें से अधिकांश बिहार से थे, लेकिन तमिल, तेलुगू और मराठी समुदाय के लोग भी यहाँ बड़ी संख्या में रहते हैं। भारतीय संस्कृति का मॉरीशस के संगीत, फिल्म और राजनीति पर गहरा प्रभाव पड़ा है। देश के पहले प्रधानमंत्री सर सीवसागुर रामगुलाम भारतीय मूल के थे।

(ख) अपनी पसंद के किसी विषय पर इसी प्रकार की 'चित्रात्मक सूचना' की रचना कीजिए, जैसे- आपका विद्यालय, कोई विशेष दिवस, आपके जीवन की कोई विशेष घटना आदि। (संकेत - यह कार्य आप अपने समूह में मिलकर कर सकते हैं। इसके लिए आप किसी कागज़ पर चित्र चिपका सकते हैं और सूचना को कलात्मक रूप से कम शब्दों में लिख सकते हैं। चित्र बनाए भी जा सकते हैं। आप यह कार्य कंप्यूटर या मोबाइल फोन की सहायता से भी कर सकते हैं।)

उत्तर छात्र स्वयं करें।

पत्र

यहाँ 'दिनकर' का लिखा एक पत्र दिया जा रहा है। इसे पढ़िए और प्रश्नों के उत्तर लिखिए। पत्र पढ़कर नीचे दिए गए प्रश्नों के उत्तर अपने समूह में मिलकर खोजिए

> नई दिल्ली।
>
> 8-7-67
>
> मान्यवर चतुर्वेदी जी,
>
> आपका कृपा-पत्र मिला। मेरा स्वास्थ्य इधर बहुत गिर गया है और संयम के बावजूद तेज़ी से सुधर नहीं रहा है। मेरा चित्त अभी भी दबा हुआ है। ऐसी अवस्था में मैंने दो सप्ताह के लिए मॉरिशस जाना स्वीकार कर लिया है। 15 जुलाई को प्रस्थान करना है। लौटना शायद 5 अगस्त तक हो।
>
> आपके आशीर्वाद की कामना करता हूँ।
>
> आपका दिनकर
>
> सफ़दरजंग लेन,
>
> नई दिल्ली

(क) पत्र किसने लिखा है?

उत्तर पत्र रामधारी सिंह 'दिनकर' ने लिखा है।

(ख) पत्र किसे लिखा गया है?

उत्तर पत्र चतुर्वेदी जी को लिखा गया है।

(ग) पत्र किस तिथि को लिखा गया है?

उत्तर पत्र 8 जुलाई, 1967 (8-7-67) को लिखा गया है।

(घ) पत्र किस स्थान से लिखा गया है?

उत्तर पत्र नई दिल्ली से लिखा गया है।

(ङ) पत्र पाने वाले के नाम से पहले किस शब्द का प्रयोग किया गया है?

उत्तर पत्र पाने वाले के नाम से पहले 'मान्यवर' शब्द का प्रयोग किया गया है।

(च) पत्र-लेखक ने अपने नाम से पहले अपने लिए क्या शब्द लिखा है?

उत्तर पत्र-लेखक ने अपने नाम से पहले 'आपका' शब्द लिखा है।

उलझन सुलझाओ

(क) "जहाज़ नैरोबी से चार बजे शाम को उड़ा और पाँच घंटों की निरंतर उड़ान के बाद जब वह मॉरिशस पहुँचा, तब वहाँ रात के लगभग दस बज रहे थे।"

जहाज़ नैरोबी से शाम 4 बजे उड़ा तो उसे 5 घंटों की उड़ान के बाद रात 9 बजे मॉरिशस पहुँचना चाहिए था, लेकिन वह पहुँचा लगभग दस बजे। क्यों?

आप इसका कारण पता करने के लिए अपने शिक्षकों या इंटरनेट की सहायता ले सकते हैं।

उत्तर जहाज़ नैरोबी से शाम 4 बजे उड़ा और 5 घंटों की निरंतर उड़ान के बाद रात 10 बजे मॉरिशस पहुँचा, जबकि उसे 9 बजे पहुँच जाना चाहिए था। ऐसा इसलिए हुआ, क्योंकि मॉरिशस और नैरोबी के बीच समय का अंतर है।

नैरोबी (केन्या) पूर्वी अफ्रीका समय (EAT) क्षेत्र में है, जबकि मॉरिशस समय (MUT) क्षेत्र में है। मॉरिशस का समय नैरोबी के समय से एक घंटा आगे है। इसलिए, जब विमान नैरोबी में शाम 4 बजे उड़ा, तो मॉरिशस में उस समय शाम के 5 बज रहे थे। इसी वजह से विमान मॉरिशस में 5 घंटों की उड़ान के बाद रात 10 बजे पहुँचा।

(ख) नीचे दो घड़ियों के चित्र दिए गए हैं। एक घड़ी भारत के समय को दिखा रही है। दूसरी घड़ी दिखा रही है कि उसी समय मॉरिशस में कितने घंटे और मिनट हुए हैं।

इन घड़ियों के अनुसार नीचे दिए गए प्रश्नों के उत्तर दीजिए

भारत में घड़ी

मॉरिशस में घड़ी

- **भारत में क्या समय हुआ है?**

उत्तर भारत में 5:20 बजे हैं।

- **मॉरिशस में क्या समय हुआ है?**

उत्तर मॉरिशस में 3:50 बजे हैं।

- **मॉरिशस और भारत के समय में कितने घंटे और मिनट का अंतर है?**

उत्तर मॉरिशस और भारत के समय में 1 घंटे और 30 मिनट का अंतर है।

- **सूर्योदय भारत में पहले होगा या मॉरिशस में?**

उत्तर सूर्योदय भारत में पहले होगा।

- **जिस समय भारत में दोपहर के 12 बजे होंगे, उस समय मॉरिशस की घड़ियाँ कितना समय दिखा रही होंगी?**

उत्तर जिस समय भारत में दोपहर के 12 बजे होंगे, उस समय मॉरिशस की घड़ियाँ सुबह के 10:30 बजे दिखा रही होंगी।

आज की पहेली

आज हम आपके लिए एक अनोखी पहेली लाए हैं। यहाँ एक वाक्य दिया गया है। आपको पता करना है कि इसका क्या अर्थ है?

येला मालथ येला घौलश।

मेरा.......................................

संकेत

क ← ख

उत्तर मेरा भारत मेरा गौरव।

अभ्यास प्रश्न

बहुविकल्पीय व वर्णनात्मक प्रश्नों सहित

बहुविकल्पीय प्रश्न

1. लेखक ने नैरोबी में कितने दिन और रातें बिताईं?

(क) एक रात और दो दिन

(ख) दो रातें और एक दिन

(ग) तीन रातें और दो दिन

(घ) एक दिन और एक रात

उत्तर (क) एक रात और दो दिन

2. नैरोबी का नेशनल पार्क कैसा है?

(क) चिड़ियाघर (ख) बहुत बड़ा जंगल

(ग) वन्यजीव आरक्षित क्षेत्र (घ) खेल का मैदान

उत्तर (ख) बहुत बड़ा जंगल

3. लेखक और उनके साथी ने कितने शेरों को आराम करते देखा?

(क) चार-पाँच (ख) सात-आठ

(ग) दस-बारह (घ) दो-तीन

उत्तर (ख) सात-आठ

4. शेरों के पास कितनी मोटरें खड़ी थीं?

(क) चार-पाँच (ख) आठ-दस

(ग) छः-सात (घ) दस-बारह

उत्तर (ख) आठ-दस

5. शेर किस समय शिकार करते हैं?

(क) सुबह (ख) दोपहर

(ग) सूर्यास्त के बाद (घ) रात

उत्तर (ग) सूर्यास्त के बाद

6. हिरनों का झुंड क्यों चौकन्ना हो गया था?

(क) क्योंकि उन पर सिंहों की नज़र पड़ रही थी

(ख) क्योंकि वे भागना चाहते थे

(ग) क्योंकि वे चर रहे थे

(घ) क्योंकि जिराफ पास खड़ा था

उत्तर (क) क्योंकि उन पर सिंहों की नज़र पड़ रही थी

7. लेखक ने नैरोबी से मॉरिशस की यात्रा किस विमान सेवा से की?

(क) एयर इंडिया

(ख) बी.ओ.ए.सी.

(ग) केन्या एयरवेज़

(घ) एयर मॉरिशस

उत्तर (ख) बी.ओ.ए.सी.

8. लेखक के मॉरिशस पहुँचने पर मौसम कैसा था?

(क) साफ और धूप

(ख) बारिश और अँधेरा

(ग) बर्फबारी

(घ) ठंडी हवाएँ

उत्तर (ख) बारिश और अँधेरा

9. मॉरिशस पहुँचने पर लेखक को कौन-सी भावना हुई?

(क) वे विदेशी धरती पर हैं

(ख) वे एक छोटे पैमाने पर भारत में हैं

(ग) वे अफ्रीका में हैं

(घ) वे अज्ञात भूमि में हैं

उत्तर (ख) वे एक छोटे पैमाने पर भारत में हैं

रिक्त स्थान भरें

1. नीचे दिए गए वाक्यों से रिक्त स्थानों की पूर्ति कीजिए।

(i) लेखक ने दिल्ली से 15 जुलाई को, बंबई (मुंबई) से 16 जुलाई को और नैरोबी से 17 जुलाई को ………… के लिए रवाना हुआ।

(ii) नैरोबी के नेशनल पार्क में घास अधिक है और ………… बहुत कम हैं।

(iii) नेशनल पार्क में शेरों को देखने के बाद लेखक ने महसूस किया कि वे ………… हैं और शेरों की नज़र में तुच्छ हैं।

(iv) शेरों ने लेखक और उनके साथियों की ओर कोई ………… नहीं दी।

(v) हिरनों का झुंड शेरों की उपस्थिति से ………… हो गया था।

उत्तर (i) मॉरिशस (ii) पेड़ (iii) पेड़-पौधे और खरपात से भी बदतर (iv) ध्यान (v) चौकन्ना

सत्य-असत्य

1. नीचे दिए गए कथनों में से सत्य या असत्य कथन की पहचान कीजिए।

(i) नैरोबी का नेशनल पार्क एक बड़ा चिड़ियाघर है।

(ii) लेखक ने नैरोबी के नेशनल पार्क में शेरों को देखने के लिए बहुत दूर तक गाड़ी चलाई।

(iii) शेरों ने मोटरों में बैठे पर्यटकों को देखकर उत्सुकता दिखाई।

(iv) शेरों ने हिरनों के झुंड का शिकार किया।

(v) मॉरिशस पहुँचने पर लेखक का स्वागत बहुत अच्छे से हुआ।

उत्तर (i) असत्य (ii) सत्य (iii) असत्य (iv) असत्य (v) सत्य

मिलान करें

(घ) पाठ से चुनकर कुछ तथ्य नीचे दिए गए हैं। अपने समूह में इन पर चर्चा कीजिए और इनका मिलान सही तथ्यों से कीजिए

1	लेखक ने मॉरिशस की यात्रा किस तारीख़ को शुरू की?	1	लंबाई 29 मील और चौड़ाई 30 मील
2	नैरोबी नेशनल पार्क क्या है?	2	पोर्टलुई
3	मॉरिशस की कुल लंबाई और चौड़ाई कितनी है?	3	शिवरात्रि
4	मॉरिशस की राजधानी का क्या नाम है?	4	शहर से बाहर स्थित एक बड़ा जंगल जहाँ सिंह और अन्य वन्यजीव रहते हैं।
5	मॉरिशस में हिंदी भाषा का प्रचार किस कारण से है?	5	हिंदू श्वेत वस्त्र धारण करके काँवर लेकर परी-तालाब जाते हैं और शिवजी को जल चढ़ाते हैं।
6	मॉरिशस में सबसे प्रमुख धार्मिक पर्व कौन-सा है?	6	शिवालय में रामचरितमानस का पाठ और उसका गायन
7	मॉरिशस के प्रमुख ग्रामों में कौन-सी धार्मिक गतिविधि होती है?	7	क्योंकि वहाँ के अधिकांश निवासी बिहार और उत्तर प्रदेश से हैं।
8	परी-तालाब का शिवरात्रि के समय क्या महत्त्व है?	8	15 जुलाई को दिल्ली से

उत्तर 1-8; 2-4; 3-1; 4-2; 5-7; 6-3; 7-6; 8-5

गद्यांश आधारित प्रश्न

निम्नलिखित गद्यांश को पढ़कर उन पर आधारित प्रश्नों के उत्तर दीजिए

गद्यांश 1

बड़ी दूरी तय करने के बाद या यों कहिए कि दस-बीस मील के भीतर हर सड़क छान लेने के बाद, हम उस जगह जा पहुँचे, जहाँ सिंह उस दिन आराम कर रहे थे। वहाँ जो कुछ देखा, वह जन्मभर कभी नहीं भूलेगा। कोई सात-आठ सिंह लेटे या सोए हुए थे और उन्हें घेरकर आठ-दस मोटरें खड़ी थीं। तुर्रा यह कि सिंहों को यह जानने की कोई इच्छा ही नहीं थी कि हमें देखने को आने वाले लोग कौन हैं? मोटरों और शीशे चढ़ाकर उनके भीतर बैठे लोगों की ओर सिंहों ने कभी भी दृष्टिपात नहीं किया, मानो हम लोग तुच्छातितुच्छ हों और उनकी नज़र में आने के योग्य बिल्कुल नहीं हों। हम लोग वहाँ आधा घंटा ठहरे होंगे। इस बीच एक सिंह ने उठकर जम्हाई ली, दूसरे ने देह को ताना, मगर हमारी ओर किसी भी सिंह ने नज़र नहीं उठाई। हम लोग पेड़-पौधे और खरपात से भी बदतर समझे गए।

1. सिंहों ने मोटरों और उनके अंदर बैठे लोगों की ओर क्यों नहीं देखा?

(क) क्योंकि वे बहुत थके हुए थे।

(ख) क्योंकि उन्हें हमारे दर्शन में कोई रुचि नहीं थी।

(ग) क्योंकि वे भोजन की तलाश में थे।

(घ) क्योंकि वे बीमार थे।

उत्तर (ख) क्योंकि उन्हें हमारे दर्शन में कोई रुचि नहीं थी।

2. लेखक ने सिंहों की स्थिति का वर्णन किस प्रकार किया है?

(क) सिंह बहुत सक्रिय और चंचल थे।

(ख) सिंह आराम कर रहे थे और बिल्कुल निष्क्रिय थे।

(ग) सिंह शिकार की तलाश में थे।

(घ) सिंह जंगल में छिपे हुए थे।

उत्तर (ख) सिंह आराम कर रहे थे और बिल्कुल निष्क्रिय थे।

3. लेखक ने सिंहों की ओर किसी भी नज़र नहीं उठाने की स्थिति को किस रूप में व्यक्त किया?

(क) उन्हें तुच्छ समझना (ख) उनकी लापरवाही

(ग) उनकी दयालुता (घ) उनकी थकावट

उत्तर (क) उन्हें तुच्छ समझना

4. **लेखक ने ऐसा क्यों कहा कि उसने जो कुछ देखा वह जन्मभर नहीं भूलेगा।** **CBQ**

उत्तर लेखक ने जब सात-आठ सिंह को विश्राम करते हुए देखा तो वह यह देखकर अचंभित हो गया। इस प्रकार इतने सिंहों को ऐसे विश्राम करते उसने कभी नहीं देखा था।

5. **सिंहों ने उन लोगों की ओर दृष्टिपात क्यों नहीं किया?**

उत्तर सिंहों को यह जानने की कोई इच्छा ही नहीं थी कि हमें देखने के लिए आने वाले लोग कौन हैं, इसलिए सिंहों ने मोटर और शीशे चढ़ाकर उनके भीतर बैठे लोगों की ओर दृष्टिपात नहीं किया।

6. **लेखक ने सिंहों के व्यवहार की स्थिति को कैसे वर्णित किया?**

उत्तर लेखक ने कहा कि सिंहों ने लेखक और अन्य पर्यटकों को तुच्छ समझा और उनकी ओर ध्यान नहीं दिया।

गद्यांश 2

हिरनों के झुंड ने ताड़ लिया कि उन पर सिंहों की नज़र पड़ रही है। अतएव वे चरना भूलकर चौकन्ने हो उठे। फिर ऐसा हुआ कि झुंड से छूटकर कुछ हिरन एक तरफ़ को भाग निकले, मगर बाकी जहाँ-के-तहाँ ठिठके खड़े रहे। बाकी हिरन ठिठके हुए इसलिए खड़े थे कि सिंह उन्हें देख रहे थे और सहज प्रवृत्ति हिरनों को यह समझा रही थी कि खतरा किसी भी तरफ़ भागने में हो सकता है। शिकार सिंह सूर्यास्त के बाद किया करते हैं और शिकार वे झुंड का नहीं करते, बल्कि उस जानवर का करते हैं, जो भागते हुए झुंड से पिछड़ जाता है। अब यह बात समझ में आई कि हिरन भागने को निरापद नहीं समझकर एक गोल में क्यों खड़े थे।

1. **हिरन चौकन्ने होकर क्या भूल गए?**

(क) सोना (ख) चरना (ग) घूमना (घ) देखना

उत्तर (ख) चरना

2. **हिरनों ने क्यों ठिठके हुए खड़े रहने का फैसला किया?**

(क) क्योंकि वे भूखे थे।
(ख) क्योंकि वे सिंहों को देख रहे थे और समझ गए कि किसी भी दिशा में भागना सुरक्षित नहीं है।
(ग) क्योंकि वे थक गए थे।
(घ) क्योंकि वे शिकार के लिए तैयार थे।

उत्तर (ख)क्योंकि वे सिंहों को देख रहे थे और समझ गए कि किसी भी दिशा में भागना सुरक्षित नहीं है।

3. **सिंह अपना शिकार किसे बनाते हैं?**

(क) झुंड के सभी हिरनों को
(ख) झुंड के सभी सिंह को
(ग) झुंड से पिछड़ने वाले हिरनों को
(घ) उन हिरनों को जो खुद को छिपाते हैं

उत्तर (ग) झुंड से पिछड़ने वाले हिरनों को

4. **हिरनों के झुंड ने सिंहों की नज़र से बचने के लिए क्या किया?**

उत्तर उन्होंने चौकन्ने होकर एक गोल (समूह) में खड़े रहने का फैसला किया।

5. **सिंह किस प्रकार शिकार करते हैं?**

उत्तर सिंह सूर्यास्त के बाद शिकार करते हैं और वे शिकार झुंड का नहीं, बल्कि उन जानवरों का करते हैं, जो झुंड से पिछड़ जाते हैं।

6. **हिरनों ने झुंड से छूटकर भागने का कारण क्या समझा?**

उत्तर उन्होंने समझा कि किसी भी दिशा में भागना सुरक्षित नहीं है, क्योंकि सिंह उनकी दिशा में देख रहे थे।

गद्यांश 3

चूँकि मॉरिशस के हिंदुओं में से अधिकांश बिहार और उत्तर प्रदेश के लोग हैं, इसलिए हिंदी का मॉरिशस में व्यापक प्रचार है। मॉरिशस की राजभाषा अंग्रेजी, किंतु संस्कृति की भाषा फ्रेंच है। मगर जनता वहाँ क्रेयोल बोलती है। क्रेयोल का फ्रेंच से वही संबंध है, जो संबंध भोजपुरी का हिंदी से है। और क्रेयोल के बाद मॉरिशस की दूसरी जनभाषा भोजपुरी को ही मानना पड़ेगा। प्रायः सभी भारतीय भोजपुरी बोलते अथवा उसे समझ लेते हैं। यहाँ तक कि भारतीयों के पड़ोस में रहने वाले चीनी भी भोजपुरी बखूबी बोल लेते हैं, किंतु मॉरिशस की भोजपुरी शाहाबाद या सारन की भोजपुरी नहीं है। उसमें फ्रेंच के इतने संज्ञापद घुस गए हैं कि आपको बार-बार शब्दों के अर्थ पूछने पड़ेंगे।

1. **मॉरिशस में हिंदी का प्रचार क्यों है?**

(क) क्योंकि वहाँ के अधिकांश लोग उत्तर भारत से हैं।
(ख) क्योंकि वहाँ की राजभाषा हिंदी है।
(ग) क्योंकि वहाँ की संस्कृति में हिंदी महत्त्वपूर्ण है।
(घ) क्योंकि हिंदी स्कूलों में पढ़ाई जाती है।

उत्तर (क) क्योंकि वहाँ के अधिकांश लोग उत्तर भारत से हैं।

2. **मॉरिशस की राजभाषा क्या है?**

(क) हिंदी
(ख) फ्रेंच
(ग) अंग्रेज़ी
(घ) क्रेयोल

उत्तर (ग) अंग्रेज़ी

3. **क्रेयोल और भोजपुरी के बीच क्या समानता है?**

(क) क्रेयोल का संबंध भोजपुरी से है।
(ख) क्रेयोल का संबंध हिंदी से है।
(ग) क्रेयोल का संबंध फ्रेंच से है।
(घ) क्रेयोल का संबंध अंग्रेजी से है।

उत्तर (ग) क्रेयोल का संबंध फ्रेंच से है।

4. **मॉरिशस में दूसरी प्रमुख जनभाषा कौन-सी है?**

उत्तर मॉरिशस में दूसरी प्रमुख जनभाषा भोजपुरी है।

5. **क्रेयोल का फ्रेंच से क्या संबंध है?**

उत्तर क्रेयोल का फ्रेंच से वही संबंध है, जो भोजपुरी का हिंदी से है।

6. **मॉरिशस की भोजपुरी में किस भाषा के शब्द मिले हुए हैं?**

उत्तर मॉरिशस की भोजपुरी में फ्रेंच भाषा के शब्द मिले हुए हैं।

अति लघु उत्तरीय प्रश्न

1. लेखक ने मॉरिशस की यात्रा किस स्थान से शुरू की?

उत्तर लेखक ने मॉरिशस की यात्रा दिल्ली से शुरू की।

2. नैरोबी के नेशनल पार्क में सबसे पहले क्या देखा?

उत्तर नैरोबी के नेशनल पार्क में सबसे पहले बंदर और लंगूर देखे।

3. मॉरिशस को कैसा द्वीप कहा गया है?

उत्तर मॉरिशस को कृषि-प्रधान द्वीप कहा गया।

4. मॉरिशस की जनसंख्या में भारतीयों का प्रतिशत कितना है?

उत्तर मॉरिशस की जनसंख्या में भारतीयों की जनसंख्या 67% है।

5. भारतीयों ने अत्याचार सहकर क्या ठुकरा दिया?

उत्तर भारतीयों ने अत्याचार सहकर प्रलोभन ठुकरा दिया।

6. मॉरिशस में आम जनता कौन-सी भाषा बोलती है?

उत्तर मॉरिशस में आम जनता क्रेयोल भाषा बोलती है।

7. मॉरिशस का सबसे महत्त्वपूर्ण धार्मिक पर्व कौन-सा है?

उत्तर मॉरिशस का सबसे महत्त्वपूर्ण धार्मिक पर्व शिवरात्रि है।

8. मॉरिशस के मध्य में स्थित धार्मिक स्थल का नाम क्या है?

उत्तर मॉरिशस के मध्य में स्थित धार्मिक स्थल का नाम परी-तालाब है।

9. मॉरिशस के गाँवों में धार्मिक केंद्र क्या होता है?

उत्तर मॉरिशस के गाँवों में धार्मिक केंद्र शिवालय होता है।

10. मॉरिशस में भारतीय संस्कृति की प्राणवत्ता किसमें दिखाई देती है?

उत्तर मॉरिशस में भारतीय संस्कृति की प्राणवत्ता धार्मिक और सांस्कृतिक पहचान बनाए रखने में दिखाई देती है।

11. मॉरिशस में माध्यमिक स्कूलों को क्या कहने का रिवाज़ है?

उत्तर मॉरिशस में माध्यमिक स्कूलों को कॉलेज कहने का रिवाज़ है।

12. मॉरिशस की असली ताकत कौन है?

उत्तर मॉरिशस की असली ताकत भारतीय लोग हैं।

लघु उत्तरीय प्रश्न

1. लेखक किस-किस स्थान से यात्रा करते हुए मॉरिशस पहुँचा?

उत्तर लेखक ने अपनी यात्रा दिल्ली से शुरू की, फिर बंबई (मुंबई) से होकर नैरोबी पहुँचा और अंत में नैरोबी से मॉरिशस के लिए रवाना हुआ।

2. नैरोबी के नेशनल पार्क में सबसे पहले लेखक ने क्या देखा?

उत्तर नैरोबी के नेशनल पार्क में सबसे पहले लेखक ने सड़क पर खड़ी दो मोटरों पर चढ़े हुए बंदर और लंगूर देखें, जो पर्यटकों से फल और बिस्कुट की उम्मीद में इकट्ठा हुए थे।

3. मॉरिशस के मध्य में स्थित प्रमुख धार्मिक स्थल का नाम क्या है और वहाँ किस अवसर पर लोग इकट्ठा होते हैं?

उत्तर मॉरिशस के मध्य में स्थित प्रमुख धार्मिक स्थल का नाम परी-तालाब है, जहाँ शिवरात्रि के अवसर पर सभी हिंदू श्वेत वस्त्र धारण कर, काँवर लेकर जल भरने आते हैं और फिर उसे अपने गाँव के शिवालय में चढ़ाते हैं।

4. लेखक ने मॉरिशस के मंदिरों को कैसा पाया?

उत्तर लेखक ने मॉरिशस के मंदिरों और शिवालयों को अत्यंत स्वच्छ, साफ व सुरम्य पाया। लेखक ने वहाँ के स्वच्छ मंदिरों व शिवालयों को देखकर इच्छा व्यक्त की कि कितना अच्छा हो, यदि हम भारत में भी अपने मंदिरों व तीर्थ स्थानों को मॉरिशस के ही समान स्वच्छ व सुरम्य बना दें।

5. मॉरिशस में भारतीय संस्कृति की प्राणवत्ता कैसे प्रदर्शित होती है और इसका क्या महत्त्व है? **CBQ**

उत्तर मॉरिशस में भारतीय संस्कृति की प्राणवत्ता इस बात से प्रदर्शित होती है कि भारतीयों ने अपने धर्म और संस्कारों को बनाए रखा। अत्याचारों और प्रलोभनों के बावजूद उन्होंने अपनी सांस्कृतिक पहचान नहीं खोई और मॉरिशस को एक छोटे-से हिंदुस्तान में बदल दिया। इस पर सभी भारतीय गर्व महसूस करते हैं।

6. मॉरिशस की असली ताकत भारतीय हैं। कैसे? स्पष्ट कीजिए। **CBQ**

उत्तर मॉरिशस में ऊख की खेती और उसके व्यवसाय को जो सफलता मिली है, वे भारतीयों के कारण मिली है। मॉरिशस की असली ताकत भारतीय लोग ही हैं। पूरा मॉरिशस कृषि प्रधान द्वीप है, क्योंकि चीनी वहाँ का प्रमुख अथवा एकमात्र उद्योग है, किंतु भारतीय वंश के लोग यदि इस टापू में नहीं गए होते, तो ऊख की खेती असंभव हो जाती और चीनी के कारखाने बढ़ते ही नहीं।

दीर्घ उत्तरीय प्रश्न

1. लेखक की नैरोबी यात्रा का उद्देश्य क्या था?

उत्तर लेखक की नैरोबी यात्रा का मुख्य उद्देश्य अफ्रीका के शेरों से मुलाकात करना था। वह मॉरिशस की यात्रा पर जा रहे थे और नैरोबी में उन्हें एक रात और दो दिन ठहरने का अवसर मिला। इस दौरान उनके मन में यह इच्छा जागी कि मॉरिशस के भारतीयों और अफ्रीकियों से मिलने से पहले उन्हें अफ्रीका के शेरों का दर्शन करना चाहिए। इस उद्देश्य को पूरा करने के लिए उन्होंने नैरोबी के नेशनल पार्क का दौरा किया।

2. नैरोबी के नेशनल पार्क की विशेषताएँ क्या हैं?

उत्तर नैरोबी का नेशनल पार्क एक चिड़ियाघर नहीं है, बल्कि एक बड़ा जंगल है, जो शहर से बाहर स्थित है। इस जंगल में घास अधिक और पेड़ बहुत कम हैं, लेकिन जंगल में सर्वत्र अच्छी सड़कें बिछी हुई हैं, जिन पर पर्यटक गाड़ियाँ दौड़ती रहती हैं। इस पार्क में शेर और अन्य वन्यजीव अपने प्राकृतिक आवास में रहते हैं। यहाँ पर पर्यटक गाड़ियों में बैठकर शेरों और अन्य जानवरों को देख सकते हैं, जो उन्हें अपने प्राकृतिक परिवेश में देखने का अनुभव प्रदान करता है।

3. लेखक और उनके साथी शेरों के साथ किस प्रकार का अनुभव करते हैं? **CBQ**

उत्तर लेखक और उनके साथी जब नैरोबी के नेशनल पार्क में शेरों के पास पहुँचे, तो उन्होंने देखा कि वहाँ सात-आठ शेर लेटे या सोए हुए थे। उन्हें घेरकर आठ-दस मोटरें खड़ी थीं। शेरों ने मोटरों में बैठे लोगों की ओर कोई ध्यान नहीं दिया और न ही उनकी ओर देखा। यह अनुभव लेखक के लिए अद्वितीय था, क्योंकि शेरों ने उन्हें पूरी तरह से नजरअंदाज कर दिया। इससे लेखक और उनके साथी को ऐसा महसूस हुआ जैसे वे पेड़-पौधे और खरपात से भी बदतर हैं।

4. हिरनों और शेरों के बीच की घटना को लेखक ने किस प्रकार वर्णित किया है?

उत्तर लेखक ने हिरनों और शेरों के बीच की घटना को अत्यंत रोचक ढंग से वर्णित किया है। जब शेरों ने हिरनों के झुंड को देखा, तो हिरनों ने चौकन्ने होकर चरना बंद कर दिया। कुछ हिरन भाग गए, लेकिन बाकी हिरन वहीं ठिठक कर खड़े रहे क्योंकि वे समझ रहे थे कि किसी भी दिशा में भागना जोखिम भरा हो सकता है। लेखक ने बताया कि शेर सामान्यतः सूर्यास्त के बाद शिकार करते हैं और वे उस जानवर का शिकार करते हैं, जो झुंड से अलग हो जाता है।

5. लेखक के मॉरिशस पहुँचने पर उनका स्वागत कैसे हुआ?

उत्तर जब लेखक नैरोबी से मॉरिशस पहुँचे, तो वहाँ रात का समय था, अँधेरा था और पानी बरस रहा था। इसके बावजूद हवाई अड्डे पर उनके स्वागत के लिए बहुत लोग खड़े थे।

इस स्वागत को देखकर लेखक को यह अनुभव हुआ कि मॉरिशस छोटे पैमाने पर भारत ही है। मॉरिशस में भारतीयों की उपस्थिति और उनकी संस्कृति को देखकर उन्हें ऐसा लगा कि वे एक दूसरे भारत में पहुँच गए हैं।

6. शेरों के व्यवहार ने लेखक पर क्या प्रभाव डाला? **CBQ**

उत्तर शेरों के व्यवहार ने लेखक पर गहरा प्रभाव डाला। जब लेखक और उनके साथी शेरों के पास पहुँचे, तो शेरों ने उनकी ओर कोई ध्यान नहीं दिया और उन्हें पूरी तरह से नजरअंदाज कर दिया। यह अनुभव लेखक के लिए असामान्य था, क्योंकि उन्हें ऐसा महसूस हुआ जैसे वे शेरों की नज़र में तुच्छ है। इस अनुभव ने लेखक को यह एहसास दिलाया कि वे प्रकृति के सामने कितने नगण्य हैं और यह अनुभव उन्हें जीवन भर याद रहेगा।

7. मॉरिशस के प्रमुख धार्मिक पर्व कौन-से हैं और इनमें से सबसे महत्त्वपूर्ण पर्व कौन-सा माना जाता है?

उत्तर शिवरात्रि के समय मॉरिशस के सभी हिंदू श्वेत वस्त्र धारण करके कंधों पर काँवर लिए जुलूस बाँधकर परी तालाब पर आते हैं और वहाँ से जल भरकर शिवालय लौट जाते हैं तथा शिवजी पर जल चढ़ाकर अपने घरों में प्रवेश करते हैं। वे यह सभी कृत्य बहुत ही भक्ति-भावना व पवित्रता के साथ करते हैं।

व्याकरण पर आधारित प्रश्न

1. दिए गए शब्दों में से प्रत्यय व मूल शब्द लिखिए।

(i) पर्यटकों (ii) दौड़ना
(iii) ठहरना (iv) उड़ान
(v) भारतीय (vi) संस्कृति

उत्तर

मूल शब्द	प्रत्यय
(i) पर्यटक	ओं
(ii) दौड़	ना
(iii) ठहर	ना
(iv) उड़	आन
(v) भारत	ईय
(vi) संस्कृत	इ

2. दिए गए शब्दों के लिए उचित विशेषण शब्द लिखिए।

(i) लोग (ii) प्रचार
(iii) पैमाने (iv) सितारा
(v) जंगल (vi) घंटे

उत्तर

विशेषण	शब्द
(i) भारतीय	लोग
(ii) व्यापक	प्रचार
(iii) छोटे	पैमाने
(iv) खूबसूरत	सितारा
(v) बड़ा	जंगल
(vi) पाँच	घंटे

स्व-मूल्यांकन

बहुविकल्पीय प्रश्न

1. लेखक ने नैरोबी के नेशनल पार्क में सबसे पहले कौन-से जानवरों को देखा?

(क) शेर (ख) हिरण
(ग) बंदर (घ) जिराफ

2. मॉरिशस की प्रमुख फसल कौन-सी है?

(क) धान (ख) गन्ना
(ग) मक्का (घ) गेहूँ

3. मॉरिशस की भोजपुरी कैसी भोजपुरी नहीं है?

(क) क्रेयोल की
(ख) मॉरिशस की
(ग) शाहाबाद या सारन की
(घ) भारत की

4. भारत में बैठे-बैठे हम भारतीय संस्कृति की किस विशेषता को नहीं समझ पाते?

(क) बलवती व दीर्घ (ख) ताकतवर व प्राणवान
(ग) धार्मिक व दीर्घ (घ) प्राणवती व चिरायु

5. मॉरिशस में शिवरात्रि के समय हिंदू लोग किस स्थान पर जल भरने जाते हैं?

(क) गंगा नदी (ख) यमुना नदी
(ग) परी-तालाब (घ) नर्मदा नदी

गद्यांश आधारित प्रश्न

निम्नलिखित गद्यांश को पढ़कर उस पर आधारित प्रश्न के उत्तर दीजिए।

चूँकि मॉरिशस के हिंदुओं में से अधिकांश बिहार और उत्तर प्रदेश के लोग हैं, इसलिए हिंदी का मॉरिशस में व्यापक प्रचार है। मॉरिशस की राजभाषा अंग्रेजी, किंतु संस्कृति की भाषा फ्रेंच है। मगर जनता वहाँ क्रेयोल बोलती है। क्रेयोल का फ्रेंच से वही संबंध है, जो संबंध भोजपुरी का हिंदी से है और क्रेयोल के बाद मॉरिशस की दूसरी जनभाषा भोजपुरी को ही मानना पड़ेगा।

प्रायः सभी भारतीय भोजपुरी बोलते अथवा उसे समझ लेते हैं। यहाँ तक कि भारतीयों के पड़ोस में रहने वाले चीनी भी भोजपुरी बखूबी बोल लेते हैं, किन्तु मॉरिशस की भोजपुरी शाहाबाद या सारन की भोजपुरी नहीं हैं। उसमें फ्रेंच के इतने संज्ञापद घुस गए हैं कि आपको बार-बार शब्दों के अर्थ पूछने पड़ेंगे।

1. मॉरिशस की संस्कृति की भाषा कौन-सी है?

(क) अंग्रेजी (ख) फ्रेंच
(ग) हिंदी (घ) भोजपुरी

2. मॉरिशस की दूसरी प्रमुख जनभाषा कौन-सी है?

(क) हिंदी (ख) अंग्रेजी
(ग) भोजपुरी (घ) क्रेयोल

3. मॉरिशस की भोजपुरी में किस भाषा के संज्ञापद घुस गए हैं?

(क) अंग्रेजी (ख) हिंदी
(ग) फ्रेंच (घ) क्रेयोल

4. मॉरिशस में किस भाषा का व्यापक प्रचार है और क्यों?

5. मॉरिशस की संस्कृति की भाषा क्या है और वहाँ की जनता किस भाषा का अधिक प्रयोग करती है?

6. मॉरिशस की भोजपुरी भाषा में क्या विशेष अंतर पाया जाता है और इसका क्या कारण है?

अतिलघु उत्तरीय प्रश्न

1. लेखक ने मॉरिशस की यात्रा के दौरान किस अफ्रीकी देश का दौरा किया?

2. मॉरिशस द्वीप की लंबाई और चौड़ाई कितनी है?

3. मॉरिशस की राजधानी का क्या नाम है?

4. परी-तालाब किस देश में स्थित है?

5. शिवरात्रि के दिन मॉरिशस के हिंदू लोग क्या पहनते हैं?

लघु उत्तरीय प्रश्न

1. लेखक नैरोबी के नेशनल पार्क में किन अनुभवों से प्रभावित हुए?

2. मॉरिशस में ऊख की खेती के विकास में भारतीयों की क्या भूमिका रही है?

3. परी-तालाब पर शिवरात्रि के समय हिंदू लोग कौन-से धार्मिक कृत्य करते हैं?

4. मॉरिशस के ग्रामों में तुलसीकृत रामायण का क्या महत्त्व है?

5. मॉरिशस में किस प्रकार के पर्व-त्योहार मनाए जाते हैं?

दीर्घ उत्तरीय प्रश्न

1. लेखक ने मॉरिशस को 'हिंद महासागर का मोती' क्यों कहा है? इस कथन की व्याख्या करें।

2. मॉरिशस के समाज और संस्कृति में भारतीय परंपराओं और धार्मिक मान्यताओं की क्या भूमिका है?

3. मॉरिशस की स्वच्छता और धार्मिक स्थलों की देखभाल को भारत के लिए एक उदाहरण के रूप में क्यों प्रस्तुत किया गया है?

अध्याय

13

पेड़ की बात

जगदीशचंद्र बसु

पाठ का सार

'जगदीशचंद्र बसु' द्वारा लिखित इस पाठ में लेखक ने पेड़-पौधों के जीवन के विभिन्न पहलुओं का विस्तारपूर्वक वर्णन किया है। लेखक ने पेड़ के जीवन चक्र, भोजन ग्रहण करने की प्रक्रिया और पेड़ों का पर्यावरण के प्रति योगदान को अत्यधिक संवेदनशीलता, सरल व रोचक ढंग से समझाया है। इस पाठ में मनुष्य, प्रकृति अर्थात् पेड़ का पर्यावरण से पारस्परिक संबंधों का सटीकता से वर्णन किया गया है। पाठ की शुरुआत बीज के अंकुरित होने से होती है, उस अंकुर का एक हिस्सा मिट्टी में जड़ बनकर नीचे की ओर बढ़ता है, जबकि दूसरा हिस्सा 'तने' के रूप में ऊपर की ओर वृद्धि करता है।

बीज से पेड़ बनने की प्रक्रिया

लेखक ने बताया कि जब बीज को मिट्टी में बोया जाता है, तब वह धीरे-धीरे अंकुरित होता है। यह अंकुर मिट्टी में नीचे की ओर जड़ का निर्माण करता है तथा दूसरा हिस्सा तने के रूप में ऊपर की ओर बढ़ता है। जड़े मिट्टी से पोषक तत्त्व और जल अवशोषित करती हैं, जिससे पेड़ में विकास संभव होता है। तना पेड़ को मजबूती व आकार देता है और पत्तियों को सूरज के प्रकाश तक पहुँचने में सहायता करता है।

पेड़-पौधों का भोजन संग्रहण

लेखक ने पाठ में पेड़-पौधों के भोजन ग्रहण करने की प्रक्रिया का वर्णन किया है। पेड़-पौधों के 'दाँत' नहीं होते, इसलिए वह ठोस भोजन ग्रहण नहीं कर सकते।

वे मिट्टी से जल और घुले हुए पोषक तत्त्वों को जड़ों के माध्यम से अवशोषित करते हैं। पत्तियों द्वारा सूर्य के प्रकाश को ग्रहण करने की प्रक्रिया प्रकाश संश्लेषण कहलाती है, इससे पेड़-पौधों का भोजन संभव हो पाता है।

पेड़-पौधे और प्रकाश

प्रकाश पेड़-पौधों के जीवन के लिए अत्यधिक महत्त्वपूर्ण होता है। पत्तियाँ हवा के माध्यम से बढ़ने का प्रयास करती हैं तथा भोजन ग्रहण करती हैं। यदि किसी पौधे को अँधेरे में रखा जाए, तो वह प्रकाश की तलाश में अपनी दिशा में भी बदलाव करता रहता है। यदि वह ऐसा न करे तो वह सूख जाएँगा। सूर्य की किरणें पाकर ही पेड़-पौधे पल्लवित होते हैं। पेड़-पौधों के रेशे-रेशे में सूरज की किरणें आबद्ध हैं।

पेड़-पौधों का पर्यावरणीय योगदान

पेड़-पौधों से हम सभी प्राणियों को ऑक्सीजन प्राप्त होती है। साथ ही वे हमारे पर्यावरण को भी स्वच्छ रखते हैं। मनुष्य द्वारा श्वसन क्रिया के दौरान ऑक्सीजन को ग्रहण कर कार्बन डाइ-ऑक्साइड छोड़ी जाती है, जिसे पेड़ अवशोषित करके स्वयं के भोजन की प्रक्रिया पूर्ण कर वातावरण को शुद्ध बनाते हैं।

पेड़-पौधों की संरचना व जीवन

लेखक ने बताया कि पेड़-पौधे भी जीवित होते हैं, उन्हें भी हमारी तरह भोजन, पानी और सूर्य के प्रकाश की आवश्यकता होती है। पेड़-पौधें जड़ों, तनों और पत्तियों के माध्यम से अपनी आवश्यकताओं की पूर्ति करते हैं। जैसे-जैसे पौधा बड़ा होता है, वह अपनी शाखाओं और पत्तियों के माध्यम से बढ़ता जाता है और अंततः एक संपूर्ण पेड़ बन जाता है।

वृक्ष अपने जीवन के दौरान अपने शरीर में रस व पोषक तत्त्वों का संचय करते हैं, जिससे वे अपनी संतानों अर्थात् बीजों का भरण-पोषण व सुरक्षा करते हैं पेड़ अपने बीज की रक्षा के लिए फूलों की पंखुडियों का घर बनाते हैं। फूलों से आच्छादित होने पर पेड़ अधिक सुंदर दिखाई देता है। मधुमक्खियाँ एक फूल के पराग-कण को दूसरे फूल तक लेकर जाती है। इस प्रकार फूल में बीज फलता है।

पेड़ों का अंत

पेड़ों का सूखना उनकी शाखाओं और पत्तियों का पीला व कमजोर हो जाना पेड़ की जीवन लीला समाप्त होने की निशानी है। पत्तियों के झड़ जाने व शाखाओं के टूटकर गिरने से अंत में पूरा पेड़ जड़ सहित धरती पर गिर जाता है, परंतु वह अपने बीजों अर्थात् संतानों के माध्यम से अपने लिए एक नए जीवन की उम्मीद छोड़ जाता है।

शब्दार्थ

शब्द	हिंदी अर्थ	शब्द	हिंदी अर्थ
आहिस्ता	धीरे	अंगारक	कार्बन, छोटा, अंगारा
औंधा	सिर नीचे किया हुआ, उल्टा	घनिष्ठता	निकट, पास
विषाक्त	विष से युक्त	स्नेहसिक्त	प्रेम से युक्त
परीक्षण	जाँच, परख	अकस्मात	अचानक, संयोगवश
संवर्द्धन	समृद्ध करने का कार्य	न्योछावर	त्याग करना
सचेष्ट	चेष्टा युक्त	अनगिनत	बेहिसाब
आबद्ध	बँधा हुआ	सूक्ष्मदर्शी	बहुत बारीक देखने वाला यंत्र

NCERT फोल्डर

पाठ्यपुस्तक के प्रश्नोत्तर

पाठ से

मेरी समझ से

(क) नीचे दिए गए प्रश्नों का सटीक उत्तर कौन-सा है? उसके सामने तारा (*) बनाइए।

(i) जैसे पौधे को भी सब भेद मालूम हो गया हो पौधे को कौन-सा भेद पता लग गया?

- उसे उल्टा लटकाया गया है। (*)
- उसे किसी ने सजा दी है।
- बच्चे को गमला रखना नहीं आया।
- प्रकाश ऊपर से आ रहा है।

(ii). पेड़-पौधे जीव-जंतुओं के मित्र कैसे हैं?

- हमारे जैसे ही साँस लेते हैं।
- हमारे जैसे ही भोजन ग्रहण करते हैं।
- हवा को शुद्ध करके सहायता करते हैं। (*)
- धरती पर हमारे साथ ही जन्मे हैं।

(ख) अब अपने मित्रों के साथ चर्चा कीजिए और कारण बताइए कि आपने ये उत्तर ही क्यों चुने?

उत्तर पौधे का सिर नीचे की ओर लटका रहा और जड़ ऊपर को रही दो- एक दिन बाद पौधे को यह भेद मालूम हो गया कि उसे उल्टा लटकाया गया है। इसी कारण उसकी सब पत्तियाँ और डालियाँ टेढ़ी होकर ऊपर की तरफ़ उठ आईं तथा जड़ घूमकर नीचे की ओर लटक गई।

पेड़-पौधे अंगारक (कार्बन डाइ-ऑक्साइड) वायु को ग्रहण करके उसे शुद्ध कर देते हैं और ऑक्सीजन छोड़ते हैं, जो जीव-जंतुओं के लिए आवश्यक है। इस प्रकार, पेड़-पौधे हवा को शुद्ध करते हैं व जीव-जंतुओं के मित्र होते हैं।

पंक्तियों पर चर्चा

पाठ में से चुनकर कुछ पंक्तियाँ नीचे दी गई हैं। इन्हें ध्यान से पढ़िए और इन पर विचार कीजिए। आपको इनका क्या अर्थ समझ में आया? अपने विचार अपने समूह में साझा कीजिए और अपनी लेखन पुस्तिका में लिखिए।

(क) पेड़-पौधों के रेशे-रेशे में सूरज की किरणें आबद्ध हैं। ईंधन को जलाने पर जो प्रकाश व ताप बाहर प्रकट होता है, वह सूर्य की ही ऊर्जा है।

उत्तर प्रस्तुत पंक्तियों का आशय है कि पेड़-पौधों में जो ऊर्जा संग्रहित होती है, वह सूर्य की किरणों से आती है। अत: प्रकाश के बिना पेड़-पौधों का जीवन असंभव है। इसका कारण यह है कि कोई भी बिना भोजन के जीवित नहीं रह सकता है। प्रकाश की उपस्थिति में कार्बन डाइऑक्साइड और

क्लोरोफिल की सहायता से पौधे अपना भोजन बनाते हैं। पौधों के हर रेशे में प्रकाश विद्यमान है। जब हम ईंधन जलाते हैं, तो वही ऊर्जा प्रकाश और ताप के रूप में बाहर आती है। इससे स्पष्ट है कि पेड़-पौधों के माध्यम से सूर्य की ऊर्जा संरक्षित रहती है और बाद में ये प्रयोग में लाई जा सकती है।

(ख) मधुमक्खी व तितली के साथ वृक्ष की चिरकाल से घनिष्ठता है। वे दल-बल सहित फूल देखने आती हैं।

उत्तर प्रस्तुत पंक्ति पेड़ और पराग कण के बीच के गहरे संबंध को दर्शाती है। मधुमक्खियाँ और तितलियाँ एक पेड़ के फूल से पराग कण लेकर दूसरे फूल पर जाती हैं। इस प्रकार वे प्रजनन-प्रक्रिया में सहायता करती हैं व शहद भी चखती हैं, जिससे पेड़ बीज उत्पन्न कर पाते हैं। अत: यह मधुमक्खी व तितली के साथ वृक्ष का एक सहजीवी रिश्ता है।

मिलकर करें मिलान

पाठ में से चुनकर कुछ वाक्यांश नीचे दिए गए हैं। अपने समूह में इन पर चर्चा कीजिए और इन्हें इनके सही अर्थ या संदर्भ से मिलाइए। इसके लिए आप शब्दकोश, इंटरनेट या अपने शिक्षकों की सहायता ले सकते हैं।

	वाक्यांश		अर्थ या संदर्भ
1.	बीज का ढक्कन दरक गया	(i).	मटमैली माटी और विषाक्त वायु से सुंदर-सुंदर फूलों में परिवर्तित होते हैं।
2.	उसे 'अंगारक' वायु कहते हैं	(ii).	जीवन के लिए सूर्य का प्रकाश आधारशक्ति या महत्त्वपूर्ण है।
3.	पत्ते सूर्य ऊर्जा के सहारे 'अंगारक' वायु से अंगार निःशेष कर डालते हैं	(iii).	अपनी संपन्नता और भावी पीढ़ी की उत्पत्ति से प्रसन्न- संतुष्ट।
4.	प्रकाश ही जीवन का मूलमंत्र है	(iv).	साँस छोड़ने पर निकलने वाली वायु-कार्बन डाई आक्साइड।
5.	जैसे फूल-फूल के बहाने वह स्वयं हँस रहा हो	(v)	सूर्य के प्रकाश से पत्ते विषाक्त वायु के प्रभाव को नष्ट कर देते हैं।
6.	इस अपरूप उपादान से किस तरह ऐसे सुंदर फूल खिलते हैं	(vi).	बीज के दोनों दलों में दरार आ गई या फट गए

उत्तर 1-(vi); 2-(iv); 3-(v); 4-(ii); 5-(iii); 6-(i)

सोच-विचार के लिए

पाठ को एक बार फिर से पढ़िए, पता लगाइए और लिखिए

(क) बीज के अंकुरित होने में किस-किस का सहयोग मिलता है?

उत्तर बीज के अंकुरित होने में धरती, पानी, सूरज की रोशनी का सहयोग मिलता है।

(ख) पौधे अपना भोजन कैसे प्राप्त करते हैं?

उत्तर पौधे अपना भोजन निम्नलिखित तरीकों से प्राप्त करते हैं

जड़ के माध्यम से जड़ों द्वारा मिट्टी से पानी और आवश्यक खनिज तत्त्वों को सोखकर रसपान करते हैं।

पत्तों के माध्यम से पत्तियों में छोटे-छोटे मुँह (स्टोमाटा) होते हैं, जो हवा से कार्बन-डाइऑक्साइड ग्रहण करते हैं और प्रकाश संश्लेषण की प्रक्रिया के माध्यम से भोजन (ग्लूकोज़) बनाते हैं।

लेख की रचना

इस लेख में एक के बाद एक विचार को लेखक ने सुसंगत रूप से प्रस्तुत किया है। गमले को औंधा लटकाना या मूली काटकर बोना जैसे-उदाहरण देकर बात कहना इस लेख का एक तरीका है। अपने तथ्य को वास्तविकता या व्यावहारिकता से जोड़ना भी इस लेख की विशेषता है।

(क) जैसे लेखक ने 'पेड़ की बात' कही है वैसे ही अपने आस-पास की चीजें देखिए और किसी एक चीज़ पर लेख लिखिए, जैसे-गेहूँ की बात।

उत्तर 'गेहूँ की बात'

गेहूँ की खेती में कई चरण होते हैं, जिनमें से प्रत्येक चरण महत्त्वपूर्ण है। सबसे पहले किसान बीज बोते हैं और खेत को तैयार करते हैं। बीज की अंकुरण प्रक्रिया में मिट्टी, पानी और सूर्य की रोशनी का महत्त्वपूर्ण योगदान होता है। जैसे ही बीज अंकुरित होता है, वह धीरे-धीरे जड़ें फैलाता है और पौधा बड़ा होता है। गेहूँ के पौधों को उचित मात्रा में पानी और धूप की आवश्यकता होती है, ताकि वे अच्छे से विकसित हो सकें। फसल की कटाई के बाद गेहूँ को सहेजने और पिरोने की प्रक्रिया भी आवश्यक होती है। गेहूँ का प्रत्येक चरण बहुत ध्यानपूर्वक किया जाता है, जिससे हमें स्वस्थ और उत्तम गुणवत्ता का अनाज मिलता है। इस प्रकार गेहूँ की खेती में भूमि, मौसम और किसान की मेहनत बहुत आवश्यक है।

(ख) उसे कक्षा में सबके साथ साझा कीजिए।

उत्तर प्रस्तुत गतिविधि को अन्य विद्यार्थियों के साथ साझा करें।

अनुमान या कल्पना से

अपने समूह में मिलकर चर्चा कीजिए।

(क) इस तरह संतान के लिए अपना जीवन न्योछावर करके वृक्ष समाप्त हो जाता है। वृक्ष के समाप्त होने के बाद क्या होता है?

उत्तर वृक्ष के समाप्त होने के बाद वह अपना जीवन संतान के लिए न्योछावर कर देता है। पेड़ सूख जाता है और अंततः जड़ सहित भूमि पर गिर जाता है एवं उसकी लकड़ी, पत्तियाँ व अन्य भाग मिट्टी में मिलकर खाद बन जाते हैं। इससे पेड़ की संतान (बीज) विकसित होती है, जो भविष्य में नए पेड़ बन जाते हैं। इस प्रक्रिया से प्राकृतिक चक्र पूरा होता है और पेड़ की जाति आगे बढ़ती रहती है।

(ख) पेड़-पौधों के बारे में लेखक की रुचि कैसे जागृत हुई होगी?

उत्तर लेखक की पेड़-पौधों के बारे में रुचि उनके प्राकृतिक अवलोकनों और विश्लेषण से जागृत हुई होगी। उन्होंने पेड़ की विकास प्रक्रिया, जीवनशैली और उनके पर्यावरणीय योगदान को गहराई से समझा होगा। गमले को उल्टा लटकाने जैसे प्रयोग और पेड़-पौधों के जीवन के विभिन्न पहलुओं का विश्लेषण करते हुए लेखक ने प्रकृति के प्रति अपनी जिज्ञासा और सम्मान को व्यक्त किया है।

प्रवाह चार्ट

बीज से बीज तक की यात्रा का आरेख पूरा कीजिए-

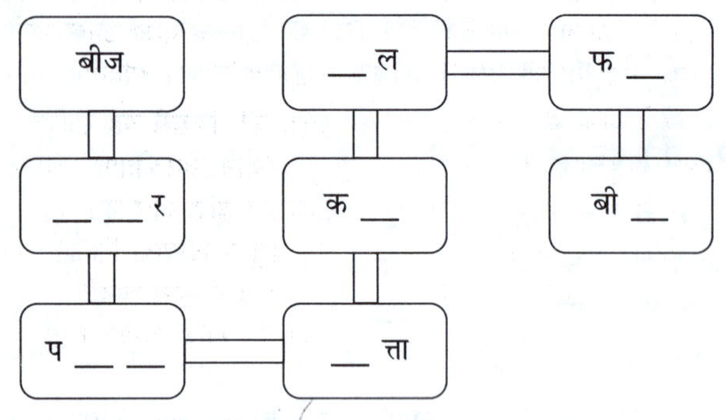

उत्तर बीज, अंकुर, पौधा, पत्ता, कली, फूल, फल, बीज

अंकुरण

- मिट्टी के किसी भी पात्र में मिट्टी भरकर उसमें राजमा या चने के 4-5 बीज बो दीजिए।
  - हल्का-सा पानी छिड़क दीजिए।
  - 3-4 दिन तक थोड़ा-थोड़ा पानी डालिए।
  - अब इसमें आए परिवर्तन लेखन पुस्तिका में लिखिए।

  (संकेत एक दिन में पौधे की लंबाई कितनी बढ़ती है, कितने पत्ते निकले, प्रकाश की तरफ़ पौधे मुड़े या नहीं आदि।)

उत्तर बीज बोने के 3-4 दिन बाद पौधे अंकुरित हो गए। पहले दिन पौधे की लंबाई 1 सेमी बढ़ी और दूसरे दिन 2 सेमी बढ़ी। पत्ते भी उभरने लगे। पौधे प्रकाश की दिशा में मुड़े, जिससे यह पता चलता है कि वे प्रकाश के प्रति संवेदनशील हैं। नियमित पानी देने से पौधे स्वस्थ दिख रहे हैं।

शब्दों के रूप

नीचे दिए गए चित्र को देखिए

यहाँ मिट्टी से जुड़े, कुछ शब्द नीचे दिए गए हैं जो उसकी विशेषता बता रहे हैं। अब आप पेड़, सर्दी, सूर्य जैसे शब्दों की विशेषता बताने वाले शब्द बॉक्स बनाकर लिखिए

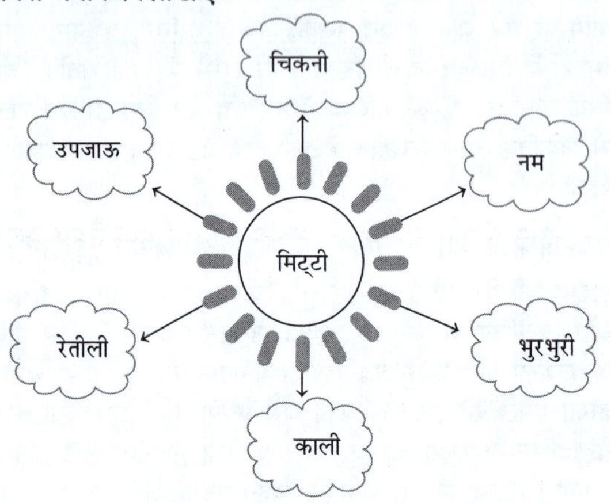

शब्द	विशेषता
पेड़	हरे-भरे, छायादार, मजबूत, फलदार, ऊँचा, शाखायुक्त
सर्दी	ठंडी, कंपकंपाती, बर्फीली, कड़ाके की, शुष्क, हवादार
सूर्य	तेज़, चमकदार, गरम, ऊर्जावान, प्रखर, स्वर्णिम
आकाश	नीला, विस्तृत, अनंत, स्वच्छ, खुला, ऊँचा
हवा	शीतल, मंद, सुगंधित, तेज, ताज़गी भरी, हल्की
पानी	स्वच्छ, ठंडा, तरल, साफ़, मीठा, बहता

पाठ से आगे

मेरे प्रिय

नीचे दी गई तालिका से प्रत्येक के लिए अपनी पसंद के तीन-तीन नाम लिखिए।

फूल	पक्षी	वृक्ष	पुस्तक	खेल

उत्तर

फूल	पक्षी	वृक्ष	पुस्तक	खेल
गुलाब	मोर	नीम	पंचतंत्र	क्रिकेट
सूरजमुखी	तोता	आम	रामायण	फुटबाल
कमल	गौरैया	अमरूद	महाभारत	बैडमिंटन

आज की पहेली

इस शब्द सीढ़ी में पाठ में आए शब्द हैं। उन्हें पूरा कीजिए और पाठ में रेखांकित कीजिए

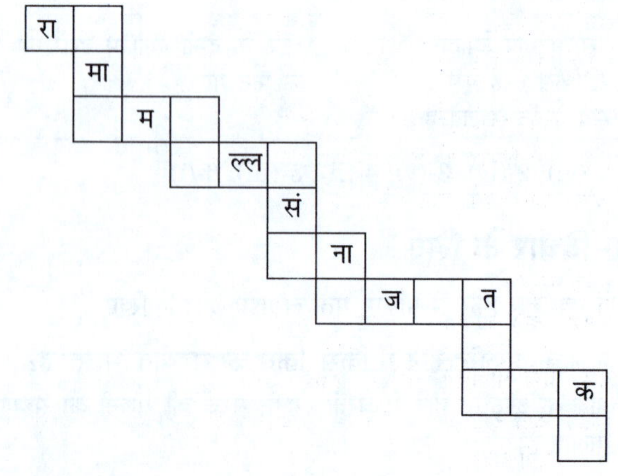

उत्तर रात, तमाम, ममता, ताप, पल्लव, वसंत, तना, नाम, मजबूत, तरल, लटक, कम

खोजबीन के लिए

इंटरनेट कड़ियों का प्रयोग करके आप जगदीशचंद्र बसु के बारे में और जान-समझ सकते हैं

जगदीशचंद्र बसु

उत्तर जगदीशचंद्र बसु एक महान वैज्ञानिक थे, जिनका जन्म 30 नवंबर, 1858 को बंगाल के मेमनसिंह जिले में हुआ था। वे भारत के पहले वैज्ञानिकों में से एक थे जिन्होंने पादप (पौधों) और रेडियो विज्ञान में महत्त्वपूर्ण खोजें कीं। बसु ने सिद्ध किया कि पौधों में भी जीवन होता है और वे भी दर्द और खुशी महसूस कर सकते हैं। उन्होंने अपने प्रयोगों के माध्यम से यह दिखाया कि जब पौधों को पानी, धूप या उर्वरक मिलता है, तो वे तेज़ी से बढ़ते हैं। जब उन्हें काटा जाता है या नुकसान पहुँचाया जाता है, तो उनकी वृद्धि धीमी हो जाती है। उन्होंने एक उपकरण 'क्रेस्कोग्राफ' का अविष्कार किया, जिससे पौधों की गति को मापा जा सकता है। जगदीशचंद्र बसु ने रेडियो विज्ञान में भी महत्त्वपूर्ण योगदान दिया। वे पहले व्यक्ति थे, जिन्होंने वायरलेस संचार के सिद्धांतों को प्रदर्शित किया। उनके शोध ने भविष्य में रेडियो और अन्य वायरलेस उपकरणों के विकास की नींव रखी।

उनकी उपलब्धियों के कारण, उन्हें न केवल भारत में बल्कि पूरे विश्व में सम्मान मिला। उनके वैज्ञानिक कार्यों ने यह सिद्ध किया कि भारतीय वैज्ञानिक भी विज्ञान की दुनिया में महत्त्वपूर्ण योगदान कर सकते हैं।

जगदीशचंद्र बसु–एक विलक्षण और संवेदनशील वैज्ञानिक

उत्तर जगदीशचंद्र बसु एक विलक्षण और संवेदनशील वैज्ञानिक थे। उन्होंने विज्ञान के क्षेत्र में असाधारण योगदान दिया। उनका जन्म 30 नवंबर, 1858 को बंगाल में हुआ था। बसु की वैज्ञानिक यात्रा उनके गहरे संवेदनशीलता और प्रकृति के प्रति लगाव के कारण अद्वितीय बनी।

उन्होंने पौधों के जीवन पर अद्भुत खोज की, जिससे यह साबित हुआ कि पौधों में भी संवेदनशीलता होती है। उन्होंने 'क्रेस्कोग्राफ' नामक उपकरण का अविष्कार किया, जो पौधों की वृद्धि और उनकी प्रतिक्रियाओं को मापने में सहायक था। बसु ने दिखाया कि पौधे दर्द और खुशी महसूस कर सकते हैं और उनका विकास बाहरी परिस्थितियों से प्रभावित होता है। उनकी यह खोज विज्ञान में एक नया दृष्टिकोण लेकर आई।

बसु ने रेडियो विज्ञान में भी महत्त्वपूर्ण योगदान दिया। उन्होंने वायरलेस संचार के सिद्धांतों को स्थापित किया, जिससे भविष्य में रेडियो और वायरलेस उपकरणों का विकास हुआ। उनकी संवेदनशीलता केवल पौधों तक ही सीमित नहीं थी; वे अपने देश और समाज के प्रति भी गहरी संवेदना रखते थे।

जगदीशचंद्र बसु की वैज्ञानिक सोच और उनकी संवेदनशीलता ने उन्हें एक विलक्षण व्यक्तित्व प्रदान किया। उनका जीवन और कार्य विज्ञान में नैतिकता और संवेदनशीलता की मिसाल पेश करते हैं, जो आने वाली पीढ़ियों के लिए प्रेरणा स्रोत हैं।

अभ्यास प्रश्न

बहुविकल्पीय व वर्णनात्मक प्रश्नों सहित

बहुविकल्पीय प्रश्न

1. वृक्ष बनने की प्रक्रिया किससे शुरू होती है?

(क) तने से (ख) अंकुर से

(ग) बीज से (घ) फूल से

उत्तर (ग) बीज से

2. वृक्ष के किस हिस्से को 'जड़' कहा जाता है?

(क) जो हिस्सा माटी के भीतर प्रवेश करता है

(ख) जो हिस्सा माटी से ऊपर बढ़ता है

(ग) पत्तियाँ

(घ) फूल

उत्तर (क) जो हिस्सा माटी के भीतर प्रवेश करता है

3. पेड़-पौधे भोजन कैसे ग्रहण करते हैं?

(क) फल खाकर (ख) तरल द्रव्य और वायु से

(ग) पानी पीकर (घ) बीज के माध्यम से

उत्तर (ख) तरल द्रव्य और वायु से

4. पेड़ के पत्ते किस प्रकार की वायु को शुद्ध करते हैं?

(क) ऑक्सीजन

(ख) नाइट्रोजन

(ग) अंगारक (कार्बन-डाइ-ऑक्साइड)

(घ) हाइड्रोजन

उत्तर (ग) अंगारक (कार्बन-डाइ-ऑक्साइड)

5. पेड़-पौधे किस तत्त्व के बिना जीवित नहीं रह सकते?

(क) पानी (ख) माटी

(ग) प्रकाश (घ) वायु

उत्तर (ग) प्रकाश

6. पेड़ अपने संतान (बीज) की सुरक्षा के लिए क्या तैयार करता है?

(क) जड़ (ख) तना

(ग) पत्तियाँ

(घ) फूल की पंखुड़ियों से घिरा घर

उत्तर (घ) फूल की पंखुड़ियों से घिरा घर

7. मधुमक्खियाँ पेड़-पौधों के लिए किस प्रकार लाभकारी होती हैं?
(क) मधु संग्रह करके
(ख) पराग-कण एक फूल से दूसरे फूल तक ले जाकर
(ग) फूलों की सुगंध फैलाकर
(घ) तने को मजबूत बनाकर
उत्तर (ख) पराग-कण एक फूल से दूसरे फूल तक ले जाकर

8. वृक्ष के सूखने का मुख्य कारण क्या है?
(क) पानी की कमी
(ख) जड़ों का कमजोर होना
(ग) संतान के पोषण के लिए अपनी सारी ऊर्जा खर्च कर देना
(घ) हवा का आघात सहन न कर पाना
उत्तर (ग) संतान के पोषण के लिए अपनी सारी ऊर्जा खर्च कर देना

9. वृक्ष अपने फूलों में क्या संचय करके रखते हैं?
(क) बीज (ख) पत्तियाँ
(ग) मधु (घ) जल
उत्तर (ग) मधु

10. वृक्ष के गिरने का कारण क्या है?
(क) जड़ का कमजोर होना
(ख) हवा के झोंकों का आघात सहन न कर पाना
(ग) तने का टूटना
(घ) संतान के पोषण में सारी ऊर्जा खर्च कर देना
उत्तर (ख) हवा के झोंकों का आघात सहन न कर पाना

रिक्त स्थान भरें

1. नीचे दिए गए वाक्यों में रिक्त स्थानों की पूर्ति कीजिए।
(i) बीज से अंकुर निकलने पर जो अंश माटी के भीतर प्रवेश करता है, उसे ………… कहते हैं।
(ii) पेड़-पौधे तरल द्रव्य और ………… से भोजन ग्रहण करते हैं।
(iii) पेड़ अपनी संतान की सुरक्षा के लिए फूल की ………… से घिरा एक घर तैयार करता है।
(iv) पेड़ अपनी संतान के पोषण के लिए अपना सारा ………… खर्च कर देता है।
(v) हवा का ………… सहन न कर पाने के कारण सूखा पेड़ गिर पड़ता है।
उत्तर (i) जड़ (ii) वायु (iii) पंखुड़ियाँ (iv) रस (v) आघात

सत्य/असत्य

1. नीचे दिए गए कथनों में से सत्य या असत्य कथन की पहचान कीजिए।
(i) पेड़ की जड़ मिट्टी में मजबूत होती है और तना ऊपर की ओर उठता है।
(ii) यदि गमला उल्टा लटका दिया जाए, तो पौधे की जड़ ऊपर की ओर और तना नीचे की ओर बढ़ेगा।
(iii) पेड़-पौधे पानी और तरल पदार्थों से भोजन ग्रहण करते हैं, जबकि जानवर ठोस पदार्थ खाते हैं।
(iv) पौधे सूर्य की किरणों को ग्रहण करने के लिए प्रयास नहीं करते हैं।
(v) पेड़ों के फूलों से सजने पर उसकी सुंदरता में वृद्धि होती है।
उत्तर (i) सत्य (ii) सत्य (iii) सत्य (iv) असत्य (v) सत्य

मिलान करें

1. पाठ से चुनकर कुछ तथ्य नीचे दिए गए हैं। सूची 1 का सूची 2 से सही मिलान कीजिए।

	सूची 1		सूची 2
1	बीज से अंकुर के बाहर निकलने के बाद कौन-सा भाग माटी में रहता है?	(i)	सूख जाते हैं
2	पेड़-पौधे पानी की कमी के कारण क्या होते हैं?	(ii)	नलियों के माध्यम से
3	पेड़-पौधे की जड़ कैसे माटी से रस सोखती है?	(iii)	तना
4	सूक्ष्मदर्शी का उपयोग पेड़ की किस चीज़ का परीक्षण करने में होता है?	(iv)	फूलों की पंखुड़ियों से ढकता है
5	पत्तों में 'अंगारक' वायु को कैसे शुद्ध किया जाता है?	(v)	शहद
6	जब पेड़-पौधे प्रकाश नहीं पाते हैं, तो वे क्या करते हैं?	(vi)	सूर्य की किरणों से
7	बीज के संरक्षण के लिए पेड़ क्या करता है?	(vii)	प्रकाश की ओर बढ़ते हैं
8	पेड़ के फूलों में किस पदार्थ का संचय होता है?	(viii)	जड़

उत्तर 1 (iii); 2 (i); 3 (ii); 4 (viii); 5 (vi); 6 (vii); 7 (iv); 8 (v)

गद्यांश आधारित प्रश्न

निम्नलिखित गद्यांशों को पढ़कर उन पर आधारित प्रश्नों के उत्तर दीजिए

गद्यांश 1

बहुत दिनों तक मिट्टी के नीचे बीज पड़े रहे। इसी तरह महीना-दर-महीना बीतता गया। सर्दियों के बाद वसंत आया। उसके बाद वर्षा की शुरुआत में दो-एक दिन पानी बरसा। अब और छिपे रहने की आवश्यकता नहीं थी! मानों बाहर से कोई शिशु को पुकार रहा हो 'और सोए मत रहो, ऊपर उठ जाओ, सूरज की रोशनी देखो।' आहिस्ता आहिस्ता बीज का ढक्कन दरक गया, दो सुकोमल पत्तियों के बीच अंकुर बाहर निकला। अंकुर का एक अंश नीचे माटी में मज़बूती से गड़ गया और दूसरा अंश माटी भेदकर ऊपर की ओर उठा। क्या तुमने अंकुर को उठते देखा है? जैसे कोई शिशु अपना नन्हा-सा सिर उठाकर आश्चर्य से नई दुनिया को देख रहा है!

1. **बीज के बाहर निकलने के लिए किस मौसम की शुरुआत महत्त्वपूर्ण थी?**

(क) गर्मी (ख) सर्दी

(ग) वसंत (घ) बारिश

उत्तर (ग) वसंत

2. **अंकुर का एक अंश कहाँ गड़ जाता है और दूसरा अंश कहाँ उठता है?**

(क) जड़ ऊपर की ओर, तना नीचे की ओर

(ख) जड़ नीचे की ओर, तना ऊपर की ओर

(ग) जड़ ऊपर की ओर, तना समानांतर

(घ) जड़ और तना दोनों ऊपर की ओर

उत्तर (ख) जड़ नीचे की ओर, तना ऊपर की ओर

3. **बीज से अंकुर बाहर निकलते समय किस तरह का दृश्य देखने को मिलता है?**

(क) अंकुर बहुत तेज़ी से बाहर आता है

(ख) अंकुर धीरे-धीरे और सावधानी से बाहर आता है

(ग) अंकुर अचानक बाहर आता है और तुरंत बढ़ने लगता है

(घ) अंकुर कुछ समय के लिए रुक जाता है

उत्तर (ख) अंकुर धीरे-धीरे और सावधानी से बाहर आता है

4. **बीज को अब छिपे रहने की आवश्यकता क्यों नहीं थी?** **CBQ**

उत्तर बहुत समय तक बीज मिट्टी के नीचे पड़े रहे। महीनों बीतने पर सर्दियों के बाद वसंत आने व पानी बरसने पर बीज अब छिपा नहीं रहा अपितु अंकुरित होकर ऊपर आने लगा।

5. **बीज के बाहर निकलने की प्रक्रिया के दौरान क्या आवाज़ आ रही थी?**

उत्तर आवाज़ ऐसी थी जैसे कोई शिशु पुकार रहा हो, 'और सोए मत रहो, ऊपर उठ जाओ, सूरज की रोशनी देखो।'

6. **अंकुर का ऊपर की ओर उठना कैसा प्रतीत होता है?** **CBQ**

उत्तर अंकुर का ऊपर की ओर उठना ऐसा प्रतीत होता है जैसे कोई शिशु अपना नन्हा-सा सिर उठाकर आश्चर्य-से नई दुनिया को देख रहा है।

गद्यांश 2

जब सूर्य का प्रकाश पड़ता है, तब पत्ते सूर्य-ऊर्जा के सहारे 'अंगारक' वायु से अंगार निःशेष कर डालते हैं और यही अंगार वृक्ष के शरीर में प्रवेश करके उसका संवर्द्धन करते हैं। पेड़-पौधे प्रकाश चाहते हैं। प्रकाश न मिलने पर ये बच नहीं सकते। पेड़-पौधों की सर्वाधिक कोशिश यही रहती है कि किसी तरह उन्हें थोड़ा-सा प्रकाश मिल जाए। यदि खिड़की के पास गमले में पौधा रखो, तब देखोगे कि सारी पत्तियाँ व डालियाँ अंधकार से बचकर प्रकाश की ओर बढ़ रही हैं। वन-अरण्य में जाने पर पता लगेगा कि तमाम पेड़-पौधे इस होड़ में सचेष्ट हैं कि कौन जल्दी से सिर उठाकर पहले प्रकाश को झपट ले। बेल-लताएँ छाया में पड़ी रहने से, प्रकाश के अभाव में मर जाएँगी। इसलिए वे पेड़ों से लिपटती हुई, निरंतर ऊपर की ओर अग्रसर होती रहती हैं।

1. **सूर्य का प्रकाश पड़ने पर पत्ते 'अंगारक' वायु को किस चीज़ में बदलते हैं?**

(क) जल (ख) ऊर्जा

(ग) अंगार (घ) शर्करा

उत्तर (ग) अंगार

2. **यदि पौधा अंधकार में रखा जाए, तो उसकी पत्तियाँ और डालियाँ किस ओर बढ़ेंगी?**

(क) अंधकार की ओर (ख) क्षितिज की ओर

(ग) प्रकाश की ओर (घ) नीचे की ओर

उत्तर (ग) प्रकाश की ओर

3. **पेड़-पौधे प्रकाश की कमी से कैसे प्रभावित होते हैं?**

(क) वे जल्दी से फल-फूलने लगते हैं

(ख) वे मुरझाने लगेंगे और मर जाएँगे

(ग) वे अधिक तेजी से बढ़ने लगते हैं

(घ) वे अपनी शाखाएँ और पत्तियाँ गिरा देते हैं

उत्तर (ख) वे मुरझाने लगेंगे और मर जाएँगे

4. **पेड़-पौधों की प्रकाश की ओर बढ़ने की प्रवृत्ति को कैसे वर्णित किया गया है?**

उत्तर पेड़-पौधों की प्रकाश की ओर बढ़ने की प्रवृत्ति को सचेष्ट होड़ के रूप में वर्णित किया गया है, जिसमें वे तेज़ी से प्रकाश की ओर बढ़ने की कोशिश करते हैं।

5. **बेल-लताएँ पेड़ों से लिपटती क्यों रहती हैं?**

उत्तर बेल-लताएँ पेड़ों से इसलिए लिपटती रहती हैं, क्योंकि वे छाया में पड़ी रहती हैं। प्रकाश के अभाव में वे मर जाएँगी, इसलिए वे निरंतर पेड़ों से लिपटकर ऊपर की ओर अग्रसर होती रहती हैं।

6. **खिड़की के पास गमला रखने से क्या होगा?**

उत्तर खिड़की के पास गमला रखने से सारी पत्तियाँ व डालियाँ अंधकार से बचकर प्रकाश की ओर बढ़ेंगी, क्योंकि पेड़-पौधों की सर्वाधिक कोशिश होती है कि उन्हें थोड़ा-सा प्रकाश मिल जाए।

गद्यांश 3

पेड़ों पर मुस्कराते फूल देखकर हमें कितनी खुशी होती है! शायद पेड़ भी कम प्रफुल्लित नहीं होते! खुशी के मौके पर हम अपने परिजनों को निमंत्रित करते हैं। उसी प्रकार फूलों की बहार छाने पर पेड़-पौधे भी अपने बंधु-बांधवों को बुलाते हैं। स्नेहसिक्त वाणी में पुकार सकते हैं, कहाँ हो मेरे बंधु, मेरे बांधव, आज मेरे घर आओ। यदि रास्ता भटक जाओ, कहीं घर पहचान नहीं सको, इसलिए रंग-बिरंगे फूलों के निशान लगा रखे हैं। ये रंगीन पंखुड़ियाँ दूर से देख सकोगे। मधुमक्खी व तितली के साथ वृक्ष की चिरकाल से घनिष्ठता है। वे दल-बल सहित फूल देखने आती हैं। कुछ पतंगे दिन के समय पक्षियों के डर से बाहर नहीं निकल सकते। पक्षी उन्हें देखते ही खा जाते हैं, इसलिए रात का अँधेरा घिरने तक वे छिपे रहते हैं। शाम होते ही उन्हें बुलाने की खातिर फूल चारों तरफ़ सुगंध-ही-सुगंध फैला देते हैं।

1. पेड़-पौधे अपने बंधु-बांधवों को किस माध्यम से बुलाते हैं?

(क) आवाज़ से (ख) रंग-बिरंगे फूल से

(ग) सुगंध से (घ) प्रकाश से

उत्तर (ख) रंग-बिरंगे फूल से

2. मधुमक्खी और तितली पेड़ों के फूलों पर क्यों आती हैं?

(क) भोजन की खोज में

(ख) नींद की तलाश में

(ग) खेल के लिए

(घ) विश्राम करने के लिए

उत्तर (क) भोजन की खोज में

3. पतंगे दिन के समय बाहर क्यों नहीं निकलते?

(क) वे ठंडे मौसम से बचना चाहते हैं

(ख) वे पक्षियों से डरते हैं

(ग) वे पानी की तलाश में हैं

(घ) वे सोना चाहते हैं

उत्तर (ख) वे पक्षियों से डरते हैं

4. वृक्ष की लंबे समय से किसके साथ घनिष्ठता है?

उत्तर मधुमक्खी व तितली के साथ वृक्ष की चिरकाल से घनिष्ठता है।

5. फूलों की सुगंध का उपयोग किसलिए किया जाता है?

उत्तर फूलों की सुगंध का उपयोग पतंगों को आकर्षित करने के लिए किया जाता है, जिससे वे शाम को बाहर आ सकें।

6. पेड़-पौधे अपने खुशी के अवसर पर किस प्रकार का संकेत देते हैं? **CBQ**

उत्तर पेड़-पौधे खुशी के अवसर पर रंग-बिरंगे फूलों के माध्यम से संकेत देते हैं।

अतिलघु उत्तरीय प्रश्न

1. पेड़ों के अनगिनत छोटे-छोटे मुँह को किसके द्वारा देखा जा सकता है?

उत्तर पेड़ों के अनगिनत छोटे-छोटे मुँह को सूक्ष्मदर्शी द्वारा देखा जा सकता है।

2. पेड़ सुंदर कब दिखलाई देता है?

उत्तर फूलों से आच्छादित होने पर पेड़ सुंदर दिखाई देता है।

3. ममता के स्पर्श से क्या होता है?

उत्तर ममता का स्पर्श पाते ही माटी व अंगार के फूल बन जाते हैं।

4. बहार छाने पर पेड़-पौधे क्या करते हैं?

उत्तर बहार छाने पर पेड़-पौधे अपने बंधु-बांधवों को बुलाते हैं।

5. पेड़ के सूखने के पीछे क्या कारण होता है?

उत्तर संतान (बीज) के पोषण के लिए पेड़ अपनी ऊर्जा समाप्त कर देता है, जिससे वह सूख जाता है।

6. पेड़ के गिरने का मुख्य कारण क्या है?

उत्तर सूखने के कारण पेड़ कमजोर हो जाता है और हवा के झोंकों से गिर जाता है।

7. सूखा पेड़ क्या सहन नहीं कर सकता है?

उत्तर सूखा पेड़ हवा का आघात सहन नहीं कर सकता है।

8. पेड़ अपना जीवन किसके लिए न्योछावर करता है?

उत्तर पेड़ अपना जीवन अपनी संतान के लिए न्योछावर करता है।

लघु उत्तरीय प्रश्न

1. वृक्ष में अंकुरण की प्रक्रिया का वर्णन करें।

उत्तर बीज मिट्टी में रहते हुए वसंत और वर्षा का इंतजार करता है। बारिश और सूरज की रोशनी पाकर बीज का ढक्कन दरक जाता है और दो पत्तियों के बीच से अंकुर निकलता है। इसका एक हिस्सा जड़ के रूप में मिट्टी में गड़ जाता है और दूसरा हिस्सा तने के रूप में ऊपर की ओर बढ़ता है।

2. पेड़-पौधे प्रकाश के प्रति कैसे प्रतिक्रिया देते हैं?

उत्तर पेड़-पौधे प्रकाश की ओर बढ़ते हैं। यदि एक पौधा अंधकार में रखा जाए तो उसकी पत्तियाँ और तना प्रकाश की ओर मुड़ जाते हैं। वन में सभी पेड़-पौधे इस होड़ में होते हैं कि कौन पहले सूरज की किरणों को प्राप्त करेगा। बेलें भी पेड़ों पर चढ़कर प्रकाश प्राप्त करने का प्रयास करती हैं।

3. वृक्ष की जड़ों और तनों का कार्य क्या होता है?

उत्तर वृक्ष की जड़ें मिट्टी से पानी और आवश्यक द्रव्यों को सोखती हैं और तने के माध्यम से इस पोषण को पेड़ के विभिन्न हिस्सों में पहुँचाती हैं। जड़ें वृक्ष को माटी में मजबूती से पकड़कर रखती हैं, जबकि तना पेड़ की शाखाओं, पत्तियों और फूलों को सहारा देता है।

4. पेड़-पौधों का भोजन ग्रहण करने का तरीका क्या है?

उत्तर पेड़-पौधे जड़ों के माध्यम से मिट्टी से द्रव्यों को सोखते हैं और पत्तियों के माध्यम से वायु को ग्रहण करते हैं। जड़ों में छोटे-छोटे नल होते हैं, जो द्रव्यों का संचार पेड़ के विभिन्न हिस्सों में करते हैं। पत्तियों में छोटे-छोटे मुँह होते हैं, जो प्रकाश और वायु के सहारे भोजन को ग्रहण करते हैं।

5. वृक्ष के फूल खिलने का महत्त्व क्या है? **CBQ**

उत्तर: वृक्ष के फूल उसकी संतान (बीज) की सुरक्षा के लिए होते हैं। फूलों के माध्यम से वृक्ष मधुमक्खियों और तितलियों को आकर्षित करता है, जो परागण करके बीजों के फलने में सहायता करती हैं। फूलों की सुगंध और सुंदरता न केवल वृक्ष के लिए, बल्कि पर्यावरण के लिए भी सुखद होती है।

दीर्घ उत्तरीय प्रश्न

1. वृक्ष के अंकुरण से लेकर पेड़ बनने की प्रक्रिया को विस्तार से समझाइए।

उत्तर वृक्ष बनने की प्रक्रिया बीज से शुरू होती है। बीज माटी में पड़ा रहता है और उपयुक्त मौसम का इंतजार करता है। वसंत और वर्षा के आगमन पर बीज का ढक्कन टूटता है और अंकुर बाहर आता है। इसका एक हिस्सा माटी में जड़ बनकर गड़ जाता है, जबकि दूसरा हिस्सा तने के रूप में ऊपर की ओर बढ़ता है। यह तना और जड़ मिलकर पेड़ को पोषण और सहारा देते हैं। समय के साथ, यह अंकुर एक पौधा बनता है, फिर धीरे-धीरे बड़ा होकर एक वृक्ष बन जाता है।

2. वृक्ष का प्रकाश के प्रति आकर्षण और उसके महत्त्व पर चर्चा करें। **CBQ**

उत्तर: वृक्ष के लिए प्रकाश जीवन का मूलमंत्र है। प्रकाश के बिना पेड़-पौधे जीवित नहीं रह सकते। पेड़-पौधे अपनी पत्तियों और तने को प्रकाश की ओर मोड़कर उसकी ओर बढ़ते हैं। जंगलों में सभी पेड़ इस होड़ में होते हैं कि कौन पहले सूरज की किरणों को प्राप्त करेगा। बेलें छाया में नहीं रह पातीं और इसलिए पेड़ों पर चढ़कर ऊपर की ओर बढ़ती हैं। पेड़-पौधों में जो ऊर्जा और जीवन शक्ति होती है, वह सब सूर्य की किरणों से प्राप्त होती है। यही कारण है कि पेड़ हमेशा प्रकाश की तलाश में रहते हैं।

3. पेड़-पौधों द्वारा वायु की शुद्धि और पर्यावरण के लिए उनका योगदान क्या है?

उत्तर पेड़-पौधे अंगारक (कार्बन डाइ-ऑक्साइड) वायु को शुद्ध करते हैं। जब सूर्य की किरणें पत्तियों पर पड़ती हैं, तो वे इस विषाक्त वायु को सोखकर उसे ऑक्सीजन में बदल देते हैं, जो जीव-जंतुओं के लिए आवश्यक है। इस प्रकार पेड़ न केवल वायु को शुद्ध करते हैं, बल्कि पर्यावरण के संतुलन को भी बनाए रखते हैं। बिना पेड़-पौधों के पृथ्वी पर जीवन असंभव हो जाएगा क्योंकि वे पर्यावरण में आवश्यक ऑक्सीजन और अन्य तत्त्वों को बनाए रखते हैं। पेड़-पौधे हमारे जीवन के लिए अत्यंत महत्त्वपूर्ण हैं।

4. वृक्ष के जीवन चक्र में मधुमक्खियों और तितलियों का योगदान क्या है? **CBQ**

उत्तर मधुमक्खियाँ और तितलियाँ वृक्ष के जीवन चक्र में महत्त्वपूर्ण भूमिका निभाती हैं। वे फूलों से परागण करती हैं, जिससे बीज फलते हैं। बिना परागण के बीज का पकना संभव नहीं है। मधुमक्खियाँ एक फूल से दूसरे फूल तक पराग-कण पहुँचाती हैं, जिससे वृक्ष की संतान (बीज) उत्पन्न होती है। इसके साथ ही, मधुमक्खियाँ और तितलियाँ वृक्ष के लिए आवश्यक खाद्य पदार्थ भी जुटाती हैं। इस प्रकार, वृक्ष और मधुमक्खियों के बीच परस्पर निर्भरता होती है जो वृक्ष के जीवन चक्र को पूरा करती है।

5. पेड़-पौधों के सूखने और अंततः गिरने का कारण क्या होता है?

उत्तर पेड़-पौधे अपने जीवन का अंत संतान (बीज) के पोषण में लगाकर करते हैं। बीजों को विकसित करने के लिए वृक्ष अपनी सारी ऊर्जा खर्च कर देता है, जिससे वह धीरे-धीरे सूखने लगता है। सूखने के कारण वृक्ष की शाखाएँ और पत्तियाँ कमज़ोर हो जाती हैं। समय के साथ, वृक्ष हवा के झोंकों को सहन नहीं कर पाता और उसकी शाखाएँ टूटने लगती हैं।

अंततः, जब वृक्ष पूरी तरह से कमज़ोर हो जाता है, तो वह जड़ सहित भूमि पर गिर पड़ता है। यह प्रक्रिया वृक्ष के जीवन चक्र के पूर्ण होने का संकेत है।

6. वृक्षों द्वारा अपनी संतान (बीज) की सुरक्षा और पोषण कैसे किया जाता है?

उत्तर वृक्ष अपनी संतान (बीज) की सुरक्षा के लिए फूल की पंखुड़ियों से घिरा एक छोटा-सा घर तैयार करता है। यह फूल मधुमक्खियों और तितलियों को आकर्षित करता है, जो परागण करके बीजों के फलने में मदद करती हैं। बीज बनने के बाद वृक्ष उसे अपने शरीर के रस से पोषण प्रदान करता है।

यह प्रक्रिया तब तक चलती है, जब तक बीज पूरी तरह से तैयार नहीं हो जाता। वृक्ष अपनी सारी ऊर्जा संतान (बीज) की सुरक्षा और पोषण में लगा देता है, जिससे वह स्वयं कमजोर हो जाता है और अंततः सूखकर गिर जाता है।

व्याकरण आधारित प्रश्न

1. पाठ के आधार पर शब्द समूह को पूर्ण कीजिए।

(i) रस (ii) श्वास
(iii) जीव (iv) पेड़
(v) पराग (vi) मोह
(vii) हरा

उत्तर

(i) रस-पान (ii) श्वास-प्रवास
(iii) जीव-जंतु (iv) पेड़-पौधे
(v) पराग-कण (vi) मोह-माया
(vii) हरा-भरा

2. पाठ में पुनरुक्त शब्दों का प्रयोग हुआ है। किन्हीं पाँच पुनरुक्त शब्दों को छाँटकर लिखिए; जैसे- जल्दी-जल्दी।

उत्तर

(i) धीरे-धीरे (ii) रेशे-रेशे
(iii) फूल-फूल (iv) छोटी-छोटी
(v) थर-थर

स्व-मूल्यांकन

बहुविकल्पीय प्रश्न

1. पेड़-पौधों की पत्तियाँ किस चीज़ से भोजन ग्रहण करती हैं?
(क) मिट्टी से (ख) हवा से
(ग) पानी से (घ) सूर्य से

2. पेड़ के बीज का पोषण कौन करता है?
(क) जड़ (ख) तना
(ग) फूल (घ) वृक्ष

3. पेड़-पोधों का कौन-सा हिस्सा हमेशा नीचे की ओर बढ़ता है?
(क) तना (ख) पत्तियाँ
(ग) जड़ (घ) फूल

4. मिट्टी में पानी डालने पर उसके भीतर क्या गल जाते हैं?
(क) बहुत-से कण
(ख) बहुत-से द्रव्य
(ग) बहुत-से पदार्थ
(घ) बहुत-से जड़

गद्यांश पर आधारित प्रश्न

निम्नलिखित गद्यांश को पढ़कर उस पर आधारित प्रश्न के उत्तर दीजिए।

पत्तों में अनगिनत छोटे-छोटे मुँह होते हैं। सूक्ष्मदर्शी के जरिए अनगिनत मुँह पर अनगि नत होंठ देखे जा सकते हैं। जब आहार करने की ज़रूरत न हो तब दोनों होंठ बंद हो जाते हैं। जब हम श्वास-प्रश्वास ग्रहण करते हैं तब प्रश्वास के साथ एक प्रकार की विषाक्त वायु बाहर निकलती है, उसे 'अंगारक' वायु कहते हैं। अगर यह ज़हरीली हवा पृथ्वी पर इकट्ठी होती रहे तो तमाम जीव-जंतु कुछ ही दिनों में उसका सेवन करके नष्ट हो सकते हैं। ज़रा विधाता की करुणा का चमत्कार तो देखो, जो जीव-जंतुओं के लिए जहर है, पेड़-पौधे उसी का सेवन करके उसे पूर्णतया शुद्ध कर देते हैं।

1. पत्तों में अनगिनत मुँह पर क्या देखे जा सकते हैं?
(क) अनगिनत कण (ख) अनगिनत यंत्र
(ग) अनगिनत होंठ (घ) अनगिनत भोजन

2. प्रश्वास के साथ क्या बाहर निकलती है?
(क) शुद्ध वायु (ख) विषाक्त वायु
(ग) साफ़ वायु (घ) ये सभी

3. जीव-जंतु किसके सेवन से नष्ट हो सकते हैं?
(क) जहरीला भोजन (ख) जहरीला पराग कण
(ग) जहरीली हवा (घ) जहरीला वृक्ष

4. विधाता के किस करुणा के चमत्कार की बात की गई है?

5. पत्तों में अनगिनत मुँह कब खुलते व बंद होते देखे जा सकते हैं?

6. प्रश्वास की प्रक्रिया को संक्षेप में बताइए।

अतिलघु उत्तरीय प्रश्न

1. तना और जड़ का मुख्य कार्य क्या है?

2. पौधों के दाँत क्यों नहीं होते?

3. पेड़-पौधों को भोजन कैसे मिलता है?

4. पेड़ के बीज का पोषण कैसे होता है?

5. परागकण का क्या कार्य है?

लघु उत्तरीय प्रश्न

1. पौधे की जड़ और तना कैसे काम करते हैं?

2. पेड़-पौधे जड़ के माध्यम से किस प्रकार भोजन ग्रहण करते हैं?

3. पेड़-पौधों की पत्तियाँ किस प्रकार हवा से आहार ग्रहण करती हैं?

4. पेड़-पौधों और मधुमक्खियों के बीच किस प्रकार का संबंध होता है? **CBQ**

5. वृक्ष अपने बीज की सुरक्षा और पोषण के लिए क्या करता है?

दीर्घ उत्तरीय प्रश्न

1. पेड़-पौधों के भोजन ग्रहण करने की प्रक्रिया को समझाइए।

2. पेड़-पौधों के जीवन में प्रकाश का क्या महत्त्व है? **CBQ**

3. पेड़-पौधों के बीज फलने के बाद उनका जीवनचक्र कैसे समाप्त होता है?

पत्र-लेखन

अध्याय 1

पत्र-लेखन का अर्थ

पत्र-लेखन एक महत्त्वपूर्ण कला है। अपने विचारों एवं भावों की अभिव्यक्ति के लिए पत्र-लेखन का प्रयोग किया जाता है। पत्र-लेखन की अपनी विशेष शैली होती है।

पत्र के अंग

पत्र को जिस क्रम में लिखा जाता है, वे पत्र के अंग कहलाते हैं। सामान्यत: किसी भी पत्र में निम्नलिखित अंग होते हैं

1. **शीर्षक या प्रारंभ** पत्र में सर्वप्रथम शीर्षक के रूप में पत्र लिखने वाले का नाम व पता लिखा जाता है, उसके बाद पत्र लिखने की तिथि का उल्लेख किया जाता है। परीक्षा में पूछे गए औपचारिक व अनौपचारिक पत्र के नाम का उल्लेख न होने पर परीक्षा भवन लिखा जाता है। यह सब पत्र में बाएँ और सबसे ऊपर लिखा जाता है। तत्पश्चात् जिसे पत्र भेजना है, उसका नाम व पता लिखा जाता है।
2. **विषय** औपचारिक पत्रों के अंतर्गत विषय का उल्लेख सीमित शब्दों में स्पष्ट रूप से किया जाता है, जबकि अनौपचारिक पत्रों में इसका उल्लेख नहीं होता।
3. **संबोधन** पत्र में संबोधन का महत्त्वपूर्ण स्थान होता है। औपचारिक पत्र के अंतर्गत मान्यवर, महोदय आदि सूचक शब्दों का प्रयोग किया जाता है तथा अनौपचारिक पत्र के अंतर्गत पूजनीय, स्नेहमयी, प्रिय आदि सूचक शब्दों का प्रयोग किया जाता है।
4. **अभिवादन** पत्र में संबोधन के अनुरूप ही अभिवादन हेतु शब्दों का प्रयोग किया जाता है। इसका प्रयोग अनौपचारिक पत्रों में बड़ों के लिए प्रणाम, नमस्कार, सादर चरण-स्पर्श तथा छोटों के लिए आशीर्वाद, शुभाशीष, चिरंजीव रहो आदि शब्द-सूचक का प्रयोग किया जाता है। यद्यपि औपचारिक पत्रों में इसका प्रयोग नहीं होता।
5. **विषय-वस्तु** विषय-वस्तु पत्र लेखन का महत्त्वपूर्ण अंग है। इसे पत्र का मुख्य भाग भी कहते हैं। इस भाग में पत्र से संबंधित भावों व विचारों को प्रकट किया जाता है।
6. **समाप्ति अथवा अंत** पत्र के अंत में समाप्ति हेतु औपचारिक पत्र में धन्यवाद लिखते हुए भवदीय, प्रार्थी, आज्ञाकारी शब्द-सूचक का प्रयोग किया जाता है तथा अनौपचारिक पत्र में प्यारा, स्नेहाकांक्षी, हितैषी, शुभाकांक्षी आदि शब्दों का प्रयोग किया जाता है।

पत्र लिखते समय ध्यान रखने योग्य बातें

- पत्र का विषय स्पष्ट होना चाहिए तथा पत्र में क्रमबद्धता का विशेष ध्यान दिया जाना चाहिए।
- पत्र इतना संक्षिप्त नहीं होना चाहिए कि मुख्य बातें ही छूटी हुई-सी लगें।
- पत्र-लेखन में पुनरुक्ति तथा अनावश्यक वर्णन से बचना चाहिए।
- पत्र में प्रयुक्त वाक्यों की परस्पर संबद्धता होनी चाहिए, जिससे भावों को स्पष्ट रूप से समझा जा सके।
- पत्र की समाप्ति इस प्रकार होनी चाहिए कि पत्र का संदेश स्पष्ट हो सके।
- पत्र की भाषा सरल, स्पष्ट, आदर-सूचक व शुद्ध होनी चाहिए।

पत्र के प्रकार

सामान्यतया पत्रों को दो वर्गों में बाँटा जा सकता है

1. औपचारिक पत्र
2. अनौपचारिक पत्र

1. औपचारिक पत्र

अधिकारियों, कर्मचारियों तथा संस्था प्रमुख, पुस्तक विक्रेता, संपादक आदि को लिखे जाने वाले पत्र **औपचारिक पत्र** कहलाते हैं। इनसे हमारा व्यक्तिगत परिचय नहीं होता है। इन पत्रों में सूचना देने का भाव छिपा होता है। औपचारिक पत्रों के अंतर्गत निम्नलिखित पत्र आते हैं

(क) प्रार्थना-पत्र/आवेदन पत्र
(ख) शिकायती-पत्र
(ग) व्यावसायिक-पत्र
(घ) कार्यालयी-पत्र
(ङ) संपादक के नाम पत्र

औपचारिक पत्र का प्रारूप

प्रश्न दो दिन के अवकाश के संबंध में प्रधानाचार्य को पत्र लिखिए।

पत्र लिखने वाले (प्रेषक) का पता	परीक्षा भवन, दिल्ली।
दिनांक	**दिनांक** 25 अप्रैल, 20XX
पत्र प्राप्तकर्ता का पता	सेवा में, प्रधानाचार्य महोदय रा. सर्वोदय बाल विद्यालय, रूपनगर नं. 1, दिल्ली।
विषय	**विषय** दो दिन के अवकाश के संबंध में।
संबोधन	महोदय,
विषय-वस्तु	सविनय निवेदन यह है कि मैं आपके विद्यालय की छठी कक्षा का छात्र हूँ। कल विद्यालय से घर आते समय मुझे तेज़ धूप में पैदल चलना पड़ा, जिससे घर आते ही मुझे चक्कर और बुखार आ गया। डॉक्टर ने समय-समय पर दवा लेने और दो दिन तक आराम करने की सलाह दी है, इसलिए मैं दो दिन विद्यालय आने में असमर्थ हूँ। अतः मेरी आपसे विनम्र प्रार्थना है कि मुझे 25 और 26 अप्रैल, 20XX को अवकाश देने की कृपा करें।
समापन	सधन्यवाद।
प्रेषक का नाम	आपका आज्ञाकारी शिष्य, क. ख. ग. कक्षा-छठी 'अ' अनुक्रमांक 20

अभ्यास प्रश्न

प्रार्थना-पत्र/आवेदन-पत्र

1. छात्रों के लिए अधिक खेल-सामग्री उपलब्ध कराने का अनुरोध करते हुए विद्यालय के प्रधानाचार्य को प्रार्थना-पत्र लिखिए।

उत्तर परीक्षा भवन,

दिल्ली।

दिनांक 20 अप्रैल, 20XX

सेवा में,

प्रधानाचार्य महोदय,

राजकीय प्रतिभा विकास विद्यालय,

सिविल लाइन्स,

दिल्ली।

विषय अधिक खेल-सामग्री उपलब्ध कराने हेतु।

महोदय,

विनम्र निवेदन यह है कि मैं आपके विद्यालय की कक्षा छठी 'अ' का छात्र हूँ। हमारे विद्यालय में खेल का मैदान तो काफी बड़ा है, किंतु खेल-सामग्री छात्रों के अनुपात में अत्यंत कम है। खेल के पीरियड (समय) में छात्र खेल नहीं पाते। हमारे विद्यालय में काफी समय से खेल का कोई भी नया सामान नहीं खरीदा गया है, विद्यार्थियों को टूटे-फूटे सामान से ही खेलना पड़ता है। यह स्थिति अत्यंत चिंताजनक है।

अत: आपसे अनुरोध है कि विद्यालय में अधिक खेल-सामग्री उपलब्ध कराने की कृपा करें, जिससे छात्र पढ़ाई के साथ-साथ खेल में जीतकर विद्यालय का नाम ऊँचा करें।

सधन्यवाद।

आपका आज्ञाकारी शिष्य,

क. ख. ग.

छठी 'अ' अनुक्रमांक 15

2. विद्यालय में पुनः प्रवेश के लिए प्रधानाचार्य को पत्र लिखिए।

उत्तर परीक्षा भवन,

दिल्ली।

दिनांक 5 अगस्त, 20XX

सेवा में,

प्रधानाचार्या महोदया,

नवीन भारती उच्चतम माध्यमिक विद्यालय,

हर्ष विहार,

दिल्ली।

विषय विद्यालय में पुनः प्रवेश के संबंध में।

महोदया,

सविनय निवेदन यह है कि मैं इस विद्यालय की छठी कक्षा की छात्रा हूँ। लगभग बीस दिन पहले मेरे दादाजी की मृत्यु गाँव में हो गई। यह खबर सुनते ही हमारे परिवार को अचानक गाँव जाना पड़ा। इस बात की सूचना मैं अपनी कक्षा अध्यापिका को न दे सकी। मेरे लगातार कई दिन तक विद्यालय में अनुपस्थित रहने के कारण उन्होंने (कक्षा अध्यापिका) मेरा नाम काट दिया है। अब मैं इस गलती के लिए क्षमा माँगते हुए अपना नाम विद्यालय में पुन: लिखवाने के लिए निवेदन करती हूँ।

आपसे विनम्र प्रार्थना है कि मेरी स्थिति पर सहानुभूतिपूर्वक विचार करते हुए मेरा नाम दोबारा अपने विद्यालय में लिखने की कृपा करें। मैं सदैव आपकी आभारी रहूँगी।

सधन्यवाद।

आपकी आज्ञाकारिणी शिष्या,

क. ख. ग.

छठी 'अ' अनुक्रमांक 2

3. सेक्शन बदलने के लिए प्रधानाचार्य को पत्र लिखिए।

उत्तर परीक्षा भवन,

दिल्ली।

दिनांक 4 सितंबर, 20XX

सेवा में,

प्रधानाचार्य महोदय,

राजकीय वरिष्ठ माध्यमिक बाल विद्यालय,

ईस्ट पंजाबी बाग,

दिल्ली।

विषय सेक्शन बदलवाने के संबंध में।

महोदय,

विनम्र निवेदन यह है कि मैं इस विद्यालय की छठी कक्षा का छात्र हूँ। इस महीने के आरंभ में मुझे टायफाइड हो गया था। इस कारण मुझे दस दिन अस्पताल में भर्ती रहना पड़ा। उसके बाद भी मैं दस दिन और विद्यालय न आ सका। इससे मेरी पढ़ाई छूट गई और मेरा कार्य अधूरा रह गया। मेरा भाई इसी विद्यालय की छठी 'ब' में पढ़ता है। यदि मेरा सेक्शन बदल दिया जाए तो उसकी सहायता से मैं अपना काम आसानी से पूरा कर सकता हूँ।

आपसे प्रार्थना है कि मेरा सेक्शन छठी 'अ' से बदलकर छठी 'ब' करने की कृपा करें।

सधन्यवाद।

आपका आज्ञाकारी शिष्य,

क. ख. ग.

छठी 'अ' अनुक्रमांक 22

4. प्रधानाचार्य को छात्रवृत्ति के लिए आवेदन-पत्र लिखिए।

उत्तर परीक्षा भवन,

दिल्ली।

दिनांक 10 सितंबर, 20XX

सेवा में,

प्रधानाचार्य महोदय,

राजकीय उच्चतर माध्यमिक विद्यालय,

दिल्ली।

विषय छात्रवृत्ति हेतु आवेदन-पत्र।

श्रीमान,

सविनय निवेदन है कि मैं आपके विद्यालय में छठी कक्षा की छात्रा हूँ। मैं परीक्षा में सदैव अच्छे अंकों से पास होती हूँ तथा पढ़ाई के साथ-साथ स्कूल में होने वाले अन्य कार्यक्रमों में भी रुचि लेती हूँ। खेलकूद में भी मुझे अब तक कई पुरस्कार प्राप्त हो चुके हैं। विद्यालय के सभी अध्यापक मेरे आचरण से पूरी तरह संतुष्ट हैं। इस वर्ष मेरे घर की आर्थिक स्थिति खराब हो गई है। मेरे पिताजी नौकरी से सेवानिवृत्त हो गए हैं। मेरी पढ़ाई दो माह पहले प्रारंभ हो गई है, परंतु अभी तक मैं अपनी पाठ्यपुस्तकें भी नहीं खरीद पाई हूँ।

मेरी आपसे विनम्र प्रार्थना है कि मुझे छात्रवृत्ति देने की कृपा करें। मैं आपकी सदैव आभारी रहूँगी।

सधन्यवाद।

आपकी आज्ञाकारी शिष्या,

क. ख. ग.

छटी 'अ' अनुक्रमांक 9

शिकायती पत्र

5. पेयजल संकट के निवारण हेतु जल निगम अधिकारी को पत्र लिखिए।

उत्तर परीक्षा भवन,

दिल्ली।

दिनांक 10 मार्च, 20XX

सेवा में,

जल निगम अधिकारी,

दिल्ली जल बोर्ड संस्थान,

16 राजपुर रोड,

दिल्ली।

विषय पेयजल संकट के निवारण के संबंध में।

महोदय,

निवेदन यह है कि मैं सी-सी कॉलोनी का निवासी हूँ। हमारे मोहल्ले में पिछले पंद्रह-बीस दिनों से पानी बहुत कम आ रहा है। यहाँ सुबह-शाम एक-दो घंटे के लिए ही पानी आता है। पानी का दबाव इतना कम होता है कि ऊपर की मंजिलों पर वह नहीं चढ़ पाता है। इसके अतिरिक्त जितनी देर के लिए पानी आता है, वह पानी गंदा होता है, जिसमें बदबू आती है। इस पानी को पीने से हैजा, अपच जैसी बीमारियाँ फैल रही हैं।

अत: मेरी आपसे प्रार्थना है कि पानी की गुणवत्ता में सुधार करते हुए पानी की आपूर्ति को नियमित एवं सुचारु करने की कृपा करें।

सधन्यवाद।

भवदीय,

क. ख. ग.

6. स्वास्थ्य अधिकारी को मोहल्ले में नियमित सफाई न होने की शिकायत करते हुए पत्र लिखिए।

उत्तर परीक्षा भवन,

दिल्ली।

दिनांक 25 अगस्त, 20XX

सेवा में,

स्वास्थ्य अधिकारी महोदय,

उत्तरी दिल्ली नगर निगम,

दिल्ली।

विषय मोहल्ले की सफाई व्यवस्था के संबंध में।

महोदय,

मैं आपका ध्यान अपने मोहल्ले इंदिरा विकास कॉलोनी की सफाई की बदहाल स्थिति की ओर आकर्षित करना चाहता हूँ। हमारे मोहल्ले में नियुक्त सफाईकर्मी सप्ताह में एक या दो दिन ही सफाई करते हैं और वे कूड़े का ढेर लगाकर चले जाते हैं। इस ढेर पर कुत्ते मल-मूत्र त्यागते हैं और गायें इसे इधर-उधर बिखरा जाती हैं। इसके अतिरिक्त नालियों की सफाई न होने से उनमें बदबू मारने लगी है, जिससे यहाँ रहना कठिन हो गया है। नियमित सफाई न होने के कारण यहाँ रहने वाले निवासी बीमार हो रहे हैं।

अत: मेरी आपसे प्रार्थना है कि आप स्वयं इस मामले में आवश्यक कदम उठाते हुए सफाई व्यवस्था को सुचारु करवाने की कृपा करें।

धन्यवाद।

भवदीय,

क. ख. ग.

कार्यालयी पत्र

7. साइकिल खोने की सूचना देते हुए थानाध्यक्ष को पत्र लिखिए।

उत्तर परीक्षा भवन,

दिल्ली।

दिनांक 10 जुलाई, 20XX

सेवा में,

थानाध्यक्ष महोदय,

करोलबाग,

दिल्ली।

विषय साइकिल खोने के संबंध में।

महोदय,

निवेदन यह है कि मैं कल शाम कुछ पुस्तकें और स्टेशनरी का सामान लेने के लिए टैंक रोड गया था। किताबों की दुकान पर भीड़ होने के

कारण मुझे दुकान पर बीस-पच्चीस मिनट लग गए। मैंने दुकान के सामने दीवार के पास अपनी साइकिल खड़ी की थी, परंतु कुछ देर बाद वह वहाँ से गायब हो गई।

मैंने आस-पास के दुकानदारों और कुछ लोगों से पूछताछ की, पर कुछ पता न चला। मैंने हीरो कंपनी के रेंजर मॉडल की इस साइकिल को 27 मार्च, 20XX को खरीदा था।

मेरी आपसे विनम्र प्रार्थना है कि इस साइकिल के खोने की सूचना दर्ज करते हुए इसे खोजने में मेरी मदद करने की कृपा करें।

सधन्यवाद।

भवदीय

क. ख. ग.

8. डाकिए की डाक बाँटने हेतु अनियमितता की शिकायत करते हुए क्षेत्र के मुख्य पोस्टमास्टर को पत्र लिखिए।

उत्तर परीक्षा भवन

दिल्ली।

दिनांक 8 नवंबर, 20XX

सेवा में,

मुख्य पोस्टमास्टर,

प्रधान डाकघर,

सीमापुरी,

दिल्ली।

विषय डाकिए की डाक बाँटने हेतु अनियमितता की शिकायत हेतु।

महोदय,

मैं इस पत्र के माध्यम से आपका ध्यान अपने क्षेत्र सीमापुरी में नियुक्त डाकिए की कार्य शैली की ओर आकर्षित कराना चाहता हूँ। इस क्षेत्र में नियुक्त डाकिया चिट्ठियाँ बाँटने महीने में एक-दो दिन ही आता है और गली के बाहर खेल रहे बच्चों को डाक पकड़ा जाता है। बच्चे इसे खेलने की वस्तु समझकर इधर-उधर फेंक देते हैं। कई बार वह पत्र गलत पते पर भी डाल देता है तथा कभी वह पत्रों को घर के बाहर ही फेंककर चला जाता है, जिससे हमारे पत्र हमें नहीं मिल पाते हैं। इससे हमें परेशानी का सामना करना पड़ता है।

अत: आपसे प्रार्थना है कि इस मामले में व्यक्तिगत रुचि लेकर डाक वितरण व्यवस्था सुचारू करने की कृपा करें।

धन्यवाद।

भवदीय

क. ख. ग.

व्यावसायिक पत्र

9. आपको कुछ पुस्तकों की आवश्यकता है। इस संदर्भ में पुस्तक विक्रेता को वीपीपी द्वारा पुस्तक भेजने के लिए पत्र लिखिए।

उत्तर परीक्षा भवन,

दिल्ली।

दिनांक 21 जुलाई, 20XX

सेवा में,

संचालक महोदय,

हिंदी बुक सेंटर,

आसफ अली रोड,

नई दिल्ली, 110002

विषय वीपीपी द्वारा पुस्तकें भेजने हेतु पत्र।

महोदय,

सविनय निवेदन है कि मैं राजकीय प्रतिभा विकास विद्यालय का छात्र हूँ। मुझे कुछ पुस्तकों की शीघ्र आवश्यकता है। अत: आपसे अनुरोध है कि उचित कमीशन काटकर वीपीपी द्वारा निम्ननिखित पुस्तकें शीघ्र भेजने की कृपा करें

1. हिंदी व्याकरण भाग-3 (एक प्रति)
2. हिंदी व्याकरण भाग-8 (एक प्रति)
3. साहित्य संगम सं. सुधाकर पांडेय (एक प्रति)

धन्यवाद।

भवदीय,

क. ख. ग.

संपादकीय पत्र

10. हिंसा प्रधान फिल्मों को देखकर बाल मन पर पड़ने वाले इनके दुष्प्रभाव का वर्णन करते हुए दैनिक समाचार-पत्र के संपादक को पत्र लिखिए।

उत्तर परीक्षा भवन,

दिल्ली।

दिनांक 25 जनवरी, 20XX

सेवा में,

संपादक महोदय,

नवभारत टाइम्स,

दिल्ली।

विषय हिंसा प्रधान फिल्मों के बाल मन पर पड़ रहे दुष्प्रभाव हेतु।

महोदय,

मैं आपके दैनिक लोकप्रिय समाचार-पत्र के माध्यम से सरकार और समाज का ध्यान हिंसा प्रधान फिल्मों के पड़ने वाले दुष्प्रभाव की ओर दिलाना चाहती हूँ। आजकल दूरदर्शन के विभिन्न चैनलों पर हिंसा प्रधान फिल्मों को देखकर लगता है कि सरकार का इन पर कोई नियंत्रण नहीं रह गया है। आज समाज में लूटपाट एवं हिंसा की घटनाओं के पीछे ये फिल्में ही हैं। इन फिल्मों से युवा मन जल्दी ही बुराई की ओर आकर्षित होता है। इस प्रवृत्ति को रोकना अत्यंत आवश्यक है।

मैं इस पत्र के माध्यम से सरकार के 'सूचना एवं प्रसारण मंत्रालय' से अपील करती हूँ कि वह अपनी नीति में उपयुक्त सुधार करके हिंसा प्रधान फिल्मों पर रोक लगाए।

सधन्यवाद।

भवदीया,

क. ख. ग.

2. अनौपचारिक पत्र

सगे-संबंधियों, मित्रों, पारिवारिक संबंधियों तथा परिचित व्यक्तियों को लिखे गए पत्र अनौपचारिक पत्र कहलाते हैं। इन पत्रों में व्यक्ति से संबंधित सुख-दु:ख, हर्ष, उत्साह, आत्मीयता का भाव छिपा होता है, जिसकी अनुभूति पढ़ने और लिखने वाले दोनों को होती है।

अनौपचारिक पत्र का प्रारूप

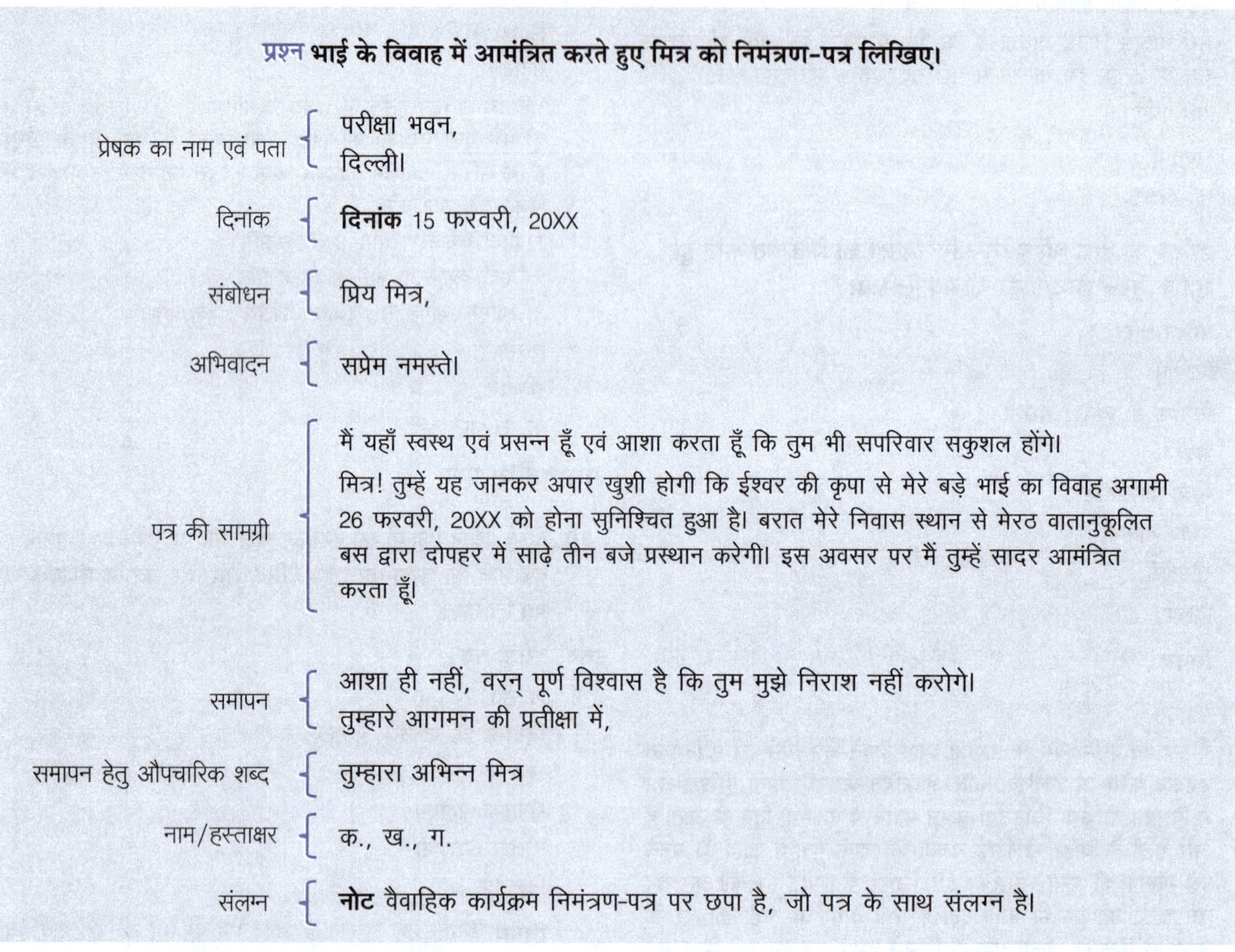

प्रश्न भाई के विवाह में आमंत्रित करते हुए मित्र को निमंत्रण-पत्र लिखिए।

प्रेषक का नाम एवं पता	परीक्षा भवन, दिल्ली।
दिनांक	**दिनांक** 15 फरवरी, 20XX
संबोधन	प्रिय मित्र,
अभिवादन	सप्रेम नमस्ते।
पत्र की सामग्री	मैं यहाँ स्वस्थ एवं प्रसन्न हूँ एवं आशा करता हूँ कि तुम भी सपरिवार सकुशल होंगे। मित्र! तुम्हें यह जानकर अपार खुशी होगी कि ईश्वर की कृपा से मेरे बड़े भाई का विवाह अगामी 26 फरवरी, 20XX को होना सुनिश्चित हुआ है। बरात मेरे निवास स्थान से मेरठ वातानुकूलित बस द्वारा दोपहर में साढ़े तीन बजे प्रस्थान करेगी। इस अवसर पर मैं तुम्हें सादर आमंत्रित करता हूँ।
समापन	आशा ही नहीं, वरन् पूर्ण विश्वास है कि तुम मुझे निराश नहीं करोगे। तुम्हारे आगमन की प्रतीक्षा में,
समापन हेतु औपचारिक शब्द	तुम्हारा अभिन्न मित्र
नाम/हस्ताक्षर	क., ख., ग.
संलग्न	**नोट** वैवाहिक कार्यक्रम निमंत्रण-पत्र पर छपा है, जो पत्र के साथ संलग्न है।

अभ्यास प्रश्न

1. अपने मित्र को पत्र लिखिए, जिसमें उसे स्वच्छ भारत अभियान से जुड़ने का आग्रह किया गया है।

उत्तर परीक्षा भवन,
दिल्ली।

दिनांक 29 सितंबर, 20XX

प्रिय मित्र,

सप्रेम नमस्ते।

आशा है कि तुम्हारी पढ़ाई ठीक चल रही होगी और तुम मन लगाकर परीक्षा की तैयारी में लगी होगी। तुम्हें यह जानकर खुशी होगी कि हमारे विद्यालय ने प्रधानमंत्री द्वारा चलाए गए 'स्वच्छ भारत अभियान' से जुड़ने का निश्चय किया है। विद्यालय के सभी छात्र अपने-अपने क्षेत्रों में स्वच्छता अभियान से जुड़ेंगे। वे प्रत्येक रविवार को स्थान-स्थान पर अपने अध्यापकों के मार्गदर्शन में समूह बनाकर स्वच्छता का कार्य करेंगे। मैं चाहती हूँ कि तुम भी अपने विद्यालय के सहपाठियों व अध्यापकों से इस विषय पर बातचीत करो तथा इस कार्य में सहयोगी बनने के लिए प्रेरित करो। यदि हम अपने आस-पास के स्थान को गंदगी से मुक्त रखेंगे तथा स्वच्छ बनाएँगे, तो यह बहुत महत्त्वपूर्ण कदम होगा।

मुझे पूरी आशा है कि तुम स्वच्छ भारत अभियान से जुड़कर भारत को स्वच्छ बनाने में पूरा सहयोग दोगी।

तुम्हारी अभिन्न मित्र
क. ख. ग.

2. मित्र को जन्मदिन की बधाई देते हुए पत्र लिखिए।

उत्तर परीक्षा भवन,
दिल्ली।

दिनांक 7 जुलाई, 20XX

प्रिय मित्र,

सप्रेम नमस्ते।

कल शाम को तुम्हारा पत्र मिला। पढ़कर खुशी हुई कि तुम छात्रावास में सकुशल हो। मैं ईश्वर से यह कामना भी करता हूँ कि तुम स्वस्थ रहो।

मित्र! मुझे सबसे अधिक खुशी यह जानकर हुई कि तुम्हारा जन्मदिन आगामी 20 जुलाई को है। मैं तुम्हें जन्मदिन की खूब सारी बधाइयाँ देता हूँ। मुझे तुम्हारा पिछला जन्मदिन आज भी याद है। उस समय हमने तुम्हारे दोस्तों के साथ मिलकर जो आनंद उठाया था, उसे मैं भूल न सका। इस बार भी हम सब तुम्हारा जन्मदिन खूब हर्षोल्लास से मनाएँगे।

मेरी ओर से एक बार फिर ढेर सारी बधाइयाँ एवं शुभकामनाएँ स्वीकार करो। शेष मिलने पर,

तुम्हारा मित्र
क. ख. ग.

3. भाई को परीक्षा में मिली सफलता पर बधाई देते हुए पत्र लिखिए।

उत्तर परीक्षा भवन,
नई दिल्ली।

दिनांक 25 अक्टूबर, 20XX

प्रिय मित्र,

सप्रेम नमस्ते।

अभी-अभी समाचार मिला कि तुम परीक्षा में 99.9 प्रतिशत अंकों के साथ पूरे विद्यालय में प्रथम आए हो। यह जानकर मुझे अत्यंत प्रसन्नता हुई। यह सब तुम्हारी लगन एवं कड़ी मेहनत का ही फल है। तुमने माताजी व पिताजी के साथ-साथ पूरे परिवार का नाम रोशन कर दिया है।

घर में परिजनों व मित्रों के बधाई-संदेश आ रहे हैं। हम सभी लोगों को तुम्हारे ऊपर बड़ा गर्व है। ईश्वर करें, तुम भविष्य में भी इसी तरह से सफलताएँ प्राप्त करते रहो और परिवार का नाम रोशन करते रहो।

तुम्हारा भाई
क. ख. ग.

4. छात्रावास में रहते हुए पुस्तकें खरीदने व फीस जमा कराने हेतु रुपये मँगवाने के लिए पिताजी को पत्र लिखिए।

उत्तर परीक्षा भवन,
दिल्ली।

दिनांक 5 अप्रैल, 20XX

पूज्य पिताजी
सादर चरण स्पर्श!

मैं यहाँ पर सकुशल हूँ और आशा करता हूँ कि घर पर आप सब भी सकुशल होंगे।

पिताजी! आपको यह जानकर प्रसन्नता होगी कि मैंने छठी कक्षा में A+ ग्रेड प्राप्त किया है। कक्षाध्यापिका ने मेरा रिपोर्ट कार्ड देखकर मेरी पीठ थपथपाई। अब मुझे सातवीं कक्षा के लिए छात्रावास की फीस जमा कराने के अतिरिक्त कुछ पुस्तकें भी खरीदनी हैं। इसके लिए मुझे तीन हजार रुपये की आवश्यकता है। इन्हें आप मनीऑर्डर द्वारा शीघ्र भिजवा दीजिए, जिससे मैं समय पर पुस्तकें खरीद सकूँ व फीस जमा कर सकूँ।

पूज्य माताजी को प्रणाम तथा सौम्य को स्नेह। शेष अगले पत्र में,

आपका प्रिय पुत्र

क. ख. ग.

5. अपने नए विद्यालय की विशेषताओं को बताते हुए माताजी को पत्र लिखिए।

उत्तर परीक्षा भवन,

दिल्ली।

दिनांक 20 अप्रैल, 20XX

पूज्या माताजी,

सादर प्रणाम।

कल शाम आपका पत्र मिला। पत्र पढ़कर खुशी हुई। मैं भी यहाँ छात्रावास में सकुशल रहकर अपनी पढ़ाई कर रही हूँ।

माँ! जब आपने मेरा इस नए विद्यालय में दाखिला करवाया था, तब मन में अनेक शंकाएँ जन्म ले रही थीं, पर एक सप्ताह में ही उनका निवारण हो गया। यह विद्यालय हरे-भरे पेड़ों के बीच विशाल मैदान में स्थित है। इसके कमरे बड़े-बड़े, साफ तथा हवादार हैं। यहाँ के शिक्षक परिश्रमी हैं, जो छात्रों को लगन एवं प्यार से पढ़ाते हैं। छात्रावास में मिलने वाला खाना पौष्टिक एवं ताजा होता है। छात्रावास में भी पढ़ाई का उत्तम वातावरण है। अब चिंता की कोई बात नहीं है।

पूज्य पिताजी को सादर चरण स्पर्श तथा छोटे भाई को स्नेह। शेष अगले पत्र में,

आपकी प्रिय पुत्री

क. ख. ग.

स्व-मूल्यांकन

औपचारिक पत्र

1. मोबाइल बिल के विषय में शिकायत करते हुए कंपनी विशेष के प्रबंधक को पत्र लिखिए।
2. भाई की शादी पर जाने के लिए चार दिन के अवकाश के लिए प्रधानाचार्य को पत्र लिखिए।
3. आप अपने परिवार के साथ वैष्णो देवी की यात्रा पर जा रहे हैं। अतः पाँच दिन का अवकाश देने के लिए अपने प्रधानाचार्य को पत्र लिखिए।
4. विद्यालय स्थानांतरण प्रमाण-पत्र प्रदान करने हेतु प्रधानाचार्य को प्रार्थना-पत्र लिखिए।
5. विद्युत की अनियमित आपूर्ति को सुधारने के लिए दिल्ली विद्युत विभाग के कमिश्नर को पत्र लिखिए।
6. बच्चों के खाने के सामान में मिलावट की शिकायत करते हुए खाद्य विभाग के मुख्य अधिकारी को शिकायती-पत्र लिखिए।
7. आपके क्षेत्र में आजकल बहुत चोरियाँ हो रही हैं। अतः रात्रि में पुलिस की गश्त बढ़ाने के लिए थाना-प्रभारी को पत्र लिखिए।
8. हिंदी व संस्कृत कक्षा-6 की वर्कबुक की 5-5 प्रतियाँ मँगाने के लिए पुस्तक विक्रेता को पत्र लिखिए।
9. अपने छोटे भाई, जो जयपुर हॉस्टल में रहता है को विज्ञान के 6 रजिस्टर भेजने के लिए पुस्तक विक्रेता को पत्र लिखिए।
10. अपने विद्यालय में संपन्न हुए वृक्षारोपण समारोह का विवरण देते हुए किसी दैनिक समाचार-पत्र के संपादक को पत्र लिखिए।

अनौपचारिक पत्र

1. विदेश-यात्रा पर जाने वाले मित्र को शुभकामनाएँ देते हुए पत्र लिखिए।
2. अपने जन्मदिन पर आमंत्रित करते हुए अपने मित्र को पत्र लिखिए।
3. लखनऊ में रहने वाले अपने मित्र अनुज को पत्र लिखकर दिल्ली दर्शन के लिए आमंत्रित कीजिए।
4. आपके मित्र को छात्रवृत्ति प्राप्त हुई है। उसे बधाई-पत्र लिखिए।
5. छात्रावास में खान-पान की उत्तम व्यवस्था का वर्णन करते हुए अपनी माताजी को पत्र लिखिए।
6. अपनी छोटी बहन को पत्र लिखकर पढ़ाई में मन लगाने की सलाह दीजिए।
7. अपने छोटे भाई को सफाई का महत्त्व बताते हुए पत्र लिखिए।
8. आपके मोहल्ले में प्रकाश की व्यवस्था कम है। विद्युत अधिकारी का इस विषय की ओर ध्यान दिलाते हुए पत्र लिखिए।

अध्याय

2

अनुच्छेद-लेखन

अनुच्छेद का अर्थ

किसी विषय पर संक्षेप में अपने भाव-विचार व्यक्त करना **अनुच्छेद-लेखन** कहलाता है। अनुच्छेद में किसी एक विषय पर संक्षेप में मुख्य बिंदुओं पर चर्चा की जाती है। अनुच्छेद लेखन को निबंध का लघु रूप भी कहा जाता है, लेकिन निबंध और अनुच्छेद में अंतर होता है। निबंध में विषय के पक्ष-विपक्ष में तथा उसके विभिन्न पहलुओं पर विस्तृत रूप से लिखा जाता है, किंतु अनुच्छेद के विषय को विस्तृत रूप से न लिखकर प्राय: 80-100 शब्दों में मुख्य बिंदुओं का ही वर्णन किया जाता है।

अनुच्छेद-लेखन करते समय ध्यान रखने योग्य बातें

- अनुच्छेद लेखन के लिए दिए गए शीर्षक व संकेत बिंदुओं पर विचार कर लेना चाहिए।
- अनुच्छेद के केंद्र-बिंदु को ध्यान में रखकर अनुच्छेद न अधिक बड़ा न अधिक छोटा होना चाहिए।
- संक्षेपीकरण के कारण अनुच्छेद अधूरा नहीं रह जाना चाहिए।
- विषय के किसी भी बिंदु की विस्तृत व्याख्या से बचना चाहिए।
- अनुच्छेद की भाषा सरल व प्रभावपूर्ण होनी चाहिए।
- पुनरुक्ति से बचने का हरसंभव प्रयास करना चाहिए।
- विषय-वस्तु से संबंधित विचारों को व्यवस्थित व क्रमबद्ध रूप में लिखना चाहिए।
- मुहावरे, लोकोक्तियों का प्रयोग अनुच्छेद को प्रभावशाली बनाते हैं।
- अनुच्छेद के अंत में विषय का निष्कर्ष पूरी तरह स्पष्ट हो जाना चाहिए।

अभ्यास प्रश्न

भारत का नया संसद भवन

संकेत बिंदु

- भवन का उद्घाटन
- संरचना
- सीटों की संख्या
- आत्मनिर्भर भारत का प्रतीक

भारत के प्रधानमंत्री नरेंद्र मोदी जी ने 28 मई, 2023 को राष्ट्रीय राजधानी दिल्ली में नए संसद भवन का उद्घाटन किया है। दिल्ली में पुराने संसद भवन को अब लगभग 100 वर्ष पूरे हो गए थे। ऐसे में एक नए संसद भवन की कमी महसूस हो रही थी, जिसमें आज के युग की नव-तकनीकें मौजूद हों। फलस्वरूप 10 दिसंबर, 2020 को नरेंद्र मोदी द्वारा संसद के नए भवन की आधारशिला रखी गई। नए संसद भवन का आकार वास्तुशिल्प संरचना के अनुसार त्रिकोणीय है। इसका निर्माण सेंट्रल विस्टा संरचनाओं की तर्ज पर किया गया है। इसमें लोकसभा, राज्यसभा, केंद्रीय लाउंज और संवैधानिक प्राधिकरणों के कार्यालय हैं। नई संसद में लोकसभा सीटों की संख्या 888 है। राज्यसभा में सदस्यों के बैठने की क्षमता को 280 से बढ़ाकर 384 की गई है अर्थात् संयुक्त सत्र के दौरान नए संसद भवन में 1,272 से ज्यादा सांसद बैठ सकेंगे। नए संसद भवन में रखा जाने वाले संगोल की कहानी वास्तव में भारत की आज़ादी और देश के पहले प्रधानमंत्री जवाहरलाल नेहरू से जुड़ी हुई है।

नए संसद भवन के निर्माण का टेंडर टाटा ग्रुप ने जीता था। नए संसद भवन को 'आत्मनिर्भर भारत की भावना' का प्रतीक माना जाएगा।

बाल मजदूरी–एक सामाजिक अभिशाप

संकेत बिंदु

- काम करने की विवशता
- बचपन का छिन जाना
- कारण
- उपाय

आज भारत को जिन सामाजिक समस्याओं का सामना करना पड़ रहा है, उनमें बाल मजदूरी प्रमुख है। बाल मजदूरी छोटी उम्र में बच्चों द्वारा व्यावसायिक काम करने की विवशता है। बचपन मानव जीवन का स्वर्णिम काल होता है। इस काल में बच्चा खेल-कूदकर अपना मनोरंजन और शारीरिक विकास करता है। वह पढ़-लिखकर समाजोपयोगी नागरिक बनता है, परंतु बचपन में मजदूरी करने से उसका बचपन छिन जाता है और खेल-कूद तथा पढ़ाई-लिखाई के अवसर नष्ट हो जाते हैं। इससे बच्चा बन्धुआ मजदूर बनकर रह जाता है। वह एक मजदूर की जिंदगी जीने को अभिशप्त हो जाता है।

बाल मजदूरी का प्रमुख कारण निर्धनता है। इसके कारण न चाहते हुए भी माता-पिता अपने बच्चों को काम पर भेजने के लिए विवश होते हैं। इसके अतिरिक्त समाज के कुछ स्वार्थी लोग बच्चों से लगभग मुफ्त में नौकरी करवाकर मोटा मुनाफा कमाते हैं। सरकार को बाल मजदूरी रोकने की दिशा में ठोस कदम उठाने चाहिए।

आदित्य एल 1 सौर मिशन

संकेत बिंदु

- पहला सौर मिशन
- उद्देश्य
- कब लॉन्च किया गया
- क्रांतिकारी मिशन

आदित्य एल 1 एक कोरोनोग्राफी अंतरिक्ष यान है। यह सूर्य का अध्ययन करने वाला भारत का पहला सौर मिशन है। पहले इसका नाम आदित्य-1 था, जिसे बदलकर आदित्य एल 1 कर दिया गया। आदित्य एल 1 का प्राथमिक उद्देश्य विशेष रूप से सूर्य की बाहरी परत, पृथ्वी की जलवायु और सौर कोरोना गतिविधियों के प्रभाव का अध्ययन करना है।

आदित्य एल 1 मिशन भारतीय अंतरिक्ष अनुसंधान संस्थान (ISRO) द्वारा डिजाइन और विकसित किया गया है। इसे 2 सितंबर, 2023 को प्रात: 11 बजकर 50 मिनट पर PSLV-C57 रॉकेट द्वारा श्रीहरिकोटा के सतीश धवन अंतरिक्ष केंद्र से लॉन्च किया गया है। इसे पृथ्वी से लगभग 15 लाख किमी की दूरी पर लैग्रेंज प्वाइंट 1(एल 1) नामक स्थान के आस-पास एक प्रभा मंडल कक्षा में स्थापित किया गया। यह एल 1 अंतरिक्ष में एक स्थान है, जहाँ सूर्य और पृथ्वी जैसे दो खगोलीय पिंडों के गुरुत्वाकर्षण बल संतुलन में हैं। यह वहाँ रखी हुई वस्तु को दोनों खगोलीय पिंडों के संबंध में अपेक्षाकृत स्थिर रहने की अनुमति देता है। आदित्य एल 1, 6 जनवरी, 2024 को सफलतापूर्वक पहुँच गया।

यह मिशन भारत के लिए अत्यंत महत्त्वपूर्ण मिशन है, जो सूर्य की गतिशीलता और अंतरिक्ष मौसम की समझ में क्रांतिकारी परिवर्तन लाएगा।

बच्चों के बस्ते का बढ़ता बोझ

संकेत बिंदु

- अधिक पुस्तकों का बोझ
- मानसिक विकास में रुकावट
- शिक्षा की प्रणाली में परिवर्तन लाना

शिक्षा में ज्यों-ज्यों निजी क्षेत्र का हस्तक्षेप बढ़ा है, त्यों-त्यों अच्छी शिक्षा देने के नाम पर प्राइवेट स्कूल पाठ्यक्रम में पुस्तकें बढ़ाते ही जा रहे हैं, जिसका सीधा असर बच्चों के कंधों और उनके बस्तों पर पड़ रहा है। आज छोटे-छोटे बच्चों को उनके वजन के बराबर या उससे अधिक वजन वाला बस्ता लेकर स्कूल जाते हुए देखा जा सकता है।

अब तो बच्चों का बस्ता पहुँचाने के लिए अभिभावकों को भी साथ जाना पड़ रहा है। माता-पिता की पसंद के अनुरूप भी अब ऐसे विद्यालय बनते जा रहे हैं, जहाँ खूब सारी किताबें मँगवाई जाती हैं। अधिकांश माता-पिता के लिए किताबों की अधिकता ही उनके लिए अच्छी शिक्षा की गारंटी देती है, जबकि इससे बच्चे का मानसिक विकास नहीं हो पाता है।

बच्चों को इतना गृहकार्य दिया जाने लगा है कि उन्हें पूरा कराने के लिए या तो ट्यूटर की जरूरत पड़ने लगी है या माता-पिता उन्हें खुद पढ़ाने के लिए विवश हैं। बच्चों की शिक्षा का माध्यम सिर्फ पुस्तकीय ज्ञान न होकर व्यावहारिक एवं रचनात्मक होना चाहिए। अत: विद्यालयी शिक्षा की प्रक्रिया में परिवर्तन लाकर बच्चों के बस्तों के बढ़ते बोझ को कम करके पाठ्यक्रम में बदलाव लाने की आवश्यकता है।

बढ़ती आबादी, घटते वन

संकेत बिंदु

- जनसंख्या का बढ़ना व संसाधनों का घटना
- देश के विकास में बाधा
- वनों की अँधाधुँध कटाई
- नियंत्रण की आवश्यकता

भारत की जनसंख्या में जिस तीव्रता के साथ वृद्धि हो रही है, उतने ही तीव्रता से संसाधन भी घटते जा रहे हैं। तीव्रता से बढ़ती आबादी के कारण देश को अनेक समस्याओं का सामना करना पड़ रहा है। इससे एक ओर देश का विकास बाधित हो रहा है, तो दूसरी ओर प्राकृतिक संसाधनों पर भी इसका बुरा असर दिखाई देने लगा है। जनसंख्या की बढ़ती जरूरतें पूरी करने के लिए वनों की अँधाधुँध कटाई की जा रही है।

वनों की इस कटाई से लोगों की आवास समस्या तो हल हो रही है, परंतु अप्रत्यक्ष रूप से अनेक समस्याएँ पैदा हो रही हैं। इससे वायु प्रदूषण बढ़ रहा है, तो हरियाली में भी कमी होती जा रही है। वन्यजीवों की अनेक प्रजातियाँ विलुप्त होने की कगार पर पहुँच चुकी हैं।

धरती का तापमान बढ़ रहा है और ओजोन परत प्रभावित हो रही है। मानवता को बचाए रखने के लिए वनों की कटाई और जनसंख्या वृद्धि दोनों पर नियंत्रण करने की आवश्यकता है। तभी पृथ्वी पर जीवन सुचारु रूप से चल पाएगा।

आर्टिफिशियल इंटेलिजेंस (कृत्रिम बुद्धिमत्ता)

संकेत बिंदु

- कंप्यूटर पर निर्भरता
- मानव बुद्धि की नकल
- उपयोग
- संभावित खतरे

आधुनिक समय में हमारा जीवन काफी हद तक कंप्यूटर पर निर्भर हो गया है। कंप्यूटर के बिना जीवन के बारे में सोचना लगभग असंभव है, इसलिए कंप्यूटर को इंटेलिजेंस बनाना बहुत जरूरी है ताकि हमारा जीवन सरल हो सके। आर्टिफिशियल इंटेलिजेंस कंप्यूटर का सिद्धांत और विकास है, जो मानव बुद्धि की नकल है।

कृत्रिम बुद्धिमत्ता विभिन्न क्षेत्रों; जैसे—चिकित्सा में रोगी के रोग का पता लगाने में, शिक्षा में छात्रों को नवीन तकनीक द्वारा पढ़ाने, वित्तीय क्षेत्र में डाटा का विश्लेषण करके निवेशकों के लिए निवेश का उचित सुझाव देना, धोखाधड़ी को पहचानना, कृषि जगत में पौधों की देख-रेख, मौसम की स्थिति, तापमान आदि में उपयोगी है।

कृत्रिम बुद्धिमत्ता कंप्यूटर और रोबोटिक्स की दुनिया में क्रांति जैसा है, परंतु इससे संभावित खतरे भी हैं। यदि मशीनें स्वयं निर्णय लेने लगेंगी और उस पर नियंत्रण नहीं किया गया तो यह मानव सभ्यता के लिए खतरा है। कृत्रिम बुद्धिमत्ता दुनिया का भविष्य बनाने के लिए पूर्ण रूप से तैयार है। यह मानव जाति के इतिहास में एक बड़ी क्रांति लाएगा।

मीठी वाणी की महत्ता

संकेत बिंदु

- वाणी का महत्त्व
- मीठी वाणी का प्रभाव
- मीठी व कड़वी वाणी में अंतर

कवि रहीम ने कहा है कि
"कागा काको लेत है, कोयल काको देय!
मीठे वचन सुनाय के जग अपनो करि लेय!"
अर्थात् न कौआ किसी का कुछ लेता है और न कोयल किसी को कुछ देती है। एक ओर कौए को भगाया जाता है, तो दूसरी ओर कोयल अपनी वाणी से लोगों को अपना बना लेती है। इससे वाणी की महत्ता अपने आप सिद्ध हो जाती है। इसी प्रकार व्यावहारिक जीवन में भी हम कुछ लोगों की बातें मुग्ध होकर सुनते हैं, जबकि कुछ लोगों का कर्कश स्वर सुनकर हम अपने कान बंद कर लेना चाहते हैं।

मीठी वाणी अपने प्रभाव से शत्रु को भी मित्र बना लेती है। इससे सुनने वाले को सुख मिलता है। मधुर वाणी औषधि के समान होती है, जिससे सुनने वाले के दिल को शांति, शीतलता और संतुष्टि मिलती है। यह रेगिस्तान में मरुद्यान की भाँति होती है, जहाँ बैठकर शांति पाने की इच्छा होती है। कहा गया है कि कड़वी वाणी तलवार की भाँति ऐसी चोट पहुँचाती है, जिसे समय का मरहम भी नहीं भर पाता है। अत: हमें सदैव मधुर वाणी ही बोलनी चाहिए।

परिश्रम का महत्त्व

संकेत बिंदु

- सफलता का साधन
- मनुष्य का कर्त्तव्य
- परिश्रम न करने से हानि
- उन्नति का मूल मंत्र

'उद्यमेन हि सिध्यंति कार्याणि न मनोरथै:'! इस श्लोक की पंक्ति का भाव यह है कि परिश्रम से ही काम सिद्ध होते हैं, मन में सोचने मात्र से नहीं। सच भी है कि इस संसार में मनोवांछित सफलता पाने का सबसे अच्छा और महत्त्वपूर्ण साधन परिश्रम ही है। परिश्रम करना मनुष्य का कर्त्तव्य है और यही उसके हाथ में है। बिना परिश्रम के फल की कामना करना दिवास्वप्न देखने जैसा है। मनुष्य को स्वभावत: परिश्रमशील होना चाहिए। परिश्रम करने से व्यक्ति का शरीर फुर्तीला और चुस्त रहता है। इसके अभाव में व्यक्ति आलसी हो जाता है। इससे वह विनाश की ओर उन्मुख हो जाता है। यह संसार परिश्रमी लोगों के कारण ही सुंदर बना हुआ है। यदि मजदूर श्रम से जी चुराने लगे, तो धरती पर खंडहर-ही-खंडहर नजर आते। यदि सूर्य समय पर न उदय हो, तो प्राणियों की दशा का अनुमान सहज ही लगाया जा सकता है। इसमें कोई अतिशयोक्ति नहीं कि परिश्रम मनुष्य की उन्नति का मूल है। परिश्रम के द्वारा वह अपना भाग्य बनाता है। अत: हमें परिश्रम से जी नहीं चुराना चाहिए।

कंप्यूटर आज की आवश्यकता

संकेत बिंदु

- विज्ञान की देन
- प्रयोग
- संचार के क्षेत्र में क्रांति

विज्ञान ने मानव जीवन को सुखी बनाने में कोई कमी नहीं छोड़ी है। इसकी खोजों से मनुष्य को ऐसे आश्चर्यजनक साधन मिले हैं, जिनकी कभी वह कल्पना भी नहीं करता था। कंप्यूटर ऐसा ही बहुपयोगी साधन है, जो विधि रूपों में मनुष्य के लिए लाभदायी सिद्ध हुआ है।

आज कंप्यूटर का प्रयोग हर कार्यालय, यहाँ तक कि हर घर में किसी-न-किसी रूप में होने लगा है। यह गणितीय गणनाएँ करने में बहुत कुशल है। इस कारण विभिन्न प्रकार के बिल बनाना, उन्हें जमा कराना अब बाएँ हाथ का काम बन चुका है। अब घंटों लाइन में लगकर समय गँवाने की जरूरत नहीं रही। अब फाइलों के खोने और दीमकों द्वारा चाटे जाने का भय समाप्त हो गया है। इसके कारण पुस्तकों की गुणवत्ता में जबरदस्त वृद्धि हुई है।

संचार के क्षेत्र में कंप्यूटर ने अद्‌भुत क्रांति ला दी है। आज कंप्यूटर मनोरंजन का प्रमुख साधन बन गया है। आप इस पर फिल्में देखकर मनपसंद गाने सुनकर अपना मनोरंजन कर सकते हैं। कंप्यूटर ने दुनिया के लिए ज्ञान का दरवाजा खोल दिया है, जिससे घर बैठे ज्ञानार्जन किया जा सकता है।

जैसी संगति बैठिए तैसोई फल दीन

संकेत बिंदु

- सामाजिक प्राणी
- समाज व आस-पास का प्रभाव
- परिणाम

मनुष्य एक सामाजिक प्राणी है। वह सभी कार्य स्वयं नहीं कर सकता। उसे दूसरों की सहायता लेनी ही पड़ती है। समाज में रहने के कारण कभी उसे अच्छे लोगों का साथ मिलता है और कभी बुरे लोगों का। यदि मनुष्य अच्छे लोगों के साथ उठेगा-बैठेगा तो उस पर प्रभाव भी अच्छा पड़ेगा। बुरे लोगों के साथ रहने का बुरा प्रभाव पड़ना स्वाभाविक है। बुरे व्यक्ति स्वयं अपनी हानि करते हैं और समाज को भी हानि पहुँचाते हैं। इसका परिणाम भी उन्हें भुगतना पड़ता है।

अत: मनुष्य को चाहिए कि वह अच्छी संगति में बैठे, जिससे उसे अच्छा फल प्राप्त हो।

स्व-मूल्यांकन

नीचे दिए गए विषयों पर संकेत बिंदुओं के आधार पर अनुच्छेद लिखिए

1. समय का सदुपयोग

संकेत बिंदु
- समय की परख
- समय का महत्त्व
- दुरुपयोग के परिणाम
- उपसंहार

2. प्रदूषण : मानव प्रदत्त अभिशाप

संकेत बिंदु
- प्रकृति और प्रदूषण
- कारण
- प्रभाव
- उपाय

3. विज्ञान के बढ़ते कदम

संकेत बिंदु
- विज्ञान व प्रौद्योगिकी का युग
- वरदान के रूप में
- विज्ञान के बारे में गलत धारणा

4. मेरी मेट्रो रेल यात्रा

संकेत बिंदु
- मेट्रो रेल यात्रा की उत्सुकता
- मेट्रो रेल की विशेषता
- आकर्षण

5. प्राकृतिक प्रकोप के रूप में भूकंप

संकेत बिंदु
- भूमिका
- कारण
- परिणाम
- उपसंहार

6. नए विद्यालय में पहला दिन

संकेत बिंदु
- बड़ा व आकर्षक विद्यालय
- घबराहट व बेचैनी
- सभी का प्रेम

7. विज्ञापन और हमारा जीवन

संकेत बिंदु
- विज्ञापन का उद्देश्य
- लाभ
- हानि
- जनसेवा में सहायक

8. स्वच्छता अभियान में मेरा योगदान

संकेत बिंदु
- आरंभ व लक्ष्य
- वर्तमान में स्वच्छता को लेकर भारत की स्थिति
- महत्त्व

9. आओ चलें पहाड़ों पर

संकेत बिंदु
- पहाड़ों पर जीवन
- पहाड़ों पर आनंद
- अविस्मरणीय यात्रा

निबंध-लेखन

अध्याय 3

निबंध का अर्थ

निबंध अंग्रेजी शब्द 'Essay' का हिंदी पर्याय है। निबंध 'नि' और 'बंध' दो शब्दों के मेल से बना है, जिसका अर्थ है– अच्छी तरह नियमों से बँधा हुआ अर्थात् ऐसी रचना, जिससे विषय-वस्तु से संबंधित विचारों को विस्तृत व सारगर्भित जानकारी के रूप में प्रकट किया गया है। अत: निबंध वह गद्य रचना है, जिसमें लेखक अपने भावों-विचारों को क्रमबद्ध, सुसंगठित रूप में प्रस्तुत करता है। हिंदी के प्रसिद्ध निबंधकार और लेखक आचार्य रामचंद्र शुक्ल के अनुसार, "पद्य कवियों की कसौटी है, तो निबंध गद्य की कसौटी है।"

निबंध के अंग

निबंध के तीन अंग होते हैं

1. **भूमिका या प्रस्तावना** इसके अंतर्गत विषय का परिचय दिया जाता है।
2. **विषय का विस्तार** यह निबंध का मध्य या मुख्य भाग भी कहलाता है। इसका आकार विस्तारित होता है। इसमें मुख्य विषय का वर्णन क्रमबद्ध रूप से किया जाता है।
3. **उपसंहार या निष्कर्ष** यह निबंध का अंतिम भाग है, जिसे निबंध का निकास द्वार भी कहा जा सकता है। यह भाग इतना प्रभावी होना चाहिए कि पाठक के मन पर इसका अमिट प्रभाव पड़े।

निबंध लेखन में ध्यान देने योग्य बातें

- जिस विषय पर निबंध लिखना है, उस विषय की पर्याप्त जानकारी होनी चाहिए।
- विषय संबंधी जानकारी के आधार पर निबंध लिखने से पूर्व उसकी रूपरेखा बना लेनी चाहिए।
- निबंध का आरंभ विशेष रूप से आकर्षक बनाने का प्रयास करना चाहिए।
- निबंध में सजीवता, सहजता का गुण होना चाहिए।
- निबंध में लंबे वाक्यों का प्रयोग नहीं किया जाना चाहिए।
- निबंध की भाषा सरल, सुबोध, प्रवाहमयी एवं प्रभावोत्पादक होनी चाहिए।
- निबंध में विराम चिह्नों का उचित स्थानों पर शुद्ध प्रयोग करना चाहिए, जिससे भावों में स्पष्टता आ सके।
- निबंध के अंत में उससे मिलने वाली शिक्षा या संदेश का उल्लेख किया जाना चाहिए।

निबंध का प्रारूप

भारत में इलेक्ट्रिक वाहन

भूमिका आज हम सभी विज्ञान एवं प्रौद्योगिकी के उन्नत युग में जीवनयापन कर रहे हैं। प्रौद्योगिकी की प्रगति हमेशा मानव जीवन को बेहतर बनाने में मदद करती है। इलेक्ट्रिक वाहनों का प्रयोग मनुष्य के साथ-साथ पर्यावरण के लिए भी बहुत लाभदायक है। भारत में इलेक्ट्रिक वाहन अब तीव्रता से पारंपरिक जीवाश्म ईंधन आधारित वाहनों के स्थायी विकल्प के रूप में उभर रहे हैं। इलेक्ट्रिक वाहन नई तकनीक है, जिससे रोजगार के अवसर बढ़ेंगे, साथ ही यह देश की पेट्रोलियम निर्यातक देशों पर निर्भरता कम कर देगा।

इलेक्ट्रिक वाहनों के लाभ परिवहन के क्षेत्र में नई तकनीक इलेक्ट्रिक वाहन पर्यावरण के अनुकूल है। यह वाहन बिजली से चलते हैं व धुआँ नहीं छोड़ते इसलिए यह प्रदूषण को कम करने में बहुत मददगार हैं। इलेक्ट्रिक वाहनों के प्रयोग से ग्लोबल वार्मिंग में कमी आएगी।

डीजल, पेट्रोल सभी ऊर्जा के गैर-नवीकरणीय प्राकृतिक संसाधन हैं। इनका अधिक प्रयोग प्रकृति के लिए अच्छा नहीं है। इन प्राकृतिक संसाधन के संरक्षण के लिए इलेक्ट्रिक वाहनों का प्रयोग अत्यंत लाभदायक सिद्ध हो रहा है।

प्रौद्योगिकी की तीव्र गति के साथ लोगों की माँग बढ़ रही है। इस बढ़ती हुई माँग को पूरा करने के लिए इलेक्ट्रिक वाहन परिवहन के नए साधन के रूप में उभरकर सामने आए हैं। दिल्ली सरकार ने हाल ही में इलेक्ट्रिक वाहनों को बढ़ावा देने हेतु 'स्विच दिल्ली' जनआंदोलन भी प्रारंभ किया है।

इलेक्ट्रिक वाहनों से हानि इलेक्ट्रिक वाहनों की हानि इसकी सीमित ड्राइविंग रेंज है। इन वाहनों के चार्जिंग स्टेशनों की सीमित उपलब्धता एक अन्य नुकसान है, जिससे इलेक्ट्रिक वाहनों में लंबी दूरी की यात्रा अधिक चुनौतीपूर्ण हो जाती है।

इन वाहनों में चार्जिंग के लिए लगने वाला लंबा समय पेट्रोल, डीजल आदि से चलने वाले वाहन को भरने में लगने वाले समय से अधिक होता है। इन इलेक्ट्रिक वाहनों का कम व अधिक जलवायु वाले क्षेत्रों या तापमान में नकारात्मक प्रभाव है, क्योंकि इन क्षेत्रों में वाहनों की बैटरी व ड्राइविंग रेंज कम हो जाती है।

उपसंहार परिवहन की नई तकनीक इलेक्ट्रिक वाहनों के लाभ व हानि दोनों ही हैं। समय के साथ-साथ व तकनीकी प्रगति द्वारा इन वाहनों को अपनाना अधिक व्यापक होता जा रहा है। भविष्य में ये इलेक्ट्रिक वाहन पर्यावरणीय एवं आर्थिक लाभ के कारण परिवहन के आकर्षक व उत्तम साधन के रूप में उभरकर सामने आएँगे।

अभ्यास प्रश्न

चंद्रयान मिशन-3

भूमिका चंद्रयान-3 भारत के लिए अग्रणी एवं महत्त्वपूर्ण उपलब्धि है, क्योंकि इसने भारत को चंद्रमा पर पहुँचने वाला अमेरिका, रूस, चीन के बाद चौथा देश बना दिया है। भारतीय अंतरिक्ष अनुसंधान संस्थान (ISRO) ने वर्ष 2008 में चंद्रयान लॉन्च किया था। चंद्रयान-1 को वर्ष 2018 में श्रीहरिकोटा से लॉन्च किया गया था।

इसने हमें चंद्रमा पर खनिजों के बारे में विस्तारपूर्वक स्पेक्ट्रम जानकारी प्रदान की, लेकिन तकनीकी समस्याओं व संचार में रुकावट आने के कारण यह पूर्ण रूप से सफल नहीं हो सका। अत: चंद्रयान-2 को 22 जुलाई, 2019 को लॉन्च किया गया। यह चंद्रमा की सतह पर पानी का पता लगाने के उद्देश्य से बनाया गया था, परंतु इसका लैंडर और रोवर चंद्रमा की सतह पर दुर्घटनाग्रस्त हो गया, जिसके कारण यह विफल हो गया।

चंद्रयान-3 का लैंडर पिछले मिशन के अनुरूप 14 जुलाई, 2023 को दोपहर 2 बजकर 35 मिनट पर चंद्रयान-3 लॉन्च किया गया। चंद्रयान-3 में भारत ने अपना वैज्ञानिक अध्ययन और खोज अभियांत्रिकी को मजबूत करने के लिए विक्रम लैंडर और रोवर को चाँद पर भेजने में सफलता प्राप्त की। इस यान में एक ऑर्बिट भी शामिल किया गया है, जो चंद्रमा की सतह की पूरी तरह से निगरानी करेगा। चंद्रयान-3 ने दक्षिणी ध्रुव पर सॉफ्ट लैंडिंग करके इतिहास रच दिया है।

चंद्रयान-3 की विशेषता दक्षिणी ध्रुव पर सफलतापूर्वक उतरने वाला पहला अंतरिक्ष यान है। इसका मुख्य उद्देश्य चंद्रमा पर मौजूद पानी और बर्फ की उपस्थिति, वहाँ मौजूद प्राकृतिक तत्त्व एवं खनिजों, चंद्रमा की सतह की संरचना या बनावट, चंद्रमा के वायुमंडल में स्थित प्राकृतिक गैसों तथा संभावित जीवन की जानकारी प्राप्त करना है।

23 अगस्त 2023 को चंद्रयान-3 सफलतापूर्वक उतर चुका है, जिससे भारत को एक नई पहचान मिली है। इस सफलता के साथ ही भारत चंद्रमा के दक्षिणी ध्रुव पर सफलतापूर्वक अंतरिक्ष यान उतारने वाला पहला देश बन गया है।

लाभ चंद्रयान-3 से देश के युवाओं को अंतरिक्ष से जुड़ी जानकारी प्राप्त होगी। देश के सभी लोगों को चंद्रमा की बनावट का पता लगेगा। इस मिशन के सफल होने से अंतरिक्ष क्षेत्र में नई पहचान मिल गई। चंद्रयान-3 भारत के अंतरिक्ष रहस्यों की खोज और मानव ब्रह्मांड के बारे में ज्ञान का योगदान देना एक बड़ा कदम है।

उपसंहार यह भारत के लिए बहुत ही महत्त्वपूर्ण व गौरवशाली कदम है।

''अंतरिक्ष में गूँज उठे हम,
चंद्रयान का गान लिए।
चाँद तिरंगे रंग में रंगा,
एक नई पहचान लिए।
मेरे भारत के वैज्ञानिक,
तुम गौरव हो भारत का।
ऊँचा माथा लिए खड़े हम,
एक सच्चा अभिमान लिए।''

जी-20

भूमिका जी-20 अर्थात् ग्रुप ऑफ ट्वेंटी (Group of Twenty) दुनिया की सबसे बड़ी अर्थव्यवस्थाओं का समूह है। जी-20 अंतर्राष्ट्रीय आर्थिक सहयोग का प्रमुख मंच है। यह सभी प्रमुख अंतर्राष्ट्रीय आर्थिक मुद्दों पर वैश्विक संरचना और अधिशासन निर्धारित करने तथा उसे मजबूत करने में महत्त्वपूर्ण भूमिका निभाता है। जी-20 शिखर सम्मेलन की स्थापना वर्ष 1999 में हुई थी। यह सम्मेलन वर्ष में एक बार आयोजित किया जाता है। भारत की अध्यक्षता में जी-20 सम्मेलन 9-10 सितंबर, 2023 को नई दिल्ली में आयोजित किया गया। जी-20 शिखर सम्मेलन का इस वर्ष विषय है—हम एक पृथ्वी हैं, एक परिवार हैं और हमारा भविष्य एक है (We are One Earth, One Family and We Share One Future)। यह विषय भारत की 'वसुधैव कुटुंबकम' की विचारधारा को दर्शाता है।

जी-20 के सदस्य देश जी-20 यूरोपियन यूनियन एवं 19 देशों का एक अनौपचारिक समूह है। जी-20 शिखर सम्मेलन में सभी नेता प्रत्येक वर्ष एकत्रित होते हैं और वैश्विक अर्थव्यवस्था को कैसे आगे बढ़ाया जाए, इस विषय पर चर्चा करते हैं। इसकी शुरुआत जर्मन की राजधानी बर्लिन से हुई थी।

जी-20 में 19 देश—अर्जेंटीना, ब्राजील, चीन, जर्मनी, इंडोनेशिया, जापान, मैक्सिको, सऊदी अरब, तुर्की, संयुक्त राज्य अमेरिका, यूनाइटेड किंगडम, दक्षिण अफ्रीका, रूस, कोरिया गणराज्य इटली, भारत, फ्रांस, कनाडा, ऑस्ट्रेलिया तथा एक यूरोपीय देश शामिल हैं। जी-20 अंतर्राष्ट्रीय आर्थिक सहयोग का प्रमुख मंच है, जो वैश्विक सकल घरेलू उत्पाद का लगभग 85%, वैश्विक व्यापार का 75% से अधिक और विश्व का लगभग दो-तिहाई आबादी का प्रतिनिधित्व करता है।

जी-20 का उद्देश्य जी-20 का प्रमुख उद्देश्य व्यापार, जलवायु, स्वास्थ्य तथा अन्य मुद्दों पर वैश्विक नीति के समन्वय के लिए नियमित रूप से मिलना, चर्चा करना और उसमें सुधार करना या उससे निपटना है। जी-20 का नेता वर्ष के दौरान, देश के वित्त मंत्री और केंद्रीय बैंक के गवर्नर वैश्विक अर्थव्यवस्था को मजबूत बनाने, अंतर्राष्ट्रीय वित्तीय संस्थानों में सुधार लाने, वित्तीय नियमन में सुधार लाने और प्रत्येक सदस्य देश में जरूरी प्रमुख आर्थिक सुधारों पर चर्चा करने के लिए नियमित रूप से बैठक करते हैं।

जी-20 का कार्य जी-20 बैठक वैश्विक अर्थव्यवस्था की दिशा और दशा दोनों को ही तय करता है। जी-20 शिखर सम्मेलन के दौरान एजेंडे तय किए जाते हैं। ये समूह मुख्य रूप से ग्लोबल इकोनॉमी, आर्थिक स्थिरता, जलवायु परिवर्तन के मुद्दे, सतत विकास आदि प्रक्रियाओं पर काम करते हैं।

उपसंहार जी-20 सम्मेलन एक प्रासंगिक व महत्त्वपूर्ण सम्मेलन है। यह सम्मेलन विश्व की समस्याओं का समाधान खोजने के लिए सभी राष्ट्रों को एकसाथ एक मंच पर लेकर आता है। भारत भी इसमें शामिल है और हमें भारतीय होने पर गर्व है। इस वर्ष भारत ने विश्व में जी-20 के माध्यम से अपना परचम लहराया है।

चंद्रशेखर आजाद (स्वतंत्रता संग्राम के नायक)

भूमिका हमारे देश को आजादी दिलाने में अनेक देशभक्त वीरों ने अपनी जान की बाजी लगा दी और आजादी के लिए अपना तन-मन-धन सब कुछ भारत माता के चरणों में अर्पित कर दिया। ऐसे ही क्रांतिकारियों में चंद्रशेखर आजाद का नाम अग्रण्य है, जिनका नाम भारतीय स्वतंत्रता के इतिहास में स्वर्णाक्षरों में अंकित है।

प्रारंभिक जीवन महान क्रांतिकारी चंद्रशेखर आज़ाद का जन्म मध्य प्रदेश के झाबुआ जिले के साधारण से परिवार में हुआ था। उनके पिता का नाम पंडित सीताराम और माता का नाम जगरानी देवी था। उनमें साहस और आत्मविश्वास कूट-कूटकर भरा था। चंद्रशेखर आजाद की प्रारंभिक शिक्षा-दीक्षा काशी (वर्तमान में वाराणसी) में हुई। उन्हें संस्कृत पढ़ने के लिए भी काशी भेजा गया, जहाँ उन्होंने संस्कृत व्याकरण का अध्ययन किया, पर स्वभाव के अनुरूप उनका मन उसमें न लगा। वे वीरों की कहानियाँ और साहसपूर्ण घटनाओं से संबंधित पुस्तकें पढ़ा करते थे।

त्याग और बलिदान का अद्भुत उदाहरण वर्ष 1919 में जलियाँवाला बाग में हो रही जनसभा में उपस्थित भीड़ पर जनरल डायर ने गोलियाँ चलवा दीं। इसमें हजारों निहत्थे वृद्ध, युवा नर-नारी और बच्चे मारे गए। दस-ग्यारह वर्षीय आजाद के मन पर इसका गहरा प्रभाव पड़ा। वे उसी समय से अंग्रेजों से बदला लेने की सोचने लगे। वे हर समय यही योजना बनाते रहते कि अंग्रेजों को देश से बाहर कैसे निकाला जाए?

इसके तीन-चार दिन बाद की घटना है कि गाँधीजी एडवर्ड के भारत आगमन पर उनके बहिष्कार के लिए आंदोलन चला रहे थे। लगभग 15 वर्ष की अल्पायु में ही वह इस आंदोलन में कूद पड़े। अंग्रेजों ने इस अल्प-वयस्क बालक पर भी दया नहीं दिखाई और उन्हें गिरफ्तार कर मजिस्ट्रेट के सामने पेश किया। मजिस्ट्रेट के सामने चंद्रशेखर ने अपना नाम 'आजाद', पिता का नाम 'स्वाधीनता' और अपना घर 'जेलखाना' बताया। इससे क्रोधित मजिस्ट्रेट ने चंद्रशेखर को 15 बेंत लगाने की सजा दी। जब उनकी पीठ पर बेंत मारी जाने लगी, तो प्रत्येक बेंत मारे जाने के साथ उनके मुँह से 'भारत माता की जय', 'महात्मा गाँधी की जय' के नारे निकलते रहे। इसी घटना के बाद उनका नाम 'आजाद' पड़ गया और वे प्रसिद्ध क्रांतिकारी बन गए। वे अंग्रेजों को नाकों चने चबवाते रहे। 27 फरवरी, 1931 को एक मुठभेड़ में उन्होंने अपनी पिस्तौल की अंतिम गोली स्वयं को मार ली और अंग्रेजों के हाथ जिंदा न पकड़ने की प्रतिज्ञा को निभाया।

उपसंहार चंद्रशेखर आजाद ने अपनी मातृभूमि की स्वतंत्रता के लिए अपना बलिदान दे दिया। उनके चरित्र से आज के नवयुवकों को अपनी मातृभूमि की रक्षा के लिए कुछ कर गुजरने की प्रेरणा मिलती है। अत: हमें भी अपने देश के लिए सर्वस्व अर्पित करने को तैयार रहना चाहिए।

महात्मा गाँधी (राष्ट्रपिता)

भूमिका भारत को आजादी दिलाने में अनेक महापुरुषों, देशभक्तों और वीरों का अमूल्य योगदान है। इन्हीं महापुरुषों में अद्भुत छवि वाले व्यक्ति भी थे, जिन्हें भारतवासी 'बापू' और 'राष्ट्रपिता' कहते हैं। बापू की कार्य-शैली सबसे अलग थी, जिसके कारण उनकी एक अलग ही छवि बन गई। वे सारे विश्व में जाने-पहचाने जाने लगे। उन्होंने अपने विशेष अस्त्र 'सत्य और अहिंसा' के बल पर देशवासियों को आजादी दिलाई। लोगों के बीच उनकी लोकप्रियता चरम पर थी।

गाँधीजी का अनुकरणीय चरित्र राष्ट्रपिता गाँधीजी का पूरा नाम मोहनदास करमचंद गाँधी था। उनका जन्म 2 अक्टूबर, 1869 को गुजरात के पोरबंदर नामक स्थान पर हुआ था। गाँधीजी ने अपनी माँ का सदैव कहना माना और आजीवन सत्य बोलने का प्रण लिया। गाँधीजी की प्रारंभिक शिक्षा राजकोट में हुई। मैट्रिक परीक्षा पास करने के बाद गाँधीजी वकालत की पढ़ाई करने इंग्लैंड चले गए। वहाँ भी उन्होंने अपनी माता को दिया हुआ वचन निभाया और मांस-मदिरा को हाथ नहीं लगाया। वकालत की पढ़ाई पूरी करने के बाद गाँधीजी भारत लौट आए, उन्होंने मुंबई में प्रैक्टिस शुरू की। वे झूठे मुकदमे नहीं लेते थे।

दक्षिण अफ्रीका में गाँधीजी एक मुकदमे की पैरवी के सिलसिले में उन्हें दक्षिण अफ्रीका जाना पड़ा। वहाँ उन्हें अंग्रेजों द्वारा रंग-भेद की नीति का

शिकार होना पड़ा। दक्षिण अफ्रीका में गाँधीजी ने रंग-भेद के विरुद्ध आवाज उठाई और लोगों का समर्थन प्राप्त किया।

गाँधीजी का स्वतंत्रता के लिए आंदोलन गाँधीजी दक्षिण अफ्रीका से वापस भारत आए और स्वतंत्रता प्राप्ति के लिए संघर्ष शुरू किया। उन्होंने सत्य और अहिंसा को अपना अस्त्र बनाया। उनका 'सत्याग्रह' पूरे देश में प्रसिद्ध हो गया। उनके रूप में देशवासियों को एक नया नेतृत्व मिल चुका था। उन्होंने वर्ष 1921 में 'असहयोग आंदोलन', वर्ष 1930 में 'नमक सत्याग्रह' और वर्ष 1942 में 'अंग्रेजों भारत छोड़ो' आंदोलन चलाया। उनके अनवरत् प्रयासों से देश ने 15 अगस्त, 1947 को आजादी का नया सूरज देखा।

उपसंहार गाँधीजी मानवता के सच्चे पुजारी थे। उन्होंने कभी किसी को छोटा नहीं समझा। उन्होंने अछूतों को 'हरिजन' नाम देकर समाज में उन्हें सम्मानजनक स्थान दिया। वे भारत में सभी को सुखी और स्वस्थ देखना चाहते थे। इसलिए हमें गाँधीजी के आदर्शों का पालन करना चाहिए। 'रघुपति राघव राजाराम' उनका प्रसिद्ध भजन था। मानवता का यह पुजारी 30 जनवरी, 1948 को भारतवासियों को छोड़कर सदा के लिए चला गया।

स्वतंत्रता दिवस

भूमिका इस धरती पर शायद ही कोई ऐसा प्राणी हो, जिसे परतंत्रता प्रिय हो। इसके विपरीत स्वतंत्रता सभी को प्रिय होती है। दुर्भाग्य से यदि किसी प्राणी की स्वतंत्रता छिन जाती है, तो वह उसे पाने के लिए प्राण रहने तक संघर्ष करता है। कुछ ऐसा ही भारतवासियों के साथ हुआ था। हमारे देश को सैकड़ों वर्षों तक पराधीनता का कलंक झेलना पड़ा।

देश की आजादी खोई स्वतंत्रता को पाने के लिए अनेक महापुरुषों, देशभक्तों तथा वीर जवानों को अपना बलिदान देना पड़ा। 15 अगस्त, 1947 को अंतत: देशवासियों को खोई आज़ादी मिली। जिस प्रकार किसी वस्तु को खोना सरल होता है, परंतु उसे पाना कठिन, उसी प्रकार खोई आज़ादी को पाने के लिए देशवासियों को बहुत कठिन परिश्रम करना पड़ा। इस महासंग्राम के पावन यज्ञ में अनेक देशभक्तों को आहुति देनी पड़ी। इनमें तात्याँ टोपे, मंगल पांडे, रानी लक्ष्मीबाई, वीर कुँवर सिंह, नानासाहब, भगतसिंह, चंद्रशेखर आजाद, रामप्रसाद बिस्मिल, बालगंगाधर तिलक, लाला लाजपत राय, सुभाषचंद्र बोस आदि नाम अविस्मरणीय हैं।

इनके अतिरिक्त महात्मा गाँधी, जवाहरलाल नेहरू, वल्लभभाई पटेल आदि को जेल की यात्रा करनी पड़ी। इन्हीं शहीदों के बलिदान को याद करने तथा अपनी आजादी की रक्षा के लिए प्रतिवर्ष 15 अगस्त को स्वतंत्रता दिवस मनाया जाता है।

स्वतंत्रता दिवस-राष्ट्रीय पर्व के रूप में मनाना स्वतंत्रता दिवस को राष्ट्रीय पर्व के रूप में सारे देश में जोश और उल्लास से मनाया जाता है। स्वतंत्रता दिवस का मुख्य पर्व भारत की राजधानी दिल्ली में लालकिले पर मनाया जाता है। इस दिन प्रात:काल प्रधानमंत्री राष्ट्रीय ध्वज फहराकर राष्ट्र के नाम संदेश प्रसारित करते हैं। इस समारोह में लाखों नर-नारी एकत्र होते हैं। वे राष्ट्र के नाम प्रसारित संदेश सुनते हैं। इसमें देश की प्रगति का खाका खींचते हुए प्रगति के पथ पर अग्रसर करने की झलक मिलती है। इस अवसर पर देश के कृतज्ञ लोगों द्वारा वीर शहीदों को याद किया जाता है।

उपसंहार स्वतंत्रता दिवस एक ओर खुशी का संदेश लेकर आता है, तो दूसरी ओर देशवासियों को उनके कर्त्तव्य की याद भी दिलाता है, इसलिए देशवासियों को इस पावन अवसर पर प्रण करना चाहिए कि हम देश की रक्षा करते हुए अपना सर्वस्व अर्पण कर देंगे। हम ऊँच-नीच का भेदभाव भुलाकर अपनी एकता बनाए रखेंगे और शहीदों को सम्मान देते हुए उनके प्रति कृतज्ञ बने रहेंगे।

गणतंत्र दिवस

भूमिका भारत त्योहारों का देश है। यहाँ कई प्रकार के त्योहार मनाए जाते हैं। इनमें कुछ सामाजिक, कुछ धार्मिक और कुछ राष्ट्रीय त्योहार हैं। राष्ट्रीय त्योहारों में गणतंत्र दिवस अपना विशेष महत्त्व रखता है। इस पर्व को सारा देश मिल-जुलकर मनाता है।

गणतंत्र दिवस-एक ऐतिहासिक दिन हमारा देश भारत 15 अगस्त, 1947 को स्वतंत्र हुआ था, पर इसका अपना संविधान 26 जनवरी, 1950 को लागू किया गया। उसी समय से 26 जनवरी को प्रतिवर्ष राष्ट्रीय पर्व के रूप में मनाया जाता है। इसी ऐतिहासिक दिन को डॉ. राजेंद्र प्रसाद को भारत के प्रथम राष्ट्रपति के रूप में शपथ दिलाई गई थी। स्वतंत्रता दिवस की भाँति ही इस राष्ट्रीय पर्व को भी अत्यंत धूमधाम से सारा देश मिल-जुलकर मनाता है। इस दिन राजपत्रित अवकाश होता है। इससे लोग इस पर्व में बढ़-चढ़कर भाग लेते हैं। विभिन्न राज्यों की राजधानियों एवं देशभर में सभी सरकारी भवनों पर राष्ट्रीय ध्वज फहराया जाता है। विद्यालयों में बच्चों को एकत्र कर प्रभात फेरियाँ निकाली जाती हैं। सांस्कृतिक कार्यक्रम प्रस्तुत किए जाते हैं और बच्चों को देश की आज़ादी, एकता और अखंडता बनाए रखने की शपथ दिलाई जाती है। पूरे देश में राष्ट्रीय एकता, देशप्रेम और देशभक्ति बढ़ाने वाले गीतों की गूँज सुनाई देती है। विदेशों में रहने वाले भारतीय भी इस पर्व को हर्षोल्लास से मनाते हैं।

राजधानी में गणतंत्र दिवस देश की राजधानी नई दिल्ली में गणतंत्र दिवस का समारोह विशेष रूप से मनाया जाता है। इस दिन पूरी दिल्ली को सजाया जाता है। राष्ट्रपति शाही बग्घी पर बैठकर विजय चौक आते हैं। वहाँ देश के प्रधानमंत्री और तीनों सेना के प्रमुख राष्ट्रपति का स्वागत करते हैं। इस भव्य समारोह को देखने के लिए दिल्ली के अतिरिक्त दूर-दूर से लोग आते हैं। विजय चौक पर अद्भुत दृश्य होता है। सेना के तीनों अंगों द्वारा राष्ट्रपति को सलामी दी जाती है। उनके सामने सामरिक अस्त्र-शस्त्रों का प्रदर्शन किया जाता है।

सेना के जवानों द्वारा हैरतअंगेज कारनामे प्रस्तुत किए जाते हैं। इस अवसर पर विभिन्न राज्यों की झाँकियाँ प्रस्तुत की जाती हैं तथा देश के सभी प्रांतों से आए कलाकार अपनी कला का प्रदर्शन करते हैं। विभिन्न

स्कूलों के छात्रों और पुलिस के जवानों द्वारा बैंड वादन किया जाता है। राष्ट्रपति द्वारा साहसिक कारनामा करने वाले बच्चों को पुरस्कृत किया जाता है।

उपसंहार गणतंत्र दिवस हमें अपनी एकता एवं अखंडता बनाए रखने की सीख देता है। हम भारतीयों को अपनी जान देकर अपनी मातृभूमि की रक्षा करनी चाहिए, यही गणतंत्र दिवस का संदेश है।

मेरी दिल्ली हरी-भरी

भूमिका मुझे जिस पावन एवं सुंदर भू-भाग पर जन्म लेने पर पलने-बढ़ने का सौभाग्य मिला है, दुनिया उसे भारत के नाम से जानती है। इसकी राजधानी नई दिल्ली है, जिसे 'हिंदुस्तान का दिल' कहा जाता है। यह भारत की राजधानी होने के अतिरिक्त संसार के सुंदर देशों में से एक है। यह हमारे देश का अत्यंत सुंदर और प्राचीन नगर है, जो यमुना नदी के किनारे पर स्थित है।

दिल्ली-एक ऐतिहासिक नगर दिल्ली प्राचीन ऐतिहासिक नगर है, जो परिस्थितिवश अनेक बार बसी और उखड़ी है। महाभारत काल में पांडवों ने इसे दोबारा बसाया और उसका नाम इंद्रप्रस्थ रखा। बाद में इसका नाम शाहजहानाबाद पड़ा। अंत में इसका नाम दिल्ली पड़ा। मुगल शासकों ने इसे अपनी राजधानी बनाया। इसकी भव्यता, सुंदरता और समृद्धि देखकर अंग्रेज शासकों ने भी इसे राजधानी और सत्ता का केंद्र बनाया।

हरी-भरी दिल्ली में प्रदूषण दिल्ली पहले बहुत ही हरी-भरी थी। यहाँ जगह-जगह बाग-बगीचे थे, जिनका प्राकृतिक सौंदर्य मनोहारी था। इसके एक ओर अरावली की पहाड़ियाँ थीं, तो इसके पूर्वी भाग में यमुना नदी कल-कल करती बहा करती थी। यहाँ रोजगार के नाना प्रकार के साधन थे, इसलिए आस-पास के राज्यों से लोग आते रहे। बढ़ती आबादी की आवश्यकताएँ पूरी करने के लिए हरे-भरे पेड़ों को काटा गया।

मोटरगाड़ियों की संख्या बढ़ी। इससे एक ओर दिल्ली का सौंदर्य नष्ट हुआ, तो दूसरी ओर प्रदूषण का स्तर निरंतर बढ़ता गया। यमुना, जो पतित पावनी मानी जाती थी, इतनी प्रदूषित हो गई कि उसका जल पीना तो दूर स्नान करने लायक भी न रह गया। मोटरगाड़ियों और कल-कारखानों का शोर निरंतर ध्वनि प्रदूषण बढ़ा रहा है।

दिल्ली को हरा-भरा बनाने के उपाय दिल्ली को हरा-भरा बनाने के लिए लोगों में जागरूकता उत्पन्न हुई है। इस दिशा में सरकार ने भी आवश्यक कदम उठाया है। यहाँ वर्षा ऋतु आते ही उद्यान विभाग और पौधशालाओं से पौधों का नि:शुल्क वितरण किया जाता है, ताकि लोग अपने आस-पास खाली पड़ी भूमि पर अधिकाधिक पौधे लगाएँ तथा पेड़ बनने तक उनकी रक्षा करें। इसके अतिरिक्त हरे पेड़ों की कटाई पर प्रतिबंध लगाया गया है। मोटरगाड़ियों में शीशा रहित पेट्रोल का प्रयोग और मेट्रो रेल के परिचालन से प्रदूषण में कमी आई है। इसके अतिरिक्त यमुना की सफाई के लिए उठाए गए आवश्यक कदमों से दिल्ली को सौंदर्य वापस मिलेगा।

उपसंहार हमें दिल्ली के पर्यावरण में सुधार करने और प्रदूषण के स्तर को कम करने के लिए जागरूकता लानी आवश्यक है।

सरकार और नागरिकों का साझेदारी के माध्यम से हरी-भरी दिल्ली का सपना पुन: साकार हो सकता है। हम औद्योगिकीकरण को समझकर नि:शुल्क पौधों का वितरण करके और पौधारोपण करके समृद्ध और हरी भरी दिल्ली के सपने को साकार करने में अपना सहयोग दे सकते हैं।

जल ही जीवन है

भूमिका जल है, तभी जीवन है। वैज्ञानिक कहते हैं कि मनुष्य का जन्म जल से हुआ है। जल न हो, तो कोई खाने या पीने का पदार्थ नहीं बन सकता। इसके बिना मनुष्य जी नहीं सकता। तभी सभी मानव सभ्यताएँ नदियों, झरनों या तालाबों के आस-पास जन्मीं, पली-बढ़ीं और विकसित हुईं। ऐसे जल को जीवन कहना गलत नहीं है।

प्रकृति का वरदान जल प्रकृति का वरदान है। इसे कोई मनुष्य नहीं बना सकता। हाँ, यह मनुष्य को जीवित रख सकता है। धरती पर जितना जल है, उसका 97.3% जल खारे समुद्र में एकत्र है। इसका उपयोग मानव जाति नहीं कर सकती। 2% बर्फ के रूप में जमा है। शेष बचे 0.07% जल में से 0.06% नदियों, झरनों में बहता है। मात्र 0.01% जल धरती पर सुरक्षित है। आज हम जल-संकट से गुजर रहे हैं। उसके दो कारण हैं—बढ़ती जनसंख्या और जल का गलत ढंग से संरक्षण। जनसंख्या बढ़ रही है तो उसको पीने, नहाने, धोने के लिए जल चाहिए। मनुष्य की जरूरतों को पूरा करने के लिए कारखाने और मकान भी चाहिए और चाहे कारखाने चलाने हों या फैक्ट्रियाँ, जल की आवश्यकता हमेशा बनी रहती है। यदि बढ़ती हुई जरूरतों के हिसाब से मनुष्य जल का सही रूप से संरक्षण कर ले, तब भी जल-संकट दूर हो सकता है, लेकिन इस दिशा में आज का व्यक्ति चिंतित तो है, पर तैयार नहीं है।

जल संरक्षण के उपाय वर्षा का जल पीने योग्य तथा उपयोगी होता है, लेकिन इसका 80% भाग नदी-नालों में बहकर वापस समुद्र में चला जाता है। यदि उस जल को जंगलों, तालाबों आदि स्थानों में रोक लिया जाए, तो हम जल-संकट से मुक्ति पा सकते हैं। जल-संकट से मुक्ति के उपाय निम्नलिखित हैं

1. हमें जंगलों को हरा-भरा बनाना चाहिए।
2. खुले और ढके हुए तालाबों को स्वच्छ और भरा-पूरा रखना चाहिए।
3. वर्षा के जल को भूमि के अंदर तक पहुँचाने की व्यवस्था करनी चाहिए।
4. नदियों के पवित्र जल को गंदगी व कचरे से दूर रखना चाहिए।

उपसंहार अंत में हम कह सकते हैं कि हम मनुष्य जितनी जल्दी जागृत होंगे, उतनी जल्दी जीवन देने वाले जल को संरक्षित कर सकेंगे और जीवन को एक अमूल्य भेंट प्रदान करेंगे। रहीमदास ने कहा है कि

रहिमन पानी राखिए, बिन पानी सब सून।।

अर्थात् पानी के बिना कुछ संभव नहीं है और हमें पानी का संरक्षण और रख-रखाव सही तरीके से करना चाहिए।

रक्षाबंधन (भाई-बहनों के प्रेम का त्योहार)

भूमिका रक्षाबंधन भारत में मनाया जाने वाला प्रमुख त्योहार है। भारतीय त्योहारों में इसका विशेष महत्त्व है। यह त्योहार भाई-बहन के पवित्र रिश्ते को और भी मजबूती प्रदान करता है। यह भाई को बहन के प्रति अपने कर्त्तव्यों की याद दिलाता है। रक्षाबंधन का त्योहार मनाए जाने के पीछे पौराणिक कथा यह है कि एक बार इंद्र और राक्षसों के बीच भीषण युद्ध हुआ, जिसमें देवताओं की पराजय सुनिश्चित लगने लगी, तब इंद्र की पत्नी शची ने देवताओं को राखी बाँधी। तब इंद्र के साथ और देवताओं ने भी राक्षसों से युद्ध किया और उन्हें पराजित किया। इसके अतिरिक्त जब बहादुरशाह ने मेवाड़ पर आक्रमण किया और राजपूत हारने लगे, तब चित्तौड़ की महारानी कर्मवती ने मेवाड़ की रक्षा के लिए हुमायूँ को राखी भेजी थी। इस राखी की लाज रखते हुए हुमायूँ ने अपनी सेना के साथ तत्काल प्रस्थान किया और चित्तौड़ की रक्षा की।

भाई-बहन का पर्व रक्षाबंधन का पर्व सावन मास की पूर्णिमा तिथि को मनाया जाता है, इसलिए इसे 'श्रावणी' भी कहा जाता है। इस दिन बहनें थाली में मिठाइयाँ, रोली टीका और राखी रखकर भाइयों के पास जाती हैं, उन्हें तिलक लगाती हैं और उनके हाथ में राखी बाँधती हैं। भाई उन्हें उपहारस्वरूप कुछ धन, कपड़े या अन्य उपहार देते हैं तथा रक्षा का वचन देते हैं। इससे भाई-बहन के रिश्ते में और भी प्रगाढ़ता आती है।

प्रेम व स्नेह का प्रतीक रक्षाबंधन भाई-बहन के पवित्र प्रेम एवं स्नेह का प्रतीक है। यह पूरे देश में उल्लास के साथ मनाया जाता है। देश के कुछ स्थानों पर पुरोहित अपने यजमान को रक्षा सूत्र बाँधते हैं। देश की सीमा पर पहरा देने वाले जवानों के हाथों में राखियाँ बाँधी जाती हैं। कुछ उत्साही बच्चे राष्ट्रपति और प्रधानमंत्री को भी राखी बाँधकर उनका आशीर्वाद प्राप्त करते हैं। मध्यकाल में युद्ध में जाते हुए भाइयों के हाथ में बहनें राखी बाँधकर उन्हें रणभूमि में भेजती थीं।

उपसंहार रक्षाबंधन पवित्रता और सादगी का त्योहार है, जो भाई-बहन के पावन रिश्ते को प्रगाढ़ बनाता है। इस त्योहार में मानवीय भावनाओं को महत्ता देनी चाहिए, न कि धन को। कुछ लोग थोड़े-से पैसे देकर अपने कर्त्तव्यों की इतिश्री समझ लेते हैं। हमें ऐसा नहीं करना चाहिए। हमें राखी के धागे में छिपे प्यार और कर्त्तव्य के संदेश को समझना और पूरा करना चाहिए।

विश्व योग दिवस

भूमिका योग का अर्थ होता है—जुड़ना। योग खुद से जुड़ने की क्रिया है और जो खुद से जुड़ पाता है वही समाज के लिए कुछ कर पाता है। आज बहुत-से लोग अपने जीवन में आर्थिक रूप से सुखी हैं, परंतु जीवन की भाग-दौड़ ने उनको मानसिक रूप से खुश नहीं रहने दिया है। मन की शांति का एकमात्र साधन योग है। योग से न केवल मन की शांति, बल्कि सैकड़ों बीमारियों का इलाज भी संभव है। इसलिए कहा जाता है कि 'करें योग, रहें निरोग।' इसका अर्थ यह है कि योग करने से मनुष्य निरोग रहता है और कौन नहीं चाहता कि हम स्वस्थ जीवन व्यतीत न करें।

योग दिवस की शुरुआत भारत के वर्तमान प्रधानमंत्री श्री नरेंद्र मोदी जी ने 27 सितंबर, 2014 को संयुक्त राष्ट्र महासभा में अपने भाषण में कहा—

''योग भारत की प्राचीन परंपरा का एक अमूल्य उपहार है यह दिमाग और शरीर की एकता का प्रतीक है।''

इसके बाद प्रधानमंत्री श्री नरेंद्र मोदी की पहल से 21 जून, 2015 को प्रथम विश्व योग दिवस मनाया गया तथा अब प्रत्येक वर्ष 21 जून को 'विश्व योग दिवस' के रूप में मनाया जाएगा।

मानव जीवन का अभिन्न अंग योग की शुरुआत भारत में प्राचीनकाल से मानी जाती है। योग हजारों वर्षों से भारतीयों की जीवन-शैली का हिस्सा रहा है। यह भारत की धरोहर है। योग में पूरी मानव जाति को एकजुट करने की शक्ति है। योग ज्ञान, कर्म और भक्ति का मिश्रण है। दुनियाभर के अनेक लोगों ने योग को अपने जीवन का अभिन्न अंग बनाया है। दुनिया के कई हिस्सों में इसका प्रचार-प्रसार हो चुका है। हमारे देश का योग विदेश में योगा (Yoga) नाम से प्रचलित है। सभी देश-विदेश के लोगों की दिनचर्या का अभिन्न अंग योग ही है।

विश्व योग दिवस की घोषणा संयुक्त राष्ट्र महासभा के अध्यक्ष **सैम के कुटेसा** ने 21 जून को विश्व योग दिवस मनाने की घोषणा की और कहा कि 170 से अधिक देशों ने विश्व योग दिवस के सुझाव का समर्थन किया है, जिससे पता चलता है कि योग के लाभ विश्व के लोगों को कितना आकर्षित करते हैं। संयुक्त राष्ट्र महासभा के अध्यक्ष ने प्रधानमंत्री नरेंद्र मोदी को भी बधाई दी, जिनकी पहल से 21 जून को प्रत्येक वर्ष विश्व योग दिवस घोषित किया गया है। विश्व योग दिवस का उद्देश्य पूरे विश्व में योग से मिलने वाले लाभों के प्रति लोगों को जागरूक करना है।

उपसंहार केंद्र सरकार ने प्रथम विश्व योग दिवस के कार्यक्रम के अवसर पर किए गए योगासन के बारे में फिल्म तैयार करवाई। इस फिल्म को देखकर लोग घर बैठे टीवी, इंटरनेट के माध्यम से भिन्न-भिन्न प्रकार के योगासनों का लाभ उठा सकेंगे। इस प्रकार, कहा जा सकता है योग मात्र किसी एक व्यक्ति की जरूरत न होकर संपूर्ण मानव जीवन की जरूरत है। इस योग दिवस ने विश्व बंधुत्व की भावना को उजागर किया है। आज के समय में योग हमारी जरूरत से अधिक आदत बन गई है, जो हमारे शारीरिक और मानसिक विकास का आधार है।

ईद

भूमिका मानव जीवन में त्योहारों का विशेष महत्त्व है। त्योहार जीवन की नीरसता दूर कर मनुष्य के थके-हारे मन को नवोल्लास तथा उत्साह से भर देते हैं। त्योहार मनुष्य को एक-दूसरे के निकट लाते हैं तथा आपस में एकता, भाईचारा, सांप्रदायिक सद्भाव और मेल-जोल बढ़ाते हैं। त्योहार हमारी संस्कृति का अभिन्न अंग हैं, जो देश के

एकीकरण में महत्त्वपूर्ण भूमिका निभाते हैं। ऐसा ही एक प्रमुख त्योहार है—ईद।

एकता का त्योहार ईद हमारे देश में मनाए जाने वाले अधिकांश त्योहारों का जुड़ाव धर्म के साथ है। यद्यपि विभिन्नता में छिपी एकता की मजबूत भावना रखने वाले भारत देश में त्योहारों को सभी लोग मिल-जुलकर मनाते हैं। ईद मुसलमानों का प्रमुख और सबसे लोकप्रिय त्योहार है। यह त्योहार लोगों को मिल-जुलकर रहने, परोपकार करने और भाईचारा बनाए रखने का संदेश देता है।

रमजान का महीना व ईद की प्रतीक्षा रमजान इस्लामी कैलेंडर के नौवें महीने में मनाया जाता है, जो चाँद की दृश्यता के आधार पर तय किया जाता है। रमजान के आखिरी दिन चाँद देखकर अगले दिन ईद घोषित की जाती है। इस एक माह की अवधि में मुसलमान पवित्रता के साथ रोजा रखते हैं तथा दिन में पाँच बार नमाज पढ़ते हैं। महीने भर की इस अवधि में वे दिनभर निर्जल रहकर शाम को अपना रोजा खोलते हैं। रोजे की समाप्ति के बाद ही ईद का त्योहार हर्षोल्लास से मनाया जाता है।

ईद के दिन मुसलमान सूर्योदय के बाद किसी बड़ी मस्जिद में सामूहिक नमाज पढ़ते हैं। इस दिन मस्जिदों की भीड़ देखने योग्य होती है। इस नमाज में गजब का अनुशासन दिखाई देता है। लोग वहाँ आते हैं और पंक्तिबद्ध खड़े होकर एवं बैठकर नमाज पढ़ते हैं। नमाज खत्म होने के बाद वे परस्पर गले मिलते हैं और एक-दूसरे को ईद की मुबारकबाद देते हैं। घर आकर वह मीठी सेवइयाँ खाते एवं खिलाते हैं और गरीबों को दान भी देते हैं।

उपसंहार इस दिन सभी परस्पर बैर-भाव भूलकर प्रेम और सद्भाव के व्यवहार से ईद की सार्थकता सिद्ध करते हैं। ईद प्रसन्नता एवं सद्भावना फैलाने का त्योहार है। इस दिन हर आयु वर्ग के लोगों का उत्साह देखते ही बनता है। सभी भारतीयों को एक-दूसरे की भावनाओं का सम्मान करते हुए एक-दूसरे के त्योहारों को मिल-जुलकर मनाना चाहिए, ताकि राष्ट्रीय एकता और अखंडता और भी मजबूत बने।

दीपावली (अंधकार पर प्रकाश का प्रतीक वाला त्योहार)

भूमिका भारत पर्वों एवं त्योहारों का देश है। यहाँ समय-समय पर कोई-न-कोई पर्व-त्योहार मनाया जाता है। इन त्योहारों में रक्षाबंधन, दशहरा, होली, दीपावली, ईद आदि प्रमुख हैं। इनमें दीपों का त्योहार दीपावली अपना विशेष महत्त्व रखता है। इसे 'प्रकाश का पर्व' भी कहा जाता है। इस त्योहार में भारतीय संस्कृति की झाँकी मिलती है तथा यह हमारी एकता को मजबूत करते हुए जनजीवन को हर्षोल्लास से भर देता है।

दीपावली मनाए जाने का समय दीपावली दो शब्दों—'दीप' और 'अवली' के मेल से बना है। इसका अर्थ है—दीपों की पंक्तियाँ। सचमुच अमावस्या की रात में जब यह त्योहार मनाया जाता है, तो धरती पर असंख्य दीप एकसाथ जगमगा उठते हैं। इन्हें देखकर लगता है कि आसमान के लाखों तारे धरती पर उतर आए हैं। इससे धरती की शोभा कई गुना बढ़ जाती है।

दीपावली का त्योहार कार्तिक मास की अमावस्या तिथि को अत्यंत हर्षोल्लास से मनाया जाता है। दीपावली से दो दिन पहले धन तेरस का त्योहार मनाया जाता है। इस दिन बर्तन एवं आभूषण खरीदना बहुत शुभ माना जाता है। इससे बर्तन एवं आभूषणों की दुकानों पर लगी भीड़ देखते ही बनती है। अगले दिन छोटी दीपावली या नरक चतुर्दशी मनाई जाती है।

मनाए जाने का तरीका इस दिन लोग खील-बताशे, कपड़े, मिठाइयाँ, उपहार, धूप-दीप-मालाएँ, मोमबत्तियाँ, बिजली के बल्बों की लड़ियाँ, मिट्टी के दीये आदि खरीदते हैं। बच्चे इस दिन पटाखे खरीदते हैं। शाम को दीप जलाकर लक्ष्मी-गणेश का पूजन किया जाता है। घर में जगह-जगह दीप जलाकर रखे जाते हैं। लोग एक-दूसरे से गले मिलकर दीपावली की शुभकामनाएँ देते हैं। वे अपने निकट संबंधियों को उपहार भी देते हैं। बच्चे अपने माता-पिता की देख-रेख में पटाखों का आनंद लेते हैं। इस त्योहार के अगले दिन गोवर्धन पूजा और अंतिम दिन भैय्यादूज का त्योहार मनाया जाता है।

पौराणिक कथा दीपावली मनाने के पीछे पौराणिक कथा यह है कि भगवान श्रीराम रावण को मारकर चौदह वर्ष के वनवास के बाद अयोध्या वापस आए थे। उनके अयोध्या वापस आने की खुशी में लोगों ने घी के दीप जलाकर खुशियाँ मनाई थीं। तब से यह त्योहार प्रतिवर्ष मनाया जाता है। इसके अतिरिक्त सिखों के छठे गुरु हरगोविंद सिंह भी इसी दिन बंधन मुक्त हुए थे।

उपसंहार दीपावली हर्षोल्लास लाने वाला पर्व है। इसे सादगीपूर्वक मनाना चाहिए। पटाखे कम-से-कम जलाने चाहिए, ताकि प्रदूषण न बढ़ने पाए। कुछ लोग इस अवसर पर जुआ भी खेलते हैं। हमें इस दुष्प्रवृत्ति पर भी अंकुश लगाना चाहिए। दीपावली का त्योहार हमें एकता, स्वच्छता तथा खुशियों का संदेश देता है। अत: हमें इसे मिल-जुलकर प्रेम से मनाना चाहिए।

दशहरा

(असत्य पर सत्य की जीत पर मनाया जाने वाला पर्व)

भूमिका भारत त्योहारों का देश है। साल में एक-दो महीनों को छोड़कर यहाँ प्रत्येक माह कोई-न-कोई त्योहार मनाया जाता है। यहाँ रक्षाबंधन, जन्माष्टमी, नागपंचमी, दशहरा, दीपावली, भैय्यादूज, क्रिसमस, ईद, लोहड़ी, बसंत पंचमी, होली, बैसाखी, राम नवमी आदि त्योहार खूब धूमधाम से मनाए जाते हैं। इनमें बुराई पर अच्छाई की जीत के रूप में मनाया जाने वाला त्योहार दशहरा अपना विशेष महत्त्व रखता है।

दशहरा मनाए जाने का समय दशहरा पर्व आश्विन मास के शुक्ल पक्ष में प्रथमा तिथि से दशमी तक मनाया जाता है। इस समय प्रत्येक शाम को भगवान राम की पावन लीला का मंचन किया जाता है। इसके अंतर्गत राम जन्म से लेकर रावण पर विजय पाने के घटनाक्रम को

दिखाया जाता है। इसकी संगीतमय प्रस्तुति अत्यंत आकर्षक और मनभावन होती है। दसवें दिन राम-लक्ष्मण और सीता की झाँकियाँ निकाली जाती हैं।

बुराई पर अच्छाई की जीत किसी खुले स्थान पर रावण, कुंभकरण और मेघनाथ के विशालकाय पुतले खड़े किए जाते हैं। झाँकी का यहीं समापन होता है। मंत्रोच्चारण के बीच राम के बाण मारते ही रावण का पुतला जल उठता है। अन्य बाणों से मेघनाथ और कुंभकरण के पुतले भी जल उठते हैं। इस तरह बुराई पर अच्छाई की जीत का अनुकरणीय प्रदर्शन होता है।

उपसंहार इस दिन जगह-जगह मेले लगते हैं। स्त्री-पुरुष और बच्चों का उत्साह एवं उल्लास देखने योग्य होता है। बच्चे खिलौनों के रूप में धनुष-बाण, गदा, मुखौटे आदि खरीदकर खुश होते हैं। दशहरा हमें बुराई से दूर रहने तथा अच्छाई को अपनाने की सीख देता है। इस अवसर पर हमें राम के अनुकरणीय चरित्र से सीख लेकर परस्पर प्रेम एवं सद्‌भाव से रहना चाहिए तथा लोगों में भी यही संदेश फैलाना चाहिए।

जन्माष्टमी (भगवान कृष्ण की बाल-लीला)

भूमिका भारत भूमि अत्यंत सुंदर, सुखद और पावन है। इस भूमि पर अनेक महापुरुषों और युगपुरुषों ने जन्म लिया है। यहाँ राम, कृष्ण, गौतम बुद्ध, महावीर स्वामी, संत नानक देव, कबीर, तुलसी आदि युगपुरुषों और संत-महात्माओं ने जन्म लिया है, जिससे इस धरा की पवित्रता और महत्ता और भी बढ़ गई है। इनमें श्रीकृष्ण ऐसे ही युगपुरुष थे, जिनका जन्मदिवस श्रीकृष्ण जन्माष्टमी के रूप में प्रतिवर्ष धूमधाम से मनाया जाता है।

जन्माष्टमी और पौराणिक कथा भारत भूमि को समय-समय पर अधर्म, अन्याय और अत्याचार का सामना करना पड़ा है। इसकी रक्षा के लिए तथा धर्म की स्थापना करने के लिए स्वयं ईश्वर ने विभिन्न रूपों में अवतार लिया है। कहा जाता है कि आज से हजारों वर्ष पूर्व मथुरा में उग्रसेन नामक राजा राज्य करते थे। उनका पुत्र कंस बहुत अत्याचारी था।

कंस की एक बहन देवकी थी, जिसका विवाह वसुदेव नामक राजा के साथ हुआ था। विवाह के बाद जब वसुदेव के साथ देवकी की विदाई हो रही थी, तब कंस को यह भविष्यवाणी सुनाई दी कि हे कंस! देवकी के आठवें पुत्र द्वारा तेरा वध किया जाएगा।

यह सुनते ही कंस ने वसुदेव और देवकी को कारागार में डाल दिया। उसने देवकी की सात संतानों का एक-एक कर वध कर दिया, पर जब आठवें बालक का जन्म श्रीकृष्ण के रूप में हुआ, तब उनकी बेड़ियाँ खुल गईं। कारागार के रक्षक गहरी नींद में सो गए। भादो महीने में कृष्ण पक्ष की अष्टमी तिथि को जन्मे बालक श्रीकृष्ण को वसुदेव अपने मित्र नंद के घर छोड़ आए और उनकी कन्या लाकर देवकी की गोद में डाल दी। प्रात:काल कंस ने कन्या का वध कर दिया और भयमुक्त हो गया। उधर श्रीकृष्ण जब बड़े हुए, तब उन्होंने कंस का वध किया। भगवान कृष्ण के जन्म दिवस को जन्माष्टमी के रूप में मनाया जाता है।

जन्माष्टमी मनाने का तरीका जन्माष्टमी के दिन लोग व्रत-उपवास रखते हैं तथा शाम को मंदिर में या घर पर ही भजन-कीर्तन करते हैं। मंदिरों में झाँकियाँ सजाई जाती हैं, जिनमें पालने सुंदर ढंग से सजाए जाते हैं। आधी रात में श्रीकृष्ण का जन्म होते ही लोग उल्लासित हो उठते हैं। मंदिरों के घंटे बज उठते हैं। प्रसाद का वितरण होता है।

इसे खाकर लोग अपना व्रत खोलते हैं। इस उत्सव की विशेष शोभा मथुरा के मंदिरों में देखते ही बनती है। वहाँ देश-विदेश के लाखों श्रद्धालु एकत्र होते हैं और इस त्योहार का आनंद लेते हैं।

उपसंहार जन्माष्टमी का त्योहार हमें श्रीकृष्ण के जीवन से प्रेरणा लेने का संदेश देता है। यह त्योहार हमें साहसी बनने, अन्याय एवं अत्याचार न सहने तथा धर्म की राह अपनाने की प्रेरणा देता है। हमें श्रीकृष्ण के आदर्शों पर चलते हुए समाज में सद्‌भाव, प्रेम, भाईचारे और एकता को मजबूत करना चाहिए।

होली (रंगों का त्योहार)

भूमिका मनुष्य अपनी जरूरतें पूरी करने के लिए श्रम करता है। इससे उसके तन-मन को थकान और जीवन में नीरसता पैदा होती है। इस थकान और नीरसता को दूर करने के लिए वह त्योहारों का सहारा लेता है। ये त्योहार मनुष्य को उत्साह, ऊर्जा और हर्षोल्लास से भर देते हैं। होली ऐसा ही त्योहार है, जो प्रतिवर्ष खुशियाँ लेकर आता है और लोग आपसी मतभेद भुलाकर इसे मिल-जुलकर खुशी-खुशी मनाते हैं। यह त्योहार रंग और गुलाल उड़ाकर मनाया जाता है। इसलिए इसे रंगों का त्योहार भी कहा जाता है।

होली की पौराणिक कथा होली का त्योहार सारे देश में मिल-जुलकर मनाया जाता है। इस त्योहार को मनाने के पीछे जनश्रुति यह है कि हिरण्यकश्यप नामक राक्षसों का राजा था, जो बहुत अत्याचारी था। वह स्वयं को भगवान समझता था। वह चाहता था कि लोग उसे भगवान मानकर उसकी पूजा करें, पर उसका पुत्र प्रह्लाद ईश्वर का पक्का भक्त था।

वह ईश्वर में गहरी आस्था और विश्वास रखता था। इससे रुष्ट होकर हिरण्यकश्यप ने उसे प्रताड़ित करना शुरू किया और कई बार उसे मारने का असफल प्रयास किया। प्रह्लाद की बुआ होलिका को आग में न जलने का वरदान प्राप्त था। हिरण्यकश्यप ने होलिका को आदेश दिया कि वह प्रह्लाद को लेकर आग में बैठ जाए, जिससे प्रह्लाद जलकर मर जाए। ईश्वर की कृपा से प्रह्लाद तो बच गया, परंतु होलिका जल गई। इसी घटना की याद में होली का त्योहार मनाया जाता है।

रंगों का त्योहार होली का त्योहार वसंत ऋतु में फाल्गुन मास की पूर्णिमा को मनाया जाता है। इस रात्रि में लकड़ियों और उपलों का ढेर लगाकर होलिका जलाई जाती है।

लोग उसकी परिक्रमा करते हैं। इसी आग में नए अनाज की बालियाँ भूनकर उन्हें प्रसाद के रूप में घर लाया जाता है। इसके अगले दिन रंगों का त्योहार होली मनाई जाती है। बच्चे सवेरे से ही रंग और

पिचकारियाँ लेकर निकल पड़ते हैं। एक-दूसरे पर रंग डालते हैं। बच्चे, युवा तथा बड़े सभी रंगों में रंगीन हो जाते हैं। वे बूढ़ों तथा बुजुर्गों को अबीर लगाकर उनके चरण छूकर आशीर्वाद प्राप्त करते हैं। इस अवसर पर सभी होली की शुभकामनाएँ देते हैं।

उपसंहार होली खुशियों का त्योहार है। यह प्रेम, एकता, सद्भावना, भाईचारा बढ़ाने वाला त्योहार है। हमें आपसी घृणा, शत्रुता, बैर-भाव, द्वेष भूलकर प्रेमपूर्वक मिल-जुलकर होली मनानी चाहिए तथा अपने साथ-साथ दूसरों के जीवन को भी रंगों की खुशियों से भर देना चाहिए, ताकि सभी के लिए होली मंगलमय बन जाए।

5G नेटवर्क

भूमिका 5G में 'G' का अर्थ जनरेशन (पीढ़ी) होता है। जिस भी पीढ़ी की टेक्नोलॉजी का प्रयोग किया जाता है, उसके आगे 'G' लगाया जाता है और यही 'G' आधुनिक तकनीक के उपकरण को नई पीढ़ी के रूप में दर्शाने का कार्य करता है। हमारा देश धीरे-धीरे नई तकनीक की ओर अग्रसर होता जा रहा है और हमारे देश में नई-नई तकनीकों का आविष्कार किया जा रहा है।

5G एक आधुनिक तकनीक 5G टेक्नोलॉजी दूरसंचार की टेक्नोलॉजी से संबंध रखती है। किसी भी तकनीक का प्रयोग वायरलेस तकनीक के द्वारा किया जाता है। दूरसंचार की इस नई तकनीक में रेडियो तरंगें और विभिन्न तरह की रेडियो आवृत्ति का उपयोग किया जाता है। 5G तकनीक अगली पीढ़ी की तकनीक है और यह अब तक की सबसे ज्यादा आधुनिक तकनीक मानी जा रही है।

5G नेटवर्क के लाभ 5G तकनीक के आ जाने से ड्राइवरलेस कार, हेल्थ केयर, वर्चुअल रियलिटी, क्लाउड गेमिंग के क्षेत्र में नए-नए विकासशील मार्ग खुलते चले जा रहे हैं। 5G तकनीक सुपर हाई स्पीड इंटरनेट की कनेक्टिविटी प्रदान करने के साथ-साथ कई महत्त्वपूर्ण स्थानों में उपयोग में लाई जा रही है। 5G टेक्नोलॉजी आ जाने से कनेक्टिविटी में और भी ज्यादा विकास एवं शुद्धता प्राप्त हुई है। 5G का उपयोग स्मार्ट शहरों और अन्य जुड़े हुए वातावरणों के विकास के साथ-साथ नई स्वास्थ्य देखभाल और शिक्षा प्रौद्योगिकी के विकास के लिए भी किया जा रहा है।

5G की विशेषताएँ 5G तकनीक की स्पीड लगभग एक सेकंड में 20Gbs (डाउनलोड के आधार पर) इसके उपभोक्ताओं को प्राप्त होती है। 5G नेटवर्क के आ जाने से देश में डिजिटल इंडिया को एक अच्छी गति प्राप्त हुई है और साथ ही देश के विकास में तीव्रता आई है। हाल ही में आर्थिक सहयोग एवं विकास संगठन ने दावा किया है कि देश में 5G के आ जाने से हमारे देश की जीडीपी एवं अर्थव्यवस्था में काफी सकारात्मक प्रभाव देखने को मिल सकता है।

उपसंहार 5G तकनीक से प्रौद्योगिकी क्षेत्र में एक नए युग की शुरुआत होने की आशा है। जहाँ तक प्रौद्योगिकी के राष्ट्रव्यापी परिनियोजन का संबंध है, भारत को अभी भी एक लंबा मार्ग तय करना है, जिसके अंतर्गत स्पेक्ट्रम की कीमतों को कम करना, ग्रामीण-शहरी इलाके में तकनीक के अंतर को पाटना एवं नेटवर्क की पहुँच को देश के हर घर तक बढ़ाना शामिल है।

चैट जीपीटी

भूमिका चैट जीपीटी (जनरेटिव प्री-ट्रेंड ट्रांसफॉर्मर) ओपन ए आई (Artificial Intelligence) द्वारा विकसित एक बड़े पैमाने पर नेटवर्क आधारित भाषा प्रारूप है। जीपीटी मॉडल बड़ी मात्रा में कंटेंट लिख सकता है, यह विभिन्न विषयों पर प्रतिक्रियाएँ दे सकता है; जैसे—प्रश्नों का उत्तर देना, स्पष्टीकरण प्रदान करना और संवाद में भाग लेना। चैट जीपीटी अनुवर्ती प्रश्नों का उत्तर देने के साथ अपनी गलतियों को स्वीकार कर सकता है, गलत धारणाओं को चुनौती दे सकता है, साथ ही अनुचित अनुरोधों को अस्वीकार कर सकता है।

चैट जीपीटी की विशेषताएँ चैट जीपीटी की प्राकृतिक भाषा को संसाधित करने एवं समझने हेतु डिजाइन किया गया है। इसका उपयोग वास्तविक दुनिया के अनुप्रयोगों; जैसे—डिजिटल मार्केटिंग, ऑनलाइन सामग्री निर्माण, ग्राहकों के प्रश्नों का उत्तर देने के लिए किया जाता है। यह मनुष्य के बोलने की शैलियों की नकल करते हुए प्रश्नों की एक बड़ी शृंखला का जवाब दे सकता है। इसे बुनियादी ई-मेल, पार्टी नियोजन सूचियों, सीवी और यहाँ तक कि कॉलेज निबंध और होमवर्क के प्रतिस्थापन के रूप में देखा जा रहा है। इसका उपयोग कोड लिखने के लिए भी किया जा सकता है।

चैट जीपीटी की सीमाएँ भाषा इंटरफेस (BHASHINI- BHASHA Interface for India) आर्टिफिशियल इंटेलिजेंस के माध्यम से भाषा अनुवाद करता है, जिससे कभी-कभी उनमें कुछ त्रुटियाँ रह जाती हैं।

उपसंहार चैट जीपीटी के अंतर्गत उपयोगकर्ता वॉयस नोट्स का उपयोग करके एक प्रश्न पूछ सकता है और चैट द्वारा उत्पन्न आवाज आधारित प्रतिक्रिया प्राप्त कर सकता है। चैटबॉट भारत की ग्रामीण और कृषक आबादी को ध्यान में रखकर विकसित किया जा रहा है, जो अधिकांशतः सरकारी योजनाओं तथा सब्सिडी पर निर्भर करता है। इसके संभावित उपयोगकर्ता भाषाओं की एक विस्तृत शृंखला का उपयोग करते हैं, जिससे एक भाषा मॉडल बनाना महत्त्वपूर्ण हो जाता है, जो उन्हें सफलतापूर्वक पहचान और समझ सके। इससे भारत में उन किसानों को मदद मिलेगी, जो स्मार्टफोन पर टाइपिंग नहीं कर सकते हैं।

स्व–मूल्यांकन

निम्नलिखित विषयों पर लगभग 250 शब्दों में निबंध लिखिए

1. भारत के किसान
- भूमिका
- भारतीय किसानों की स्थिति
- भारतीय किसानों की समस्या
- किसानों के पक्ष में उठाए जाने वाले कदम
- उपसंहार

2. शिक्षक दिवस
- भूमिका
- शिक्षक दिवस का अर्थ
- शिक्षक दिवस की शुरुआत
- शिक्षक दिवस की प्रासंगिकता
- उपसंहार

3. बढ़ती जनसंख्या
- भूमिका
- एक समस्या
- बढ़ती जनसंख्या के कारण
- रोकने के उपाय
- उपसंहार

4. प्रदूषण की समस्या
- भूमिका
- प्रदूषण का अर्थ
- प्रदूषण के प्रकार
- प्रदूषण से होने वाली बीमारियाँ
- प्रदूषण रोकने के साधन
- उपसंहार

5. सुभाषचंद्र बोस
- प्रारंभिक जीवन
- आजाद हिंद फौज की स्थापना
- स्वतंत्रता प्राप्ति में योगदान
- उपसंहार

6. आतंकवाद की समस्या
- भूमिका
- आतंकवाद के जन्म लेने का कारण
- आतंकवाद से होने वाली हानि
- आतंकवाद को रोकने के उपाय
- उपसंहार

7. देवभूमि उत्तराखण्ड
- प्रस्तावना
- पर्यटकों के आकर्षण का केन्द्र
- उत्तराखण्ड की भौगोलिक स्थिति
- उत्तराखण्ड के प्रमुख पर्यटन स्थल

8. क्रिसमस
- ईसाइयों का प्रमुख त्योहार
- अन्य धर्म के लोगों की भागीदारी
- सामाजिक एकता
- उपसंहार

9. खेलकूद का महत्त्व
- भूमिका
- खेलकूद के लाभ
- खेलकूद से मनुष्य का संपूर्ण विकास
- खेलकूद की आवश्यकता
- उपसंहार

10. वर्षा ऋतु
- भूमिका
- वर्षा ऋतु का आरंभिक माह
- वर्षा ऋतु से कृषि क्षेत्र में लाभ
- वर्षा ऋतु से कृषि क्षेत्र में हानि
- उपसंहार

11. वृक्ष लगाकर धरा बचाएँ
- भूमिका
- धरती पर वृक्ष की महत्ता
- मानव जीवन में वृक्ष की महत्ता
- प्राकृतिक आपदाओं से बचाव
- उपसंहार

12. श्रीमती इंदिरा गाँधी
- प्रारंभिक जीवन
- भारत की प्रथम महिला
- भारत की प्रथम महिला प्रधानमंत्री
- उपसंहार

13. स्वच्छ भारत अभियान
- भूमिका
- स्वच्छता अभियान की आवश्यकता
- स्वच्छ भारत अभियान
- अभियान की शुरुआत
- उपसंहार

14. क्रिकेट के नायक-सचिन तेंदुलकर
- भूमिका
- क्रिकेट की शुरुआत
- विश्व क्रिकेट में मील का पत्थर
- क्रिकेट का भगवान
- उपसंहार

अध्याय 4

सूचना-लेखन

सूचना-लेखन का अर्थ

सूचना संचार का एक माध्यम है, जिसके द्वारा लोगों के विशेष समूह तक महत्त्वपूर्ण जानकारी अथवा संदेश पहुँचाया जाता है। किसी विशेष विषय पर किसी विशेष व्यक्ति, संस्था, समूह, कार्यालय, शिक्षा संस्थान या समाज विशेष को कम शब्दों व औपचारिक शैली में लिखी गई संक्षिप्त जानकारी **सूचना-लेखन** कहलाती है।

सूचनाओं के प्रकार

- किसी वस्तु के खो जाने पर उसकी खोज हेतु सूचना।
- विद्यालय तथा संस्थानों में अवकाश (छुट्‌टी), सांस्कृतिक कार्यक्रमों, परीक्षा व प्रतियोगिता संबंधी, विशेष दिवस मनाने आदि विषयों पर सूचनाएँ।
- किसी विशेष कार्य हेतु नियुक्त किए गए व्यक्ति की सूचना।
- किसी कार्यक्रम के आमंत्रण की सूचना, किसी विशेष कार्य हेतु नियुक्त किए गए व्यक्ति की सूचना।
- किसी नवीन परिवर्तन की सूचना।

सूचना लिखते समय ध्यान रखने योग्य बातें

- सूचना लिखते समय सर्वप्रथम 'सूचना' शब्द अवश्य लिखें तथा सूचना पूर्ण होने पर उसे एक बॉक्स में बंद कर दें।
- सूचना **विषय** के अनुरूप लिखी जानी चाहिए।
- सूचना किसे देनी है और क्या सूचना देनी है यह स्पष्ट होना चाहिए।
- सूचना में **समय** व **दिनांक** स्पष्ट होना चाहिए।
- सूचना की भाषा सुगम एवं स्पष्ट होनी चाहिए।
- सूचना सीमित शब्दों में लिखी जाती है तथा इसे लिखने के पश्चात् धन्यवाद नहीं लिखा जाना चाहिए।
- सूचना के अंत में जारी करने वाले का नाम व पद अवश्य लिखा होना चाहिए।

सूचना-लेखन का प्रारूप

प्रश्न आप स्वास्थ्य विभाग, नगर निगम, दिल्ली में कार्यरत् हैं। एक स्वास्थ्य संबंधी सूचना को 20-30 शब्दों में लिखिए।

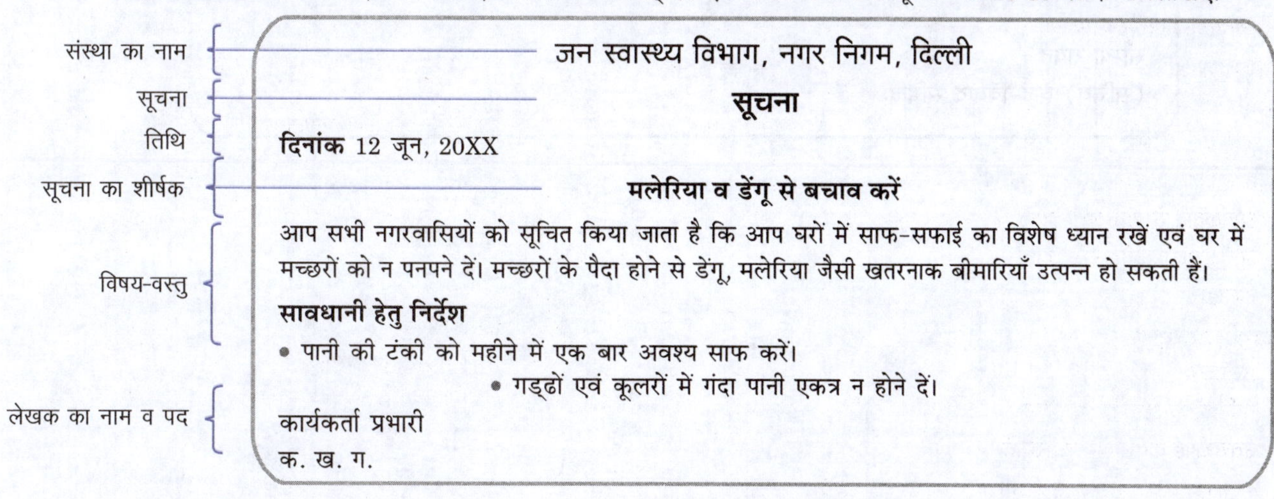

जन स्वास्थ्य विभाग, नगर निगम, दिल्ली

सूचना

दिनांक 12 जून, 20XX

मलेरिया व डेंगू से बचाव करें

आप सभी नगरवासियों को सूचित किया जाता है कि आप घरों में साफ-सफाई का विशेष ध्यान रखें एवं घर में मच्छरों को न पनपने दें। मच्छरों के पैदा होने से डेंगू, मलेरिया जैसी खतरनाक बीमारियाँ उत्पन्न हो सकती हैं।

सावधानी हेतु निर्देश

- पानी की टंकी को महीने में एक बार अवश्य साफ करें।
- गड्‌ढों एवं कूलरों में गंदा पानी एकत्र न होने दें।

कार्यकर्ता प्रभारी
क. ख. ग.

अभ्यास प्रश्न

1. सूचना एवं प्रसारण मंत्रालय, भारत सरकार द्वारा 'स्वच्छ भारत' विषय पर विज्ञापन आमंत्रित किए जाने हेतु सूचना लिखिए।

सूचना एवं प्रसारण मंत्रालय, भारत सरकार, नई दिल्ली

सूचना

दिनांक 8 अक्टूबर, 20XX

स्वच्छ भारत अभियान

सर्वसाधारण को सूचित किया जाता है कि 14 नवंबर, 20XX से आरंभ होने वाले अभियान 'स्वच्छ भारत' पर विज्ञापन डिजाइन करें। सर्वश्रेष्ठ विज्ञापन को मंत्रालय द्वारा ₹ 10,000 का नकद पुरस्कार एवं प्रशस्ति-पत्र प्रदान किया जाएगा। रंगीन विज्ञापन का आकार 30×40 सेमी होना चाहिए।

विज्ञापन पीडीएफ प्रारूप में www.davp.nic.in पर उपलब्ध लिंक से अपलोड करें, प्रविष्टि भेजने की अंतिम तिथि 12 अक्टूबर, 20XX है। सुनिश्चित करें कि आपकी प्रविष्टि भारतीय कॉपीराइट अधिनियम का उल्लंघन न करती हो।

डी वी सिंह
(सचिव)

2. विद्यालय की 'वाद-विवाद प्रतियोगिता' समिति के सचिव की तरफ से सभी सदस्यों को बैठक के लिए आमंत्रित किए जाने की सूचना लिखिए।

अर्वाचीन पब्लिक स्कूल विवेक विहार, नई दिल्ली

सूचना

दिनांक 21 अक्टूबर, 20XX

वाद-विवाद प्रतियोगिता का आयोजन

विद्यालय की वाद-विवाद समिति के सदस्यों को सूचित किया जाता है कि अगले माह होने वाली 'अंतर-विद्यालय वाद-विवाद प्रतियोगिता' के आयोजन के संबंध में चर्चा करने के लिए एक बैठक दिनांक 27 अक्टूबर, 20XX की अपराह्न 3 : 00 बजे कक्ष सं.-14 में आयोजित की जाएगी। सभी सदस्य उपस्थित होने का कष्ट करें।

सौम्या रावत
(सचिव) वाद-विवाद समिति

3. **विद्यालय के प्रधानाचार्य की ओर से विद्यार्थियों को मोबाइल लेकर नहीं आने के संबंध में सूचना लिखिए।**

बाल भारती स्कूल, मेरठ

सूचना

दिनांक 29 जुलाई, 20XX

मोबाइल फोन का निषेध

विद्यालय के सभी छात्रों को सूचित किया जाता है कि विद्यालय में कोई भी छात्र मोबाइल फोन लेकर नहीं आएगा। यदि कोई इस आदेश को नहीं मानता है, तो उसके विरुद्ध ठोस कदम उठाया जाएगा।

एस के ओहरी

(प्रधानाचार्य)

4. **आप निकेतन अपार्टमेंट, नोएडा सेक्टर-63 के आर डब्ल्यू ए के सचिव हैं। गाँधी जयंती के अवसर पर आर डब्ल्यू ए के सदस्यों ने डॉक्टरों की देख-रेख में रक्तदान शिविर का आयोजन किया है। इच्छुक व्यक्ति रक्तदान हेतु सादर आमंत्रित हैं। इस संबंध में सूचना दीजिए।**

निकेतन अपार्टमेंट, नोएडा सेक्टर-63

सूचना

दिनांक 28 सितंबर, 20XX

रक्तदान शिविर का आयोजन

आप सभी को अत्यंत हर्ष के साथ सूचित किया जाता है कि 2 अक्टूबर अर्थात् गाँधी जयंती के शुभ अवसर पर अपार्टमेंट के सामुदायिक भवन में एक रक्तदान शिविर का आयोजन किया गया है। यह आयोजन दीन दयाल उपाध्याय अस्पताल के डॉक्टरों की देखरेख में किया जाएगा। रक्तदान के इच्छुक व्यक्ति 1 अक्टूबर, 20XX तक अवश्य नामांकन करवा दें।

आयोजन का दिन – 2 अक्टूबर, 20XX

समय – प्रातः 10 बजे से सायं 5 बजे

स्थान – निकेतन अपार्टमेंट, सेक्टर-63, नोएडा

अश्विन गुप्ता

(सचिव)

आर डब्ल्यू ए

5. महात्मा गाँधी सार्वजनिक पुस्तकालय, मेरठ के पुस्तकालय अध्यक्ष की ओर से एक सूचना जारी कीजिए कि जनता की माँग पर पुस्तकालय रविवार को पूर्वाह्न 11 बजे से अपराह्न 4 बजे तक खुला रहेगा।

महात्मा गाँधी सार्वजनिक पुस्तकालय, मेरठ

सूचना

दिनांक 23 सितंबर, 20XX

पुस्तकालय के समय में बदलाव से संबंधित

समस्त जनसामान्य को सूचित किया जाता है कि आगामी गाँधी जयंती 2 अक्टूबर, 20XX से लोगों की माँग पर पुस्तकालय हर रविवार को पूर्वाह्न 11 बजे से अपराह्न 4 बजे तक खोला जाएगा।

रविकांत त्यागी
(पुस्तकालय अध्यक्ष)

6. सचिव ईरोज गार्डन कल्याण समिति, फरीदाबाद की ओर से कॉलोनी के समस्त निवासियों के लिए यह सूचना जारी कीजिए कि दिनांक 25 अक्टूबर, 20XX को पानी की लाइनों की सफाई के कारण प्रात: 6:00 बजे से सायं 6:00 बजे तक पानी नहीं आएगा।

ईरोज गार्डन कल्याण समिति, फरीदाबाद

सूचना

दिनांक 20 अगस्त, 20XX

जल-आपूर्ति में कटौती

कॉलोनी के समस्त निवासियों को सूचित किया जाता है कि पानी की पाइपलाइनों की सफाई के कारण दिनांक 25 अगस्त, 20XX को प्रात: 6 बजे से सायं 6 बजे तक जल की आपूर्ति बंद रहेगी। असुविधा के लिए खेद है।

राजीव कुमार
(सचिव)

7. थाना हौज खास द्वारा जारी पहचान की अपील हेतु सूचना लिखिए।

थाना हौज खास, नई दिल्ली

सूचना

दिनांक 13 सितंबर, 20XX

पहचान की अपील

सर्वसाधारण को सूचित किया जाता है कि एक अज्ञात व्यक्ति, जिसकी आयु लगभग 35 वर्ष, कद 5'6" रंग साँवला, जो हल्के नीले रंग की शर्ट तथा नीले रंग की जीन्स पहने हुए हैं, दिनांक 5/9/XX को एम्स अस्पताल, नई दिल्ली में मृत पाया गया। इस संदर्भ में एक डी डी नं. 3-बी 5/9/XX को थाना हौज खास में दर्ज है।

इस मृतक के बारे में किसी भी व्यक्ति को कोई भी जानकारी/सुराग मिले, तो निम्नलिखित को सूचित करने की कृपा करें

थानाध्यक्ष
थाना हौज खास, नई दिल्ली
फोन : 265367XXXX, 265100XXXX

स्व-मूल्यांकन

1. आपको स्कूल के मैदान में एक पर्स पड़ा मिला है। आपको पता नहीं है कि यह किसका है। इसकी जानकारी देते हुए एक सूचना तैयार कीजिए।
2. आपकी 5 वर्षीय बहन गत दिनों से लापता है। गुमशुदा लड़की का पता बताने वाले को ₹ 50 हजार का पुरस्कार दिया जाएगा। इस संबंध में एक सूचना तैयार कीजिए।
3. आपका मोबाइल पार्क में कहीं छूट गया है। इस संबंध में पार्क के सूचनापट्ट पर मोबाइल की विस्तृत जानकारी देते हुए एक सूचना लिखिए।
4. आप वेदप्रकाश गर्ग, सचिव जिला विकास समिति, दिल्ली हैं। इलाके के पार्कों की साफ-सफाई के प्रति लोगों को सचेत करते हुए एक सूचना तैयार कीजिए।
5. अनुशासिक कार्यवाही विषयक सूचना लिखिए।
6. आगामी माह में होने वाले वार्षिकोत्सव से संबंधित तैयारी के लिए विद्यार्थी परिषद् की बैठक के लिए सूचना लिखिए।
7. राष्ट्रीय आधुनिक कला संग्रहालय द्वारा आयोजित चित्रकला कार्यशाला से संबंधित सूचना लिखिए।
8. गुमशुदा लड़की की तलाश के लिए अखबार में छपवाने के लिए सूचना लिखिए।
9. विद्यालय पत्रिका के लिए रचनाएँ आमंत्रित करते हुए एक सूचना लिखिए।
10. दिल्ली मेट्रो के कुछ स्टेशनों पर असुविधा हेतु सूचना-लेखन कीजिए।

अध्याय 5

संवाद-लेखन

संवाद का अर्थ

संवाद का अर्थ है—बातचीत या वार्तालाप। दो या दो से अधिक लोगों के बीच की बातचीत को संवाद या वार्तालाप कहते हैं। इसी बातचीत को यदि लिखित रूप दे दिया जाए, तो यह **संवाद-लेखन** कहलाता है। नाटक, धारावाहिक तथा सिनेमा में संवाद का बहुत महत्त्व है। संवादों के आधार पर ही उसकी लोकप्रियता निर्धारित होती है।

संवाद-लेखन करते समय ध्यान रखने योग्य बातें

- संवाद लेखन की भाषा सरल, स्पष्ट एवं प्रभावशाली होनी चाहिए।
- संवादों के बीच उचित विराम चिह्नों का प्रयोग अवश्य किया जाना चाहिए।
- संवाद लेखन में संवाद बहुत लंबे नहीं होने चाहिए।
- संवाद लेखन में संवाद मुख्य विषय से हटकर नहीं लिखे जाने चाहिए।
- संवाद विषयानुकूल व भावानुकूल होने चाहिए।
- संवाद लेखन में शब्द-सीमा का ध्यान अवश्य रखना चाहिए।
- संवाद लेखन में वार्ता अंत तक पूरी हो जानी चाहिए।

अभ्यास प्रश्न

1. शहर में आए दिन होने वाली सड़क दुर्घटनाओं से बचकर रहने के विषय में दो मित्रों के बीच संवाद को लगभग 50 शब्दों में लिखिए।

दीपशिखा अरुण! कल एक स्कूल बस दुर्घटनाग्रस्त हो गई, जिसमें चार बच्चों की मृत्यु व ग्यारह बच्चे घायल हो गए।

अरुण हाँ यार, इस समाचार को पढ़कर तो मेरा मन भी बहुत दुःखी हो गया, पर इस तरह की घटनाएँ अब आम हो चुकी हैं।

दीपशिखा तुम बिलकुल सही बोल रहे हो।

अरुण पता नहीं सरकार ट्रैफिक नियमों का पालन सख्त क्यों नही करती?

दीपशिखा ट्रैफिक नियम तो सख्त हैं, पर भ्रष्टाचार इतना बढ़ चुका है कि गलती करने पर यदि कोई पकड़ा भी जाता है तो रिश्वत देकर छूट जाता है।

अरुण तुम तो साइकिल से स्कूल आती हो, ध्यान से साइकिल चलाया करो।

दीपशिखा तुमने मेरा ध्यान रखा इसके लिए धन्यवाद

अरुण बाय-बाय।

2. खाद्य पदार्थों में मिलावट के कारण होने वाली स्वास्थ्य समस्याओं के संबंध में मित्र के बीच संवाद को लगभग 50 शब्दों में लिखिए।

अभय विष्णु, कल मैंने टी. वी. पर देखा कि लोग कैसे दूध में यूरिया, घी में चर्बी, मसालों में सूखा गोबर और न जाने क्या-क्या मिलाकर बेचते हैं।

विष्णु हाँ मित्र, ये मिलावटी चीजें स्वास्थ्य के लिए बेहद हानिकारक होती हैं।

अभय हाँ, जनता मरे या जिए। व्यापारियों को केवल धन कमाने की चिंता होती है।

विष्णु लगता है, अब तो बस फल खाकर ही जीना पड़ेगा।

अभय नहीं भाई, सेब के साइज को बढ़ाने के लिए भी इनमें इंजेक्शन लगाया जाता है, अब कोई भी खाद्य पदार्थ शुद्ध नहीं रह गए हैं।

विष्णु ऐसे में हमें अपने स्वास्थ्य को बचाने के लिए मिलावट के विरोध में आंदोलन करना पड़ेगा।

अभय तुमने सही कहा। इस विषय में हम फिर बात करेंगे अभी चलता हूँ। नमस्ते।

विष्णु नमस्ते।

3. कक्षा में आए नए छात्र और अध्यापक के मध्य हुई बातचीत का संवाद-लेखन लगभग 50 शब्दों में कीजिए।

छात्र सर नमस्ते! क्या मैं अंदर आ सकता हूँ?

अध्यापक नमस्ते! हाँ, अंदर आ जाओ। बताओ, क्या काम है?

छात्र सर! मेरा दाखिला इसी कक्षा में हुआ है।

अध्यापक अच्छा! यह तो अच्छी बात है। क्या नाम है तुम्हारा?

छात्र धन्यवाद! मेरा नाम अमरकांत है।

अध्यापक तुम किस विद्यालय से यहाँ आए हो?

छात्र मैं नगर निगम प्राथमिक विद्यालय लखनऊ रोड, दिल्ली से आया हूँ।

अध्यापक तुम कहाँ रहते हो?

छात्र मैं लॉसर्ज रोड के फ्लैट संख्या सी-142 में रहता हूँ।

अध्यापक तुम्हारे पिताजी क्या काम करते हैं?

छात्र वह स्वास्थ्य विभाग में क्लर्क हैं।

अध्यापक तुम्हें कौन-सा विषय सबसे अच्छा लगता है?

छात्र मुझे विज्ञान विषय बहुत पसंद है।

अध्यापक प्रार्थना के लिए घंटी बज रही है। अब प्रार्थना स्थल पर जाओ और छठी 'ए' की पंक्ति में खड़े होकर प्रार्थना करना।

छात्र ठीक है, धन्यवाद सर।

4. 'धूम्रपान स्वास्थ्य के लिए हानिकारक' विषय पर दो मित्रों के बीच हुई बातचीत पर लगभग 50 शब्दों में संवाद-लेखन कीजिए।

मेघा नेहा! मैंने सुना कि तुम कल सिगरेट पी रही थी।

नेहा हाँ! कभी-कभी पी लेती हूँ।

मेघा सिगरेट पीना एक गंदी आदत है, जो स्वास्थ्य के लिए हानिकारक है।

नेहा अरे! तुम क्यों चिंता कर रही हो? बहुत पुरुष व बुजुर्ग व्यक्ति भी सिगरेट पीते हैं, क्या सभी का स्वास्थ्य खराब हो जाता है।

मेघा हाँ, अधिकतर लोगों के फेफड़े खराब हो जाते हैं। सोचो, अगर तुम्हारे साथ ऐसा हो जाए तो तुम क्या करोगी।

नेहा तुम ठीक कह रही हो। आज मैं तुमसे वादा करती हूँ कि अब कभी सिगरेट नहीं पिऊँगी।

मेघा मुझे विश्वास है कि तुम ऐसा ही करोगी। चलो चलती हूँ, बाय।

नेहा बाय।

5. दीपावली के अवसर पर पटाखे खरीदने के संबंध में पिता-पुत्र की बातचीत का संवाद-लेखन लगभग 50 शब्दों में कीजिए।

पुत्र पिताजी! आज दीपावली है। मुझे ₹ 500 चाहिए।

पिताजी ₹ 500! इतने पैसों का क्या करोगे?

पुत्र पिताजी! मैं दीपावली की खरीदारी में खर्च करूँगा।

पिताजी तुम्हारे लिए कपड़े और मिठाइयाँ मैं लाऊँगा। तुम मेरे साथ चलकर खिलौने खरीद लेना।

पुत्र पिताजी! मुझे अपने मित्र शुभम के साथ जाकर पटाखे खरीदने हैं—अनार, फुलझड़ियाँ, तेज़ आवाज़ करने वाले बम और दूसरे पटाखे।

पिताजी बेटा! पटाखे हानिकारक होते हैं। इनका कम-से-कम प्रयोग करना चाहिए।

पुत्र वह कैसे, पिताजी? सभी लोग तो पटाखों का आनंद उठाते हैं।

पिताजी बेटा! पटाखे क्षणभर के लिए आनंद तो देते हैं, पर इनकी तेज आवाज़ कानों को बहरा बनाती है। इनसे निकले धुएँ से वायु प्रदूषण होता है।

पुत्र अच्छा, इतने हानिकारक!

पिताजी हाँ बेटा, इनसे जलने का खतरा भी सदैव बना रहता है।

पुत्र मैं इस बार पटाखे नहीं खरीदूँगा।

पिताजी शाबास! ये हुई न बात।

6. पार्क में काम कर रहे माली और कुणाल के बीच हुई बातचीत का संवाद-लेखन लगभग 50 शब्दों में कीजिए।

कुणाल माली काका नमस्ते!

माली नमस्ते बेटा!

कुणाल आप इन पेड़ों की डालियाँ क्यों काट रहे हो?

माली इन, पेड़ों की छोटी डालियाँ काटने से वसंत ऋतु में इनमें नई शाखाएँ निकलेंगी।

कुणाल फिर क्या होगा?

माली फिर शाखाओं पर हरे पत्ते, कलियाँ और फूल आएँगे।

कुणाल इन छोटे-छोटे पौधों के क्या-क्या नाम हैं?

माली देखो! इस पहली क्यारी में गेंदा के पौधे, दूसरी में गुलाब, उधर डहेलिया और आखिरी क्यारी में गुलदाउदी के पौधे हैं।

कुणाल क्या आप मुझे भी तीन-चार पौधे दे देंगे?

माली जरूर, पर पहले अपने गमले की मिट्टी में खाद मिलाओ और मिट्टी तैयार करो।

कुणाल मैं भी अपने गमलों में पौधे लगाकर उनकी देख-रेख करना चाहता हूँ, ताकि उन पर फूल आ जाएँ।

माली यह तो बहुत अच्छी बात है।

7. **हरी सब्जियाँ और फल खाने के संबंध में माँ और अनिल के बीच हुई बातचीत का संवाद-लेखन लगभग 50 शब्दों में कीजिए।**

अनिल माँ! आज मेरे टिफिन में बर्गर ही देना।

माँ पर बेटा! कल भी तो तुम पेटीज ले गए थे।

अनिल और माँ कल नूडल्स बनाकर देना।

माँ अनिल, तुम अपने टिफिन में कभी भी फल और हरी सब्जियाँ क्यों नहीं ले जाते हो?

अनिल माँ, वह सब मुझे अच्छा नहीं लगता है।

माँ यह बर्गर, पेटीज, नूडल, समोसे आदि स्वास्थ्य के लिए अच्छे नहीं होते हैं।

अनिल पर ये स्वादिष्ट होते हैं माँ!

माँ बेटा! हमें स्वाद के लिए नहीं, स्वास्थ्य के लिए खाना चाहिए।

अनिल फल और सब्जियाँ खाने के लिए आप क्यों कहती हो?

माँ बेटा, फल और हरी सब्जियों में कार्बोहाइड्रेट, विटामिन, खनिज लवण पाए जाते हैं, जो हमें रोग और बीमारियों से बचाते हैं।

अनिल माँ! फिर तो मैं फल और हरी सब्जियाँ जरूर खाऊँगा।

माँ ये हुई न राजा बेटे वाली बात।

8. **डॉक्टर और अस्वस्थ बालक मोहन के बीच हुई बातचीत का संवाद-लेखन लगभग 50 शब्दों में कीजिए।**

मोहन डॉक्टर साहब नमस्ते!

डॉक्टर नमस्ते! कैसे आना हुआ?

मोहन डॉक्टर साहब! आज दोपहर से मेरी तबीयत ठीक नहीं है।

डॉक्टर क्या तकलीफ है?

मोहन मेरे पेट में बहुत दर्द हो रहा है।

डॉक्टर आपने सवेरे क्या खाया था?

मोहन सवेरे चाय के साथ समोसे खाए थे।

डॉक्टर हो सकता है कि समोसे ताजे न रहे हों, जिस कारण आपको पेट में इंफेक्शन हो गया है।

मोहन अब डॉक्टर साहब दवा दे दीजिए, ज्यादा दर्द हो रहा है।

डॉक्टर ठीक है, पर जरा हाथ दिखाना अपना!

मोहन यह देखिए!

डॉक्टर तुम्हारे हाथों के नाखून बड़े और गंदे हैं। इसके कारण भी भोजन के साथ पेट में गंदगी जा सकती है।

मोहन डॉक्टर साहब, अब मैं इनकी सफाई का पूरा ध्यान रखूँगा और बाजार की चीजें भी कम खाऊँगा।

डॉक्टर तब तुम जल्दी स्वस्थ हो जाओगे और स्वस्थ ही रहोगे।

मोहन धन्यवाद डॉक्टर साहब।

स्व-मूल्यांकन

1. **श्रीमती शर्मा तथा फलवाले के बीच फल खरीदने संबंधी संवाद लिखिए।**
2. **परीक्षा देकर लौट रहे दो छात्रों के मध्य हुई बातचीत को संवाद के रूप में लिखिए।**
3. **विज्ञान प्रयोगशाला में विज्ञान अध्यापक और रोहन के बीच हुई बातचीत को संवाद रूप में लिखिए।**
4. **बस कंडक्टर और सवारी के बीच हुई बातचीत का संवाद-लेखन कीजिए।**
5. **यात्रा तथा बस कंडक्टर के बीच संवाद लिखिए।**
6. **पार्क में सूखते पौधों को देखकर मोहन और उमंग के बीच बातचीत का संवाद-लेखन कीजिए।**
7. **अस्पताल परिसर में गंदगी देखकर रवि और उसके मित्र के मध्य हुई बातचीत का संवाद-लेखन कीजिए।**
8. **'समय के सदुपयोग' के संबंध में बड़े भाई द्वारा छोटे भाई से बातचीत पर संवाद लिखिए।**

विज्ञापन-लेखन

अध्याय 6

विज्ञापन का अर्थ

सामान्य रूप से विज्ञापन शब्द का अर्थ है 'ज्ञापन कराना' या 'सूचना देना'। विज्ञापन अंग्रेज़ी शब्द 'एडवरटाइज़िंग' का हिंदी पर्याय है, जब किसी वस्तु या सेवा के लिए इसका प्रयोग होता है, तो इसका अभिप्राय लोगों को उस ओर आकृष्ट करना होता है।

इसे 'सार्वजनिक सूचना की घोषणा' भी कह सकते हैं, क्योंकि यह ऐसी सूचना होती है, जो जन-साधारण के हितों से जुड़ी होती है। विज्ञापन उन समस्त गतिविधियों का नाम है, जिनका उद्देश्य किसी विचार, वस्तु या सेवा के विषय में जानकारी प्रसारित करना है और इससे विज्ञापनकर्ता का उद्देश्य ग्राहक को अपनी इच्छा के अनुकूल बनाना है। विज्ञापन से ग्राहक के मन में जिज्ञासा उत्पन्न होती है। इससे ग्राहक या उपभोक्ता उस विचार, वस्तु अथवा सेवा से स्वयं को जोड़ने लगता है और बाद में उसे अपनाने लगता है।

विज्ञापन-लेखन करते समय ध्यान रखनें योग्य बातें

- विज्ञापन का आरंभ विषय से होना चाहिए।
- सरल भाषा का प्रयोग करना चाहिए।
- विज्ञापन में स्लोगन का प्रयोग करना चाहिए।
- वाक्य छोटे होने चाहिए तथा एक-दूसरे से संबद्ध होने चाहिए।

अभ्यास प्रश्न

1. आपके शहर में 'विश्व पुस्तक मेले' का आयोजन होने जा रहा है। इसके लिए एक विज्ञापन तैयार कीजिए।

2. प्रदूषण से बचने के लिए जनहित में जारी एक विज्ञापन पर्यावरण विभाग की ओर से लिखिए।

3. रजिस्टर एवं कॉपियाँ बनाने वाली 'रचना कंपनी' के लिए उत्पाद प्रचार करने हेतु एक विज्ञापन तैयार कीजिए।

4. देश की जनता को 'मतदान अधिकार' के प्रति जागरूक करने के लिए मुख्य निर्वाचन आयुक्त कार्यालय की ओर से एक विज्ञापन तैयार कीजिए।

स्व-मूल्यांकन

1. एक साइकिल कंपनी किशोरों के लिए नया उत्पाद बाजार में लाई है। उसके लिए एक विज्ञापन तैयार कीजिए।
2. 'पल्स पोलियो' अभियान हेतु जागरूकता लाने के लिए एक विज्ञापन तैयार कीजिए।
3. आपके शहर में साड़ियों की सेल लगी है। इसके लिए एक विज्ञापन तैयार कीजिए।
4. विद्यालय के वार्षिकोत्सव के अवसर पर विद्यार्थियों द्वारा निर्मित हस्तकला की वस्तुओं की प्रदर्शनी के प्रचार हेतु एक विज्ञापन तैयार कीजिए।
5. राजस्थान पर्यटन विभाग की ओर से पर्यटकों को आकर्षित करने के लिए एक विज्ञापन तैयार कीजिए।
6. बिजली के उपकरण बनाने वाली कंपनी की ओर से विज्ञापन तैयार कीजिए।
7. किसी प्रतिष्ठित कंपनी की ओर से कर्मचारियों की भर्ती हेतु विज्ञापन तैयार कीजिए।
8. अनामिका ऑप्टीकल्स की ओर से कंप्यूटर द्वारा लोगों की मुफ़्त नेत्र जाँच करने से संबंधित एक विज्ञापन तैयार कीजिए।

प्रतिदर्श प्रश्न-पत्र

प्रतिदर्श प्रश्न–पत्र 1 (हल रहित)

हिंदी

समय : 3 घंटे | पूर्णांक : 80

सामान्य निर्देश

1. इस प्रश्न–पत्र में चार खंड हैं–क, ख, ग, घ।
   - खंड 'क' अपठित बोध 20 अंक , खंड 'ख' व्याकरण 10 अंक, खंड 'ग' पाठ्यपुस्तक 35 अंक, खंड 'घ' लेखन 15 अंक।
2. चारों खंडों के प्रश्नों के उत्तर देना अनिवार्य है।
3. यथासंभव प्रत्येक खंड के उत्तर क्रमशः दीजिए।

खंड (क) : अपठित बोध

1. निम्नलिखित गद्यांश को पढ़कर नीचे दिए गए प्रश्नों के उत्तर दीजिए (10)

G20 (ग्रुप ऑफ ट्वेंटी) विश्व की 20 प्रमुख अर्थव्यवस्थाओं के वित्त मंत्रियों और केंद्रीय बैंक के गवर्नरों का एक संगठन है, जिसमें 19 देश (अर्जेंटीना, ऑस्ट्रेलिया, ब्राजील, कनाडा, चीन, फ्रांस, जर्मनी, भारत, इंडोनेशिया, इटली, जापान, कोरिया गणराज्य, मैक्सिको, रूस, सऊदी अरब, दक्षिण अफ्रीका, तुर्की, यूनाइटेड किंगडम और संयुक्त राज्य अमेरिका) और यूरोपीय संघ शामिल हैं। G20 फोरम की स्थापना वर्ष 1999 में अंतर्राष्ट्रीय आर्थिक सहयोग और विकास से संबंधित नीतिगत मुद्दों पर चर्चा और उनका समाधान करने के लिए की गई थी। G20 सदस्य वैश्विक सकल घरेलू उत्पाद का लगभग 85%, वैश्विक व्यापार का 75% से अधिक और विश्व जनसंख्या का लगभग दो-तिहाई प्रतिनिधित्व करते हैं।

G20 की अध्यक्षता प्रत्येक वर्ष सदस्यों के बीच बदलती रहती है। अध्यक्षता करने वाला देश पिछले और अगले राष्ट्रपति पद धारकों के साथ मिलकर, G20 एजेंडा की निरंतरता सुनिश्चित करने के लिए 'ट्रोइका' बनाता है। G20 की अब तक कुल 17 बैठक हो चुकी हैं। 18वें G20 की प्रेसीडेंसी भारत को सौंपी गई थी। भारत में G20 शिखर सम्मेलन 9-10 सितंबर 2023 को नई दिल्ली में प्रधानमंत्री श्री नरेंद्र मोदी की अध्यक्षता में संपन्न हुआ है।

भारत की G20 अध्यक्षता की थीम 'वसुधैव कुटुंबकम' थी, जिसका अर्थ है— एक पृथ्वी, एक परिवार, एक भविष्य। G20 नई दिल्ली शिखर सम्मेलन में अमेरिका, ब्रिटेन, फ्रांस, कनाडा, इटली, सऊदी अरब, अर्जेंटीना समेत दुनिया के तमाम शक्तिशाली देशों के राष्ट्राध्यक्ष शामिल हुए थे। भारत के पास 1 दिसंबर, 2022 से 30 नवंबर, 2023 तक G20 की अध्यक्षता है। इसके बाद वर्ष 2024 में 19वें G20 की अध्यक्षता ब्राजील के पास होगी?

(i) G20 का अर्थ है

(क) 20 देशों का संगठन

(ख) विश्व की 20 प्रमुख अर्थव्यवस्थाओं के वित्त मंत्रियों और केंद्रीय बैंक के गवर्नरों का एक संगठन

(ग) बड़े-बड़े देशों का संगठन

(घ) विश्व के उच्च वर्गीय लोगों का संगठन

(ii) G20 में कितने देश शामिल हैं?

(क) 19 (ख) 17 (ग) 18 (घ) 20

(iii) G20 फोरम की स्थापना किस वर्ष की गई?

(क) वर्ष 1996 (ख) वर्ष 1997

(ग) वर्ष 1998 (घ) वर्ष 1999

(iv) 18वाँ G20 शिखर सम्मेलन भारत में कब और कहाँ संपन्न हुआ?

(क) 7-8 सितंबर, अहमदाबाद

(ख) 8-9 सितंबर, मुंबई

(ग) 9-10 सितंबर, नई दिल्ली

(घ) 10-11 सितंबर, कोलकाता

(v) 'शक्ति' शब्द का संधि विच्छेद क्या होगा?

(क) श + अक्ति (ख) श + क्ति

(ग) शक + तिअ (घ) शकि + ति

(vi) नीचे दिए गए शब्दों में से शुद्ध शब्द का चयन कीजिए

(क) केंद्रिय (ख) वैश्वीक

(ग) भविष्य (घ) शक्तिशालि

(vii) G-20 की स्थापना किस उद्देश्य से की गई थी?

(क) नीतिगत मुद्दों पर चर्चा और उनका समाधान करना

(ख) घरेलू मुद्दों का समाधान करना

(ग) छोटे देशों को अपने अधीन करना

(घ) उपर्युक्त सभी

(viii) G-20 की अध्यक्षता का क्या नियम है?

(ix) वर्ष 2024 में G-20 की अध्यक्षता किसके पास होगी?

(x) G-20 की अध्यक्षता की थीम क्या थी?

2. निम्नलिखित पद्यांश को पढ़कर नीचे दिए गए प्रश्नों के उत्तर दीजिए

भटक रहे थे प्यासे-प्यासे पंछी इधर-उधर बौराए
थक निढाल हो कर सुस्ताते पथिक किनारे पर मुरझाए
झुलसाने वाली गर्मी से त्राण सभी पाते हैं प्राणी
तुरहि बजाओ थाल सजाओ आ पहुँची है वर्षा रानी
सोंधी-सोंधी उठी सुगंधी पवन हो गई ठंडी-ठंडी
उल्लसित तन-मन करती है नव ऋतु की मोहक सारंगी
मस्त पवन करती मनमानी रिम-झिम बरस रहा है पानी।

(i) पंछी जल की तलाश में इधर-उधर क्यों भटक रहे हैं?
(क) वे प्यासे हैं
(ख) वे बहुत थके हुए हैं
(ग) भीषण गर्मी के कारण
(घ) उपर्युक्त सभी

(ii) कवि ने वर्षा ऋतु का स्वागत करने के लिए क्यों कहा है?
(क) लोग भीषण गर्मी से परेशान थे
(ख) वर्षा ऋतु अच्छी होती है
(ग) लोग तुरही बजाना चाहते थे
(घ) पथिक विश्राम कर पाते हैं

(iii) वर्षा ऋतु में क्या परिवर्तन आया है?
(क) पवन शीतल हो गई
(ख) सोंधी-सोंधी सुगंध आने लगी
(ग) लोगों का तन-मन प्रसन्न हो गया
(घ) पथिक निढाल बैठा है

(iv) इस पद्यांश में कवि ने किन ऋतुओं का वर्णन किया है?
(क) वर्षा ऋतु, शरद् ऋतु
(ख) वर्षा ऋतु, ग्रीष्म ऋतु
(ग) वसंत ऋतु, ग्रीष्म ऋतु
(घ) ग्रीष्म ऋतु, शरद् ऋतु

(v) 'पवन' शब्द का पर्यायवाची है
(क) सुगंध
(ख) समीर
(ग) मोहक
(घ) पथिक

(vi) 'पथिक' शब्द में प्रत्यय है
(क) एक (ख) अक
(ग) इक (घ) थिक

(vii) पथिकों के निढाल होने का क्या कारण था?
(क) भीषण गर्मी
(ख) भीषण सर्दी
(ग) भीषण वर्षा
(घ) ये सभी

(viii) कवि ने कविता में तुरहि बजाने और थाल सजाने के लिए क्यों कहा है?

(ix) गर्मी में झुलसाने वाली हवा कब ठंडी हो जाती है?

(x) वर्षा का पानी कैसे बरसता है?

खंड (ख) : व्याकरण

3. निर्देश प्र. सं. (i) से (vii) तक के प्रश्नों के उत्तर के लिए सही विकल्प का चयन कीजिए। (1 × 7 = 7)

(i) भाषा के स्वीकृत रूप को क्या कहते हैं?
(क) मौखिक भाषा (ख) मानक भाषा
(ग) लिखित भाषा (घ) वाणिज्यिक भाषा

(ii) हिंदी की वर्णमाला में मुख्य रूप से कितने व्यंजन हैं?
(क) 25 (ख) 30
(ग) 33 (घ) 37

(iii) 'दूतावास' शब्द किस शब्द भेद का उदाहरण है?
(क) देशज (ख) विदेशी
(ग) तत्सम (घ) यौगिक

(iv) 'भारतरत्न' का समास-विग्रह कौन-सा है?
(क) भारत से रत्न (ख) भारत और रत्न
(ग) भारत का रत्न (घ) भारत के लिए रत्न

(v) 'अनुराग' शब्द में उपसर्ग है
(क) अन (ख) अनु
(ग) अ (घ) अन्

(vi) 'मौखिक' शब्द में प्रत्यय है
(क) क (ख) खिक
(ग) इक (घ) ईक

(vii) 'घृत' का तद्भव शब्द है
(क) घी
(ख) हाथ
(ग) माथा
(घ) उपर्युक्त में से कोई नहीं

4. राजभाषा और मातृभाषा में अंतर बताइए। (1)

5. शब्दों का वर्गीकरण कितने आधार पर किया गया है? (1)

6. संधि और समास में क्या अंतर होता है? (1)

खंड (ग) : पाठ्यपुस्तक

7. निम्नलिखित गद्यांश को पढ़कर नीचे दिए गए प्रश्नों के उत्तर के लिए सही विकल्प का चयन कीजिए (5)

बाबा भारती ने घोड़े से उतरकर अपाहिज को घोड़े पर सवार किया और स्वयं उसकी लगाम पकड़कर धीरे-धीरे चलने लगे। सहसा उन्हें एक झटका-सा लगा और लगाम हाथ से छूट गई। उनके आश्चर्य का ठिकाना न रहा, जब उन्होंने देखा कि अपाहिज घोड़े की पीठ पर तनकर बैठा है और घोड़े को दौड़ाए लिए जा रहा है। उनके मुख से भय, विस्मय और निराशा से मिली हुई चीख निकल गई। वह अपाहिज डाकू खड़गसिंह था। बाबा भारती कुछ देर तक चुप रहे और कुछ समय पश्चात् कुछ निश्चय करके पूरे बल से चिल्लाकर बोले 'जरा ठहर जाओ।'

(i) अपाहिज होने का दिखावा किसने किया?

(क) बाबा भारती ने (ख) खड़गसिंह ने
(ग) सुल्तान ने (घ) ये सभी

(ii) बाबा भारती के हाथ से लगाम कैसे छूट गई?

(क) घोड़े की लगाम पकड़ने के कारण
(ख) अपाहिज के घोड़े से नीचे उतर जाने के कारण
(ग) घोड़े के आगे न बढ़ने के कारण
(घ) अपाहिज द्वारा घोड़े को दौड़ाए जाने के कारण

(iii) किसे देखकर बाबा भारती के आश्चर्य का ठिकाना न रहा?

(क) घोड़े को देखकर
(ख) सुल्तान को देखकर
(ग) अपाहिज को देखकर
(घ) घोड़े की लगाम को देखकर

(iv) दिए गए कथन में से कौन-सा/से कथन सत्य है/हैं?

1. अपाहिज बहुत कष्ट में था।
2. बाबा के मुख पर भय, निराशा और विस्मय के भाव आ गए।
3. बाबा घोड़े की दशा देखकर आश्चर्यचकित हो गए।

कूट

(क) 1 और 2 (ख) केवल 2
(ग) 2 और 3 (घ) केवल 3

(v) 'आश्चर्य का ठिकाना न रहना' मुहावरे का अर्थ है

(क) आश्चर्यचकित हो जाना
(ख) अत्यधिक खुश होना
(ग) अत्यधिक हैरान होना
(घ) अत्यधिक दु:खी होना

8. निम्नलिखित पद्यांश को पढ़कर नीचे दिए गए प्रश्नों के उत्तर के लिए सही विकल्प का चयन कीजिए (5)

भले शक्ति विज्ञान में है निहित वह
कि जिससे अमावस बने पूर्णिमा-सी,
मगर विश्व पर आज क्यों दिवस ही में
घिरी आ रही है अमावस निशा-सी
बिना स्नेह विद्युत-दिये जल रहे जो
बुझाओ इन्हें, यों न पथ मिल सकेगा।

(i) विज्ञान की शक्ति के उपरान्त भी किसके बिना अंधकार को मिटाना असंभव है?

(क) उजाले के बिना
(ख) स्नेह और प्रेम के बिना
(ग) अंधकार और प्रकाश के बिना
(घ) विमिर की नदी पार पाने के बिना

(ii) कवि ने विद्युत-दिये को बुझाने व किस प्रकार के दियों को जलाने की सलाह दी है?

(क) आशा व निराशा के दियों को
(ख) स्नेह व निराशा के दियों को
(ग) विद्युत व प्रकाश के दियों को
(घ) स्नेह और प्रेम के दियों को

(iii) पद्यांश में 'अमावस' और 'पूर्णिमा' से क्या तात्पर्य है?

(क) धार्मिक अनुष्ठान (ख) चाँद व सूर्य की स्थिति
(ग) अंधकार और प्रकाश (घ) मौसम की अवस्था

(iv) प्रस्तुत काव्यांश से हमें यह सीख मिलती है कि

(क) हमें निरंतर प्रयास करते रहना चाहिए।
(ख) हमें सदा दियों से प्रकाश करना चाहिए।
(ग) विद्युत के स्थान पर दियों की माला जलानी चाहिए।
(घ) उपर्युक्त सभी

(v) कथन (A) विज्ञान के विकास ने मानवीय मूल्यों को पीछे छोड़ दिया है।

कारण (R) विज्ञान की रोशनी में मार्ग दिखाने की क्षमता नहीं है।

कूट

(क) कथन (A) सही व कारण (R) गलत है
(ख) कथन (A) व कारण (R) दोनों गलत हैं
(ग) कथन (A) व कारण (R) दोनों सही हैं
(घ) कथन (A) गलत व कारण (R) सही है

9. निम्नलिखित सभी प्रश्नों के उत्तर दीजिए $(1 \times 4 = 4)$

(i) महिला सत्रिया नृत्य में किनकी कहानी को दर्शाया जा रहा था?

(ii) 'गोल' कहानी के आधार पर बताइए कि मेजर ध्यानचंद के अनुसार खेल भावना क्या थी?

(iii) 'परीक्षा' पाठ के आधार पर बताइए कि दीवान सुजानसिंह ने उम्मीदवारों की परीक्षा किस प्रकार ली?

(iv) लेखन के मन में क्या लोभ जगा और क्यों? हिंद महासागर में छोटा-सा हिंदुस्तान कहानी के आधार पर बताइए।

10. निम्नलिखित प्रश्नों में किन्हीं तीन प्रश्नों के उत्तर दीजिए $(3 \times 3 = 9)$

(i) रहीम ने अपने दोहे के माध्यम से संपत्ति और संसाधनों के उपयोग हेतु क्या संदेश दिया है?

(ii) 'पहली बूँद' कविता में 'वसुंधरा की रोमावलि' किसे व क्यों कहा गया है?

(iii) 'मातृभूमि' कविता में किए गए हिमालय के वर्जन को अपने शब्दों में लिखिए।

(iv) श्रीकृष्ण ने माखन न खाने के क्या तर्क माता यशोदा को दिए? 'मैया मैं नहिं माखन खायो' कविता के आधार पर स्पष्ट कीजिए।

(v) शेरों के व्यवहार ने लेखक पर क्या प्रभाव डाला?

11. निम्नलिखित प्रश्नों में से किन्हीं दो प्रश्नों का उत्तर दीजिए $(2 \times 6 = 12)$

(i) 'चेतक की वीरता' कविता में घोड़े के माध्यम से आपकों क्या प्रेरणा मिलती है? अपने शब्दों में लिखिए।

(ii) 'पेड़ की बात' पाठ के आधार पर स्पष्ट कीजिए कि "वृक्ष को अपनी जिंदगी के लिए मोह-माया का लोभ नहीं है।"

(iii) जब राजा साहब का दरबार सजा, तब सुजानसिंह ने क्या घोषणा की? 'परीक्षा' पाठ के आधार पर बताइए।

खंड (घ) : लेखन

12. नीचे दिए गए संकेत बिंदुओं के आधार पर निम्न में से किसी एक विषय पर अनुच्छेद लिखिए (5)

(i) **चंद्रयान-3**

संकेत बिंदु

- इसरो द्वारा चलाया गया तीसरा मून मिशन
- मुख्य उद्देश्य
- चंद्रयान-3 के उपकरण

(ii) **भारत का नया संसद भवन**

संकेत बिंदु

- भवन का उद्घाटन
- संरचना
- सीटों की संख्या
- आत्मनिर्भर भारत का प्रतीक

(iii) **विज्ञापन की दुनिया**

संकेत बिंदु

- विज्ञापन का प्रचार-प्रसार
- विज्ञापन की भाषा
- आकर्षण का केंद्र

13. छात्रों के लिए अधिक खेल-सामग्री उपलब्ध कराने का अनुरोध करते हुए विद्यालय के प्रधानाचार्य को प्रार्थना-पत्र लिखिए। (5)

अथवा अपने मित्र को पत्र लिखिए, जिसमें उसे स्वच्छ भारत अभियान से जुड़ने का आग्रह किया गया है।

14. शहर में आए दिन होने वाली सड़क दुर्घटनाओं से बचकर रहने के विषय में दो मित्रों के बीच संवाद को लगभग 50 शब्दों में लिखिए। (5)

अथवा कक्षा में आए नए छात्र और अध्यापक के मध्य हुई बातचीत का संवाद-लेखन लगभग 50 शब्दों में कीजिए।

प्रतिदर्श प्रश्न–पत्र 2 (हल रहित)

हिंदी

समय : 3 घंटे	पूर्णांक : 80

सामान्य निर्देश प्रतिदर्श प्रश्न–पत्र 1 के अनुरूप।

खंड (क) : अपठित बोध

1. निम्नलिखित गद्यांश को पढ़कर नीचे दिए गए प्रश्नों के उत्तर दीजिए (10)

शहर से दूर एक तालाब था। तालाब के पास बहुत दलदल थी, जिसमें दो मेंढक बड़े आनंदपूर्वक रहते थे। उन्हें न किसी बात की चिता थी, न ही किसी से कोई शिकायत। बड़े संतोष और निश्चिंतता से दोनों का जीवन कट रहा था। गर्मियों के दिन आ गए। धीरे-धीरे तालाब के पास का दलदल सूखने लगा और एक दिन वह दलदल पूर्णत: सूख गया। दोनों मेंढकों को चिंता हुई कि अब वे अपना आवास कहाँ बनाएँ? दोनों विवश होकर वह स्थान छोड़कर नए आवास की तलाश में एक कुएँ के निकट पहुँचे। दोनों कुएँ के किनारे बैठे थे, उन्होंने भीतर झाँका। कुएँ में पानी ऊपर तक भरा हुआ था। पानी देखकर एक मेंढक खुशी से झूमता हुआ अपने मित्र से बोला—"देखो! कुएँ में कितना पानी है। यह हमारे लिए उचित स्थान होगा। सुरक्षित भी है। आओ! इसके भीतर चलें।" दूसरा मेंढक बुद्धिमान था। उसने बुद्धिमत्ता का परिचय देते हुए कहा—"भैया! इतनी जल्दबाजी अच्छी नहीं। हमें पुराना घर दलदल सूखने पर छोड़ना पड़ा था। हम यहाँ रहने लगे और कुएँ का पानी सूख गया तो हम बाहर कैसे आएँगे?" दूसरे मेंढक की बात सुन पहला मेंढक बहुत शर्मिंदा हुआ।

(i) **गर्मी के दिनों में ऐसा क्या हुआ कि मेंढक चिंतित हुए?**
(क) दलदल गीली हो गई (ख) दलदल बढ़ गई
(ग) दलदल सूख गई (घ) उपरोक्त में से कोई नहीं

(ii) **दोनों मेंढक कुएँ के निकट क्यों गए?**
(क) नए आवास की तलाश में (ख) कुआँ देखने
(ग) चिंता के कारण (घ) भ्रमण के लिए

(iii) **दूसरे मेंढक को कुआँ रहने के लिए उचित क्यों नहीं लगा?**
(क) कुएँ में बहुत पानी था
(ख) कुएँ का पानी सूखने पर बाहर निकलना कठिन था
(ग) अन्य मेंढक वहाँ आ जाते
(घ) कुएँ में भोजन की समस्या होती

(iv) **दूसरे मेंढक की मुख्य विशेषता बताएँ**
(क) वह चालाक था
(ख) पहले की अपेक्षा छोटा था
(ग) वह पहले मेंढक की अपेक्षा बुद्धिमान था
(घ) वह जल्दबाज था

(v) **'नया' शब्द का विलोम है**
(क) नवीन (ख) पुराना
(ग) आधुनिक (घ) नवीनतम

(vi) **'आवास' शब्द का पर्यायवाची नहीं है**
(क) घर (ख) गृह (ग) सदन (घ) विपिन

(vii) **दोनों मेंढक कैसा जीवन व्यतीत कर रहे थे?**
(क) सुखमय (ख) चिंतित
(ग) निश्चिंतता का (घ) इनमें से कोई नहीं

(viii) **गर्मियों के दिन आने पर क्या हुआ?**

(ix) **दूसरे मेंढक ने पहले मेंढक से क्या कहा?**

(x) **प्रथम मेंढक को कुआँ रहने के लिए क्यों अच्छा लगा?**

2. निम्नलिखित पद्यांश को पढ़कर नीचे दिए गए प्रश्नों के उत्तर दीजिए (10)

वैराग्य छोड़ बाँहों की विभा सँभालो
चट्टानों की छाती से दूध निकालो।
है रुकी जहाँ भी धार शिलाएँ तोड़ो,
पीयूष चंद्रमाओं को पकड़ निचोड़ो
चढ़ तुंग शैल शिखरों पर सोम पियो रे।
योगियों नहीं, विजयी के सदृश जियो रे।
छोड़ो मत अपनी आन, सीस कट जाए,
मत झुको अनय पर, भले व्योम फट जाए
दो बार नहीं यमराज कंठ धरता है
मरता है जो, एक ही बार मरता है।
तुम स्वयं मरण के मुख पर चरण धरो रे।
जीना हो तो मरने से नहीं डरो रे।
स्वातंत्र्य जाति की लगन व्यक्ति की धुन है,
बाहरी वस्तु यह नहीं, भीतरी गुण है।
नत हुए बिना जी अशनि-घात सहती है,
स्वाधीन जगत् में वही जाति रहती है।
वीरत्व छोड़ पर का मत चरण गहो रे।

(i) कवि भारतीय युवकों को ऐसा जीवन जीने को कहता है, जो
(क) कायरों जैसा न हो
(ख) योगियों जैसा नहीं, पराक्रमी वीरों जैसा हो
(ग) केवल बात करने वाले बुद्धिजीवी जैसा न हो
(घ) व्यर्थ में समय नष्ट न करता हो

(ii) कवि कहता है कि मनुष्य को उन परिस्थितियों में मृत्यु की चिंता नहीं करनी चाहिए, जब
(क) कोई युद्ध करने पर आमादा हो
(ख) कोई निरीह पशुओं पर अत्याचार कर रहा हो
(ग) कोई असामाजिक कार्य कर रहा हो
(घ) उसकी आन अर्थात् इज्ज़त दाँव पर लगी हो

(iii) कवि द्वारा इस कविता को लिखने का कारण हो सकता है
(क) देश को स्वाधीन कराने के लिए स्वयं का बलिदान करने से भी न चूकना
(ख) देश की समस्याओं से युवाओं को रूबरू कराना
(ग) महिलाओं की इज्ज़त बचाने के लिए गुहार लगाना
(घ) वृद्धों को समाज में उनका उचित स्थान दिलवाना

(iv) संसार में कौन-सी जाति स्वाधीन रहती है?
(क) जो तलवारों का सामना करने पर भी हार नहीं मानती
(ख) जो वैराग्य ले लेती है
(ग) जो बुद्धि से काम लेती है
(घ) जो शक्तिशाली के समक्ष नत हो जाती है

(v) कविता के मूल स्वर से संबंधित कथनों पर विचार कीजिए
1. हमें देश की उन्नति के लिए स्वयं का बलिदान करने से भी नहीं चूकना है।
2. हमें हर हाल में अपनी भारत माता को पराधीनता की बेड़ियों से मुक्त कराना है।
3. यह कविता स्वाधीनता की पृष्ठभूमि में लिखी गई कविता है।

उपरोक्त कथनों में कौन-सा/से कथन सही है/हैं?
(क) केवल 1 (ख) केवल 2
(ग) 2 और 3 (घ) 1 और 3

(vi) 'योगियों नहीं, विजयी के सदृश जियो रे' पंक्ति में अलंकार है
(क) रूपक अलंकार (ख) उत्प्रेक्षा अलंकार
(ग) उपमा अलंकार (घ) प्रश्न अलंकार

(vii) कवि कविता में क्या न छोड़ने के लिए मना करता है?
(क) आन (ख) शान
(ग) ऐश्वर्य (घ) इनमें से कोई नहीं

(viii) 'चट्टानों की छाती से दूध निकालो' पंक्ति का क्या अर्थ है?

(ix) जीवन जीने के लिए किससे नहीं डरना चाहिए?

(x) कवि किसके सामने झुकने के लिए मना करता है?

खंड (ख) : व्याकरण

3. निर्देश प्र. सं. (i) से (vii) तक के प्रश्नों के उत्तर के लिए सही विकल्प का चयन कीजिए (1 × 7 = 7)

(i) संज्ञा के मुख्यत: कितने भेद होते हैं?
(क) चार (ख) पाँच (ग) तीन (घ) दो

(ii) स्त्री जाति का बोध होता है
(क) पुल्लिंग से (ख) स्त्रीलिंग से
(ग) उभयलिंग से (घ) इनमें से कोई नहीं

(iii) 'डलिया' का बहुवचन रूप है
(क) डालिया (ख) डोलिया (ग) डलियाँ (घ) डालियाँ

(iv) कारक के भेद होते हैं
(क) पाँच (ख) आठ (ग) सात (घ) छः

(v) इनमें से कौन-सा पुरुषवाचक सर्वनाम का भेद नहीं है?
(क) उत्तम पुरुषवाचक (ख) मध्यम पुरुषवाचक
(ग) निजवाचक (घ) अन्य पुरुष

(vi) गुणवाचक विशेषण का उदाहरण है
(क) भला (ख) अधिक (ग) कुछ (घ) थोड़ा

(vii) 'राधा ने राजू को सेब दिया।' में क्रिया है
(क) संयुक्त क्रिया (ख) द्विकर्मक क्रिया
(ग) पूर्वकालिक क्रिया (घ) सामान्य क्रिया

4. लिपि किसे कहते हैं? (1)

5. सार्थक और निरर्थक शब्दों में अंतर स्पष्ट कीजिए। (1)

6. वचन किसे कहते हैं और उसके भेदों के नाम बताइए। (1)

खंड (ग) : पाठ्यपुस्तक

7. निम्नलिखित गद्यांश को पढ़कर नीचे दिए गए प्रश्नों के उत्तर के लिए सही विकल्प का चयन कीजिए (5)

हम जिस तरह भोजन करते हैं, पेड़-पौधे भी उसी तरह भोजन करते हैं। हमारे दाँत हैं, कठोर चीज खा सकते हैं। नन्हें बच्चों के दाँत नहीं होते वे केवल दूध पी सकते हैं। पेड़-पौधों के भी दाँत नहीं होते, इसलिए वे केवल तरल, द्रव्य या वायु से भोजन ग्रहण करते हैं। पेड़-पौधे जड़ के द्वारा माटी से रस-पान करते हैं। चीनी में पानी डालने पर चीनी गल जाती है। माटी में पानी डालने पर उसके भीतर बहुत-से द्रव्य गल जाते हैं। पेड़-पौधे वे ही तमाम द्रव्य सोखते हैं। जड़ों को पानी न मिलने पर पेड़ का भोजन बंद हो जाता है, पेड़ मर जाता है।

(i) पेड़-पौधे किसकी भाँति भोजन करते हैं?
(क) जीवों की तरह
(ख) मनुष्यों की तरह
(ग) जन्तुओं की तरह
(घ) पक्षियों की तरह

(ii) पेड़-पौधे कैसा भोजन ग्रहण करते हैं?
(क) ठोस, द्रव्य या जल से
(ख) तरल, द्रव्य व ठोस से
(ग) तरल, द्रव्य या वायु से
(घ) ठोस, कठोर पत्तियों से

(iii) जड़ों को पानी न मिलने पर क्या परिणाम होता है?
(क) पेड़ पल्लवित होते हैं।
(ख) पेड़ मुरझा जाते हैं।
(ग) पेड़-खिल जाते हैं।
(घ) पेड़ मर जाते हैं।

(iv) पेड़-पौधे किसके द्वारा रस-पान करते हैं?
(क) पत्तियों द्वारा (ख) तने द्वारा
(ग) शाखाओं द्वारा (घ) जड़ द्वारा

(v) **कथन** (A) माटी में पानी डालने से द्रव्य गल जाते हैं।
कारण (R) पेड़-पौधे माटी को सोखते हैं।

कूट
(क) कथन (A) सही व कारण (R) गलत है
(ख) कथन (A) और कारण (R) दोनों सही हैं
(ग) कथन (A) और कारण (R) दोनों गलत हैं
(घ) कथन (A) गलत व कारण (R) सही है

8. निम्नलिखित पद्यांश को पढ़कर नीचे दिए गए प्रश्नों के उत्तर के लिए सही विकल्प का चयन कीजिए (5)

आसमान में उड़ता सागर,
लगा बिजलियों के स्वर्णिम पार।
बजा नगाड़े जगा रहे हैं,
बादल धरती की तरुजाई।
पहली बूँद धरा पर आई।
नीले नयनों-सा यह अंबर
काली पुतली-से ये जलधरा।

(i) वर्षा ऋतु में बादल कैसे दिखाई देते हैं?
(क) जैसे वह नगाड़े बजाकर जगा रहा हो।
(ख) जैसे वह बिजलियों की चमक की भाँति हो।
(ग) जैसे धरती पर स्वर्णिम किरण छा गई हो।
(घ) जैसे सागर बिजलियों के सुनहरे पंख लगाकर आसमान में उड़ रहा हो।

(ii) आकाश और बादल को किसके समान बताया गया है?
(क) सुनहरे पंख के समान
(ख) नीली आँखों व काली पुतली के समान
(ग) वर्षा के जल के समान
(घ) सूखी धरती के समान

(iii) आकाश से वर्षा की बूँद गिरने पर सूखी धरती को क्या प्राप्त होता है?
(क) करुण अश्रु (ख) जलधारा
(ग) नया जीवन (घ) नीला आसमान

(iv) काव्यांश के अनुसार नगाड़े कौन बजा रहा है?
(क) सूर्य (ख) धरती
(ग) बिजली (घ) बादल

(v) दिए गए कथनों में से कौन-सा/से कथन सत्य है/हैं?
1. वर्षा के प्रेम से धरती का मन फिर हरा-भरा हो जाता है।
2. धरती वर्षा के जल से खुश नहीं है।
3. बादल धरती के दुःखों से दुखित होकर वर्षा रूपी आँसू बहा रहे हैं।

कूट
(क) 1 और 3 (ख) 2 और 3
(ग) केवल 1 (घ) 1, 2 और 3

9. निम्नलिखित सभी प्रश्नों के उत्तर दीजिए (1 × 4 = 4)
(i) बाबा ने खड़गसिंह से घोड़ा ले जाते समय क्या कहा था?
(ii) रामप्रसाद बिस्मिल की माता ने अक्षर बोध किस प्रकार सीखा?
(iii) रियासत देवगढ़ में हॉकी का खेल निराली बात क्यों थी?
(iv) असम को किन-किन बातों के लिए जाना जाता है?

10. निम्नलिखित प्रश्नों में से किन्हीं तीन प्रश्नों के उत्तर दीजिए (3 × 3 = 9)
(i) 'जलाते चलो' कविता में 'दीपक' और 'तिमिर' के माध्यम से कवि क्या संदेश देना चाहता है?
(ii) 'मातृभूमि' कविता में मातृभूमि को किन-किन नामों से पुकारा गया है?
(iii) 'रहीम के दोहे' के आधार पर बताइए कि जीभ के बेकाबू होने का क्या परिणाम होता है?
(iv) चेतक की वीरता' कविता में चेतक ने युद्ध में अपनी चाल का कौशल कैसे दिखाया?
(v) लेखक के मॉरिशस पहुँचने पर उनका स्वागत कैसे हुआ?

11. निम्नलिखित प्रश्नों में से किन्हीं दो प्रश्नों का उत्तर दीजिए (2 × 6 = 12)
(i) मेजर ध्यानचंद की आत्मकथा के आधार पर बताइए कि उनके जीवन में सफलता के कौन-से कारक थे और वे किसे महत्त्वपूर्ण मानते थे?
(ii) श्रीकृष्ण माता यशोदा को मन की भोली क्यों कहते हैं?
(iii) 'धरती के सूखे अधरों पर, गिरी बूँद अमृत सी आकर' पंक्ति का आशय स्पष्ट कीजिए।

खंड (घ) : लेखन

12. नीचे दिए गए संकेत बिंदुओं के आधार पर निम्न में से किसी एक विषय पर निबन्ध लिखिए (5)

(i) **आदित्य एल** 1 **सौर मिशन**

- पहला सौर मिशन
- उद्देश्य
- कब लॉन्च किया गया
- क्रांतिकारी मिशन

(ii) **जनसंख्या वृद्धि-एक समस्या**

- क्या है जनसंख्या वृद्धि
- कारण
- प्रभाव
- रोकथाम के उपाय

(iii) **कंप्यूटर आज की आवश्यकता**

- विज्ञान की देन
- प्रयोग
- संचार के क्षेत्र में क्रांति

13. साइकिल खोने की सूचना देते हुए थानाध्यक्ष को पत्र लिखिए। (5)

अथवा 'समय का सदुपयोग करें' विषय के बारे में अपने अनुज को बताते हुए एक पत्र लिखिए।

14. आप स्वास्थ्य विभाग, नगर निगम, दिल्ली में कार्यरत हैं। एक स्वास्थ्य संबंधी सूचना लिखिए। (5)

अथवा विद्यालय की 'वाद-विवाद प्रतियोगिता' समिति के सचिव की ओर से सभी सदस्यों को बैठक के लिए आमंत्रित किए जाने की सूचना लिखिए।

प्रतिदर्श प्रश्न–पत्र 3 (हल रहित)

हिंदी

समय : 3 घंटे	पूर्णांक : 80

सामान्य निर्देश प्रतिदर्श प्रश्न–पत्र 1 के अनुरूप।

खंड (क) : अपठित बोध

1. निम्नलिखित गद्यांश को पढ़कर नीचे दिए गए प्रश्नों के उत्तर दीजिए (10)

अक्टूबर, 2022 में प्रधानमंत्री नरेंद्र मोदी अब तक भारत का आखिरी गाँव कहे जाने वाले 'माणा' गाँव के दौरे पर निकले। उस समय उन्हें लगा कि माणा को देश का आखिरी नहीं बल्कि पहला गाँव कहा जाना चाहिए, यहाँ तक कि भारत की सीमा पर स्थित प्रत्येक गाँव को यही कहना चाहिए। उत्तराखंड के मुख्यमंत्री पुष्कर सिंह धामी ने प्रधानमंत्री की बातों को गंभीरता से लिया और 'आखिरी गाँव' वाले बोर्ड को हटाकर उन्होंने 'भारत का प्रथम गाँव माणा' वाला बोर्ड लगवा दिया। इसका अर्थ यह हुआ कि अब से सभी इस गाँव को आखिरी नहीं बल्कि भारत के पहले गाँव के रूप में संबोधित करेंगे। वस्तुत: 'माणा' गाँव उत्तराखंड के प्रसिद्ध 'बद्रीनाथ' धाम से मात्र तीन किमी दूर आगे पड़ता है। यह गाँव उत्तराखंड के चमोली जिले के अंतर्गत आता है। इस गाँव से 24 किमी दूर जाने पर चीन की सीमा आरंभ हो जाती है। समुद्र तल से 3219 मीटर की ऊँचाई पर स्थित यह गाँव हिमालय की पहाड़ियों से घिरा हुआ है, जहाँ बहुत से दर्शनीय स्थल हैं; जैसे नीलकंठ चोटी, तप्त कुंड, व्यास गुफा आदि। माणा गाँव के लोगों के अनुसार इस गाँव का इतिहास कई हजार साल पुराना है। कहा जाता है कि स्वर्ग की ओर जाते समय पाँडव इसी स्थान से गुजरे थे। यहाँ एक भीम पुल भी है, जिसे भीम ने बनाया था। इस पुल के नीचे सरस्वती नदी बहती है, जो आश्चर्यजनक रूप से कुछ दूर आगे चलकर विलुप्त हो जाती है।

(i) **प्रधानमंत्री नरेंद्र मोदी के अनुसार, भारत की सीमा पर स्थित प्रत्येक गाँव को क्या कहना चाहिए?**
(क) भारत का आखिरी गाँव (ख) भारत का प्रथम गाँव
(ग) भारत का दूसरा गाँव (घ) उपर्युक्त में से कोई नहीं

(ii) **गद्यांश के अनुसार, भारत का प्रथम गाँव कौन–सा है?**
(क) थराली (ख) गैरसैंण (ग) घाट (घ) माणा

(iii) **निम्नलिखित कथनों में कौन–सा कथन सत्य है?**
(क) माणा गाँव केदारनाथ धाम से मात्र तीन किमी दूर आगे पड़ता है।
(ख) माणा गाँव समुद्र तल से 3219 मीटर की ऊँचाई पर स्थित है।
(ग) स्वर्ग जाते समय कौरव और पाँडव माणा गाँव से गुजरे थे।
(घ) माणा गाँव हिमाचल प्रदेश के धर्मशाला जिले के अंतर्गत आता है।

(iv) **निम्नलिखित कथनों पर विचार कीजिए**
1. माणा गाँव के बाद नेपाल की सीमा आरंभ हो जाती है।
2. माणा गाँव के भीम पुल के नीचे सरस्वती नदी बहती है।
3. भारत के प्रधानमंत्री ने माणा के आखिरी गाँव वाले बोर्ड को हटवा दिया।

उपरोक्त कथनों में कौन–सा/से कथन सत्य है/हैं?
(क) केवल 1 (ख) 2 और 3 (ग) केवल 2 (घ) 1 और 3

(v) **प्रस्तुत पद्यांश का उपयुक्त शीर्षक क्या हो सकता है?**
(क) भारत का आखिरी गाँव-माणा
(ख) भारत का प्रथम गाँव-माणा
(ग) बद्रीनाथ धाम
(घ) उत्तराखंड की सैर

(vi) **'दर्शनीय' शब्द में कौन–सा प्रत्यय प्रयुक्त हुआ है?**
(क) य (ख) नीच (ग) ईय (घ) इय

(vii) **सरस्वती नदी के ऊपर बने पुल को किसने बनाया था?**
(क) अर्जुन (ख) युधिष्ठिर (ग) भीम (घ) नकुल

(viii) **नरेंद्र मोदी ने माणा गाँव का दौरा कब किया?**

(ix) **माणा गाँव के पास के दर्शनीय स्थल कौन–कौन से हैं?**

(x) **सरस्वती नदी के बारे में आश्चर्यजनक बात क्या है?**

2. निम्नलिखित पद्यांश को पढ़कर नीचे दिए गए प्रश्नों के उत्तर दीजिए (10)

जब एक साथ मिलकर खेलते हैं,
एक-दूसरे के दु:ख-सुख झेलते हैं;
कभी रूठते हैं, मनाते हैं,
और फिर गले लगकर मुस्कुराते हैं
जब हम बतियाते हैं-एक हो जाते हैं

भाषा-भूषा हमें पास लाते हैं;
पर बिना शब्दों के भी जोड़ते हैं संगीत के स्वर
जिससे होंठ गुनगुनाते हैं, पाँव थिरक जाते हैं
हम तब भी एक होते हैं,
जब प्रकृति की गोद में होते हैं।
दीन-दुनिया से परे, चैन की नींद सोते हैं
और सुनहरे सपनों की दुनिया सँजोते हैं।
एक होने का यह भाव बड़ा अजीब है,
इसी भाव में यीशु का यश, अल्लाह का ताबीज़ है।
गुरु की वाणी है, राम नाम का बीज है,
यह परंपरा और संस्कृति की चीज़ है।

(i) संगीत के स्वर बजने पर क्या होता है?
(क) हम सब मन से जुड़ जाते हैं
(ख) होंठ गुनगुनाते और पाँव थिरकते हैं
(ग) मन के दरवाज़े खुलते हैं
(घ) कर्त्तव्य के प्रति सजग होते हैं

(ii) एक होने का भाव अजीब है, क्योंकि
(क) हम सभी का अपमान करते हैं
(ख) हम सभी का सम्मान करते हैं
(ग) हम किसी से बात करना पसंद नहीं करते
(घ) हम दीन दुनिया से परे हैं

(iii) सबके साथ एकता का भाव रखना हमारे लिए क्या है?
(क) परंपरा (ख) संस्कृति
(ग) 'क' और 'ख' दोनों (घ) इनमें से कोई नहीं

(iv) भूषा का अर्थ है
(क) वेशभूषा (ख) चारा-भूसा
(ग) सजावट (घ) शोभा

(v) दिए गए कथनों पर विचार कीजिए
1. हम सब मुस्कुराते हुए एक-साथ सुख-दुःख झेलते हैं।
2. हम सब मुस्कुराते हुए एक-दूसरे को गले लगाते हैं।
3. हम सब एक-दूसरे से डरते भी हैं।
उपरोक्त कथनों में कौन-सा/से कथन सही है/हैं?
(क) केवल 1 (ख) केवल 2
(ग) 1 और 2 (घ) 2 और 3

(vi) सुख का विलोम शब्द है
(क) खुशी (ख) प्रसन्नता (ग) दुःख (घ) चमक

(vii) भाषा-भूषा हमें लाते हैं
(क) पाए (ख) दूर
(ग) 'क' और 'ख' दोनों (घ) इनमें से कोई नहीं

(viii) खेल में क्या-क्या होता है?

(ix) हम एक कैसे होते हैं?

(x) सुनहरे सपने हम कब देखते हैं?

खंड (ख) : व्याकरण

3. निर्देश प्र. सं. (i) से (vii) तक के प्रश्नों के उत्तर के लिए सही विकल्प का चयन कीजिए (1× 7 = 7)

(i) वाच्य के कितने भेद होते हैं?
(क) दो (ख) तीन (ग) चार (घ) पाँच

(ii) 'आज गरिमा का जन्मदिन है।' इस कथन में किस काल की बात हो रही है?
(क) भविष्यत् काल (ख) वर्तमान काल
(ग) भूतकाल (घ) संदिग्ध भविष्यत् काल

(iii) अव्यय में कितने भेद होते हैं?
(क) तीन (ख) पाँच (ग) चार (घ) दो

(iv) 'तुम कब जाओगे?' कैसा वाक्य है?
(क) विधानवाचक (ख) निषेधवाचक
(ग) आज्ञावाचक (घ) प्रश्नवाचक

(v) निम्न में से शुद्ध शब्द है
(क) उज्वल (ख) उजजवल
(ग) उज्ज्वल (घ) ऊज्जवल

(vi) 'पति-युक्ता स्त्री' को एक शब्द में कहते हैं
(क) दम्पति (ख) जोड़ी (ग) सधवा (घ) पति-पत्नी

(vii) हर्ष, शोक तथा आश्चर्य प्रकट करने के लिए किस चिह्न का प्रयोग किया जाता है?
(क) पूर्ण विराम (ख) हंसपद
(ग) विस्मयसूचक (घ) योजक

4. भाषा में मुहावरों का प्रयोग क्यों किया जाता है? (1)

5. अव्यय किसे कहते हैं? (1)

6. रचना के आधार पर वाक्यों को सोदाहरण परिभाषित कीजिए। (1)

खंड (ग) : पाठ्यपुस्तक

7. निम्नलिखित गद्यांश को पढ़कर नीचे दिए गए प्रश्नों के उत्तर के लिए सही विकल्प का चयन कीजिए। (5)

भारत में बैठे-बैठे हम यह नहीं समझ पाते कि भारतीय संस्कृति कितनी प्राणवती और चिरायु है। किन्तु मॉरिशस जाकर हम अपनी संस्कृति की प्राणवत्ता का ज्ञान आसानी से प्राप्त कर लेते हैं। मालिकों की इच्छा तो यही थी कि भारतीय लोग भी क्रिस्तान हो जाएँ, किन्तु भारतीयों ने अत्याचार तो सहे, लेकिन प्रलोभनों को ठुकरा दिया। वे अपने धर्म पर डटे रहे और जिस द्वीप में भगवान ने उन्हें भेज दिया था, उसी द्वीप को उन्होंने छोटा-सा हिंदुस्तान बना डाला। यह ऐसी सफलता की बात है, जिस पर सभी भारतीयों को गर्व होना चाहिए।

(i) भारतीय संस्कृति की विशेषता क्या है?
(क) प्रलोभनकारी है।
(ख) प्राणवती और चिरायु है।
(ग) अडिगता का अभाव है।
(घ) उपर्युक्त सभी

(ii) भारतीयों ने अत्याचार सहकर क्या ठुकरा दिया?
(क) संस्कृति (ख) प्रलोभन
(ग) सफलता (घ) इच्छाएँ

(iii) भारतीयों ने द्वीप को क्या बना डाला?
(क) भगवान (ख) क्रिस्तान
(ग) हिंदुस्तान (घ) मॉरिशस

(iv) 'चिरआयु' में निहित उपसर्ग व मूल शब्द क्या है?
(क) चिर् + आयु (ख) चिरा + यु
(ग) चि + रआयु (घ) चिर + आयू

(v) **कथन (A)** मालिकों की इच्छा भारतीयों को क्रिस्तान बनाने की थी।
कारण (R) भारतीयों ने प्रस्ताव को स्वीकार कर लिया।
कूट
(क) कथन (A) गलत व कारण (R) सही है
(ख) कथन (A) व कारण (R) दोनों सही हैं
(ग) कथन (A) व कारण (R) दोनों गलत हैं
(घ) कथन (A) सही व कारण (R) गलत है

8. निम्नलिखित पद्यांश को पढ़कर नीचे दिए गए प्रश्नों के उत्तर के लिए सही विकल्प का चयन कीजिए। (5)

कौशल दिखलाया चालों में
उड़ गया भयानक भालों में
निर्भीक गया वह ढालों में,
सरपट दौड़ा करवालों में।
है यहीं रहा, अब यहाँ नहीं
वह वहीं रहा है वहाँ नहीं।
थी जगह न कोई जहाँ नहीं
किस अरि-मस्तक पर कहाँ नहीं।

(i) चेतक की वीरता का परिचायक क्या था?
(क) तीव्र गति से दौड़ना
(ख) निडर होकर अपने शत्रुओं पर आक्रमण करना
(ग) 'क' और 'ख' दोनों
(घ) स्वामी की बात मानना

(ii) चेतक शत्रुओं के सामने कैसे आक्रमण करता था?
(क) भयभीत होकर
(ख) निर्भीक होकर
(ग) विनयपूर्वक
(घ) ये सभी

(iii) चेतक ने अपनी वीरता का परचम कहाँ लहराया?
(क) उत्तर दिशा में
(ख) दक्षिण दिशा में
(ग) पूर्व दिशा में
(घ) युद्ध भूमि के सभी स्थलों में

(iv) 'राणा की पुतली फिरी नहीं' पंक्ति का आशय है
(क) राणा की पुतली घूमी नहीं थी
(ख) राणा प्रताप की घूमते रहना
(ग) राणा प्रताप की आँखों की पुतली का न फिरना
(घ) राणा प्रताप की आँखों की पुतली का जिस तरफ मुड़ना होता

(v) दिए गए कथनों में से कौन-सा/से कथन सत्य है/हैं?
1. चेतक भयानक भालों और तलवारों के बीच जाकर उन पर प्रहार करता था।
2. चेतक तीव्र गति से बाधाओं को पार कर लेता था।
3. चेतक ने हर स्थान पर अपने शत्रुओं पर प्रहार किया।
कूट
(क) 1 और 2 (ख) 2 और 3
(ग) 1 और 3 (घ) 1, 2 और 3

9. निम्नलिखित सभी प्रश्नों के उत्तर दीजिए (1 × 4 = 4)
(i) किसकी दया से रामप्रसाद बिस्मिल देशसेवा में संलग्न हो सके?
(ii) मेजर ध्यानचंद को 'हॉकी का जादूगर' क्यों कहा जाता है?
(iii) 'प्रकाश जीवन का मूल मंत्र है।' प्रस्तुत पंक्ति को 'पेड़ की बात' पाठ के आधार पर स्पष्ट कीजिए।
(iv) सत्रिया नृत्य में किस कथा को प्रस्तुत कर रही थी?

10. निम्नलिखित प्रश्नों में से किन्हीं तीन प्रश्नों के उत्तर दीजिए (3 × 3 = 9)
(i) 'पहली बूँद' कविता में 'वसुंधरा की रोमावलि' किसे व क्यों कहा गया है?
(ii) मलय पवन किस प्रकार तन व मन को सँवारती है? 'मातृभूमि' कविता के आधार पर स्पष्ट कीजिए।
(iii) रहीम के अनुसार, "पानी जीवन का आधार है।" कथन को स्पष्ट करें।
(iv) यशोदा किनके कहने पर विश्वास कर लेती है? 'मैया मैं नहिं माखन खायो' कविता के आधार पर स्पष्ट करें।
(v) 'हार की जीत' कहानी से हमें क्या सीख मिलती है?

11. निम्नलिखित प्रश्नों में से किन्हीं तीन प्रश्नों के उत्तर दीजिए (2 × 6 = 12)
(i) 'जलाते चलो' कविता में निहित संदेश को अपने शब्दों में लिखिए।
(ii) विज्ञापित पद की विशेषता 'परीक्षा' कहानी के आधार पर स्पष्ट कीजिए।
(iii) नैरोबी के नेशनल पार्क की विशेषताएँ बताइए।

खंड (घ) : लेखन

12. नीचे दिए गए संकेत बिंदुओं के आधार पर निम्न में से किसी एक विषय पर निबंध लिखिए (5)

(i) **आर्टिफिशियल इंटेलिजेंस (कृत्रिम बुद्धिमत्ता)**
- कंप्यूटर पर निर्भरता
- उपयोग
- मानव बुद्धि की नकल
- संभावित खतरे

(ii) **समय का महत्त्व**
- भूमिका • समय का सदुपयोग • समय अनमोल है

(iii) **जीवन में विज्ञान की भूमिका**
- प्रस्तावना
- जीवन बनाया सुखमय
- उपसंहार
- विज्ञान एक वरदान
- विज्ञान एक अभिशाप

13. पेयजल संकट के निवारण हेतु जल निगम अधिकारी को पत्र लिखिए। (5)

अथवा

आप किसी छात्रावास में रह रहे हैं। आपको विद्यालय के वार्षिकोत्सव व कुछ किताबों के लिए पैसे चाहिए। इस विषय पर अपने पिताजी को एक पत्र लिखिए।

14. आपके शहर में 'विश्व पुस्तक मेले' का आयोजन होने जा रहा है। इसके लिए एक विज्ञापन तैयार कीजिए। (5)

अथवा

प्रदूषण से बचने के लिए जनहित में जारी एक विज्ञापन पर्यावरण विभाग की ओर से लिखिए।